PROCESSO PENAL

TOMO I

MANUEL MONTEIRO GUEDES VALENTE

Director do Centro de Investigação
e Professor do Instituto Superior de Ciências Policiais e Segurança Interna
Professor Auxiliar Convidado da Universidade Autónoma de Lisboa

PROCESSO PENAL

TOMO I

3.ª Edição Revista, Actualizada
e Aumentada

(6ª Reimpressão)

ALMEDINA

PROCESSO PENAL

AUTOR
MANUEL MONTEIRO GUEDES VALENTE

EDITOR
EDIÇÕES ALMEDINA, SA
Avenida Emídio Navarro, 81, 3D
3000-151 Coimbra
Tel.: 239 851 904 · Fax: 239 851 901
www.almedina.net
editora@almedina.net

DESIGN DE CAPA
FBA.

PRÉ-IMPRESSÃO
EDIÇÕES ALMEDINA, SA

IMPRESSÃO | ACABAMENTO
PAPELMUNDE

Abril, 2023

DEPÓSITO LEGAL
318478/10

Biblioteca Nacional de Portugal – Catalogação na Publicação

VALENTE, Manuel Monteiro Guedes

Processo penal. – 3ª ed., rev., actual. e
aument. – (Manuais universitários)
ISBN 978-972-40-4207-7

CDU 343

Aos meus filhos, Guilherme, Gabriel e Gustavo,
pela força que imprimem à vida
e pelo brilho do sorriso que erradiam

NOTA PRÉVIA À 3.ª EDIÇÃO

Esgotada a 2.ª edição do *Processo Penal* – Tomo I e existindo alterações legislativas significativas, impõe-se a actualização doutrinária e jurisprudencial e a respectiva publicação de uma nova edição deste estudo. Acresce aos desideratos de uma nova publicação, a necessidade de actualizar e melhorar a indicação bibliográfica das obras que servem de suporte doutrinário para o pensamento e a discussão dos temas que este tomo encerra.

Este trabalho de minúcia e de grande exigência (e inacabado) é um dever próprio e inerente à nossa actividade de leccionação de Direito Processual Penal na Universidade Autónoma de Lisboa Luís de Camões e a concretização do respeito de que todos os nossos alunos são credores para uma melhor formação académica e científica. Este dever e, consequentemente, este desafio são os elementos cruciais na construção de um ser humano que vê o Direito não como fim realizável, mas como meio de realização do fim *felicidade*.

Lisboa, 13 de Setembro de 2010

NOTA PRÉVIA À 2.ª EDIÇÃO

O Código de Processo Penal sofreu sérias e profundas alterações aprovadas pela Lei n.° 48/2007, de 29 de Agosto, que operou a 15.ª alteração do DL n.° 78/87, de 17 de Fevereiro. As alterações impõem-nos uma reestruturação da doutrina amalgamada nos vários livros que tratam de temáticas processuais penais. Já procedemos à actualização e publicação da 2.ª Edição do nosso *Escutas Telefónicas*, estamos a ultimar a 4.ª edição do *Regime Jurídico da Investigação Criminal Anotado e Comentado*, que sofreu profundas alterações com a Lei n.° 49//2008, de 27 de Agosto.

Esgotada há muito a 1.ª Edição deste Tomo I, parece-nos que, mesmo não conseguindo cumprir a obrigação de publicar já o Tomo II, cujo esforço se pensa dar frutos em finais deste ano civil, é importante que aqueles, que nos escutam de dia e à noite na academia a falar de uma área jurídica tão importante como o Processo Penal, tenham um manual orientador das nossas humildes, mas honestas opiniões.

Foram os meus alunos da UAL e do ISCPSI que me fizeram sentir que não seria justo para eles, nem para nós, que tivessem de estudar o nosso pensar em um livro esgotado e aqui e acolá desactualizado. O esforço despendido neste momento da nossa carreira é devido ao respeito que devemos nutrir por aqueles que, no final de um dia de trabalho, se deslocam à Universidade para atentamente nos escutarem.

ABREVIATURAS

Ac. STJ – Acórdão do Supremo Tribunal de Justiça
Ac. TC – Acórdão do Tribunal Constitucional
AJ – Autoridade Judiciária
AP – Autoridade de Polícia
APC – Autoridade de Polícia Criminal
ASAE – Autoridade de Segurança Alimentar e Económica
BAC – Brigadas Anti-Crime
BGH – *Entscheidungen des Bundesgerichtshofes in Strafsachen*
CDC – Convenção sobre os Direitos das Crianças
CEDH – Convenção Europeia dos Direitos do Homem
CG – Comandante Geral
CP – Código Penal
CPP – Código de Processo Penal
CRP – Constituição da República Portuguesa
CSM – Conselho Superior da Magistratura
EMP – Estatuto do Ministério Público
EOA – Estatuto da Ordem dos Advogados
DN – Director Nacional
DL – Decreto-Lei
DUDH – Declaração Universal dos Direitos do Homem
GNR – Guarda Nacional Republicana
IGAE – Inspecção Geral das Actividades Económicas
JIC – Juiz de Instrução Criminal
LOGNR – Lei Orgânica da Guarda Nacional Republicana
LOIC – Lei Orgânica da Investigação Criminal
LOPJ – Lei Orgânica da Polícia Judiciária
LOPSP – Lei Orgânica da Polícia de Segurança Pública

LTE	– Lei Tutelar Educativa
MP	– Ministério Público
OA	– Ordem dos Advogados
OPC	– Órgão de Polícia Criminal
PIDCP	– Pacto Internacional sobre Direitos Civis e Políticos
PJ	– Polícia Judiciária
PSP	– Polícia de Segurança Pública
PGR	– Procurador-Geral da República
RGCO	– Regime Geral das Contra-Ordenações
RMP	– Revista do Ministério Público
ROA	– Revista da Ordem dos Advogados
RPCC	– Revista Portuguesa de Ciências Criminais
RPP	– Revista Polícia Portuguesa
SEF	– Serviços de Estrangeiros e Fronteiras
StPO	– *Strafprozessordnung*
TC	– Tribunal Constitucional
TIC	– Tribunal de Instrução Criminal
UCE	– Universidade Católica Editora

INTRODUÇÃO

1. O estudo do processo penal metamorfoseou-se, activa e passivamente, quer quanto aos sujeitos quer quanto aos planos da percepção e da aquisição do conhecimento – hoje, no tempo do «ser-com-os-outros» e no espaço unívoco e diversificado, mais atreito à crítica de qualquer membro da comunidade e disponível ao espectador atento – científico-académico e, em simultâneo, do povo como suporte e baluarte de uma tipologia de Estado que centra o indivíduo na indagação dos problemas e o relança como ser essencial à sobrevivência da comunidade, ser titular de bens jurídicos tutelados constitucional, criminal e civilmente, com a qual se identifica e se determina como participante do desenvolvimento harmonioso e cimentado nos valores do respeito da dignidade da pessoa humana.

Sintoma este que continuamos a verter ao longo do Tomo I, cuja estrutura conceptual dedica-se a temas de extremo interesse para os meios de comunicação social, como demonstram os vários e sucessivos debates radio-televisivos, os longos artigos de opinião, as várias notas críticas da imprensa semanal e diária.

A busca incessante de um modelo de processo penal aceite e aplaudido por todos foi, é e será sempre tarefa divinamente de alcance limitado no tempo e no espaço, mas não se desmereça a labuta contínua de estudos e investigações académicas teleologicamente dirigidas à nova concepção de um processo penal emergente de uma política criminal – ancorada na legitimidade e na eficácia e escorada na legalidade, na dignidade da pessoa humana, na culpa e na ressocialização responsável do delinquente –, orientada em uma perspectiva de obter uma efectiva protecção – e não somente garantística – dos direitos fundamentais que se enraíza na realização da justiça e na descoberta da verdade – válida judicialmente – e, na longevidade, promotora de alcance de paz jurídica.

2. A viagem inicia-se com um simples olhar sobre os *modelos de processo penal* – cuja concreção submerge do estudo do processo e da investigação criminal e a relação interdisciplinar com a investigação criminológica, sem olvidarmos um mergulho no percurso histórico do direito dos inocentes e das pessoas livres, tendo como referência final o modelo de processo português –, sobre os *princípios estruturantes do processo penal português* – os princípios do acusatório ou da separação de funções, do contraditório e da investigação, da igualdade de armas, da presunção de inocência, democrático, da lealdade, da legalidade, do consenso e da oportunidade, da oficialidade, do juiz natural e da liberdade –, sobre a *notícia do crime*, *medidas cautelares e de polícia* e *detenção,* sobre os *meios de obtenção de prova* – exames, revistas, buscas, apreensões, escutas telefónicas, o registo de voz (*off*) e imagem e agente infiltrado e sobre os *conhecimentos fortuitos*. Como se depreende do exposto, alguns dos temas já foram objecto de estudo que quisemos aprofundar e, tendo em conta que se direccionam para uma investigação teórico-prática *na academia*, no foro e na demais comunidade, quisemos amalgar – não com a extensividade extra-processual de que se ornam – neste Tomo e acoplar aos mesmos novas investigações no plano do processo penal.

O Tomo que ora trazemos à estampa, longe de ousar ser um manual de Processo Penal, visa singelamente contribuir para a discussão da ciência face a este mundo – do «eu», do «outro» e do «nós» – permeável aos impulsos do instantâneo e encarcerado pelas «novas ameaças» nacionais e transnacionais, promovendo-se um discretear sério das nossas posições sempre enleadas na defesa do respeito da dignidade da pessoa humana emparedada pelos seus estandartes: direitos, liberdades e garantias fundamentais do cidadão. Como já afirmamos, o homem não pode ceder à sede de vingança ou realizar a justiça com a violência que condena, sob pena de conversão da razão de ser da justiça apresentada por ALEXIS TOCQUEVILLE: *substituir o uso da violência.*

Esta justiça está submetida a normas e a sua realização não pode ser obtida a qualquer custo, *i. e.*, com o atropelo desnorteado dos direitos, liberdades e garantias fundamentais, sob pena da legitimidade de que nos apoderamos para fundar a intervenção do Estado se esmorecer e diluir no consciente de cada um e no pequeno olhar incrédulo que nos acerca o espírito perdido em busca do ser. A logicidade da descoberta da verdade material como epíteto de pureza na realização da justiça humana – da qual participa o processo penal – não se coaduna com um Estado que se submete ao direito e às normas democráticas, mas antes com um Estado polícia ou autoritário. Procuramos contribuir para diminuir o ímpeto da eficácia – bandeira do securitarismo –, fazendo-o relevar enredado em uma legitimidade enleada na dignidade da pessoa humana – limite e fundamento.

Não olvidamos, neste Tomo, os nossos alunos, permitindo-lhes, deste modo, aceder a mais um instrumento de estudo para a ciência do direito. Contributo que esperamos aumentar, ao longo dos próximos anos e de forma idêntica, com a investigação e divulgação de um processo penal – hiperdinâmico – que procura harmonizar – «concordância prática» – as várias finalidades que entre si gladiam o pódio, desejando que a logicidade do instantâneo não ocupe o espectro da decisão legislativa, cuja 'cegueira' produz , como historicamente se demonstra, uma visão míope ou liliputiana dos problemas e dos caminhos [possíveis] a indicar.

PARTE I

MODELOS DE PROCESSO PENAL

TÍTULO I

DO PROCESSO E DA INVESTIGAÇÃO CRIMINAL

CAPÍTULO I

DO PROCESSO CRIME

SUMÁRIO: § 1.° Considerações gerais
§ 2.° Conceptualização, função e finalidades do processo penal
§ 3.° Processo crime e investigação criminal

§ 1.° Considerações gerais

1. A teoria da eficácia leva-nos a interrogar se não seria mais fácil deter os infractores e julgá-los imediatamente em vez de se perder tempo nos tribunais, efectuando-se um julgamento sumário e instantâneo pela voz do povo que "tem sempre razão". Talvez, mas o atalho quase sempre acaba por tornar o caminho mais tortuoso e lento. Apesar de constituir aparentemente o caminho mais fácil e **a solução** tentadora, não podemos nunca enveredar por aí. Nem nos tempos mais primitivos assim se procedia, permitia-se, por regra, a defesa de quem violava as regras[1].

A demanda da verdade e da justiça não é um processo automático de refracção de causa-efeito-resultado enquadrado em uma eficácia tac-

[1] Todos nós temos em mente a passagem bíblica da mulher pecadora, MADALENA, que alguns judeus enfurecidos queriam apedrejar devido à sua condição de vida, mas, respondendo à pergunta envenenada dos fariseus, JESUS CRISTO retorquiu dizendo "aquele que nunca pecou que atire a primeira pedra". Mais do que uma lição moral, devemos retirar deste ensinamento que não podemos julgar com os olhos enraivecidos, mas com a razão temperada pela voz do coração.

ticamente edificada sob os auspícios de os fins justificarem os meios, sob pena de a finalidade primeira de ressocialização do delinquente se metamorfosear em dessocialização[2], por não aceitar que a legitimidade punitiva do Estado (ou dos seus operadores) se furte aos princípios de que se arroga para prevenir e investigar condutas delituosas.

O Estado de direito democrático não admite qualquer "julgamento popular" de um cidadão arguido em um processo crime[3], uma vez que é desprovido de qualquer possibilidade de defesa e coarcta todos e quaisquer direitos, liberdades e garantias[4]. Tem de haver um apuramento da verdade material dos factos[5] para que quem julga tenha, na sua mão, elementos suficientes que determinem a sua vontade no sentido de condenação ou de absolvição, *i. e.*, deve existir um processo – um encadeamento de actos[6] que serão os meios e instrumentos aptos à prossecução de fins, neste caso jurídicos – que se funda em um objecto[7].

---

[2] Quanto à co-responsabilização no *iter* da ressocialização do delinquente – "a sanção mais útil é a sanção aceite pelo condenado" –, ANABELA MIRANDA RODRIGUES, *Novo Olhar Sobre a Questão Penitenciária*, Coimbra: Coimbra Editora, 2000, pp. 143 e ss..

[3] Mas, já o são no âmbito político e económico desde que o julgamento não se coadune com a prática de um crime.

[4] Cfr. artigos 30.° e 32.° da CRP, artigos 10.° e 11.° da DUDH, artigos 9.°, 10.° e 14.° PIDCP, artigos 5.°, 6.° e 7.° da CEDH.

[5] Mas, só é admissível uma *verdade material judicialmente válida* como há muitos anos escrevera FIGUEIREDO DIAS. Cfr. JORGE DE FIGUEIRDO DIAS, *Direito Processual Penal*, (Colecção Clássicos Jurídicos), Reimpressão da Edição de 1974, Coimbra: Coimbra Editora,2004, p. 187.

[6] Cfr. JOSÉ SOUTO DE MOURA, *"Inquérito e Instrução", in Jornadas de Direito Processual Penal/O novo Código de Processo Penal*, CEJ, Coimbra: Livraria Almedina, 1995, p. 83.

[7] Neste sentido HÉLIO TORNAGHI que define processo como sendo "uma actividade, um encaminhamento, em determinada direcção, *acrescentando que* onde há tumulto, movimento em várias direcções e sentidos, não há processo", [Cfr. H. TORNAGHI, *Curso de Processo Penal*, 4.ª Edição, S. Paulo: Saraiva, 1987, p. 3]. Apesar de já se ter definido como objecto do processo "a própria acção, *esta* como meio de pôr em movimento a actividade judicial, *a mesma não passa de* uma das actividades componentes do processo", continuando, MANUEL CAVALEIRO DE FERREIRA afirma que o objecto do processo é "o facto na sua existência histórica, que importa averi-

§ 2.° Conceptualização, função e finalidades do processo penal

2. O processo crime[8], que mais não é do que uma "sequência de actos juridicamente pré-ordenados e praticados por certas pessoas legitimamente autorizadas em ordem à decisão sobre se foi praticado algum crime e, em caso afirmativo, sobre as respectivas consequências jurídicas e sua justa aplicação"[9-10], não pode, nos nossos dias, deambular em um radicalismo porfiriano, quer na defesa do arguido quer na defesa exacerbada da comunidade, mas antes deambular em um caminho doutrinário e jurisprudencial – que devem orientar e ajudar as

---

guar no decurso do processo", [Cfr. M. Cavaleiro de Ferreira, *Curso de Processo Penal I*, Lisboa: Reimpressão da U. Católica, 1981, p. 32; itálico nosso]. O Professor Juan-Luis Gomez Colomer afirma que é o objecto do processo que "determina, por tanto, los límites de la investigación y los de la sentencia, (...), determina la correlación existente entre hecho imputado, acusación y sentencia", [Cfr. Juan-Luis Gomez Colomer, *El Processo Penal Aleman, Introducción y Normas Basicas*, Barcelona: Bosch, Casa Editorial, AS, 1985, p. 40]. Sobre o objecto do processo veja-se Germano Marques da Silva, *Curso de Processo Penal,* Lisboa/S. Paulo: Verbo, Vol. I, pp. 18 e ss.. Quanto ao objecto do processo, o nosso "Do Objecto do Processo: Da Importância dos Órgãos de Polícia Criminal na sua Identificação e Determinação", *in Politeia*, Ano III, n.° 2, Julho/Dezembro 2006, pp. 115-139.

8 José Souto de Moura, citando G. Bettiol, afirma que "a definição dos crimes e cominação de penas sem processo é tarefa estéril, e o processo sem crime é obviamente vazio". Cfr. José Souto de Moura, *Op. Cit.,* p. 92.

9 Cfr. Germano Marques da Silva, *Curso de Processo Penal*, Lisboa/S. Paulo: Verbo, 1993, Vol. I, p. 13. Hélio Tornaghi vai mais longe ao definir o processo penal como "(...) uma sequência ordenada de fatos, actos e negócios jurídicos que a lei impõe (normas imperativas) ou dispõe (normas técnicas e normas puramente ordenatórias) para averiguação do crime e da autoria e para o julgamento da ilicitude e da culpabilidade", [Cfr. H. Tornaghi, *Op. Cit.,* p. 3]. J. L. Gomez Colomer considera que "el processo penal debe servir para esclarecer y enjuiciar un hecho o acontecimiento producido", [Cfr. J. L. Gomez Colomer, *Op. Cit.,* p. 40].

10 O processo penal como direito adjectivo ou formal, visando a aplicação do direito penal material, não se esgota em um "simples ordenamento de formas; *mas* antes compreende o ordenamento das actividades necessárias para alcançar a aplicação do direito material aos casos concretos pelos Tribunais, quer consideradas em si mesmas, quer na forma que revestem". Cfr. Manuel Cavaleiro de Ferreira, *Op. Cit.,* p. 5. O itálico é nosso.

opções de política criminal – que induza o intérprete e o aplicador à realização da justiça «justa».

O processo penal surge, desta feita, como forma de realizar o direito penal substantivo[11] – com a função de protecção de bens fundamentais da comunidade[12] –, permitindo o reconhecimento jurídico da existência de um crime e a aplicação das penas ou das medidas de segurança[13-14], fundada no respeito pelos interesses e direitos jurídica e constitucionalmente protegidos na dialéctica indivíduo/sociedade[15].

---

[11] Apesar de ser "o direito substantivo, cuja concretização pretendem as diferentes espécies de processo, ... que determina a acomodação, quer dos meios, quer das formas, à sua própria natureza". Cfr. MANUEL CAVALEIRO DE FERREIRA, *Op. Cit.*, p. 20.

[12] Cfr. JOSE SOUTO DE MOURA, *Op. Cit.*, p. 92.

[13] É que "... o crime só pode ser reconhecido juridicamente e as penas ou medidas de segurança aplicadas pelo processo penal", [Cfr. GERMANO MARQUES DA SILVA, *Op. Cit.*, p. 13]. Como nos ensina JEAN LARGUIER: " La procédure pénale, au contraire, se présente à nous comme une partie integrante du problème pénal: dès lors, en effect, que jaillit l'une des questions évoquées en droit pénal, c'est, dans l'immense majorité des cas, à travers un procès pénal. (...) La procédure pénale est donc la mise en oeuvre concrète du droit pénal – ou, si l'on préfère, le droit pénal en action. L'infraction va permettre de déclencher le procès, et la peine, si peine il y a, ne peut normalement intervenir que sur le fondement d'une décision judiciaire: la procédure pénale est donc, en quelque sorte, la transition entre l'infraction commise et la sanction prononcée". [Cfr. JEAN LARGUIER, *La Procédure Pénale*, Paris: Presses Universitaires de France, 1976, p. 4].

[14] Neste sentido MICHEL FRANCHIMONT, ANN JACOBS E ADRIEN MASSET, *Manuel de Procédure Pénale*, Liége: Ed. Collection Scientifique de la Faculté de Droit de Liége, 1989, p. 11: "Le droit pénal détermine notamment les incriminations et les sanctions applicables. La procédure pénale est le trait d'union entre l'infractions et la peine. Elle traite du procès pénal; elle comprend les règles d'organisation, de compétence et de fonctionnement des jurisdictions répressives ainsi que du déroulement du procès pénal au cours des différentes phases: l'information, l'instruction, le jugement".

[15] Ou seja, o processo penal tem como fim "a aplicação da lei penal aos casos concretos, tendo (...) um valor instrumental bem preciso: que nenhum responsável passe sem punição (*impunitum non relinqui facinus*) nem nenhum inocente seja condenado (*innocentium non condemnari*)", [GERMANO MARQUES DA SILVA, *Op. Cit.*, Vol. I, p. 24]. JEAN LARGUIER explica este sentimento de justiça citando Montesquieu: "On peut penser que l'existence d'une bonne machine judiciaire donnera à rèfléchir aux délinquants: la cause de tous les relâchements, dit Montesquieu, vient de l'impunité des crimes, non de la moderation des peines", [Cfr. JEAN LARGUIER, *Op. Cit.*, p. 5].

Concepção e função que, para a real protecção de bens fundamentais, impõe, nas palavras de SOUTO DE MOURA, que "não será um qualquer processo penal que servirá um certo direito penal"[16].

A função instrumental do processo visa a «realização da justiça, que pressupõe a descoberta da verdade material e o restabelecimento da paz jurídica, incidindo esta tanto no plano individual , do arguido e da vítima, como no plano mais amplo da comunidade jurídica». Contudo, a realização da justiça não pode ser *um fim absoluto, ou único, do processo penal*, sendo que a própria verdade material *só pode ser procurada*[17] «de modo processualmente válido e admissível e, portanto, com o integral respeito dos direitos fundamentais das pessoas que no processo se vêem envolvidas»[18].

3. O saudoso CAVALEIRO DE FERREIRA considera que os tribunais existem para "realizar, dar vida ao direito objectivo, do qual deriva a tutela dos direitos e interesses individuais e colectivos" e defende que "o fim do processo penal é *impessoal* e *objectivo*, e ultrapassa o fim subjectivo das partes", uma vez que "a própria actividade das partes é subordinada, dentro das garantias necessárias à prossecução duma controvérsia e por conseguinte ao respeito pela posição processual conforme com os fins opostos, a um fim superior de justiça, à realização do direito objectivo", pois sendo o processo o fim da actuação do direito, aquele "não consiste naquilo que eventualmente pretendem as partes, as quais não delineiam, nem vergam à directriz que se propõem, a concretização do direito"[19].

Cumpre-nos, desde já, esboçar uma pequena destrinça entre o processo civil e o processo penal. No processo civil, como nos ensina CAVALEIRO DE FERREIRA, estuda-se *primeiramente os conceitos fundamentais da teoria do processo*, se delineiam *os seus institutos*, orga-

---

[16] Cfr. JOSE SOUTO DE MOURA, *Op. Cit.*, p. 92.

[17] Cfr. GERMANO MARQUES DA SILVA, *Op. Cit.*, pp. 24 e 25.

[18] Cfr. JORGE DE FIGUEIREDO DIAS *apud* GERMANO MARQUES DA SILVA, *Op. Cit.*, p. 25, n. 3 e JORGE DE FIGUEIREDO DIAS, *Direito Processual Penal*, Colecção Clássicos Jurídicos, Coimbra: Coimbra Editora, 2004, p. 194.

[19] Cfr. CAVALEIRO DE FERREIRA, *Op. Cit.*, p. 35. Itálico nosso.

niza-se *a sua constituição sistemática* e se aperfeiçoa *o* "seu travejamento técnico, pois trata-se de pretensões, de interesses particulares que a ordem jurídica tutela", o processo penal, por seu lado, "apresenta-se-nos do ponto de vista dogmático, mais imperfeito; a lógica formal consente uma maior pureza de linhas, mas a lógica formal é menos adequada ao fim do processo penal, ao seu carácter teleológico". Continuando, afirma que "no processo penal decide-se da justiça, como bem comum da sociedade, trata-se de interesses fundamentais da ordem jurídica"[20-21].

4. O escopo *impessoal* e *objectivo – super partes* – que lhe imputa CAVALEIRO DE FERREIRA conduz à dogmatização das finalidades do processo penal que se direcciona, como ensina FIGUEIREDO DIAS, na obtenção de "um *critério valor* (ou, se preferirmos, um *modelo axiológico*) adequado à interpretação teleológica das singulares normas e à solução dos concretos problemas jurídico-processuais"[22].

Sumariamente, poder-se-á afirmar que as finalidades directas do processo penal são:

α. *a realização da justiça e a descoberta da verdade material* – pois, a validade daquele implica a assunção de "uma directa intenção ou aspiração de justiça e de verdade", sendo que esta não se pode alcançar a qualquer custo, devendo emergir de decisão que tenha sido lograda de modo processual válido e admissível e, portanto, com o integral respeito dos direitos fundamentais das pessoas que no processo se vêem envolvidas"[23];

---

[20] Cfr. CAVALEIRO DE FERREIRA, *Op. Cit.*, p. 21. Mas, "quer no processo penal, quer no processo civil, quer no processo administrativo, se revela um paralelismo, quanto à serventia do processo, como meio de prossecução ou concretização do direito, e quanto ao modo lógico e formal da sua execução". *Ibidem*, p. 20.

[21] Neste sentido, JEAN LARGUIER, *Op. Cit.*, p. 6: "la procédure civile ne concerne que les plaideurs, la procédure pénale concerne tous les citoyens".

[22] Cfr. JORGE DE FIGUEIREDO DIAS, *Direito Processual Penal*, (Lições coligidas por MARIA JOÃO ANTUNES), Coimbra, 1988-9, p. 20.

[23] Cfr. JORGE DE FIGUEIREDO DIAS, *Op. Cit.*, pp. 21 e 22.

β. *a protecção dos direitos fundamentais das pessoas* – por um lado, impõe-se-lhe comunitariamente que "o processo penal decorra segundo as regras do Estado de Direito"[24], pois ninguém aceita que se obtenham provas que ofendam a essencialidade da dignidade da pessoa humana, como através da ofensa da integridade física, de métodos enganosos, da ingerência ilegítima e ilícita na vida íntima de outrem, e, por outro, impõe-se-lhe que descubra a verdade, que promova o exercício efectivo dos direitos fundamentais de todos os cidadãos (arguidos ou não arguidos), o que implica a restrição de direitos fundamentais;

γ. *o restabelecimento da paz jurídica* (comunitária) – a prática ou suspeita da prática de um crime cria um alarme social que se agudiza face à criminalidade organizada, delatando a paz jurídica aceite pela comunidade, que se alcança com a responsabilização dos culpados e com a absolvição dos inocentes, que deve ser atingida com a maior celeridade possível (art. 32.°, n.° 2 da CRP)[25], *i. e.*, apropriando-nos das palavras de TOMÁS VIVES ANTÓN, "cuando finaliza el proceso, los hechos han desaparecido y el espejo ya no refleja nada"[26].

Na esteira de FIGUEIREDO DIAS[27], reconhecemos que é impossível uma "integral harmonização" das finalidades em torno de "todos ou na generalidade dos concretos problemas do processo penal", o que implicará, em caso de conflito, a compressão mais ou menos de uma das finalidades do processo penal face ao caso concreto e ao bem jurídico a tutelar, mas sempre atribuindo a cada uma das finalidades "a máxima eficácia possível: de cada finalidade há-de salvar-se, em cada situação,

---

24 *Ibidem.*

25 Sobre este assunto, JORGE DE FIGUEIREDO DIAS, *Op. Cit.*, pp. 23 e 24. O ilustre Professor chama à colação a conexão que a comunidade faz entre o restabelecimento da paz jurídica e os valores de segurança.

26 Cfr. TOMÁS VIVES ANTÓN, «El Proceso Penal de la Presunción de Inocencia", *in Jornadas de Processo Penal e Direitos Fundamentais*, (Coordenação de FERNANDA PALMA), Coimbra: Almedina, 2004, p. 29.

27 Cfr. JORGE DE FIGUEIREDO DIAS, *Op. Cit.*, pp. 24 a 26.

o máximo conteúdo possível, optimizando-se os ganhos e minimizando-se as perdas axiológicas e funcionais", ou seja, a «concordância prática»[28].

§ 3.° Processo crime e investigação criminal

5. Os actos juridicamente pré-ordenados que são praticados por grupos de pessoas legal e legitimamente investidas, que seguem um modelo padronizado e sistemático, e que irão dizer se existiu ou não um crime, determinar os autores e reunir as provas necessárias a uma decisão, compõem a investigação criminal[29].

Face a uma análise restrita, podemos afirmar que a investigação criminal[30] pertence a uma fase preparatória do processo[31-32] que se

---

[28] Quanto ao princípio da «concordância prática» da actuação dos Órgãos de Polícia Criminal, o nosso "Da «concordância prática» da actuação policial", *in Reuniões e Manifestações. Actuação Policial*, Coimbra: Almedina, 2009, pp. 291-298.

[29] Cfr. AA, *Investigação Criminal*, Torres Novas: Ed. EPP, 1998, p. 34 e JOSÉ DE SOUTO MOURA, *Op. Cit.*, p. 84. A Investigação que se processa na fase da instrução preparatória procura "investigar a existência das infracções, determinar os seus agentes, e averiguar a sua responsabilidade, recolhendo o conjunto de provas que a tal fim são adequadas; cuja sua direcção efectiva cabe ao Ministério Público, porque o seu objectivo é fundamentar a acusação em juízo, isto é, dar consistência ao juízo de probabilidade pelo Ministério Público formulado sobre o fundamento da sua acusação". Cfr. MANUEL CAVALEIRO DE FERREIRA, *Op. Cit.*, p. 39. Itálico nosso.

[30] Quanto ao regime jurídico o nosso *Regime Jurídico da Investigação Criminal Comentado e Anotado*, 4.ª Edição, Coimbra: Almedina, 2009 (em fase de conclusão).

[31] Não nos podemos esquecer de que existirá sempre investigação até ao *terminus* do processo, porque o juiz, em sede de julgamento, também procura as provas que o levam a formar um juízo de absolvição ou de condenação do arguido (art. 340.° do CPP).

[32] O processo alemão também se divide em duas fases fundamentais: a da investigação, na qual se "tiende a poner de manifiesto, en primer lugar, la existência objectiva del hecho; en segundo lugar, la toma en consideración por el Derecho penal de esse hecho, es decir, si se trata de un acto punible o no; y, por último, entrando en el terreno subjectivo ya, si ese hecho punible puede ser imputado con fundamento a una persona"; e a do julgamento que como "(procedimiento principal) sirve para

preocupa em efectivar as diligências necessárias na busca de provas que permitam reconstituir os factos que, no "respeito pelo princípio de verdade material"[33], visam conduzir a uma decisão: submeter ou não submeter alguém a julgamento. Esta decisão "funciona como filtro de selecção, aliás em obediência ao princípio da oportunidade que impedirá o assoberbamento dos tribunais com casos inviáveis"[34], e procura, desta forma, libertar os tribunais de processos que levariam à partida a uma absolvição do arguido.

Todavia, acresce que a investigação criminal deve ser abrangente de modo que possa dar elementos probatórios objectivos e subjectivos que permitam decidir "sobre o pedido de indemnização civil e para fundamentar a aplicação da medida de coacção e garantia patrimonial"[35].

6. Mas, em uma análise mais ampla, a investigação criminal[36] vai desde a notícia do crime até que a sentença transite em julgado, porque, até este momento, há a presunção de inocência[37] do suspeito[38] e pode-

---

sentar el análisis definitivo del hecho punible y sus consecuencias jurídicas, produciéndose el fallo de culpabilidad o inocencia en relación con el hecho enjuiciado, con expressión, en su caso, de la cantidad de pena a cumplir". Cfr. J. L. GOMEZ COLOMER, *Op. Cit.*, p. 40.

[33] Cfr. JOSÉ SOUTO DE MOURA, *Op. Cit.*, p. 84.

[34] *Ibidem.*

[35] Cfr. GERMANO MARQUES DA SILVA, *Op. Cit.*, 2.ª Edição, Vol. III, pp. 74 e 75 e o nosso *Regime Jurídico da Investigação...*, 2.ª Edição, p. 53 (3.ª Ed., p. 57).

[36] Para DAVID V. BORGES DE PINHO, seguindo uma visão mais positivista, a investigação criminal constitui toda a averiguação de "todo um conjunto de dados e elementos (...) em ordem à comprovação do que foi denunciado ou se teve conhecimento, à identificação dos intervenientes activos e passivos da infracção penal, ao apuramento dos efeitos ou resultados da mesma infracção e à conformidade e enquadramento dos elementos de facto na tipologia descrita nos normativos penais, sem descurar, obviamente, todo aquele circunsticialismo determinante de uma mais ou menos acentuada censura ao agente em termos de culpa". Cfr. DAVID V. BORGES DE PINHO, *Da Acção Penal – Tramitação e Formulários*, Coimbra: Livraria Almedina, 1988, p. 73.

[37] O n.° 1 do art. 355.° do CPP estipula que só são validas as provas produzidas em audiência de julgamento, logo nesta também se fará investigação e análise de provas que irão conduzir a uma decisão. Neste sentido veja-se o Ac. do STJ de 17/04/91 *in* AJ, n.° 18, processo n.° 41 356. Esta orientação é consequência dos princípios do contraditório e da imediação, como afirmam MANUEL SIMAS SANTOS, MANUEL

rão aparecer novos elementos de prova que podem corroborar a condenação ou mesmo demonstrar que o suspeito não cometeu a conduta ilícita da qual é acusado, evitando-se assim que um inocente entre no degredo da prisão[39].

A investigação criminal procura, deste modo, construir uma identidade do objecto do processo penal, ou seja, que exista uma identidade subjectiva e uma identidade objectiva, que àquela mesma pessoa seja imputado o mesmo facto[40].

O processo crime e a investigação criminal, porém, não têm um modelo único seguido por todos os países do mundo, nem sempre foi o mesmo ao longo da história da humanidade[41]. Os modelos, que analisaremos, são o inquisitório, o acusatório e o misto. Iremos fazer uma análise histórica, política e jurídica de cada um dos modelos e falar da sua actualidade.

LEAL-HENRIQUES e DAVID BORGES DE PINHO, *Código de Processo Penal*, Lisboa: Rei dos Livros, 1996, Vol. II, p. 312 e FERNANDO GONÇALVES e MANUEL JOÃO ALVES, *Os Tribunais, as Polícias e o Cidadão – o Processo Penal Prático,* Coimbra: Almedina, 2000, pp. 153 e ss..

[38] Cfr. n.° 2 do art. 32.° da CRP, n.° 2 do art. 14.° do PIDCP, n.° 2 do art. 6.° da CEDH e n.° 1 do art. 11.° da DUDH.

[39] Concordamos plenamente com JEAN LARGUIER quando afirma que "dans la vie quotidienne, la procédure pénale nous concerne tous: non par son application effective, mais par la menace et protection qu'elle implique (...) si l'on dit que le Code pénal est la «la grande charte des malfaiteurs», on ajoute que le Code de procédure pénale est celle des honnêtes gens (...) Il faudrait pouvoir distinguer l'innocent du coupable – et c'est précisément ce à quoi entend aboutir la procédure pénale!", [Cfr. JEAN LARGUIER, *Op. Cit.,* pp. 6 e 7].

[40] Neste sentido J. L. GOMEZ COLOMER, *Op. Cit.,* p. 42.

[41] Não nos podemos esquecer de que "a evolução do processo penal é uma evolução marcada pelas «experiência traumatizantes» de cada época que condicionam, naturalmente, as soluções" e de que "cada poder tem em si a tendência para o seu abuso". Cfr. JOSÉ MANUEL DAMIÃO DA CUNHA, *O Ministério Público e os Órgãos de Polícia Criminal no Novo Código de Processo Penal,* Porto: Universidade Católica Editora (UCE), 1993, pp. 24 e 25.

CAPÍTULO II

INVESTIGAÇÃO CRIMINAL E INVESTIGAÇÃO CRIMINOLÓGICA

§ 4.° Considerações gerais

7. A compreensão de qualquer tema de estudo obriga-nos, primeiramente, a explicar certas conceptualizações que pensamos serem fundamentais para a compreensão da temática em discussão.

Começaremos por determinar a significação do vocábulo investigação, seguindo-se a interrogação de se saber se estamos perante ciências exactas ou não, determinando-se as diferenciações e as interligações e, por último, quais os fins da investigação criminal em contraposição com a investigação criminológica.

§ 5.° Conceptualização

8. O vocábulo investigação vem do étimo latino "investigatione"[42] (*in + vestigius + actio*), que significa a acção dirigida sobre o rasto, a

[42] Cfr. *Dicionário Prático Lusitano*, Porto: Lello & Irmãos – Editores, 1979, p. 659.

peugada, e que levou à tradução de acto de *pesquisar, de indagar, de investigar*. Mas, acto de investigar em quê e o quê? É um olhar inquiridor sobre os vestígios deixados e os rastos não apagados de forma a que se chegue a uma verdade, a um conhecimento.

A investigação, como defende MANNHEIM[43], é um processo padronizado e sistemático destinado a atingir o conhecimento. A investigação procura descobrir factos que proporcionem uma "melhor compreensão e valoração dos factos já observados"[44].

A investigação deverá preocupar-se com o encontro de provas e de contraprovas, funções adjuvantes na reformulação de hipóteses e na preparação de novos passos necessários à prossecução deste "infindável processo de reajustamento entre a teoria e a hipótese"[45] e o caso concreto – o motivo da pesquisa.

§ 6.º Investigação criminal e criminológica: ciências exactas?

9. A investigação criminal e a investigação criminológica, por mais que as queiramos aproximar e determinar como ciências exactas, não poderão ser consideradas como tal[46], apesar de terem como fundamento a procura da verdade dos factos que originaram o cometimento de um crime, a sua análise, o estudo do delinquente, da vítima e do controlo social.

---

[43] Cfr. HERMANN MANNHEIM, *Criminologia Comparada*, Lisboa: Fundação Calouste Gulbenkian, 1984, Vol. I, p. 117.

[44] *Ibidem*. Itálico nosso.

[45] *Idem*, p. 119.

[46] Neste sentido HERMANN MANNHEIM, *Criminologia Comparada*, Lisboa: Fundação Calouste Gulbenkian, 1984, Vol. I, p. 119. Este investigador defende que a Criminologia não é uma ciência exacta, porque as proposições em que assenta qualquer investigação são temporárias e nunca definitivas, apesar de ter ganho com o positivismo a "consciência de si" e ter procurado "apresentar-se como ciência, alinhada pelos critérios metodológicos e epistemológicos susceptíveis de legitimar aquela reivindicação" e se ter definido "como estudo *etiológico-explicativo* do crime", como nos dizem JORGE DE FIGUEIREDO DIAS e MANUEL DA COSTA ANDRADE, *Criminologia, O Homem Delinquente e a Sociedade Criminógena*, Coimbra: Coimbra Editora, Reimpressão, 1992, p. 5.

Estas investigações não assentam em proposições definitivas, mas em hipóteses que o investigador levanta aquando da notícia da conduta ilícita, culposa e típica. A única proposição definitiva que existe é sem dúvida o facto ocorrido, a produção do dano ou ameaça ao bem jurídico[47] ofendido em mãos: propriedade, vida, honra, a segurança do estado (...). Contudo, nem sempre a conduta, que à partida preenche o conteúdo legal de um crime, será no final da investigação considerada como conduta tipificada como crime. Do mesmo modo, podemos afirmar que há condutas que, não obstante serem típicas, ilícitas e culposas, não são puníveis ou porque o agente do crime já faleceu ou porque a punibilidade traria um mal maior do que a não punibilidade por violação do princípio da humanidade.

A criminologia, para GARCIA PABLOS DE MOLINA, é uma "*ciencia empírica e interdisciplinária*"[48]. A investigação criminal, apesar de existirem estudiosos que a querem enquadrar e a vêem como uma ciência exacta, não está longe do empirismo e da interdisciplinariedade própria de uma área que muitas das vezes só alcança os seus frutos quando apoiada e auxiliada por outras ciências, estas sim exactas.

---

[47] A concepção de Bem Jurídico, além de definir o valor, o interesse tutelado pelo direito penal, também surge, nos finais o século XIX, como limitador do poder punitivo do Estado. Precursor deste sentimento, FRANZ VON LISZT procurou explicar o conceito material de bem jurídico nos "interesses preexistentes à valoração pelo legislador: o conteúdo anti-social do ilícito é independente da valoração pelo legislador. A norma jurídica encontra-o, não o cria". *Apud* GERMANO MARQUES DA SILVA, *Direito Penal Português*, Lisboa/S. Paulo: Editorial Verbo, 1997, Vol. I, pp. 21 e ss.. Este Professor continua afirmando que a Constituição deverá ser "o critério de referência na escolha do que pode legitimamente ser protegido pelo direito penal (...) *a mais que o legislador ordinário deverá estar subordinado aos* bens dotados de relevância constitucional, *delimitando as funções quer* do Estado de direito em sentido formal *quer do* Estado de direito em sentido material, *sendo assim* o Estado simplesmente limitado pelo direito que cria". Itálico nosso. Aqui também devemos recordar a conceptualização de que o "Direito Penal foi sempre o direito tutelar dos interesses fundamentais do homem em sociedade e da coexistência social", [cfr. MANUEL CAVALEIRO DE FERREIRA, *Direito Penal Português*, Lisboa/S. Paulo: Editorial Verbo, 1982, Vol. I, p. 9].

[48] Cfr. ANTÓNIO GARCÍA-PABLOS DE MOLINA, *Criminología Una Introducción a sus Fundamentos Teóricos para Juristas*, Valencia: Tirant lo Blanch Libros, 1996, p. 19.

O investigador tem, na sua mão, proposições temporárias como únicas peças que lhe permitem caminhar na busca normalmente solitária quer de quem foi o autor do delito, quer das suas causas principais, interligadas com a vítima e o contexto social.

§ 7.° Diferenciação e interligação

10. Parece-nos importante tentarmos conceptualizar a «investigação criminal»[49], se esta está ligada à investigação criminológica, quais as finalidades das mesmas e qual o fim último da investigação criminal, para que possamos partir para uma exposição mais exaustiva dos modelos típicos da investigação criminal.

Interessa-nos, por ora, a investigação criminal, ou seja, o processo de procura de indícios e de vestígios que indiquem e expliquem e nos façam compreender *quem*, *como*, *quando*, *onde* e *porque* foi cometido determinado crime. Este processo, que balança num reajustar deambulatório entre a prova conseguida e a contraprova aceite, deve ser padronizado e sistemático segundo as regras jurídicas que travem o poder de quem dele pode abusar.

A investigação criminal procura "descobrir, recolher, conservar, examinar e interpretar as provas reais", assim como *localizar, contactar e apresentar as provas pessoais*[50] que conduzam ao esclarecimento da verdade material dos factos que consubstanciam a prática de um crime[51]. Actividade esta que pretende encontrar, por seu turno o "por-

---

[49] Quanto à crítica ao art. 1.° da LOIC, o nosso *Regime Jurídico da Investigação...*, pp. 51 a 58 e, face à nova LOIC, o nosso *Teoria Geral do Direito Policial*, 2.ª Edição, Coimbra: Almedina, 2009, pp. 319-325.

[50] Cfr. Gomes Dias *apud* Teresa Pizarro Beleza e Frederico Isasca, *Direito Processual Penal Textos*, Lisboa: AAFDL, 1992, p. 65.

[51] No mesmo sentido, a Lei de Organização da Investigação Criminal, Lei n.° 49/2008, de 27 de Agosto, estabelece, no art. 1.°, que *"a investigação criminal compreende o conjunto de diligências que, nos termos da lei processual penal, visam averiguar a existência de um crime, determinar os seus agentes e a sua responsabili-*

quê" do crime quer objectiva quer subjectivamente. Estrutura que não se confina à concepção – «definição» – expressa no art. 1.° da LOIC. A «definição» legal limita a investigação ao facto em sentido restricto, no qual não cabem as vítimas directas/imediatas, indirectas//mediatas, assim como não cabe a distrinça mínima dos ofendidos e dos lesados, das pessoas que têm legitimidade para requerer a indemnização, e, ainda, não cabe a identificação e a referência respectiva dos factores endógenos e exógenos directos e indirectos que possam ajudar a autoridade judiciária (AJ) a decidir se acusa ou não acusa, se pronuncia ou não pronuncia, se condena ou não condena. A investigação criminal dirigida pelas AJ, coadjuvadas pelos OPC, é muito mais do que a concepção expressa no art. 1.° da Lei n.° 49/2008, de 27 de Agosto.

11. Outra questão é, sem dúvida, saber se a investigação criminal é o mesmo que investigação criminológica[52]. A primeira, que deve esclarecer "factos de relevância penal (...) indagar, através dos meios de conhecimento humano, de como ocorreu, na realidade, um fenómeno psicofísico do passado"[53], deve, também e imperativamente, socorrer-se da segunda, que se preocupa "com a descoberta das causas do crime e com os efeitos dos vários métodos de tratamento"[54].

---

dade e descobrir e recolher as provas, no âmbito do processo". Quanto a uma crítica a este conceito legal, o nosso *Regime Jurídico da Investigação Criminal Comentado e Anotado*, 3.ª Edição, Coimbra: Almedina, 2003, pp. 55-62 (e futura 4.ª Edição).

52 A investigação criminológica tem como base a Criminologia, que, segundo Sykes, "é o estudo das origens da lei criminal, da administração da justiça penal, das causas do comportamento delinquente e da prevenção e controle do crime, incluindo a reabilitação individual e a modificação do ambiente". No mesmo sentido Sutherland considera-a como "a ciência que estuda a infracção enquanto fenómeno social; o seu campo engloba os processos de elaboração das leis, da infracção às leis e das reacções provocadas pela infracção às leis". Cfr. Manuel da Costa Andrade, "Criminologia", *in Polis, Enciclopédia Verbo da Sociedade e do Estado*, Lisboa/S. Paulo: Verbo, 1997, Vol. I, p. 1420.

53 Cfr. Gomes Dias *apud* Teresa P. Beleza e Frederico Isasca, *Op. Cit.*, p. 63.

54 *Idem*, p. 120.

A investigação criminológica[55] e o seu campo de aplicação deve ser facto imprescindível de conhecimento daquele[56], "agente esclarecedor de factos qualificados como infracções"[57], que detém a faculdade de investigar e de descobrir a verdade material dos factos ocorridos, de reconstituir historicamente as condutas passadas que cominaram num crime; pois sendo a investigação criminológica, em "certa medida, dependente do conteúdo do direito criminal"[58], jamais poder-se-ia afastá-la de quem é responsável pela investigação criminal[59].

12. Se a investigação criminal surge como alicerce do processo penal e, por conseguinte, da liberdade, alicerce esse cimentado e fortalecido pela armação dos indícios comprovativos da existência de uma infracção, sendo o processo penal a realização do direito penal e, se a investigação criminológica é a forma da criminologia se realizar, não devemos ignorar os ensinamentos de PABLOS DE MOLINA: "Criminología y Derecho Penal deben coordinar sus esfuerzos sin intansigencias ni pretensiones de exclusividad, ya que una e otra disciplina gozan de autonomía por razón de sus respectivos objectos y métodos, pero están

---

[55] Ao discutir-se o objecto da Criminologia, ter-se-á obrigatoriamente de "pôr em causa as formações sociais vigentes e os fundamentos do poder político como instância de definição *do que é e do que deve ser* problema criminal e, por isso, criminológico". Cfr. JORGE DE FIGUEIREDO DIAS e MANUEL DA COSTA ANDRADE, *Op. Cit.*, p. 64.

[56] Seguindo o raciocínio de GOMES DIAS, o investigador criminal deve ser "um criminalista experiente que, a par de uma preparação especializada muito profunda, possua capacidade de raciocínio lógico-critico, sentido psicológico instintivo, qualidades de carácter, consciência elevada do dever, decisão rápida e grande exactidão de trabalho". *Apud* TERESA P. BELEZA e FREDERICO ISASCA, *Op. Cit.*, p. 63.

[57] *Idem*, p. 64.

[58] Cfr. JORGE DE FIGUEIREDO DIAS e MANUEL DA COSTA ANDRADE, *Op. Cit.*, p. 121.

[59] Contudo, quem investiga deve evitar "a tentação da evidência imediatista em nome da qual se poderia considerar esta discussão como ociosa, **uma vez que se pode dizer que** o objecto da criminologia *é – e só pode ser – o crime*. **Apesar do** conceito de crime – conglomerado histórico de elementos jurídicos, éticos, religiosos, de estereótipos e de coeficientes sociológicos – não **ser** um conceito unívoco". Cfr. JORGE DE FIGUEIREDO DIAS e MANUEL DA COSTA ANDRADE, *Op. Cit.*, p. 65; negrito nosso.

llamadas a enterderse; son inseparables, como partes integrantes de una ciencia penal total o globalizadora"[60].

PABLOS DE MOLINA considera ainda que um distanciamento do Direito Penal da investigação criminológica é uma atitude ignorante e arrogante[61]. Neste mesmo sentido, WINFRIED HASSEMER acrescenta que um juiz ao decidir tem de ter conhecimento dos problemas criminais para que a sua decisão seja certa para o caso concreto e tenha sucesso nos programas de prevenção do delito e de ressocialização do delinquente[62].

Como nos ensina o saudoso Mestre CAVALEIRO DE FERREIRA, a evolução da "prognose da criminalidade, de importância basilar para a sua prevenção" para uma ampliação do seu campo de investigação permitiu que se abrangesse "o homem na sua integralidade, e não reduzido a mero expoente de mecanismos causais, bem como da sociedade e sua organização". A criminologia transformou-se para "o Direito Penal em uma ciência de inestimável préstimo", porque sendo aquele "a disciplina jurídica onde mais claramente se surpreende a correspondência das normas com os actos humanos e o próprio homem", ele não pode compreender a realidade empírica sem a indispensável concorrência dos "resultados das investigações criminológicas que tomam na devida consideração a realidade humana e social"[63].

§ 8.° Escopo da investigação criminal

13. O escopo da investigação criminal e/ou criminológica face a um processo penal emergente da defesa da pessoa como ser individual e ontologicamente inserido em uma comunidade criadora e promotora dos direitos fundamentais não se cinge à busca da verdade

---

60 Sobre a interligação entre a Criminologia e o Direito Penal, consequentemente com a investigação criminal, A. G. PABLOS MOLINA, *Op. Cit.*, pp. 87 e ss..

61 *Ibidem.*

62 Cfr. WINFRIED HASSEMER *apud* A. G. PABLOS DE MOLINA, *Op. Cit.*, p. 87, nota 137.

63 Cfr. MANUEL CAVALEIRO DE FERREIRA, *Direito Penal Português*, Lisboa/ /S. Paulo: Verbo, 1982, Vol. I, pp. 25 e 28.

material ou judicial, mas, hoje, requer-se que essa procura encontre a justiça "justa". Quer uma quer outra interligam-se, *i. e.*, devem-se interligar e funcionar interdiciplinarmente, porque só desta forma se pode falar de um processo penal defensor do inocente e das liberdades.

A investigação criminolóliga visa transformar a criminologia em uma ciência credível no âmbito do estudo do crime, do delinquente[64], da vítima e do controlo social da conduta delituosa, de forma a que tenha capacidade de captar uma informação válida sobre a origem, a dinâmica e as principais variáveis do delito para que seja um prestigioso auxiliar dos programas de prevenção criminal[65] e das técnicas de ressocialização do delinquente[66].

Recorrendo a ciências auxiliares, entre as quais se inclui a criminologia, e utilizando quer *métodos adequados*, quer *processos apropriados de actuação técnica especializados,* a investigação criminal tem por finalidade *reconstituir factos já ocorridos, (factos com relevância penal) e descobrir quem os produziu*[67], melhor, fundar os alicerces da realização do Direito Penal.

14. A investigação criminal tem como escopo fulcral a realização do direito nas prossecuções de defesa da sociedade, do colectivo, que tem o direito de viver em segurança e em uma ordem social e internacional que lhe garanta a efectivação plena dos seus direitos e liberdades[68], ou seja, a realização dos fins e interesses da ordem jurídica[69], em

---

64 Quanto ao estudo do delinquente, ENRICO ALTAVILLA, *O Delinquente e a Lei Penal*, Coimbra: Coimbra Editora, Vols. I, II e III.

65 Sobre prevenção criminal, GERMANO MARQUES DA SILVA, *Direito Penal Português*, Lisboa/S. Paulo: Verbo, 1997, Vol. I, pp. 30 e ss.; EDUARDO CORREIA (com colaboração de JORGE DE FIGUEIREDO DIAS), *Direito Criminal*, Coimbra: Almedina, 1997, Vol. I, pp. 39 e ss.; A. G. PABLOS DE MOLINA, *Op. Cit.*, pp. 235 e ss..

66 Neste sentido A. G. PABLOS DE MOLINA, *Op. Cit.*, p. 19.

67 Cfr. GOMES DIAS, *Op. Cit.*, pp. 63 e 64.

68 Como se pode retirar do art. 28.° da DUDH que consigna que "Toda a pessoa tem direito a que reine, no plano social e no plano internacional, uma ordem capaz de tornar plenamente efectivos os direitos e liberdades enunciados na presente Declaração".

69 Como se tudo se processasse na "busca da finalidade adequada ao aperfeiçoamento do homem e da vida social (...) *de forma a que a* resolução de conflitos

particular do direito penal e das penas[70], subjugados a princípios consagrados constitucionalmente[71] que só se alcançam quando se descobre **quem é que, como é que, quando é que, onde é que, o que é que**, e **porque é que** se praticou aquele facto (o que é que) que a lei qualifica como crime. Realiza-se desta forma o "direito como instituição, como ordem concreta (...) culminando-se o processo jurídico de ordenação da vida em sociedade"[72].

A investigação criminal permite (ajuda a) que a lei penal seja aplicada ao caso concreto, promovendo deste modo a sua "cristalização definitiva"[73], saindo da sua redoma abstracta para uma aplicação material e concreta, movida pelas instâncias que controlam[74] e reagem contra a delinquência, apoiada pela criminologia que ajuda não só a entender os pressupostos factuais e a razão da sua existência, mas também porque é que o crime existe, sabendo-se que é um malefício para a sociedade[75].

---

supusesse a eleição de interesses predominantes ou a conciliação de interesses, aferindo-os pela sua relacionação com interesses superiores, que servirão de critério de decisão (...) *para que se alcance* o fim ou objectivo último de toda a ordem jurídica *como* meio de garantir a segurança na vida social ou nela estabelecer a justiça". Cfr. Manuel Cavaleiro de Ferreira, *Op. Cit.,* Vol. I, p. 36. Itálico nosso.

[70] Sobre os fins do direito penal e das penas, veja-se Germano Marques da Silva, *Op. Cit.,* pp. 30 e ss., E. Correia, *Direito Criminal,* Vol. I, pp. 39 e ss., Manuel Cavaleiro de Ferreira, *Op. Cit.,* Vol. I, pp. 41 e ss..

[71] Cfr. artigos 1.°, 2.° e 9.° da CRP.

[72] Cfr. Manuel Cavaleiro de Ferreira, *Op. Cit.,* Vol. I, p. 43.

[73] Cfr. Jorge de Figueiredo Dias e M. da Costa Andrade, *Op. Cit.,* pp. 67 e ss..

[74] Como instâncias de controle podem-se considerar a lei, a polícia, a acusação pública, o tribunal, o sistema penitenciário, Manuel da Costa Andrade, *Op. Cit.,* p. 1425.

[75] A criminologia tradicional tem um carácter exclusivamente etiológico, preocupando-se em "saber *porque é que as pessoas cometem crimes*", tendo como postulado a "*diferença*: o crime radica em características diferentes do delinquente ou da sua inserção sociocultural"; a Criminologia nova preocupa-se em saber "*porque é que determinadas pessoas são seleccionadas e estigmatizadas* como delinquentes e quais as consequências daquela estigmatização" ganhando assim "(...) uma nova vertente: a da reacção social que trata das instâncias de controle, dos critérios e *mecanismos de selecção*, bem como das *carreiras delinquentes* subsequentes à estigmatização formal". Cfr. Manuel da Costa Andrade, *Op. Cit.,* pp. 1424 e 1425.

TÍTULO II

DOS MODELOS PROCESSUAIS PENAIS
Evolução histórica

Capítulo I

DO MODELO ACUSATÓRIO

SUMÁRIO: § 9.° Perspectiva histórica
§ 10.° Vantagens do modelo acusatório puro
§ 11.° Desvantagens do modelo acusatório puro

§ 9.° Perspectiva histórica

15. A antiguidade grega e a Romana conheceram o modelo processual acusatório[76], assim como a França após as invasões Bárbaras[77]. Modelo que assentava no princípio *Nemo in iudicium tradetur sine accusatione*, ou seja, ninguém será levado a julgamento sem acusação[78].

O processo iniciava-se com a acusação, que no início pertencia ao ofendido ou parentes[79], funcionando como uma acção privada[80],

---

76 Sem dúvida de que: "la première forme historique que prend le procès criminel (le procès dit accusatoire)...", [Eduardo Correia, "*Les Preuves en droit pénal portuguais*" *in Revista de Direito e de Estudos Sociais*, ano XIV, Janeiro-Junho de 1967, n.os 1-2, p. 3]; "la procédure pénale est d'abord, historiquement, de type accusatoire", [J. Larguier, *Op. Cit.*, p. 8]; "cette procédure est la plus anccienne, elle apparaît la première", [Gaston Stefani, Georges Levasseur e Bernard Bouloc, *Procédure Pénale*, Paris: Dalloz, 15.ª Edition, p. 53].

77 Cfr. M. Franchimont, A. Jacobs e A. Masset, *Op. Cit.*, p. 18 e Gaston Stefani, Georges Levasseur e Bernard Bouloc, *Op. Cit.*, p. 53.

78 Neste sentido Hélio Tornaghi, *Op. Cit.*, pp. 10 e ss..

79 Cfr. o estudo de Eduardo Correia, no qual explicita que é "le droit d'un certain offensé ou d'une famille, visant, principalement, à obtenir un payement pe-

que passou a *quiuis de populo* conforme se foi dando conta de que a infracção também prejudicava e ofendia a colectividade. Após proferida a acusação, investigava-se o crime, a verdade material dos factos e a autoria. Esta investigação era produzida pelo acusador e na presença do acusado, caso este quisesse estar presente.

---

cuniaire", [Cfr. EDUARDO CORREIA, *Op. Cit.*, p. 3]. O direito de se constituir acusador, nos tempos primitivos, era conferido aos particulares, quer à vítima quer aos seus familiares mais próximos, traços seguidos pelos actuais números 2, 3 e 4 do artigo 113.° do Código Penal:

"*2 – Se o ofendido morrer sem ter apresentado queixa nem ter renunciado a ela, o direito de queixa pertence às pessoas a seguir indicadas, salvo se alguma delas houver comparticipado no crime:*

a) Ao cônjuge sobrevivo não separado judicialmente de pessoas e bens ou à pessoa, de outro ou do mesmo sexo, que com o ofendido vivesse em condições análogas às dos cônjuges, aos descendentes e aos adoptados e aos ascendentes e aos adoptantes; e, na sua falta

b) Aos irmãos e seus descendentes.

3 – Qualquer das pessoas pertencentes a uma das classes referidas nas alíneas do número anterior pode apresentar queixa independentemente das restantes.

4 – Se o ofendido for menor de 16 anos ou não possuir discernimento para entender o alcance e o significado do exercício do direito de queixa, este pertence ao representante legal e, na sua falta, às pessoas indicadas sucessivamente nas alíneas do n.° 2, aplicando-se o disposto no número anterior."

Neste sentido JOSÉ DA COSTA PIMENTA, *Introdução ao Processo Penal*, Coimbra: Almedina, 1989, p. 55.

80 Neste sentido EDUARDO CORREIA, "le procés criminel (procès dit accusatoire) ne se distingue pas fondamentalement du procès civil (...) Et son caractère privé, et par conséquent disponible, nous fait aussitôt comprendre la nécessité d'intenter une action – une accusation (et de là le nom d'accusatoire) – pour que le procès commence", [EDUARDO CORREIA, *Op. Cit.*, p. 3]; J. LARGUIER, "le procès pénal ressemble à un procès civil. (...) c'est la victime (non le juge) qui, en accusant, déclenche le procès pénal", [J. LARGUIER, *Op. Cit.*, p. 8]; G. STEFANI, G. LEVASSEUR e B. BOULOC, "cette forme de procédure tire son nom du fait qu'elle est déclenchée par une accusation et que tout au long de son déroulement le débat s'agite entre la personne poursuivre et son adversaire qui l'accuse", [Cfr. G. STEFANI, G. LEVASSEUR e B. BOULOC, *Op. Cit.*, p. 53]; e E. FORTUNA, S. DRAGONE, E. FASSONE, R. GIUSTOZZI e A. PIGNATELLI, "Nel diritto romano più antico il processo penale non si atteggiava diversamente – almeno per i delicta privata – dal processo civile", [Cfr. E. FORTUNA e ALIA, *Manuale del Nuevo Processo Penale*, 4.ª Edizione, Milani: CEDAM, 1995, p. 10].

Ao acusador era concedida pelo Juiz uma *lex*, ou seja, um mandato que lhe conferia poderes de investigação: buscas, apreensões, audições de testemunhas, exames de documentos, recolha de elementos materiais probatórios do delito, como se de um inquérito se tratasse, mas que funcionava à *posteriori* da acusação[81]. Contudo, o acusado não ficava despido de quaisquer poderes que limitassem a acção do acusador. Ambos se faziam acompanhar de *comites* (amigos, companheiros). As acções do acusador eram fiscalizadas pelos *Comes* do acusado, de modo que aquele jamais poderia fazer fosse o que fosse que este não tivesse disso conhecimento[82].

Havia uma tentativa de tornar os actos processuais transparentes *inter partes*, para que ambas soubessem o que se acusava e porque se acusava. Todo o processo se baseava no princípio do contraditório, em que as partes tinham de provar os factos sem que o Juiz se intrometesse no apuramento de coisa alguma. A disponibilidade do conteúdo do processo pertencia às partes[83].

§ 10.° Vantagens do modelo acusatório puro

16. O modelo acusatório, como vimos, procura promover uma igualdade de poderes formais e materiais entre a acusação e a defesa na actuação processual, estando o Juiz numa atitude passiva de forma a que o julgamento decorra de modo independente, em uma posição *super partes*, preocupado só apenas com a apreciação de forma objectiva do caso concreto[84].

---

[81] Neste sentido Hélio Tornaghi, *Op. Cit.*, p. 10.

[82] *Ibidem.*

[83] *Ibidem.*

[84] Como afirma J. Larguier "le juge se fonde, pour statuer, sur son *intime conviction*", [*Op. Cit.*, p. 8]. Cfr. Germano Marques da Silva, *Op. Cit.*, Vol. I, p. 33. Num estudo de 1987, Germano Marques da Silva caracteriza o sistema acusatório como sendo este que "dá ao processo penal a característica de processo de partes. O acusador e acusado encontram-se em pé de igualdade e o julgador numa situação super-partes, apenas interessado na apreciação objectiva do caso que lhe é subme-

O Juiz surge como um árbitro[85] superior e independente que disciplina o "duelo judiciário entre acusação e defesa"[86], promovendo o respeito dos princípios do contraditório[87], da publicidade[88] e da oralidade[89-90].

17. Este modelo promovia fortemente o princípio da presunção da inocência, uma vez que o arguido permanecia em liberdade ao longo do processo[91], evitando-se desta forma uma prisão antecipada de um suspeito que viesse a ser absolvido na sentença.

GERMANO M. DA SILVA defende que, segundo este modelo, apesar de ser o menos escrito possível e com uma distinção clara de quem acusa, de quem defende e de quem julga, tendo o Juiz a função de defesa da liberdade, há uma igualdade de armas e de oportunidades, princípio este que surge consagrado no art. 10.° da DUDH[92], que im-

---

tido". Cfr. GERMANO MARQUES DA SILVA, *"Princípios Gerais do Processo Penal e Constituição da República Portuguesa"*, *in Direito e Justiça*, RFCHUCP, 1987/88, Vol. III, p. 172.

85 Também neste sentido E. FORTUNA e Outros, "*In* pratica il giudice – in quanto cittadino scelto dalle parti – ascoltava e decideva come un arbitro basandosi su quanto le parti stesse esponevano e provavano", [Cfr. E. FORTUNA et ALIA, *Op. Cit.,* p. 10].

86 Cfr. GERMANO MARQUES DA SILVA, *Op. Cit.,* Vol. I, p. 33.

87 Devemos ter em conta que o carácter contraditório se aproxima do processo civil em que "la personne poursuivie et son adversaire discutent entre elles, sur un pied d'égalité, devant un arbitre impartial qui enregistre le résultat de la contestation", [G. STEFANI, G. LEVASSEUR e B. BOULOC, *Op. Cit.,* p. 53].

88 O carácter público deste modelo processual harmoniza-se "avec l'aspect démocratique", no qual " la justice est rendue en présence du peuple et sous son contrôle", [G. STEFANI, G. LEVASSEUR e B. BOULOC, *Op. Cit.,* p. 53].

89 A característica da oralidade harmoniza-se com "les nécessités d'une époque primitive où l'écriture est encore peu répandue, même chez les dirigeants", [G. STEFANI, G. LEVASSEUR e B. BOULOC, *Op. Cit.,* p. 53].

90 Neste sentido E. Correia, *Op. Cit.,* pp. 3 e ss.; GERMANO MARQUES DA SILVA, *Op. Cit.,* Vol. I, pp. 32 e ss.; HÉLIO TORNAGHI, *Op. Cit.,* p. 11; J. LARGUIER, *Op. Cit.,* p. 8; M. FRANCHIMONT, A. JACOBS e A. MASSET, *Op. Cit.,* p. 18.

91 Cfr. GERMANO MARQUES DA SILVA, *Op. Cit.,* Vol. I, p. 33 e HÉLIO TORNAGHI, *Op. Cit.,* p. 11.

92 O art. 10.° da DUDH, sob a epígrafe *Garantias da função jurisdicional*, consagra que:

põe uma plena igualdade no julgamento de causa que deverá ser equitativo e público. Continuando, este ilustre mestre ensina que quando "há discussão e confronto de provas, provoca-se uma maior clareza na solução"[93] do Juiz que "não pode promover o processo (*ne procedat index ex officio*), nem condenar para além de acusação (*sententia debet esse conformis libello*)"[94], ou seja, podemos afirmar que se proibia a alteração dos factos constantes da acusação, independentemente de ser substancial ou não.

§ 11.° Desvantagens do modelo acusatório puro

18. HÉLIO TORNAGHI defende que o processo acusatório está sujeito a desvantagens[95-96], cuja opinião partilhamos, salientando-se a impunidade de criminosos, a facilidade de uma acusação falsa, a desprotecção dos fracos, a deturpação da verdade, a impossibilidade de julgamento e a inexequibilidade da sentença[97]. Ora vejamos:

α. o processo acusatório, dependente da *accusatio*, da iniciativa primeira de alguém, provocava um certo receio, porque nem

---

"Toda a pessoa tem direito, em plena igualdade, a que a sua causa seja equitativa e publicamente julgada por um tribunal independente e imparcial que decida dos seus direitos e obrigações ou das razoes de qualquer acusação em matéria penal que contra ela seja deduzida".

93 Cfr. GERMANO MARQUES DA SILVA, *Op. Cit.*, Vol. I, p. 33.

94 *Ibidem.*

95 Este modelo *oferece preciosas garantias ao acusado que discute de forma livre e igual com o acusado*r perante um juiz independente, mas corre o risco de "les intérêts de la repression: souvent, en effect, le coupable n'aura à redouter ni sa victime (qui préférera ne pas se plaindre, par crainte, inertie ou intérêt), ni son juge (qui ne disposera que de moyens d'investigation insuffisants)", J. LARGUIER, *Op. Cit.*, p. 8.

96 Sem dúvida de que a acusação promovida por um particular "comportait des risques graves. Elle obligeait à prendre l'initiative des poursuites et imposait la charge matérielle, juridique et pécuniaire de conduire le procès", [G. STEFANI, G. LEVASSEUR e B. BOULOC, *Op. Cit.*, p. 54].

97 Cfr. HÉLIO TORNAGHI, *Op. Cit.*, pp. 11 e ss..

sempre as pessoas[98] queriam expor-se por razões muitas das vezes de segurança, de honra, de dignidade, conduzindo assim ao **sentimento de *impunidade***[99] do criminoso que seria alimentado pela esperança baseada na observação e experiência de que eram "frouxos... os laços que prendem o braço criminoso"[100]. Este relaxamento da acção repressiva conduzia ao **sentimento de insegurança** na colectividade, que via cada vez mais uma possibilidade alargada de não molestação dos malfeitores[101].

β. o modelo acusatório desprotege quer a sociedade quer o indivíduo, porque qualquer um está **sujeito a uma acusação por razões de inimizades, de vingança, de ódio, de despeito, de malícia, de astúcia e de extorsão**, provocando uma acusação contra um inocente que, devido à sua condição, está sujeito às "contingências da justiça humana". A aceitação de uma acusação despida de qualquer indício probatório não é compensada pela liberdade em que se encontra o acusado ao longo do processo criminal, que jamais se deveria ter iniciado sem qualquer prova material da existência do crime e sem fundada e real suspeita da autoria. Ninguém está livre de ser acusado falsamente[102].

γ. o modelo acusatório originário **não protege os mais fracos**, principalmente em sociedades estruturadas e estratificadas em

---

98 Sem dúvida de que "dans un système qui remettait la conduite de la procédure pénale à un accusateur privé, le désistement de celui-ci (à la suite d'une transaction ou pour toute autre raison) laissait le crime sans sanction". Cfr. G. STEFANI, G. LEVASSEUR e B. BOULOC, *Op. Cit.*, p. 54.

99 Neste sentido J. DA COSTA PIMENTA, *Op. Cit.*, p. 54.

100 Cfr. HÉLIO TORNAGHI, *Op. Cit.*, p. 12.

101 Já MONTESQUIEU afirmava que não é a moderação das penas a mãe dos relaxamentos, mas sim a impunidade dos crimes. Cremos ser esse o sentimento que nos nossos dias predomina entre nós. Cfr. J. LARGUIER, *Op. Cit.*, p. 5.

102 Cfr. HÉLIO TORNAGHI, *Op. Cit.*, p. 12. Quem sabe se muitas das vezes não teriam de recorrer à mentira para provar factos verdadeiros, de forma a que se evitasse a absolvição do acusado, o que conduziria a que "l'accusateur était exposé souvent, en cas d'absolution de la personne accusée, aux peines applicables au crime prétendu". Cfr. G. STEFANI, G. LEVASSEUR e B. BOULOC, *Op. Cit.*, p. 54.

classes ou castas, o que impossibilita que uma pessoa acuse aquele de quem depende, que o súbdito acuse o seu *dominus*. Sabemos que nos dias de hoje, nos estados ditos de direito e ditos democráticos, após a proclamação da igualdade dos homens perante a lei[103], vemos que os 'poderosos' usufruem de uma "desvalada e cínica impunidade, porque ninguém ousa acusá-los"[104].

δ. ao conferir às partes a missão de recolher as provas dos factos, sem que o Juiz possa exercer qualquer inquirição, este modelo poderá **coarctar o conhecimento da verdade**, sendo esta ficta, assentando assim numa cópia inoportuna e insidiosa do processo civil, como afirmava MANZINI[105]. O Juiz teria de julgar segundo as afirmações incontrovertidas das partes, mesmo que reunissem provas deturpadas da verdade[106].

ε. o distinto processualista brasileiro JOÃO MENDES defendia que "o **sistema acusatório, despido da instrução prévia**, carecedora de provas elucidadas por sérias investigações, **reduzia** frequentemente **o Juiz à impotência de julgar**"[107]. A existência de muitas sentenças, concluídas pela dúvida, pela incerteza[108] não conduziam a um verdadeiro julgamento, mas sim a uma malograda conclusão.

η. em muitos casos, o **processo terminava em uma "bagunçada"** total, uma vez que o condenado não cumpria a sentença e que, estando em liberdade, poderia fugir, destruir ou falsificar provas, comprar testemunhas para deporem de forma a deturparem a verdade material dos factos[109].

---

103 Cfr. Prefácio e artigos 1.°, 2.°, 13.° Constituição de 1976.

104 Cfr. HÉLIO TORNAGHI, *Op. Cit.*, p. 13.

105 *Apud* HÉLIO TORNAGHI, *Op. Cit.*, p. 13.

106 "Se o réu se confessava culpado, ainda que não o fosse, ao juiz não importava mais colher prova alguma". Cfr. HÉLIO TORNAGHI, *Op. Cit.*, p. 13.

107 *Apud* HÉLIO TORNAGHI, *Op. Cit.*, p. 13. Negrito nosso.

108 *Ibidem.*

109 Atitudes próprias dos detentores do poder económico, político e social da época.

19. A única garantia do acusado era encontrar-se em liberdade no decurso do processo. Hoje, **este modelo primitivo evoluiu no sentido de promover todas as garantias processuais ao arguido**, desde a presunção de inocência até trânsito em julgado, até à obrigatoriedade das autoridades policiais e judiciais respeitarem todos e quaisquer direitos, liberdades e garantias do arguido, que, apesar de suspeito, é constitucionalmente protegido contra os abusos do poder público[110] e do privado.

Como afirmam FRANCHIMONT, JACOBS e MASSET, "no plano político, o processo acusatório é a expressão dos regimes com grande participação dos cidadãos"[111]. Além de corroborarmos esta tese, acrescentamos que o processo acusatório é, também, a expressão material dos cidadãos poderem, de algum modo, limitar e travar a discricionaridade dos detentores do poder, *maxime ius puniendi*.

---

[110] No campo político, "la procédure accusatoire s'harmonise avec les régimes démocratiques, ceux qui organisent une large participation des citoyens à la marche des affaires publiques, et ceux qui accordent une place préeminente à l'individu et à ses droits dans ses rapports avec l'État. En effect c'est une procédure qui garantit très efficacement les intérêts de la personne poursuivie". Cfr. STEFANI, LEVASSEUR e BOULOC, *Op. Cit*, p. 53.

[111] Cfr. FRANCHIMONT, JACOBS e MASSET, *Op. Cit.*, p. 18. Tradução nossa.

Capítulo II

DO MODELO INQUISITÓRIO

§ 12.° Perspectiva histórica

20. O processo inquisitório[112], como nos descreve Hélio Tornaghi[113], surge como um modelo subsidiário ao modelo acusatório, como forma de evitar que os infractores ficassem impunes e que os mais fracos sofressem pela cólera dos poderosos e que os homens de bem sofressem calúnias que ferissem a sua honra[114].

O Senado Romano, face a este cenário, instituiu os *quaesitores*[115] que tinham por tarefa averiguar e indagar os delitos de que tivessem

---

[112] O processo inquisitório "tire son nom de la formalité initiale qui domine tout le déroulement ultérieur du procès et pèse sur sa solution, l'enquête (*inquisitio)*", G. Stefani, G. Levasseur e B. Bouloc, *Op. Cit.*, p. 59.

[113] Cfr. Hélio Tornaghi, *Op. Cit.*, p. 14.

[114] Perante esta situação, "lorsque se fait sentir le besoin d'une répression plus énergique", J. Larguier, *Op. Cit.*, p. 8.

[115] Os *quaesitores* eram funcionários encarregues de efectuar a investigação dos *crimina extraordinaria e* de dirigir a aplicação da tortura, executada pelo *tortor*. Cfr. Jorge de Figueiredo Dias, *Direito Processual Penal*, (lições coligidas por Maria João Antunes), Coimbra, 1988-9, p. 39.

notícia e que, caso alguém não tivesse promovido a *accusatio*, teriam de ser estes a fazê-lo, "evitando que os infractores ficassem impunes"[116]. Na era diocleciana, o processo inquisitório já era *de iure* a forma processual usada, mas *de facto* os *quaesitores* só tinham iniciativa do inquérito quando não aparecia o acusador legítimo[117].

21. Os Imperadores TEODÓSIO e VALENTIANO, para evitar os abusos da denunciação caluniosa pelo acusador e o descaso do processo pelo acusado, determinaram a prisão preventiva do acusador e do acusado[118].

Os processualistas M. FRANCHIMONT, A. JACOBS e A. MASSET[119] defendem que o processo inquisitório nasceu com as jurisdições eclesiásticas[120], tendo-se generalizado no século XIII[121] e que fora adoptado pelas posteriores jurisdições laicas europeias[122] e pelos ordenamentos jurídicos reais[123].

---

116 Cfr. HÉLIO TORNAGHI, *Op. Cit.,* Vol. I, p. 14.

117 *Ibidem.*

118 *Ibidem.*

119 Cfr. M. FRANCHIMONT, A. JACOBS e A. MASSET, *Op. Cit.,* p. 18.

120 Neste sentido J. LARGUIER, *Op. Cit.,* p. 8. Os Professores G. STEFANI, G. LEVASSEUR e B. BOULOC defendem que, no direito romano do Baixo-Império, as jurisdições eclesiásticas encontraram os princípios essenciais do processo inquisitório, mas em França este processo nasceu "au sein des jurisdictions ecclésiastiques qui l'adoptent intégralement dès le XIIIeme siècle", *Op. Cit.,* p. 59.

Estes mesmos autores afirmam que "les juges ecclésiastiques, techniciens spécialisés formés par l'étude du droit romain, suivaient une procédure inspirée de la voie extra ordinem instituée par le droit romain du Bas-Empire (dans laquelle le juge procédait lui-même, conservant les traces écrites des résultats de son enquête, et utilisant éventuellement la torture). *Idem,* p. 60.

121 Especialmente a partir do Concílio de Latrão de 1215, em que era papa Inocêncio III. Cfr. HÉLIO TORNAGHI, *Op. Cit.,* Vol. I, p. 15, G. STEFANI, G. LEVASSEUR e B. BOULOC, *Op. Cit.,* p. 61 e J. FIGUEIREDO DIAS, *Op. Cit.,* p. 39.

122 Cfr. HÉLIO TORNAGHI, *Op. Cit.,* Vol. I, p. 15.

123 Cfr. J. LARGUIER, *Op. Cit.,* pp. 8 e 9, G. STEFANI, G. LEVASSEUR e B. BOULOC, *Op. Cit.,* p. 59 e M. FRANCHIMONT, A. JACOBS e A. MASSET, *Op. Cit.,* p. 18.

§ 13.° Estrutura do modelo inquisitório

22. Este modelo, que tem como fundamento a estima pública do suspeito e o êxito das investigações, "passou a ser secreto e documentado pela redução a escrito de todos os actos"[124], prosseguindo-se o princípio de que *Quod non est in actis non est in mundo*, ou seja, só contava o que estivesse nos autos. Este processo juridicamente apostava em uma característica secreta[125], escrita[126] e na ausência do princípio contraditório[127-128].

O Juiz[129], *dominus* do processo, neste modelo processual, actua *ex officio*, pesquisa oficiosamente e de forma livre todas e quaisquer pro-

---

124 Cfr. Hélio Tornaghi, *Op. Cit.*, Vol. I, p. 14.

125 Este modelo de processo "est **secrète** dans la quasi-totalité de son déroulement, surtout aux phases importantes; on estime que la publicité, tout au moins la publicité prématurée, risque de troubler l'efficacité de la marche de la justice", G. Stefani, G. Levasseur e B. Bouloc, *Op. Cit.*, p. 60; J. Larguier, *Op. Cit.*, p. 9. Negrito nosso. Segundo Hélio Tornaghi o processo passou a ser secreto para "evitar que os humildes fossem vítimas da cólera dos poderosos, que os homens de bem sofressem na boa fama, na estima pública e, finalmente, para assegurar o bom êxito das investigações", [Cfr. H. Tornaghi, *Op. Cit.*, Vol. I, p. 14]. Razões com as quais em princípio qualquer ser humano concorda e defende, pois, além da eficácia da investigação, estava em causa não só a protecção dos mais fracos numa sociedade de classes sociais, promovendo-se uma igualdade fundada na ideologia cristã, como também se pretendia evitar o destruir da dignidade humana.

126 O processo inquisitório é "essentiellement **écrite**; il est dressé acte de chacun des épisodes qu'elle comporte, aussi bien des constatations faites que des témoignages entendus, des déclarations des parties, etc. jusque et y compris l'exécution de la sentence". Cfr. G. Stefani, G. Levasseur e B. Bouloc, *Op. Cit.*, p. 60. Negrito nosso. A base da característica secreta do processo assentava na documentação de todos os actos, reduzindo-os a escrito. Neste sentido Hélio Tornaghi, *Op. Cit.*, Vol. I, p. 14.

127 Enfim "cette procédure **n'est pas contraditoire**: l'accusé n'a qu'un rôle passif, la procédure Qui se déroule à son encontre est secrète même à son égard", [G. Stefani, G. Levasseur e B. Bouloc, *Op. Cit.*, p. 60. Negrito nosso].

128 Cfr. M. Franchimont, A. Jacobs e A. Masset, *Op. Cit.*, p. 18.

129 Neste modelo não são as partes que "conduisent le procès, *le rôle du juge* est beaucoup plus actif; il prend l'initiative de rechercher la vérité, se sasissant au besoin

vas conducentes à descoberta da verdade material e não ficta, promovendo buscas, apreensões, audição de testemunhas, a realização de perícias[130], vistorias, todas as diligências promissoras do conhecimento da verdade[131].

No modelo inquisitório nega-se o processo penal, "uma vez que se confiam ao mesmo órgão poderes de acusação, defesa e julgamento", conjugados com a negação da "igualdade jurídica entre acusador e acusado", não bastando o juiz ser o "«dominus» da instrução como ainda deter funções de julgamento,"[132], tratando-se sem dúvida de uma "pura investigação policial, apesar de confiada a um juiz"[133].

A ***inquisitio***[134] decorria em duas fases: a ***inquisitio generalis***, na qual o Juiz investigava o facto material, e a ***inquisitio specialis***, na qual se indagava a culpabilidade de quem praticou a infracção.

---

lui-même, et met tout en oeuvre pour y parvenir (...). Ces juges, (...), sont des *techniciens*". Cfr. G. Stefani, G. Levasseur e B. Bouloc, *Op. Cit.*, p. 60. Jean Larguier caracteriza os juízes como funcionários públicos de natureza permanente e impostos às partes. Cfr. J. Larguier, *Op. Cit.*, p. 9,

[130] Que nascem com o processo inquisitório (Hélio Tornaghi, *Op. Cit.*, Vol. I, p. 14), uma vez que a estrutura primitiva do processo acusatório não permitia a existência de perícias.

[131] Cfr. Germano Marques da Silva, *Op. Cit.*, Vol. I, p. 33 e Hélio Tornaghi, *Op. Cit.*, Vol. I, p. 14.

[132] O juiz "intervém *ex officio*, sem necessidade de acusação, **investiga** oficiosamente com plena liberdade na recolha das provas, **pronuncia** e **julga** com base nas provas por si recolhidas; o juiz é o *dominus* do processo". Cfr. Germano Marques da Silva, *Curso de Processo Penal*, Verbo, 1993, Vol. I, p. 33. Como nos ensina Figueiredo Dias, ao juiz, "degradado, ao menos no plano dos factos, à condição de burocrata da justiça, sem independência do poder político", cabe "o domínio discricionário do processo, quer no seu *se* (promoção processual), quer no seu *como* (objecto processual e consequente fixação do *thema probandum* e do *thema decidendum*), quer na sua concreta tramitação ". Cfr. Figueiredo Dias, *Op. Cit.*, p. 38.

[133] Cfr. Germano Marques da Silva, *"Princípios Gerais do Processo Penal e Constituição da República Portuguesa", in Direito e Justiça*, RFCHUCP, 1987/88, Vol. III, p. 172.

[134] Cfr. Hélio Tornaghi, *Op. Cit.*, Vol. I, p. 15.

§ 14. Metamorfose da begnitude em prepotência e opressão

23. **O processo inquisitório**, que surge não como criação da prepotência ou com vista à opressão, mas como forma de evitar a insegurança do colectivo provocada pela impunidade dos criminosos, apoiado nos corolários do *secretismo*[135], de *escrita*[136] e da *ausência de contradição*[137], **transformou-se**, pela tortura e pelo abuso dos poderes concentrados no Juiz[138], que investiga e julga, **em um instrumento nefasto e perigoso para a ordem e segurança dos indivíduos** frente à sociedade que reclama veemente justiça.

A estrutura inquisitória do processo penal, própria de um Estado autoritário, eleva este a "uma posição de supremacia total e ilimitada sobre o indivíduo", sendo o processo "dominado, exclusivamente, pelo interesse do Estado, que não concede ao interesse das pessoas qualquer consideração autónoma e, ligado a uma liberdade inteiramente discricionária do julgador (embora exercida sempre em favor do poder oficial"[139],

---

135 O processo penal de modelo inquisitório *"est secrète dans la quasi-totalité de son déroulement, surtout aux phases importantes; on estime que la publicité, tout au moins la publicité prématurée, risque de troubler l'efficacité de la marche de la justice"*. Cfr. G. Stefani, G. Levasseur e B. Bouloc, *Op. Cit.*, p. 60; J. Larguier, *Op. Cit.*, p. 9.

136 Esta estrutura processual prima essencialmente pela escrita, pois o processo "est dressé acte de chacun des épisodes qu'elle comporte, aussi bien des constatations faites que des témoignages entendus, des déclarations des parties, etc, jusque et y compris l'exécution de la sentence". Cfr. G. Stefani, G. Levasseur e B. Bouloc, *Op. Cit.*, p. 60; J. Larguier, *Op. Cit.*, p. 9.

137 Enfim "cette procédure n'est pas contraditoire: l'accusé n'a qu'un rôle passif, la procédure qui se déroule à son encontre est secrète même à son égard.". Cfr. G. Stefani, G. Levasseur e B. Bouloc, *Op. Cit.*, p. 60; J. Larguier acrescenta que "o juiz, que representa um papel activo na busca de provas, decide-se em função da aplicação da tarifa preestabelecida de elementos de prova". Cfr. J. Larguier, *Op. Cit.*, p. 9.

138 O juiz investiga, acusa e julga, dominando a promoção, a forma e o objecto do processo. Neste sentido Rodrigues Maximiano, "A Constituição e o Processo Penal – Competência e Estatuto do Ministério Público, Do Juiz de Instrução Criminal e do Juiz Julgador – A Decisão Sobre o Destino dos Autos e os Artigos 346.° e 351.° do C.p.p.", *in RMP*, ano 2, Vol. 5, 1981, p. 120.

139 Cfr. Figueiredo Dias, *Op. Cit.*, p. 37.

pois o interesse do Estado era "arvorado em interesse da comunidade" em que o "império do estado actua no processo através do império dos juízes"[140].

Concordamos com MANZINI[141], quando afirma que o processo inquisitório surgiu de uma necessidade social, e com o processualista JOÃO MENDES[142] que defende que o processo inquisitório continha elementos que não podiam ser repelidos, uma vez que funcionou como uma garantia de justiça e de liberdade para homens de condição humilde que jamais, em um processo de estrutura acusatória, poderiam acusar os ricos e poderosos sem receio de vingança ou de represálias.

24. A intenção inicial foi, todavia, corroída e transformou o processo de estrutura inquisitória em uma estrutura tecnicamente não só inidónea, mas também inadequada a um Estado de Direito Democrático fundado nos valores de respeito da dignidade da pessoa humana[143].

O modelo inquisitório despe o arguido de quaisquer garantias processuais, vedando-lhe os direitos relativos à sua condição processual[144], que resultam da sua condição humana do próprio arguido,

---

[140] Cfr. R. MAXIMIANO, *Op. Cit.,* p. 120.

[141] Cfr. MANZINI, *Trattato,* Vol. 1, p. 31.

[142] Cfr. JOÃO MENDES, *O Processo Criminal Brasileiro*, Vol. 1. p. 218.

[143] Neste sentido HÉLIO TORNAGHI, *Op. Cit.,* Vol. 1, p. 16.

[144] Como nos ensinam G. STEFANI, G. LEVASSEUR e B. BOULOC "dans la procédure de type inquisitoire, la phase de l'instruction préparatoire, quasi inexistante dans la procédure accusatoire, prend un developpement et une importance considérables; son déroulement occupe la majeure partie du temps, et l'audience ne sera plus ensuite qu'une formalité destinée à en exposer les conclusions et à en tirer les conséquences. Or pendant cette phase capitale du procès pénal, **les droits de la défense sont sensiblement sacrifiés, l'assistance apportée à la personne poursuivie est très réduite**". Cfr. G. STEFANI, G. LEVASSEUR e B. BOULOC, *Op. Cit.,* p. 60 (negrito nosso). Neste sentido JEAN LARGUIER ao comparar este modelo processual a uma "machine répressive (...) puissante" em que "les intérêts de la défense sont sacrifiés" [Cfr. J. LARGUIER, *Op. Cit.,* p. 9] e GERMANO MARQUES DA SILVA: "o suspeito praticamente não tem direitos frente ao juiz" [Cfr. GERMANO MARQUES DA SILVA, *Curso de Processo Penal,* Vol. I, p. 33].

O **arguido** não é visto como um "sujeito coactuante, mas como **mero «objecto»** de inquisição, como algo «a que é feito» o processo mas que nele não participa acti-

estando este sob o jugo do Juiz[145] que é "ao mesmo tempo acusador e, por isso, perde a independência necessária a um julgamento imparcial"[146]. O suspeito não tem possibilidade de se defender convenientemente, porque não conhece ou, até mesmo, porque não existe a denúncia, além de se encontrar privado da liberdade aquando de crimes mais graves[147].

FIGUEIREDO DIAS afirma que o processo de tipo inquisitório consolidou-se "no direito dos Estados, durante os sécs. XVII e XVIII, quando se ligou politicamente às ideias do Estado-absolutista e do Estado-de-polícia totalitário"[148]. Neste sentido, FANCHIMONT, JACOBS e MASSET consideram que, num plano político, "*la procédure inquisitoire répond à un régime autoritaire qui place les intérêts de la société au – dessus des intérêts individuels*"[149-150]. Contudo e como já vimos, o modelo inquisitório nasceu muito antes do advento do absolutismo, é aliás este que deita mão desse modelo processual para garantir a supremacia da sociedade sobre o indivíduo, a protecção do colectivo em detrimento do individual.

---

vamente. (...) se **minimizem ou ignorem os mais elementares direitos do suspeito** à sua protecção perante os abusos e a parcialidade dos órgãos estaduais, os judiciais incluídos", porque com este modelo processual apenas se tenta "**proteger os (aparentes) interesses do «poder»** face aos obstáculos que ao seu exercício podem ser postos pela vontade individual e afirmar a total supremacia da força estadual perante os destinatários dos seus comandos". Cfr. JORGE DE FIGUEIREDO DIAS, *Direito Processual Penal,* (lições coligidas por MARIA JOÃO ANTUNES), Coimbra, 1988/9, pp. 37--38 (negrito nosso).

145 Que como sabemos o mesmo juiz, actuando *ex officio,* investiga, acusa e julga.

146 Cfr. GERMANO MARQUES DA SILVA, *Curso de Processo Penal,* Vol. I, p. 34 e HÉLIO TORNAGHI, *Op. Cit.,* Vol. I, p. 16.

147 Neste sentido GERMANO MARQUES DA SILVA, *Op. Cit.,* Vol. I, pp. 33-34.

148 Cfr. JORGE DE FIGUEIREDO DIAS, *Direito Processual Penal,* (lições coligidas por MARIA JOÃO ANTUNES), Coimbra, 1988/9, p. 39.

149 Cfr. FANCHIMONT, JACOBS e MASSET, *Op. Cit.,* p. 18.

150 "O Estado autoritário e absolutista, da Europa dos sécs. XVII e XVIII *assume-se* como supremo juiz do bem comum, exprime-se (...) numa concepção designada por processo inquisitório". Cfr. RODRIGUES MAXIMIANO, *Op. Cit.,* p. 120.

Sistema[151] baseado no secretismo e na ausência do contraditório, em que o Juiz é simultaneamente investigador, acusador e julgador – que se apresentava como o juiz salvador –, conduziu a abusos de poder, contra ao quais os suspeitos não tinham quaisquer direitos e garantias processuais. Concordamos com JEAN LARGUIER ao afirmar que "se não é bom reservar à vítima o direito de desencadear o processo penal, melhor não será confiá-lo exclusivamente ao juiz"[152]. O primeiro peca tendencialmente por defeito na mesma proporção que o segundo por excesso.

[151] Sem dúvida que concordamos com CALAMANDREI quando afirma que o processo inquisitório era uma ficção da justiça, porque nele "as partes são apenas elementos figurativos exigidos para o ritual se tornar mais espectacular, mas o juiz é tudo e a sua vontade única; a sentença não é o resultado final de vontades contrapostas mas o arbítrio solitário de uma vontade que encena o processo como um artíficio de modo a dar uma ilusória justificação retrospectiva de uma decisão já tomada", *apud* CUNHA RODRIGUES, "Sobre o Princípio da Igualdade de Armas", *in Lugares do Direito*, Coimbra: Coimbra Editora, 1999, p. 337, nota 19.

[152] Cfr. J. LARGUIER, *Op. Cit.*, p. 9. Tradução nossa.

Capítulo III

DO MODELO MISTO

SUMÁRIO: § 15.° Estrutura
§ 16.° Limites à garantia dos direitos das pessoas

§ 15.° Estrutura

25. Do caminho negro do processo inquisitório, a França regressa ao processo acusatório com a Ordenação de 1539, sem que se receasse pela impunidade, uma vez que a acusação competia a um órgão de Estado, o Ministério Público[153-154], sendo uma acção oficial e obrigatória. Regressa-se aos princípios da publicidade, da oralidade, do contraditório e da divisão de tarefas: Juiz, acusador (MP ou o Particular) e o acusado (defesa).

O modelo misto[155], consagrado pelas reformas do liberalismo em Portugal, cimenta a sua estrutura no princípio inquisitório que domina

---

153 Cfr. Hélio Tornaghi, *Op. Cit.*, Vol. I, p. 17.

154 Em Portugal o Ministério Público surge com o Dec. n.° 24 de 16 de Maio de 1822, no seguimento da revolução de 1820 que provoca uma reformulação do processo inquisitório. Cfr. Rodrigues Maximiano, *Op. Cit.*, p. 121.

155 Em França, devido ao abusos do processo penal de estrutura inquisitória e aos ideais da revolução Francesa, após uma larga e profunda consulta aos tribunais, em 1808, decidiu-se por dois códigos: o Código Penal e o Código de Instrução Criminal. Este foi aprovado em 1808, que entrou em vigor apenas no dia 1 de Janeiro de 1811, depois da aprovação do Código Penal e da lei de Organização Judiciária em 1810. O código Napoleónico adoptou um sistema misto, em que se aplica "le système

a investigação pré-acusatória e no princípio acusatório que domina a fase do julgamento[156], no qual são apresentadas, discutidas e apreciadas as provas pela acusação, pela defesa e pelo Juiz[157] que tomará uma decisão de forma a que seja defendida a liberdade do inocente.

O processo penal de natureza mista[158] engloba o sistema inquisitório para toda a fase do processo que precede a audiência de julgamento e que é da competência do Ministério Público, "representante da colectividade ou do Estado ofendidos pelo crime, ou do particular vítima de um crime ou dos seus representantes"[159], e o sistema acusatório para a fase de audiência do julgamento[160]. Há neste modelo não só a tentativa de punir os criminosos, mas também de promover ao máximo as garantias processuais individuais do suspeito.

26. No modelo misto, o princípio do inquisitório[161] apresenta-se mais eficaz e útil na fase de investigação, do apuramento dos factos e da sua imputação a alguém, permitindo diminuir o sentimento de impu-

---

inquisitoire à toute la phase du procès pénal qui précède l'audience du jugement, et le système accusatoire à la procédure à l'audience". Cfr. G. Stefani, G. Levasseur e B. Bouloc, *Op. Cit.,* pp. 67-68 e J. Larguier, *Op. Cit.,* p. 9.

156 No Código Francês de 1808, o julgamento, inspirado pelo sistema acusatório, era público, oral e contraditório, ao contrário da instrução, que se inspirava no princípio inquisitório e na qual "l'avocat ne pouvait assister l'inculpé". Cfr. J. Larguier, *Op. Cit.,* p. 9. Neste mesmo sentido se pode citar que "la constatation des infractions et l'instrution des affaires délicates se font secrètement, par écrit et sans contradiction; qui plus est, le code de 1808 n'admettait pas l'assistance d'un avocat au cours de l'instruction", mas "(...) la procédure à l'audience obéit au contraire à toutes les règles de la procédure accusatoire: les debats sont publics, oraux et contraditoires". Cfr. G. Stefani, G. Levasseur e B. Bouloc, *Op. Cit.,* p. 68 e Fernando José dos Santos Pinto Torrão, *A Relevância Político-Criminal da Suspensão Provisória do Processo*, Coimbra: Almedina, 2000, pp. 50 e ss..

157 Cfr. Germano Marques da Silva, *Op. Cit.,* 4.ª Edição, Vol. I, p. 34.

158 Cfr. Giovanni Leone, *Manuale di Diritto Processuale Penale*, Jovene Editore, 1988, p. 10 e E. Fortuna et Alia, *Manuale Pratico del Nuovo Processo Penal*, CEDAM, 1995, pp. 13-14.

159 Cfr. Germano Marques da Silva, *Op. Cit.,* 4.ª Edição, Vol. I, p. 34.

160 Neste sentido. M. Franchimont, A. Jacobs e A. Masset, *Op. Cit.,* p. 18.

161 Que privilegia uma investigação secreta, escrita, com contenção dos direitos da defesa. Cfr. José Souto de Moura, *Op. Cit.,* p. 84.

nidade da verdade material, e o princípio do acusatório dá maiores garantias ao acusado, de forma que impeça a perseguição e a condenação dos inocentes[162].

O modelo misto poderia funcionar como um modelo perfeito, em que um invalidaria os inconvenientes do outro. Mas, é quase impossível, uma vez que actuam em momentos do processo diferentes e as vicissitudes de cada um permanecem variáveis no tempo e no espaço a que pertencem.

§ 16.° Limites à garantia dos direitos das pessoas

27. O modelo misto "reconhecia o *princípio* – basilar no processo penal reformado – *da acusação*: esta competiria ao ministério público, enquanto o julgamento seria da competência de um juiz"[163]. Contudo, aquele princípio, como ensina FIGUEIREDO DIAS, fora transformado em princípio da "forma acusatória" ou do "acusatório formal", o que permitia que o julgador tivesse "competência para a instrução preparatória e que, esta terminada, o juiz pudesse ordenar ao ministério público que acusasse ou não acusasse"[164]. Nesta orla de ideias materializadas, como nos elucida o ilustre Mestre, "se esfumava a garantia dos direitos das pessoas insita no princípio acusatório e se regressava, *volente*, *nolente*, ao essencial do sistema inquisitório"[165].

Outra questiúncula derivada do "incorrecto entendimento do princípio da *verdade material*" em finalidade essencial ou única do processo penal, transformava este em "um servo do poder oficial" por incompreensivelmente não se entender que tal finalidade deveria ceder ou restringir-se "perante a exigência de garantia dos direitos das pessoas face ao Estado"[166].

---

162 Neste sentido JOSÉ FREDERICO MARQUES, *O Processo Penal Acusatório, Investigações*, citado por HÉLIO TORNAGHI, *Op. Cit.*, Vol. I, p. 17.

163 Cfr. FIGUEIREDO DIAS, *Op. Cit.*, p. 44.

164 *Ibidem.*

165 *Ibidem.*

166 *Idem*, pp. 44 e 45.

O afastamento do pensamento «de que o processo penal não deve configurar-se como um "processo de partes"»[167] nega de forma inequívoca qualquer igualdade de armas entre a acusação e a defesa, o que provocou um grande desnível e cavou "entre estas a mais chocante desigualdade processual"[168], que se agrava ao submeter ao propósito da «descoberta da "verdade material"» não apenas o MP, mas também o próprio defensor, que passava a ser – como órgão de administração da justiça penal – um "mero colaborador da realização do interesse do Estado"[169]. Como agravo, os juízes, apesar de manterem a independência formal, mas subtraída a independência material, institucional e pessoal, em que se procurava "assegurar, por esta via, a coincidência do sentido das suas decisões com as directivas ou os propósitos oficiais"[170], transformavam-se em autênticos *funcionários*.

O processo de natureza mista, transformado em "inquisitório mitigado", como ensina FIGUEIREDO DIAS, comprometeu a "consistência e a evolução de um processo penal harmónico com fundamentos de Estado de Direito"[171], por as garantias dos direitos das pessoas se metamorfosearem em garantias aparentes.

Só um processo penal de estrutura acusatória mitigado com o princípio da investigação pôde, já no séc. XX, concretizar as garantias processuais reais próprias de um Estado de direito democrático.

---

[167] *Idem*, p. 45.

[168] *Ibidem*.

[169] *Ibidem*.

[170] *Ibidem*.

[171] *Idem*, p. 46.

CAPÍTULO IV

DOS MODELOS DO SÉC. XX[172]

§ 17.° Modelo anglo-saxónico

28. O **sistema anglo-saxónico**[173] não possui uma estrutura que englobe uma *jurisdição de instrução* e uma *instituição com as características do Ministério Público europeu continental*[174]. É à polícia que compete a prossecução da fase preparatória do processo, uma vez que está especializadas e vocacionada para a investigação criminal.

---

172 A propósito da actualidade dos modelos, seguimos o agrupamento de três sistemas proposto por José Souto de Moura em uma comunicação por si efectuada no âmbito das Jornadas de Direito Processual Penal, organizadas em 1988 pelo Centro de Estudos Judiciários, por serem, indubitavelmente, os mais importantes. Cfr. José Souto de Moura, "Inquérito e Instrução", *in Jornadas de Direito Processual Penal – o Novo Código de Processo Penal*, Coimbra: Almedina, 1995, p. 86. Quanto aos modelos que vigoraram no séc. XX, José Manuel Damião da Cunha, *Op. Cit.*, pp. 63 e ss..

173 Referimo-nos ao sistema Inglês e ao da «Common Law», mas não inclui o sistema dos EUA.

174 Cfr. José Souto de Moura, *Op. Cit.*, p. 86.

Mas e apesar da polícia ter *características muito próprias* e de ser especializada no que concerne à investigação até de certos domínios criminais, esta, em uma acção que conflitue com direitos e liberdades individuais, jamais poderá actuar sem a autorização do juiz (buscas, escutas telefónicas – Canadá; recolha de impressões digitais – Inglaterra) ou do Ministro do Interior (escutas telefónicas – Inglaterra)[175].

No sistema inglês e da *Common Law* quem decide pela submissão de alguém a julgamento é o tribunal após um debate[176] oral entre a acusação, a defesa e o público, e não a entidade que investigou, a polícia. Como se pode depreender há, sem qualquer margem para dúvidas, uma enorme separação entre a entidade que investiga e a que decide ou não pelo julgamento, tentando-se "separar as águas" de forma que o arguido não sofra da parcialidade, por regra, própria dos órgãos que iniciam o processo, investigam e decidem pela acusação.

29. O sistema inglês consagra um *«proceso limpio» (fair trial), consecuencia del Estado de Derecho y social*[177]. O arguido é uma parte e o juiz é um *super partes* que decide, em princípio, imparcialmente. Dizemos *em princípio,* porque todos nós sabemos que a nossa imparcialidade, por vezes, cai por terra, por multiplas e complexas razões nomeadamente por força da nossa formação que é ordenada por axiomas de variada ordem. Pois, os preconceitos sociais e económicos fazem quebrar em muito a imparcialidade proclamada como princípio fundamental de uma administração de Estado de direito democrático. A nossa subjectividade sobrepõe-se, normalmente, aos dados muitas vezes demasiado objectivos.

Nos EUA *consagrou-se um sistema base que se afasta de modo importante do inglês*, uma vez que existe o Ministério Público, detentor de latos poderes de oportunidade, mas não da tarefa de investigação, que, com base nas provas recolhidas pela polícia, terá de acusar ou

---

175 Cfr. JOSÉ SOUTO DE MOURA, *Op. Cit.*, p. 87.

176 Designado por *preliminary inquiry* ou *preliminary examination*. Cfr. JOSÉ SOUTO DE MOURA, *Op. Cit.*, p. 89.

177 Cfr. JUAN-LUIS GOMEZ COLOMER, *El Proceso Penal Aleman Introduccion y Normas Basicas*, Barcelona: Bosch, c. Editorial, SA, 1985, p. 44.

não, competindo-lhe desta forma *aduzir o material probatório da culpa do arguido* detido e reclamar *uma «audiência preliminar»*[178].

§ 18.° Modelo de inspiração socialista

30. O regime de países socialistas[179], países Africanos, alguns países Árabes, certos cantões Suíços (e a extinta R.D.A) premeiam fortemente uma *investigação policial associada e controlada pelo Ministério Público*, mas sem *que o Juiz de instrução*[180] *desempenhe qualquer papel como entidade investigadora ou de presidência da fase em causa*[181]. Contudo, no decurso da investigação criminal, o juiz deverá intervir para autorizar ou conduzir actos que ponham em causa direitos, liberdades ou a intimidade do cidadão[182]. Melhor, o juiz, nestes casos limites, intervém na instrução do processo.

As polícias sofrem um duplo controlo: um efectuado pelo Ministério Público ao longo das diligências próprias e normais de uma investigação; outro levado a cabo pelo juiz, quando dessas diligências resulte uma ofensa aos direitos e liberdades individuais, travando, por ventura, o espírito mais aguçado dos elementos policiais.

A decisão do arquivamento cabe ao MP, *entidade directora das investigações*. Mas, quando este decide pela acusação, não se passa

---

178 Cfr. José Souto de Moura, *Op. Cit.*, p. 87.

179 Por exemplo na ex-Jugoslávia, apesar de ter seguido uma ideologia socialista manteve o juiz de instrução. Cfr. José Souto de Moura, *Op. Cit.*, p. 87. Também Cuba consagra nos dias de hoje essa sujeição através do art. 121 da Ley de Procedimiento Penal de 13 de Agosto de 1977 e actualizada pelo Decreto Ley 151 de 10 de Junho de 1994. Cfr. o nosso *Lei e Crime...*, pp. 44 e 45.

180 A República Popular da China além de não conhecer a figura do juiz de instrução, também não conhece a figura do juiz «na instrução». As polícias investigam e o Ministério Público acusa ou não acusa. Cfr. José Souto de Moura, *Op. Cit.*, p. 87.

181 Cfr. José Souto de Moura, *Op. Cit.*, p. 87. Poder-se-á afirmar que estamos perante um modelo extremamente controlado pelo poder político – através da Polícia e do MP.

182 *Ibidem.*

imediatamente para a fase de julgamento, pois a jurisdição de julgamento ter-se-á de pronunciar se a acusação deve ou não subsistir, ou seja, existe uma fase intermédia para controlar a dedução da acusação[183], como forma de evitar o jugo do julgamento ao indivíduo vítima, que é de uma eficácia descontrolada, ou, até mesmo, para avaliar da necessidade e da utilidade do julgamento na prossecução dos fins do direito punitivo.

§ 19.° Modelo de inspiração francesa

31. Existe um **terceiro modelo** que distribui as competências de investigação pelas polícias e pelo Ministério Público e, principalmente, pelo juiz de instrução, ou seja, o **modelo francês** que influenciou os países europeus, do qual Portugal não se afastou entre 1976 e 1987[184].

O juiz de instrução surge como garantia de isenção e independência, pois o Ministério Público encontra-se, como um súbdito, ligado ao poder executivo, e detém nas suas mãos a acção penal assente em *critérios de oportunidade*[185], coadjuvado com relativa imparcialidade[186] e autonomia.

O MP tende a demonstrar que consegue prevenir, combater e controlar a criminalidade, não obstante o risco sempre presente e inevitável de os princípios de oportunidade, de imparcialidade e de autonomia se transformarem em princípios de inoportunidade, de pura parcialidade e de total dependência do executivo.

À polícia, sob a direcção do MP, cabe realizar "inquérito preliminar ou de flagrante[187], ou seja, descobrir e constatar as infracções, levantar os indícios, procurar os autores para os entregar à justiça"[188].

---

183 *Idem*, p. 89.

184 *Idem*, p. 87 e José Manuel Damião da Cunha, *Op. Cit.*, pp. 73 e ss..

185 *Ibidem*.

186 Sobre a imparcialidade também se aplica aqui o que por nós está descrito na análise do modelo de inspiração anglo-saxónica.

187 Cfr. José Souto de Moura, *Op. Cit.*, p. 87.

188 Cfr. G. Stefani, G. Levasseur e B. Bouloc, *Op. Cit.*, p. 44.

Aos órgãos policiais compete ainda praticar "os actos impostos pela situação de flagrante ou os actos de procura preliminar que precedem a acção judicial e a instrução propriamente dita"[189], porque a apreciação das provas compete ao poder judicial e não à polícia.

Ao Ministério Público, além de dirigir as acções de investigação levadas a cabo pela polícia na fase preliminar[190], compete-lhe em nome da sociedade a acção penal *(poursuite)*[191], devendo apresentar o autor do crime a julgamento através da *citação directa* quando as infracções não forem graves, melhor, *«les délits et les contraventions»*[192].

Mas, o MP terá de requerer a abertura de instrução quando os factos em causa sejam *infracções graves («crimes»)*[193], competindo esta fase de instrução preparatória ao juiz de instrução, cujos resultados irão ser ou não confirmados pela *"Câmara de Acusação"*, que é também *instância de recurso de decisões proferidas na primeira fase*[194].

32. Na fase de instrução preparatória, que se situa entre *«la poursuite et la phase de jugement»*, procura-se reunir e apreciar as provas da culpabilidade, terminando com a decisão de levar o culpado perante a jurisdição de julgamento ou de não o levar quando há insuficiência de indícios, quando os factos não são susceptíveis de qualquer qualificação criminal ou, ainda, quando os mesmos já não podem ser legalmente perseguidos quer por terem prescrito, quer por terem sido amnistiados[195].

---

189 Conclusão retirada do art. 14 do Code de Procédure Penal pelos profs. G. Stefani, G. Levasseur e B. Bouloc, *Op. Cit.*, p. 44.

190 Fase que tem por objecto *"la recherche ou la constatation de l'infraction, et la decouverte de l'auteur (procès-verbal – dénonciation – plainte – enquête préliminaire faite par la police)"*. Cfr. G. Stefani, G. Levasseur e B. Bouloc, *Op. Cit.*, p. 43.

191 Cfr. G. Stefani, G. Levasseur e B. Bouloc, *Op. Cit.*, p. 43.

192 Cfr. José Souto de Moura, *Op. Cit.*, p. 88 e G. Stefani, G. Levasseur e B. Bouloc, *Op. Cit.*, p. 43.

193 Mesmo quando não se trata de infracções graves o MP poderá requerer a abertura da instrução, em vez de citar directamente o suspeito, art. 79 do CPP Francês. Cfr. G. Stefani, G. Levasseur e B. Bouloc, *Op. Cit.*, pp. 23, 44 e José Souto de Moura, *Op. Cit.*, p. 87

194 Cfr. José Souto de Moura, *Op. Cit.*, p. 88 e G. Stefani, G. Levasseur e B. Bouloc, *Op. Cit.*, pp. 23 a 25, 43 a 46.

195 Cfr. G. Stefani, G. Levasseur e B. Bouloc, *Op. Cit.*, pp. 43-44.

No sistema Francês, o encerramento do processo compete à entidade directora das investigações: ao Ministério Público para as infracções menos graves, à Câmara de Acusação para as mais graves ou à própria jurisdição de Instrução[196].

Na vizinha Espanha, influenciada pelo sistema francês, *a fase preparatória do processo penal centra-se no «Sumário»* da competência do juiz de instrução, cujo controle e acompanhamento, sentido de modo acentuado, pertence ao MP. Ao «Sumário» contrapõe-se a *«judicio oral»* que engloba a *fase de julgamento* e a de *acusação e pronúncia.* Próximo do regime Alemão, *existe um controle da jurisdição de julgamento sobre as conclusões da investigação*, alcançadas pelo juiz de instrução. Neste controle decide-se ou pela fase da *«judicio oral»* ou por *uma fase intercalar*[197].

§ 20.° Conclusão preliminar

33. Analisados estes três grandes grupos de sistemas, poder-se-á aferir que às **polícias** – OPC – cabe um papel crucial na fase preparatória do processo, porque se trata de investigar[198], tarefa das polícias que deverão ser fiscalizadas, coordenadas e orientadas por uma entidade diferente, o **Ministério Público**, e por um **juiz de instrução** – juiz das liberdades[199] – que deverá fiscalizar e autorizar actos que colidam com os direitos, liberdades e garantias do suspeito.

A figura do juiz de instrução tem tido uma história conturbada. Hoje, os Estados, devido ao enorme aglomerado de processos e ao risco

---

196 Cfr. José Souto de Moura, *Op. Cit.*, p. 89.

197 *Ibidem*, p. 88.

198 Como afirma José Souto de Moura "quando se trata fundamentalmente de investigar, há que dar lugar às polícias, sozinhas ou controladas por entidade diferenciada", [Cfr. J. Souto de Moura, *Op. Cit.*, p. 89].

199 Quanto a este assunto o nosso *Regime Jurídico da investigação...*, 3.ª Edição, pp. 17-18 e Anabela Miranda Rodrigues, "A fase preparatória do Processo Penal – Tendências Europeias. O caso Português", *in STVDIA IVRIDICA*, N.° 61, Coimbra: Coimbra Editora, p. 955.

de prescrição dos mesmos, tendem a preocupar-se demasiado com uma celeridade e eficiência processuais que destronam uma ideologia teleológica de justiça útil, pois "aplicada em tempo razoável realiza mais eficazmente os fins de prevenção" criminal, ao abandonarem *o imperativo da jurisdicionalização da investigação* criminal[200].

Em França, por exemplo, teve de se repensar a figura do juiz de instrução, que, sendo sempre um juiz em início de carreira, teria sobre ele o jugo pesado de decidir processos que envolvem uma criminalidade muito especializada, violenta e de grande repercussão social. Avançou-se para a figura da «câmara de instrução» composta por um «colectivo de juízes de instrução» que tomará a maior parte das decisões[201].

No regime alemão, ao entregar a fase preparatória do processo ao MP e às polícias, procurou-se libertar o juiz de instrução. A jurisdição de julgamento, após ser deduzida a acusação, além de poder efectuar diligências de prova, analisa o fundamento da submissão do feito a juízo, existindo assim uma «audiência preliminar» que funciona como *controle ou complemento das indagações prévias*[202].

Apesar dos momentos "tortuosos" e conturbados, poder-se-á afirmar que, hoje, existe a consciência de que o papel a imputar ao MP não é o mesmo que ao Juiz, devendo estes serem coadjuvados pelos OPC, aos quais se impõe, simultaneamente, uma cooperação vertical – com o poder judicial – e horizontal – com as demais polícias[203].

---

200 Cfr. GERMANO MARQUES DA SILVA, "A Prescrição dos Processos Penais", *in Forum Iustitiae, Direito & Sociedade,* Ano I, Abril 2000, N.° 10, p. 17.

201 Cfr. J. SOUTO DE MOURA, *Op. Cit.,* pp. 89-90 e G. STEFANI, G. LEVASSEUR e B. BOULOC, *Op. Cit.,* pp. 43 a 46.

202 Cfr. J. SOUTO DE MOURA, *Op. Cit.,* pp. 89-90.

203 Quanto a este assunto, o nosso *Dos Órgãos de Polícia...*, pp. 211 e ss..

Capítulo V

DO MODELO PROCESSUAL PENAL PORTUGUÊS

§ 21.° Perspectiva histórica[204]

34. O Processo Penal português conheceu a estrutura acusatória nos idos da reconquista – *non respondeat sine rancoroso* –, corolariamente imbuído de oralidade, de publicidade e de formalismo, tendo como escopo principal "o apaziguamento de conflitos privados". A influência canónica e romana transformaram o processo em uma estrutura "marcadamente inquisitória".

Contudo, a Revolução de 1820, com a organização do MP – Decreto n.° 24 de 16 de Maio de 1822 – promovida por Mouzinho da Silveira, trouxe para o processo penal "bases acusatórias que, conexionadas com os princípios tendentes a assegurar um amplo direito de defesa ao arguido e consignados na Constituição de 1826, dão ao processo penal português coevo uma face aceitável. (...), que não conseguiria esconder uma estrutura processual confusa quando não

---

[204] Sobre a evolução histórica do processo penal português, Anabela Miranda Rodrigues, "O Inquérito no Novo Código de Processo penal", *in Jornadas de Direito Processual Penal – O Novo Código de Processo Penal*, CEJ, Coimbra: Livraria Almedina, 1995, pp. 67 e 68.

contraditória, pouco rigorosa e de difícil interpretação que a Novíssima Reforma judiciária (1837 e 1841), assim como a copiosa legislação extravagante posterior, não conseguiram, bem ao contrário, melhorar"[205].

O Código de Processo Penal de 1929 de inspiração marcadamente inquisitória[206], viu reflectido no CPP de 1987[207] a manutenção desse tipo processual, já não em relação a todo o processo mas relativamente a uma das suas fases: o inquérito. O princípio do contraditório então emergente vinha ganhando terreno há quase meio século.

A consagração de uma estrutura acusatória do processo tem o seu primeiro fôlego em 1945. O art. 14.° do Decreto n.° 35 007, de 13 de Outubro de 1945, determina que ***a direcção da instrução preparatória cabe ao Ministério Público,*** *a quem será prestado pelas autoridades e agentes policiais todo auxílio que para esse fim necessitar.* Como se sabe, o CPP/29 conferira ao juiz não só competência para efectuar a instrução contraditória, como ainda a instrução preparatória, pois, com esta alteração, temperou-se o teor inquisitório do processo penal.

35. O Decreto n.° 35 007, de 13 de Outubro de 1945, visava evitar que existisse *a acumulação das duas actividades* (acusação e julgamento) *na competência do juiz,* ou seja, evitar a *subalternização ou redução a puro formalismo da actuação do Ministério Público,* o que representava "um regresso ao tipo de processo inquisitório, no qual o **juiz** é ao mesmo tempo, além de **julgador**, **acusador público**, substituindo-se nessa função ao Ministério Público, e **órgão de polícia** judiciária, enquanto dirige a recolha das provas da infracção destinadas a

---

205 Cfr. Jorge de Figueiredo Dias, *Op. Cit.*, pp. 43 e 44.

206 Apesar do n.° 10 do art. 8.° da Constituição de 1933 consagrar um dos princípios fundamentais da estrutura acusatória do processo: *"Haver instrução contraditória, dando-se aos arguidos, antes e depois da formação da culpa, as necessárias garantias de defesa"*.

207 Sendo o nosso *direito penal um direito penal de culpa (a pena terá em regra como suporte axiológico-normativo uma culpa concreta)* e *norteado pela ideia de ressocialização* (art. 40.° CP/82), ter-se-ia de criar adjectivamente os meios eficazes na implementação da reinserção do delinquente. Cfr. José Souto de Moura, *Op. Cit.*, pp. 92-93.

fundamentar acusação, (...) o que desvirtua a função judicial"[208]. Sem dúvida que deve existir uma "**oposição entre o zelo na investigação dos crimes**, na procura da verdade ante os artifícios, evasivas e dificuldades criadas pelos imputados e **a serenidade e calma que tem de presidir a todo o julgamento**. Se o juiz exercer plenamente a sua função policial e de acusação pública, não manterá facilmente a serena imparcialidade do julgador. Acresce que o juiz que exerce funções de polícia tem a natural propensão para a condenação pois a absolvição é em si mesma uma sindicância negativa à fase de investigação policial e às conclusões resultantes dessa mesma fase". Além do mais "o revigoramento da autoridade judicial tem de assentar na exclusão da sua competência das funções que não tenham carácter jurisdicional"[209].

O **Ministério Público** foi criado "para subtrair a acusação ao poder judicial" e, como **órgão do Estado**, pertence-lhe ***o exercício da acção penal***, uma vez que ***o direito de punir é um direito exclusivo do Estado***, cumprindo-lhe o dever de "solicitar dos tribunais o reconhecimento do direito de punir do Estado, devendo este conceder-lhe um meio de poder justificar a sua actuação, ou seja, a instrução preparatória que se destina a fundamentar a acusação; logo, é ao **Ministério Público** que cumpre **recolher ou dirigir a recolha dos elementos de prova** bastantes para submeter ao Poder Judicial as causas criminais, devendo o juiz ser alheio a esta fase processual", excepto quando da actividade investigatória resultar violação de direitos e de liberdades individuais[210].

36. O Decreto-Lei n.° 605/75, de 3 de Novembro, operou a segunda alteração ao CPP/29 ao criar o **inquérito policial** nos casos de julgamento em **processo correccional**, que por razões de "aceleração da marcha do processo penal se entendeu dever dispensar a instrução – quer a preparatória, quer a contraditória". Pois "a celeridade (...) é exigência da própria Justiça, a qual não se compadece com delongas na apreciação dos feitos penais, de que deriva a atenuação ou mesmo a

---

[208] Cfr. Preâmbulo do Decreto n.° 35 007, de 13 de Outubro de 1945.

[209] Cfr. Preâmbulo do Decreto n.° 35 007, de 13 de Outubro de 1945.

[210] Cfr. Preâmbulo do Decreto n.° 35 007, de 13 de Outubro de 1945.

extinção dos efeitos de prevenção geral que às penas cumpre assegurar, e ainda a necessidade de dar pronta satisfação à repressão dos interesses violados"[211].

Com o intuito de "adaptar a legislação processual penal às regras mínimas em matéria de direitos, liberdades e garantias", levando "à modificação imediata de normas de processo que enfermam de inconstitucionalidade", foi promulgado o Decreto-Lei n.° 377/77, de 6 de Setembro. Diploma que alterou a designação de inquérito policial para inquérito preliminar, porque esta melhor se adequava *à unidade do sistema jurídico*. Quer o inquérito policial, quer o preliminar eram da competência do Ministério Público, apesar das autoridades policiais deverem proceder ao inquérito preliminar dos crimes públicos punidos com pena correccional de que tenham conhecimento, uma vez que as mesmas deverão imediatamente comunicar ao MP que o podia avocar em qualquer momento [artigos 3.°, n.° 1 e 3 do DL n.° 605/75 e 1.°, n.° 1 do DL n.° 377/77].

37. Como afirma Souto de Moura, surge um processo inspirado no sistema francês, em que o MP é detentor de uma competência diversa da do juiz, procedendo ao inquérito aquando da investigação célere e simplificada de casos menos complexos, a cujos factos se aplicaria uma pena correccional; realizava, assim, a instrução preparatória relativamente a casos mais complexos ou de arguidos detidos [art. 1.°, n.° 1, 2.ª parte e n.° 2 do DL n.° 605/75 e 1.°, n.° 2 e 3 do DL n.° 377/77]. Este autor defende, ainda, que a competência para realizar o inquérito conferida à polícia não poderá ser considerada propriamente uma competência delegada[212], pois tal actuação enquadra-se no âmbito da coadjuvação a que os OPC estão obrigados *ex vi* do artigos 263.°, 55.° e 1.°, n.°, al. *c*) do CPP e artigos 2.° e 3.° da LOIC.

A nosso ver a polícia quando pratica actos relativos ao inquérito age no exercício pleno da sua competência de coadjuvação enquanto "braço" do Ministério Público, pois «o Ministério Público é uma ca-

[211] Cfr. Preâmbulo do DL n.° 605/75, de 3 de Novembro.

[212] Cfr. José Souto de Moura, *Op. Cit.*, pp. 90-91.

beça sem mãos»[213], devendo àquele o sentido da direcção e orientação do inquérito. Pensamos que é, aliás nessa qualidade, que os Órgãos de Polícia Criminal sujeitam a Termo de Identidade e Residência os arguidos por eles detidos, após a revisão operada em 1998[214] que lhes veio conferir expressamente essa prerrogativa[215], desde que não seja presente a juiz para julgamento em processo sumário, como prescreve o n.° 3 do art. 385.° do CPP, cujos teor e conteúdo se encontravam previstos no anterior n.° 2 do art. 387.° do CPP[216].

§ 22.° Estrutura actual do Processo Penal Português

38. A Constituição da República Portuguesa de 1976, no n.° 5 do art. 32.°, consagra a estrutura acusatória do processo criminal[217] e subordina ao princípio do contraditório a audiência do julgamento e, com a nova redacção, os actos instrutórios.

Todavia, o modelo português não é totalmente acusatório[218], porque existe uma fase de inquérito que é dominada pelo princípio do inquisitório, cujo *dominus* é o Ministério Público, que tem o poder de

---

213 Cfr. José Manuel Damião Cunha, *O Ministério Público e os Órgãos de Polícia Criminal no novo Código de Processo Penal,* Universidade Católica editora, Porto 1993, p. 128 nota 40.

214 Lei n.° 59/98, de 25 de Agosto.

215 Quanto ao TIR aplicado pelos OPC, *infra* Capítulo da Detenção.

216 Alterações produzidas pela Reforma Processual Penal aprovada pela Lei n.° 48/2007, de 29 de Agosto.

217 Germano Marques da Silva afirma que a referência "constitucional à estrutura acusatória significa que o modo como estão dispostos os actos do processo é uma disposição do tipo acusatório". Cfr. Germano Marques da Silva, *Do Processo Penal Preliminar*, UCP, 1990, p. 61. Objectivo constitucional este cumprido como se depreende do preâmbulo do DL n.° 78/87, de 17 Fevereiro, no n.° 7, al. *a*): "o Código perspectivou um processo de estrutura basicamente acusatória".

218 Como se depreende do preâmbulo do DL n.° 78/87, de 17 Fevereiro, no n.° 7, al. *a*): "Contudo procurou temperar o empenho na maximização da acusatoriedade com um princípio de investigação oficial, válido tanto para efeito de acusação como de julgamento".

esclarecer oficiosamente o facto do objecto da suspeita[219]. Sendo a fase do inquérito aquela em que se efectuam diligências no sentido de investigar a existência de um crime, determinar os seus agentes e a responsabilidade deles, descobrir e recolher provas que levem a uma decisão ou não pela acusação[220], a direcção do mesmo cabe ao Ministério Público, assistido pelos órgãos de polícia criminal que actuam sob sua directa orientação e dependência funcional[221].

TERESA BELEZA, concordando com os vários votos de vencido do Ac. TC n.° 7/87, defende que a fase do inquérito deveria estar sob a direcção de um juiz de instrução como impõe a Constituição, não obstante o referido Acórdão não se ter pronunciado pela inconstitucionalidade desse preceito (art. 263.° do CPP)[222]. Contudo, nem todos os actos são praticados pelo MP (art. 267.° CPP), pois aqueles que põem em causa direitos, liberdades e garantias são da competência exclusiva do juiz de instrução (art. 268.° e 269.° do CPP).

39. A fase do inquérito é uma fase em que o MP[223] goza de amplos poderes (art. 267.° do CPP), em que a investigação só decorre de forma secreta se for decretado o segredo de justiça[224] (art. 86.°, n.os 2

---

219 Cfr. GERMANO MARQUES DA SILVA, *Curso de Processo Penal,* Vol. I, pp. 37-38.

220 Cfr. n.° 1 do art. 262.° do CPP.

221 Cfr. artigos 262.°, n.° 1 e 263.° do CPP e n.° 1 do art. 2.° da LOIC. No preâmbulo do DL n.° 78/87, de 17 Fevereiro, no n.° 7, al. *b*) afirma-se que se "optou decididamente por converter o inquérito, realizado sob a titularidade e direcção do MP, na fase geral e normal de preparar a decisão de acusação ou de não acusação, na qual os órgãos de polícia criminal são colocados na dependência funcional do MP".

222 Cfr. TERESA BELEZA, *Apontamentos de Direito Processual Penal,* Lisboa: AAFDL, 1992, pp. 27 e ss..

223 Na fase preparatória o MP, após a entrada em vigor do CPP/87, passou a ser *a autoridade judiciária mais em evidência* no seguimento da viabilização *de um estatuto profissional forte* imposto pela CRP/76 (art. 219.°), que o torna autónomo e lhe garante um estatuto próprio, ao qual corresponde também e decididamente *um estatuto processual penal forte.* Cfr. JOSÉ DE SOUTO MOURA, *Op. Cit.,* pp. 94-95.

224 A Reforma Processual Penal de 2007 consagrou como regra a publicidade do processo *ab initio ad finem,* conforme n.° 1 do art. 86.° do CPP. O inquérito só

e 3 do CPP) e escrita (art. 275.° do CPP), sendo vedado o acesso aos autos por parte da defesa, se o processo estiver em segredo de justiça[225]. Esses autos ficam à guarda do MP quando arquivado o processo ou quando este é remetido para o tribunal competente para a instrução ou para o julgamento (art. 275.°, n.° 3 do CPP).

O MP pode decidir pelo arquivamento dos autos, quando tiver provas suficientes para a não dedução da acusação de acordo com o art. 277.° do CPP, ou pode decidir pela acusação desde que existam indícios suficientes de se ter verificado a prática de um crime e de quem foi o seu agente (art. 283.° do CPP). Neste percurso o *dominus* do processo é o MP, que está sujeito à intervenção hierárquica – art. 278.° do CPP – e à sindicância do JIC sempre que as diligências processuais penais coloquem em causa direitos, liberdades e garantias fundamentais do cidadão (arguido ou não arguido), conforme consagração constitucional (n.° 4 do art. 32.° da CRP) e supraconstitucional (n.° 1 do art. 6.° da CEDH).

O CPP limita a amplitude da fase inquisitória com a imposição de em todos os actos serem observados o respeito e a prossecução dos princípios da legalidade[226], da oficialidade[227], da verdade material e da lealdade (a proibição de obtenção de prova por métodos inidóneos)[228], além de estarem vedadas certas competências ao Ministério Público,

---

decorre em segredo de justiça se o juiz "determinar por despacho irrecorrível, a sujeição do processo, durante o inquérito, a segredo de justiça", ou se o MP, tendo em conta os interesses da investigação ou os direitos dos sujeitos processuais, determinar a aplicação do segredo de justiça, ficando esta decisão pendente de validação do JIC. Cfr. n.os 2 e 3 do art. 86.° do CPP. Figueiredo Dias reafirma que o processo penal, nas fases preparatórias, "não deve, em via de princípio, ser público, porque torná-lo público desde o primeiro momento pode pôr em questão não só o interesse de toda a sociedade na perseguição do crime mas também os próprios direitos das pessoas". Cfr. Jorge de Figueiredo Dias, "Entrevista", *in Boletim da Ordem dos Advogados*, n.° 59, 2009, p. 24.

[225] Caso contrário, a defesa (o arguido), assim como o assistente, o ofendido, o lesado e o responsável civil "podem consultar, mediante requerimento, o processo", conforme n.° 1 do art. 89.° do CPP.

[226] Cfr. artigos 262.°, n.° 2, 283.° do CPP.

[227] Cfr. artigos 48.°, 49.°, 50.°, 262.°, 271.°, 284.° e 285.° do CPP.

[228] Cfr. n.° 8 do art. 32.° da CRP e o art. 126.° CPP.

cuja execução desses actos depende de autorização ou ordem do Juiz de Instrução e outros que são de exclusiva competência deste – *ex vi* n.° 4 do art. 32.° da CRP e art. 268.° e 269.° do CPP.

A instrução[229], que visa a comprovação judicial da decisão da dedução da acusação ou do arquivamento do inquérito, tem carácter facultativo e, também, é dominada pelo princípio do inquisitório prosseguido pelo Juiz que acusa de forma autónoma – art. 286.° e n.° 4 do art. 288.° do CPP –, sendo que, nesta fase, a defesa pode contraditar e carrear para o processo provas – art. 291.° do CPP –, requerendo a afectuação de diligências processuais, e que o debate instrutório terá de decorrer de forma oral e contraditória – n.° 1 do art. 298.° do CPP.

Acresce que, quer na fase de inquérito quer na fase de instrução, as declarações para memória futura – art. 271.° e 294.° do CPP –, cuja inquirição é feita pelo Juiz, está sujeita ao princípio do contraditório, promovendo-se as garantias de defesa do arguido.

A própria fase do julgamento[230], que assenta a sua estrutura em uma base acusatória, em que a acusação está em pé de igualdade[231] com a defesa, é temperada pelo princípio da investigação judicial (art. 340.° do CPP)[232].

§ 23.° Características da estrutura acusatória

40. Do exposto e antes de abordarmos os princípios estruturantes do processo penal português, procuraremos explicar determinadas

229 Por todos José de Souto Moura, *Op. Cit.,* pp. 116 e ss. e Germano Marques da Silva, *Do Processo Penal Preliminar,* pp. 241 e ss..

230 Por todos Robalo Cordeiro, *"Audiência de Julgamento", in Jornadas de Direito Processual Penal – O Novo CPP*, Coimbra: Almedina, pp. 289 e ss. e os artigos 206.° da CRP e 87.° do CPP.

231 Apesar de ser apenas uma igualdade instrumental.

232 Cfr. Germano Marques da Silva, *Curso de Processo Penal,* Vol. I, p. 38 e a al. *a*) do n.° 7 do preâmbulo do DL 78/87, de 17 Fevereiro.

características do processo penal de estrutura acusatória, que também são a roupagem interior daqueles princípios[233]:

α. **acusação formulada por entidade autónoma do juiz de julgamento[234]:** quem acusa não é quem julga, de forma a que exista a máxima independência e imparcialidade no julgamento[235]. O Tribunal que julga permanece passivo *(ne procedat iudex ex officio)*. O juiz que julga só é independente e imparcial se não lhe couber dentro das suas funções o 'combate' à criminalidade, porque, mesmo que tivesse em mente a obediência à lei, tendencialmente não iria decidir no sentido de preservar imparcialmente a liberdade dos arguidos, poderia tomar decisões contraditórias aos fins do direito penal e, até, do próprio direito, mesmo que tivesse um efeito aparentemente positivo no combate ao crime[236]. A independência e a sujeição dos tribunais à lei estão consagradas constitucionalmente no art. 203.° da CRP, aos quais compete administrar a justiça, assegurando a defesa dos direitos e interesses protegidos dos cidadãos, reprimindo a violação da legalidade (art. 202.°, n.ºs 1 e 2 CRP).

β. a **passividade** do tribunal também prende-se com a **disponibilidade em relação às provas e ao próprio processo**[237] por parte dos interessados como acontece hoje nos crimes semipúblicos, cuja promoção processual depende de queixa, em que a acção do ofendido poderá determinar ou não o *iter* do pro-

---

233 Por todos Germano Marques da Silva, *Do Processo Penal Preliminar,* pp. 62 e ss..

234 Cfr. o Princípio da Separação de Funções. *Infra* Capítulo I da Parte II.

235 É com base nestes pressupostos que o processo penal alemão se consubstancia numa estrutura acusatória, "pues es distinta la persona encargada de decidir (el juez), de la persona encargada de acusar (el Ministério Fiscal)". Cfr. J. L. Gomez Colomer, *Op. Cit.,* p. 47.

236 Como afirma Germano Marques da Silva "os tribunais e os juízes servem apenas o direito e são garantes da sua realização" [Cfr. *Op. Cit.,* p. 63], logo não devem actuar como se fossem polícias a cumprirem directrizes do executivo.

237 Cfr. Germano Marques da Silva, *Op. Cit.,* p. 63.

cesso (artigos 113.° e ss. C. Penal e art. 49.° do CPP). Caso o crime ofenda interesses públicos estes sobrepõem-se aos princípios da disponibilidade do processo e das provas, pois o MP tem total competência, está legitimado para iniciar as investigações e promover o processo penal (art. 48.° do CPP) colaborando com o tribunal na descoberta da verdade e na realização do direito (art. 53.°, n.° 1 do CPP). O juiz terá de se debruçar apenas quanto aos factos descritos e que fundamentam a acusação, pois é esta que define o objecto do processo, limitando-se *"os poderes de cognição e decisão do tribunal*"[238]. Consagra-se desta forma o *princípio da indisponibilidade do objecto do processo penal*, mas e apesar do juiz não poder "condenar por factos substancialmente diversos dos acusados (...) pode não conhecer da acusação por considerar que ela é insuficiente, que extingue inadmissivelmente o objecto da apreciação judicial, que é ilegal porque dispôs do objecto do processo"[239].

γ. **separação das funções de investigação das de julgamento**[240]: se o tribunal tivesse funções de investigação poder-se-ia cair na tentação de um pré-julgamento, mesmo que fossem vários juízes a participarem na "função investigatória pré-acusatória e no julgamento"[241]. A objectividade e a independência do julgamento será melhor assegurada se existir uma separação dos órgãos do Estado que investigam e são donos do processo na fase de inquérito daqueles que julgam a causa.

δ. **oralidade, publicidade**[242] **e prova moral:** o sistema acusatório, que surge no iluminismo como resposta aos abusos cruéis

---

238 Cfr. GERMANO MARQUES DA SILVA, *Op. Cit.*, pp. 63-64.

239 *Idem*, p. 64.

240 Cfr. o Princípio da Separação de Funções. *Infra* Capítulo I da Parte II.

241 Cfr. GERMANO MARQUES DA SILVA, *Op. Cit.*, p. 65, notas 1 e 2.

242 Sobre estes princípios na fase de julgamento, TERESA PIZARRO BELEZA ET ALIA, *Apontamentos de Direito Processual Penal,* Lisboa: AAFDL, 1995, Vol. III, pp. 52 e 53. O princípio da publicidade, após a Reforma de 2007, passou a ser regra, mesmo na fase de inquérito, conforme n.° 1 do art. 86.° do CPP.

do sistema inquisitório, inspirado no modelo inglês[243], prosseguindo a defesa dos direitos naturais inerentes ao homem, assenta a sua estrutura na separação de poderes[244], na independência dos juízes, na participação popular na administração da justiça[245], na publicidade do processo[246], no contraditório e na oralidade do julgamento. Ao transformar o processo secreto em público consegue-se uma maior participação dos cidadãos que deixam de o olhar como obscuro e tenebroso e permite-se uma maior fiscalização da actuação dos juízes, da sua imparcialidade, objectividade, autonomia e independência. Como afirma COSTA ANDRADE, a **publicidade** processual é "uma das manifestações fundamentais do controlo pelo povo da justiça aplicada nos tribunais"[247], mas esta fiscaliza-

243 A **Magna Charta Libertatum** que, em 15 de Junho de 1215, fora assinada por JOÃO SEM TERRA determinava que "Nenhum homem livre será detido ou sujeito a prisão, ou privado dos seus bens, ou colocado fora da lei, ou exilado, ou de qualquer modo molestado, e nós não procederemos nem mandaremos proceder contra ele senão mediante um julgamento regular pelos seus pares ou de harmonia com a lei do país". Cfr. GERMANO MARQUES DA SILVA, *Op. Cit.,* p. 67, nota 2.

244 Princípio defendido por Platão, que MONTESQUIEU materializou séculos depois. Relativamente ao poder judicial, Motesquieu afirma que "**La puissance de juger ne doit pas être donné à un sénat permanent, mais exercée par des personnes tirées du corps du peuple**, dans certains temps de l'année, de la manière prescrite par la loi, pour former un tribunal qui ne dure qu'autant que la necessité le requiert". Cfr. MONTESQUIEU, *De L'Esprit des Lois,* Liv. XI, cap. VI, e *apud* GERMANO MARQUES DA SILVA. *Op. Cit.,* p. 67, nota 3. Negrito nosso.

245 Princípio inspirado na legitimação do poder judicial e na aspiração dos cidadãos a serem julgados pelos seus iguais, como MONTESQUIEU afirmava "il faut même que les juges soient de la condition de l'accusé, ou ses paires, pour qu'il ne puisse pas se mettre dans l'esprit qu'il soit tombé entre les mains des gens portés à lui faire violence". Cfr. MONTESQUIEU, *De L'Esprit des Lois,* Liv. XI, cap. VI, *apud* GERMANO MARQUES DA SILVA, *Op. Cit.,* p. 67 e nota 3.

246 Cfr. art. 86.° do CPP.

247 Cfr. COSTA ANDRADE *apud* VICTOR SILVA LOPES, *Constituição da República Portuguesa 1976 Anotada,* CLB, 1977, p. 69. Quanto à publicidade relembramos, aqui, os ensinamentos de CESARE BECCARIA: "Que os julgamentos sejam públicos, que sejam públicas as provas do crime para que a opinião, que é talvez o único cimento das sociedades, imponha um freio à força e às paixões, para que o povo diga: nós não

ção só seria (ou deveria ser) admissível depois da acusação, ou seja, a fase de inquérito deveria estar sempre coberta pelo segredo de justiça[248]. Considerada como "um valor dominante, à luz do qual muitos outros princípios gerais do processo penal se articulam" e como "uma expressão clara e insofismada"[249], **a oralidade** no julgamento em detrimento da escrita contribui para que o contraditório exista e actue plenamente de forma a obter-se a verdade material com provas objectivas que permitem formar uma convicção do juiz – **prova moral**[250] – face ao material probatório e à experiência de vida e conhecimento comum dos homens. Como ensina CAVALEIRO DE FERREIRA, "o fim da prova é a demonstração da verdade dos factos; justificação da convicção sobre a sua existência, enquanto eles constituem pressuposto da aplicação da lei", uma vez que no processo penal são os factos que "formam o fundamento de facto da sentença, quer absolutória, quer condenatória, e determinam a graduação da responsabilidade". Além do mais há a salientar que "a pena, a responsabilidade, não atinge um facto, mas um homem, logo a necessidade de certeza na ordem jurídica minimiza a importância do risco de erro"[251].

---

somos escravos e estamos protegidos". Cfr. CESARE BECCARIA, *Dos Delitos e Das Penas,* (tradução do *Dei Delitti e Delle Pene* de JOSÉ DE FARIA COSTA), Lisboa: Fundação Calouste Gulbenkian, 1998, p. 90.

[248] A alteração produzida pelo n.° 1 do art. 86.° do CPP, em que a publicidade é a regra e o segredo de justiça a excepção, pode estar ferida de inconstitucionalidade material por violação do n.° 3 do art. 20.° da CRP, assim como por contrariar o espírito da presunção de inocência, muito em especial na fase de inquérito, violando o n.° 2 do art. 32.° da CRP. Quanto a este assunto PAULO PINTO DE ALBUQUERQUE, *Comentário do Código de Processo Penal à Luz da Constituição da República e da Convenção Europeia dos Direitos do Homem*, 2.ª Edição, Lisboa: Universidade Católica Editora, 2008, pp. 238-244.

[249] Cfr. JOSÉ ANTÓNIO BARREIROS, "O Julgamento no Novo CPP", *in Jornadas de Direito Processual Penal – O Novo CPP*, pp. 273-274.

[250] Cfr. GERMANO MARQUES DA SILVA, *Op. Cit.*, p. 68.

[251] Cfr. CAVALEIRO DE FERREIRA, *Curso de Processo Penal II*, Lisboa, 1981, pp. 282-283.

Neste sentido, o Acórdão da Relação de Coimbra, proferido em 20-04-77: "para a condenação destes (arguidos) é necessária a existência de elementos probatórios que, apreciados livremente pelo julgador, formem a convicção do mesmo de que os réus praticaram a infracção de que foram acusados"[252].

ε. **igualdade de armas**[253]: este princípio proclama uma igualdade de armas[254] nas possibilidades dadas à acusação e à defesa para se prepararem para o julgamento. O juiz, como imparcial que é, deve proporcionar ao MP e à defesa idênticas possibilidades para que façam valer as suas razões no processo, promovendo o contraditório. Esta igualdade existe no plano jurídico, no plano processual e formal, mas é "desvirtuada pela desigualdade factual e real"[255]. Esta igualdade instrumental apenas existe na fase de julgamento e não na investigação que é pré-acusatória. A entidade competente nesta fase possui poderes de que o suspeito ou arguido não dispõe equivalentemente, uma vez que, além de lhe serem "protegidos os seus direitos fundamentais, apenas dispõe de direitos de petição"[256], tendo um acesso muito limitado ao conteúdo dos autos[257]. A limitação dos poderes do suspeito baseia-se no interesse público lesado pelo crime, o que deve fornecer ao Estado armas adequadas a defendê-lo através da descoberta dos criminosos e da sua submissão ao tribunal para julgamento. Contudo, a doutrina vem

---

252 Cfr. JOSÉ ANTÓNIO BARREIROS e TERESA ALVES MARTINS, "Constitucionalidade da Presunção Probatória do Auto de Notícia em Processo Criminal", in *Estudos Sobre a Constituição*, Lisboa: Petrony, 3.° Vol., p. 106, nota 6.

253 Cfr. a análise mais aprofundada deste princípio no Capítulo III da Parte II.

254 Como no processo alemão, também o nosso não está submisso ao fair trail do inglês, no qual este princípio considera o processo "desde el punto de vista de las partes, en virtud del cual debe quedar garantizada al inculpado la defensa, entendida de la mejor manera posible". Cfr. J. L. GOMEZ COLOMER, *Op. Cit.*, p. 44.

255 Cfr. GERMANO MARQUES DA SILVA, *Op. Cit.*, p. 69.

256 *Ibidem.*

257 Como se depreende do n.° 10 do Preâmbulo do DL n.° 78/87, de 17 Fevereiro, sendo atribuído ao MP "não o estatuto de parte, mas o de uma autêntica magistratura, sujeita ao estrito dever de objectividade".

defendendo a necessidade da existência de segurança na sociedade e a correspondente salvaguarda das garantias de defesa do suspeito em qualquer e desde o início do processo crime.

Pode-se, deste modo, aferir que o modelo português é influenciado pelo francês[258], em que existe uma fase inquisitória[259], ou seja, a fase preparatória de acusação e uma outra fase acusatória, o julgamento. Caso seja aberta a instrução[260] esta terá estrutura acusatória[261] por força do n.° 5 do art. 32.° da CRP e é da competência de um juiz, n.° 4 do mesmo preceito, na qual terá intervenção a defesa, promovendo-se o princípio do contraditório[262].

Não obstante defendermos a manutenção de uma Constituição não regulamentadora, consideramos insuficiente a forma como o legislador constitucional plasmou o princípio do contraditório uma vez que não curou de especificar minimamente em que se consubstancia o referido princípio e a sua dimensão em um processo de estrutura democrática e fundeado no *fair trail.*

---

[258] Que desde 1808 influencia vários ordenamentos processuais europeus no acompanhamento de um crescente aumento de direitos e garantias do suspeito. Neste sentido, GERMANO MARQUES DA SILVA, *Do Processo Penal Preliminar,* p. 73.

[259] Por todos GERMANO MARQUES DA SILVA, *Do Processo Penal Preliminar,* p. 75.

[260] *Idem*, pp. 258 e ss. e 313 e ss..

[261] *Idem*, pp. 78 e ss..

[262] Relativamente à aprovação do n.° 5 do art. 32.° da CRP, COSTA ANDRADE, na declaração de voto, em nome do PPD, afirmava que o texto que devia constar *in fine* era "e realizará plenamente o princípio do contraditório". Continuando na sua explanação, afirma que "o princípio do contraditório é um princípio com determinado conteúdo técnico, mas que pode ser realizado gradativamente, podendo estar satisfeitas mais ou menos determinadas exigências do princípio contraditório, mas outras não. Pode estar satisfeita, por exemplo, a exigência do interrogatório cruzado, que é uma exigência fundamental do princípio do contraditório, e não estarem satisfeitas as exigências que promanam deste preceito". Contudo, o PPD "votou o preceito, porque entendeu que a submissão de audiência de julgamento ao princípio do contraditório implica a sua efectiva submissão a todas as implicações decorrentes deste princípio". Cfr. MANUEL DA COSTA ANDRADE *Apud* VICTOR L. SILVA, *Op. Cit.,* p. 71.

Parte II

DOS PRINCÍPIOS ESTRUTURANTES DO PROCESSO PENAL PORTUGUÊS

Capítulo I

DO PRINCÍPIO DO ACUSATÓRIO OU DA SEPARAÇÃO DE FUNÇÕES

§ 24.° Considerações gerais

41. Como princípio arquitectónico do "direito constitucional aplicado"[263], o princípio do acusatório[264] ou da separação de funções[265] "significa que só se pode ser julgado por um crime precedendo acusação por esse crime por parte de um órgão distinto do julgador, sendo a acusação condição e limite do julgamento"[266].

Como afirmam GOMES CANOTILHO e VITAL MOREIRA, a expressão *estrutura acusatória* semanticamente tem de ser entendida em duas dimensões: a "dimensão material (fases do processo)" e a "dimensão

---

263 Caracterização do Processo Penal por H. HENKEL; CLAUS ROXIN considera o Processo Penal como "o sismógrafo" ou "o mirar da realidade constitucional"; e J. RUDOLPHI considera-o como "sintoma do espírito político-constitucional duma ordem jurídica", *apud* JORGE DE FIGUEIREDO DIAS e MARIA JOÃO ANTUNES, "La Notion Européenne de Tribunal Indépendant et Imparcial – une Approche à Partir du Droit Portugais de Procédure Pénale", *in RSCDPC*, 1990, n.° 4, OCT/DEC, p. 734, nota 4.

264 Princípio este que enforma a estrutura do processo penal de índole acusatória e que afastou a tortura e desvalorizou a confissão como meio de prova, cujo pendor se inicia com o movimento do jusnaturalismo – de GROTIUS a PUFFENDORF, a THOMASIUS e a WOLFF – e se concretizou com o "espírito da ilustração (de MONTESQUIEU e VOLTAIRE, mas sobretudo de ROSSEAU e BECCARIA), sem esquecer entre nós VERNEY MELLO FREIRE". Cfr. JORGE DE FIGUEIREDO DIAS, *Op. Cit.*, (Lições Coligidas por M. J. ANTUNES), p. 42. Quanto ao princípio do acusatório, CLAUS ROXIN, *Derecho Procesal Penal,* (tradução GABRIELA E. CÓRDOVA e DANIEL R. PASTOR), Buenos Aires: Editores del Puerto, 2000, pp. 86 e 87, 564 e 565.

265 A doutrina Portuguesa tem preferido utilizar a expressão princípio do acusatório com o significado da divisão das funções em processo penal: quem julga, não é o mesmo órgão que pronuncia ou acusa, nem o mesmo que investiga. Pensamos que o legislador constitucional ao consagrar a estrutura acusatória preserva a ideia de separação de actividade no processo penal, pelo que preferimos utilizar a terminologia princípio de separação de funções Terminologia utilizada pela doutrina francesa. Cfr. J. LARGUIER, *Op. Cit.*, p. 16; G. STEFANI, G. LEVASSEUR, e B. BOULOC, *Op. Cit.*, 17.ª Edição, pp. 35 e ss..

266 Cfr. GOMES CANOTILHO e VITAL MOREIRA, *Constituição da República Portuguesa Anotada*, 3.ª Edição, Coimbra: Coimbra Editora, 1993, p. 205 ou 4.ª Edição, Vol. I, p. 522.

orgânico-subjectiva (entidades competentes)"[267]. Na *dimensão material* a estrutura acusatória do processo pressupõe a "distinção entre instrução, acusação e julgamento"[268], prescrevendo a existência de fases processuais distintas. Na *dimensão orgânico-subjectiva* pressupõe a "diferenciação entre juiz de instrução (órgão de instrução) e juiz julgador (órgão julgador) e entre ambos o órgão acusador"[269], melhor, a cada função orgânica cabe um órgão próprio, independente, imparcial, isento e limitado pela lei.

O princípio do acusatório que enforma a estrutura do processo penal em acusatória procura ou impele a um melhor equilíbrio entre os interesses do indivíduo e os interesses da comunidade em conflito, fazendo-se operar a «concordância prática», de modo a evitar ou que se não dê guarida a soluções antidemocráticas e totalitárias. A prossecução da «concordância prática» advém da estrutura do processo acusatória integrada pelo princípio da investigação – «o poder dever que ao tribunal pertence de esclarecer e instruir autonomamente – *i. e.*, independentemente das contribuições da acusação e da defesa – o "facto" sujeito a julgamento, criando ele próprio as bases necessárias à sua decisão»[270].

§ 25.° Da estrutura acusatória como instrumento de controlo e fiscalização

42. A estrutura acusatória do processo obriga a que haja uma fiscalização, um *"controlo judicial da acusação de modo a evitar"*[271] que se efectivem acusações infundadas, gratuitas e mesquinhas. O contrato judicial não afasta o necessário controlo hierárquico próprio da estrutura do MP, que, apesar de ser uma magistratura autónoma e com um

---

267 Cfr. GOMES CANOTILHO e VITAL MOREIRA, *Op. Cit.*, 3.ª Edição, p. 206 ou 4.ª Edição, Vol. I, p. 522.

268 *Ibidem.*

269 *Ibidem.*

270 Cfr. JORGE DE FIGUEIREDO DIAS, *Op. Cit.*, p. 51.

271 *Ibidem.*

estatuto próprio (art. 219.°, n.° 2 da CRP), ao contrário da magistratura judicial, é uma magistratura hierarquizada (art. 219.° n.° 4 da CRP), que tem como órgão superior o Procurador da Geral da República (art. 220.° da CRP).

O controlo judicial, sem excluir o hierárquico, pretende promover o princípio da legalidade, *i. e.*, limitar a acção penal aos restritos enquadramentos legais que regem a sua textura. Impõe-se, desta forma, que o Ministério Público defenda *"os interesses que a lei determinar"* (n.° 1 do art. 219.° da CRP), sendo o principal o respeito pelo princípio da dignidade humana que se consubstancia em evitar o vexame de uma acusação, que seja tudo menos inócua, em evitar que um cidadão seja vítima da ira de um agente da justiça, sujeitando aquele a um julgamento penal sem qualquer fundamento factual e de direito[272].

A fundamentação[273] é uma forma de controlar os actos de quem decide, quer seja do MP ao deduzir ou não a acusação, quer seja do JIC ao decidir-se ou não pela pronúncia, quer do juiz de julgamento ao condenar ou ao absolver.

43. O controlo da decisão é da competência de um juiz independente, que não teve qualquer interferência na fase processual precedente. Ao requerer-se a abertura de instrução (art. 287.° do CPP), solicita-se que o JIC fiscalize quer a legalidade quer a oportunidade da decisão do MP. Ao juiz de julgamento é-lhe conferido o poder de rejeitar a acusação, caso a considere manifestamente infundada [al. *a*) do n.° 2 do art. 311.° do CPP], ou seja, quando não contenha a identificação do arguido, não haja narração dos factos, não indique as disposições legais a aplicar ou as provas que as fundamentam ou os factos não constituam crime (n.° 3 do art. 311.° do CPP).

---

[272] Com a Revisão do CPP/98 ficou expresso que a fundamentação de qualquer acto decisório, como o caso de acusação, é obrigatória, além de terem de indicar os motivos de direito e de facto – art. 97.°, n.° 4 CPP e ainda als. *b*) e *c*) do n.° 3 do art. 283.°, n.° 2 do art. 308.° e n.° 2 do art. 374.° do CPp.

[273] Como afirma João Caupers, a fundamentação funciona como "um factor indispensável para se controlar a legalidade da decisão". Cfr. João Caupers, *Introdução ao Direito Administrativo*, Lisboa: Âncora Editora, 2000, p. 73.

Um dos pilares da estrutura acusatória do processo é, sem qualquer dúvida, o controlo judicial da acusação, que é exercido por um órgão (dimensão orgânico-subjectiva) plenamente distinto[274] daquele que actuou na fase fiscalizada (dimensão material), efectivando a separação de órgão e consequentemente de funções.

Como salientam GOMES CANOTILHO e VITAL MOREIRA, "a estrutura acusatória do processo penal implica: a) **proibição de acumulações orgânicas a montante do processo**, ou seja, que o juiz de instrução seja também órgão de acusação; b) **proibição de acumulação subjectiva a jusante do processo**, isto é, que o órgão de acusação seja também órgão julgador; c) **proibição de acumulação orgânica na instrução e julgamento**, isto é, o órgão que fez a instrução não faz a audiência de discussão e julgamento e vice-versa"[275]. Poder-se-á resumir estes três vectores na expressão popular: *"separar as águas"*.

Os artigos 40.° e 41.° do CPP são a materialização do princípio acusatório ou da separação de funções ao determinar que nenhum juiz, sob pena de nulidade insanável[276], pode participar, em diferentes fases e momentos, com funções diferentes, no mesmo processo, ou seja, se o juiz teve intervenção na fase de inquérito, para aplicar medida de coacção, na fase de instrução, em julgamento anterior, proferido ou participado em decisão de recurso ou pedido de revisão anteriores, recusado

---

[274] A distinção não quer significar independência, trave mestra do processo de estrutura do acusatório e do princípio da separação de funções. Apesar de existir uma independência e autonomia material e orgânico-subjectiva, quantas vezes somos dependentes dos nossos preconceitos que mais não são do que reflexos da nossa formação pedagógico-familiar. Dependência esta que, como afirma EDUARDO LOURENÇO, "a literatura, o teatro, o cinema, abundantemente, glosaram ou retrataram o tema, por excelência odioso, do juiz conscientemente parcial, voluntariamente injusto, por motivos de ordem passional ou por razões de natureza mais impessoal, religiosa, ideológica ou política". Cfr. EDUARDO LOURENÇO, "O Tempo da Justiça", *in O Esplendor do Caos*, Lisboa: Gradiva, 1999, p. 77.

[275] Cfr. GOMES CANOTILHO e VITAL MOREIRA, *Op. Cit.*, p. 206 ou 4.ª Edição, vol. I, p. 522. Negrito nosso.

[276] Cfr. n.° 3 do art. 41.° conjugado com a al. *a*) do art. 119.° do CPP. Não acompanhamos PINTO DE ALBUQUERQUE, que considera estarmos perante uma nulidade sanável *sui generis*. Cfr. PAULO PINTO DE ALBUQUERQUE, *Comentário ao Código...*, 2.ª Edição, p. 124.

o arquivamento nos termos do art. 280.° do CPP, assim como a suspensão provisória nos termos do art. 281.° do CPP ou a forma sumaríssima por discordar da sanção proposta, não pode intervir em julgamento, recurso ou pedido de revisão desse processo, cujo impedimento pode ser requerido pelo MP, arguido, assistente ou pelas partes civis.

§ 26.° Da independência dos tribunais

a. *independência, autonomia e liberdade*

44. Fala-se, diariamente, dos conceitos da **independência,** da **autonomia** e da **liberdade,** atribuindo-se-lhes a mesma textura semântica, mas devemos juridicamente distingui-los, porque na sua essência, o sentido e o fim de cada um destes conceitos são diferentes.

Partilhando da opinião de SOUSA FRANCO[277], temos de considerar que, enquanto que a **autonomia** é "uma medida limitada da autodeterminação de certa instituição ou de um responsável por determinada incumbência, tarefa ou função", a **independência** "pretende, em princípio, dar uma protecção absoluta a essa auto-organização e autodecisão, apenas limitada pela função ou interesse que visa prosseguir". A autonomia (interna e externa) não se confunde com a ideia ou valor de independência.

Na mesma linha de pensamento, consideramos que a **liberdade** possui "uma raiz necessariamente pessoal ou institucional – é um direito das pessoas, por si ou agregadas em instituições, que exprime a determinabilidade ética pelo modo de prosseguir os próprios fins", e a **independência** é a "determinação, sem constrangimento e responsavelmente, ao serviço de fins que são alheios e exteriores ao órgão independente ou ao responsável independente que assim exerce uma determinada função".

---

277 Cfr. SOUSA FRANCO *"A Independência dos Tribunais" apud* ALBERTO CAMPINHO, *Independência e Unidade da Judicatura*, Braga: Livraria Minho, 1994, p. 41.

b. ***fundamento da independência***

45. A base da divisão das funções do Estado assenta na ideia de separação tripartida dos poderes do Estado[278-279]: o legislativo – Parlamento –, o Executivo – Governo – e o Judicial – Tribunais.

Contudo, o Estado social de direito do séc. XX atribuiu ao poder executivo funções normativas quer através do poder de regulamentação – art. 199.° al. *c*) CRP –, quer através de produção legislativa – art. 198.°, nos termos do n.° 2 do art. 165.° do CRP. Existem organismos públicos que detêm faculdades normativas, normalmente de âmbito corporativo, muito embora possam ter, por vezes, âmbito geral. O Estado social de direito permitiu assim "um fenómeno de dispersão normativa"[280], melhor, "a função legislativa deixa de ser característica e privativa da Assembleia para ser compartilhada pelo governo"[281].

O poder executivo fica subordinado "a critérios abstractos e genéricos (...) que emanam de uma outra sede do poder: o Parlamento"[282], enquanto que o poder judicial, considerado por MONTESQUIEU como "um poder terrível", transforma-se numa função "praticamente nula"[283] na criação normativa, pertencendo-lhe apenas administrar a justiça de acordo com a lei.

Pensamos que a nulidade normativa atribuída ao poder judicial apenas se cingia à criação de normas e já não, por exemplo, à sua inter-

---

[278] A tripartição dos poderes surge com MONTESQUIEU na Revolução Francesa e com o nascimento do Estado Liberal. Cfr. CARLOS FRAGA, *Subsídios para a Independência dos Juízes – o Caso Português*, Lisboa: Edições Cosmos, 2000, p. 37.

[279] Como afirma o MENERES DE PIMENTEL, "a separação de poderes (...) tem constituído um poderoso instrumento de garantia dos direitos do cidadão face ao poder, pela constituição de mecanismos internos de controle, sendo a instituição judicial o instrumento por eleição para a defesa dos direitos subjectivos e da legalidade". Cfr. MENERES DE PIMENTEL, *"A Independência dos Tribunais e a Colaboração do Provedor de Justiça" apud* ALBERTO CAMPINHO, *Independência e Unidade da Judicatura,* Braga: Livraria Minho, 1994, p. 30.

[280] Cfr. CARLOS FRAGA, *Op. Cit.,* p. 37, nota 22.

[281] *Ibidem.*

[282] Cfr. JOSÉ SÉRVULO CORREIA *apud* CARLOS FRAGA, *Op. Cit.,* pp. 37-38.

[283] Cfr. CARLOS FRAGA, *Op. Cit.,* p. 38 e nota 24.

pretação apesar de em alguns casos esta interpretação poder ser considerada como produção normativa em sentido lato – caso dos acórdãos de fixação de jurisprudência.

A função do poder judicial é nobre. Esta nobreza advém, desde logo, de poder permitir que haja ordem e segurança pública quando haja uma verdadeira e útil aplicabilidade do direito, aos casos concretos, de funcionar como o fiel da balança no Estado de Direito ao *"assegurar a defesa dos direitos e interesses legalmente protegidos dos cidadãos"*, quer pela repressão das violações à legalidade democrática quer pela diminuição dos conflitos entre interesses públicos e privados – art. 202.°, n.° 2 da CRP –, ou seja, funciona como poder fiscalizador da actuação, quer do poder legislativo, se emana normas que firam qualquer preceito constitucional – art. 204.° da CRP –, quer do poder executivo, se este actua na sua função administrativa de acordo com as normas constitucionais e ordinárias.

46. A cada órgão do Estado deve pertencer uma função distinta, devendo interligar-se de forma independente e autónoma, permitindo uma organização funcional do próprio Estado para que se coarcte a possibilidade de um só órgão deter a totalidade dos poderes, funcionando cada órgão como um "freio e, simultaneamente, um contrapeso sobre os outros"[284], prevenindo-se quer a "concentração"[285] quer o "abuso de poder"[286], ou seja, a organização do Estado de direito conforme ao "padrão da separação de poderes é justificada (...) como uma forma de limite ao poder estadual"[287].

A função jurisdicional, ao funcionar como freio dos poderes públicos, sujeitando-os à Constituição e a todo o ordenamento jurídico, é, por excelência, o melhor meio de tutela dos direitos fundamentais, é uma garantia da efectivação dos direitos fundamentais e das liberdades públicas[288]. Este meio tutelar ou garantia só se al-

---

[284] Cfr. Carlos Fraga, *Op. Cit.*, p. 38.

[285] *Ibidem.*

[286] *Ibidem.*

[287] Cfr. Gomes Canotilho e Vital Moreira *apud* Carlos Fraga, *Op. Cit.*, p. 38, nota 25.

[288] Neste sentido Carlos Fraga, *Op. Cit.*, pp. 42 e 43.

cança quando cometidos a órgãos independentes, que detenham "um reconhecimento constitucional que lhes permita executar e aplicar imparcialmente as normas que expressam a vontade popular, submeter todos os poderes públicos ao cumprimento da lei, controlar a legalidade da actuação administrativa e oferecer a todas as pessoas a tutela efectiva no exercício dos seus direitos e interesses legítimos"[289].

47. Os Tribunais são órgãos de soberania independentes, cuja função jurisdicional é sua tarefa, que será levada a cabo pelos magistrados que também devem ser independentes. Como sabemos, o próprio poder judicial não está isento de controlo, além das decisões poderem ser contestadas para um grau superior de jurisdição, também existem órgãos com a função de "gestão e disciplina da magistratura dos tribunais judiciais"[290], o Conselho Superior de Magistratura[291], órgão constitucional autónomo.

A independência dos magistrados depende, fundamental e crucialmente, da independência do órgão a que pertencem. Deve-se evitar o que acontecia com o juiz no modelo inquisitório, em que o processo penal era "exclusivamente dominado pelo interesse do Estado – e onde o arguido não é, por consequência, senão o objecto do processo – o juiz encontra-se inevitavelmente privado de independência face ao poder político"[292].

Os tribunais, como "órgãos de estado, *«órgãos de soberania»*, dotados de independência (art. 206.° da CRP)[293], em que um ou mais juízes procedem à administração de justiça"[294], são órgãos complexos (onde intervêm juízes, Ministério Público, advogados, Órgãos de

---

[289] *Idem*, p. 43.

[290] Cfr. J. J. GOMES CANOTILHO e VITAL MOREIRA, *Op. Cit.*, 3.ª Edição, p. 827 – anotação ao art. 218.° da CRP.

[291] Cfr. art. 218.° da CRP.

[292] Cfr. JORGE DE FIGUEIREDO DIAS e MARIA JOÃO ANTUNES, "La Notion Européenne du Tribunal Indépendant et Impartial – une approche à partir du Droit Portugais de Procédure Pénale", *in RSCDPC*, 1990, n.° 4, OCT/DEC, p. 734.

[293] Actualmente previsto no art. 203.° da CRP.

[294] Cfr. GOMES CANOTILHO e VITAL MOREIRA, *Op. Cit.*, 3.ª Edição, p. 791.

Polícia Criminal, oficiais de justiça) e, apesar de não se identificarem com o juiz, há decisões e actos de exclusiva competência daquele[295].

48. A independência dos Tribunais[296] é um princípio essencial à vigência do estado de Direito, que funcionando como limite material à revisão constitucional – al. *m*) do art. 288.° CRP –, tem protecção não só na constituição formal, mas também na constituição material; além do mais, este princípio relaciona-se directamente com os "mais importantes direitos dos cidadãos[297], que são princípios de constituição material e limites materiais ao exercício do poder de revisão constitucional"[298] – *ex vi* art. 288.°, al. *d*) CRP.

Sendo a independência dos tribunais "um elemento essencial da sua própria definição, uma das regras clássicas do Estado Constitucional e uma das garantias do Estado de direito democrático (art. 2.°)"[299], este princípio engloba em si mesmo um significado tão plural que reveste importância não só em termos jurídicos, como também conduz a sérias "implicações e incidências políticas, económicas e sociais"[300].

c. *perspectivas do princípio da independência dos tribunais*

49. Na linha de pensamento de Figueiredo Dias e Maria João Antunes, consideramos que o princípio da independência dos tribunais

---

[295] Neste sentido, Gomes Canotilho e Vital Moreira, *Op. Cit.*, 3.ª Edição, p. 791.

[296] Neste sentido, Sousa Franco, *Op. Cit.*, p. 40.

[297] Neste sentido, Mário Soares ao afirmar que *a independência do poder judicial – assegurando a imparcialidade do julgamento – encontra, assim, a sua permanente legitimação e, simultaneamente, os seus limites, na garantia dos direitos e liberdades fundamentais dos cidadãos no quadro de um Estado de Direito Democrático.* Cfr. Alberto Campinho, *Op. Cit.*, p. 18.

[298] Cfr. M. Rebelo de Sousa *apud* Carlos Fraga, *Op. Cit.*, pp. 47-48.

[299] Cfr. Jorge de Figueiredo Dias e Maria João Antunes, *Op. Cit.*, p. 734.

[300] *Ibidem.*

se expressa em várias perspectivas ou, se quisermos, corolários de enquadramento jurídico, económico e social:

α. **a independência dos tribunais perante os outros órgãos de poder do Estado:** resulta do princípio da separação de poderes, defendendo-se "os tribunais dos demais poderes do Estado (nomeadamente do governo e da administração), pondo-os a coberto das suas ingerências ou pressões e garantindo, assim a defesa dos direitos e interesses legítimos dos cidadãos"[301]. Contudo, esta independência apenas existe se as decisões dos que compõem o poder judicial não estiverem sujeitas à sindicância dos outros poderes e não poderem ser consideradas para efeitos de eventuais nomeações, ou seja, essa sindicância deverá ser efectuada por um órgão do próprio poder judicial que detenha essas competências e que seja autónomo constitucionalmente tal como é basicamente o Conselho Superior de Magistratura, art. 218.° da CRP[302]. A independência não se deve apenas cingir ao poder administrativo ou executivo, mas também ao poder legislativo que está cometido primordialmente ao parlamento[303].

β. **a independência perante os grupos de vida pública (imprensa e radiotelevisão, grupos económicos, partidos políticos):** nos regimes democráticos a influência de grupos políticos, económicos, religiosos e desportivos é uma realidade indiscutível, transformando-se numa arma muito perigosa que poderá pôr em causa não só a estrutura, mas também os próprios poderes do Estado[304]. Como salienta FIGUEIREDO DIAS, a

---

301 Cfr. GOMES CANOTILHO e VITAL MOREIRA, *Op. Cit.*, 3.ª Edição, p. 794.

302 Neste sentido, JORGE DE FIGUEIREDO DIAS e MARIA JOÃO ANTUNES, *Op. Cit.*, p. 735.

303 Neste sentido JOÃO DE CASTRO MENDES, *"Nótula Sobre o artigo 208.° da Constituição – Independência dos Juízes"*, *in Estudos Sobre a Constituição*, Lisboa: Petrony, 3.° Vol., p. 655. Neste sentido, também SOUSA FRANCO *apud* ALBERTO CAMPINHO, *Op. Cit.*, p. 47.

304 Veja-se o caso das Máfias que procuram controlar todo o aparelho político de forma a desenvolverem e a implementarem toda a sua estrutura socio-económica.

independência dos Tribunais não pode ser apenas jurídica, pois é preciso criar um ambiente e condições de independência subjectiva que dê aos juízes uma autonomia social e económica[305]. SOUSA FRANCO, por seu turno, acrescenta que "o regime de incompatibilidades e os meios de tutela de imparcialidade, (...) a protecção criminal" são garantias necessárias à independência dos tribunais perante os grupos de pressão[306].

γ. **a independência face à administração judiciária:** a Magistratura Judiciária estrutura-se hierarquicamente, constituída por juízes de 1.ª Instância e dos tribunais superiores, integrando-se orgânica e administrativamente no poder executivo[307]. Concordamos inteiramente com FIGUEIREDO DIAS e MARIA JOÃO ANTUNES, ao defenderem que os juízes devem receber e obedecer às ordens e instruções emanadas pelos superiores hierárquicos em termos *"de organização e de fiscalização dos serviços judiciários"*[308]. Mas, não cremos que alguma vez se consolide a independência dos tribunais se os superiores hierárquicos pressionarem e dirigirem o exercício de função judiciária, se aqueles se ingerirem no caso em apreciação. Tendo os tribunais a função de julgar, que, segundo SOUSA FRANCO e a nosso ver bem, deve ser "entendida como missão e não como carreira, entendida como dever de magistrado e não como ministério de funcionário, entendida como responsabilidade e acção a exercer em público e a esclarecer e fundamentar perante o público, e não como segredo de gabinete, entendida como justiça, no tempo e na matéria, e não como burocracia de papeis, prazos e formalidades"[309], jamais aquela poderia ser justa se o órgão que a emana não beneficiar de uma "protecção

---

305 Cfr. JORGE DE FIGUEIREDO DIAS e MARIA JOÃO ANTUNES, *Op. Cit.*, p. 735 e o Prof. JOÃO DE CASTRO MENDES que defende que os magistrados devem ter um rendimento que lhes permita não cair na tentação de ceder perante pressões económicas. Cfr. *Op. Cit.*, pp. 655 e ss..

306 Cfr. SOUSA FRANCO *apud* ALBERTO CAMPINHO, *Op. Cit.*, p. 48.

307 Cfr. JORGE DE FIGUEIREDO DIAS e MARIA JOÃO ANTUNES, *Op. Cit.*, p. 735.

308 Cfr. JORGE DE FIGUEIREDO DIAS e MARIA JOÃO ANTUNES, *Op. Cit.*, p. 735.

309 Cfr. *Op. Cit.*, p. 49.

absoluta (...), apenas limitada pela função ou interesse que visa prosseguir"[310].

δ. **a independência perante os demais tribunais:** apesar da existência de uma ordem hierárquica – art. 211.° e 221.° da CRP –, os tribunais, consequentemente os seus juízes, são "independentes entre si (pois cada um é órgão de soberania de per si) (...) sem prejuízo da cooperação que todos devem uns aos outros na administração da justiça (art. 205.°, n.° 3)", actual art. 202.°, n.° 3 da CRP[311]. A decisão não está submetida às teses e doutrinas jurisprudenciais com as quais os titulares do poder de julgar não concordem[312]. Os juízes apenas estão submetidos às suas convicções pessoais, que têm como limite a lei, à qual os tribunais estão sujeitos (art. 203.°). A sujeição dos tribunais não se cinge apenas às "leis em si mesmas (art. 115.°, n.° 1 – *actual 111.°, n.° 1*), mas também a todas as demais normas que constituem a ordem jurídica, a começar, naturalmente, pela Constituição, que é a lei fundamental da república"[313]. Os Tribunais, seja qual for a instância, não devem sujeitar-se absolutamente à lei tal como ela se apresenta, devem antes demais aferir da sua Constitucionalidade e da sua conformidade às "normas a que elas devem conformidade (normas internacionais, legais, etc.)"[314]. A submissão à lei num Estado Constitucional "significa subordinação a normas legítimas, isto é, normas materialmente válidas"[315]. A sujeição à lei

---

310 *Idem*, p. 41.

311 Cfr. Gomes Canotilho e Vital Moreira, *Op. Cit.*, 3.ª Edição, p. 794.

312 Contrariamente ao que acontece no direito de inspiração inglesa. Cfr. Jorge de Figueiredo Dias e Maria João Antunes, *Op. Cit.*, p. 736.

313 Cfr. Gomes Canotilho e Vital Moreira, *Op. Cit.*, 3.ª Edição, p. 795. Não se deve confundir convicção pessoal com opinião puramente subjectiva, cuja confusão originará uma aplicação contraditória de teses jurisprudenciais respeitáveis, *"provocando uma insuportável insegurança na aplicação do direito"*. Cfr. Jorge de Figueiredo Dias e Maria João Antunes, *Op. Cit.*, p. 736. Aliás, muitas vezes o STJ tem necessidade de proferir decisões para uniformização de jurisprudência. Itálico nosso.

314 Cfr. Gomes Canotilho e Vital Moreira, *Op. Cit.*, 3.ª Edição, p. 795.

315 *Ibidem.*

aparece como trave do princípio da independência dos tribunais, que "compreende a autonomia na interpretação do direito (...) o que afasta em princípio à vinculação por interpretações heterónomas"[316]. A independência dos tribunais, como defende SOUSA FRANCO, "significa, porém, uma sujeição eminente à lei, garantia de interpretação livre e responsável e adequada e correcta aplicação da lei aos factos, definindo situações jurídicas e, portanto, dos direitos e interesses legítimos dos cidadãos", melhor, apresenta-se como o garante do "primado da lei e dos seus critérios, que interpretam as normas, verificam os factos e avaliam estes à luz dos critérios de justiça ou da técnica", ou seja, "sem independência dos tribunais não há: – aplicação do direito à margem dos critérios de política (...); – reconhecimento das esferas individuais e institucionais de liberdade, solidariedade e responsabilidade; – separação de poderes"[317].

A independência dos tribunais implica necessariamente a independência dos Juízes e a autonomia, a isenção e objectividade do Ministério Público. A independência do tribunal e, consequentemente, dos juízes, encontra-se, hoje, em perigo de materialização devido à actual Lei Quadro de Política Criminal (LQPC)[318] e às possíveis e sucessíveis leis de política criminal[319] ao permitir que o legislador prescreva "orientações e sentidos de étimo político-criminal, preordenados à prossecução de metas de política-criminal por ele, legislador, previamente definidas"[320]. Ao limitar a intervenção do Tribunal "*por*

---

[316] *Ibidem.*

[317] Cfr. SOUSA FRANCO, *Op. Cit.*, pp. 43, 45 e 46.

[318] A Lei-Quadro da Política Criminal foi aprovada pela Lei n.° 17/2006, de 23 de Maio.

[319] A Lei de Política Criminal aprovada para o biénio 2007/2009 pela Lei n.° 51/ /2007, de 31 de Agosto, foi revogada pela Lei n.° 38/2009, de 20 de Julho, que aprovou os objectivos, prioridades e orientações da política criminal para o biénio de 2009/2011.

[320] Cfr. MANUEL DA COSTA ANDRADE, "Lei-Quadro da Política Criminal (Leitura Crítica da Lei n.° 17/2006, de 23 de Maio)", *in Revista de Legislação e Jurisprudência* (RLJ), Ano 135.°, n.° 3938, Maio-Junho de 2006, p. 275.

via de lei e sob a forma de lei"[321], pensa o legislador que desta forma em nada se afecta a "intangível independência dos Tribunais"[322]. Mas, o legislador, por meio das leis de política criminal, pode restringir a independência dos Tribunais por meio da sua exclusão de intervenção.

§ 27.° Da independência dos juízes

a. *considerações gerais*

50. A decisão do Juiz deve ser proferida independente de qualquer factor que pressione ou influencie, mesmo que indelevelmente, a sua livre convicção[323]. Como afirma Carlos Fraga, "a independência dos juízes é, porém susceptível de várias leituras, todas em referência aos factores que podem influir na liberdade de decisão"[324-325].

Esses factores, que podem pôr em causa a independência do juiz podem ser "a opinião pública", "as partes em litígio", "os factores endógenos atinentes ao próprio juiz", "a pressão decorrente de uma sobrecarga de trabalho" e, até, o próprio "estatuto remuneratório", no sentido de dignificação da "titularidade de órgão de soberania e de

321 *Ibidem.*

322 *Ibidem.*

323 Sem dúvida que as "convicções íntimas do juiz se projectam necessariamente nas suas decisões", logo "a sua mundividência", "a sua formação cultural", "as suas opiniões políticas e filosóficas" funcionam como critérios próprios de uma análise dos valores que o juiz individualmente faz. Quem não pensa assim não é "independente perante si próprio", porque "não existe, pois, o juiz puro e asséptico". Aqueles que se "julgam virtuosos são, por isso, os mais perigosos, porque apenas são inconscientes". Cfr. Luís Nunes de Almeida *apud* Carlos Fraga, *Op. Cit.*, p. 49, nota 93. Neste mesmo sentido, João de Castro Mendes, *Op. Cit.*, pp. 653 e ss..

324 Cfr. Carlos Fraga, *Subsídios para a Independência dos Juízes – o Caso Português*, Lisboa: Edição Cosmos, 2000, pp. 48-49.

325 A necessidade de excluir qualquer emotividade na decisão levou a que se concebesse a velha máxima (1937) "de que a função do juiz é dar decisões e de modo nenhum fazer o trabalho da polícia e dos órgãos encarregados da investigação". Cfr. Anabela M. Rodrigues, *Op. Cit.*, CEJ, p. 68.

resistência a eventuais tentativas de corrupção", pois, como afirma CastroMendes, "o juiz que não ganha o suficiente pode em todo o caso resistir às tentações de fazer render *alter* modo o seu poder judicial"[326], a mais que, "não é razoável (nem constitucional) impor aos juízes o desligamento do mundo que se estabelece aos sacerdotes"[327].

A independência do juiz tem de ser obrigatoriamente uma independência que se afaste, ao máximo, dos preconceitos próprios do ser humano, ou seja, tem de se afastar da máxima *"onde há fumo, há fogo"*, ou, *"basta olhar para a cara dele para saber se é inocente ou culpado"*: pensamentos susceptíveis de violar todos e quaisquer direitos, liberdades e garantias e, até mesmo, os princípios fundamentais do Estado de direito democrático. Os juízes que procedem desta forma promovem o princípio de presunção de culpa; se está a ser julgado e se só por isso se presume que tenha qualquer ligação com o caso em julgamento, contraria o princípio de presunção de inocência consagrado constitucionalmente no n.° 2 do art. 32.° da CRP[328].

51. A independência do juiz face à opinião pública tem de se materializar nas suas decisões, melhor, não pode existir formalmente e ser esquecida Quando perante uma situação concreta, a sua decisão é totalmente caracterizada não pela sua livre apreciação dos factos, que

---

326 Cfr. João de Castro Mendes, *Op. Cit.*, pp. 653 e ss..

327 Cfr. Carlos Fraga, *Op. Cit.*, p. 49 e nota 95.

328 O princípio de presunção de culpa está, na nossa opinião, consagrado no art. 6.° do DL n.° 17/91 de 10 de Janeiro, ao conferir ao Auto de Notícia a natureza de fazer fé em juízo, até prova em contrário, ou seja, o arguido presume-se culpado até prova em contrário. Defendemos que este preceito está ferido de inconstitucionalidade material. No sentido da inconstitucionalidade da existência de um auto de notícia que fará fé em juízo, Teresa Martins e José António Barreiros, "Constitucionalidade da Presunção Probatória do Auto de Notícia em Processo Penal", in *Estudos sobre a Constituição*, Lisboa: Petrony, 1978, Vol. III, pp. 103 e ss.. Teresa Beleza entende que, quando um auto de notícia tenha mais valor do que o de documento autêntico, ou seja, que tenha valor probatório especial, estaremos perante uma *"eventual inconstitucionalidade"*. Cfr. Teresa Pizarro Beleza, *Apontamentos de Direito Processual Penal – Aulas Teóricas dadas ao 5.° ano 1991/92 e 1992/93,* Lisboa: AAFDL, 1993, II Vol., p. 158.

lhe proporcionaria uma convicção íntima, mas pela condenação ou absolvição produzida na "praça pública" quer através de manifestações populares, quer através de comunicados de imprensa, quer através de toda a comunicação social[329], destruímos o sentido puro da justiça.

A independência dos juízes é a consequência necessária e adequada da independência dos Tribunais, cuja análise já efectivamos e para a qual remetemos. Concordando com SOUSA FRANCO, a independência dos juízes está "funcionalmente subordinada"[330] à independência dos tribunais, mas como "aplicador mecânico da Lei, mero transmissor de mensagem sem ruído nem perda", o juiz, segundo MENERES PIMENTEL, deve interpretar e aplicar as normas de acordo com "a sua percepção pessoal do que é o direito"[331], garantindo desta forma o "primado da lei e dos seus critérios"[332], aplicados pelos juízes "que interpretam as normas, verificam os factos e avaliam estes à luz dos critérios de justiça, de disciplina, da ética ou da técnica, seleccionados pela própria lei ou por esta consentidos"[333].

b. ***obediência à lei – limite da independência dos juízes***

52. Não descurando os factores que podem influenciar a *"liberdade de decisão"*, que serão analisados aquando do estudo dos princípios garantísticos da independência dos juízes, iremos projectar a nossa explanação para a independência numa conceptualização jurídico-constitucional, ou seja, "aquela em que se traduz na indepen-

---

329 Sobre a independência face à opinião pública, JOÃO DE CASTRO MENDES, *Op. Cit.*, p. 655.

330 Cfr. ANTÓNIO SOUSA FRANCO, "A Independência dos Tribunais", *apud* ALBERTO CAMPINHO, *Op. Cit.*, pp. 44 e 45.

331 Cfr. JOSÉ MANUEL MENERES SAMPAIO PIMENTEL, "A independência dos Tribunais e a Colaboração do Provedor de Justiça", *apud* ALBERTO CAMPINHO, *Op. Cit.*, p. 30.

332 Cfr. ANTÓNIO SOUSA FRANCO, "A Independência dos Tribunais", *apud* ALBERTO CAMPINHO, *Op. Cit.*, pp. 44 e 45.

333 Cfr. ANTÓNIO SOUSA FRANCO, "A Independência dos Tribunais", *apud* ALBERTO CAMPINHO, *Op. Cit.*, pp. 44 e 45.

dência do juiz face aos restantes poderes do Estado – Independência Externa – quer face aos órgãos da própria função judicial – Independência Interna"[334], consagrada no art. 203.° da Constituição da República Portuguesa.

Prosseguindo com GERMANO M. DA SILVA "a independência, na tradição do constitucionalismo, significa que os demais poderes do Estado não podem intervir na actividade dos tribunais", estamos no plano da independência externa, ou seja, "cada um dos poderes do Estado, como defendia a tese clássica da separação de poderes, tem de se limitar ao cumprimento das funções que a Constituição lhe comete, sem invadir as dos demais" poderes. Contudo, não se esgota neste plano a independência dos juízes, porque apesar de pouco "tratada pelos textos constitucionais", pois existe a designada independência interna dos juízes que "põe os juízes ao abrigo das interferências dos demais órgãos do poder judicial no modo como cada tribunal exerce a sua função", ou seja, "o tribunal (logo o juiz) não deve obediência a quaisquer ordens ou instruções de outros tribunais" (ou juízes), excepto quando estamos perante "decisões proferidas em via de recurso por tribunais superiores"[335].

O princípio de independência dos juízes materializa-se quando o mesmo obedece à lei, sendo esta a essência da sua função[336], e decide segundo o primado da imparcialidade[337]. O primado da lei e a submissão à mesma permite inquestionavelmente ao juiz afirmar a sua "independência perante os demais poderes políticos ou sociais, que preten-

---

334 O art. 203.° da CRP consagra que "Os tribunais são independentes e apenas estão sujeitos à lei". O princípio da independência nesta perspectiva jurídico-constitucional está também consagrado no art. 4.° da LOFTJ: *"Os Tribunais Judiciais são independentes e apenas estão sujeitos à lei"*, estipulando o n.° 1 do art. 5.° que, *"os juízes julgam apenas segundo a Constituição e a lei"*. A actual LOFTJ foi aprovada pela Lei n.° 52/2008, de 28 de Agosto.

335 Cfr. GERMANO MARQUES DA SILVA, *Curso de Processo Penal*, Lisboa/ /S. Paulo: Verbo, 1993, Vol. I, p. 164. Neste sentido GOMES CANOTILHO, *Direito Constitucional e Teoria da Constituição*, 3.ª Edição, Coimbra: Almedina, 1999, p. 618.

336 Neste sentido GERMANO MARQUES DA SILVA, *Op. Cit.*, Vol. I, p. 164.

337 Neste sentido Ac. TC n.° 935/96, de 10 de Julho *apud* CARLOS FRAGA, *Op. Cit.*, p. 56.

dam influir na sua actividade"[338]. O juiz depende exclusivamente da lei para que a sua decisão seja o resultado material da sua convicção independente de qualquer influência política, social, económica, religiosa, desportiva e conceptual. Como afirma PEREZ ROYO a "dependência da lei e independência do juiz são as duas faces da mesma moeda"[339].

A decisão do juiz, para que seja independente, tem de nascer em obediência ao princípio da imparcialidade, ou seja, o juiz não pode tomar partido na questão que lhe foi submetida, aparece como um terceiro "alheio à solução da questão e estranho às razões da acusação e de defesa", melhor, o juiz terá "de apreciar e decidir as questões em exclusiva obediência à lei"[340] por meio de uma interpretação conforme à Constituição. Podemos afirmar que a primeira lei a que devem obediência é a Constituição, assim como os diplomas supra-constitucionais – *v. g.*, DUDH, PIDCP e CEDH – que são direito positivo interno, e a lei ordinária a aplicar pelos juízes, assim como a respectiva interpretação, deve obediência ao princípio da constitucionalidade[341].

53. O princípio da imparcialidade consagrado no art. 6.° de CEDH, que , por força do art. 8.° da CRP, faz parte do direito constitucional interno, é também a consequência da *"exigência do direito ao acesso aos tribunais"* (art. 20.°, n.° 1 da CRP), funcionando como "requisito de confiança da comunidade nas decisões dos seus magistrados, ao aplicarem a justiça em nome do povo"[342].

---

338 Cfr. CARLOS FRAGA, *Op. Cit.*, p. 56.

339 Cfr. JAVIER PEREZ ROYO *apud* CARLOS FRAGA, *Op. Cit.*, p. 56.

340 Cfr. GERMANO MARQUES DA SILVA, *Op. Cit.*, Vol. I, p. 168.

341 Quanto ao princípio da constitucionalidade J. J. GOMES CANOTILHO, *Direito Constitucional e Teoria da Constituição*, 7.ª Edição, 3.ª Reimpressão, Coimbra: Almedina, 2003, pp. 245-248, 277-278, 1224-1225 e 1226-1227; JORGE MIRANDA, *Aspectos de uma Teoria da Inconstitucionalidade*, Colecção Clássicos Jurídicos, Reimpressão da Edição de 1964, Coimbra: Coimbra Editora, 2008; RUI MEDEIROS, *A Decisão de Inconstitucionalidade. Os Autores, o Conteúdo e os Efeitos da Decisão de Inconstitucionalidade da Lei*, Lisboa: Universidade Católica Editora, 1999, pp. 289 e ss..

342 Cfr. CARLOS FRAGA, *Op. Cit.*, p. 57.

A imparcialidade do juiz, quer a subjectiva (a do foro íntimo do juiz), quer a objectiva (a que não pode ser posta em causa aos olhos da comunidade perante o caso concreto), materializa não só a credibilidade da função jurisdicional, como lhe proporciona a vinculação ao princípio da separação de poderes, demonstrando à comunidade que perante aquele caso a decisão tomada, de entre muitas, é a mais justa, para que os elos de confiança não se quebrem, contribuindo assim "para a tarefa de transformação da sociedade portuguesa numa sociedade mais livre, mais igualitária e mais pacífica"[343], julgando «em nome do povo».

O juiz, como afirma HELLWIG, deve socorrer-se da sua *inteligência*, da sua *sensibilidade* e da sua *vontade* para que aprecie o caso segundo a lei, abstraindo-se da tentadora parcialidade, de forma a que alcance *uma decisão recta*, sem que para tal tenha criado entre aqueles *três elementos um desequilibro que, mascarando a alteração de facto como direito livre, caia no arbítrio*[344].

Lembrando o velho pensamento do grande filósofo PLATÃO, "julgar é recordar-se de um mundo inteligível em que todas as ideias, que entram no julgamento, são desenvolvidas numa imutável e indecomponível unidade"[345]. Como ensina o saudoso ENRICO ALTAVILLA, ao juiz não "basta a simples percepção dos acontecimentos, é necessário que os analise inteligentemente, para depois os coordenar naquele trabalho de síntese que é a sentença"[346]. Essa análise e síntese têm de ser inteligentemente dependentes da lei, independentes de quaisquer influências e imparciais de modo a que a sua convicção seja a manifestação não só de uma decisão, mas que esta seja recta não só aos olhos do juiz e do arguido, mas também aos da comunidade.

---

343 Cfr. JORGE MIRANDA, "Tribunais e Poder Judicial", *apud* ALBERTO CAMPINHO, *Op. Cit.*, p. 71.

344 Cfr. HELLWIG *apud* ENRICO ALTAVILLA, *Psicologia Judiciária II, Personagens do Processo Penal*, (Tradução de FERNANDO DE MIRANDA), Coimbra: Arménio Amado – Editor, 1982, Vol. II, p. 510.

345 Cfr. PLATÃO *apud* ENRICO ALTAVILLA, *Op. Cit.*, Vol. II, p. 515.

346 *Ibidem.*

c. ***garantias da independência dos juízes***

54. O princípio da independência dos juízes é sedimentado e provido de garantias – corolários – tais como **os princípios da inamovibilidade, da irresponsabilidade e da dedicação exclusiva**. Estes corolários encontram-se consagrados no art. 216.° da CRP, cuja prerrogativa constitucional reforça o princípio de que o juiz deve actuar independente de *"quaisquer pressões quanto ao seu poder de decisão"*[347], melhor, promove o sentimento de independência quer interna quer externa que reflicta uma decisão excluída de quaisquer condicionamento.

i. **princípio da inamovibilidade**

55. JAVIER PEREZ ROYO ensina-nos que a **inamovibilidade**[348] e a irresponsabilidade do juiz são "duas variantes do conceito independência *que visam* garantir a plena imparcialidade do juiz no exercício das suas funções de composição de litígios, *e que promovem* a libertação de quaisquer dependências, quer externas quer internas que o poderiam condicionar"[349] na apreciação e correspondente tomada de decisão.

GILBERT MANGIN[350] afirmava que "o princípio da inamovibilidade é uma das maiores garantias da independência e da imparcialidade da magistratura e é um bem que se aprecia particularmente quando se o perdeu", cujo escopo é "impedir que a actuação de um juiz lhe possa acarretar qualquer consequência penalizadora para o cargo que detém, assim como evitar que quem tenha o poder de o remover do seu cargo ou de lhe retirar um determinado processo, possa substituir um juiz cuja actuação não lhe agrade, substituindo-o por outro mais maleável aos seus intentos"[351]. Sendo uma garantia da independência do juiz, é

---

347 Cfr. CARLOS FRAGA, *Op. Cit.*, p. 58.

348 Cfr. n.° 2 do art. 5.° da LOFTJ.

349 *Apud* CARLOS FRAGA, *Op. Cit.*, pp. 57-58, nota 142. Itálico nosso.

350 *Apud* CARLOS FRAGA, *Op. Cit.*, p. 59.

351 Cfr. JOAQUIM GARCIA MORILLO *apud* CARLOS FRAGA, *Op. Cit.*, p. 60.

acima de tudo, uma *garantia de uma boa justiça*, porque não estamos a ver um juiz a decidir com serenidade e conscientemente sob a pressão do *receio de ser transferido, suspenso ou demitido*[352], ou seja, é um princípio que trava qualquer provável livre *arbítrio do poder executivo*[353].

56. Partilhando da opinião de GOMES CANOTILHO e VITAL MOREIRA, devemos ter em conta que o princípio da inamovibilidade não significa o *carácter vitalício da magistratura* que era garantido pelas Constituições de 1911 e 1933, mas não pela Constituição de 1976, apesar de existir a nomeação vitalícia como uma das "características legais dos juízes da maior parte das categorias de tribunais". Mesmo que não haja nomeação vitalícia, *o princípio da independência dos juízes exige* que a inamovibilidade, que consiste em o juiz ser nomeado não só pelo tempo certo e determinado, mas também que a nomeação seja insusceptível de renovação de modo que se evite a natural insegurança provocada pela incerteza da renovação da nomeação[354].

A **inamovibilidade** como corolário do princípio da independência e como garantia dos cidadãos não é garantida com *carácter absoluto* pela Constituição, pois é uma *garantia de legalidade, de reserva de lei*, cuja materialização normativa está sujeita à *discricionaridade legislativa* que por sua vez está limitada pelo "próprio princípio da independência dos tribunais e pelas próprias regras constitucionais que regem as restrições aos direitos, liberdades e garantias" (art. 18.° CRP)[355]. CARLOS FRAGA afirma, e bem, que é "necessário que este princípio seja objecto de uma normatização que o torne realmente efectivo"[356], cuja materialização seja uma realidade.

---

[352] Cfr. ROGER PERROT *apud.* CARLOS FRAGA, *Op. Cit.*, p. 61.

[353] *Ibidem.*

[354] Neste sentido GOMES CANOTILHO e VITAL MOREIRA, *Op. Cit.*, 3.ª Edição, p. 824.

[355] Cfr. GOMES CANOTILHO e VITAL MOREIRA, *Op. Cit.*, 3.ª Edição, p. 823.

[356] Cfr. CARLOS FRAGA *Op. Cit.*, p. 61.

ii. **princípio da irresponsabilidade**

57. Vozes se levantam contra este princípio, afirmando que, responsabilizando-se os juízes, seria uma forma de obrigá-los a cumprirem os seus deveres? A apreciação e decisão de um caso concreto, de forma imparcial e independente, não é compatível com a pressão do receio natural de ser responsabilizado civil ou criminalmente[357].

O juiz face ao perigo de errar propenderia, naturalmente, para absolver dado que seria menos susceptível de lhe causar problemas. Desta feita, teríamos "uma justiça em que a primeira preocupação do juiz seria a gestão dos seus próprios interesses pessoais ao invés de aplicar uma justiça imparcial"[358]. Certamente que os que recorressem à justiça sofreriam o peso de uma justiça feita à medida do receio do juiz. Mais que uma garantia da independência dos juízes, o princípio da irresponsabilidade do juiz é uma garantia daqueles que recorrem à justiça. Contudo, como temos defendido, não se pode pactuar com o mau exercício da judicatura, principalmente quando o seu exercício consigna a prática de um crime ou provoca um dano irreparável, impondo-se, nestas situações, a responsabilidade do juiz.

O **princípio da irresponsabilidade** dos juízes pelas suas decisões e julgamentos, como garantia de independência daqueles, não reveste carácter absoluto[359] por motivos de salvaguarda constitucional não só dos que por eles são julgados, condenados ou absolvidos, mas também do próprio Estado de Direito Democrático. Ninguém está acima da lei, nem mesmo os juízes, que, enquanto homens, sofrem das mesmas fraquezas e fragilidades.

58. A irresponsabilidade dos juízes, como nos ensina GERMANO M. DA SILVA, coloca-se essencialmente no plano político, uma vez que são "titulares de órgãos de soberania, ou seja, os juízes não respondem politicamente perante qualquer outro órgão ou entidade, nem mesmo

---

357 Cfr. n.° 3 do art. 5.° da LOFTJ.

358 Cfr. o nosso *Lei e Crime ...*, p. 80.

359 Conforme se retira do n.° 3 do art. 5.° da LOFTJ os juízes só serão responsabilizados excepcionalmente e nos termos e disposições previstas em lei.

perante o povo, em nome de quem administram a justiça"[360]. No plano político poder-se-á afirmar que existe uma irresponsabilidade absoluta, o que já não se passa no criminal, civil e disciplinar[361].

GERMANO M. DA SILVA afirma que *a independência dos juízes é correlativa da responsabilidade no plano ético*, cujo principal julgador é o povo[362].

A Constituição apenas garante, juridicamente, a *reserva de lei na tipificação de responsabilidade dos juízes* e não a sua irresponsabilidade[363]. Criminalmente, a lei penal tipifica *a responsabilização dos juízes por actos praticados no exercício das suas funções*, tais como os crimes de denegação de justiça e prevaricação (art. 369.°), de corrupção (artigos 372.° a 374.°), de peculato (art. 375.° e ss.)[364].

No plano civil, a responsabilidade dos juízes pelos seus actos no exercício das suas funções decorre do art. 22.° da CRP que consagra, como afirmam GOMES CANOTILHO e VITAL MOREIRA, "o princípio da responsabilidade patrimonial directa das entidades públicas por danos causados aos cidadãos, *como* um dos princípios estruturantes do Estado de Direito Democrático, enquanto elemento do direito geral das pessoas à reparação dos danos causados por outrem"[365]. A responsabilidade civil dos magistrados será assumida de *forma solidária com o Estado*, como estipula o referido preceito Constitucional.

59. GOMES CANOTILHO e VITAL MOREIRA defendem que o "teor literal *do artigo 22.°* leva a considerar a responsabilidade do Estado por actos jurisdicionais"[366], podendo estes materializarem-se em "acções ou omissões jurisdicionais indevidas", de que resulte lesão de direitos

---

360 Cfr. GERMANO MARQUES DA SILVA, *Op. Cit.*, Vol. I, p. 169.

361 Cfr. GERMANO MARQUES DA SILVA, *Op. Cit.*, Vol. I, p. 169 (4.ª Ed., p. 233).

362 *Ibidem.*

363 *Ibidem.*

364 *Ibidem.*

365 Cfr. GOMES CANOTILHO e VITAL MOREIRA, *Op. Cit.*, 3.ª Edição, p. 168.

366 *Ibidem.*

dos cidadãos"[367-368]. O n.° 5 do art. 27.° da CRP "consagra expressamente o princípio da indemnização de danos nos casos de privação inconstitucional ou ilegal da liberdade"[369] e o n.° 6 do art. 29.° da CRP "reconhece e garante o direito à indemnização por danos patrimoniais e não patrimoniais sofridos no caso de condenações injustas"[370]. O legislador constitucional atribuiu à reparação do erro judiciário uma dignidade supra-legal, ou seja, uma dignidade constitucional[371].

A responsabilidade criminal e civil acarreta sempre a responsabilidade disciplinar, quando os factos praticados, mesmo que meramente culposos, violem deveres profissionais, e os actos ou omissões da sua vida pública, ou que nela se representam, sejam incompatíveis com a dignidade indispensável ao exercício das suas funções (art. 82.° do Estatuto dos Magistrados Judiciais)[372].

iii. **da dedicação exclusiva**

60. A dedicação exclusiva como corolário da imparcialidade e, consequentemente, da independência dos juízes, impõe que o juiz exerça "uma actividade profissional a tempo inteiro, *impedindo-o que* se disperse por outras actividades *e evitando que* ele crie dependências profissionais ou financeiras que ponham em risco a sua independência"[373].

---

367 *Idem*, p. 169.

368 Na prática vai-se afirmando essa responsabilidade entre nós, por acções ou omissões violadoras dos direitos dos cidadãos. Como exemplo paradigmático temos o caso da detenção ilegal do carteiro de Almada que veio dar lugar a um processo contra o Estado português que por força do Acordão do STA daí resultante (Ac. de 3/7/95) culminou com a atribuição à vitima de uma indemnização de cinco mil contos. Cfr. o nosso *Lei e Crime ...*, p. 82.

369 Cfr. Gomes Canotilho e Vital Moreira, *Op. Cit.*, 3.ª Edição, p. 187.

370 *Idem*, p. 195.

371 *Ibidem*. Neste sentido Germano Marques da Silva, *Op. Cit.*, Vol. I, p. 170 (4.ª Ed., p. 234). Cfr. também o art. 462.° do CPP.

372 Cfr. Germano Marques da Silva, *Op. Cit.*, Vol. I, p. 170 (4.ª Ed., p. 234); Carlos Fraga, *Op. Cit.*, pp. 61-63.

373 Cfr. Gomes Canotilho e Vital Moreira, *Op. Cit.*, 3.ª Edição, p. 824. Itálico nosso.

Como afirmam GOMES CANOTILHO e VITAL MOREIRA, consagra-se constitucionalmente uma "incompatibilidade de exercício", cujas excepções, a função de investigação e ensino, são compatíveis com a função judicial, com a "condição de não remuneração", não criando "dependência financeira", estes reputados autores reforçam a sua tese afirmando que o art. 43.° da CRP consagra a "garantia constitucional da liberdade de ensino"[374].

JORGE MIRANDA escrevia, um dia, no jornal *Público:* "juízes para os tribunais, os professores para as universidades, os políticos para a política"[375]. A mensagem deste ilustre Professor não é mais do que a defesa do Estado de direito democrático, em que cada elemento ou agente prossegue a função do órgão ou serviço a que pertence, para que a separação de poderes não se destrua com a dependência e a ganância do poder.

O princípio de dedicação exclusiva preconiza a incompatibilidade do exercício da função judicial com a de um *cargo público*, evitando-se o desmoronamento da separação de poderes e de funções. Defendemos que os magistrados devem optar pela magistratura ou pela função executiva ou política, quando convidados para desempenhar tão nobres tarefas, evitando-se fururas incongruências.

iv. **conclusão preliminar**

61. A independência da judicatura tem de ser encarada e preconizada como um bem supremo, "como garantia única do império do Direito sobre a arbitrariedade e a prepotência", o que obriga os juízes a demonstrarem "com as suas condutas de humildade e verdade que são pessoas dignas do exercício da altíssima função estadual de julgar, ou

---

[374] *Ibidem.*

[375] JORGE MIRANDA afirmava ainda nesse artigo intitulado *"Juízes para os tribunais"* que, no seu projecto de revisão constitucional de 1997, propunha que "os juízes que aceitassem qualquer outra função pública ou privada não pudessem regressar ao exercício efectivo da magistratura, salvo novo ingresso nos termos gerais". Posição que colhe o nosso sincero apoio.

seja, da enorme grandeza da missão de administrar a justiça «em nome do povo»"[376].

Este desiderato só será alcançado se exercerem a sua função sob a égide dos princípios da imparcialidade e da independência, se promoverem eles próprios a materialização das garantias desses mesmos princípios, para que a comunidade sinta que os alicerces dessa independência não estão apodrecidos pela "arrogância, pelo desejo de protagonismo, por interesses pessoais e/ou de grupo (ideológico ou outro)"[377].

§ 28.° Da isenção e objectividade do Ministério Público

a. *considerações gerais*

62. O Ministério Público[378], como representante da "pretensão punitiva do Estado, é delegado pela sociedade para a tutela dos direitos dos cidadãos ofendidos pelo crime"[379], ou seja, tendo como função "a repressão de um interesse muito mais alto"[380], que deve ser "inspirada por uma sinceridade de convicção e por uma objectividade muito maiores"[381], deve defender os interesses que a lei determinar (n.° 1 do art. 219.° CRP). Esses interesses obrigam o MP a procurar o culpado[382] e não um culpado[383], ou seja, exerça a acção penal orientada pelo princípio da legalidade democrática. O MP, que deseja a punição de quem

---

[376] Cfr. Alberto Campinho, *Op. Cit.*, p. 155.

[377] *Ibidem.*

[378] Sobre a atitude e posição do Ministério Público no Processo Penal, Anabela M. Rodrigues, *Op. Cit.*, CEJ, pp. 73 e ss. e Germano Marques da Silva, *Op. Cit.*, 4.ª Edição, Vol. I, pp. 241 e ss..

[379] Cfr. Cordova *apud* Enrico Altavilla, *Psicologia Judiciária, Personagens do Processo Penal*, Coimbra: Arménio Amado – Editor, 1982, Vol. II, p. 492.

[380] Cfr. Enrico Altavilla, *Op. Cit.*, Vol. II, p. 492.

[381] *Ibidem.*

[382] *Ibidem.*

[383] Cfr. Cordova *apud* Enrico Altavilla, *Op. Cit.*, Vol. II, p. 492.

ofendeu a sociedade, deve ser o primeiro garante, "o tutor natural, por moral, por lei e por dever, do inocente"[384].

O MP, ao acusar somente o culpado, prossegue a sua acção penal de forma que ofereça "colaboração e auxílio ao inocente, vítima de suspeitas, obedecendo ao comando da sociedade, que lhe confia o mandato de castigar os criminosos e proteger a gente de bem"[385]. Neste sentido é que a isenção do MP se deve manifestar, deve actuar de forma *impessoal*, garantindo a *objectividade* processual, exercendo uma *função quase desencarnada*, libertando-se da "rede dos sentimentos de um indivíduo para se tornar num movimento tendencial, guiado e inspirado por um interesse social"[386].

O fim de actuação do MP, que é de carácter público e de interesse público[387], deve ser realizado de forma a que resista "ao sopro do vento constante" da deformação profissional e às pressões societárias e dos grupos de pressão e de interesse social, económico, religioso e político.

O fim só é alcançado caso a sua actuação se prenda por princípios de independência psicológica, social e intelectual de modo a que não se guie pelos princípios da presunção da culpabilidade[388], pela interpretação e descrição emotiva dos factos das testemunhas, pela subordinação política[389].

---

[384] *Ibidem.*

[385] Cfr. Cordova *apud* Enrico Altavilla, *Op. Cit.,* Vol. II, p. 493.

[386] Cfr. Enrico Altavilla, *Op. Cit.,* Vol. II, p. 493.

[387] Cfr. Lucchini *apud* Enrico Altavilla, *Op. Cit.,* Vol. II, p. 493. Contrariamente ao fim da actuação do juiz que é "único desinteressado, absolutamente objectivo – a lei pela lei, à justiça pela justiça – e do advogado que é determinado, mais ou menos particular".

[388] Neste sentido Enrico Altavilla, *Op. Cit.,* Vol. II, p. 494: "a culpabilidade, que deveria ser a última consequência do seu raciocínio, o resultado lógico da indagação judiciária, torna-se num pressuposto de que se parte...".

[389] Como afirma Lucchini, a lei e a justiça necessitam de uma política "boa, generosa, racional, do interesse social, da maneira de agir de acordo com as circunstâncias e exigências particulares do tempo, do lugar". *Apud* Enrico Altavilla, *Op. Cit.,* Vol. II, p. 497.

63. Concordando com LUCCHINI, pensamos que o MP, como promotor e vigilante da aplicação da lei[390], deve "sentir todas as pulsações e vibrações" dos perigos da vida social, de forma a que persiga o crime e os criminosos, os "violadores da lei e os perturbadores da ordem social" e socorra e assista "os inaptos e as vítimas da prepotência alheia". O MP tem, assim, "uma missão de energia e de bondade, de sabedoria e de sentimento, inspirada, evidentemente, pela lei, mas ainda pela razão e pelos fins que a determinam e que podem sugerir a sua integração ou a sua reforma"[391].

Os Procuradores da República, faces visíveis do MP, devem ser funcionários do Estado dotados de "inteligência aguda, habituados à batalha de polémica quotidiana, providos de grande agilidade mental", que sejam capazes de "enfrentar continuamente questões em que nunca pensaram, lutando com adversários que vêm armados de uma sábia preparação"[392].

Socorrendo-nos das doutas palavras de ENRICO ALTAVILLA, defendemos que só a decisão de acusação inspirada na lei, na razão e nos fins daquela, condimentada pelo sentido de responsabilidade que a sociedade lhe conferiu, o MP pode exercer a sua acção penal isenta de influência quer do juiz, quer da opinião pública, quer do poder político, quer das suas convicções pessoais e dos seus preconceitos.

b. *autonomia e estatuto próprio*

64. Temos consciência de que a isenção desejada não é senão uma miragem. Senão vejamos. O estatuto próprio e a autonomia consagrados no n.° 2 do art. 219.° da CRP implica a separação da magistratura judicial, preconizando assim a estrutura acusatória do processo penal, separando-se os corpos de quem investiga e acusa de quem julga.

---

[390] Cfr. n.° 1 do art. 219.° da CRP. Claro está que a nova LOIC não respeita este comando e este princípio de garante da legalidade, como se retira do n.° 3 do art. 2.° e do n.° 2 do art. 7.° da LOIC, que na nossa opinião, estão feridos de inconstitucionalidade material por violação do n.° 1 do art. 219.° da CRP.

[391] Cfr. LUCCHINI *apud* ENRICO ALTAVILLA, *Op. Cit.*, Vol. II, p. 498.

[392] Cfr. ENRICO ALTAVILLA, *Op. Cit.*, Vol. II, p. 499.

Contudo, no n.° 4 do mesmo preceito consagra-se a responsabilidade e a subordinação hierárquica dos agentes do MP, contrariamente aos juízes (irresponsabilidade e independência – art. 216.° da CRP), e cujas nomeações, colocações, transferências e promoções são da competência da Procuradoria-Geral da República, que detém também o poder disciplinar (n.° 5 do art. 219.° da CRP).

O governo não pode, como se sabe, dar ordens ou instruções ao MP, porém "pode influir sobre o MP indirectamente, através do PGR, cuja nomeação e exoneração lhe cabe propor"[393]. A influência do Governo ou do poder político sobre o MP pode, hoje, ocorrer por força das leis de política criminal[394] que imprimem ao MP obrigações *ex lege* de prioridades e de eficácia que restrigem a autonomia[395] externa e interna.

Essa restrição pode ser reforçada quando estamos no plano da prevenção criminal, em que os OPC (quer sejam forças ou serviços de segurança) promovem programas de segurança comunitária e de policiamento de proximidade para controlo de fontes de perigo de crimes de associação criminosa e organizações terroristas, de crimes relacionados com meios especialmente perigosos (armas de fogo, nucleares, químicas e bacteriológicas) e com meios especialmente complexos (internet e informática) e, consequente, protecção de vítimas, sem a intervenção do MP [conforme se retira dos n.os 1 e 2 do art. 7.°, conjugado com as als. *b*), *c*) e *d*) do art. 6.° da Lei n.° 38/2009, de 20 de Julho], e no plano da investigação criminal, em que se tenta limitar *ex lege* a acção penal do MP face a um OPC (conforme n.° 2 do art. 7.° da LOIC) e se esvazia as competências e a autonomia interna do MP, centralizando todo o papel directivo no PGR (conforme se apreende do art. 16.° da LOIC). O legislador (ordinário) restringiu a autonomia interna e externa do MP consagrada no n.° 2 do art. 219.° da CRP[396].

---

393 Cfr. Gomes Canotilho e Vital Moreira, *Op. Cit.*, 3.ª Edição, p. 831.

394 Cfr. art. 11.° da LQPC.

395 Cfr. n.° 2 do art. 6.° da LOFTJ.

396 Quanto às autonomias interna e externa do MP, Rui Medeiros e José Lobo Moutinho, "O Novo Mapa Judiciário perante o Estatuto Constitucional do Ministério Público – Parecer", *in www.smmp.pt*, consultado em 08 de Fevereiro de 2009. Quanto a este assunto, o nosso *Teoria Geral...*, 2.ª Edição, pp. 325-331 e 379-380.

65. Sabendo-se que a independência atribuída aos juízes, como afirma SOUSA FRANCO, "é uma situação em que o responsável social exerce a sua função à luz de critérios gerais cuja aplicação aos factos dependem exclusivamente da sua consciência e do seu juízo pessoal livre, informado, isento de coacção e insusceptível de revisão"[397], e que a autonomia é "uma medida limitada da autodeterminação de certa instituição ou de um responsável por determinada incumbência, tarefa ou função"[398], é de facto difícil um agente do MP poder exercer a sua função autonomamente sem que seja influenciado pelo contexto psico-social e económico que envolve o caso concreto, sendo este mediático e envolvendo pessoas da chamada alta sociedade.

Esta pressão cria, desta feita, uma justiça para pobres, em que é fácil sermos autónomos e isentos, e uma justiça para ricos[399]. Não basta que existam investigações também contra "pessoas importantes"[400], é preciso que todo o processo decorra de forma que ao agente do MP se possibilite uma decisão isenta de qualquer pressão exterior que o conduza à acusação ou ao arquivamento do processo, pugnando-se pela credibilização da justiça como valor essencial de uma comunidade.

Ao falar-se do MP como órgão do poder judicial[401], como agente motor do mesmo, apesar da sua dependência administrativa do poder executivo, consideramos que deve prosseguir a função com base nos princípios da isenção, da objectividade e da legalidade, aos quais está vinculado[402], no sentido de não tomar partido de uma posição que não seja a legal, a justa e a recta, ou seja, acusar o culpado e não um culpado. Esta forma adulta de encarar as questões que lhe são colocadas, é alcançada quando o MP prossegue as suas competências com imparcialidade e isenção, para que a sua decisão seja aceite pela comunidade.

---

397 *Apud* ALBERTO CAMPINHO, *Op. Cit.*, p. 41.

398 *Ibidem.*

399 GERMANO MARQUES DA SILVA já afirmara que "haverá sempre uma justiça para ricos e outra para pobres". Entrevista à Visão, n.° 371, 20 a 26 de Abril de 2000, p. 15.

400 *Idem*, p. 14.

401 Cfr. J. J. GOMES CANOTILHO, *Direito Constitucional...*, 7.ª Edição, p. 684.

402 Cfr. artigos 53.°, n.° 1 do CPP e 219.°, n.° 1 da CRP.

Ao MP, como "*poder autónomo do Estado*, dotado de independência institucional em relação a qualquer outro poder incluindo os juízes"[403], estando sujeitos à lei e numa posição "tendencialmente equiparável à dos juízes"[404], cabe exercer o mandato constitucional com total autonomia, que sairá reforçada quando se funda na isenção, na objectividade e na imparcialidade da sua acção penal.

c. *função de representação*

66. O Ministério Público não deve apenas representar o Estado, as Regiões Autónomas, as Autarquias Locais, mas também os incapazes, os incertos e os ausentes em parte incerta, ou seja, ao MP compete-lhe também "tutelar interesses de pessoas a quem o Estado, na sua veste de ente soberano e provedor dos direitos dos cidadãos, deve protecção"[405].

d. *titularidade da acção penal*

67. A titularidade da acção penal[406] e, consequentemente, da investigação criminal conferida ao MP não lhe dá o poder de definir a política criminal, mas deve ser o motor de execução dessa mesma política definida pelos órgãos de soberania, uma vez que é um elemento vivo do sistema judicial, cuja participação activa na execução da política criminal se encontra consagrada como princípio constitucional (n.°1 do art. 219.° da CRP)[407].

---

403 Cfr. J. J. Gomes Canotilho, *Direito Constitucional...*, 7.ª Edição, p. 684.

404 *Ibidem*.

405 Cfr. J. N. Cunha Rodrigues, *Em Nome do Povo*, Coimbra: Coimbra Editora, 1999, p. 156.

406 Quando a este assunto *infra* Capítulo VII – Dos princípios da legalidade, do consenso e da oportunidade.

407 Neste sentido J. N. Cunha Rodrigues, *Op. Cit.*, pp. 162 e ss..

O exercício da acção penal, consagrado constitucionalmente no n.° 1 do art. 219.° da CRP, apresenta-se como uma das funções de maior relevo do MP, que, de forma e modo isento, baseando-se nos princípios da separação de funções, da legalidade, da objectividade, da imparcialidade e da autonomia, deverá investigar os factos que lhe são apresentados ou de que tem conhecimento, de modo a que as conclusões do inquérito, cuja direcção lhe compete (art. 263.°, n.° 1 do CPP), surgindo no actual contexto processual penal como o *dominus* do inquérito, cuja actuação dos órgãos de Polícia Criminal está sob a sua dependência funcional e orientação, lhe permitam deduzir uma acusação fundamentada (art. 276.°, n.° 1 e 97.° do CPP) ou arquivar o inquérito (art. 277.° do CPP).

68. O exercício da acção penal está constitucionalmente subordinado ao princípio da legalidade, devendo este ser o 'norte e o sul' da sua actuação, ou seja, apesar de existir a Recomendação – (R(87) 18 – do Comité de Ministros do Conselho de Europa que recomenda, através da simplificação do processo penal, "uma maior utilização do princípio de oportunidade e um mais amplo recurso à transacção penal e aos processos simplificados ou acelerados"[408], com o intuito de evitar que um inocente veja que uma suspeita penda sobre si ou que um culpado sinta a pena do desespero do desfecho do processo durante anos, conduzindo a justiça penal à insignificância da inutilidade de uma pena que deveria ser justa, o MP deve, por força constitucional, fazer prevalecer o princípio de legalidade sobre o da oportunidade[409], mas também temperado por este.

A promoção do exercício da acção penal depende de uma excelente e profícua investigação criminal que deve estar isenta de quaisquer traços arbitrários, para que se efectue uma real defesa da legali-

---

408 Cfr. J. N. Cunha Rodrigues, *Op. Cit.*, pp. 164 e 165.

409 Neste sentido Cunha Rodrigues, *Op. Cit.*, pp. 165-166. A revisão Constitucional de 1997 acrescentou que o exercício da acção penal está subordinado à orientação do princípio da legalidade, ou seja, não existe uma absolutização deste princípio, mas sim, sob o conteúdo do partícipio passado "orientado", a consagração de prevalência da legalidade sobre a oportunidade.

dade, se garanta a segurança interna e os direitos dos cidadãos (art. 272.°, n.° 1 da CRP)[410].

i. **investigação criminal isenta e objectiva**

69. A investigação criminal[411] como motor do processo penal[412], cuja essência é prosseguir uma justa[413] *"pretensão punitiva do Estado"*[414], de forma a que os direitos à liberdade e à segurança sejam uma real vivência dos cidadãos[415], não deve permitir que uma sociedade democrática esteja isenta da verificação de garantias, de liberdades e de direitos dos cidadãos (artigos 126.° e 268.° do CPP, artigos 32.°, 27.° e 34.° da CRP), cujos actos de investigação devem obedecer a certos pressupostos factuais e de direito para que a sua efectivação não viole quaisquer normas legais.

A investigação criminal[416], operativizada pelos Órgãos de Polícia Criminal, deve basear-se nos princípios da isenção e da objectividade de forma a que haja uma coerência e conexão pura entre eficiência e justiça, está sujeita à orientação directa do MP, que dirige o inquérito

---

410 Sobre a relação entre o MP e OPC's veja-se José Manuel Damião da Cunha, *O Ministério Público e os Órgãos de Polícia Criminal no novo Código de Processo Penal*, UCP, Porto, 1993. Quanto à investigação criminal e à relação entre os OPC e o MP, o nosso *Regime Jurídico da Investigação Criminal-Comentado e Anotado*, 2.ª Edição, Coimbra: Almedina, 2004, pp. 60 e ss..

411 Quanto ao regime da investigação criminal o nosso *Regime Jurídico da Investigação...*, 2.ª Edição, Coimbra: Almedina, 2004.

412 Neste sentido o nosso *"A Investigação Criminal Como Motor de Arranque do Processo Penal", in Polícia Portuguesa,* ano LXIII, n.° 123, MAR/ABR, 2000, pp. 4 e ss..

413 Justa no sentido de responsabilizar com justiça quem prevaricou e absolver quem está inocente.

414 Cfr. J. N. Cunha Rodrigues, *Op. Cit.,* p. 179.

415 É com este fundamento de harmonia de direitos que se auto controlam e se auto valorizam, que o legislador constitucional consagrou o direito à liberdade e à segurança no mesmo artigo – 27.° CRP.

416 Quanto à investigação criminal, o nosso *Teoria Geral do Direito Policial,* 2.ª Edição, pp. 319-396.

que visa verificar ou não a existência de um crime, qual/quais os seus agentes e a responsabilidade do(s) mesmo(s), verificações estas baseadas na descoberta e recolha de provas que fundamentem a sua decisão (arts. 262.°, 263.° e 267.° do CPP).

Realce-se que as medidas cautelares e de polícia não põem em causa a direcção do inquérito, porque as mesmas procuram realizar diligências – recolha e conservação dos meios de prova – que poderiam ser colocadas em perigo pela demora "burocrática" da intervenção judicial, como o exame ao local, a recolha de vestígios do crime, a identificação de suspeitos e testemunhas[417]. Toda esta actividade policial de momento está vinculada a todos os princípios estruturantes do processo penal, que tem como trave mestra o princípio do respeito pela dignidade da pessoa humana.

e. ***conclusão capitular***

70. O **Ministério Público**, como pilar fundamental do sistema judicial, **deve**, de forma objectiva e isenta (de quaisquer pressões por parte de grupos económicos, da imprensa, da opinião pública, de políticos, de superiores hierárquicos, de doutrina e de jurisprudência desajustada da realidade) e de modo imparcial, baseando-se na transparência da lei em geral e da processual penal em especial, na isenção e na objectividade, na sua autonomia face ao governo e face à Magistratura Judicial, recorrendo à máxima responsabilidade da sua função, **exercer a acção penal segundo os contextos jurídicos dos princípios estruturantes do processo penal de estrutura acusatória**, aparecendo como **o primeiro grande defensor do inocente,** promovendo não só a

---

[417] As medidas cautelares de polícia, como afirma ANABELA M. RODRIGUES, visam "acautelar a obtenção dos meios de prova que, de outra forma, poderiam irremediavelmente perder-se, provocando danos irreparáveis na obtenção das finalidades do processo. E isto, quer devido à natureza perecível de certos meios de prova, quer ainda dado o carácter urgente dos actos a praticar". Cfr. ANABELA M. RODRIGUES *Op. Cit.*, CEJ, p. 71. Sobre as medidas cautelares e de polícia *infra* Parte III, Capítulo I.

legalidade democrática, mas também o respeito pela dignidade da pessoa humana.

A legitimidade da actuação do Ministério Público reside na essência das suas atribuições consagradas na lei fundamental. A sua autonomia e máxima isenção são o resultado da prossecução justa e recta dessas funções, evitando que outros interfiram na sua decisão fundamentada de facto e de direito.

CAPÍTULO II

DO PRINCÍPIO DO CONTRADITÓRIO E DO PRINCÍPIO DA INVESTIGAÇÃO

§ 29.° Considerações gerais

71. Ao falarmos do processo de estrutura acusatória, cumpre-nos discretear e recortar a contraditoriedade como uma sua característica fundamental.

Primitivamente existia um processo de partes, em que o juiz passivamente ouvia a acusação (ofendido ou familiares) e as razões do acusado. Tudo se desenrolava em um debate contraditório, fomentado e apetrechado pela oralidade dos intervenientes perante o público.

Este princípio, em que a acusação e a defesa são chamadas a dizerem de sua justiça, *favore siue contra*, sobre "as alegações, as iniciativas, os actos ou quaisquer atitudes processuais"[418] de cada uma das partes, melhor, promove a discussão entre aquelas para que deduzam "as suas razões de facto e de direito", chamando-as "a oferecer provas, a controlar as provas oferecidas e a discretear sobre o valor e o resultado"[419] de cada uma delas, que se opõem ao princípio inquisitório[420].

§ 30.° Sentido constitucional e processual do princípio do contraditório

72. A consagração Constitucional do princípio do Contraditório, segundo GOMES CANOTILHO e VITAL MOREIRA, significa que:

α. o juiz tem o "dever e o direito de **ouvir as razões das partes** (da acusação e da defesa) em relação a assuntos sobre os quais tenha de proferir uma decisão";

β. **todos os sujeitos** processuais que possam vir a ser afectados pela decisão, têm direito à **audiência** de modo que se garanta "uma influência efectiva no desenvolvimento do processo";

γ. e, em particular, o **arguido** tem direito a "**intervir no processo e de se pronunciar e contraditar** todos os testemunhos,

---

418 Cfr. GERMANO MARQUES DA SILVA, *Curso de Processo Penal*, Vol. I, 1993, p. 38.

419 Cfr. GERMANO MARQUES DA SILVA, "Os Princípios Gerais do Processo Penal e CRP", *in Direito e Justiça*, Vol. III, p. 175. Este princípio proporciona uma atitude de neutralidade e de passividade do juiz que se materializa numa concepção "**de lutte, de combat** qui est celle du procès, dans le cadre duquel accusateur et accusé se trouvent face à face avec les droits et devoirs identiques". Palavras proferidas, em 1966, em Estrasburgo, pelo saudoso Mestre EDUARDO CORREIA, *"Les Preuves en droit pénal portugais", in RDES,* ano XIV, 1967, n.° 1-2, p. 4.

420 Concordamos com MANUEL CAVALEIRO DE FERREIRA quando afirma que o "princípio do inquisitório que se contrapõe ao acusatório, tem ainda maior relevo na caracterização do processo, enquanto se contrapõe quer ao princípio dispositivo, quer ao princípio do contraditório". Cfr. CAVALEIRO DE FERREIRA, *Op. Cit.,* Vol. I, p. 45.

depoimentos ou outros elementos de prova ou argumentos jurídicos trazidos ao processo, o que impõe designadamente que ele seja o último a intervir no processo"[421].

Ao juiz, nos moldes do princípio da investigação, cabe obter as "bases necessárias à sal decisão", mas não de forma solitária, devendo "para tanto ouvir quer a acusação, quer a defesa"[422]. Em suma, o princípio do contraditório, que se opõe à estrutura inquisitória, preconiza que "a prossecução penal deve cumprir-se de modo a fazer ressaltar não só as razões da acusação mas também as da defesa e, portanto, aceitando a iniciativa própria desses sujeitos processuais"[423].

O princípio do contraditório releva, desde logo, por excluir "a possibilidade de decisão com base em elementos de prova que não tenham sido apresentados e discutidos"[424] em audiência de julgamento, conforme artigos 327.°, 348.°, 355.° e 360.° do CPP, por as provas terem de ser aí "objecto de apreciação em contraditório"[425].

§ 31.° O equilíbrio dos princípios

73. Os extremos tocam-se e jamais se dissociam, diz-se na gíria popular. A razão natural dos pensamentos populares reflectem-se na

---

421 Cfr. GOMES CANOTILHO e VITAL MOREIRA, *Constituição da República...*, 3.ª Edição, p. 206. Negrito nosso. Sobre o princípio do contraditório no processo tutelar educativo, o nosso *Direito de Menores*, (Com NIEVES SANZ MULAS), Lisboa: Âncora Editora, 2003, pp. 163 a 164 e ANABELAMIRANDA RODRIGUES e ANTÓNIO CARLOS DUARTE-FONSECA, *Comentário da Lei Tutelar Educativa*, Coimbra: Coimbra Editora, 2000, pp. 22 e 445 e ss..

422 Cfr. JORGE DE FIGUEIREDO DIAS, *Op. Cit.*, p. 108 e *Direito Processual Penal*, Colecção Clássicos Jurídicos – Reimpressão da 1.ª Edição, Coimbra: Coimbra Editora, 2004, p. 149.

423 Cfr. JORGE DE FIGUEIREDO DIAS, *Direito Processual...*, Colecção Clássicos Jurídicos – Reimpressão da 1.ª Edição, p. 150. *Hoc sensu* GERMANO MARQUES DA SILVA, *Op. Cit.*, 4.ª Edição, Vol. I, pp. 77 e ss..

424 Cfr. GERMANO MARQUES DA SILVA, *Op. Cit.*, 4.ª Edição, Vol. I, p. 77.

425 *Ibidem*.

mais profícua essência das ideologias que solidificam o "casco do navio" e consolidam o "mastro principal" permitindo um leme suave e forte, uma proa que corta e vibra nos momentos de crise e de busca da identidade. O mesmo se passa no direito[426], principalmente no direito processual penal que é *"Direito Constitucional aplicado"*[427], a mais que o Direito Penal e Processo Penal são apontados por HENKEL como o *"sismógrafo ou espelho da realidade constitucional"*[428].

Sentindo essa evolução natural da Constitucionalidade, o processo penal moderno, de estrutura acusatória, jamais se poderia cimentar sem os contrapontos:

α. **o interesse público de segurança exige uma investigação criminal eficaz** na recolha dos indícios probatórios, capazes de conduzirem a uma determinação e identificação do objecto do processo[429], que só se alcançará se o suspeito da prática do crime não interferir nessa busca do material probatório, não tiver a hipótese de manipular, de destruir ou de alterar as provas que poderão indicar com a máxima certeza jurídica o autor dos factos ilícitos, típicos e culposos – fins apenas alcançáveis com o princípio da investigação;

β. mas, o **mesmo interesse público de segurança**, fonte de credibilidade dos demais membros de uma sociedade, **impõe** que

---

[426] O direito como "realidade ou uma criação humana referida a valores e destinada a dar-lhes efectividade, uma ordem reguladora da conduta social do homem" para que a justiça se realize como "esse valor, princípio ou ideal que constitui a razão de ser ou a razão suficiente do direito". Cfr. ANTÓNIO BRAZ TEIXEIRA, *Sentido e Valor do Direito,* 2.ª Edição, Lisboa: Imprensa Nacional – Casa da Moeda, 2000, p. 223.

[427] Cfr. JORGE DE FIGUEIREDO DIAS *apud* TERESA BELEZA e FREDERICO ISASCA, *Direito Processual Penal – Textos,* Lisboa: AAFDL, 1992, p. 12. O texto do professor está inserido numa Conferência intitulada *A Revisão Constitucional e o Processo Penal,* que decorreu na Faculdade de Direito da Universidade Clássica de Lisboa em 1981.

[428] Cfr. H. HENKEL *apud* ÁLVARO G. DA CUNHA RODRIGUES, "Controlo Garantístico dos Direitos do Arguido pelo Juiz de Instrução", in *Direito e Justiça*, Vol. XIII, Tomo 3, (1999) p. 153.

[429] Cfr. MANUEL CAVALEIRO DE FERREIRA, *Curso de Processo Penal,* Lisboa, 1981, Vol. I, p. 47.

se proporcione o **"esclarecimento e a elaboração do objecto processual"**[430], que este seja um retrato puro da situação factual iniciadora do processo em curso – a verdade material só se alcançará com o "debate[431] de opiniões (...) pelo confronto dos prós e dos contras"[432], dissecando-se a dúvida através da controvérsia despoletada pelas partes, ou seja, pelo princípio do contraditório, que se consubstancia numa colaboração formal do arguido e da acusação que seja condutora de uma decisão a tomar pelo Tribunal.

Ao falar-se de investigação criminal fundada em um princípio inquisitório, que permitirá ao acusador antecipar-se ao acusado na obtenção das provas, sufragamos a opinião de CAVALEIRO DE FERREIRA, quanto ao princípio inquisitório estar subjugado aos "limites que da vigência do princípio acusatório derivam"[433], ou seja, "a efectivação do direito de punir não se sobrepõe, do ponto de vista da ordem jurídica ao interesse público, à salvaguarda dos direitos da inocência"[434], melhor, "um domínio absoluto do tribunal sobre o processo e sobre o arguido"[435], corolário do processo inquisitório.

74. O processo penal de estrutura acusatória do século XX baseia a sua contextura entre os contrapontos do princípio inquisitório e do contraditório, corolários que se temperam mutuamente.

A imperatividade do contraditório na fase da instrução contraditória no CPP/29[436] resultava da necessidade de "impedir que fosse tomada qualquer decisão que atingisse o estatuto jurídico da pessoa

---

430 Cfr. MANUEL CAVALEIRO DE FERREIRA, *Op. Cit.*, p. 48. Negrito nosso.

431 Como afirmou GERMANO MARQUES DA SILVA nas suas aulas de processo penal *"da discussão sai a luz, do debate alcança-se a verdade"*, que não deve ser apenas formal, mas principal e fundamentalmente material.

432 Cfr. MANUEL CAVALEIRO DE FERREIRA, *Op. Cit.*, pp. 48-49.

433 *Idem*, p. 49.

434 *Idem*, p. 48.

435 *Ibidem*.

436 Cfr. os Decretos Leis n.° 35007, de 13 de Outubro de 1945, n.° 605/75, de 3 de Novembro, e n.° 377/77, de 6 de Setembro.

sem que ela tivesse a possibilidade de se defender previamente"[437]. O Juiz, ao aceitar ou ao recusar a acusação do MP, ou seja, ao proferir o despacho de pronúncia[438] ou de não pronúncia está a julgar. A instrução contraditória destinava-se a "assegurar que ninguém seria sujeito a julgamento, ainda que provisório, sem previamente usar do direito de defesa, podendo carrear para o processo elementos de prova que ilidissem as recolhidas na fase da instrução inquisitória"[439].

§ 32.° O contraditório no inquérito e na instrução

75. Apesar da fase de instrução não ser totalmente contraditória, dificilmente poderemos afirmar que "o CPP/87 não foi muito feliz"[440], uma vez que na sua essência é o produto de doutrina e jurisprudência que há muito defendiam um processo penal democrático, fundado na estrutura acusatória, temperado pelo princípio inquisitório, cujo controlo directo do cidadão se reflecte na natureza contraditória do processo penal.

O n.° 1 do art. 32.° da CRP consagra solenemente que o *"processo criminal assegurará todas as garantias de defesa"*. Não concordamos plenamente com ÁLVARO CUNHA RODRIGUES, quando afirma que "o C. 1987 não foi muito feliz na estrutura da fase da instrução por forma a valorizar esta verdadeira regra de ouro que é a possibilidade de o arguido contraditar e discutir a prova carreada pela acusação"[441], conforme razões que esgrimimos de seguida.

76. Em primeiro lugar, o carreamento de provas apresentadas pela acusação ocorre principalmente na fase da investigação criminal, que,

437 Cfr. GERMANO MARQUES DA SILVA, *Op. Cit.*, Vol. I, p. 39 e *Op. Cit.*, *in Direito e Justiça*, III, p. 176.

438 *Ibidem.*

439 Cfr. GERMANO MARQUES DA SILVA, *Op. Cit.*, Vol. I, p. 39.

440 Cfr. ÁLVARO DA CUNHA GOMES RODRIGUES *Op. Cit.*, p. 178.

441 *Ibidem.*

como afirma GOMES DIAS, tem por função "o esclarecimento de factos com relevância penal, isto é, a indagação através dos meios de conhecimento humano de como ocorre, na realidade, um fenómeno psico-fisíco do passado"[442], sem dúvida e pensamos que é lógico que, nesta primeira fase de recolha do *thema probandi,* seja incompetente admitir não pode existir *ab initio* uma acção directa do acusado, porque qualquer pessoa que saiba que, sobre si recai uma investigação, fará de tudo para destruir as provas, modificá-las e "corromper"[443] as testemunhas que o indiciaram da prática de um crime[444]. É com base neste princípio de confidencialidade[445] de investigação que deverá decorrer todo e qualquer carreamento de provas pela acusação. Contudo, defendemos que, após a constituição do arguido, do primeiro interrogatório de arguido [detido ou não], não faz sentido que aquele não tenha acesso ao processo na sua essência: razão da existência do processo crime contra si[446].

Na fase de instrução, como é natural pelo decurso do tempo, a acusação terá poucas possibilidades de recolher novas provas[447] a não ser através de perícias[448], de novos exames[449] (à pessoa, locais, objecto

---

[442] Cfr. GOMES DIAS *apud* TERESA BELEZA e F. ISASCA, *Op. Cit.,* p. 63.

[443] O termo *Corromper* engloba não só o caso em que as testemunhas são aliciadas a não contarem a verdade, como também os casos em que estas são ameaçadas.

[444] Cfr. o capítulo sobre o processo acusatório primitivo, no qual defendemos que tanta abertura processual no início do processo conduzirá à não punição dos agentes criminosos.

[445] Ao promover a confidencialidade da investigação o próprio Processo Penal assegura direitos fundamentais do indivíduo, corolários do princípio da inviolabilidade moral da pessoa, tais como o direito à imagem, ao bom nome e reputação (art. 26.°, n.° 1 da CRP), porque se chega à opinião pública que X ou Y tem um processo crime a decorrer contra si, esta publicidade poderá ferir muito mais do que proporcionar mais garantias processuais na lei ordinária.

[446] Quanto a este assunto *infra* Das investigações da defesa e o nosso *Regime Jurídico da Investigação...*, 3.ª Edição, pp. 35-40.

[447] Na fase da instrução só se repetirão diligências de prova praticadas no inquérito quando não forem respeitados os formalismos legais na sua obtenção ou quando para se realizarem as finalidades da instrução seja indispensável que se repitam as diligências (art. 290.° do CPP).

[448] Cfr. GERMANO MARQUES DA SILVA, *Curso de Processo Penal,* Vol. II, p. 177.

[449] *Idem*, p. 190.

do crime), porque uma boa investigação criminal deverá terminar com o máximo de indícios que apontem para a existência do crime e do seu(s) autor(es) ou para a inexistência de crime. Só assim o intuito do inquérito poderá usufruir da credibilidade necessária perante todos os agentes de justiça e os demais cidadãos.

No próprio inquérito, como é sabido, há actos pontuais realizados ao longo desta fase que estão sujeitos ao princípio do contraditório[450]: declarações para memória futura – art. 271.° do CPP –, em que o juiz de instrução segue as regras do art. 297.° e 298.° do CPP, uma vez que as declarações prestadas irão ser ouvidas em audiência de julgamento, decorrendo assim, uma "discussão perante o juiz, por forma oral e contraditória", sendo a inquirição feita por aquele que terá de formular ou permitir que formulem perguntas adicionais à pessoa inquirida.

77. Pensamos que, em segundo lugar, a consagração constitucional da contraditoriedade dos actos instrutórios determinados pela lei ordinária assegura satisfatoriamente as garantias de defesa do arguido. Sendo esses actos o debate instrutório (artigos 297.°, 298.° e 301.°, n.° 2 do CPP) e as declarações para memória futura (art. 294.° do CPP), a defesa, além de apresentar novas provas sobre questões concretas, controversas (n.° 2 do art. 302.° do CP), tem a possibilidade de "deduzir as suas razões de facto e de direito"[451]. Antes de encerrar o debate instrutório, o juiz concede-lhes novamente a palavra para que "formulem conclusões sobre a suficiência ou insuficiência dos indícios recolhidos e sobre as questões de direito" (n.° 2 do art. 302.° do CPP), que possam influenciar o "sentido da decisão instrutória".

Como já defendemos[452] e face ao nosso direito processual penal actual, é no debate instrutório[453] que o arguido tem o melhor "flanco"

---

[450] Cfr. GERMANO MARQUES DA SILVA, *C.p. p.* , Vol. II, p. 131 e ÁLVARO DA CUNHA RODRIGUES, *Op. Cit.*, pp. 178-179.

[451] Cfr. GERMANO MARQUES DA SILVA, *Op. Cit., in Direito e Justiça,* Vol. III, p. 175.

[452] Cfr. o nosso *Lei e crime ...*, p. 96.

[453] Temos de ter em conta que a fase da instrução, como não se destina a completar ou a melhor esclarecer a investigação (inquérito), (art. 35.°, DL 35 007), leva a

para lutar pelo seu direito "de se pronunciar e contraditar todos os testemunhos, depoimentos e outros elementos de prova trazidos ao processo"[454], é o momento fulcral para, utilizando uma expressão de GERMANO M. DA SILVA "discretear sobre o valor e resultado"[455] de cada uma das provas.

Entendemos, no entanto, que as garantias de defesa do arguido poderão estar em causa quando este requerer ao Ministério Público ou ao Juiz de Instrução diligências de prova e estas lhe são recusadas. Neste sentido, quando ao arguido não são dadas as mesmas possibilidades de carrear provas ou quando este carreamento depender de uma acção do Ministério Público ou do Juiz de Instrução Criminal, poder-se-á considerar que se estarão a escamotear garantias de defesa que cabe ao processo criminal assegurar.

Quando o MP ou o JIC não promovem as diligências de prova solicitadas pelo arguido, sem dúvida que lhe estão a coarctar direitos e garantias processuais, em especial o direito de defesa e o direito de contraditar todo o acervo probatório produzido.

78. Como representante do Estado, o MP deverá acima de tudo defender os interesses que a lei determinar e exercer a acção penal segundo os ditames do princípio da legalidade (art. 219.°, n.° 1 da CRP), logo jamais poderá partir do pressuposto de que as provas recolhidas por "si" é que são as verdadeiras, colocando de lado, melhor,

---

que o JIC sujeite a debate instrutório ao princípio do contraditório as provas carreadas quer pela acusação, quer pela defesa.

É preciso que o defensor actue diligentemente e com audácia para que o princípio se cumpra. Não podemos deixar à mercê da lei o cumprimento dos princípios que norteiam o CPP. Além do mais, ao Advogado, como "colaborador da administração da justiça, «compete-lhe assegurar que a investigação da verdade pelo tribunal e pelo Ministério Público seja efectuada de acordo com as normas legais e justas»", nos termos do n.° 1 do art. 92.° da Lei n.° 38/87 de 23 de DEC. Cfr. ÁLVARO DA CUNHA RODRIGUES, *Op. Cit.*, p. 179.

[454] Cfr. GOMES CANOTILHO e VITAL MOREIRA, *Constituição da República Portuguesa Anotada*, Coimbra: Coimbra Editora, 1984, 1.° Vol., pp. 217-218.

[455] Cfr. GERMANO MARQUES DA SILVA, *Op. Cit., in Direito e Justiça*, Vol. III, p. 175 e *Op. Cit.*, Vol. II, p. 130.

rejeitando totalmente a realização de diligências de prova. Neste caso, o MP não está a defender os interesses da lei, que em processo penal são a busca da verdade material, sendo esta, segundo as palavras sábias de CAVALEIRO DE FERREIRA "a conformidade do juízo da razão humana com a realidade"[456], nem está a exercer a acção penal segundo os ditames do princípio da legalidade, que tem como função limitar o "poder de punir do Estado e tutelar os direitos fundamentais do homem"[457].

Sendo o juiz de instrução o "garante constitucional e legal dos direitos do arguido", como afirma ÁLVARO CUNHA RODRIGUES, não poderá "deixar de conduzir a instrução, que visa o controlo *judicial* de acusação, por forma a assegurar em grau máximo todos os princípios de defesa, entre os quais pontifica, (...), o princípio do contraditório"[458].

Os artigos 268.° e 269.° do CPP são a marca fundamental, na lei ordinária, de que o JIC é o garante constitucional e legal dos direitos do arguido quando conjugados com o n.° 4 do art. 32.° da CRP. Citando o mesmo autor, não nos podemos olvidar de que "o arguido pela sua simples condição humana é titular de todo o acervo de direitos e liberdades individuais que merecerão a consideração indefectível desse garante activo que é o Juiz de Instrução e que só podem sofrer alguma compressão na medida em que se revele indispensável aos fins da Justiça e segurança de outros cidadãos, *«ultima ratio»* de toda a actividade estadual (art. 18.° da CRP)"[459].

Quer ao MP, quer ao Juiz de Instrução se reconhece credibilidade jurídico-social para não fazerem julgamentos à *priori* e infundados de um arguido, pois não se podem 'comportar' segundo as orientações da Comunicação Social que trata o suspeito de forma algo indiscriminada e aleatoriamente as pessoas envolvidas em processos penais, provocando-lhes danos irreversíveis[460].

---

[456] Cfr. MANUEL CAVALEIRO DE FERREIRA *apud* ÁLVARO RODRIGUES, *Op. Cit.*, p. 180.

[457] Cfr. MANUEL CAVALEIRO DE FERREIRA, *Lições de Direito Penal*, Lisboa/ /S. Paulo: Verbo, 1987, p. 13.

[458] Cfr. ÁLVARO DA CUNHA RODRIGUES, *Op. Cit.*, p. 181. Itálico nosso.

[459] Cfr. ÁLVARO DA CUNHA RODRIGUES, *Op. Cit.*, p. 200.

[460] Neste sentido ÁLVARO DA CUNHA RODRIGUES, *Op. Cit.*, p. 181.

§ 33.° O escopo do princípio do contraditório

79. O princípio do contraditório é um dos princípios estruturantes do processo penal de modelo acusatório, consagrado pela nossa CRP e no CPP. A contrariedade visa conduzir o juiz a tomar uma decisão baseada numa "convicção justa sobre a situação *sub-judice*"[461] que será o resultado de uma verdade, melhor, da verdade processual que é "o resultado probatório processual válido, isto é, a convicção de que certa alegação singular de facto é justificavelmente aceitável como pressuposto da decisão[462], por ter sido obtida por meios processualmente válidos"[463]. A verdade processual, como nos ensina Figueiredo Dias, é *judicial*, é *prática*, melhor, não é aquela obtida a qualquer preço, mas a que é *processualmente válida*[464].

Ao juiz caberá "o ónus de investigar e determinar oficiosamente o facto submetido a julgamento"[465], sabendo-se limitado quer pelo objecto do processo, quer pelas restrições dos "meios de prova admissíveis no processo, dos métodos para a sua obtenção e do momento e forma da sua produção"[466], sabe também que não recai sobre ele a "busca da verdade absoluta"[467], mas sim o encontro de uma "verdade histórico-prática"[468] baseada em uma "vivência de certeza em que na existência, na vida, se afirma a realidade das situações com tudo o que nestas de material e de espiritual participa"[469].

80. O ónus de investigar do juiz é uma consequência do princípio da investigação que a este compete para alcançar a verdade processual.

---

461 *Idem*, p. 179.

462 Cfr. João de Castro Mendes *apud* Germano Marques da Silva, *Op. Cit.*, Vol. II, p. 111.

463 Cfr. Germano Marques da Silva, *Op. Cit.*, Vol. II, p. 111.

464 Cfr. Jorge de Figueiredo Dias, *Direito Processual Penal*, Coimbra: Coimbra Editora, 1981, p. 194.

465 *Idem*, p. 147.

466 Cfr. Germano Marques da Silva, *Op. Cit.*, Vol. II, p. 111.

467 *Ibidem.*

468 *Ibidem.*

469 Cfr. A. C. Neves *apud* Germano Marques da Silva, *Op. Cit.*, Vol. II, p. 111.

A al. *4*) do art. 2.° da Lei n.° 43/86, de 26 de Setembro, estipulava que o novo código de processo penal deveria estabelecer a máxima acusatoriedade, mas teria a mesma de ser temperada pelo princípio da investigação judicial, que, após o inquérito e a instrução, se reflecte na fase do julgamento [art. 340.°, n.° 1 e art. 323.°, als. *a*) e *b*) do CPP]. Ao promover uma audiência fundada na contrariedade das provas, o juiz não terá mais do que promover a investigação de forma a descobrir a verdade judicial.

O princípio da verdade material ou da investigação caracteriza-se pela: *competência acometida ao juiz para investigar e esclarecer ex officio o facto sujeito a julgamento e a carrear para o processo todas as provas necessárias a uma justa decisão (artigos 164.°, 288.°, n.° 4, 290.°, n.° 1, 294.°, 340.°, n.os 1 e 2, 348.°, n.° 5 do CPP); inexistência do ónus de contradizer e impugnar; irrelevância da falta de contestação; e pela não sujeição do tribunal à prova apresentada pelas partes*[470].

§ 34.° Corolário do princípio do contraditório

81. A verdade – que não pode ser obtida a qualquer custo – deve ser alcançada não só pela apreciação e obtenção dos meios de prova mais directos[471], ou seja, pela "utilização dos meios de prova originais"[472], mas também pela "recepção da prova pelo órgão competente"[473], melhor, pela "oralidade do processo" que se consubstancia em "os sujeitos processuais deverem conhecer directa e pessoalmente das provas, para obterem uma visão conjunta dos fundamentos de facto da causa"[474].

---

[470] Cfr. Fernando Gonçalves e Manuel João Alves, *Os Tribunais, as Polícias e o Cidadão*, Coimbra: Almedina, 2000, p. 150. Quanto ao princípio da investigação – em que "o tribunal investiga por si mesmo os factos da causa" –, Claus Roxin, *Op. Cit.*, pp. 99 e ss..

[471] Cfr. Germano Marques da Silva, *Op. Cit.*, Vol. II, p. 129 e F. Gonçalves e M. João Alves, *Op. Cit.*, p. 153.

[472] *Ibidem.*

[473] *Ibidem.*

[474] *Ibidem.*

a. ***imediação***

82. O princípio da imediação das provas[475], considerado naquelas duas perspectivas, respeita "à audiência de julgamento" e na inquirição das testemunhas na instrução, evitando-se qualquer leitura dos seus depoimentos para que se garanta "a recepção imediata e directa de prova"[476].

A imediação, que apesar de não estar expressa no CPP/87, mas que se extrai de vários preceitos do código [nos artigos 128.°, n.° 1, 129.°, 130.°, 140.°, n.° 2, 145.°, n.° 3, 302.°, n.° 3, 355.° do CPP] pressupõe a oralidade do processo, ou seja, a inquirição das testemunhas, a apresentação de provas, a contestação das mesmas, decorrem sob o princípio de oralidade.

Este princípio é um corolário do princípio do contraditório, pois permite um debate ou discussão entre a defesa e a acusação, a dedução das suas razões de facto e de direito, a oferta e o controlo de provas e o discreteamento das mesmas que só pode ser alcançado através da oralidade processual. Não nos esqueçamos de que se excluem da decisão final as provas que não tenham sido discutidas e apreciadas em sede de audiência[477].

b. ***oralidade e publicidade***

83. A discussão oral[478] das provas[479] é a única forma de audiência "compatível com o princípio da publicidade", melhor, "a oralidade

---

[475] Sobre a imediação no processo tutelar educativo, ANABELA M. RODRIGUES e A. C. DUARTE-FONSECA, *Op. Cit.*, p. 446.

[476] Cfr. GERMANO MARQUES DA SILVA, *Op. Cit.*, Vol. II, p. 129. *Hoc. sensu* CLAUS ROXIN, *Op. Cit.*, p. 102.

[477] Cfr. artigos 327.°, 348.°, 355.°, 360.° do CPP. Neste sentido GERMANO MARQUES DA SILVA, *Op. Cit.*, Vol. I, p. 38.

[478] Sobre a oralidade e a publicidade, TERESA P. BELEZA *et Alia, Op. Cit.*, Vol. III, pp. 52 e 53. Relativamente à publicidade no processo tutelar educativo, "ao princípio da publicidade vigente no processo penal, deve preferir o princípio do

é um pressuposto necessário da publicidade"[480]. Esta tem como fundamento a produção de compreensão e confiança geral do público, uma vez que o sentimento é o mote para a dúvida e desconfiança da rectidão do processo como aconteceria no processo de tipo inquisitório[481].

O debate oral e público das provas na audiência de julgamento merecem o privilégio constitucional da sua consagração na 2.ª parte do n.° 5 do art. 32.° da CRP. A contrariedade processual pressupõe discussão e esta só existe verdadeiramente quando se processa de forma oral, promovendo-se um controlo pelo povo através da sua publicidade.

A oralidade e a sequente publicidade do processo, como primados promotores da contrariedade do processo penal actual, ressaltam na obediência ao *princípio da audiência*, que é, também, um *direito subjectivo*, e que se afirma como *"oportunidade conferida a todo o participante processual de influir, através da sua audição pelo tribunal, no decurso do processo"*[482]. O princípio da audiência é um princípio autónomo *jusconstitucional* (n.° 5 do art. 32.° da CRP) e *jusinternacional* (n.° 1 do art. 6.° da CEDH) e um "direito do cidadão à concessão de justiça, das exigências comunitárias inscritas no Estado-de-Direito, da essência do Direito como tarefa do homem e, finalmente, do espírito do Processo como «comparticipação» de todos os interessados na criação da decisão"[483]. A audiência permite que todos os envolvidos no Processo em concreto promovam o contraditório para alcançar uma decisão. Permite que todos os intervenientes no processo contribuam, dentro das suas atribuições e competências, para a realização da justiça.

---

carácter secreto do processo", ANABELA M. RODRIGUES e A. C. DUARTE-FONSECA, *Op. Cit.*, p. 447.

479 Cfr. os artigos 96.°, 343.°, 350.° e 355.° do CPP. Sobre a oralidade no processo tutelar educativo, ANABELA M. RODRIGUES e A. C. DUARTE-FONSECA, *Op. Cit.*, p. 446.

480 *Ibidem*, pp. 52 e 54. Sobre o princípio da publicidade e a restrição à regra, arts. 86.°, 321.°, n.° 1 e 329.° do CPP e art. 206.° da CRP.

481 Neste sentido MANUEL CAVALEIRO DE FERREIRA, *Op. Cit.*, Vol. I, p. 54. Já a Constituição política de 1933, no seu art. 120.°, consagrava a publicidade do processo e, consequentemente, a sua oralidade.

482 Cfr. FIGUEIREDO DIAS, *Direito Processual Penal*, Clássicos Jurídicos, p. 153.

483 *Idem*, p. 158.

c. *fundamentação*

84. A fundamentação da decisão onera o juiz a enumerar os factos provados e os não provados, a expor os motivos de facto e de direito e, ainda, a fazer um **exame crítico** das provas que serviram para formar a sua convicção, nos termos do art. 374.°, n.° 2 do CPP. Esta dialéctica jurídica terá maior relevância e credibilidade se o juiz prosseguir e promover a contraditoriedade das provas, o que o conduzirá a uma maior imparcialidade na sua convicção.

Os fundamentos de factos, que o juiz terá de apresentar na sua decisão, encontrar-se-ão "na discussão da causa", contrariamente aos do processo escrito em que os mesmos se recolhem dos autos[484]. Como afirmava o saudoso CAVALEIRO DE FERREIRA "no processo escrito a prova a utilizar como fundamento de decisão é toda a que consta nos autos"[485], contrariamente ao processo oral em que os autos apenas detém uma função meramente orientadora do julgamento, servindo assim para "mostrar o andamento do processo quanto ao esclarecimento da verdade, dando ao julgador base para um critério seguro na ordenação da prova em julgamento"[486]. Mesmo quando se utiliza a prova escrita, esta tem de ser sujeita à discussão oral por todos no processo.

O princípio do contraditório tem como objectivo promover uma decisão judicial assente numa convicção justa que se baseie na verdade histórico-prática obtida, não na verdade ontológica ou absoluta, mas numa *verdade judicial material, prática, processualmente válida*[487], que respeite todos os direitos e todas as garantias de defesa.

---

[484] Cfr. MANUEL CAVALEIRO DE FERREIRA, *Op. Cit.*, Vol. I, p. 52.

[485] *Idem*, p. 53.

[486] Cfr. MANUEL CAVALEIRO DE FERREIRA, *Op. Cit.*, Vol. I, p. 53.

[487] Cfr. JORGE DE FIGUEIREDO DIAS, *Op. Cit.*, pp. 193 e 194.

CAPÍTULO III

DO PRINCÍPIO DA IGUALDADE DE ARMAS

§ 35.° Resenha histórica

85. O princípio da igualdade de armas, de origem anglo-saxónica[488], surge como um corolário inequacionável do princípio do contraditório, na **tentativa** de colocar frente a frente a acusação e a defesa, em um mesmo patamar e com os mesmos instrumentos para um debate em que se faça luz. Falamos em tentativa porque jamais o nosso processo penal poderia consagrar plenamente este princípio *ipsis verbis*, como se verá. Como afirmava F. HÉLIE, a par da necesidadeda acusação ter meios para inquirir e convencer e da defesa ter meios de se jus-

---

488 Cfr. JUAN-LUIS GOMEZ COLOMER, *Op. Cit.*, pp. 44-45.

tificar, impõe-se que "um e outro encontrem nas instituições judiciárias uma **protecção igualmente eficaz, garantias igualmente fortes**"[489].

A **Lei n.° 43/86, de 26 Setembro**, que autorizou a elaboração de um novo Código de Processo Penal, estipulou as coordenadas essenciais do mesmo. Das grandes coordenadas destacam-se inegavelmente os princípios que norteiam o nosso CPP. O n.° 1 do art. 2.° da Lei n.° 43/86 determinava que o novo código deveria observar «os princípios constitucionais e as normas constantes de instrumentos internacionais relativos aos direitos da pessoa humana e ao processo penal a que Portugal se encontra vinculado». Ora vejamos:

- as als. *3*) e *4*) do n.° 2 do art. 2.° estipulam «a parificação do posicionamento jurídico da acusação e da defesa em todos os actos do processo (...) e a incrementação da igualdade material de 'armas' no processo **e** a máxima acusatoriedade do processo penal, temperada com o princípio da investigação judicial»[490]. Deste resulta que o processo tem de ter uma estrutura acusatória, que deve existir uma parificação de posicionamento jurídico entre a acusação e a defesa e que deve ser incrementada uma igualdade material de armas[491].
- a al. *9*) do n.° 2 deste artigo prescreve a «garantia efectiva da liberdade de actuação do defensor em todos os actos do processo, sem prejuízo do carácter não contraditório da fase do inquérito», resultando que se afasta nesta fase *a exigência de reciprocidade dialéctica*, ou seja, limita-se o princípio da igualdade de armas em razão da estrutura não contraditória do inquérito[492].
- nas als. *63*) e *64*) do n.° 2 deste preceito consolida-se o princípio de que só se valoram as provas que possibilitem o contra-

---

489 Cfr. F. HÉLIE *apud* DUARTE NAZARETH, *Elementos de Processo Penal*, Coimbra: Imprensa da Universidade, 2.ª Edição, 1849, p. 25, nota 2. Negrito nosso.

490 Este princípio de investigação judicial ou oficial, como afirma J. N. CUNHA RODRIGUES, deve temperar tanto a acusação como o julgamento. Cfr. J. N. CUNHA RODRIGUES, *"O Sistema Processual Penal Português"*, *in Op. Cit.*, p. 454.

491 Neste sentido J. N. CUNHA RODRIGUES, *Op. Cit.*, p. 350.

492 *Ibidem.*

ditório em sede de audiência, que se apresenta como o *acto que concentra a produção, a crítica e a contradição das provas em que o tribunal funda a sua convicção, «reequilibra» a posição da defesa face às fases anteriores ao julgamento em que se podem tornar precários os princípios de igualização*[493].

§ 36.° Fundamento constitucional

86. Este princípio estruturante do processo[494-495] encontra-se consagrado constitucionalmente sob o véu de **todas as garantias de defesa** – n.° 1 do art. 32.° da CRP. Concordando indubitavelmente com Gomes Canotilho e Vital Moreira, consideramos que este preceito funciona como uma "cláusula geral englobadora de todas as garantias que, embora não explicitadas, hajam de decorrer do princípio da protecção global e completa dos direitos de defesa do arguido em processo criminal"[496].

A expressão **todas as garantias de defesa** integra, totalmente e em si mesma, "todos os direitos e instrumentos necessários e adequados para o arguido defender a sua posição e contrariar a acusação"[497],

---

493 *Idem*, 351.

494 Tem razão Álvaro da Cunha Rodrigues ao afirmar que este princípio é "um dos «proteus» jurídicos da actualidade que mais controvérsia tem levantado no domínio da dogmática processual penal, quanto à delimitação do seu sentido e alcance". Cfr. Álvaro da Cunha Rodrigues, "Controlo Garantístico dos Direitos do Arguido pelo Juiz de Instrução", *in Direito e Justiça*, Vol. XIII, 1999, Tomo 3, p. 182.

495 Já F. Hélie afirmava que era "necessário que a acusação tenha meios d'inquirir, e de convencer; e que a defesa tenha meios de se justificar (...) é finalmente necessário que um e outro encontrem nas instituições judiciárias, uma protecção igualmente eficaz, garantias igualmente fortes". *Apud* Duarte Nazareth, *Elementos do Processo Criminal*, Coimbra: Imprensa da Universidade, 2.ª Edição, 1849, p. 25, nota 2.

496 Cfr. Gomes Canotilho e VitalMoreira, *Constituição da República Portuguesa Anotada*, 3.ª Edição, Coimbra: Coimbra Editora, 1993, p. 202.

497 *Ibidem*.

porque há uma desvantagem à partida entre a acusação, *apoiada no poder institucional do Estado,* e a defesa, devendo esta ser compensada por meio de *específicas garantias* para que se atenue *essa desigualdade de armas*[498]. O n.° 1 do art. 32.° da CRP constitui uma *fonte autónoma de garantias de defesa*[499] que não estejam **expressamente** consagradas neste artigo e na legislação ordinária.

Não nos olvidemos de que o processo criminal surge para os homens rectos, para sua protecção, o que implica que, como instrumento da aplicação da sanção, tem de se relacionar directamente com os direitos fundamentais, porque estes se apresentam como um limite inultrapassável[500] na acção punitiva do Estado, sem que se perca de vista que a "concepção acusatória do processo tem por base a ideia de que é o indivíduo, dotado dos seus direitos naturais originários e inalienáveis, que deve estar no centro das considerações". Logo, para que o indivíduo apareça como "verdadeiro «sujeito» do processo, armado com o seu direito de defesa e as suas garantias, tem que estabelecer uma ordenação limitadora do poder do Estado, para que este não aniquile a liberdade individual ou a personalidade ética"[501].

§ 37.° O processo penal português – um processo de partes puro?

87. Da nossa exposição podemos extrair a ideia de que o princípio de igualdade de armas nasce da concepção de um processo de partes[502]. Apesar de se considerar que o "processo de partes é um pres-

---

498 *Ibidem.*

499 *Ibidem.*

500 Neste sentido Gomes Canotilho e Vital Moreira, *Constituição da República...*, 3.ª Edição, 1993, p. 202.

501 Cfr. Jorge de Figueiredo Dias *apud* J. N. Cunha Rodrigues, "Sobre o princípio da Igualdade de Armas", *in Lugares do Direito*, Coimbra: Coimbra Editora, 1999, p. 337. Itálico nosso.

502 Em Inglaterra o processo penal como processo justo e limpo baseia-se num processo de partes. Cfr. J. Gomez Colomer, *Op. Cit.*, p. 44.

suposto do direito ao contraditório"[503], a douta opinião de FIGUEIREDO DIAS é a de que, em Portugal, não se pode falar rigorosamente de um processo penal de partes[504], uma vez que o MP não se encontra "jurídica e facticamente ao mesmo nível **do arguido, porque a legislação não obriga o** julgador a valorar por forma igual as posições das partes, **nem que as mesmas** disponham, no plano das realidades práticas, de uma (se assim nos podemos exprimir) «igualdade de oportunidades no tratamento do processo»"[505]. Continuando com FIGUEIREDO DIAS, afirmamos que, num processo puro de partes, a estas pertence-lhes, "em larga medida, o domínio do objecto do processo", pois, no nosso processo, recusa-se ao MP "qualquer discricionaridade na acusação e não se reconhece a eficácia da confissão do arguido"[506].

A consagração deste princípio seria uma tarefa importante no âmbito do processo penal caso se pretendesse com o mesmo diminuir a desigualdade fáctica de que o arguido é portador em relação ao poder oficial do MP, promovendo progressivamente uma *igualdade material de armas*. Mas, se este princípio fecundasse a sua razão na tentativa de se consagrar um processo penal anglo-americano, estruturando formalmente o processo como um processo penal de partes, concordando com FIGUEIREDO DIAS[507], afirmamos veementemente que o processo penal

---

503 Cfr. ANTONIO PAGLIARO e GIOVANI TRANCHINA *apud* GERMANO MARQUES DA SILVA, *Op. Cit.*, 4.ª Edição, Vol. I., p. 97.

504 Entendendo-se parte como um conceito "puramente formal, (...), puramente instrumental para a operacionalidade do processo" ou seja, como "sujeito processual que pode pedir e contradizer uma pretensão", GERMANO MARQUES DA SILVA considera que o conceito parte não é "contrário aos princípios estruturantes do processo penal e à sua natureza", porque naquele existem "sujeitos processuais que pedem ao Tribunal uma decisão jurisdicional frente a outros sujeitos processuais que o podem contradizer". Cfr. GERMANO MARQUES DA SILVA, *Op. Cit.*, pp. 96-97.

505 Cfr. JORGE DE FIGUEIREDO DIAS *apud* J. N. CUNHA RODRIGUES, *Op. Cit.*, p. 336. Quanto a este assunto e apontando como "enganosa" a expressão "igualdade de armas" CLAUS ROXIN, *Op. Cit.*, p. 80.

506 *Idem*, p. 337. No julgamento, no entanto, já a confissão integral e sem reservas do arguido pode, perigosamente, constituir "a rainha de todas as provas". Cfr. art. 344.° do CPP.

507 Citado por ÁLVARO DA CUNHA RODRIGUES, *Op. Cit.*, p. 182.

não se pode abster do princípio da investigação, melhor, o processo penal, cujo fim é evitar que um inocente seja condenado, não se pode transformar em uma "negociata" ou em um "atirar da moeda ao ar" para ver se é coroa ou cara, inocente ou culpado. A culpa jamais se negoceia e, muito menos, uma condenação ou absolvição. A opção por esta via não se configura com o ideal de justiça de submeter a julgamento e responsabilizar «o culpado» e não «um culpado». Negociar a justiça é negar a justiça.

§ 38.° Posição processual do Ministério Público e do Defensor

88. O MP é um órgão do Estado capacitado e apetrechado com meios técnicos e qualificações jurídicas adequadas ao exercício da acção penal, ocupando o lugar de defensor da legalidade na administração da justiça. Contudo, o Defensor poderá nem ser advogado ou advogado estagiário, quando o juiz[508], *em caso de urgência e não sendo possível a nomeação* daqueles, tiver de nomear *pessoa idónea,* apesar de a preferência recair sobre pessoa *licenciada em Direito.*

O MP[509] apresenta-se, hoje, como uma magistratura autónoma quer no sentido do poder político não se ingerir no exercício da acção penal, quer no sentido da separação e paralelismo com a magistratura judicial. Esta concepção é confirmada pelo CPP, reafirmando desta forma o MP

---

508 Cfr. art. 62.°, n.° 2 do CPP. Após a reforma do Código, operada em 1998, é que ficou expressa a possibilidade de uma pessoa idónea poder desempenhar o papel de defensor em momentos de urgência, retirando-se anteriormente esta conclusão não só do texto do n.° 2 anterior como do art. 164.° do EOA. A idoneidade de uma pessoa, seguindo as palavras de GIL MOREIRA DOS SANTOS, "deverá ser aferida em termos de aptidão para poder compreender a função que lhe é cometida, acompanhar eficazmente a prática dos sucessivos actos processuais e ser dotado de independência moral". *Apud* MANUEL SIMAS SANTOS, MANUEL LEAL-HENRIQUES e DAVID BORGES DE PINHO, *Código de Processo Penal Anotado,* Lisboa: Rei do Livros, 1996, 1.° Vol., p. 294.

509 Sobre a posição do Ministério Público e do Defensor aconselha-se a leitura de J. N. CUNHA RODRIGUES, "Sobre o Princípio da Igualdade de Armas", *in Lugares do Direito,* pp. 333 e ss..

como um órgão de justiça que tem como fundamento a busca da verdade material dos factos quer estes inculpem, quer inocentem o arguido.

89. O Defensor, como elemento essencial à administração da justiça[510], é "um «órgão autónomo da administração da justiça» embora com a função exclusiva de estabelecer e apoiar a posição do arguido, em que o dever de verdade do defensor é colocado ao serviço da defesa"[511-512], uma vez que "não tem de procurar toda a verdade mas tão só a verdade que favorece o arguido"[513], ao qual é reconhecido o direito de recusa de colaboração com a justiça.

Apesar de termos a sensação de que existem dois órgãos que se opõem na administração da justiça, um que acusa, outro que defende o arguido, não podemos deixar de parte a obrigação que o primeiro carrega como órgão do Estado, devendo este promover o exercício e o respeito por todos os princípios e direitos inerentes à pessoa humana, aquele jamais porá de lado o princípio de que a sua acção não tem qualquer fundamento na restrição da liberdade, mas na defesa da liberdade.

A busca da verdade por parte do MP ter-se-á de cingir ao primado de que só deve ser punido quem infringiu culpável e ilicitamente, desde que esse facto não seja justificável ou desculpável[514]. Pois, nesta pers-

---

510 Cfr. art. 208.° da CRP.

511 Cfr. Jorge de Figueiredo Dias *apud* J. N. Cunha Rodrigues, *Op. Cit.*, p. 336.

512 Tese defendida pelos Profs. Manuel Cavaleiro de Ferreira, *Op. Cit.*, Vol. I, pp. 163 e ss.; Jorge de Figueiredo Dias, *Curso de Processo Penal*, Vol. 1, p. 471 e Germano Marques da Silva, *Op. Cit.*, pp. 224-225. Este último, no seguimento de Cavaleiro Ferreira, acrescenta que a função do defensor é "uma função pública, no interesse geral, que ultrapassa o interesse particular do arguido, cabendo-lhe o encargo de promover o esclarecimento da verdade «relativamente a factos e aspectos jurídicos comprobatórios ou indicativos da inocência ou menor responsabilidade do arguido". Cfr. Cavaleiro de Ferreira, *Op. Cit.*, Vol. I, p. 225.

513 Cfr. J. N. Cunha Rodrigues, *Op. Cit.*, p. 341.

514 Neste sentido Figueiredo Dias quando afirma que o "ministério público não é interessado na condenação mas unicamente na obtenção de uma decisão justa (...); ele compartilha com o juiz um dever de intervenção estritamente objectiva; e isto (...) também e em igual medida na fase do inquérito de que ele é o dominus (...) a vocação do ministério público não é a de «parte», mas de entidade unicamente interessada

pectiva não estamos perante um confronto de partes, os seus interesses em causa e o seu plano axiológico não se compadece com a estrutura de um processo penal de partes.

a. ***das investigações desenvolvidas pela defesa***[515]

90. Ao falarmos de democratização da investigação criminal, duas grandes questões se levantam: será que a defesa também pode levar a cabo investigações sobre os factos de que o arguido é suspeito de Ter praticado, de que é acusado ou de que é pronunciado?; e será que a democratização não passa por implementarmos uma igualdade efectiva de armas, mesmo na fase de investigação?.

A nossa doutrina não se mostra receptiva a uma regulamentação legal de investigações independentes que os defensores possam protagonizar paralelamente às efectuadas pelo Ministério Público na fase do inquérito[516].

91. Na defesa da não investigação por parte do defensor, Eduardo Maia Costa fundamenta que o nosso processo penal não é um processo de tipo "acusatório puro, em que existe repartição do ónus da prova", não sendo desta forma um "processo de partes, mau grado a acentuação do princípio acusatório", além do mais ao Ministério Público compete-lhe o "dever de investigação não só a responsabilidade criminal do arguido, como também apurar todos os factos que demonstrem a sua inocência", porque o "inquérito não é um processo administrativo destinado a servir de apoio à intervenção do M. P.", mas per-

na descoberta da verdade e na realização do direito". Cfr. J. de Figueiredo Dias, "Sobre os Sujeitos Processuais no Novo CPP", *in Jornadas de Direito Processual Penal, O Novo CPP*, Coimbra: Almedina, p. 29.

515 Quanto a este assunto, o nosso *Regime Jurídico da Investigação Criminal Comentada e Anotada*, 3.ª Edição, Coimbra: Almedina, 2006, pp. 35-40.

516 Quanto a este assunto, Álvaro da Cunha G. Rodrigues, "Controlo garantístico dos direitos do arguido pelo juiz de Instrução", *in Direito Justiça – RFDUCP*, Vol. XIII, Tomo 3, 1999, p. 184 e Francisco da Cunha Oliveira, *Defesa Criminal Activa*, Coimbra: Livraria Almedina, 2003, pp. 99 a 101, 116 e 117, 135 e 136.

tence ao tribunal, sendo "à fase processual dirigidas à investigação da verdade, qualquer que ela seja", melhor, é o "lugar único de investigação processual, para o qual devem ser canalizadas todas as provas de que o arguido e seu defensor tenham conhecimento, nos termos do art. 61.°, n.° 1, *f*) do CPP[517].

Cabe ao MP, como órgão de administração de justiça, coadjuvado pelos OPC, o dever de objectividade[518], que se consubstancia na busca da verdade pura, nua e crua, ou seja, como estipulava o art. 12.° do Dec. n.° 35 007 cabe-lhe a obrigação de efectuar " não só as diligencias conducentes a provar a culpabilidade dos arguidos, mas também aquelas que possam concorrer para demonstrar a sua inocência. A nossa doutrina não tem, maioritariamente, reconhecido competência ao defensor para efectuar investigações privadas.

Nesta esteira, FIGUEIREDO DIAS afirma que, "ao contrario do que no processo penal anglo-saxónico sucede – compreensivelmente, dado que nele recai sobre a defesa o ónus da prova das circunstancias que justifiquem o facto ou atenuem a responsabilidade – não é entre nós tarefa especifica do defensor proceder a investigações autónomas do material fáctico, paralelas às que cabem ao EMP e aos órgãos similares", sem prejuízo de o defensor poder efectuar as "próprias averiguações complementares, sempre que tal seja imposto ou aconselhado pela função da defesa"[519].

O CPP/87 e, consequentemente, a investigação criminal seguem a tese tradicional, pois "não concede ao defensor quaisquer meios necessários à eficácia da investigação e apenas lhe permite que no inquérito

---

517 Cfr. EDUARDO MAIA COSTA, "Fundamento e Posição do Defensor", *in RMP*, Ano 13.° (1992), n.° 49, pp. 91-91. Defendendo a total titularidade e competência de investigação do MP que, como garante da legalidade, lhe compete investigar os factos que responsabilizam ou inocentem o arguido, CUNHA RODRIGUES nega o "reconhecimento de um pretenso direito de a defesa investigar autonomamente na fase pre-acusatória", porque é "incomportável para as finalidades do processo": esclarecer se o suspeito é o "agente do facto criminoso". Cfr. J. N. CUNHA RODRIGUES, *Lugares do Direito*, Coimbra: Coimbra Editora, 2001, p. 343.

518 Cfr. *in fine*, n.° 1 do art. 53.° do CPP/87.

519 Cfr. J. DE FIGUEIREDO DIAS, *Direito Processual Penal*, Coimbra: Coimbra Editora, Primeiro Vol., 1981, p. 488.

e na instrução requeira as diligências de prova que se lhe afigurem necessárias (arts. 61.°, n.° 1, *f*) e 287.°, n.° 3)"[520].

92. Posição diferente tem GERMANO M. DA SILVA. Como defende e a nosso ver bem, "nem o MP, no inquérito, nem o juiz de instrução, na instrução, estão vinculados à realização de diligências requeridas"[521]. Para evitar que função do defensor se transforme em uma atitude de desacreditação das "provas apresentadas pela acusação, é essencial para a eficácia da defesa"[522] que o defensor possa desenvolver uma actividade autónoma de investigação, sem que as autoridades judiciais e os seus órgãos auxiliares deixem de efectuar as diligências com a objectividade que lhes é exigida, evitando a emoção de uma vitória sobre o condenado ou de derrota em relação ao absolvido.

Como ensina o ilustre Mestre, não basta "uma mudança de perspectiva da função do defensor", pois é necessário que se criem "condições para que essa actividade d investigação necessária para a defesa seja legalmente possível"[523], uma vez que o direito defesa só se preenche quando o arguido puder usar dos meios necessários para provar a tese da defesa ou ilidir a acusação"[524]. Não basta que a Constitutição proclame os direitos, que as leis de autorização legislativa os prescrevam conjuntamente com os princípios de um processo dito democrático, pois é preciso que o legislador sinta a obrigação de materialização desses direitos e princípios, sem a qual não se passará de uma utopia que não passa da simples e difundida esperança.

---

520 Cfr. GERMANO MARQUES DA SILVA, *Op. Cit.*, 4.ª Edição, Vol. I, p. 322.

521 *Ibidem.*

522 *Idem*, pp. 235-236.

523 A al. *3*) do n.° 2 do art. 2.° da Lei n.° 43/86 de 26SET (Lei de Autorização Legislativa do Novo CPP) ao prescrever a "parificação do posicionamento jurídico da acusação e da defesa em todos os actos do processo e a incrementarão da igualdade material de «armas» no processo", como nos ensina GERMANO MARQUES DA SILVA, tinham em mente que a defesa disponha de meios análogos aos da acusação para fazer valer as suas razões em confronto com as desta, caso assim não fosse não existiria qualquer igualdade de armas. Cfr. GERMANO MARQUES DA SILVA, *Op. Cit.*, 4.ª Edição, Vol. I, p. 323.

524 *Ibidem.*

Se, utilizando os meios de obtenção de prova, o MP e os OPC forem os únicos órgãos a poder investigar os elementos de prova a serem produzidos no processo, cria-se não uma igualdade substancial, mas e apenas uma "igualdade formal na produção desses meios de prova no debate instrutório e na audiência de julgamento", porque poderão existir outros "elementos essenciais para a defesa e descoberta da verdade que não puderam ser apresentados por a defesa não ter podido descobri-los e recolhê-los"[525], tendo como desvantagem a não vinculação quer do MP, no inquérito, quer do juiz, na instrução, aos requerimentos de prova apresentados pelo arguido[526].

93. Acompanhamos GERMANO M. DA SILVA quando afirma que "a garantia da defesa num processo de tipo acusatório exprime-se não só, mas também no direito de poder apresentar provas *ex adverso* e de examiná-las nas mesmas condições das que forem apresentadas pela acusação"[527], logo terá de poder procurá-las a seu favor e de verificar qual a possibilidade de as usar de forma vantajosa[528].

Não nos podemos socorrer do fundamento de que a lei de autorização legislativa do novo CPP, ao subjugar o processo penal à «máxima acusatoriedade», estipulava que esta fosse «temperada com o princípio da investigação», [al. *4*) do n.° 2 do art. 2.° da Lei n.° 43/86], para diminuir a importância da defesa na busca de verdade. Concordamos com a interpretação de GERMANO M. DA SILVA: "o legislador não

---

525 *Ibidem.*

526 Desta forma "a potencial igualdade de armas, consiste na idêntica possibilidade de apresentação de elementos de prova pela acusação e pela defesa, essencial ao processo de modelo acusatório, não existirá". Cfr. GERMANO MARQUES DA SILVA, *Op. Cit.*, 4.ª Edição, Vol. I, p. 236.

527 Cfr. GERMANO MARQUES DA SILVA, *Op. Cit.*, 4.ª Edição, Vol. I, pp. 324-325.

528 Seguindo o pensamento do Professor, a defesa, para arrolar uma testemunha, terá de saber se ela conhece os factos, se é uma fonte credível, assim como deverá saber se a testemunha contrária sofre de qualquer deficiência (de percepção, de memória, de expressão verbal), se é uma pessoa preconceituosa e se já formalizou ideias sobre o assunto em discussão, de forma a evitar que se prejudique a objectividade dos depoimentos. Cfr. GERMANO MARQUES DA SILVA, *Op. Cit.*, 4.ª Edição, Vol. I, p. 324.

confia exclusivamente o resultado do processo ao labor da acusação e da defesa"[529], porque "os valores que o processo criminal visa realizar exigem a verdade material"[530].

O argumento de que o MP está limitado pelo dever de objectividade não é convincente, porque **a objectividade dos factos é o resultado irremediável da subjectividade humana**, visto que em cada olhar há uma forma diversa de analisar e criticar, assim como há formas diferentes de atingir a objectividade. Sendo o dever de objectividade a obrigatoriedade de investigar todos e quaisquer factos que conduzam à verdade, quer responsabilizem, quer inocentem o arguido, o mesmo não tem o mérito de dispensar o defensor, nem substitui a confiança entre o Advogado[531] e o arguido, sendo aquele muitas das vezes o fiel depositário, guardião das notícias mas íntimas, mais delicadas[532] do seu cliente.

Partilhamos a posição de ÁLVARO CUNHA RODRIGUES quando diz que não se trata de uma questão de ónus de prova, mas de um direito de defesa que, consequentemente, há confidências, factos e circunstâncias que chegam ao conhecimento do MP ou do JIC através do defensor, facilitando deste modo uma actividade processual preocupada em fazer resplandecer a verdade, podendo esta ser a própria inocência do arguido[533].

Este autor, seguindo a tese de GERMANO M. DA SILVA, com a qual concordamos plenamente, afirma que apesar do nosso processo penal não ser de modelo acusatório puro, não vê qualquer razão para se denegar ao defensor uma parificação de meios de descoberta da verdade[534].

---

529 Cfr. GERMANO MARQUES DA SILVA, *Op. Cit.*, 4.ª Edição, Vol. I, p. 324.

530 Cfr. GERMANO MARQUES DA SILVA, *Do Processo Penal Preliminar*, Lisboa, 1990, p. 455.

531 Cfr. ÁLVARO DA CUNHA RODRIGUES, *Op. Cit.*, p. 185.

532 Cfr. ALFREDO GASPAR *apud* ÁLVARO DA CUNHA RODRIGUES, *Op. Cit.*, pp. 185-186.

533 Cfr. ÁLVARO DA CUNHA RODRIGUES, *Op. Cit.*, p. 186.

534 Propondo um disposição legal como a do art. 38.° – «Norme de attuazione di coordinamento e transitore del codice de procedure penale:

I – Al fine di esercitere il diritto alla prova previsto dall'articolo 190 del codice, i defensori, anche a mezzo di sostitute e di consulenti tecnici, hanno facolta di svol-

94. Não há dúvida de que é necessário regulamentar legalmente "a actividade privada de investigação probatória", devendo passar pela "disciplina legal dos investigadores privados, sem o que a necessidade da investigação conduzida pelo defensor possa ser fonte de conflitos e de incompreensão pela sua função"[535]. Pelo exposto pensamos que GERMANO M. DA SILVA defende uma solução prudente e aceitável para o nosso processo de estrutura acusatória temperada pelo princípio da investigação, porque para evitar as emoções próprias de quem investiga, para promover a imparcialidade de quem deve julgar e de quem defende, é necessário que não se conceda ao defensor a capacidade de investigar, mas a capacidade de contratar investigadores privados obrigados a um código de conduta disciplinado legalmente ou optar-se por esses investigadores pertencerem a escritório de advogado, conferindo-lhes por lei os mesmos direitos e deveres do funcionário de investigação.

Face ao exposto, afirmamos que a democratização da investigação criminal passa ou por implementarmos uma igualdade efectiva de armas ou por se impor à AJ – MP e JIC – a obrigação de promover todas as diligências de prova requeridas pelo defensor, promovendo a

---

gere investigazioni per ricecare e individuare elementi di prova a favore del proprio assistido e di conferire com la persone che possono dare informazioni.

L'attivitá prevista del comma 1 puo essere svolta, su incarico difensore, de investigazioni privati autorizatti.». Cfr. ÁLVARO DA CUNHA RODRIGUES, *Op. Cit.*, p. 186.

Desde a Lei de 1 de Dezembro de 2000, o Códice di Procedura Penale conta com um preceito que admite as investigações levadas a cabo pelo defensor. O art. 327-bis do CPP italiano tem cono epígrafe *Attività investigativa del difensore* e estipula que:

> «1. Fin dal momento dell'incarico professionale, risultante da atto scritto, il difensore ha facoltà di svolgere investigazioni per ricercare ed individuar elementi di prova a favore del proprio assistito, nelle forme e per le finalità stabilite nel titolo VI-bis del presente libro.
>
> 2. La facoltà indicata al comma 1 può essere attribuita per l'esercizio del diritto di difesa, in ogni stato e grado del procedimento, nell'esecuzione penale e per promuovere il giudizio di revisione.
>
> 3. Le attività previste dal comma 1 possono essere svolte, su incarico del difensore, dal sostituto, da investigatori privati autorizzati e, quando sono necessarie specifiche competenze, da consulenti tecnici.».

[535] Cfr. GERMANO MARQUES DA SILVA, *Op. Cit.*, 4.ª Edição, Vol. I, p. 324.

alteração do n.° 1 do art. 291.° do CPP. A Reforma de 2007 pouco ou nada alterou ao art. 291.° do CPP, tendo tão só permitido a reclamação do despacho da JIC de indeferimento de diligências requeridas pela defesa.

§ 39.° A complementaridade das funções de acusação e de defesa

95. À função de acusar terá de corresponder, sem dúvida, uma função de defesa, que deverá promover uma *investigação de razões e de provas*, logo a *um órgão de acusação deve corresponder um órgão de defesa*[536]. É nesta perspectiva que se poderá ver semelhanças muito próximas de um processo de partes, uma vez que a *função de investigação acarreta a formação duma convicção*[537] de inocência ou de responsabilidade, sendo esta o ímpeto para a formulação da acusação.

Como duas forças para um mesmo fim – a verdade dos factos –, carreadas de responsabilidades individuais e colectivas na promoção do Direito, a acusação e a defesa funcionam como *dois pólos dialécticos que não podem subsistir um sem o outro*[538]. Contudo, não se pode lançar a mão ao princípio de igualdade de armas para se afirmar que *acusação e defesa devem valer-se das mesmas armas*[539].

§ 40.° Igualdade instrumental e não matemática

96. Acompanhamos FIGUEIREDO DIAS quando afirma que, devido à *posição jurídica do arguido em processo penal,* aquele tem conduzido a *um entendimento erróneo*, uma vez que o princípio de igualdade de armas *não pode, sob pena de erro crasso, ser entendido como obrigando ao estabelecimento de uma igualdade matemática ou sequer*

---

536 Cfr. MANUEL CAVALEIRO DE FERREIRA, *Op. Cit.*, 4.ª Edição, Vol. I, p. 162.

537 Cfr. MANUEL CAVALEIRO DE FERREIRA, *Op. Cit.*, 4.ª Edição, Vol. I, pp. 162-163.

538 Cfr. J. N. CUNHA RODRIGUES, *Op. Cit.*, p. 332.

539 *Ibidem.*

lógica. Porque se assim se interpretar "teriam de ser fustigadas pela crítica numerosas normas com bom fundamento – e, na verdade, ainda com maior número delas referentes a faculdades concedidas ao arguido do que ao ministério público! Desde logo feririam aquela «igualdade» de princípios – até jurídico-constitucionais! – como os da inviolabilidade do direito de defesa, da presunção da inocência do arguido, ou do *in dubio pro reo*".

Continuando a sua tese de uma igualdade não matemática, o ilustre Professor reafirma que feririam também o princípio das "faculdades especificamente conferidas ao arguido no julgamento e que não têm qualquer correspondência quanto à acusação, como, entre tantas outras, a de tomar conhecimento do que na audiência se tiver passado na sua ausência (art. 332.°-7), o direito ao silêncio (art. 343.°-1), a especial extensão da proibição de leitura de declarações suas (art. 357.°) e – enfim, mas paradigmaticamente – o direito à última palavra (arts. 360.°, 1 e 2 e 361.°)"[540].

Sem dúvida de que não podemos interpretar este princípio matematicamente, porque senão ou teríamos de "desligar o ministério público do dever (estrito) de objectividade, ou pôr um dever correspondente a cargo do arguido!"[541].

97. Este princípio, que representou um papel fundamental na democratização do processo penal por estimular a transição do processo de tipo inquisitório para um processo de estrutura acusatória, por oferecer uma elevada tutela às garantias da defesa e por promover a mediatização processual no sentido de impor nos espíritos humanos que mais importante do que uma decisão justa será, sem dúvida, um processo equitativo e justo[542], não pode usufruir de uma interpretação lógica, porque a própria lei processual atribui à acusação e à defesa armas desiguais: o MP deve reger-se pela objectividade no sentido da descoberta da verdade, enquanto que o arguido pode-se remeter ao

---

540 Cfr. Jorge de Figueiredo Dias, "Sobre os Sujeitos Processuais no Novo CPP", *in Jornadas de Direito Processual Penal, O Novo CPP*, Coimbra: Almedina, p. 29.

541 Cfr. Jorge de Figueiredo Dias, *Op. Cit.*, p. 30.

542 Neste sentido J. N. Cunha Rodrigues, *Op. Cit.*, p. 342.

silêncio; à acusação compete o ónus da prova, enquanto que o arguido é protegido pelo princípio da presunção da inocência; o MP deve investigar *à charge* e *à décharge* tendo em vista o interesse do arguido, pois a defesa pode actuar unilateralmente[543].

Contudo, não esqueçamos de que na fase pré-processual a defesa não intervém de forma contraditória. Lembremo-nos neste momento da interrogação de BALLADORE PAGLIERI: se o princípio da igualdade de armas deve ser entendido de modo absoluto no sentido de que os dois contendores devem bater-se com armas do mesmo cumprimento ou antes no sentido de que o que tem um braço mais curto deve dispor de uma arma um pouco mais longa[544].

Pensamos que o nosso processo penal segue o segundo sentido da análise do princípio por PAGLIERI: ao conceder o poder de investigar sem que o arguido afecte a recolha de indícios probatórios da prática do crime, obriga-se o MP a uma objectividade na descoberta da verdade e concede-se ao arguido o direito ao silêncio.

98. A igualdade de armas processuais, como salienta FIGUEIREDO DIAS, "só pode ser entendida com um mínimo aceitável de correcção quando lançada num contexto mais amplo da estrutura lógico-material global da acusação e da defesa e da sua dialéctica". Desta forma "uma concreta conformação processual só poderá ser recusada, como violadora daquele princípio de igualdade, quando dever considerar-se infundamentada, desrazoável ou arbitrária; como ainda quando possa reputar-se substancialmente discriminatória à luz das finalidades do processo penal, do programa político-criminal que àquele está assinado ou dos referentes axiológicos que o comandam"[545]. Esta interpretação do princípio não se pode afastar da que é feita sobre o *próprio princípio jurídico-constitucional da igualdade*[546], moldada e arrematada pela jurisprudência quer da Comissão quer do Tribunal Europeu dos Direitos do Homem, que de seguida analisaremos.

---

543 *Ibidem.*

544 *Apud* J. N. CUNHA RODRIGUES, *Op. Cit.,* p. 343, n. 27.

545 Cfr. JORGE DE FIGUEIREDO DIAS, *Op. Cit.,* p. 30.

546 *Ibidem.*

Os artigos 303.°, 358.° e 359.° do CPP, que tratam da alteração substancial e não substancial dos factos, ao determinarem os limites da admissibilidade, em que a defesa tem um papel importante na decisão da aceitação ou não dos novos factos na instrução ou no julgamento, cuja posição é mesmo do MP, materializam o princípio da igualdade de armas.

Do que foi dito poder-se-á retirar a ideia de que o princípio da igualdade de armas não consagra uma igualdade lógico-matemática, mas antes tenta efectivar uma *similitude de meios de defesa relativamente à acusação*[547], ou seja, que aqueles conduzam o arguido a contrapor com sucesso as suas razões de facto e de direito perante a acusação, permitindo-lhe desta forma expor com clareza a *sua tese em juízo*.

§ 41.° Igualdade de armas no inquérito e na instrução

99. Não sufragamos a opinião de que o princípio possa ser aplicado materialmente desde a notícia do crime, porque na fase pré-processual[548] nem existe uma pequena similitude. Partilhamos da opinião de GERMANO M. DA SILVA[549], que defende que o princípio da igualdade de armas "só vigora tendencialmente nas fases jurisdicionais do processo e em especial no julgamento", ou seja, é "nas fases processuais da competência do juiz que se procura assegurar a igualdade de armas processuais", não sucedendo o mesmo na fase de investigação pré-acusatória (inquérito), na qual a "entidade competente para as investigações dispõe de um conjunto de poderes que não têm qualquer correspondência nos do suspeito ou arguido".

Na fase do inquérito o arguido vê apenas "protegidos os seus direitos fundamentais e dispõe de direitos de petição no que respeita à produção de prova", sendo muito limitado ou inexistente "o seu acesso ao conhecimento dos autos (...), dificultando assim o exercício da de-

---

547 Cfr. ÁLVARO DA CUNHA RODRIGUES, *Op. Cit.*, p. 183.

548 Efectuada em regra pelos órgãos de polícia criminal e orientada pelo MP.

549 Cfr. GERMANO MARQUES DA SILVA, *Do Processo Penal Preliminar*, p. 69.

fesa". Continuando, o ilustre mestre fundamenta esta limitação na natureza do interesse lesado, uma vez que este é um interesse público justifica-se que o Estado detenha "meios adequados para promover a sua defesa, descobrir os criminosos para os submeter a julgamento perante os tribunais, logo, sob pena de ineficácia, deve poder usar meios adequados a essa função".

Contudo, o princípio da igualdade de armas tem de cimentar-se como instrumento de materialização de direitos a favor quer da acusação, quer da defesa, de modo a que se atribua à acusação e à defesa meios jurídicos igualmente eficazes que tornem efectivos esses direitos. O princípio funcionará como um sensor que determina o maior ou o menor grau de efectivação das garantias de defesa[550].

100. No inquérito, a igualdade de armas solidifica as garantias do arguido: a constituição de arguido, a obrigação de lhe ser dado a conhecer os seus direitos e deveres, a proibição de certos métodos de prova e de actos cuja execução dependa de autorização do juiz. Já nas fases da instrução e do julgamento, o princípio realiza-se como função estruturante[551].

Traduzindo-se em uma *relação meio-fim,* o princípio de igualdade de armas desenrola-se na exigência processual de reconhecimento dos meios ao dispor do arguido e de respeito pela sua posição jurídica. Dos meios destacam-se o direito de efectivar o contraditório através da sua presença nos actos processuais que com ele se relacionem, o direito de ser ouvido antes de se tomar qualquer decisão que o afecte pessoalmente, o direito ao silêncio, o direito de escolher, de solicitar e de ser assistido por defensor, o direito de ser informado dos seus direitos e deveres processuais e o direito de se pronunciar em último lugar.

A posição jurídica do arguido prende-se essencialmente com a *atribuição de direitos de iniciativa e de contradição* e com a concretização do direito de intervir com a apresentação de provas e de diligências, de contrapor, de confessar e de recorrer[552]. Perante o exposto, não

---

[550] Neste sentido J. N. Cunha Rodrigues, *Op. Cit.,* p. 344.

[551] Neste sentido J. N. Cunha Rodrigues, *Op. Cit.,* p. 351.

[552] Neste sentido J. N. Cunha Rodrigues, *Op. Cit.,* p. 352.

será atrevimento dizermos que a igualdade de armas funciona como o 'acelerador' do princípio do contraditório, se a aceleração for adequada e efectiva a prossecução do contraditório será assegurada.

§ 42.° Da igualdade de armas na doutrina dos países membros do Conselho da Europa

101. A **doutrina e a jurisprudência** dos países membros do Conselho da Europa retiram o princípio da igualdade de armas no n.° 1 do art. 6.° da CEDH, que consagra que qualquer pessoa tem direito a que a sua causa se submeta a um processo equitativo. Nos arts. 10.° da DUDH e 14.°, n.° 1, do PIDCP também está consagrado o princípio da equidade no julgamento.

Quer a Comissão Europeia dos Direitos do Homem, quer o Tribunal Europeu dos Direitos do Homem consideram que "o princípio da igualdade de armas constitui apenas um aspecto da noção mais ampla de processo equitativo contida no parágrafo 1.° do art. 6.° da CEDH e que decidir sobre a sua observância exige, em regra, um exame de conjunto do processo"[553].

O TEDH, quer no caso «Neumeister» (1968) quer no caso «Matznetter» (1969), conclui que "o princípio de igualdade de armas não se aplica ao exame de requerimentos de liberdade provisória, tendo-se ponderado que a exigência de processo escrito e de contraditório apenas ocasionaria atrasos"[554]. No caso «Delcourt» (1970) o TEDH considerou que o "Ministério Público, na acção penal concreta, gozava de independência em relação ao executivo, os magistrados do Ministério Público só em sentido formal podiam ser considerados

---

553 Cfr. J. N. Cunha Rodrigues, *Op. Cit.*, p. 347.

554 Cfr. J. N. Cunha Rodrigues, *Op. Cit.*, p. 347. No 1.° caso discutia-se a viabilidade da aplicação da medida de coacção privativa da liberdade (prisão preventiva) por um tribunal austríaco com base nas deliberações do Ministério Público, sem que a defesa se pronunciasse sobre os factos que conduziram a essa medida de coacção.

partes devendo agir sempre com objectividade e a representação do Ministério Público visava o interesse da lei constituindo uma espécie **amicus curiae**"[555].

Só na quarta decisão é que o TEDH considerou pela violação do princípio da igualdade de armas e em resultado desta a inexistência de contraditório, por ter sido recusado ao advogado do arguido conhecer qualquer dado do processo, vedando-se-lhe desta forma os meios de impugnação dos motivos da detenção. Foi o célebre caso «Lamy» em 1989[556].

A Comissão, seguindo os mesmos meridianos do Tribunal, no caso «V7 Luxemburgo» (1985), conclui que "o facto de o Ministério Público dispor de um prazo mais longo que o arguido para interpor recurso não é contrário à Convenção se o exame do conjunto do processo não revelar uma ofensa concreta aos direitos consagrados no art. 6.º"[557].

---

555 Cfr. J. N. Cunha Rodrigues, *Op. Cit.,* pp. 347-348. Suscitava-se o Tribunal para se pronunciar se a presença do Procurador-Geral no acto de deliberação do Tribunal da Cassação da Bélgica punha em causa o art. 6.°, n.° 1 da CEDH, infringindo deste modo o princípio da equidade. O parecer da Comissão de 6 de Fevereiro de 1970 foi no mesmo sentido do Tribunal que decidira em 17 de Janeiro de 1970.

556 Cfr. J. N. Cunha Rodrigues, *Op. Cit.,* p. 348.

557 Relativamente a uma queixa apresentada por um cidadão português, a Comissão, em 2 de Julho de 1990, considerou que "a não aplicação ao Ministério Público do ónus de impugnação, em processo civil, não viola, por si, o princípio da igualdade de armas, desde que o processo tenha revelado, no seu conjunto, que foram suficientemente garantidos os direitos de defesa". Cfr. J. N. Cunha Rodrigues, *Op. Cit.,* pp. 348-349.

CAPÍTULO IV

DO PRINCÍPIO DA PRESUNÇÃO DE INOCÊNCIA

§ 43.° Resenha histórica

102. O princípio da presunção de inocência[558] surgiu como necessidade de corte com a mentalidade processual da época em que reinava

---

[558] Quanto ao Princípio de Presunção de Inocência, o nosso *Lei e Crime...*, pp. 119 e ss., GERMANO MARQUES DA SILVA, *Curso de Processo Penal,* 4.ª Edição, S. Paulo/Lisboa: Verbo, 2000, Vol. I, pp. 81 e ss.; JORGE DE FIGUEIREDO DIAS, *Op. Cit.*, p. 145; MANUEL CAVALEIRO DE FERREIRA, *Op. Cit.*, pp. 145 e ss.; GOMES CANOTILHO e VITAL MOREIRA, *Op. Cit.*, p. 203; ALEXANDRA VILELA, *Considerações Acerca de Presunção de Inocência em Direito Processual Penal*, Coimbra: Coimbra Editora,

o processo de tipo inquisitório, em que o acusado se presumia culpado, cabendo-lhe o ónus probatório, sendo tratado como objecto do processo, cujo abuso de tratamento surgia como meio de obtenção da confissão (como a tortura) e em que a prisão preventiva, aplicada indiscriminadamente pelo juiz, aparecia como medida de carácter ordinário da actuação policial, transformada, não poucas vezes, em meio fundamental para a obtenção de provas[559].

O Iluminismo carrega a ansiedade de reacção contra o processo criminal inquisitório, adequado a um Estado que se "sobrepunha implacavelmente à liberdade individual do cidadão"[560]. Essa ansiedade iniciada por intelectuais como BECCARIA[561], promovida por MONTESQUIEU e VOLTAIRE, que se reflecte na efectivação de romper e de cortar os excessos e arbítrios do poder punitivo consignados no modelo inquisitório[562], tem a sua consagração no art. 9.° da Declaração dos Direitos do Homem e do Cidadão em 26 de Agosto de 1789:

> *"Tout homme étant présumé innocent jusqu'à ce qu' il ait été déclaré coupable, s' il est jugé indispensable de l'arrêter, toute rigueur qui ne serait pas nécessaire pour s'ássurer de sa personne doit être séverement réprimée par Ia loi"*[563].

Como direito cívico e garantia jurídica dos direitos à honra, à imagem e à liberdade, a presunção de inocência aparece associada ao "princípio da exigência de culpa formada, como pressuposto da vali-

---

2000; RUI PATRÍCIO, *O princípio da Presunção de Inocência do Arguído na Fase do Julgamento no Actual Processo Penal Português*, Lisboa: AAFDL, 2000; CLAUS ROXIN, *Derecho Procesal...*, pp. 78 e 79.

559 Neste sentido ALEXANDRA VILELA, *Considerações Acerca da Presunção de Inocência em Direito Processual Penal*, Coimbra: Coimbra Editora, 2000, pp. 29 e 30.

560 *Ibidem*.

561 Como escrevera BECCARIA, "é inocente, segundo as leis, o homem cujos delitos não estão provados". Cfr. CESARE BECCARIA, *Dos Delitos e das Penas*, (Tradução de JOSÉ DE FARIA COSTA), p. 93.

562 Neste sentido ALEXANDRA VILELA, *Op. Cit.*, p. 30.

563 Neste sentido RUI PATRÍCIO, *O Princípio da Presunção de Inocência do Arguido na Fase do Julgamento no Actual Processo Penal Português*, Lisboa: AAFDL, 2000, p. 26.

dade da prisão preventiva"[564], que, como afirmava BECCARIA, deve ser aplicada dentro dos "limites rigorosos da necessidade do processo", com o fundamento da obtenção da verdade e da exequibilidade da efectivação da pena, jamais com o fundamento de tratamento punitivo, ou seja, a prisão preventiva deve teleologicamente ser entendida como uma medida cautelar e de carácter extraordinário, melhor, é uma medida com um "carácter excepcionalíssimo e não, como parece ser entendimento corrente, a sua aplicação penal"[565].

§ 44.° Do sentido normativo-constitucional

103. O princípio da presunção de inocência consagrado no n.° 2 do art. 32.° da CRP não pode ser interpretado e concebido na sua essência de acordo com o seu conteúdo verbal, porque estaríamos, aqui, a entrar em uma ficção jurídica, porque a aplicação das medidas de coacção e das medidas cautelares e de polícia, legalmente tipificadas, seria, antes de mais, inconstitucional. Logo, teriam de ser proibidas quaisquer "suspeitas sobre a culpabilidade dos acusados"[566].

O princípio da presunção de inocência, cujo valor assumiu dignidade constitucional, mas não de forma absoluta, teria de ser compatibilizado com outros valores constitucionais que representam direitos, liberdades e garantias, e nunca analisado e interpretado de forma literalmente absoluta. Desta feita, promoveríamos, indubitavelmente, a "inconstitucionalização de instrução em si mesma, pois esta encerra já, ainda que por vezes de uma forma mitigada, um choque com a liberdade individual do acusado"[567-568].

---

[564] Cfr. ALEXANDRA VILELA, *Op. Cit.*, pp. 35 e 92-93.

[565] Cfr. DAVID CATANA, *"As Medidas de Coacção e de Garantia Patrimonial"*, *apud* TERESA PIZARRO Beleza, *Apontamentos de Direito Processual Penal*, Lisboa: AAFDL, 1993, II Vol., pp. 118 e ss. Neste sentido ALEXANDRA VILELA, *Op. Cit.*, pp. 33 e ss..

[566] Cfr. ALEXANDRA VILELA, *Op. Cit.*, pp. 84 e 93.

[567] Cfr. ALEXANDRA VILELA, *Op. Cit.*, p. 93.

O conteúdo do princípio da presunção de inocência está no seu âmago ligado à liberdade individual do indivíduo, no sentido de proibir quaisquer medidas cautelares como antecipação de pena com base no rótulo de culpado. Sendo uma trave orientadora do processo penal, a presunção de inocência prescreve a honestidade do indivíduo e, consequentemente, que as medidas de coacção devem considerar este princípio como um critério de orientação e limite, de forma que, quando aplicadas, as medidas de coacção devem fundar-se numa "avaliação ou apreciação das situações de facto autónomas de juízos de culpabilidade "que permitam uma adequação entre as medidas restritivas da liberdade ao caso concreto, mesmo no caso da prisão preventiva, cuja regulamentação obedece hoje, mais do que nunca, ao princípio da presunção de inocência, como se pode ver nos artigos 202.° e 204.° do CPP[569].

104. Como relevante princípio jurídico-criminal e processual, a presunção de inocência está, também e acima de tudo, conexa ao princípio do respeito da dignidade da pessoa humana que tem como base o direito a que todos temos do processo criminal assegurar todas as garantias de defesa[570], sendo uma delas a sua presunção de inocência e não de culpa, no sentido de que, como afirma Luigi Lucchini, todos "os homens se abstêm de delinquir", logo a lei deve consagrar e defender a "inocência de todos os cidadãos"[571].

A presunção de inocência acarreta no seu conteúdo adequado determinadas consequências que devem funcionar como regra primordial de todos quantos fazem parte do sistema judicial.

---

568 Neste sentido o Ac. TC. n.° 198/90 de 07 de Junho, *in BMJ* n.° 398, pp. 115 e ss. e Ac. Tc. N.° 439/87 de 04Nov, *in BMJ* n.° 371, pp. 171 e ss..

569 Cfr. Alexandra Vilela, *Op. Cit.*, pp. 91 e ss.. Neste sentido J. J. Gomes Canotilho e Vital Moreira, *Op. Cit.*, 3.ª Edição, p. 203.

570 Neste sentido Germano Marques da Silva, *Curso de Processo Penal*, 4.ª Edição, Lisboa/S. Paulo: Verbo, 2000, Vol. I, pp. 81-83.

571 Cfr. Luigi Lucchini *apud* A. G. da Cunha Rodrigues, *Op. Cit.*, pp. 197 e 198.

§ 45.° Da inadmissibilidade da presunção de culpa

105. O princípio da inocência acarreta a inadmissibilidade de qualquer presunção de culpa[572], ou seja, o indiciado ou arguido de um processo criminal merece o tratamento de presunção de inocência ao longo de todo o processo, porque será inadmissível e inaceitável que, após o decurso do processo, se conclua pela absolvição do arguido com fundamento na inexistência de factos que provassem a sua implicação como agente do crime, ou seja, sendo inocente, e que o mesmo tenha sofrido quaisquer penas, provocando uma lesão grave que, além de imerecida, é irreversível, mesmo que venha a ser indemnizado.

As presunções de culpabilidade emergidas dos nossos preconceitos, isto é, a culpa por intuição ou associação, viola o que há de mais sagrado do ser humano, a sua liberdade e a sua dignidade, conjugada com a sua honra e a sua imagem.

Discordando de MANZINI[573], que defende a inutilidade da presunção de inocência para proteger os invioláveis direitos de defesa[574], uma vez que o arguido não é mais do que indiciado, subsistindo a incerteza da sua implicação na prática do crime, defendemos este princípio como um direito a que o arguido se deve arrogar, porque caso não defendêssemos este princípio garantístico dos direitos de defesa dos arguidos, a presunção de culpa seria característica dominante na justiça humana, que, como afirma, e bem, CARNELUTTI, é de tal forma precária que, além de fazer "sofrer as pessoas depois de condenadas", lhes provoca

---

572 Cfr. ENRICO ALTAVILLA, *Op. Cit.*, Vol. II, p. 494; GERMANO MARQUES DA SILVA, *Op. Cit.*, 4.ª Edição, Vol. I, pp. 82-83; ALEXANDRA VILELA, *Op. Cit.*, pp. 34 e ss.; RUI PATRÍCIO, *Op. Cit.*, pp. 37 e ss.; JOSÉ SOUTO DE MOURA, *"A Questão da Presunção de Inocência do Arguido"*, *in RMP* n.° 42, ano 11.°, pp. 31 e ss.; GOMES CANOTILHO e VITAL MOREIRA, *Op. Cit.*, 3.ª Edição, p. 203; ÁLVARO G. DA CUNHA RODRIGUES, *Op. Cit.*, pp. 196 e ss.. Quanto à problemática da presunção de culpa, CLAUS ROXIN, *Op. Cit.*, pp. 112 e ss..

573 MANZINI foi o Pai do art. 27.° da Constituição Italiana: *"L'imputato non è considerato colpevole sino alla condanna definitiva"*. *Apud* JOSÉ SOUTO DE MOURA, *Op. Cit.*, p. 34.

574 Cfr. MANZINI *apud* JOSÉ SOUTO DE MOURA, *Op. Cit.*, p. 34 e *apud* A. VILELA, *Op. Cit.*, p. 84.

sofrimento antes da condenação[575]. Se apesar de estar consagrado expressamente na constituição o princípio da presunção de inocência, verificamos que, no dia a dia, o nosso ímpeto nos conduz a um juízo de presunção de culpa.

A inadmissibilidade da presunção de culpa obriga a que, aquando do despacho de arquivamento dos processos crime, os mesmos estejam embuídos da "exclusão de fixação de culpa", a que as custas do processo não recaiam sobre o arguido e a que o juiz decida pela "sentença de absolvição contra o arquivamento do processo"[576], uma vez que este, infelizmente, deixa no ar a ideia de que nada se provou, promovendo a dúvida se o arguido cometeu ou não o delito de que foi indiciado, mesmo que o despacho de arquivamento transmita uma pura "exclusão de fixação da culpa".

106. Na linha de MANZINI, SOUTO DE MOURA[577], considerando que "quanto mais o processo avança mais provável é a hipótese de condenação, e assim maior o convencimento de culpa", sendo desta forma "a suspeita de inocência excepção", afirma que "a lei estará a pedir é que se «suponha» o arguido inocente. Que se ficcione inocente. A presunção de inocência deveria pois, melhor ser apelidada de ficção de ino-

---

575 Cfr. CARNELUTTI *apud* JOSÉ SOUTO DE MOURA, *Op. Cit.*, p. 35.

576 Cfr. GOMES CANOTILHO e VITAL MOREIRA, *Op. Cit.*, 3.ª Edição, p. 203.

577 Baseando-se na presunção legal do n.° 2 do art. 32.° a CRP que, segundo SOUTO MOURA, estaria a consagrar uma presunção «*juris et de jure*» (*Op. Cit.*, p. 38), porque após o *terminus* do processo "não há prova em contrário, que releve, para que o arguido deixe de ser tomado como inocente", existindo apenas condenados ou absolvidos (*Ibidem*, p. 38). TERESA MARTINS e J. ANTÓNIO BARREIROS defenderam e bem a inconstitucionalidade do art. 169.° do CPP/29, que estipulava que os autos de notícia elaborados por agentes de autoridade relativamente a factos por si presenciados que faziam fé em juízo, por violar este preceito Constitucional [Cfr. TERESA MARTINS e J. ANTÓNIO BARREIROS, *in estudos sobre a constituição*, Petrony, Vol. III, p. 104 e ss.; GERMANO MARQUES DA SILVA, *Op. Cit.*, in *Direito e Justiça*, III, p. 167]. Contudo, a Comissão Constitucional no seu Acórdão n.° 168 de 24 de Julho de 1979 não perfilhou a tese de inconstitucionalidade do art. 169.° do CPP/29. Solução que é tudo menos concludente, segundo GOMES CANOTILHO e VITAL MOREIRA, porque a Comissão seguiu a tese de que a fé em juízo significava somente "prova de *interim*" ou "de *prima facie*", não afectando a presunção de inocência (*Op. Cit.*, p. 203).

ciência"[578]. Como o próprio afirma "a ficção respeita a algo que se sabe não ocorrido" e " não a algo que se não sabe se ocorreu ou não"[579] e a ficção impõe-se como absoluta, não aceitando quaisquer excepções[580].

Discordamos de que a presunção de inocência seja uma ficção, quando não se sabe se o arguido é ou não o agente do facto delituoso em apreciação, sendo por esta razão que a ficção não se pode impor aos agentes da justiça como absoluta. Se recorrermos ao étimo latino *«praesumptione»*[581], do qual deriva o vocábulo presunção, rapidamente nos apercebemos que a essência do mesmo respeita e assenta na dúvida de um acontecimento e não numa ficção.

107. Releve a inadmissibilidade das medidas de coacção não funcionarem como penas antecipadas disfarçadas de medidas cautelares[582], ou seja, aquelas devem obedecer não só aos requisitos gerais previstos no art. 204.° do CPP, mas também aos específicos de cada espécie de medida de coacção que só por si provocam inevitavelmente a restrição da liberdade, cuja aplicação obriga a que exista uma coerência lógica técnico-jurídica entre a medida aplicada e os direitos, liberdades e garantias do arguido.

A aplicação das medidas de coacção nascem de um conflito que tem como fundo de solução o recurso aos princípios da necessidade da medida em causa[583], da sua adequação ao caso concreto, pela sua proporcionalidade[584], de modo a que a aplicação da medida de coacção seja um recurso necessário para a comunidade e que esta não só a aceite, mas também a suporte perante a probabilidade de a estar a infligir sobre um inocente. Essa necessidade que defendemos é a mesma que BECCARIA defendia como a nascente do *bem comum* que emergia

---

578 Cfr. SOUTO DE MOURA, *Op. Cit.*, p. 39 e ALEXANDRA VILELA, *Op. Cit.*, p. 84.

579 Cfr. SOUTO DE MOURA, *Op. Cit.* p. 39.

580 *Idem*, p. 40.

581 O vocábulo presunção, derivado do étimo latino, significa juízo fundado sobre indícios ou princípios de prova. Cfr. AA, *Dicionário Prático Ilustrado Lello*, Porto: Lello & Irmão – Editores, 1979, p. 952.

582 Neste sentido GOMES CANOTILHO e VITAL MOREIRA, *Op. Cit.*, 3.ª Edição, p. 203.

583 Art. 191.°, n.° 1 do CPP.

584 Art. 193.° do CPP.

"do choque das paixões e da oposição dos interesses", para que a consequência não seja a atrocidade da medida de coacção e, por isso, inútil, contrária às mentes esclarecidas, contrária à justiça[585].

A execução das medidas de coacção jamais poderão pôr em causa o exercício de direitos fundamentais (art. 193.°, n.° 3 do CPP), o que, conjugado com o princípio de presunção de inocência, impõe que a prisão preventiva deve obedecer a exigências de estreita legalidade e necessidade (art. 191.°, n.° 1 do CPP), de adequação e proporcionalidade (art. 193.°, n.° 1 do CPP) e de precariedade e subsidiaridade (art. 193.°, n.° 2 do CPP), ou seja, deve ser não só de mínima duração, mas também o último recurso das medidas de coacção, sentido expresso no actual art. 209.° do CPP, que foi alterado pela reforma do Código de Processo Penal, operada pela Lei n.° 59/98, de 25 de Agosto[586].

Sabendo-se que são os seres humanos, seres imperfeitos por natureza, que fazem parte do sistema de justiça, a Constituição e a legislação processual penal consagram de forma imperativa a inadmissibilidade de presunção de culpa, mesmo que a própria legislação processual imponha como fundamento da acusação a possibilidade de ao arguido vir a ser aplicada, por força dos indícios suficientes, em julgamento, uma pena ou medida de segurança (n.° 2 do art. 283.° do CPP).

§ 46.° Da proibição da inversão do ónus da prova

108. Se o arguido é inocente, melhor, se se presume inocente, não lhe cabe fazer prova da sua inocência, cujo ónus pertence à acusação,

---

[585] Cfr. CESARE BECCARIA, *Op. Cit.*, p. 56; Neste sentido JORGE DE FIGUEIREDO DIAS, "Sobre os Sujeitos Processuais no Novo Código de Processo Penal", *in Jornadas de Direito Processual Penal – O Novo Código de Processo Penal*, Coimbra: Almedina, 1995, p. 27; JOÃO CASTRO E SOUSA, "Os Meios de Coacção no Novo Código de Processo Penal", *in Jornadas de Direito Processual – O Novo Código de Processo Penal*, Coimbra: Almedina, 1995, p. 150; ALEXANDRA VILELA, *Op. Cit.*, pp. 95-96.

[586] Neste sentido FIGUEIREDO DIAS, *Op. Cit.*, p. 27; JOÃO CASTRO E SOUSA, *Op. Cit.*, pp. 150-151; ALEXANDRA VILELA, *Op. Cit.*, pp. 96 e ss..

ou seja, a culpa do arguido é que carece de ser provada pelo Ministério Público ou, através do princípio de investigação, pelo Tribunal[587].

Mas, devemos ter em consideração que o arguido pode ter interesse em contradizer a acusação deduzida contra si, o que obriga a que ao arguido sejam informadas todas as provas contra si recolhidas, para que prepare de forma eficaz a sua defesa, havendo, assim, necessidade de dar a conhecer ao arguido a acusação e a pronúncia (quando tenha sido requerida instrução e a mesma tenha sido proferida).

O direito a contradizer a acusação contra si deduzida, por força da presunção da inocência e da acção penal ser exercida orientada pelo princípio da legalidade, impõe ao Ministério Público a obrigatoriedade de apresentar em Tribunal todas e quaisquer provas recolhidas mesmo que desfavoráveis à acusação[588]. Acompanhamos GERMANO M. DA SILVA na discordância dos autores que defendem que ao arguido compete provar "as circunstâncias justificativas e desculpantes por si alegadas", por violar expressamente o princípio da presunção de inocência, porque poderá "conduzir à condenação de uma pessoa por um facto que talvez não pudesse ser punível"[589].

109. Um sistema processual penal acusatório temperado pelo princípio da investigação permite que a incapacidade do Ministério Público de provar a culpabilidade do arguido seja suprida pela intervenção do tribunal[590], ou seja, essa incapacidade não conduz à absolvição do arguido.

A inversão do ónus de prova implica, também, que quem acusa e, necessariamente, investiga tenha a sua acção limitada quanto à recolha de prova em locais de carácter privado, como o domicílio, cuja busca carece de autorização judicial [art. 177.°, n.° 1 do CPP e art. 34.°, n.os 1, 2 e 3 da CRP][591], excepto nos casos excepcionais, em que se

---

587 Neste sentido RUI PATRÍCIO, *Op. Cit.*, p. 27; GOMES CANOTILHO e VITAL MOREIRA, *Op. Cit.*, p. 203; JOSÉ SOUTO DE MOURA, *Op. Cit.*, p. 45.

588 Neste sentido GERMANO MARQUES DA SILVA, *Op. Cit.*, 4.ª Edição, Vol. I, pp. 82-83; RUI PATRÍCIO, *Op. Cit.*, p. 28.

589 Cfr. GERMANO MARQUES DA SILVA, *Op. Cit.*, Vol. II, p. 107.

590 Neste sentido RUI PATRÍCIO, *Op. Cit.*, p. 29.

591 Neste sentido GERMANO MARQUES DA SILVA, *Op. Cit.*, 4.ª Edição, Vol. I, pp. 82-83.

admite que a busca domiciliária possa ser efectuada por iniciativa do MP ou do OPC, previstos na 2.ª parte do n.° 3 do art. 34.° da CRP, que têm expressão nos n.os 2 e 3 do art. 177.° do CPP.

§ 47.° Do arguido sujeito e não objecto – meio de prova

110. A presunção de inocência, como corolário dogmático do inviolável princípio do respeito da dignidade da pessoa humana, preconiza e apela a que o processo penal seja justo, cujo conteúdo não se prenda com um tratamento privilegiado de confissão como meio de prova[592].

O arguido, em um processo caracterizado com a máxima acusatoriedade, não pode ser concebido como um objecto do processo, como «coisa», não sendo alguma vez meio formal de prova[593], mas deve ser encarado como um sujeito processual que possa, livremente, contradizer a acusação, recorrendo a armas iguais às de acusador[594]. O nosso sistema jurídico-constitucional e a nossa concepção de ser humano e de dignidade, que cada um carrega, não admitem como ligítimos os meios de investigação do *Patriot Act* do estadunidense.

Do exposto decorre que o arguido não pode ser obrigado a prestar qualquer colaboração com o tribunal, devendo a sua participação no processo ser livre, respeitando-se a sua integral vontade de forma que não surja uma verdade deturpada por força de qualquer pressão.

O processo penal de estrutura acusatória tem de respeitar e impor aos demais sujeitos do processo que o arguido é um sujeito que deve actuar com a maior liberdade de modo que a sua participação se funda

[592] Muitas vezes obtida sob tortura psíquica e física nos idos do processo de estrutura inquisitória, que se caracteriza pelo princípio da presunção de culpabilidade.

[593] Apesar de poder ser "um meio de prova em sentido técnico quando é objecto de investigação corporal", quando sobre o mesmo recaiam exames que permitam a descoberta da verdade material, cuja ordenação compete ao Juiz. Cfr. ALEXANDRA VILELA, *Op. Cit.*, p. 95. Sobre a despersonalização ou coisificação do ser humano, o nosso *Direito Penal do Inimigo e o Terrorismo: O "Progresso ao Retrocesso"*, S. Paulo: Amedina Brasil, 2010.

[594] Sobre o princípio da igualdade de armas, *supra* Cap. III.

numa responsabilidade e que esta promova "uma plena liberdade da vontade **que possa permitir ao arguido uma decisão** se e como deseja tomar posição perante a matéria que constitui objecto do processo"[595].

111. O respeito pela plena vontade do arguido deve ser tido em conta ao longo de todo o processo, desde o inquérito até ao final do julgamento, passando pela instrução quando esta tiver sido requerida. Como manifestação da proibição do arguido como meio de prova, o art. 141.° do CPP – *Primeiro interrogatório Judicial de arguido detido* – preceitua que ao arguido seja garantida a liberdade de prestar ou não declarações, não estando o mesmo obrigado a dizer a verdade, nem sendo punido se mentir[596]. Promovendo a plena liberdade de vontade do arguido na prestação de declarações, o art. 344.° do CPP – *Confissão* – determina a nulidade da confissão como consequência caso tenha sido prestada sob coacção.

O Código de Processo Penal procura rodear as declarações do arguido de fortes garantias processuais, tendo a confissão valor especial de prova em sede de julgamento. Mas, além da confissão ser controlada por um tribunal, a mesma só é aceite como veracidade dos factos, quando os factos em análise preenchem a tipificação legal de crime punível com pena de prisão não superior a cinco anos [*a contrario sensu* al. *c*) do n.° 3 do art. 344.° do CPP]. Existe, assim, um limite processual, para permitir que a produção de prova em crimes mais graves se faça pela oralidade e pelo contraditório[597].

---

[595] Cfr. JORGE DE FIGUEIREDO DIAS, *Op. Cit.*, *in Jornadas de Direito Processual Penal*, pp. 27-28. Negrito nosso.

[596] Neste sentido MANUEL SIMAS SANTOS, MANUEL LEAL HENRIQUES e DAVID BORGES DE PINHO, *Código de Processo Penal Anotado*, Lisboa: Rei dos livros, 1996, 1.° Vol., p. 591.

[597] Neste sentido M. SIMAS SANTOS e outros, *Op. Cit.*, 2.° Vol., p. 293; RUI PATRÍCIO, *Op. Cit.*, p. 33; GERMANO MARQUES DA SILVA, *Op. Cit.*, Vols. II e III, pp. 169 e ss. e pp. 240-241. No sentido de que "o conteúdo essencial da consideração do arguido como sujeito do processo está em que todos os actos processuais que pratique deverão ser expressão da sua livre personalidade", JORGE DE FIGUEIREDO DIAS, *Direito Processual Penal*, Coimbra: Coimbra Editora, Lda., 1981, p. 452.

§ 48.° Presunção de inocência como regra política

112. A presunção de inocência deve ser considerada como regra política, baseada nos princípios da democracia, da liberdade e, essencialmente, do respeito pela dignidade de pessoa humana.

Como regra política, nas palavras de GERMANO MARQUES DA SILVA, o princípio de presunção de inocência promove "o valor da pessoa humana na organização da sociedade", cujo conteúdo essencial está consagrado na Constituição Portuguesa como "direito subjectivo público, direito que assume relevância prática no processo penal num duplo plano: no tratamento do arguido no decurso do processo e como princípio de prova"[598].

No primeiro plano, o arguido não deve ser considerado culpado pelo facto (tipificado na lei como crime) de que é indiciado até que a sentença de condenação transite em julgado, obrigação esta que impende sobre os elementos do sistema judicial e que se apresenta como um limite e um barómetro da aplicação das medidas de coacção que se devem restringir à função de exigências processuais de natureza cautelar que devem ser adequadas às exigências cautelares que o caso requer e proporcionais à gravidade do crime e às sanções que previsivelmente venham a ser aplicadas – artigos 191.°, n.° 1 e 193.°, n.° 1 do CPP.

113. Se a aplicação das medidas de coacção tiver fundamento de aplicação de pena, restringe não só a liberdade, põe em causa o princípio democrático e, acima de tudo, viola o princípio de presunção de inocência, cujo conteúdo essencial se cimenta no princípio do respeito da dignidade da pessoa humana. Princípios estes que deveriam funcionar como padrões limitativos à contenção, à suspensão e à negação de direitos do arguido, que devem revestir um carácter transitório e reversível para que as medidas de coacção possam ser não só suportáveis, mas também aceites pela comunidade[599].

---

598 Cfr. GERMANO MARQUES DA SILVA, *Op. Cit.*, Vol. I, p. 219.

599 Neste sentido JORGE DE FIGUEIREDO DIAS, *Op. Cit.*, *in Jornadas de Direito Processual Penal*, Almedina, p. 27; ALEXANDRA VILELA, *Op. Cit.*, p. 96; RUI PATRÍCIO, *Op. Cit.*, pp. 35-36.

Como princípio de prova, o mesmo impõe que qualquer "condenação seja precedida de uma actividade probatória", que deve estar a cargo da acusação, capaz de responsabilizar o arguido dos factos de que é condenado. Pois, um processo só por si já é penoso para que se onere o arguido a provar a sua inocência[600].

A presunção de inocência obriga o juiz a não formar uma convicção sobre a culpabilidade do arguido antes da descoberta da verdade. Como exemplo temos o n.° 2 do art. 353.° do CPP que determina a denegação de autorização de dispensa da testemunha quando existirem razões para crer que a sua presença pode ser útil à descoberta da verdade.

Como regra política e de responsabilidade moral, o princípio de presunção de inocência conduz o juiz, independente e não sacrificador da justiça em prol de outros interesses, a "procurar a verdade" e a "assegurar ao arguido todos os meios práticos" que lhe permitam provar o "infundado da presunção de culpa"[601], firmando-se, assim, um cunho estruturante e dogmático da presunção de inocência no direito processual penal dos estados modernos.

§ 49.° Do princípio da celeridade processual

114. A celeridade processual é, na nossa opinião, uma consequência imediata e automática do princípio de presunção de inocência, pelo que a mesma "não pode ser sinónimo de não fazer justiça"[602].

A celeridade processual é, acima de tudo, um direito do arguido, um direito elevado a direito fundamental pela 1.ª Revisão Constitucional operada pela Lei Constitucional n.° 1/82, de 30 de Setembro.

---

600 Apesar de ter todo o interesse em demonstrar e provar a sua inocência, contradizendo a acusação e apresentando novos elementos de prova cuja produção se fará em sede de julgamento.

601 Cfr. Germano Marques da Silva, *Op. Cit., in Direito e Justiça*, Vol. III, p. 169.

602 Cfr. Anabela M. Rodrigues, "A Celeridade do processo penal – Uma Visão de Direito Comparado", *in Actas de revisão do Código de Processo Penal*, Lisboa: Assembleia da República – Divisão de Edições, 1999, Vol. II – Tomo II, p. 75.

A celeridade processual permite que a prova não perca a sua qualidade e o seu valor e, principalmente, evita que se belisque a posição jurídica do arguido. Seguindo o pensamento brilhante de ANABELA M. RODRIGUES, "a aceleração do processo serve, assim, quer o interesse público (*ius puniendi*), quer o interesse do arguido", permitindo uma "eficácia de punição"[603].

Partilhamos da opinião de ANABELA M. RODRIGUES, principalmente, porque um processo penal moroso inflige no arguido uma restrição, suspensão e negação de determinados direitos, cuja duração deve ser uma excepção e nunca a regra. A liberdade individual quer física quer psicológica é, plenamente, beliscada com a instauração de um processo penal, mesmo que decorra num espaço de tempo mínimo, mas provocará danos gravíssimos quando se alonga indefinidamente no tempo. Muitas vezes acaba por prescrever, mantendo no seio social do arguido a dúvida da sua inocência, que é, erradamente, visto como culpado, uma vez que nem beneficiou, quando inocente na verdade, de uma absolvição de que pudesse fazer uso perante os seus pares.

A morosidade processual, como acarretamento de restrições ilegítimas dos direitos do arguido[604], é um fardo penoso que destroi o conteúdo essencial e útil do princípio de presunção de inocência, esvaziando-o de todo o seu sentido, funcionando como um obstáculo à realização material do princípio constitucional de que o processo criminal assegura todas as garantias de defesa (art. 32.°, n.° 1 da CRP)[605].

115. A celeridade processual não poderá, contudo, significar limitação de direitos e garantias de defesa do arguido. O princípio da celeridade processual "implica a proibição do sacrifício dos direitos inerentes ao estatuto processual do arguido a pretexto da necessidade de uma justiça célere e eficaz"[606]. Socorrendo-nos deste ilustre ensinamento, defendemos que 'quem' tem vindo à praça afirmar que o pro-

---

603 *Ibidem.*

604 Neste sentido GOMES CANOTILHO e VITAL MOREIRA, *Op. Cit.*, 3.ª Edição, p. 204 e RUI PATRÍCIO, *Op. Cit.*, p. 36.

605 Neste sentido GOMES CANOTILHO e VITAL MOREIRA, *Op. Cit.*, 3.ª Edição, p. 204 e RUI PATRÍCIO, *Op. Cit.*, p. 36.

606 Cfr. GOMES CANOTILHO e VITAL MOREIRA, *Op. Cit.*, 3.ª Edição, p. 204.

blema da morosidade da justiça é o excesso de garantias, certamente, estará enganado. Basta que atentemos ao preceituado constitucional do art. 32.° da CRP, e lembrar as palavras proferidas, na Comissão Revisora do Código de Processo Penal, por ANABELA M. RODRIGUES quando afirmou que "o interesse público de aceleração processual tem os seus limites na busca da verdade material, que cabe ao Ministério Público e ao Tribunal assegurar. Para além de que a aceleração processual não deve fazer-se à custa das garantias de defesa do arguido"[607].

A tranquilidade e a ordem públicas, bases da segurança dos cidadãos, assentam na certeza da condenação de quem prevaricou e na absolvição dos inocentes. Mas, caso o processo se arraste ao longo de anos, beneficiando de amnistias ou prescrevendo, cria-se um sentimento de impunidade, o que provoca um descrédito comunitário na justiça e uma revolta do inocente que não vê a sua inocência[608] ser proclamada em sentença de tribunal.

O princípio da celeridade processual é, além de um corolário do princípio da presunção de inocência, um direito fundamental, cujo sentido e alcance se reflecte num processo justo, que todos os cidadãos de um estado de direito democrático devem usufruir.

§ 50.° Presunção de inocência face à presunção técnico-jurídica: art. 349.° C. Civil

116. A presunção de inocência do arguido não é uma ilação "que a lei ou o julgador tira de um facto conhecido para firmar um facto desconhecido", uma vez que não estamos perante "uma referência que se faz derivar de um facto real"[609], porque à medida que o processo decorre, em que há acusação e pronúncia, a presunção de inocência necessariamente fica beliscada, porque há um convencimento de culpa que conduz à dedução de acusação, posteriormente ao despacho de pro-

---

607 Cfr. ANABELA M. RODRIGUES, *Op. Cit.*, p. 75.

608 Neste sentido GERMANO MARQUES DA SILVA, *Op. Cit.*, 4.ª Edição, Vol. I, p. 80.

609 Cfr. RUI PATRÍCIO, *Op. Cit.*, p. 37.

núncia que se fundamentam em indícios suficientes que possibilitam uma condenação e, consequentemente, a aplicação de uma pena ou medida de segurança[610].

117. A presunção de inocência não é uma ilação, mas antes um direito do arguido, que funciona como **"um comando, dirigido ao legislador"**, obrigando-o a isentar as normas penais de quaisquer presunções de culpabilidade. Procura-se evitar a responsabilidade penal baseada apenas em factos presumidos, ou seja, obrigando o legislador a legislar de forma a que o estatuto processual do arguido não seja diminuído e a que se assegure o princípio da presunção de inocência como um direito do arguido e como um princípio estruturante do processo penal.

A presunção de inocência é, também, **um comando dirigido aos sujeitos processuais penais**, cuja actuação tange a esfera jurídica do arguido, que deve ser tratado por esses como inocente, como um contraditor da acusação e não como um objecto do processo, melhor, impõe-lhes que considerem o arguido como um suspeito processual penal ao qual correspondem direitos e a quem estão adstritos deveres[611].

Resumindo e partilhando da opinião de GERMANO M. DA SILVA[612], o princípio da presunção de inocência é uma norma que vincula directamente as entidades públicas e privadas, além de constituir um dos direitos fundamentais de qualquer cidadão, cujo reconhecimento se encontra também expresso no art. 11.° da DUDH[613], no art. 6.°, n.° 2

---

[610] Neste sentido de convencimento de culpa, JOSÉ SOUTO DE MOURA, *Op. Cit.*, p. 37.

[611] Neste sentido RUI PATRÍCIO, *Op. Cit.*, pp. 37-38.

[612] Cfr. GERMANO MARQUES DA SILVA, *Op. Cit.*, 4.ª Edição, Vol. I, p. 82.

[613] O Artigo 11.° da DUDH – *Garantias de processo e de direito criminal* – prescreve que:

"1. Toda a pessoa acusada de um acto delituoso presume-se inocente até que a sua culpabilidade fique legalmente provada no decurso de um processo público, em que todas as garantias necessárias de defesa lhe sejam asseguradas.

2. Ninguém será condenado por acções ou omissões que, no momento da sua prática, não constituíam acto delituoso a face do Direito interno ou internacional. Do mesmo modo, não será infligida pena mais grave do que a que era aplicável no momento em que o acto delituoso foi cometido."

da CEDH[614], no art. 14.°, n.° 2 do PIDCP[615] e no art. 48.°, n.° 1 da CDFUE[616].

§ 51.° Do princípio *in dubio pro reo*

118. O princípio de presunção de inocência surge também como princípio de prova, não só no sentido de que o ónus probatório cabe a quem acusa, mas também no sentido de que em caso de dúvida o arguido deve ser considerado inocente, ou seja, *in dubio pro reo*[617]. O princípio *in dubio pro reo* deve ser considerado como um dos corolários da presunção de inocência[618] e não ser confundido, nem identificado com aquele.

Como um dos corolários do princípio de presunção de inocência, discordamos que este incida unicamente sobre a matéria da prova, como defendem muitos autores, que não visionam qualquer incidência deste princípio para além do que se consignava com o princípio *in dubio pro reo*, com o ónus de prova e com a prova no processo penal[619].

---

614 O n.° 2 do art. 6.° da CEDH estipula que:

"Qualquer pessoa acusada de uma infracção presume-se inocente enquanto a sua culpabilidade não estiver sido legalmente provada."

615 O n.° 2 do art. 14.° do PIDCP prescreve que:

"Qualquer pessoa acusada de infracção penal é de direito presumida inocente até que a sua culpabilidade tenha sido legalmente estabelecida."

616 O n.° 1 do art. 48.° da CDFUE estipula que:

"Todo o arguido se presume inocente enquanto não tiver sido legalmente provada a sua culpa".

617 Cfr. Germano Marques da Silva, *Op. Cit.*, 4.ª Edição, Vol. I, pp. 83-84.

618 *Hoc sensu* Figueiredo Dias ao considerar que o princípio *in dúbio pro reo* se funde constitucionalmente no princípio da presunção de inocência [Cfr. *Op. Cit.*, p. 146]. Quanto ao princípio *in dubio pro reo,* Claus Roxin, *Op. Cit.*, pp. 111 e ss..

619 Neste sentido Germano Marques da Silva, *Op. Cit.*, 4.ª Edição, Vol. I, p. 84 e 2.ª Edição, Vol. II, pp. 103-108; Alexandra Vilela, *Op. Cit.*, pp. 43 e ss.; Rui Patrício, *Op. Cit.*, pp. 33 e ss.; J. Souto de Moura, *Op. Cit.*, p. 32 e ss..

Bettiol defendeu primeiramente que "a presunção de inocência não tem sentido algum, porque o juiz decide em obediência à livre apreciação, valoração e interpretação das provas", sendo a mesma uma "verdade interina ou provisória"[620], considerando-a posteriormente como "uma regra de interpretação" após a sua consagração no n.° 2 do art. 6.° da CEDH. No mesmo sentido, entre nós, Rui Pinheiro e Artur Maurício, na linha de Caetano Russo, ao defenderem que "a presunção de inocência não transforma o arguido – cujo *status* se mantém – em inocente, mas *opera exclusivamente sobre o regime do ónus de prova*"[621]; pois, a presunção de inocência "exclui a inversão do ónus da prova", mas aproxima-se "do princípio «in dubio pro reo»"[622].

Contrariamente a esta posição, defendemos que, sendo a presunção de inocência o produto natural da evolução da sociedade e o resultado de uma conquista da civilização moderna, a mesma encerra em si um fundamento político, e um fundamento lógico-jurídico[623].

O princípio *in dubio pro reo*, como garantia fundamental da presunção de inocência, impõe que em caso de dúvida, sobre o objecto do processo – facto – se deve decidir em favor do arguido.

119. O julgamento não pode terminar com um *non liquet*, o julgador tem de decidir-se ou pela condenação ou pela absolvição. Aquele apenas contacta com os factos através de proposições, "que afirmam a existência ou a inexistência de determinados comportamentos preté-

---

620 Bettiol *apud* Alexandra Vilela, *Op. Cit.*, p. 43 e J. Souto de Moura, *Op. Cit.*, p. 33.

621 Cfr. Rui Pinheiro e Artur Maurício, *A Constituição e o Processo Penal*, Clássicos Jurídicos, Reimpressão da 1.ª Edição de 1976, Coimbra: Coimbra Editora, 2007, pp. 85-86.

622 *Ibidem.*

623 Contrariamente ao que defendem Rui Pinheiro e Artur Maurício, *apud* Rui Patrício, *Op. Cit.*, p. 34, nota 69. Acompanhando Rui Patrício, não nos podemos esquecer de que os princípios gerais de Direito são fortemente enraizados por fundamentos políticos.

ritos"[624] e como não pode reproduzir os factos para concluir a sua decisão porque não é um cientista, terá de decidir pela absolvição caso a prova feita não conduza o julgador a ter a convicção de culpa ou de inocência. Como princípio que realiza os direitos fundamentais do cidadão, o *in dubio pro reo* evita que as reacções penais afectem a liberdade dos arguidos, uma vez que as suas consequências são muito mais gravosas quando decorrem de "uma incorrecta fixação dos factos em processo penal"[625].

O princípio *in dubio pro reo*, como princípio jurídico acerca da prova dos factos[626], consigna a violação do princípio da culpa[627] quando o juiz, "não convencido sobre a existência dos pressupostos de facto, pronuncia uma sentença de condenação"[628]. Como afirma FIGUEIREDO DIAS, o princípio *in dubio pro reo*, que "vale só, evidentemente, em relação à prova da questão de facto", deves-se aplicar sem limitações e quer quanto aos "elementos fundamentais e agravantes

---

624 Cfr. CRISTINA LÍBANO MONTEIRO, "Perigosidade de inimputáveis e «In Dubio Pro Reo»", *in BFD – Studia Jurídica Universidade de Coimbra*, Coimbra: Coimbra Editora, n.° 24, 1997, p. 13.

625 Cfr. CRISTINA MONTEIRO, *Op. Cit.*, p. 16; RUI PATRÍCIO, *Op. Cit.*, p. 31.

626 Sobre a problemática do princípio *in dubio pro reo* como questão de facto ou questão de direito, JORGE DE FIGUEIREDO DIAS, considerando que o princípio *in dubio pro reo* como um "princípio geral do processo penal, pelo que a sua violação conforma uma autentica questão de direito", [*Op. Cit.*, Vol. I, p. 217]; CASTANHEIRA NEVES considera-o como a "expressão da intenção de justiça e de verdade material do processo criminal", sendo, como afirma MIGUEL PEDROSA MACHADO, por um lado, um princípio de direito (...) e, por outro lado, sem contradição, um princípio probatório, isto é, «refere-se apenas à decisão sobre a prova dos factos, e não à interpretação e aplicação do direito criminal»". Cfr. MIGUEL NUNO PEDROSA MACHADO, "O Princípio IN DUBIO PRO REO e o Novo Código Processo Penal", *in ROA*, Ano 49, Abril 1989, pp. 592 e ss.

627 É preciso ter presente que a culpa é o fundamento e o limite da aplicação de uma pena ou medida de segurança (art. 40.° do CP).

628 Cfr. GOMES CANOTILHO e VITAL MOREIRA, *Op. Cit.*, 2.ª Edição, 1984, 1.° Vol., p. 215. Estes ilustres professores completam o raciocínio afirmando que "os princípios da presunção de inocência e *in dubio pro reo* constituem a dimensão jurídico – processual do princípio jurídico-material da culpa concreta como suporte axiológico-normativo da pena.

da incriminação", quer quanto "às causas de exclusão da ilicitude e da culpa", quer quanto "às condições objectivas da punibilidade, bem como às circunstâncias modificadoras e, em geral, a todas as circunstâncias relevantes em matéria de determinação da medida da pena que tenham por efeito a não aplicação da pena ao arguido ou a diminuição da pena concreta"[629].

O princípio *in dubio pro reo*, como corolário importante na materialização do princípio de presunção de inocência, apresenta-se-nos como limite normativo do princípio da livre apreciação de prova, pois impede o julgador de tomar uma decisão segundo o seu critério no que respeita aos factos duvidosos desfavoráveis ao arguido, uma vez que os factos favoráveis devem dar-se como provados, quer sejam certos ou duvidosos[630].

120. Prosseguindo este sentido, o legislador, em 1998, estabeleceu expressamente que a fundamentação dos actos decisórios quer em termos de direito, quer de facto, de forma a limitar o julgador de aplicar uma pena na base da suspeição[631] e que a exigência da fundamentação da sentença constasse um "exame crítico das provas que serviram para formar a convicção do tribunal"[632]. Como releva Rui Patrício, "a fundamentação só é, verdadeiramente, possível e convincente (no sentido de reconhecimento e aceitação pela comunidade jurídica) se o julgador estiver certo quanto à sua decisão relativa à questão-de-facto"[633].

O princípio *in dubio pro reo* não só limita o exercício do *ius puniendi* do Estado, como legitima a sua intervenção criminal[634], a

---

629 Cfr. Figueiredo Dias, *Op. Cit.*, p. 146 e 147.

630 Neste sentido Cristina Monteiro, "Perigosidade de inimputáveis...", *in BFD Stvdia Jurídica*, n.° 24, pp. 51, 53 e 166.

631 Cfr. n.° 4 do art. 97.° do CPP.

632 Cfr. n.° 2 do art. 374.° do CPP.

633 O princípio *in dubio pro reo* tem como objecto a questão de facto, mas é uma verdadeira questão de direito. Neste sentido Miguel Nuno Pedrosa Machado, *Op. Cit.*, pp. 595 e 597.

634 Neste sentido Cristina Monteiro, *Op. Cit.*, p. 166.

mais que a comunidade jurídica não acataria uma condenação baseada em suspeitas, porque a mesma seria contrária à justiça como valor ou «bem que deve ser defendido de maneira tão forte e veemente como as "muralhas da Cidade"»[635].

Como corolário fundamental do princípio de presunção de inocência, o princípio *in dubio pro reo* é um princípio geral do processo penal no sentido de que este existe para proteger os homens honestos e inocentes e os direitos fundamentais dos cidadãos, protegendo--os das convicções viperinas fundadas nas presunções de culpa que muitas vezes se materializaram no adágio popular "onde há fumo, há fogo".

§ 52.° Presunção de Inocência e a Publicidade do Processo na Fase de Inquérito

121. O processo crime tem, desde Setembro de 2007, como regra a publicidade, por força do n.° 1 do art. 86.° do CPP. O segredo de justiça terá de ser decretado pelo juiz de instrução a requerimento do arguido, do ofendido ou do assistente ou terá de ser por aquele validado, no prazo de 72 horas, se o MP determinar o segredo de justiça, conforme n.os 2 e 3 do art. 86.° do CPP. A Reforma de 2007 altera a regra consagrada há muitos anos e inerente ao processo de estrutura acusatória mitigado pelo princípio da investigação: o segredo de justiça passa a ser excepção na fase do inquérito.

O segredo de justiça[636] tutela, em primeira linha, o bem jurídico a integridade e qualidade da investigação criminal. Contudo, consideramos que este bem jurídico tutelado pode proteger outros bens jurídicos

---

635 Cfr. José de Faria Costa, "Tribunal Penal Internacional: um fio de esperança?", *in OA – Boletim da Ordem dos Advogados,* n.° 21, Jul./Ago., p. 12.

636 Quanto ao segredo de justiça após a Reforma de 2007, Mário Ferreira Monte, "O Que Resta do Segredo de Justiça Após as Revisões de 2007 do Código de Processo Penal e do Código Penal", *in Galileu – Revista de Economia e Direito,* Vol. XII, n.° 2, 2007/XIII, n.° 1, 2008, pp. 185-195.

constitucionalmente consagrados: *v. g.*, a honra (bom nome e reputação), imagem, reserva da intimidade da vida privada e familiar, direitos fundamentais pessoais quer do arguido quer do ofendido, do lesado ou do assistente. O JIC tem a obrigação de determinar o segredo de justiça sempre que os direitos fundamentais daqueles estiverem em causa, por força do n.° 4 do art. 32.° da CRP e n.° 2 do art. 86.° do CPP.

122. O segredo de justiça, na linha de pensamento de tutela de vários bens jurídicos pessoais a par da integridade e qualidade da investigação criminal, promovia indirectamente a presunção de inocência do arguido face à comunidade e aos operadores judiciários.

O princípio da presunção de inocência, que impõe aos OPC que, em caso de dúvida, devem optar pela liberdade do suposto agente do crime – devem aqueles materializar o princípio *in dubio pro libertate* –, como princípio de índole política, cuja crítica social aos factos leva a criar na mente humana uma convicção antecipada do caso em investigação por parte do povo, fica mais restringido com a opção legislativa de 2007.

A presunção de inocência vincula os operadores judiciários – Juiz, JIC, MP, Advogado e OPC –, porque deverá ser enquadrado dentro do processo crime concreto. No plano jurídico-constitucional-processual penal, o princípio da presunção de inocência vincula somente os operadores judiciários, mas no plano sociológico e antropológico pode ou não vincular os demais cidadãos, inclusive outros operadores judiciários que, naquele momento, não estão ligados ao processo, mas que, no futuro, na fase de instrução ou na de julgamento, podem vir a ter contacto com o processo crime concreto. Estes operadores judiciários, face à enchurrada de notícias sobre o caso, ora abonatórias ora perjorativas, sociológica e antropologicamente, já formaram uma ideia, favorável ou desfavorável ao arguido, que não se coadunará com a teleologia de um princípio fundamental à valorização do ser humano num processo penal típico de um Estado de direito e democrático.

A presunção de inocência não se decreta, vive-se e cultiva-se. Mas, a lei processual penal não pode permitir que as fraquezas humanas se deixem influenciar pelos factos soltos, trazidos a público pela imprensa ou obtidos por consulta directa. Como direito por excelência dos inocentes, o processo penal deve blindar os institutos que tutelam bens jurídicos fundamentais individuais ou supraindividuais como os que procura tutelar o segredo de justiça. A publicidade *ab initio ad finem* do processo restringe, na nossa opinião, o alcance e o conteúdo da presunção da inocência[637], que é o princípio fundamental do processo penal e, em simultâneo, é um direito fundamental subjectivo constitucionalizado de todo o cidadão.

637 Podemos estar perante uma inconstitucionalidade material por violação do n.° 2 do art. 32.° conjugado com o n.° 3 do art. 18.° da CRP.

CAPÍTULO V
DO PRINCÍPIO DEMOCRÁTICO

§ 53.° Do princípio democrático[638] como princípio processual penal

123. Os Tribunais administram a justiça em nome do povo[639], logo a mesma deve ser do povo, pelo povo e para o povo. Expressa-se assim a conhecida formulação de LINCOLN que considerava como «essência» da democracia[640] o "governo do povo, pelo povo e para o povo"[641].

---

638 Sobre este princípio o nosso estudo *"Os Princípios Democrático e da Lealdade: vectores de Orientação dos Órgãos de Polícia Criminal"*, in *Polícia Portuguesa,* Ano LXIII, Série II, n.° 124, Julho/Agosto de 2000, pp. 9 e ss. e o nosso *Lei e Crime...*, pp. 135 e ss..

639 Cfr. art. 202.°, n.°1 da CRP.

640 Sendo "classicamente definida como o governo do povo para si mesmo", os Profs. OLIVIER DUHAMEL e YVES MENY afirmam que "la democracie tend à désigner dans le monde moderne un lien social placé sous le signe de légalité et une forme politique susceptible d'exprimer l'idéal de liberté et d'autonomie du governement humain". Cfr. OLIVIER DUHAMEL e YVES MENY, *Dictionnaire Constitucionnel,* Paris: Puf, 1992, p. 283.

641 Cfr. LINCOLN *apud* GOMES CANOTILHO, *Direito Constitucional e Teoria da Constituição,* 7.ª Edição, 3.ª Reimpressão, Coimbra: Almedina, 2003, p. 287.

O princípio democrático, como "*norma jurídica* constitucionalmente positivada"[642], é, consequentemente, um princípio processual penal. Pois, o direito processual penal é, "por excelência, direito constitucional aplicado"[643], pelo que jamais poderá apartar-se dos princípios constitucionais quer na legisferação processual penal, quer na aplicação das mesmas normas na fase do inquérito, na da instrução e na do julgamento.

O processo penal não tem por fim único a descoberta da verdade material 'nua e crua'. A finalidade fundamental do processo penal é tutelar os direitos e liberdades fundamentais contra os abusos do *jus puniendi* do Estado. Nesse sentido, este poder não se pode arrogar de todos os meios e métodos ao seu dispor para perseguir os infractores. Os fins não podem, nem devem em um Estado de direito democrático justificar os meios. Quem se arroga da moral para exercer a perseguição contra os infractores não pode socorrer-se de meios desonestos, de meios nada deontológicos, embora apregoados como eficazes.

124. O processo penal tem de promover a materialização dos princípios e dos direitos dos cidadãos próprios de um Estado de direito democrático, ou seja, deve materializar o princípio democrático como "*forma de legitimação do poder*"[644] de forma que se torne no "*impulso dirigente* de uma sociedade"[645]. O processo penal, ao materializar o princípio democrático, materializa, também, os direitos fundamentais que, além de serem "elemento constitutivo do estado de direito"[646], são, também, "um elemento básico para a realização do princípio democrático"[647].

Os direitos fundamentais impõem uma postura contrária ao exercício de poder autoritário no sentido de que exigem que todo e qualquer

---

642 *Ibidem.*

643 Cfr. Jorge de Figueiredo Dias *apud* Teresa Beleza e Frederico Isasca, *Direito Processual Penal – Textos*, Lisboa: AAFDL, 1992, p. 12.

644 Cfr. Gomes Canotilho, *Op. Cit.*, 7.ª Edição, p. 288.

645 *Ibidem.*

646 *Idem*, p. 284.

647 *Ibidem.*

processo se execute segundo as regras da transparência democrática[648]. O processo penal deve basear-se na transparência democrática sem qualquer subterfúgio idóneo a induzir à prevaricação o cidadão mais incauto.

§ 54.° Do princípio democrático como princípio de liberdade e de dignidade da pessoa humana

125. O princípio democrático impõe que ao cidadão seja dada a liberdade de escolha dos seus actos, devendo aquela consubstanciar-se na formação da vontade psicológica e na vontade de execução. Como afirma e bem GERMANO M. DA SILVA, "a capacidade para o bem e para o mal está em cada um de nós como uma possibilidade que as circunstâncias podem sempre ajudar a exteriorizar – «a ocasião faz o herói e o ladrão»"[649]. Sendo assim, não é fácil aceitar que em democracia possa existir uma estrutura processual que permita que aqueles que administram a justiça e que aqueles que nela trabalham utilizem meios e métodos antidemocráticos[650], próprios de uma legitimação autoritária do poder.

O respeito da dignidade da pessoa humana como princípio estruturante do Estado de direito democrático obriga a que a igualdade[651] entre todos os cidadãos face à lei, igualdade de direitos e de deveres, seja uma igualdade de natureza e de dignidade humana, afastando toda e qualquer discriminação de tratamento, ou seja, não podemos partir

648 Neste sentido GOMES CANOTILHO, *Op. Cit.*, 7.ª Edição, p. 291.

649 Cfr. GERMANO MARQUES DA SILVA *apud* TERESA BELEZA e Outros, *Apontamentos de Direito Processual Penal*, Lisboa: AAFDL, 1995, III Vol., p. 63 e *Curso de Processo Penal*, 2.ª Edição, Lisboa/S. Paulo: Verbo, 1999, Vol. II, p. 160.

650 Neste sentido GERMANO MARQUES DA SILVA, *Curso de Processo...*, 2.ª Edição, Vol. II, p. 159.

651 Para ALEXIS DE TOCQUEVILLE o sentido da democracia no mundo moderno assenta na igualdade de condições. *Apud* OLIVIER DUHAMEL e YVES MÉNY, *Op. Cit.*, p. 286.

para uma investigação escalonizando as pessoas segundo uma apetência ou não para a prática do mal. Não se pode olhar para o agente do crime como se o mesmo fosse um criminoso por natureza, como se o mesmo estivesse embuído de uma apetência natural para o mal. Caso o façamos, estamos, indiscutivelmente, a violar o princípio da igualdade, prejudicando-o no sentido de que se parte para uma investigação com o pressuposto de que determinado indivíduo irá cometer determinado crime, logo não interessa o meio ou método para o denunciar. Mais, viola-se o princípio democrático no sentido de que violamos os direitos fundamentais ao provocarmos o ilícito e ao lhe suprimirmos a livre formação da vontade.

126. Uma sociedade que esteja dotada de uma concepção democrática deve ver o ser humano como um ser frágil, deve ter a compreensão suficiente que lhe permita entender que a sua situação económica, social ou psicológica poderá conduzi-lo à prática de um acto ilícito. Se esperamos esta análise da sociedade democrática, que cria ao homem muitas ocasiões propícias a transformá-lo em "ladrão", não podemos defender o método da provocação[652] do crime, mas antes recriminar este método de investigação criminal que cria o seu próprio objecto[653]. Não é um método de investigação legal e deontológico próprio de uma sociedade assente em valores morais e éticos como o da solidariedade, o do respeito pela dignidade da pessoa humana, pela personalidade humana que por natureza é frágil.

A provocação, que além de informativa é formativa, porque "cria o próprio crime e o próprio criminoso"[654] além de o denunciar, é um método de investigação criminal contrário às concepções democráticas da sociedade, porque corrói a dignidade da pessoa humana e viola a igualdade do cidadão perante a lei, cujo tratamento se baseia em análises momentâneas de apetência ou não para a prática de actos ilícitos.

---

652 Sobre o agente provocador *infra* Capítulo V da Parte IV.

653 Cfr. Germano Marques da Silva, *Op. Cit.*, 2.ª Edição, Vol. II, p. 160.

654 *Ibidem.*

Este método, defendido por muitos como eficaz e importante no combate ao crime organizado (tráfico de droga, de armas e de carne humana), além de criar na população uma desconfiança face à actuação da polícia, transforma a concepção de legalidade da sua actuação, quando os Órgãos de Comunicação Social denunciam a acção policial segundo métodos ilícitos e nada deontológicos. GHANDI[655] afirmava ao seu povo que a violência não se combate com violência, mas com a verdade e a serenidade próprias de um povo que deseja ser livre. Não se pode recorrer a um meio ilegal e eticamente ilícito para prevenir e controlar a actividade criminosa, porque a verdade "vencerá sempre".

Concordamos plenamente com GERMANO MARQUES DA SILVA, quando afirma que a "ordem pública é mais perturbada com a violação das regras fundamentais da dignidade e da rectidão da actuação judiciária, pilares fundamentais da sociedade democrática, do que pela não repressão de alguns crimes, por mais graves que sejam, pois são sempre muitos, porventura a maioria, os que não são punidos, por não descobertos, sejam quais forem os métodos de investigação utilizados"[656].

§ 55.° Da inadmissibilidade de provas contrárias à lei

127. Ao consagrar a admissibilidade de todos os meios de prova que não sejam proibidos (mesmo os meios atípicos), o CPP/87 procurou manter o sistema consagrado pelo artigo 173.° do CPP/29: *"O corpo de delito pode fazer-se por qualquer meio de prova admitido em direito"*[657].

Ao determinar a inadmissibilidade das provas que sejam contrárias à lei, ou seja, a ilicitude da prova que seja obtida por métodos e

---

655 Quando os seus conselheiros defendiam o recurso às armas e à aceitação do apoio beligerante de países aliados da Índia.

656 Cfr. GERMANO MARQUES DA SILVA, *Curso de Processo Penal,* 2.ª Edição, Vol. II, p. 161 e *apud* TERESA BELEZA e outros, *Op. Cit.,* III Vol., p. 64.

657 Neste sentido GERMANO MARQUES DA SILVA, *Op. Cit.,* 2.ª Edição, Vol. II, p. 115.

meios não só proibidos, mas também inconciliáveis quer com os princípios gerais do direito, quer com os princípios estruturantes do processo penal[658], o artigo 125.° do CPP estipula que essas provas não são obtidas através de um agente que actua legalmente, mas sim por um agente que tem uma conduta objectivamente criminosa.

O método da provocação é, no nosso entender, enganoso, cruel e desacreditado e ofende a dignidade da pessoa humana, que, sendo um método criminoso, viola os princípios estruturantes do processo penal que são a pura materialização dos princípios constitucionais do Estado de direito democrático.

Apesar de respeitarmos a opinião dos que defendem a prova obtida de forma ilícita (como a provocação do crime) como um meio eficaz no combate à criminalidade, devendo a mesma ser válida e sem se excluir a responsabilidade dos que a obtiveram ilicitamente, não a aceitamos, antes 'condenamos' por ser contrária aos preceitos fundamentais da dignidade, da rectidão da acção judiciária e, essencialmente, à ética e moral da actuação do Estado que se deve apresentar, numa concepção democrática, como a primeira pessoa de bem, caracterizada por uma actuação transparente nos seus métodos de investigação criminal.

128. O princípio democrático, que tem por base a defesa dos direitos fundamentais, que assenta na legalidade democrática da actuação do *jus puniendi*, não é compatível com métodos de investigação criminal objectivamente criminosos, melhor, meios e métodos criminosos.

O âmbito do princípio democrático não se esgota na função de actuar como obstáculo aos métodos de investigação, cuja execução consubstancia a prática de um acto ilícito. Reflecte-se pois na própria estrutura do processo que tem como modelo ideal "aquele que assegura a parificação de poderes processuais entre o sujeito processual que representa a acusação e o arguido"[659]. O princípio da igualdade de armas

---

[658] Neste sentido Germano Marques da Silva *apud* Teresa Beleza e Outros, *Op. Cit.*, p. 64.

[659] Cfr. Germano Marques da Silva, *Op. Cit.*, 4.ª Edição, Vol. I, p. 97.

é, na nossa opinião, uma consequência necessária, lógica e natural do princípio democrático do processo penal que também se manifesta na obrigação da contraditoriedade das provas no debate instrutório[660] e em sede de julgamento[661].

A estrutura acusatória do processo tem por base a separação de funções na administração da justiça penal, permitindo que não exista apenas um só olhar sobre os factos em apreciação na investigação e no julgamento. A estrutura do actual processo penal português que, como afirma MIREILLE DEMAS-MARTY, "reteve o melhor de cada tradição, *ao se consagrar* o princípio acusatório na Constituição, ao mesmo tempo *que se guardou* o melhor da tradição continental"[662], cujas investigações são conduzidas pelo Estado através do Ministério Público, é uma estrutura própria de um concepção democrática da sociedade.

A separação de funções judiciais é, neste sentido, o reflexo puro do princípio democrático, que impõe ao Estado que investigue e julgue de acordo com o princípios estruturantes do processo penal.

§ 56.° Da actuação dos Órgãos de Polícia Criminal face ao princípio democrático

129. Os Órgão de Polícia Criminal[663] são a face visível da lei e do próprio Estado, tendo como função primordial, no âmbito do processo penal, coadjuvar as autoridades judiciais (o MP na fase de inquérito e o juiz na da instrução – artigos 55.°, 288.°, 290.°, n.° 2 do CPP). Não lhes competindo unicamente a obrigatoriedade de recolher e comunicar

---

660 Cfr. artigos 298.° e 302.° do CPP.

661 Cfr. artigos 321.°, n.° 2, 327.°, 340.°, n.° 2 do CPP.

662 Cfr. MIREILLE DEMAS-MARTY, "A Caminho de um Modelo Europeu de Processo Penal", *in RPCC,* Ano 9, Fasc. 2.°, Abril-Junho de 1999, pp. 229 e ss..

663 Sobre o papel do Órgãos de Polícia Criminal no inquérito, ANABELA M. RODRIGUES, *Op. Cit.,* CEJ, pp. 70 e ss. e GERMANO MARQUES DA SILVA, *Op. Cit.,* 4.ª Edição, Vol. I, pp. 275 e ss., o nosso *Regime Jurídico da Investigação...*, 3.ª Edição, pp. 44-45 e 63-82.

a *noticia criminis* (art. 240, n.° 1, al. *a*) do CPP), mas, sob a dependência funcional e orientação do MP (art. 263.° do CPP), compete-lhes também efectuar a investigação criminal que compreende a efectivação de diligências necessárias na busca de provas que permitam reconstituir os factos que, no "respeito pelo princípio de verdade material"[664], conduzirão a uma decisão: submeter ou não submeter alguém a julgamento.

Esta decisão "funciona como filtro de selecção que impedirá o assoberbamento dos tribunais com casos inviáveis"[665], procurando-se desta forma libertar os tribunais de processos que levariam à partida a uma absolvição do arguido[666]. A **função dos OPC** é, sem dúvida, **importantíssima no desenrolar do processo,** digamos **crucial na defesa dos direitos e liberdades do cidadão**, assim como na identificação e determinação do objecto do processo[667].

Como entidades e agentes que têm de "levar a cabo quaisquer actos ordenados por uma autoridade judiciária ou determinados" pelo CPP [al. *c*) do n.° 1 do art. 1.°], os OPC estão subjugados aos princípios gerais do direito e aos princípios processuais penais. À polícia é acrescida a responsabilidade da defesa da *legalidade democrática* e da garantia dos *direitos do cidadão* (n.° 1 do art. 272.° da CRP). **Acima da descoberta da verdade material** (descoberta do como, onde, quando, porquê e quem), **encontra-se a liberdade e os direitos de cada cidadão, cuja garantia é uma das tarefas fundamentais do Estado** [al. *b*) do art. 9.° da CRP].

130. Os Órgãos de Polícia Criminal, se exercem uma actividade investigatória num Estado assente nos primados do direito e da demo-

---

664 Cfr. José Souto de Moura, *Op. Cit.*, p. 84.

665 Cfr. José Souto de Moura, *Op. Cit.*, p. 84.

666 Neste sentido o nosso *"A Investigação Criminal como Motor de Arranque do Processo Penal"*, in *Polícia Portuguesa*, Ano LXIII, II Série, n.° 122, Março/Abril, 2000, p. 4.

667 Quanto a este assunto, o nosso "Do Objecto do Processo: Da Importância dos Órgãos de Política Criminal na sua Identificação e Determinação", *in Politeia,* Ano III, n.° 2, Julho/Dezembro 2006, pp. 115-139.

cracia, devem actuar de acordo com o princípio democrático, tendo sempre em consideração cada indivíduo como um ser humano sujeito à fraqueza e nunca *à priori* como um criminoso, como um predeterminado agente do tipo legal de crime em investigação.

A actividade de coadjuvação da autoridade judicial por parte dos OPC, da qual depende funcionalmente, "deve ser qualificada como actividade de Administração da Justiça e, portanto, também enformada pelos princípios a que está sujeito qualquer órgão da Administração da Justiça"[668]. Os OPC, quer na sua acção à *priori* quer na acção à *posteriori* da intervenção da AJ, devem actuar no respeito pelos primados constitucionais, no respeito pela dignidade da pessoa humana que passa por fazer da sua acção a materialização do princípio democrático, sob pena de desmoronamento da razão de ser da polícia em sentido judiciário e, através desta, do próprio Estado.

---

668 Cfr. GERMANO MARQUES DA SILVA, *Op. Cit.*, 4.ª Edição, Vol. I, p. 284.

Capítulo VI

DO PRINCÍPIO DA LEALDADE

§ 57.° Do princípio da lealdade como princípio estruturante do processo penal

131. O direito processual penal de um Estado de direito democrático, cuja estrutura fundamental assenta na dignidade da pessoa humana e na vontade popular, como propósito ideológico e pragmático da construção de uma sociedade livre, justa e solidária[669], tem como interesse e fim não só realizar a justiça e descobrir a verdade material, mas também promover o respeito e a garantia dos direitos fundamentais da pessoa para que se alcance a paz jurídica[670]. Só se realiza

[669] Cfr. art. 1.° da CRP.

[670] Neste sentido Jorge de Figueiredo Dias, *Direito Processual Penal*, (Lições Coligidas por Maria João Antunes), Coimbra, 1988-9, pp. 20 e ss..

a justiça quando a realização está cimentada e ornada pelos princípios morais e éticos, valores essenciais da existência humana.

Os fins do processo penal alcançam-se desde que os operadores de justiça procedam não só de forma legal, segundo critérios de objectividade, de acordo com os preceitos constitucionais que enformam o processo penal, mas, fundamentalmente, quando a sua actuação é regida e orientada por princípios deontológicos que de alguma forma "integram os princípios jurídicos, mais não seja para iluminar o interprete na busca do espirito da lei, princípio reitor da interpretação jurídica"[671].

GERMANO M. DA SILVA defende que o princípio da lealdade, como princípio "de natureza essencialmente moral"[672], deve traduzir "uma maneira de ser da investigação e obtenção das provas em conformidade com o respeito dos direitos da pessoa e a dignidade da justiça"[673], é um princípio integrante do processo penal, uma vez que impõe aos agentes que operam a administração da justiça a obrigatoriedade de actuarem no estrito respeito pelos valores próprios da pessoa humana, como a sua dignidade (valor supremo que se sobrepõe aos próprios fins da justiça), como a sua integridade pessoal (física ou moral)[674], cuja "interdição é absoluta"[675], como a própria liberdade de formação e manifestação da sua vontade perante a demais sociedade, ou seja, devem ter uma atitude de profundo respeito pela personalidade humana[676] e de respeito pela realização de justiça, que não se alcança quando *a priori* esses agentes se socorrem de meios de obten-

---

[671] Cfr. GERMANO MARQUES DA SILVA *apud* TERESA BELEZA, *Op. Cit.*, III vol., p. 65.

[672] *Ibidem.*

[673] *Apud* TERESA BELEZA, *Op. Cit.*, III vol., p. 65. Cfr. GERMANO MARQUES DA SILVA , *Op. Cit.*, 4.ª Edição, Vol. I, p. 66 e 2.ª Edição, Vol. II, p. 161.

[674] Cfr. 1.ª parte do n.º 8 do art. 32.º e n.os 1 e 2 do art. 26.º e art. 25.º da CRP.

[675] Cfr. GOMES CANOTILHO e VITAL MOREIRA, *Op. Cit.*, p. 206.

[676] Cuja tutela geral está consagrada no art. 70.º da CC, que, segundo RABINDRANATH CAPELO DE SOUSA, imprime o respeito que todos devem ao homem como um ser intelectivo capaz de "perceber e entender dados dos sentidos, de organizar e orientar os sentimentos (...), em suma, de pensar e conhecer". Cfr. R. CAPELO DE SOUSA, *O Direito Geral da Personalidade*, Coimbra: Coimbra Editora, 1995, p. 234.

ção de prova e de investigação que violam o maior primado do nosso processo penal: o respeito pela dignidade da pessoa humana[677].

§ 58.° Dos métodos proibidos de prova

132. Um Estado de direito democrático, dotado de um processo penal de estrutura acusatória temperado pelo princípio da investigação, terá inerentemente de defender e impor aos operadores judiciários a obrigatoriedade de actuarem legal e eticamente. Esta dialéctica tem o seu fundamento no respeito da dignidade pessoa humana que se reflecte na consagração constitucional no n.° 8 do art. 32.°: "a nulidade de todas as provas obtidas mediante tortura, coacção, ofensa da integridade física ou moral da pessoa , abusiva intromissão na vida privada, no domicílio, na correspondência ou nas telecomunicações", cuja expressão processual se manifesta nos artigos 118.° e 126.° do CPP.

O princípio da lealdade, cuja violação na obtenção de provas[678] é "fundamento de proibição de provas"[679], não se esgota na fase da investigação, nem na recolha de provas.

Os operadores da justiça devem ter em conta este princípio, inerente ao processo penal, em qualquer fase do processo, cujo teor e conteúdo mais se impõe ao Ministério Público, que, como auxiliar primordial do tribunal na prossecução dos interesses e fins do processo penal, deve actuar segundo critérios de legalidade e de objectividade[680]. Critérios estes que, conjuntamente com os princípios gerais do direito e do processo penal devem nortear a administração da justiça.

---

[677] Neste sentido GERMANO MARQUES DA SILVA, *Op. Cit.,* 4.ª Edição, Vol. I, p. 66 e 2.ª Edição, Vol. II, p. 161.

[678] A prova penal será sempre um complexo e melindroso problema para o processo penal. Neste sentido GERMANO MARQUES DA SILVA, *Op. Cit.,*, Vol. I, p. 53.

[679] Cfr. GERMANO MARQUES DA SILVA, *Op. Cit.,* 2.ª Edição, Vol. II, p. 161 e *apud* TERESA BELEZA, *Op. Cit.*, Vol. III, p. 65.

[680] Neste sentido JORGE DE FIGUEIREDO DIAS, "Do princípio da «objectividade» ao princípio da «lealdade» do comportamento do Ministério Público no Processo Penal", (Anotação ao AC. STJ n.° 5/94, Proc. n.° 46444) in *RLJ*, Ano 128, n.° 3860, pp. 344 e ss..

A justiça jamais poderá permitir que os operadores judiciários actuem por métodos ilícitos para obterem a *notitia criminis* e respectivas provas reais e pessoais, com o fundamento de que o indivíduo ***A*** tem uma propensão natural para o crime, cuja materialização depende apenas de um incitamento, de uma provocação[681]. O incitamento ou a interpelação à prática do facto presente ***X***, confirmando-se a aptidão de ***A*** para a prática daquele crime, é um meio de obtenção de prova próprio dos processos de estrutura inquisitória em que a verdade material era o fim essencial do processo criminal para a realização da justiça[682].

133. A verdade material, em um Estado assente nos valores da solidariedade, da justiça, da liberdade, da democracia e do respeito da dignidade humana, não é um valor supremo, contrariamente à dignidade da pessoa humana, à sua integridade, à sua liberdade de pensar e de conhecer sem qualquer coacção, interpelação, provocação. A busca da verdade material não se pode prender com métodos ou meios criminosos com a finalidade de combater o crime. Seria a realização de uma justiça enferma como fim de um processo penal doente, cultivado por uma sociedade delatora e germinadora da sua auto destruição[683].

O processo penal para atingir os seus fins não se pode apartar de princípios deontológicos e morais que são a essência de bens jurídicos tutelados constitucionalmente e no direito internacional. O princípio da lealdade é um "princípio que hoje, um pouco por toda a parte, vai sendo reputado essencial à actuação"[684] não só do Ministério Público, como afirma FIGUEIREDO DIAS, mas também reputado essencial à actuação de toda a máquina de justiça, a todos os operadores e sujeitos processuais, com maior incidência nos OPC, pois são estes que obtêm a *notitia criminis* ou que a poderão desencadear numa actuação de investigação.

---

681 Sobre o agente provocador como violador deste princípio *infra* Capítulo V do § 4.°.

682 Neste sentido MANUEL AUGUSTO ALVES MEIREIS, *O Regime das Provas Obtidas pelo Agente Provocador em Processo Penal*, Coimbra: Almedina, 1999, p. 196.

683 Neste sentido GERMANO MARQUES DA SILVA, *Op. Cit.*, 2.ª Edição, Vol. II, p. 162 e *apud* TERESA BELEZA, *Op. Cit.*, Vol. III, p. 66.

684 Cfr. JORGE DE FIGUEIREDO DIAS, *Op. Cit.*, in *RLJ*, ano 128, n.° 3860, p. 344.

§ 59.° Da administração da justiça e do princípio da lealdade

134. A lealdade é um valor moral que assenta no respeito de outrem e no reconhecimento de direitos e de deveres igualitários. A administração da justiça deve preconizar a materialização de uma justiça leal para com os seus pares, proporcionando-lhes a existência de um sentimento de reconhecimento, de credibilização e de confiança. Só existe lealdade quando for preenchida por estes sentimentos nobres de quem quer sê-lo e de quem quer impô-los.

Claus Roxin, neste sentido, crisma este princípio como "«o mais alto princípio de todo o processo penal: o de exigência de *fair trail*», de um *procedimento leal*"[685], ao qual toda a administração da justiça deve subordinar-se de forma a que se respeitem as normas essenciais à dignidade e à rectidão da acção judiciária, para que não se confundam justiça e criminosos, para que a sua distinção não se resuma a números, mas exista antes uma diferença de qualidade entre aqueles para quem a paz jurídica seja um pilar fulcral da ordem pública[686].

Como já referimos, o princípio da lealdade está consagrado na nossa Constituição no n.° 8 do art. 32.°, como ditame e limite orientador da investigação e da recolha de provas pelos órgãos da polícia criminal, que coadjuvam[687] o Ministério Público no exercício da acção penal que deve ser norteada por critérios de legalidade e de objectividade.

135. O Ministério Público, como afirmam Leowe/Rosenberg, é "um **órgão público da administração da justiça (guardião da lei)**", logo terá o dever de "velar para que as decisões obedeçam à lei, não ponham em causa a unidade de ordem jurídica e não inflijam qualquer sacrifício injustificado ao arguido"[688] pelo que **deve impelir os**

---

685 Cfr. Claus Roxin *apud* Jorge de Figueiredo Dias, *Op. Cit.*, in *RLJ*, n.° 3860, pp. 344-345.

686 Neste sentido Germano Marques da Silva, *Op. Cit.*, 4.ª Edição, Vol. I, pp. 66-68 e 2.ª Edição, Vol. II, pp. 160-162, *apud* Teresa Beleza, *Op. Cit.*, Vol. III, pp. 65 e 66.

687 Cfr. artigos 55.° e 263.° do CPP.

688 Cfr. Leowe/Rosenberg *apud* Jorge de Figueiredo Dias, *Op. Cit.*, in *RLJ*, ano 128, n.° 3860, p. 348.

Órgãos de Polícia Criminal a actuarem de acordo com os princípios inerentes ao processo penal. O MP deve promover a acção penal contra os que violam este princípio sendo nulas as provas por eles obtidas podendo no entanto ser utilizadas exclusivamente contra eles mesmos, *ex vi* do n.° 4 do art. 126.° do CPP.

Quer este preceito, quer o preceito constitucional impõem ao Ministério Público e aos Órgãos de Polícia Criminal uma actuação que respeite crucialmente os direitos e liberdades da pessoa e a dignidade da justiça, ou seja, obrigam-nos a um *procedimento leal.*

§ 60.° Do arguido como sujeito e não como objecto

136. O procedimento leal por parte dos operadores judiciários proíbe que estes façam uso de métodos proibidos, como a provocação[689], na recolha de provas, porque o **suspeito (arguido) não pode ser tratado como um objecto**, melhor, como um meio de prova utilizado contra si mesmo, característica do processo de estrutura inquisitória[690], mas tem de ser visto como um sujeito processual, "que persiste e subsiste na plenitude do seu sentido e alcance mesmo quando figura (ao mesmo tempo) como um meio de prova"[691].

O princípio da lealdade impele a administração da justiça a não recorrer a meios enganosos, a métodos ardilosos que traduzam a obtenção de provas de forma ilícita, que induzam o arguido à pratica de factos que não praticaria se não fosse ardilosamente interpelado, provocado e incitado.

A lealdade, princípio de orientação processual penal anglo-americana, enraizado na preocupação de obter as provas segundo um procedimento leal, consignando o arguido como um sujeito processual

[689] Que funciona como um verdadeiro "atentado à liberdade de formação e actualização da vontade". Cfr. MANUEL A. AUGUSTO MEIREIS, *Op. Cit.*, p. 206.

[690] Neste sentido M. A. AUGUSTO MEIREIS, *Op. Cit.*, p. 206.

[691] Cfr. MANUEL DA COSTA ANDRADE, *Sobre as Proibições de Prova em Processo Penal*, Coimbra: Coimbra Editora, 1992, pp. 212 e 213.

dotado de direitos e adstrito a deveres, mereceu a sua consagração no direito internacional. O art. 5.° da DUDH consagra que "ninguém será submetido a tortura, nem a penas ou tratamentos cruéis, desumanos ou degradantes" e o art. 12.° da DUDH consagra que "ninguém sofrerá intromissões arbitrárias na sua vida privada, na sua família, no seu domicílio ou na sua correspondência, nem ataques à sua honra e reputação. Contra tais intromissões ou ataques toda a pessoa tem direito a protecção da lei".

A Convenção Europeia dos Direitos do Homem, nos artigos 3.°[692] e 8.°[693], não só retomou as disposições de DUDH, como também sancionou a sua violação e instituiu meios de protecção e garantia desses direitos. Na mesma linha de orientação, o art. 7.° do Pacto Internacional de Direitos Cívis e Políticos prescreve que "ninguém será submetido à tortura nem a pena ou a tratamentos cruéis, inumanos ou degradantes. Em particular, é interdito submeter uma pessoa a uma experiência médica ou científica sem o seu livre consentimento"[694].

137. Acompanhando FIGUEIREDO DIAS, mas alargando a imputação do Ministério Público aos Órgãos de Polícia Criminal, para os quais, aliados ao "dever de legalidade e de objectividade" que devem assumir no processo penal, deriva "um estrito dever de lealdade, de *fair play* do seu comportamento", cuja análise "se concretiza em exigências muito concretas de forma de actuação"[695].

---

692 Com a mesma redacção do art. 5.° da DUDH.

693 O artigo 8.° – *Direito ao respeito pela vida privada e familiar* – da CEDH, estipula que:

1. ***Qualquer pessoa tem o direito ao respeito da sua vida privada e familiar, do seu domicílio e da sua correspondência.***
2. ***Não pode haver ingerência da autoridade pública no exercício deste direito senão quando esta ingerência estiver prevista na lei e constituir uma providência que, numa sociedade democrática, seja necessária para a segurança nacional, para a segurança pública, para o bem-estar económico do país, a defesa da ordem e a prevenção das infracções penais, a protecção da saúde ou da moral, ou a protecção dos direitos e das liberdades de terceiros.***

694 Cfr. GERMANO MARQUES DA SILVA, *Op. Cit.*, 4.ª Edição, Vol. I, p. 67.

695 Cfr. *Op. Cit.*, in *RLJ*, ano 128, n.° 3860, p. 349.

Henbel, neste sentido, considera o "*fair trail* como um princípio do processo penal"[696]. Tese esta que se pode sintetizar "na afirmação de que o *fair trail*, não constitui um princípio ao qual possa legitimamente recorrer-se para justificar o preenchimento de lacunas, a interpretação correctiva ou o desenvolvimento judicial de normas próprias do ordenamento processual de um país onde valham os princípios democráticos e do Estado de Direito". Este é um "critério precioso – e mesmo indispensável e incontornável – de uma interpretação de normas processuais penais"[697]. Neste sentido, todos os operadores da justiça terão obrigatoriamente de ter presente a tese de que o arguido é um sujeito processual e para o qual deve existir um procedimento leal.

§ 61.° Do aparecimento de novos meios técnicos e científicos de investigação criminal

138. O procedimento de lealdade que se interpela aos operadores da justiça deve estar presente aquando do aparecimento de novos meios técnicos e científicos de investigação criminal, cujo uso deve ser conforme à disposição constitucional do n.° 8, do art. 32.°, aos artigos 125.° e 126.° do CPP, e à legalidade internacional (DUDH, CEHD e PIDCP) que fazem parte do ordenamento jurídico interno por força do art. 8.° do CRP.

Impele-se que os agentes do estado tenham um comportamento de respeito e promovam a dignidade da pessoa humana, os direitos e liberdades fundamentais e a dignidade da justiça, escopos de um Estado de direito democrático que se alcançará sempre que se tenha por princípio que vale mais absolver dez culpados do que condenar um inocente[698].

---

[696] Cfr. Henbel *apud* Jorge de Figueiredo Dias, *Op. Cit.*, in *RLJ*, ano 128, n.° 3860, p. 349, nota 21.

[697] Cfr. Jorge de Figueiredo Dias, *Op. Cit.*, in *RLJ*, Ano 128, n.° 3860, pp. 349-350, nota 21. No sentido de um princípio capaz de "iluminar o intérprete, na busca do espírito da lei", Germano Marques da Silva, *apud* Teresa Beleza, *Op. Cit.*, III Vol., p. 65.

[698] Neste sentido Jorge de Figueiredo Dias, *Op. Cit.*, in *RLJ*, ano 128, p. 350.

Os operadores da justiça, principalmente os Órgãos de Polícia Criminal, não podem esconder no novo meio técnico ou científico as razões da sua actuação ilícita, porque as leis poderão estar em permanente mutação ao longo do ano, mês ou semana, mas os princípios fundados em valores morais e éticos são imutáveis.

Os novos meios tecnológicos têm de ser utilizados de acordo com os princípios que norteiam o processo penal moderno que consigna a promoção da liberdade, da responsabilidade individual e colectiva, da solidariedade e, sobretudo, da dignidade humana.

§ 62.° Conclusão capitular

139. A justiça penal, como ensina GERMANO M. DA SILVA, interpela a investigar condutas humanas delituosas, caindo muitas vezes, na cadeia investigatória[699], pessoas a jusante e a montante, inocentes, não podendo, por isso, optar ou criar métodos formativos do crime e incontroláveis, traduzindo-se em consequência perversa e indesejável[700].

O princípio da lealdade, como princípio inerente à estrutura do processo penal, pretende que a eficácia da justiça seja um valor a alcançar, mas cujo processo se desenvolva numa sociedade livre e democrática, onde os fins jamais justificam os meios.

O princípio da lealdade limita, melhor, procura evitar a degradação da dignidade da pessoa humana e da justiça, cuja eficácia só é de louvar quando se alcança "pelo engenho e arte"[701] lícitos e morais.

O alcance da paz jurídica não se concretiza quando se descobre "presumível" a verdade dos factos por meios desleais e ilícitos. Não há alcance da paz jurídica com a descoberta de uma verdade material não judicialmente válida.

---

[699] Quanto aos perigos de inocentes caírem nas redes de investigação, WINFRIED HASSEMER, *História das Ideias Penais na Alemanha do Pós-Guerra*, Lisboa: AAFDL, 1995, pp. 69 e 70.

[700] *Hoc Sensu,* MANUEL DA COSTA ANDRADE, *Op. Cit.*, p. 233.

[701] Cfr. GERMANO MARQUES DA SILVA, *Op. Cit.*, 4.ª Edição, Vol. I, pp. 67-68.

CAPÍTULO VII

DOS PRINCÍPIOS DA LEGALIDADE, DO CONSENSO E DA OPORTUNIDADE

SUMÁRIO: § 63.° Considerações gerais

§ 64.° Do princípio da legalidade

a. concepção

b. do princípio da legalidade como fundamento do Estado de direito democrático

c. do controlo e da fiscalização do exercício da acção penal

§ 65.° Do princípio do consenso

a. considerações gerais

b. do consenso no processo penal português

c. exemplos do modelo de conflito

d. manifestações do modelo de consenso

§ 66.° Do princípio da oportunidade

a. alternativa à legalidade

b. do sentido do princípio da oportunidade

c. manifestações do princípio da oportunidade

i. a suspensão provisória do processo – art. 281.° do CPP

ii. o arquivamento em caso de dispensa ou de isenção da pena – art. 280.° do CPP

iii. o processo sumaríssimo – arts. 392.° e ss. do CPP

iv. a fixação da competência pelo método da determinação concreta da pena – art. 16.°, n.° 3 do CPP

§ 63.° Considerações gerais

140. O exercício da acção penal, como a mais importante função da magistratura do Ministério Público, está subordinado à orientação do princípio da legalidade[702], como consequência natural da democratização do processo penal. Hoje, os órgãos de comunicação social, todos os dias, tentam demonstrar que a subordinação apenas à legalidade e que o "excesso de garantias", não são a solução para a crise de justiça, que está fortemente conectada com a morosidade processual. Por isso, muitos reclamam a consagração do princípio da Oportunidade como se este fosse o salvador do problema da administração da justiça.

Na nossa opinião não existe excesso de garantias. As garantias de que os arguidos são titulares são o fruto normal de um Estado de direito subordinado ao princípio democrático, cujo processo penal lhe está inerentemente consignado. O processo penal não tem como fim exclusivo a aplicação da lei penal, mas sim a defesa dos direitos, liberdades e garantias do arguido contra os abusos dos titulares dos órgãos de administração da justiça: fim consignado no n.° 1 do art. 32.° da CRP.

A crise da Justiça não tem como única causa a morosidade processual. Pode-se apontar também a instabilidade do quadro legal, porque a mutação das leis é constante, o que, muitas das vezes, levanta problemas doutrinais e jurisprudênciais na interpretação e na consequente aplicação das normas. A morosidade deve-se também aos processos de "bagatelas" que se arrastam nos tribunais, apesar de muitos processos que incidem sobre crimes públicos passarem para crimes particulares. Há quem defenda a instituição de vias parajudiciais que tentem o alcance do consenso na resolução de questiúnculas enraizadas em sentimentos pessoais traduzidos no orgulho dos intervenientes.

A justiça penal não pode ceder a facilidades resolutivas dos fenómenos criminais em prol de uma estatística mais securitária. Neste sentido, sem perder a finalidade de garantia dos direitos fundamentais de

---

[702] Cfr. art. 219.°, n.° 1, *in fine* da CRP. Quanto aos princípios da legalidade, do consenso e da oportunidade, o nosso *Lei e Crime...*, pp. 151 e ss. e CLAUS ROXIN, *Op. Cit.*, pp. 87-97.

todos os cidadãos e sem que opte pela justiça penal "negociada", a justiça penal deve ser orientada pelo princípio da legalidade, apoiado pelo princípio do consenso e pelo princípio da oportunidade, fundeados num prazo útil e justo para a vítima, para o arguido e para a comunidade.

Um processo justo impõe, antes de mais, que o mesmo decorra em um prazo mais curto possível. A celeridade processual é um direito fundamental do arguido, cujo conteúdo motivou o Comité de Ministros do Conselho da Europa a emitir a recomendação R(87)18 no sentido de simplificar a justiça penal através de estabelecimento de processos acelerados e do incentivo à utilização do princípio da oportunidade[703].

141. A última revisão constitucional[704] determinou que o exercício da acção penal será orientado pelo princípio da legalidade. Segundo Alexandre Sousa Pinto e Mário João de Brito Fernandes, nada se acrescentou "em relação à redacção anterior do preceito. Nunca se julgou o MP acima da legalidade ou numa posição de extra-legalidade"[705].

Pensamos que o legislador constitucional, ao acrescentar que a acção penal deve ser orientada pelo princípio da legalidade, não queria apenas eufemizar ou tornar redundante a vinculação do MP à Lei. A intenção do legislador constitucional não quis que a sua intervenção fosse inútil ou inócua[706]. Pelo contrário, tentou abrir os horizontes de actuação, melhor, permitiu que se questione a opção alternativa entre princípio da legalidade e o princípio de oportunidade. Não foi sua intenção consagrar o princípio de oportunidade, porque seria contrário à Constituição, mas também "não absolutizou o princípio da legalidade"[707], apesar de fixar uma determinação que estabelece a sua preva-

---

703 Cfr. J. N. Cunha Rodrigues, *Em Nome do Povo*, Coimbra: Coimbra Editora, 1999, pp. 164-165 e Anabela M. Rodrigues, *Op. Cit.*, AR, Lx., Vol. II – Tomo II, p. 72.

704 Cfr. Lei da Revisão Constitucional n.° 1/97, de 20 de Setembro.

705 Cfr. Alexandre Sousa Pinto e Mário João de Brito Fernandes, *Comentário à IV Revisão Constitucional*, Lisboa: AAFDL, 1999, p. 481.

706 Neste sentido J. N. Cunha Rodrigues, *Op. Cit.*, pp. 165-166.

707 Neste sentido J. N. Cunha Rodrigues, *Op. Cit.*, pp. 165-166.

lência sobre aquele, sem que seja completamente excluído do processo penal e que se manifesta nos artigos 280.°, 281.° e 392.° e ss. do CPP.

§ 64.° Do princípio da legalidade

a. *concepção*

142. Ao Estado compete a perseguição oficiosa dos crimes como "dever de administração e realização da justiça penal"[708], que apenas se atinge quando só e apenas são condenados os culpados e não inocentes. A actual estrutura do processo, em obediência ao princípio acusatório, impõe que a actuação dos operadores judiciários seja oficiosa[709] e que essa actuação esteja subordinada ao princípio da legalidade[710], que se traduz na obrigatoriedade do Ministério Público promover o processo penal após a notícia do crime que "dá sempre lugar à abertura do inquérito"[711] e de deduzir a acusação se, no decurso do inquérito, tiverem sido recolhidos "indícios[712] suficientes de se ter verificado crime e de quem foi o seu agente"[713].

O princípio de legalidade[714], como extraordinária expressão de justiça, consagrado pela Lei positiva alemã em 1877[715], impele a inter-

---

708 Cfr. Jorge de Figueiredo Dias, *Direito Processual Penal*, (lições coligidas por Maria João Antunes), Coimbra, 1988-9, p. 93.

709 Cfr. Princípio de Oficialidade *infra* Capítulo VIII.

710 No processo civil o autor tem a faculdade de decidir pela propositura da acção, o que não acontece no processo penal. Cfr. Jorge de Figueiredo Dias, *Op. Cit.*, p. 93.

711 Cfr. art. 262.°, n.° 2 do CPP.

712 Nos termos do CPP consideram-se "suficientes os indícios sempre que deles resultar uma possibilidade razoável de ao arguido vir a ser aplicada, por força deles, em julgamento, uma pena ou medida de segurança", (n.° 2 do art. 283.° do CPP).

713 Cfr. art. 283.°, n.° 1 do CPP.

714 Quanto ao princípio da legalidade e opção de política criminal, João Paulo Rodrigues, "Princípios da Legalidade, Acusatório e Política Criminal", *in RMP,* Ano 21.°, n.° 83, JUL/SET, 2000, pp. 61 e ss..

715 Cfr. Fernando José dos Santos Pinto Torrão, *A Relevância Político-Criminal da Suspensão Provisória do Processo*, Coimbra: Almedina, 2000, pp. 125 e 126.

venção obrigatória do MP desde "que se verifiquem os pressupostos juridico-factuais da incriminação e processuais da acção penal"[716]. Não basta a notícia do crime para abrir o inquérito, nem basta que se tenham recolhido os indícios suficientes que determinaram a verificação de crime e de quem foi o seu agente. É preciso que ao Ministério Público lhe assista a legitimidade da acção penal, que é indiscutível quando o crime é público, que depende de denúncia quando o crime é semi-público e que depende de denúncia e de acusação particular quando, como próprio nome indica, o crime é de natureza particular (artigos 48.°, 49.° e 50.° do CPP).

143. O princípio da legalidade impõe que o MP actue quando estiverem reunidos os pressupostos da legitimidade da sua actuação[717], cabendo-lhe, assim, o dever de investigar e o dever acusar[718].

A imperiosa obrigação da promoção e prossecução processual, neste sentido, tem como consequência inevitável a indisponibilidade não só do objecto do processo[719], mas também do próprio processo, porque a acusação pública "não pode ser retirada a partir do momento em que o Tribunal foi chamado a decidir sobre ela"[720].

O princípio da legalidade acarreta necessariamente **o princípio da imutabilidade**, impossibilitando consequentemente a renúncia ou a

---

716 Cfr. GERMANO MARQUES DA SILVA, *Op. Cit.*, 4.ª Edição, Vol. I, p. 72. Neste mesmo sentido A. CASTANHEIRA NEVES, *Sumários de Processo Criminal*, Coimbra, 1968, pp. 16-17.

717 O incumprimento deste dever consubstancia o crime de denegação da justiça, p. e p. pelo art. 369.° do CP, por não promoção, além do respectivo processo disciplinar.

718 Cfr. PEDRO CAEIRO, «Legalidade e Oportunidade: a persecução penal entre o mito da "justiça absoluta" e o fetiche da "gestão eficiente" do sistema», *in RMP*, Ano 21.°, Out/Dez, 2000, p. 32.

719 A indisponibilidade do objecto e do conteúdo do processo penal, como corolários do princípio do acusatório, funciona como "limite a que estará vinculada a posterior actividade cognitiva decisória do Tribunal trata-se daquilo a que se chama «vinculação temática do tribunal»". Cfr. GERMANO MARQUES DA SILVA, *Op. Cit.*, 2.ª Edição, Vol. III, e artigos 303.°, n.° 2, 309.°, n.° 1 e 379.°, n.° 1, al. *b*) do CPP.

720 Cfr. JORGE DE FIGUEIREDO DIAS, *Op. Cit.*, p. 94.

desistência da acusação, assim como, quaisquer negociações relativamente ao seu conteúdo[721].

b. *do princípio da legalidade como fundamento do Estado de direito democrático*

144. A actuação do MP, vinculada à Lei, não pode assim ser desenvolvida de acordo com "considerações de oportunidade de qualquer ordem, *v. g.*, política (raison d'État), financeira (custos) ou até social"[722], isto é, veda-se uma actuação discricionária no plano da justiça penal[723]. A limitação do MP de recorrer a qualquer forma discri-

---

721 Neste sentido JORGE DE FIGUEIREDO DIAS, *Op. Cit.*, p. 94; GERMANO MARQUES DA SILVA, *Op. Cit.*, 4.ª Edição, Vol. I, pp. 73-74; FERNANDO JOSÉ DOS SANTOS PINTO TORRÃO, *A Relevância Político-Criminal da Suspensão Provisória do Processo*, Coimbra: Almedina, 2000, pp. 126-127. Relativamente à renúncia e à desistência exceptuam-se os crimes particulares, que é possível desde que não exista oposição do arguido, nem tenha sido publicada a sentença de 1.ª Instância nos termos do art. 114.°, n.os 1 e 2 do CP e do art. 51.° do CPP. Por imperativo do princípio da legalidade, as entidades policiais estão obrigados a denunciar todos os crimes de que tenham conhecimento [al. *a*) do n.° 1 do art. 242.° CPP] e os funcionários, na acepção do art. 386.° do CP, têm a obrigação de denunciar o crime de que tomem conhecimento no exercício das suas funções e por causa delas [al. *b*) do n.° 1 do art. 242.° do CPP]. São equiparados a funcionários, por força do n.° 2 do art. 386.° do CP, os gestores, titulares dos órgãos de fiscalização e trabalhadores de empresas públicas. A denúncia facultativa (art. 244.° do CPP) é, também, uma consequência natural do princípio da legalidade, uma vez que não exclui que qualquer pessoa denuncie todo o crime de que tenha notícia, salvo quando o procedimento depende de queixa (crime semi-público) ou de acusação particular (crime particular). Contudo, não sendo público o crime, assiste a qualquer cidadão o direito e dever de responsabilidade cívica de comunicar às entidades policiais e judiciais a notícia de qualquer crime.

722 Cfr. JORGE DE FIGUEIREDO DIAS, *Op. Cit.*, p. 93.

723 A obediência à Lei no cumprimento da realização da Justiça acarreta a obrigação do MP formular juízos sobre a "própria qualificação da notícia do crime", "sobre a suficiência dos indícios de se ter verificado o crime e de quem foi seu agente", o que implica uma limitação à discricionalidade. Cfr. GERMANO MARQUES DA SILVA, *Op. Cit.*, 4.ª Edição, Vol. I, p. 72.

cionária de actuar é uma consequência do princípio da legalidade que, necessariamente, determina que a sua decisão (como o despacho de acusação) tenha de ser fundamentado de facto e de direito (art. 97.°, n.° 4 do CPP).

Como afirma FIGUEIREDO DIAS, a consagração do princípio da legalidade merece aplausos no sentido de que "ela preserva um dos fundamentos essenciais do Estado de Direito, enquanto põe a justiça penal a coberto de suspeitas e de tentações de parcialidade e arbítrio", evitando o surgimento de "influências externas, da ordem mais diversa, na administração da justiça penal" e o desaparecimento da "Confiança da Comunidade na incondicional objectividade daquela administração"[724]. No nosso entender, a obrigatoriedade da fundamentação das decisões e do "exame crítico das provas que serviram para formar a convicção do Tribunal" surgem como nobres guardiões do princípio da legalidade[725].

145. O princípio da legalidade, como garantia jurídica de que os cidadãos se podem arrogar como defesa contra os arbítrios estatais, impõe a "igualdade da aplicação do direito", máxima consagrada constitucionalmente (art. 13.° da CRP)[726]. Ao titular público da promoção processual é-lhe imposto que "exerça os seus poderes que a lei lhe con-

---

[724] Cfr. JORGE DE FIGUEIREDO DIAS, *Op. Cit.*, p. 95.

[725] Falamos do exame crítico da prova a que o Tribunal está obrigado para demonstrar a sua convicção, porque pensamos que o princípio da legalidade é uma consagração do Estado de Direito ao qual os Tribunais devem obediência (art. 203.° da CRP). O princípio da legalidade não se esgota, no nosso entender, apesar de ser tradicionalmente assim entendido, na promoção ou não do processo crime, pois este deve estar subordinado ao longo de todas as fases à vinculação à Lei.

[726] A «igualdade na aplicação do direito» é uma consequência do sistema democrático "como regime político" e do "aprofundamento da democracia material, por uma parte, e dos valores da vida em sociedade, por outra", que, por sua vez, fizeram "com que pessoas que no passado eram intocáveis, simplesmente em razão de privilégios inerentes aos seus estatutos sociais e profissionais, sejam agora também submetidos aos tribunais, frequentemente por comportamentos que até há bem pouco eram irrelevantes ou até sinal de habilidade ou de esperteza". Cfr. GERMANO MARQUES DA SILVA "O Direito Penal em crise de mudança", *in O Direito Contemporâneo em Portugal e no Brasil*, Coimbra: Almedina, 2003, p. 266.

fere sem atentar no estado ou nas qualidades da pessoa, ou nos interesses terceiros"[727], ou seja, como afirma TIEDEMENN[728], todo o facto punível terá de ser investigado independentemente das análises de conveniência no que toca ao seu agente, melhor, a promoção e a prossecução penal estão limitadas a considerações de legalidade pura e objectiva[729].

Contudo, existem limites que impedem a aplicabilidade do direito penal segundo uma absoluta igualdade, como os provenientes dos pressupostos processuais[730] e os derivados "de condições de aplicabilidade do próprio direito penal substantivo"[731]. Da igualdade de aplicação do direito retira-se que o princípio da legalidade potência a prevenção geral, que não pode ser encarado como um fim exclusivo da pena, mas da administração da justiça penal[732].

c. *do controlo e da fiscalização do exercício da acção penal*

146. A inclinação para a indisponibilidade da acção penal (promoção e prevenção penal e do próprio objecto do processo), limitando-se desta forma a liberdade de actuação dos sujeitos processuais[733],

---

727 Cfr. JORGE DE FIGUEIREDO DIAS, *Op. Cit.*, p. 95

728 Cfr. TIEDEMENN *apud* FERNANDO J. S. TORRÃO, *Op. Cit.*, p. 125 e GERMANO MARQUES DA SILVA, *Op. Cit.*, 4.ª Edição, Vol. I, pp. 72-73.

729 Neste sentido FERNANDO J. S. TORRÃO, *Op. Cit.*, p. 125.

730 Como afirma JORGE DE FIGUEIREDO DIAS, as imunidades são pressupostos processuais e não uma consagração do princípio de oportunidade, como afirma COSTA PIMENTA. Cfr. JORGE DE FIGUEIREDO DIAS, *Op. Cit.*, p. 95, nota 16.

731 Cfr. JORGE DE FIGUEIREDO DIAS, *Op. Cit.*, p. 95. Enquanto que FIGUEIREDO DIAS considera a designada garantia administrativa como limitação à aplicação do direito penal substantivo, uma vez que funcionava como "uma verdadeira causa pessoal de exclusão da pena", CASTANHEIRA NEVES, diferentemente, considera-a e à garantia política como verdadeiras limitações ao princípio da legalidade. Cfr. JORGE DE FIGUEIREDO DIAS, *Op. Cit.*, pp. 78 e 95, nota 17.

732 Cfr. JORGE DE FIGUEIREDO DIAS, *Op. Cit.*, pp. 95-96.

733 Característica importante do quadro jurídico de natureza romano-germânica, cuja limitação se acentua sempre que se trate de salvaguardar e tutelar o interesse público, que, no processo penal, se consubstancia "na vontade comunitária de reposi-

impõe como consequência fundamental a fiscalização e o controlo da decisão do órgão competente para o exercício da acção penal. A actuação do MP não pode estar isenta de uma análise, mesmo que facultativa, que fiscalize e controle se a aplicação do direito respeita os pressupostos processuais, o princípio da inimputabilidade, o princípio da igualdade, ou seja, se obedece aos ditames do princípio da legalidade. O CPP consagrou dois mecanismos de controlo: o hierárquico e o judicial.

O controlo hierárquico, como afirma ANABELA M. RODRIGUES, procura "assegurar uma «válvula de segurança» no sistema, para a sindicância de casos escandalosos em que não haja partes interessadas e face à impossibilidade do exercício dos poderes gerais de avocação após o encerramento do inquérito"[734]. Desta feita, o despacho de arquivamento do MP, cuja estrutura é hierarquizada, está sujeito à intervenção do superior hierárquico que "pode determinar que seja formulada acusação ou que as investigações prossigam, indicando, neste caso, as diligências a efectuar e o prazo para o seu cumprimento" (art. 278.° do CPP), quando não tenha sido requerida a abertura de instrução, nos termos do art. 287.° CPP.

147. Do despacho do MP que defira ou recuse a reabertura[735] do inquérito "há reclamações para o superior hierárquico imediato" (art. 279.°, n.° 2 do CPP). Salientamos, como ANABELA M. RODRIGUES, que o despacho de arquivamento não tem força de caso julgado, ou seja, "aquela decisão apenas adquiriu uma força análoga à do caso julgado «rebus sic stantibus»", isto é, a decisão de arquivamento mantém-se "condicionada à superveniência de novos elementos de prova que devem considerar-se «novos» em relação aos já apreciados"[736].

O controlo judicial da decisão do Ministério Público pode ser desencadeado quer pelo arguido relativamente a factos pelos quais o

---

ção de bens jurídicos eventualmente ofendidos". Cfr. FERNANDO J. DOS SANTOS PINTO TORRÃO, *Op. Cit.*, p. 129.

[734] Cfr. ANABELA M. RODRIGUES, *Op. Cit.*, CEJ, p. 76.

[735] Só se pode reabrir o inquérito quando surgirem novos elementos de prova que invalidem os fundamentos do arquivamento [n.° 1 do art. 279.° do CPP].

[736] Cfr. ANABELA M. RODRIGUES, *Op. Cit.*, CEJ, p. 76.

MP ou o assistente[737] tivessem deduzido acusação, quer pelo assistente relativamente a factos pelos quais o MP não tenha deduzido acusação [al. *b*) do n.° 1 do art. 287.° do CPP][738]. O juiz de instrução[739] exercerá a sua sindicância em primeira mão sobre a fundamentação[740] do despacho de acusação ou de arquivamento do MP, contestada pelo arguido ou pelo assistente.

A fundamentação, como dever essencial num Estado de Direito democrático e direito do arguido, funciona como consequência directa do princípio da legalidade que, por sua vez, impõe que a aplicação do direito consigne a materialização do princípio da igualdade. A fundamentação, como consequência do princípio da legalidade, impõe que o MP actue de forma isenta e objectiva.

§ 65.° Do princípio do consenso

a. *considerações gerais*

148. A lentidão da justiça torna-a ineficaz e, quantas vezes, não útil à comunidade. Coloca em causa as suas finalidades e em risco a sua legitimação[741]. A morosidade põe em causa a essência da jurisdicio-

---

737 Apesar de poder deduzir acusação quando os crimes são de natureza pública ou semipública (art. 284.° do CPP), o assistente terá de a deduzir obrigatoriamente quando o procedimento depende de acusação particular, conforme artigos 50.°, 284.°, 285.°, al. *a*), n.° 1 do art. 287.° do CPP.

738 O assistente só pode requerer a abertura de instrução caso o procedimento não dependa de acusação particular [al. *b*) do n.° 1 do art. 287.° do CPP].

739 A instrução visa a comprovação judicial da decisão de dedução da acusação ou do arquivamento do inquérito, decidindo-se se a causa é ou não submetida a julgamento (n.° 1 do art. 286.° do CPP).

740 A fundamentação permite travar o ímpeto intuitivo do MP que, perante os factos apurados, não tem quaisquer dúvidas de deduzir a acusação, ou seja, funciona como limite imediato e barómetro consciencializador do poder punitivo do Estado que deve ter sempre em mente o seu fim preventivo geral e especial .

741 Neste sentido Teresa Pizarro Beleza, *Actas do Código de Processo Penal,* Lisboa: Assembleia da República – Divisão de Edições, 1999, Vol. II – Tomo II, p. 53.

nalidade: a decisão revestida de um carácter justo. A justiça que tarda transforma-se em pura injustiça, porque, como afirmava o infante D. PEDRO, "aqueles que tarde vencem ficam vencidos"[742]. Sendo a crise da justiça uma crise própria do operador judiciário e de todos os cidadãos, a morosidade faz nascer um sentimento de impunidade, promovendo-se uma indignação por parte daqueles que, como APOLO, vêem no direito um valor capaz de ultrapassar os conflitos dos homens.

A enfatização mediática da morosidade de um processo conduz a que o cidadão tenha uma opinião em que não consinta a duração de vários anos para a sua resolução. Contudo, só os processos morosos é que fazem notícia. Pois, muitos processos decorrem em um período de tempo bastante satisfatório, mas esta verdade não interessa à comunicação social.

A imprensa tem promovido declarações de pessoas responsáveis que apelam para uma celeridade processual, que na nossa opinião deve existir, mas sempre subordinada aos direitos e liberdades do arguido de forma a que se alcance a justiça. Não podemos exigir indiscriminadamente celeridade sem que estejam salvaguardados os direitos e liberdades fundamentais do arguido, que acima de tudo é uma pessoa, devendo o processo penal assentar na "consideração da dignidade da pessoa"[743].

149. No sentido de promoção da celeridade processual, o Código de Processo Penal de 1987 introduziu os institutos do consenso e da oportunidade, cujas reformas de 1998, operada pela Lei n.° 59/98, de 25 de Agosto, e de 2007, operada pela Lei n.° 48/2007, de 29 de Agosto, aperfeiçoaram.

O consenso e a oportunidade preconizam um "horizonte político-criminal comum", ou seja, preconizam a celeridade processual, a informalidade, a diversão, a concordância, a ressocialização, a ausên-

---

742 Cfr. CARLOS ADÉRITO TEIXEIRA, *Princípio da Oportunidade, Manifestações em Sede Processual Penal e sua Conformação Jurídico-Constitucional,* Coimbra: Almedina, 2000, p. 11.

743 Cfr. MANUEL DA COSTA ANDRADE, *Actas do Código de Processo Penal,* Lisboa: Assembleia da República – Divisão de Edições, 1999, Vol. II – Tomo II, p. 46.

cia de estigmatização, a fuga a cerimónias degradantes do processo penal como o julgamento[744].

Ao saber-se, no meio onde habita ou no seu local de trabalho, que *Y* vai ser julgado, gera-se um clima de desconfiança por parte dos demais, estigmatizando-se o indivíduo *Y* muitas das vezes por bagatelas que podem ter uma resolução mais justa e uma ressocialização mais eficaz caso não se chegue à "cerimónia degradante" de um julgamento.

b. *do consenso no processo penal português*

150. A ideia de consenso[745] procura evitar que a decisão de condenação chegue ao infractor como se de um relâmpago se tratasse. Promove o convencimento do condenado de que errou e que vale a pena retomar o caminho de retorno não só às normas, mas também à sociedade, tendo em conta que "a tendência consensualista na justiça penal obedece a uma lógica racionalizadora e de eficácia, mas não é alheia ao movimento de expansão dos direitos do homem"[746]. Neste sentido a tese do sociólogo alemão LUHMANN, que defende que o Processo Penal não tem como fim o consenso[747], perde

---

[744] *Idem*, p. 43.

[745] Quanto ao consenso no Processo Penal Italiano, FERNANDO FERNANDES, *O Processo Penal como Instrumento de Política Criminal*, Coimbra: Almedina, 2001, pp. 188 e ss..

[746] Cfr. ANABELA M. RODRIGUES, *Novo Olhar Sobre a Questão Penitenciária – Estatuto Jurídico do recluso e Ressocialização, Jurisdicionalização, Consensualismo e Prisão,* Coimbra: Coimbra Editora, 2000. Sobre o princípio do consenso e da ilustre Professora, "Os processos Sumário e Sumaríssimo ou a Celeridade e o Consenso no Código de Processo Penal", *in RPCC*, Ano 6, 1996, pp. 525 e ss..

[747] LUHMANN defende que o processo penal "tem por função tornar as decisões (judiciais) aceitáveis pelos seus destinatários", ou seja, "imprimir às frustrações inevitáveis a forma definitiva de um ressentimento privado e difuso, insusceptível de se converter numa instituição". Para este sociólogo alemão, o consenso apenas tem sentido "enquanto disposição – comum e pressuposta – para a aceitação das decisões judiciais como vinculativas". LUHMANN *apud* MANUEL DA COSTA ANDRADE, "Consenso e Oportunidade", *in Jornadas de Direito Processual Penal – O Novo Código de Processo Penal,* CEJ, Coimbra: Almedina, 1995, pp. 326-327.

todo o sentido, uma vez que tem de ser um valor que "deve ser procurado"[748].

Como afirma FIGUEIREDO DIAS, "a **tentativa de consenso** deve ser levada tão longe quanto possível, para o que importa melhorar sensivelmente as estruturas de comunicação entre os sujeitos e as diferentes formas processuais"[749]. O CPP procurou maximizar este ensinamento de forma a que o tribunal não se oculte por detrás do seu pedestal inatingível e inacessível, mas antes se oriente para o acusado, tentando conhecer as suas ideias sobre as coisas, as suas tensões e as suas controvérsias[750].

Uma segunda ideia a realçar é a de que **é impossível a existência** de uma justiça penal estruturada e perspectivada segundo os ditames **de um consenso absoluto**, desenvolvendo-se o processo sem qualquer coerção e domínio, atingindo-se uma decisão de forma comunicativa e isenta de frustrações. Como afirma SCHREIBER, "o Processo Penal não pode ser uma comunidade de linguagem ideal, isenta de coerção, um diálogo racional no sentido de liberdade de domínio, com a finalidade de conduzir a uma unificação entre os participantes", seria um modelo utópico fascinante, mas também seria "uma utopia errada"[751].

O processo penal, como um processo preordenado para a aplicação de uma pena, jamais se poderia estruturar como "uma sequência de «*acções comunicativas*» no sentido de HABERMAS, ou ainda como uma *comunidadepara- a- solução de problemas*"[752]. Esta tese utópica é defendida por ROTTLEUTHNER, que concebe o processo como "uma acção comunicativa, isenta de coerção e aberta a racionalidade", por CALLIES, que, com uma proposta menos ambiciosa, defende uma "*estrutura dialógica*" para o processo, e por WINTER/SCHUMANN[753].

---

748 Cfr. MANUEL DA COSTA ANDRADE, *Actas do Código...*, Vol. II – Tomo II, p. 44.

749 JORGE DE FIGUEIREDO DIAS *apud* MANUEL DA COSTA ANDRADE, "Consenso e Oportunidade", *in Jornadas de Direito Processual Penal – O Novo Código de Processo Penal,* CEJ, Coimbra: Almedina, 1995, p. 325.

750 Neste sentido SCHREIBER *apud* MANUEL DA COSTA ANDRADE, *Op. Cit.,* CEJ, p. 326.

751 *Idem*, p. 328.

752 *Idem*, p. 327.

753 Cfr. MANUEL DA COSTA ANDRADE, *Op. Cit.,* CEJ, p. 329.

A inabsolutização do concenso parte, desde logo, da *dignidade humana* que, como afirma FERNANDO FERNANDES, "é uma barreira intransponível que os ritos alternativos não podem ultrapassar, principalmente aqueles de natureza consensual, face ao risco de se transformar e liberdade numa mercadoria a ser comercializada no mercado dos tribunais"[754].

151. Sendo o consenso total impensável para um processo penal estruturado segundo os valores e as exigências de um Estado de Direito, a mais que, na linha de DAHRENDORF[755], uma sociedade de consenso não conheceria nem a alienação, nem o domínio, nem a mudança e, muito menos, a inovação, porque esta está em permanente conflito com a estrutura estabelecida pela consensualidade. Esta apenas seria possível se imposta coactivamente e à custa de uma polícia política, além de coarctar o normal desenvolvimento da sociedade e de todos os seus vectores estruturais. O sociólogo DAHRENDORF defende que o **modelo de conflito**, além de ser anti-utópico, é um modelo próprio de uma sociedade aberta.

Existem áreas de conflito cuja preservação é necessária e que o nosso código de processo penal atendeu, salvando o conflito, apesar de não ter consumado o designado *roubo do conflito*, que traduz o "esvaziamento do estatuto criminal da vítima, num sistema penal que veio a estruturar-se em termos diádicos delinquente-estado, pela via da hipostasiação dos interesses do Estado e sua progressiva sub-rogação na posição originária da vitima"[756].

c. *exemplos do modelo de conflito*

152. O consenso permite ao Estado poupar os custos do conflito. Mas, **o nosso CPP preservou áreas de conflito**, como a situação da homologação da desistência da queixa (art. 51.° do CPP): o assistente

---

754 Cfr. FERNANDO FERNANDES, *Op. Cit.* p. 268.

755 *Idem*, p. 330.

756 *Idem*, p. 331.

desiste da queixa, o MP (no inquérito) ou o Juiz (na Instrução) homologa a desistência, mas o arguido pode opor-se uma vez que foi denunciado, o seu nome foi posto em causa na praça pública, desejando que o processo continue até que seja decretada a sua inocência em sede de sentença de julgamento.

O mesmo conflito verifica-se relativamente ao *arquivamento em caso de dispensa de pena* (art. 280.° do CPP). Após a dedução da acusação, o juiz de instrução, e verificados os pressupostos da dispensa da pena, pode arquivar o processo desde que obtenha concordância do MP e do arguido, mas este pode opor-se, porque, tendo sido formalizada a acusação, operou-se inevitavelmente a estigmatização e alteração da imagem do arguido, sendo-lhe legítimo exigir uma audiência de julgamento para que se demonstre e veja a sua inocência proclamada em julgamento solene[757].

O consentimento do arguido nem sempre é valorado da mesma forma. O art. 126.° do CPP prescreve proibições de provas que são nulas, excepto se existir consentimento expresso do arguido. Mas, há as provas obtidas que são sempre nulas, independentemente de ter ou não existido consentimento por parte do arguido. Todas as provas obtidas com ofensa da integridade física e moral das pessoas são nulas. Como afirma COSTA ANDRADE, "o legislador quis evitar os perigos de um consentimento manipulado e não livre, um consentimento que não traduzisse a autonomia do sujeito processual"[758].

Não pode o consentimento afastar a proibição de provas que a ordem jurídica, no seu todo e face a valores superiores e primaciais à vivência humana, como a dignidade da pessoa humana, não aceita como admissíveis e, por isso, proíbe.

d. *manifestações do modelo do consenso*

153. O nosso CPP, seguindo o ensinamento de FIGUEIREDO DIAS, **procura o consenso** de modo a que se proporcione um "ambiente de

---

[757] Neste sentido veja-se MANUEL DA COSTA ANDRADE, *Op. Cit.*, CEJ, pp. 336-337 e MANUEL DA COSTA ANDRADE, *Actas do Código...*, Vol. II – Tomo II, p. 45.

[758] *Ibidem.*

pacificação e de reafirmação intersubjectiva e estabilizadora das normas", como a suspensão provisória do processo quer na fase do inquérito (art. 281.° do CPP), quer na fase da instrução (n.° 2 do art. 307.° do CPP)[759] e o processo sumaríssimo (art. 392.° e ss. do CPP)[760]. O princípio do consenso preconiza-se na regulamentação inovadora da *confissão* (art. 344.° do CPP), que reflecte a ideia de "acção comunicativa" de HABERMAS e reproduz "as grandes linhas da polaridade consenso/conflito que subjazem ao pano de fundo da ordem jurídico-processual proposta pelo Código de Processo Penal"[761].

O princípio do consenso está consignado no n.° 2 do art. 334.° do CPP – *Audiência na ausência do arguido em casos especiais e de notificação edital* –, em que o arguido pode consentir que a audiência tenha lugar sem a sua presença, sempre que se encontre impossibilitado de comparecer à mesma por razões de idade, de doença grave ou de residência no estrangeiro. O consenso também preside ao n.° 3 do art. 359.° do CPP – *Alteração substancial dos factos descritos na acusação ou na pronuncia* –, cuja concordância do MP, do arguido e do assistente é pressuposto necessário para a continuação do julgamento pelos novos factos desde que o tribunal se mantenha competente.

---

[759] Enquanto que, na fase do inquérito, o sujeito processual que propõe a suspensão do processo é o Ministério Público, na fase da instrução é o Juiz. MANUEL DA COSTA ANDRADE, aquando da reforma, propunha que se "mantivesse a titularidade da iniciativa do Ministério Público", devendo este "figurar como sujeito permanente e contínuo da oportunidade, cabendo ao juiz sempre, de certa maneira, a última palavra", ou seja, após o despacho de pronúncia, o MP, assumindo a iniciativa, deveria dizer que "«apesar de tudo, quero desencadear isto», obtendo a concordância do juiz", evitando-se que o juiz proponha e o MP recuse. Cfr. MANUEL DA COSTA ANDRADE, *Actas do Código...*, Vol. II – Tomo II, p. 48.

[760] No processo sumaríssimo é necessária a concordância do arguido (arts. 396.° e 397.°) e do assistente quando o procedimento depender de acusação particular (n.° 2 do art. 392.°). Só a partir da reforma de 1998 é que se alargou a possibilidade dos crimes particulares se resolverem através do processo sumaríssimo. Concordamos com COSTA ANDRADE, quando afirma que "é sobretudo nestes crimes que mais se justifica o consenso", uma vez que é nestes crimes "onde aflora mais nítida a conflitualidade directa entre duas pessoas": vítima/delinquente. *Ibidem*, p. 49.

[761] Cfr. MANUEL DA COSTA ANDRADE, *Op. Cit.*, CEJ, p. 338.

154. O processo penal não pode, apenas, estar estruturado sob a batuta da mão pesada da legalidade, típico de um direito penal kantiano e hegeliano de retribuição pura, em que todas as infracções seriam realmente punidas. As sociedades modernas, democráticas, assentam na ideia de que os homens são imperfeitos, devendo o direito penal "proteger os bens jurídicos fundamentais da comunidade, restabelecer a credibilidade das normas e tornar a vida humana possível, com coeficientes toleráveis de segurança e liberdade"[762] e o processo penal ser instrumento da caracterização deste desiderato.

O processo, perante a conflitualidade reinante entre vítima/delinquente, deve consagrar mecanismos de consenso eficientes na resolução do conflito, eficazes na realização da justiça e capazes de promover a ressocialização do delinquente, prosseguindo-se a prevenção geral e especial.

§ 66.° Do princípio da oportunidade

a. *alternativa à legalidade*

155. O princípio da legalidade[763], ao qual está sujeito o exercício da acção penal, surge nos Estados modernos não só como limite à acção punitiva do Estado, funcionando como um obstáculo ao arbítrio do poder, mas também como uma garantia de igualdade perante a lei penal, fomentando um dos seus fins: a prevenção penal[764]. Contudo, sabe-se que o direito punitivo também tem como fim a prevenção especial, ou seja, a ressocialização e reintegração do infractor, que passa por fazê-lo sentir que errou e que a sanção infligida tem como função a sua

---

762 Cfr. MANUEL DA COSTA ANDRADE, *Op. Cit., in Actas da Assembleia da República,* Vol. II – Tomo II, p. 46.

763 Quanto ao princípio da oportunidade, PEDRO CAEIRO, "Legalidade e Oportunidade...", *in RMP*, Ano 21.°, n.° 84, pp. 31 e ss. e JOSÉ GONÇALVES DA COSTA, "Legalidade *versus* Oportunidade", *in RMP*, ano 21.°, n.° 83, pp. 83 e ss..

764 Neste sentido ANTÓNIO CASTANHEIRA NEVES *apud* GERMANO MARQUES DA SILVA, *Curso de Processo Penal*, 4.ª Edição, 2000, Vol. I, p. 73, nota 4.

ressocialização, no sentido de adequar o seu comportamento de acordo com o direito. Logo, não podemos neste caso defender o imperativo da lei *"dura lex, sed lex"*, pois podemos estar a fomentar uma visão autoritária e desajustada dos fins do direito, *i. e.*, uma visão liliputiana do problema em discussão.

A estrutura do nosso CPP, fundada nos princípios da liberdade e da democracia, não consuma um princípio de legalidade rígida. O órgão competente para o exercício da acção penal, apesar de se reger por critérios de estrita legalidade e objectividade, deve promover e prosseguir a acção penal com o intuito sagrado da salvaguarda dos direitos e liberdades do cidadão. Este desiderato deverá conduzir o MP a decidir ou não pela promoção do processo segundo juízos de oportunidade do mesmo, melhor, segundo juízos formulados sobre a conveniência ou não da promoção e persecução do processo penal, tendo como critérios de análise a operacionalidade dos tribunais, a melhor individualização de perseguição penal e, fundamentalmente, a melhor concretização do escopo do direito punitivo: a ressocialização plena do delinquente[765].

156. A Constituição não consagra o princípio da oportunidade[766], mas consagra o princípio da legalidade como orientador do exercício de acção penal (n.° 1 do art. 219.° do CPP), provocando assim a indisponibilidade do objecto do processo e do próprio processo[767].

Sem dúvida que o Legislador Constitucional pretendeu reafirmar a subordinação da acção penal ao princípio da legalidade, mas não absolutizou essa submissão. A sua intenção não é inócua nem inútil, porque qualquer agente de um Estado que se rege pelos primados do direito e, consequentemente, do respeito da dignidade da pessoa hu-

---

[765] Neste sentido GERMANO MARQUES DA SILVA, *Op. Cit.,* 4.ª Edição, Vol. I, pp. 73-74.

[766] Relevamos que, como afirma GERMANO MARQUES DA SILVA, o princípio da oportunidade tem como fundamento originário a decisão de acusar ou não acusar.

[767] VITAL MOREIRA, na declaração de voto no Ac. do TC n.° 7/87, afirmava que "à face da CRP, o MP não dispõe do direito de acusar ou não acusar, competindo-lhe exercer a acção penal, que é uma tarefa do Estado, que o MP deve desempenhar de acordo com critérios de igualdade". VITAL MOREIRA *apud* GERMANO MARQUES DA SILVA, *Op. Cit.,* 4.ª Edição, Vol. I, p. 74 e nota 2.

mana, sabe que tem de actuar segundo os ditames da lei, logo o MP, até então, não agia fora da legalidade. Como já afirmamos[768], o legislador quis, na nossa opinião, abrir os horizontes de actuação, permitindo que se questione a opção alternativa entre o princípio da legalidade e o princípio da oportunidade[769].

O princípio da oportunidade não é um remédio milagroso para a epidemia da morosidade da justiça. Mas, deve ser encarado como um princípio capaz de promover a tutela dos bens jurídicos ofendidos e a ressocialização dos delinquentes[770]. O princípio da oportunidade, que não está consagrado expressamente, não se retira da não consagração de uma legalidade estrita, mas sim da consagração de uma legalidade aberta capaz de aceitar soluções alternativas que permitam a realização dos fins do direito punitivo que, como afirma COSTA ANDRADE, deve ser um direito "virado para as coisas humanas, para este mundo"[771].

A legalidade consagrada na Constituição aceita novos horizontes, novas soluções de oportunidade que não significam livre arbítrio do órgão a quem compete o exercício da acção penal.

b. *do sentido do princípio da oportunidade*

157. O recurso ao princípio de oportunidade[772] tem como um dos fundamentos originários – quer queiramos quer não queiramos aceitar tal fuga para a frente, apesar de encerrar outros escopos, como

---

768 Cfr. *supra* o ponto 2.1 deste capítulo.

769 Neste sentido J. N. DA CUNHA RODRIGUES, *Op. Cit.*, p. 166.

770 Neste sentido GERMANO MARQUES DA SILVA, *Op. Cit.*, 4.ª Edição, Vol. I, p. 75.

771 Cfr. MANUEL DA COSTA ANDRADE, *Op. Cit.*, Edições da A. R., Vol. II – Tomo II, p. 47.

772 Como ensina JOSÉ DE FARIA COSTA, o princípio da oportunidade ao permitir "uma mais fácil desafectação do caso ao seu andamento (processamento) normal, quer ao nível da polícia, quer ao nível do ministério público", é "aquele que obviamente mais possibilita e potencia a prática da desjudiciarização", sintoma que se manifesta "mesmo onde vigora o estrito princípio da legalidade (...), nomeadamente no que tange às pequenas infracções". Cfr. JOSÉ DE FARIA COSTA, "Diversão (Desjudiciarização) e Mediação: Que Rumos?" *in Separata do Vol. LXI (1985) do FBD da Universidade de Coimbra,* pp. 26 e 27.

a promoção das finalidades do Processo Penal [a paz jurídica, a defesa dos direitos fundamentais e a realização da justiça] – a morosidade da justiça.

A morosidade da justiça, como sabemos e o dia-a-dia demonstra, provoca não só a destruição, o desaparecimento e o desajustamento das provas, o arquivamento dos processos por falta de indícios suficientes, a prescrição dos processos, como também a impunidade dos infractores, a estigmatização e a proscrição dos inocentes que não viram proclamada a sua inocência em sede de julgamento. Todos estes resultados traduzem a irresponsabilidade e a presumível falta de profissionalismo da administração da justiça, promovendo-se a sua descredebilização no seio da comunidade.

Não podemos apontar como causas apenas a falta de meios humanos [elementos policiais, procuradores, juízes, oficiais de justiça...] e de meios materiais [instalações, meios informáticos, mobiliário, ...], mas também a motivação dos operadores judiciários, a sua formação ético profissional[773] e, ainda, a permanente instabilidade do quadro legal, que levanta problemas de aplicação, de interpretação das novas normas.

Uma das causas que levanta entraves à celeridade processual é, sem dúvida, a pouca e eficiente coordenação e interligação entre os elementos que servem as instituições judiciais e policiais. EDUARDO LOURENÇO, em um programa televisivo sobre o 25 de Abril, afirmava que esta tinha sido uma revolução feudal que nem se aproximava da Revolução Industrial. Aproveitando as palavras sábias deste filósofo português, afirmamos que a mentalidade de muitas gentes do nosso país que representam instituições responsáveis pela administração da justiça ou seus coadjuvantes, aproxima-se da mentalidade dos senhores feudais. Há um convencimento de que as instituições são feudos, quando de facto deviam ser tidas como um serviço que tem por finalidade o interesse público e a realização da justiça material.

---

[773] O cidadão comum não compreende que se marque uma audiência de julgamento para as 10H00 e a mesma se inicie às 11H30 ou, até mesmo, nem se realize. Também se verifica que há operadores judiciários que não têm "relógio", cultivando, no pensamento dos demais cidadãos, a ideia de que os "outros" é que devem esperar.

158. O Reino Unido, com o intuito de "obter uma maximização de uma lógica de eficácia e de uma ordem de justiça, bem como a concordância prática entre ambas"[774], promoveu soluções que se consideram arrojadas e corajosas, tais como "redução dos prazos nos processos, colocação de operadores judiciários (magistrados) em esquadras de polícia, reforço e ónus de cooperação das partes"[775].

O princípio da oportunidade, como limite ao princípio da legalidade[776], poderá ser uma via alternativa útil. Contudo, não apoiamos um princípio geral de oportunidade, deixando a promoção e prossecução da acção penal à discricionaridade do Ministério Publico[777], podendo estar a criar um perigo incontrolável para os direitos fundamentais do cidadão, caso se proclamasse este princípio como um princípio geral do processo penal[778].

159. Fala-se do princípio da oportunidade, mas há que tentar explicar três concepções deste princípio apresentadas por Carlos Adérito:

- **a ampla e institucional** que recorre a "todos os modos de implementação de vias de resolução de litígios, na disponibilidade das mais diversas entidades (Governo, Provedores, Escolas, Igreja, etc.)";
- **a intermédia e horizontal** que consubstancia a " devolução do litígio às partes" em que a composição do mesmo decorre num plano informal;
- **a restrita e vertical** que respeita às "formas procedimentais e processuais, expeditas e simplificadas, de resolução de litigiosidade, por iniciativa do Ministério Publico – a) enquanto *dominus* da acção penal (cuja discricionalidade pode abranger a averiguação e iniciação de inquérito, a promoção investiga-

774 Cfr. Carlos Adérito Teixeira, *Op. Cit.*, p. 17.

775 *Ibidem.*

776 Cfr. Jorge de Figueiredo Dias, *Op. Cit.*, p. 96.

777 Como acontece com o *Code d'Instruction Criminelle* Francês de 1808.

778 Neste sentido Jorge de Figueiredo Dias, *Op. Cit.*, (lições coligidas por Maria João Antunes), p. 96.

tória e o destino dos processos e, consequentemente, regulador do próprio *ius puniendi*, ou – b) em grau menor (e razoável), pelo encaminhamento para as vias processuais disponíveis em alternativa à dedução da acusação"[779].

A oportunidade numa perspectiva das entidades que a podem exercer poder-se-á reflectir em vários níveis: **o da intervenção político-legal**[780], **o da intervenção político-administrativa do Governo**[781], **o de um organismo específico ou intermédio**[782], ou **o da intervenção do titular da acção penal**. Só neste último nível se centram os debates do exercício de oportunidade.

---

[779] Cfr. Carlos Adérito Teixeira, *Op. Cit.*, pp. 17-18.

[780] Que se pode reflectir no estabelecimento de um determinado programa criminal que incidirá quer na selectividade dos tipos penais a resolver no panorama da justiça penal tradicional, quer na adopção de um maior número de meios processuais ou na simplificação dos já existentes, quer na alteração da natureza do tipo criminal, ou seja, os crimes públicos passarem a semi-públicos, estes a particulares, quer na implementação de celeridade processual como a actuação desta ser efectivada pelos legitimados (MP, arguido, assistente), quer na adopção de via alternativa como "instâncias de mediação de conciliação e de negociação". Cfr. Carlos Adérito Teixeira, *Op. Cit.*, pp. 18-19.

[781] Que consigna a implementação de medidas administrativas que procuram "impor prioridades de tratamento de certas matérias penais" ou de uma estratégia de investigação criminal capaz de responder à celeridade processual que se deseja. Sobre a importância de uma investigação criminal eficiente para a promoção de um processo penal eficaz, quer na prossecução dos fins do direito penal quer na defesa dos direitos, liberdades e garantias do cidadão. Cfr. o nosso "*Investigação Criminal como Motor de Arranque do Processo Penal*", in *Polícia Portuguesa*, Ano LXIII, II Série, n.° 123, Março/Abril 2000, pp. 2 e ss..

[782] Que poderá passar pela criação de um órgão que tenha por finalidade não só concentrar, mas também conduzir a política criminal, que seja "a ponte entre o poder político e o tratamento efectivo da criminalidade", ao qual caberia como exemplo, definir os "macro-objectivos no combate ao crime", estabelecer "correntes interpretativas de nódulos legais e conceitos abertos", identificar "tipos criminais (...) que devem ser encaminhados, sistematicamente, para formas processuais de concurso e de oportunidade (suspensão provisória, arquivamento em razão de um conceito de dispensa de pena, processo sumaríssimo". Cfr. Carlos Adérito Teixeira, *Op. Cit.*, p. 20.

Neste plano a oportunidade pretende "ser: legal, infra-sistema, casuística e real"[783], ou seja, retira-se de uma "legalidade aberta" que permite uma "oportunidade legalmente admissível".

160. Há questões que se levantam quanto à uniformização da análise e tratamento dos casos no plano prático de modo que não se viole o princípio da legalidade e, consequentemente, da igualdade. As dificuldades surgem quando se interroga como controlar ou fiscalizar a margem de discricionaridade de que o órgão titular da acção penal faz uso para analisar a situação concreta, como proceder à ampliação dos fundamentos que inibam o exercício da acção penal, que soluções de oportunidade, que a lei não preveja, se poderão adoptar, que controle e que critérios de oportunidade devem ser fixados que limitem o abuso do poder que, em regra, produz o livre arbítrio[784]. Será que o MP, como afirma Carlos Adérito, "dispõe de condições de liberdade e garantias de não manipulação da acção penal"[785]?

Sabemos que o MP goza de autonomia face ao poder executivo, que o MP detém um estatuto próprio, que dirige o inquérito, que é um "órgão da administração da justiça" e não uma parte do processo, que não define a política criminal, cabendo-lhe unicamente a realização da justiça que se consubstancia na busca da verdade e na defesa dos direitos, liberdades e garantias do cidadão. Mas, todo o cuidado é pouco.

Não podemos implementar um princípio que todos aplaudem, mas que, como afirma Figueiredo Dias, "certas experiências totalitárias revelaram o enorme perigo que nele se continha (quando elevado à categoria de princípio geral do processo penal) para as garantias fundamentais do cidadão"[786].

Mesmo sabendo que a decisão do titular do exercício da acção penal terá sempre de ser fundamentada[787], legitimando desta forma a actuação do MP como órgão de administração de justiça em nome do

---

[783] *Idem*, p. 21.

[784] Neste sentido Carlos Adérito Teixeira, *Op. Cit.*, pp. 21-22.

[785] Neste sentido Carlos Adérito Teixeira, *Op. Cit.*, pp. 21-22.

[786] Cfr. Jorge de Figueiredo Dias, *Op. Cit.*, (Lições Coligidas), p. 96.

[787] Cfr. art. 97.° do CPP.

povo, devendo a mesma estar de acordo com os ditames da lei, impõe-se aos responsáveis que o alargamento do espaço de oportunidade deva ser rodeado de cuidados quer metodológicos, quer funcionais, quer mesmo de conteúdo, tais como: "enquadramento constitucional; clareza de princípios e de objectivos; rigor na tipificação das situações subsumíveis; gradualismo progressivo; sustentação logística das soluções (...); acompanhamento da situação; intervenção do Juiz"[788].

161. O princípio da oportunidade procura, indirectamente, promover a celeridade processual, evitando que uma suspeita que recaia sobre um cidadão inocente permaneça no ar ao longo de anos, evitando-se esse mal colhem-se vantagens para a vítima, para o Estado e para o delinquente, esperando-se que o delinquente se ressocialize e reintegre, prosseguindo-se assim os fins de interesse público e o fim primordial da aplicação *in extremis* do *ius puniendi.*

A morosidade processual provoca um sentido de desconfiança e descrédito por parte da vítima que quer ver os seus danos reparados, provoca uma estigmatização do arguido, quantas vezes inocente, provoca o efeito contrário da prevenção geral: o sentimento de impunidade generalizado[789].

A nossa Constituição não legitima a consagração de um modelo de oportunidade puro, a mais que a nossa tradição jurídica processual penal tambem não o proporcionou, nem esta permite que a pena assente em uma dialéctica de "negócio", mas sim em uma "realidade material dirimida": facto(s), autor(es), culpa[790].

O princípio da oportunidade deve ser encarado como uma porta aberta que permita, através de métodos mais vantajosos do que a apli-

---

[788] Cfr. Carlos Adérito Teixeira, *Op. Cit.*, p. 23. Carlos Adérito defende que "o poder de exercício da oportunidade do Ministério Público (...) marcará, na perspectiva de um duplo exame, um controle diverso do existente, quer por intervenção do ofendido/assistente (com uma nova margem de legitimidade), quer por via hierárquica, quer por intervenção institucionalizada do juiz de instrução, quer ainda numa combinação destas vias, consoante os casos em presença".

[789] Neste sentido Fernando J. S. Torrão, *Op. Cit.*, pp. 132-133.

[790] Neste sentido Carlos Adérito Teixeira, *Op. Cit.*, p. 25.

cação da pena, alcançar os fins que nortearam a qualificação penal de uma conduta, tendo sempre por base uma conciliação entre o interesse público e os direitos, liberdades e garantias do arguido[791].

Sufragamos, assim, a tese de que as medidas de oportunidade pretendem "aliviar o sistema formal de controlo, facilitar a socialização do delinquente e diminuir ou eliminar o efeito estigmatizante que a pena exerce sobre ele e cuja consagração está ainda subordinada ao entendimento de que o Ministério Público deverá ser tendencialmente o órgão de topo da política criminal no que se refere à pequena e média criminalidade"[792].

c. *manifestações do princípio da oportunidade*

162. O Código de Processo Penal de 1987 consagrou um princípio de oportunidade mitigado, como manifestação limitativa do princípio da legalidade, estipulando-se uma legalidade aberta ao consenso e à oportunidade. A suspensão provisória do processo (art. 281.° do CPP), o arquivamento do inquérito em caso de dispensa ou isenção da pena (art. 280.° do CPP), o processo sumaríssimo (art. 392.° e ss. do CPP) e a limitação dos poderes jurisdicionais preconizadas pelo Ministério Público nos termos do art. 16.°, n.° 3 e n.° 4 do CPP[793], são manifestações do princípio da oportunidade.

Pensamos que a aderência aos julgados de paz por parte da jurisdição criminal além de demasiado perigosa, demonstra que, mais uma vez não nos preocupamos em esgotar os institutos jurídicos-processuais criminais que o nosso CPP prescreve e que, como demonstra a experiência, são de pouca aplicação.

---

791 Neste sentido, MANUEL DA COSTA ANDRADE, *Op. Cit.*, in *CEJ*, pp. 345--346; CARLOS ADÉRITO TEIXEIRA, *Op. Cit.*, p. 84; FERNANDO J. S. TORRÃO, *Op. Cit.*, pp. 134 e ss..

792 Cfr. ANABELA M. RODRIGUES, *Op. Cit.*, CEJ, p. 75.

793 Neste sentido GERMANO MARQUES DA SILVA *apud* TERESA BELEZA e outros, *Op. Cit.*, p. 67.

i. a suspensão provisória do processo – art. 281.° do CPP

163. A suspensão provisória do processo[794] é uma inovação do CPP/87. Este instituto preconiza que, apesar de se terem verificado os pressupostos jurídico-criminais da acusação, o MP, assumindo a iniciativa e a condução do processo, propõe ao juiz de instrução a suspensão do processo, desde que o arguido e o assistente não se oponham, que ao caso concreto não se aplique pena de prisão superior a cinco anos, que o arguido não tenha antecedentes criminais, que a ilicitude e a culpa tenham uma intensidade diminuta, que se preveja que o cumprimento de injunções ou regras de conduta realizem as exigências de prevenção e de ressocialização do delinquente.

O legislador permitiu que a tutela de bens jurídicos promovida pelo direito penal pode ser alcançada por meio de medidas de natureza processual, porque "não têm carácter de verdadeiras «penas»"[795], permitindo ao juiz conformar a lei geral e abstracta ao caso concreto, que, em vez de levar o caso a julgamento para aplicação de uma pena, decide-se pela *aplicação de uma medida legal e alternativa*, que não tem natureza de pena criminal[796].

A Reforma de 2007 ampliou, positivamente, o espaço do princípio da oportunidade, ao prescrever que a decisão do MP de suspensão provisória do processo pode ser oficiosa ou pode ser requerida quer pelo arguido quer pelo assistente, conforme nova redacção do n.° 1 do art. 281.° do CPP. Não obstante considerarmos que a suspensão provisória do processo pode ocorrer em qualquer fase, desde que ainda não tenha havido sentença, pensamos que o legislador devia ter ido mais longe e devia ter previsto esta possibilidade para evitar interpretações restritivas do preceito, baseadas no facto de que o titular da fase processual já não é o MP, mas o JIC ou o juiz. Não se pode, todavia, esquecer que o MP continua como titular da acção penal por força do n.° 1 do art. 219.° da CRP.

---

[794] Anabela M. Rodrigues defende que estamos perante um caso de desjudicialização com intervenção. Cfr. Anabela M. Rodrigues, *Op. Cit.*, CEJ, p. 75.

[795] Cfr. Anabela M. Rodrigues, *Op. Cit.*, CEJ, p. 75.

[796] Neste sentido Germano Marques da Silva, *Op. Cit.*, Vol. III, p. 112.

164. O poder conferido ao Ministério Público, nos termos do art. 281.° do CPP de promoção de suspensão provisória do processo, (oficiosamente ou a requerimento do arguido ou do assistente) e com a concordância do JIC, funciona como "um espaço de oportunidade no que à prossecução do exercício da acção penal concerne", oportunidade essa subordinada "a juízos de rigorosa objectividade e imparcialidade"[797]. Não podemos desta forma dizer que existe uma discricionaridade livre, mas sim uma discricionaridade vinculada na qual o MP, como afirma KARL ENGISH, verá a sua decisão ser dirigida a um escopo e resultado tido como único e ajustado, conforme a todas as normas jurídicas, em consonância com "uma cuidadosa consideração de todas as «circunstâncias do caso concreto»"[798].

O art. 281.° do CPP consagra desta forma uma legalidade adequada e aberta a uma realidade que obriga o Ministério Público, analisando o caso concreto, interpretando os pressupostos legais, a optar pela solução mais ajustada à realização dos fins do direito penal e das consequências jurídicas do crime, relevando a prevenção especial.

Procuram-se soluções de oportunidade capazes de proteger os bens jurídicos tutelados pela lei penal e de ressocializar e reintegrar os delinquentes. Se os fins do direito punitivo forem realizados, se realizarem a justiça material, se promoverem os direitos, liberdades e garantias do arguido sem o submeterem a um julgamento, que poderá estigmatizar e proscrever o arguido, pensamos que esta manifestação de oportunidade prossegue melhor os fins do direito e da justiça: o respeito da dignidade da pessoa humana.

Na proposta de alteração legislativa ao CPP, o projecto do Governo chama à materialização do princípio da oportunidade o próprio arguido ao lhe conceder a possibilidade de requerer ao MP a proposta de suspensão provisória do processo, sem afastar a concordância do juiz. Proposta que merece o nosso apoio e que teve consagração no

---

[797] Cfr. FERNANDO J. S. TORRÃO, *Op. Cit.*, pp. 238-239.

[798] Cfr. KARL ENGISH, *Pensamento Jurídico*, Lisboa: Fundação Calouste Gulbenkian, p. 220.

novo n.° 1 do art. 281.° do CPP, prerrogativa que foi alargada ao assistente[799].

ii. o arquivamento em caso de dispensa ou de isenção da pena – art. 280.° do CPP

165. O arquivamento em caso de dispensa ou de isenção de pena não tem a mesma natureza da decisão em sede de julgamento, mas sim uma natureza processual, e apesar de não existir uma decisão de mérito, a decisão de não dedução de acusação e de não prossecução da acção penal pelo MP produz efeitos para além do processo em que a mesma é tomada.

O arguido não pode efectuar a defesa sobre as indiciações de que é suspeito, nem pode impugnar o arquivamento, exceptuando quando a impugnação tiver como fundamento a violação da lei. Logo, ter-se-á, para qualquer efeito, de presumir inocente quanto aos factos que fundamentaram a abertura do inquérito arquivado[800].

A decisão de arquivamento do processo pelo Ministério Público, ao abrigo do art. 280.° do CPP necessita da concordância do juiz de instrução e terá de assentar não só na existência de indícios de que o crime foi praticado, mas também na existência de responsabilidade do arguido, ou seja, caso estes dois pressupostos não se verifiquem o arquivamento do processo terá de ser ao abrigo do art. 277.° do CPP. Para que a decisão do MP possa ser aceite pelo Juiz de Instrução, é preciso que o crime que deu origem ao processo preveja expressamente a possibilidade de dispensa de pena.

---

[799] Promoveu-se a autoresponsabilização e a autoressocialização do arguido, assim como se chama para a realização efectiva da justiça penal o assistente no processo. Quanto à intervenção do JIC na prossecução do instituto *suspensão provisória do processo* e da irrecorribilidade da decisão de não concordância do mesmo, Ac. do STJ de fixação de jurisprudência, de 18 de Novembro de 2009, Proc. n.° 270/09-9YFLSB, consultado em *www.dgsi.pt/jstj.nsf*, no dia 21 de Março de 2010.

[800] Neste sentido GERMANO MARQUES DA SILVA, *Op. Cit.*, Vol. III, p. 109.

166. A iniciativa de arquivamento em caso de dispensa de pena poderá, também, partir do juiz de instrução aquando da existência da dedução da acusação, devendo neste caso existir também concordância do MP. Seguindo GERMANO MARQUES DA SILVA[801], há a realçar que esta decisão não é o mesmo que a condenação, nem absolvição, pois apenas significa que o procedimento se extingue, considerando-se a concordância do Ministério Público como desistência da acção penal.

Mas, havendo já dedução da acusação é necessário que se verifique a concordância do arguido, pressuposto este que permite àquele não deixar que a sua imagem ou que a sua inocência fique por ser decretada em sede de julgamento, evitando-se que fique no ar a questão se *determinada pessoa* cometeu ou não determinado facto. COSTA ANDRADE defende que o arquivamento do processo, sem que exista uma decisão de mérito, após a dedução da acusação, não é eficaz para destruir os efeitos estigmatizantes, manipuladores e adulteradores da imagem e identidade do arguido que a mesma produziu no seio social em que aquele se insere[802].

O arquivamento do processo ao abrigo do art. 280.° do CPP é uma manifestação do princípio da oportunidade por permitir que se evite uma menor estigmatização do arguido, que este não se sujeite à humilhação de uma audiência de julgamento, que não esteja um tempo indefinido à espera que se realize a audiência, que não seja prejudicado na sua vida profissional e particular por um processo que, no final, apesar de ser considerado culpado, o isenta de pena, e permite, também, uma melhor e eficaz ressocialização e reintegração social do arguido[803].

iii. **o processo sumaríssimo – arts. 392.° e ss. do CPP**

167. O CPP/87, inspirado na procura de soluções baseadas no consenso e na oportunidade, inovou ao consagrar o processo sumarís-

---

801 *Ibidem.*

802 Cfr. MANUEL COSTA ANDRADE, *Op. Cit.*, in *CEJ*, p. 337.

803 Cfr. Art. 40.° do CP.

simo[804] como uma forma de processo especial. A reforma de 1998[805] estendeu a natureza desta forma especial de processo aos casos em que ao crime corresponde "pena de prisão não superior a três anos ou só com pena de multa"[806]. A reforma de 2007, operada pela Lei n.° 48/ /2007, de 29 de Agosto, tendo em conta a doutrina na busca de uma justiça penal adequada à celeridade do tempo da pós-industrialidade, ampliou a natureza desta forma especial de processo aos crimes puníveis com "pena de prisão não superior a 5 anos ou pena de multa".

Verificado que esteja o pressuposto da gravidade da pena aplicável (pena de prisão não superior a cinco anos ou pena de multa), o MP, por iniciativa do arguido ou depois de o ouvir, caso entenda que, ao caso concreto, não se deva aplicar pena ou medida de segurança não privativa da liberdade, requer ao tribunal que a aplicação das sanções tenham lugar em processo sumaríssimo. Caso o procedimento dependa de acusação particular, o requerimento do Ministério Público carece da concordância do assistente (n.° 2 do art. 392.° do CPP).

Mas, após a verificação dos pressupostos e da justificação da aplicação das sanções propostas pelo MP o tribunal pode rejeitar o requerimento e reenviar o processo para processo comum, quando verifica que o procedimento é legalmente inadmissível, que o requerimento é manifestamente infundado, ou discorda das sanções propostas por se demonstrarem insuficientes para realizar, adequada e suficientemente, as finalidades da punição, podendo nesta situação propor sanção em espécie e medida diferente, devendo para tal o MP e o arguido concordarem (art. 395.° do CPP). Caso o processo seja reenviado para forma comum, o requerimento do MP equivale à acusação.

---

[804] Sobre o processo Sumaríssimo, Anabela Miranda Rodrigues, "Os processos Sumário e Sumaríssimo ou a Celeridade e o Consenso no Código de Processo Penal", *in RPCC*, Ano 6, 1996, pp. 525 e ss..

[805] Operada pela Lei n.° 59/98, de 25 de Agosto.

[806] O texto anterior estipulava que o processo sumaríssimo se aplicava quando ao caso corresponde *"crime punível com pena de prisão não superior a seis meses, ainda que com multa"* (n.° 1) e ainda *"quando fosse admissível aplicar a medida de segurança de inibição do direito de conduzir"* (n.° 2).

168. O processo sumaríssimo, que procura uma solução consensual e se inspira no princípio da economia processual, assemelha-se à suspensão provisória do processo, sendo necessário para a aplicação da sanção a concordância do Ministério Público, do Juiz, do arguido e, caso seja crime particular, do assistente (arts. 392.° e 397.° do CPP).

A essência e a teleologia do processo sumaríssimo assenta na defesa do respeito pela dignidade de pessoa humana, porque se procura evitar que o arguido vá a uma audiência de um julgamento solene típico de um processo comum, em que os efeitos de proscrição e de estigmatização são mais visíveis e possíveis e na certeza de que os fins do direito punitivo podem ser alcançados: a ressocialização e a reintegração do arguido são atingidas com a sujeição do mesmo a um processo especial que decorre num período de tempo mais célere que o processo comum, promovendo-se assim um dos corolários do princípio da presunção de inocência – a celeridade processual.

A manifestação do princípio de oportunidade verifica-se na análise que o Ministério Público faz ao caso concreto, decidindo que o melhor caminho para que exista um processo justo e eficaz, que não crie revolta e não aceitação da pena por parte do arguido[807] que a aceita como resultado do seu acto violador de uma norma com natureza criminal.

iv. a fixação da competência pelo método da determinação concreta da pena[808] – art. 16.°, n.° 3 do CPP

169. O n.° 3 do art. 16.° do CPP preceitua que o Ministério Público, *se entender que não deve ser aplicada, em concreto, pena de prisão superior a cinco anos*, pode submeter a julgamento em tribunal singular os arguidos em processos a que corresponderia abstractamente

807 A aceitação do arguido exigida pelos artigos 397.°, n.° 1 *ab initio* e 398.°, *ab initio a contrario*, é um dos pressupostos para que o processo prossiga na forma especial.

808 Terminologia dada por Germano Marques da Silva, *Op. Cit.*, 4.ª Edição, Vol. I, p. 181.

pena máxima superior a cinco anos, ficando aquele tribunal obrigado a *não aplicar pena de prisão superior a cinco anos.*

Este preceito, que estava inscrito na Lei n.° 46/86, de 26 de Setembro, como forma de simplificação processual, permitindo uma fixação precária da competência do tribunal, teve uma interpretação do Governo que ultrapassa esse fim, permitindo ao MP "limitar os poderes do tribunal de determinação da medida da pena no caso"[809].

Como salienta GERMANO M. DA SILVA, os n.os 3 e 4 do art. 16.° do CPP são "uma importante manifestação do princípio da oportunidade", ao permitir que o Ministério Público decida, "sem possibilidade de controlo judicial, que a pena a aplicar num caso concreto há-de ser inferior à que é abstractamente prevista na lei"[810]. Esta solução político-legislativa tem levantado a questão da não conformidade dos preceitos com a Constituição por poderem violar os princípios da legalidade, da jurisdição, do juiz natural e, até mesmo, do princípio da igualdade. Mas, a jurisprudência do Tribunal Constitucional – *v. g.*, Ac. TC de 18 de Maio de 1989 e o Ac. TC de 22 de Janeiro de 1991 – tem considerado não existir desconformidade dos preceitos com a Constituição por não existir qualquer violação dos citados princípios.

---

809 *Idem*, p. 182.

810 *Idem*, p. 183.

CAPÍTULO VIII

DO PRINCÍPIO DA OFICIALIDADE

§ 67.° Concepção e evolução histórica

170. O direito penal tutela a protecção de bens jurídicos fundamentais e essenciais ao livre desenvolvimento e à realização da personalidade de cada ser humano, intervindo apenas quando aqueles sofram uma lesão insuportável à vivência comunitária[811], sendo a intervenção do processo penal no sentido de, por um lado, procurar esclarecer o facto qualificado como crime, perseguir e responsabilizar o infractor, e, por outro, como protecção dos inocentes no sentido de que é o barómetro da defesa dos direitos, liberdades e garantias do arguido.

A intervenção penal substantiva, que depende da adjectiva, de um processo crime, levanta a questão de se saber a quem está deferida a

---

[811] Neste sentido JORGE DE FIGUEIREDO DIAS, *Op. Cit.*, (lições coligidas por M. J. ANTUNES), pp. 83-84 e CLAUS ROXIN, *Derecho Procesal Penal*, (Tradução de GABRIELA E. CÓRDOVA e de DANIEL R. PASTOR), Buenos Aires: Editores del Puerto s. r. l., 2000, p. 82. Quanto ao princípio da oficialidade no direito processual criminal alemão, § 152, I, de StPO.

legitimidade para a iniciativa de se investigar a violação de um bem jurídico fundamental da comunidade e a decisão de submeter ou não a julgamento o agente dessa lesão. A iniciativa da promoção processual penal deve pertencer ou não a um ente público ou estadual ou, antes, ao ofendido pela infracção?

171. A evolução do princípio da oficialidade[812] identifica-se com a evolução do próprio Estado, que, nos dias de hoje, assenta em uma "política social preventiva e profiláctica"[813], não podendo "demitir-se do seu dever de perseguir e punir o crime e o criminoso"[814]. A promoção processual dos crimes como tarefa estadual pressupõe, hoje, "o reconhecimento da legitimidade de um poder supra-individual e mesmo, (...), um ponto alto de desenvolvimento das instituições públicas"[815].

Como ensina FIGUEIREDO DIAS, considera-se "o direito penal como direito de «protecção» dos bens fundamentais da comunidade e o processo penal como um «assunto da comunidade jurídica», em nome e no interesse da qual se tem de esclarecer o crime e perseguir e punir o criminoso"[816], pelo qual as legislações na actualidade votam "no sentido de reputar a promoção processual das infracções tarefa fundamental, a realizar oficiosamente e portanto em completa independência da vontade e da actuação de quaisquer particulares"[817], sem que

---

812 Quanto ao princípio em estudo o nosso *Lei e Crime...*, pp. 177 e ss.. Sobre o princípio da oficialidade no processo tutelar educativo, o nosso *Direito de Menores...*, pp. 162 e ss. e ANABELA MIRANDA RODRIGUES e A. DUARTE-FONSECA, *Op. Cit.*, pp. 22 e 444.

813 O direito punitivo, além de procurar proteger bens jurídicos fundamentais ao normal funcionamento da sociedade e ao desenvolvimento do ser humano, tem como finalidade primordial a ressocialização e reintegração na sociedade do agente do crime, conforme se retira do n.º 1 do art. 40.º do CP: *"A aplicação de penas e de medidas de segurança visa a protecção de bens jurídicos e a reintegração do agente na sociedade."*

814 Cfr. JORGE DE FIGUEIREDO DIAS, *Op. Cit.*, (Lições Coligidas), p. 84.

815 *Idem*, p. 85.

816 Cfr. JORGE DE FIGUEIREDO DIAS, *Op. Cit.*, (Clássicos Jurídicos), p. 116.

817 *Ibidem*.

se repudiasse a decisão da promoção penal nos casos dos crimes semi-públicos e particulares.

As sociedades descentralizadas não tinham poder central, o que proporcionava que os conflitos de interesse, relevantes juridicamente, que surgiam entre os seus membros, fossem solucionados quer pelo *acordo voluntário*, quer pela *força*, sendo a reparação da infracção deixada à mercê da *auto defesa* ou da *acção directa* quer por parte do ofendido por parte de um seu familiar[818]. Como podemos imaginar, os poderosos dominavam sempre os mais desprotegidos, existindo uma justiça em que o ilícito predominava sobre o Direito[819].

Quando as sociedades começaram a organizar-se politicamente, centralizando-se, surge o instituto jurídico da *arbitragem*, primeiramente, como facultativo, tinha um árbitro privado e não do Estado. Posteriormente, como obrigatória, a arbitragem passa a ser *pública*, sendo o Estado a fornecê-la, a discipliná-la e a reconhecer-lhe força necessária para se impor[820]. Esta arbitragem pública abrangia, inicialmente, apenas as situações jurídicas que colocam directamente em causa a existência do Estado, tendo-se ampliado até abranger todos os casos jurídicos de relevância penal[821]. Surge, então, a administração da Justiça pelo Estado, que reconhece a qualquer cidadão a faculdade de recorrer aos seus órgãos para a defesa dos seus direitos[822].

172. Há, contudo, a referir que a consagração do monopólio estadual da função jurisdicional[823], como pilar fulcral das sociedades modernas, não exclui totalmente a *autodefesa*, à qual é reconhecida uma admissibilidade excepcional, cujos vértices são limitados pela lei e sub-

---

818 Cfr. JORGE DE FIGUEIREDO DIAS, *Op. Cit.*, (Lições Coligidas), p. 85.

819 Cfr. Capítulo III da Parte I.

820 Cfr. JORGE DE FIGUEIREDO DIAS, *Op. Cit.*, (Lições Coligidas), pp. 85-86.

821 *Ibidem*. Como ensina CLAUS ROXIN, "Com o fortalecimento do Conceito de Estado – (…) – nasce um interesse público na prevenção e repressão dos delitos". Cfr. CLAUS ROXIN, *Op. Cit.*, p. 82.

822 *Ibidem*. Cfr. art. 20.° da CRP.

823 Cfr. art. 202.° da CRP.

jugados à ideia da "impossibilidade de recorrer em tempo útil aos meios coercivos normais, para evitar a inutilização da prática" do direito, conforme preceitua o art. 336.° C. Civil[824].

A promoção processual penal é uma tarefa estadual que deverá ser realizada (*ex officio*) por uma entidade pública (Ministério Público) independente de qualquer vontade e de qualquer actuação dos particulares, não obstante os limites a este princípio[825], e subjugada à isenção, à objectividade e legalidade na sua actuação, conforme artigos 219.° da CRP e 53.° do CPP.

A tarefa em causa impõe-se ao Estado como um dever de investigar, de esclarecer, de perseguir e de julgar os comportamentos desviantes, melhor, os factos que a lei qualifica como crimes. Ao Estado cumpre o dever de administrar e realizar a justiça penal, que também se apresenta como "uma experiência irrenunciável das sociedades modernas" que se cimenta nos valores da realização da justiça, de unidade de Estado e da paz jurídica e social[826].

173. As Ordenações seguiam um «sistema misto», em que coexistia a perseguição *oficiosa* de certas infracções – através da *devassa*, cuja instrução era realizada por um juiz – com a *acção popular*, que seria exercida por aqueles que não fossem inimigos do ofendido, e com a *acção privada*, que poderia ser exercida quer nos crimes de natureza pública, quer nos de natureza particular.

Em 1945, com o DL n.° 35007, de 13 de Outubro, o princípio da oficialidade ganha o alcance que, hoje, o caracteriza, considerando os particulares "como meros auxiliadores (subordinados) do Ministério Público", que passam a ser «assistentes» em vez de partes acusadoras[827].

---

[824] Neste sentido Jorge de Figueiredo Dias, *Op. Cit.*, (Lições Coligidas), p. 86.

[825] Falamos dos crimes semipúblicos e particulares, cujo teor analisamos mais à frente neste capítulo.

[826] Cfr. Jorge de Figueiredo Dias, *Op. Cit.*, (Lições Coligidas), p. 85.

[827] *Idem*, pp. 88-89.

§ 68.° Fundamento do princípio da oficialidade[828]

174. À actual concepção de Estado incumbe a tarefa e o dever de administrar e realizar a justiça penal, permitindo que se retire do livre arbítrio dos particulares a aplicação das reacções penais aos casos concretos, sendo aquela revestida de carácter solene e público[829].

O princípio da oficialidade promove um processo penal público, extinguindo-se a "privatização extrema do processo penal" como fruto do princípio da *acção popular* do direito Romano, apesar de não se ter afastado quer deste instituto quer do instituto de *acusação privada*, que, ainda hoje, funcionam como ponto de partida para a promoção penal quando a natureza do crime não é pública.

175. A oficialidade tem como fundamento a promoção de uma justiça penal isenta de quaisquer arbitrariedades e da influência quer directa quer mediática dos detentores do poder económico, social, religioso e político. A justiça penal tem de se fundar em valores e princípios corolários e enformadores da ideia de justiça: igualdade, imparcialidade[830], independência, liberdade, proporcionalidade, solidariedade, respeito pela personalidade individual, (...).

A iniciativa e a prossecução processual, ao ser cometida a um ente público, o qual tem, sob pena de nulidade, de fundamentar as suas decisões, visa também a transparência do processo, que é público e, necessariamente, se credibiliza, evitando-se que a efectiva aplicação da justiça penal caia no livre arbítrio dos particulares[831]. A arbitrariedade é o trilho para o desmoronamento da sociedade que se edifica em valores e princípios fulcrais como o da justiça, devendo o Estado assu-

---

828 A expressão «oficialidade» provém de WALTHER, 1853, *apud* JORGE DE FIGUEIREDO DIAS, *Op. Cit.*, (Lições Coligidas), p. 87.

829 A função jurisdicional, levada a cabo pelos tribunais portugueses, órgãos de soberania nacional e *com competência para administrar a justiça em nome do povo*, pertence ao Estado sob a égide do poder judicial. Cfr. art. 202.° da CRP.

830 No sentido de que "a Justiça implica *igualdade* e *imparcialidade*", ANTÓNIO BRAZ TEIXEIRA, *Sentido e Valor do Direito*, 2.ª Edição, p. 239.

831 Neste sentido JORGE DE FIGUEIREDO DIAS, *Op. Cit.*, (Lições Coligidas), p. 87.

mir um papel equilibrador e de superação das desigualdades geradas pelo arbítrio.

§ 69.° Do princípio da oficialidade no nosso direito processual penal

176. A oficialidade, que preconiza a iniciativa da investigação da prática ou não de um crime e a prossecução processual, ou seja, a decisão de submeter esse delito ou não a julgamento, por parte do Ministério Público[832], *entidade pública,* está plenamente consagrado no nosso direito processual penal[833].

Ao Ministério Público compete «exercer a acção penal orientada pelo princípio da legalidade» [n.° 1 do art. 219.° da CRP]. O MP tem «legitimidade para promover o processo penal», com as restrições da necessidade de queixa nos crimes semipúblicos e de queixa e acusação particular nos crimes particulares [art. 48.° do CPP]. Cabe, também, ao MP, «no processo penal, colaborar com o tribunal na descoberta da verdade e na realização do direito, obedecendo em todas as intervenções processuais a critérios de estrita objectividade» [n.° 1 do art. 53.° do CPP].

O MP, nos termos do art. 241.° do CPP, «adquire notícia do crime por conhecimento próprio, por intermédio dos órgãos de polícia criminal ou mediante denúncia», competindo-lhe, conforme o art. 51.°, n.° 2 do CPP, «em especial, receber as denúncias, as queixas e as participações e apreciar o seguimento a dar-lhes», nos termos da al. *a*). Cabe, ainda, ao MP «dirigir o inquérito», nos termos da al. *b*) e do art. 263.°[834] do CPP e decidir pela dedução da «acusação e sustentá-la

---

[832] Cfr. art. 119.° da CRP.

[833] Neste sentido Jorge de Figueiredo Dias, *Op. Cit.,* (Lições Coligidas), p. 88. No sentido de que existe uma consagração meramente tendencial do princípio da oficialidade, Costa Pimenta *apud* Jorge de Figueiredo Dias, *Op. Cit.,* (Lições Coligidas), p. 88, nota 9.

[834] O art. 263.° do CPP estipula *que a direcção do inquérito cabe ao Ministério Público, assistido pelos órgãos de polícia criminal* (n.° 1), que *actuam sob a directa orientação do Ministério Público e na sua dependência funcional* (n.° 2).

efectivamente na instrução e no julgamento», nos termos da al. *c*) e do art. 276.°, n.° 1 do CPP[835].

Nos crimes, cuja natureza é pública[836], a iniciativa de investigar e de prosseguir a acção penal pertence *ab initio* ao Ministério Público, detentor de legitimidade para a promoção processual penal, sem que se exclua a hipótese dos ofendidos, aqueles que são os «titulares dos interesses que a lei especialmente quis proteger com a incriminação, desde que maiores de 16 anos», conforme al. *a*) do n.° 1 do art. 68.° do CPP, se constituírem assistentes no processo, podendo quer requerer a abertura da instrução por «factos pelos quais o Ministério Público não tenha deduzido acusação», *ex vi* al. *b*) do n.° 1 do art. 287.° do CPP, quer «também deduzir acusação pelos factos acusados pelo Ministério Público, por parte deles ou por outros que não importem a sua alteração substancial»[837], nos termos do n.° 1 do art. 284.° do CPP.

§ 70.° Das limitações ao princípio da oficialidade

177. O princípio da oficialidade tem limitações[838] derivadas da natureza do crime, que restringe a legitimidade de promoção processual. Nos crime cuja natureza é semipública[839], a iniciativa de investi-

---

835 Sobre o princípio da oficialidade, Jorge de Figueiredo Dias, *Op. Cit.,* (Lições Coligidas), p. 88 e Germano Marques da Silva, *Op. Cit.*, 4.ª Edição, Vol. I, p. 71.

836 O crime é público quando "o Ministério Público promove oficiosamente e por sua própria iniciativa o processo penal e decide com plena autonomia (...) da submissão ou não-submissão da infracção a julgamento", sujeito sempre ao princípio da legalidade. Cfr. Jorge de Figueiredo Dias, *Op. Cit.,* (Lições Coligidas), p. 89.

837 Sobre a alteração substancial dos factos, a al. *f*) do n.° 1 do art. 1.° do CPP estipula que "aquela que tiver por efeito a imputação ao arguido de um crime diverso ou a agravação dos limites máximos das sanções aplicáveis".

838 Neste sentido Jorge de Figueiredo Dias, *Op. Cit.,* (Lições Coligidas), pp. 89 e ss. e Germano Marques da Silva, *Op. Cit.*, 4.ª Edição, Vol. I, p. 72.

839 Jorge de Figueiredo Dias classifica-os de *crimes particulares em sentido amplo. Ibidem.*

gação penal depende da apresentação de queixa por parte do titular *dos interesses que a lei especialmente quis proteger com a incriminação* ou por outras pessoas, conforme estipula o n.° 1 do art. 49.° do CPP e os n.os 1, 2 e 3 do art. 113.° do CP.

A queixa pode ser apresentada pelo titular do direito respectivo, por mandatário judicial ou por mandatário munido de poderes especiais, *ex vi* n.° 3 do art. 49.° do CPP. Quando for apresentada por quem não é o titular do respectivo direito e não seja nem mandatário judicial, nem mandatário munido de poderes especiais, para que a investigação prossiga, é necessário que o titular do mesmo ratifique a queixa.

Mas, existem crimes de natureza particular, aqueles em que o ofendido ou outras pessoas têm necessidade de se queixar, de se constituírem assistentes e deduzirem acusação particular [n.° 1 do art. 50.° do CPP]. Compete ao Ministério Público proceder «oficiosamente a quaisquer diligências que julgar indispensáveis à descoberta da verdade e couberem na sua competência, participa em todos os actos processuais em que intervier a acusação particular, acusa conjuntamente com esta e recorre autonomamente das decisões judiciais», (n.° 2), sendo que a acusação do Ministério Público é facultativa, como se depreende do n.° 3 do art. 285.° do CPP[840].

178. Considera Figueiredo Dias que os crimes semipúblicos são uma limitação ao princípio da oficialidade, na medida em que somente limitam o início da investigação, cabendo ao Ministério Público a decisão, que é autónoma de qualquer decisão do ofendido ou de outras pessoas, de submeter ou não a julgamento a infracção, enquanto que os crimes particulares são uma excepção ao princípio da oficialidade, uma vez que se encontra na esfera do particular a decisão de se investigar ou não o crime e, ainda, a decisão de o submeter ou não a julgamento.

As limitações ao princípio da oficialidade protagonizadas pelos crimes de natureza semipública fundamentam-se na razão de ser e na

---

[840] O n.° 3 do art. 285.° do CPP estipula que: "O Ministério Público pode, nos cinco dias posteriores à apresentação da acusação particular, acusar pelos mesmos factos, por parte deles ou por outros que não importem uma alteração substancial daqueles".

essência da própria conduta desviante, que, apesar de violar bens jurídicos relevantes e fundamentais da comunidade, não atingem directa e imediatamente aquela de tal modo que lhe insira a necessidade da mesma reagir contra o agente da conduta, prevalecendo a sua insignificância e a decisão do arguido de "fazer valer a exigência de retribuição"[841].

A excepção ao princípio da oficialidade visa evitar que se promova um processo "contra ou sem vontade do ofendido *que poderá* ser inconveniente ou mesmo prejudicial para os interesses dignos de consideração, porque estão estreitamente relacionados com a sua esfera íntima e familiar"[842], dando o legislador prevalência aos interesses dos particulares, protegendo-o de vexames e opiniões estigmatizantes e de proscrição.

§ 71.° Conclusão capitular

179. O princípio da oficialidade, além de princípio geral e estruturante do processo penal, ao consignar a pertença da iniciativa e da prossecução penal a uma entidade pública – Ministério Público –, que se deve reger por princípios de legalidade, de isenção, de objectividade, de colaboração com o tribunal na descoberta da verdade e na realização do direito, cujas decisões estão sujeitas a fiscalização hierárquica e judicial, é um garante dos direitos, liberdades e garantias do arguido[843].

Desta feita, o princípio da oficialidade funciona como garante de alcance da paz jurídica concretizada com uma acção penal independente e imparcial, que evita a vingança privada e a violência.

---

841 Cfr. Jorge de Figueiredo Dias, *Op. Cit.*, (Lições Coligidas), p. 90.

842 *Ibidem.*

843 Cfr. artigos 219.° da CRP e 58.° do CPP.

Capítulo IX

DO PRINCÍPIO DA JURISDIÇÃO E DO JUIZ NATURAL

§ 72.° Do princípio da jurisdição ou da garantia judiciária

180. O Estado apresenta-se perante os seus cidadãos como o legítimo agente de intervenção punitiva, cujos vectores e ditames estão delineados e vinculados pela lei que assegura garantias processuais[844] a quem fica privado da sua liberdade, que, ao lado das garantias penais, limitam o próprio poder punitivo em prol das liberdades individuais[845]. O processo penal, como "instituição jurídica e social complexa onde se reflectem necessariamente os valores culturais de um dado momento histórico e as próprias ideologias de poder"[846], é, nos nossos dias, ainda considerado como "forma de realização da

[844] O n.° 1 do art. 32.° da CRP prescreve que *"o processo criminal assegura todas as garantias de defesa"*, o que impõe ao legislador a obrigatoriedade de estipular mecanismos legais e normativos que assegurem essas garantias. Quanto a este princípio o nosso *Lei e Crime...*, pp. 185 e ss..

[845] Neste sentido Luigi Ferrajoli *apud* José Mouraz Lopes, *Garantia Judiciária no Processo Penal,* Coimbra: Coimbra Editora, 2000, p. 21.

[846] Cfr. Germano Marques da Silva, *Curso de Processo...*, 4.ª Edição, Vol. I, p. 25.

jurisdição penal"[847], sendo a jurisdição "a pedra angular do processo penal"[848].

Sabendo-se que se apresenta para a defesa dos homens honestos, o processo penal encerra em si mesmo um conjunto de garantias, desde a *notitia criminis* até que o processo transite em julgado, uma vez que ordena as várias actividades da acusação, da defesa e do tribunal[849], de modo que se concretize a realização da justiça, que não será alcançada se apenas se primordializar a jurisdição, porque poderá criar um desequilíbrio entre os poderes do juiz, da acusação e da defesa[850].

A tutela efectiva dos direitos fundamentais, considerados em uma perspectiva individual e colectiva, como os da dignidade humana, da liberdade, da igualdade e da segurança prossegue-se através do processo penal jurisdicionalizado, obrigando a que o processo se desenvolva segundo uma visão equilibrada e harmonizada nas suas amplitudes *jurídica*, *política* e *social*. Na amplitude *jurídica*, o processo funciona como instrumento de realização do direito objectivo; na *política*, apresenta-se como uma garantia do arguido; e na *social*, consigna um contributo forte para o estabelecimento de uma convivência pacífica da sociedade.

181. O princípio da jurisdição consigna a obrigatoriedade de se ser julgado por um tribunal, tendo os tribunais «competência para administrar a justiça em nome do povo, incumbindo-lhes assegurar a defesa dos direitos e interesses legalmente protegidos dos cidadãos, reprimir a violação da legalidade democrática e dirimir os conflitos de interesses públicos e privados» (n.os 1 e 2 do art. 202.° da CRP), e aplicar definitiva e coercivamente a lei criminal por meio da sentença condenatória, *ex vi* do art. 29.° da CRP.

A intervenção do juiz no processo é um comando imperioso fundado nos princípios da independência e da imparcialidade com que

---

847 *Idem*, p. 51. Cfr. Manuel Cavaleiro de Ferreira, *Curso de Processo...*, Vol. I, pp. 9 e ss..

848 *Ibidem.*

849 Neste sentido Germano Marques da Silva, *Op. Cit.*, 4.ª Edição, Vol. I, p. 52.

850 *Ibidem.*

o mesmo deve patentear a sua postura jurisdicional, bebendo de um órgão do Estado a possibilidade de investigar, de acusar e de julgar[851], porque apesar do Ministério Público ser considerado autoridade judiciária [al. *b*) do n.° 1 do art. 1.° CPP], não pode "ser entendida como magistratura capaz de sustentar o conceito de suporte de «garantia judiciária»"[852], uma vez que, por razões da sua "estrutura constitucional e legal"[853], ainda não está resolvida a questão da equiparação desta magistratura à habilitada *por lei a exercer funções judiciárias*, conforme n.° 3 do art. 5.° da CEDH[854].

A jurisprudência do Tribunal Europeu dos Direitos do Homem (TEDH) tem defendido que o Ministério Público será somente considerado como magistratura independente e imparcial para efeitos da garantia judiciária aludida pelos artigos 5.° e 6.° da CEDH[855], caso os magistrados do Ministério Público não cumulem funções[856].

A jurisdicionalização do processo preconiza, desta forma, uma concepção capaz de legitimar a independência do poder judicial, sendo a mais garantistica concretização da defesa dos direitos fundamentais, uma vez que, como afirma FERRAJOLI, "o juiz não é propriamente um

---

851 Neste sentido JOSÉ MOURAZ LOPES, *Op. Cit.*, p. 25.

852 Cfr. JOSÉ MOURAZ LOPES, *Op. Cit.*, p. 23.

853 *Ibidem.*

854 O n.° 3 do art. 5.° da CEDH prescreve que:

"Qualquer pessoa presa ou detida nas condições previstas no parágrafo 1, alínea *c*), do presente artigo deve ser **apresentada imediatamente a um juiz ou outro magistrado habilitado pela lei para exercer funções judiciais** e tem direito a ser julgado num prazo razoável ou posta em liberdade durante o processo. A colocação em liberdade pode estar condicionada a uma garantia que assegure a comparência do interessado em juízo".

Negrito nosso.

855 A 1.ª parte do n.° 1 do art. 6.° da CEDH prescreve que:

"Qualquer pessoa tem direito a que **a sua causa** seja **examinada** equitativa e publicamente, num prazo razoável **por um tribunal independente e imparcial, estabelecido pela lei**, o qual decidirá, quer sobre a determinação dos seus direitos e obrigações de carácter civil, quer sobre o fundamento de qualquer acusação em matéria penal dirigida contra ela".

Negrito nosso.

856 Cfr. JOSÉ MOURAZ LOPES, *Op. Cit.*, p. 23.

órgão do Estado-aparelho, *sendo* de certo modo um contra-poder, no duplo sentido de que será encarregado do controlo da legalidade sobre certos actos inválidos e sobre actos ilícitos, e portanto sobre violações, de onde quer que provenham, dos direitos do cidadão"[857].

182. O princípio da jurisdição está intimamente ligado à concepção de juiz imparcial, que apenas se preocupa com a realização da justiça[858]. Nesta perspectiva, o juiz funciona como barómetro independente[859] que assegura a efectivação das garantias, dos direitos e da liberdade do arguido. O juiz está, como afirma o MOURAZ LOPES, "munido do múnus de independência e imparcialidade" capaz de lhe permitir "assumir plenamente o papel de garante último dos direitos, liberdades e garantias do cidadão"[860].

Como ensina GERMANO M. DA SILVA, "o juiz tanto cumpre a sua função quando condena como quando absolve, desde que o faça em estrito cumprimento da lei, *i. e.*, com justiça", devendo a actividade jurisdicional ser uma presença garantística na defesa inequívoca e primordial dos direitos do cidadão, uma vez que é "através do exercício individual dos direitos fundamentais *que* se realiza um processo de liberdade *como* elemento essencial da democracia"[861].

183. Na fase de inquérito, em que o *dominus* é o Ministério Público [*ex vi* n.° 1 do art. 263.° do CPP], o princípio da jurisdição do processo, como *pedra angular do processo penal*[862], impõe que, sempre que estejam em causa actos que se *prendam directamente com direitos fundamentais* [*in fine* do n.° 4 do art. 32.° da CRP], como *p. e.* o pri-

---

[857] LUIGI FERRAJOLI *apud* JOSÉ MOURAZ LOPES, *Op. Cit.*, p. 25. Itálico nosso.

[858] Neste sentido GERMANO MARQUES DA SILVA, *Op. Cit.*, 4.ª Edição, Vol. I, pp. 52 e 53.

[859] No sentido de que o juiz independente é garante da expressão e da tutela da liberdade, que está na lei, legitima e devidamente promulgada, D. ANTÓNIO FERREIRA GOMES, "A sociedade e o Trabalho: Democracia, Sindicalismo, Justiça e Paz", *in Direito e Justiça*, Vol. I, 1980, p. 14.

[860] Cfr. JOSÉ MOURAZ LOPES, *Op. Cit.*, p. 23.

[861] Cfr. HABERLE *apud* JOSÉ MOURAZ LOPES, *Op. Cit.*, p. 24.

[862] Cfr. GERMANO MARQUES DA SILVA, *Op. Cit.*, 4.ª Edição, Vol. I, p. 51.

meiro interrogatório de arguido detido, a aplicação de medida de coacção ou a autorização de busca domiciliária[863], esses actos sejam da estrita competência do juiz de instrução, independente e imparcial quanto às investigações.

Promove-se, assim, a defesa dos direitos, liberdades e garantias fundamentais do arguido, face ao poder estatal de investigação, através de uma função jurisdicional, desempenhada pelo juiz de instrução, que em nada é pequena, sendo a existência daquele um factor positivo imprescindível na defesa das garantias do arguido[864]. Nesta linha de pensamento, o CPP/87 consagrou a "jurisdicionalização de todas as medidas instrutórias que directamente contendam com as liberdades e garantias das pessoas"[865], característica angular imutável com as diferentes alterações do CPP.

184. O juiz apresenta-se como um *contra-poder* que visa limitar e, sobretudo, evitar quaisquer violações dos direitos fundamentais do cidadão, pois são estes e o seu exercício que legitimam o direito e a política que integram a essência da democracia, uma vez que deixam o ambiente da metáfora para se edificarem como elementos essenciais, fulcrais e fundadores não só do Estado, mas também do ordenamento democrático[866].

Contudo, realçamos a questiúncula sobre o alcance e conteúdo do comando constitucional ao consagrar, no n.º 4 do art. 32.º[867], que *toda a instrução é da competência de um juiz.*

---

863 Cfr. artigos 268.º e 269.º do CPP.

864 Neste sentido GOMES DIAS no debate realizado pelo Sindicato dos Magistrados do Ministério Público, em 1981, sobre o tema *"A Revisão Constitucional e o Processo Penal" apud* TERESA BELEZA e FREDERICO ISASCA, *Direito Processual Penal – Textos*, Lisboa: AAFDL, 1992, p. 70.

865 Cfr. FIGUEIREDO DIAS, no debate realizado pelo SMMP, sobre o tema *"A Revisão Constitucional e o Processo Penal" apud* TERESA BELEZA e FREDERICO ISASCA, *Direito Processual Penal – Textos*, Lisboa: AAFDL, 1992, p. 86.

866 Neste sentido, FERRAJOLI e PERFECTO IBANEZ *apud* JOSÉ MOURAZ LOPES, *Op. Cit.*, p. 24.

867 Sobre a Problemática em questão, o debate realizado pelo SMMP, sobre o tema *"A Revisão Constitucional e o Processo Penal" apud* TERESA BELEZA e FREDE-

O alcance e conteúdo do termo instrução, na versão original da CRP, consignava que a *instrução preparatória* e a *instrução contraditória* seriam da competência de um juiz. Neste sentido, ao Ministério Público estaria subtraída a competência para a primeira fase do processo que lhe fora atribuída pela reforma do processo penal operada pelo DL n.° 35 007 de 13 de Outubro de 1945[868].

Nesta diáspora, vozes houve que defenderam que a Constituição deveria descrever os actos materiais do juiz de instrução, ao que Figueiredo Dias contrapunha afirmando que tal solução violava o sentido perceptivo e programático dos comandos constitucionais, que devem conter "uma configuração plástica que *lhes* permita moldar-se às novas aquisições éticas, aos novos conhecimentos que vamos adquirindo e ao afinamento que vamos demonstrando" e, se tal acontecesse, "impediria a feitura de um novo código processual penal verdadeiramente moderno, eficaz e virado ao futuro"[869].

No mesmo sentido, Gomes Dias[870] afirma que a Constituição, quanto ao n.° 4 do art. 32.°, "deixou grande espaço de manobra ao legislador ordinário para definir, com clareza e objectividade, (...) o que é a instrução e quais os meios de que pode socorrer-se a entidade instrutora na tarefa de indagação dos factos", o que se verificou como o CPP/87 que restringiu o "conceito de instrução à antiga instrução

rico Isasca, *Direito Processual Penal – Textos*, Lisboa: AAFDL, 1992, pp. 8 e ss.; Germano Marques da Silva, "Da inconstitucionalidade do Inquérito Preliminar", *in Direito e Justiça*, Vol. I, 1980, pp. 179 e ss., "Princípios gerais do Processo Penal e a Constituição da República Portuguesa", *in Direito e Justiça*, Vol. III, 1987/88, pp. 169 a 171, *Do Processo Penal Preliminar,* pp. 29 e ss., *Curso de Processo Penal,* 4.ª Edição, Vol. I, pp. 53 e 54.

868 Neste sentido J.J. Gomes Canotilho e Vital Moreira, *Op. Cit.,* 3.ª Edição, 1993, p. 205 e Germano Marques da Silva, "Da inconstitucionalidade do Inquérito Preliminar", *in DJ*, Vol. I, pp. 179 e ss., "Princípios gerais do Processo Penal e a Constituição da República Portuguesa", *in DJ*, Vol. III, pp. 169 a 171, e *Op. Cit.,* 4.ª Edição, Vol. I, p. 53; Figueiredo Dias *apud* Teresa Beleza e Frederico Isasca, *Op. Cit.,* Lisboa: AAFDL, 1992, p. 86.

869 Cfr. Figueiredo Dias *apud* Teresa Beleza e Frederico Isasca, *Op. Cit.,* pp. 74 e 24.

870 *Idem,* pp. 65 e 66.

contraditória", ficando o inquérito sob a direcção do Ministério Público, coadjuvado pelos Órgãos de Polícia Criminal, regressando-se desta feita à situação pré-constitucional[871].

185. O alcance e conteúdo de instrução, como afirma GERMANO M. DA SILVA, acolhe, hoje, o sentido de "garantia processual de salvaguarda dos direitos do arguido ao esclarecimento dos factos, com a sua participação, em ordem à decisão de o submeter a julgamento"[872], ou seja, o juiz de instrução surge como "controlo judicial efectivo, real e apertado dos actos que se revelem danosos ou perigosos para os direitos dos arguidos e que sejam praticados por entidades não judiciais nas fases anteriores"[873], promovendo deste modo o gozo de protecção de um juiz quanto actos que ponham em causa os direitos constitucionalmente garantidos.

A ideologia da jurisdicionalização *ab initio*, estando o escalpelizar da notícia do crime sob a actividade de um juiz, poderia conduzir a um ímpeto imediato e directo da luta contra a criminalidade, o que certamente iria afectar a imparcialidade, a independência e a ponderação do caso concreto em sede de julgamento – *i. e.*, a serenidade de julgar –, pondo-se também em causa a própria estrutura acusatória do processo mitigada pelo princípio da investigação.

Pensamos que o legislador ordinário português, ao conferir à jurisdição, na fase do inquérito, uma função de garantia de defesa dos direitos fundamentais do cidadão, visou evitar a quebra dos princípios inerentes a um processo que se quer que realize a justiça, sendo que o juiz de instrução funciona como uma "válvula" de segurança e "capaz de aguentar o poder que efectivamente deve ser conferido aos tribunais"[874].

---

871 Cfr. GOMES CANOTILHO e VITAL MOREIRA, *Op. Cit.*, 3.ª Edição, p. 205.

872 Cfr. GERMANO MARQUES DA SILVA, *Op. Cit.*, 4.ª Edição, Vol. I, p. 53.

873 Cfr. JORGE DE FIGUEIREDO DIAS *apud* TERESA BELEZA e FREDERICO ISASCA, *Op. Cit.*, p. 26.

874 Cfr. ALVES CARDOSO *apud* TERESA BELEZA e FREDERICO ISASCA, *Op. Cit.*, p. 62.

§ 73.° Do princípio do juiz natural ou legal

186. A génese do princípio do juiz natural terá sido a lei francesa de Agosto de 1790 que organizou a actividade judiciária e que tinha como fim evitar que o rei se imiscuísse nas questões judiciais e garantir aos súbditos tribunais que fossem imparciais[875]. A sua manifestação contemporânea encontra-se no art. 25.° da Constituição italiana de 1947[876] e no art. 101.° da alemã de 1949[877]. De qualquer um dos textos resulta que se verificou a necessidade de proibir os tribunais extraordinários ou especiais.

A Comissão Internacional de Juristas, em 1959, demonstrava também a sua preocupação quanto aos perigos que poderiam advir da criação de tribunais de excepção competentes para conhecer de certos assuntos particulares ou de certas categorias de assuntos, pois a um tribunal *ad hoc* não se pode ter garantias que actue com independência[878-879].

Em Portugal, o princípio ganha consagração com a Carta Constitucional de 1826, prescrevendo esta, no seu art. 145.° que "a inviolabilidade do Direitos Civis e Políticos dos Cidadãos Portugueses, que tem por base a liberdade, a segurança individual e a propriedade, é garantida pela Constituição do reino, pela maneira seguinte: § 10.° Ninguém será sentenciado senão pela Autoridade competente, por virtude de Lei anterior, e na forma por ela prescrita".

Este princípio encontra-se expresso actualmente no art. 209.°, n.° 4 da CRP, estipulando este que "sem prejuízo do disposto quanto

---

875 Neste sentido, GERMANO MARQUES DA SILVA, *Op. Cit.*, 4.ª Edição, Vol. I, p. 55.

876 O art. 25.° da Constituição italiana de 1947 prescrevia o seguinte: *"Ninguém pode ser subtraído ao juiz natural preconstituido por lei"*.

877 O art. 101.° da Constituição alemã de 1949 prescrevia que: *"1. É vedada a instituição de tribunais de excepção. Ninguém pode ser subtraído ao seu juiz legal"*.

878 Cfr. GERMANO MARQUES DA SILVA, *Op. Cit.*, 4.ª Edição, Vol. I, p. 55, nota 3.

879 Foi precisamente a criação do Tribunal Internacional *ad hoc* para julgar os crimes praticados na Segunda Grande Guerra que esteve na origem desta tomada de posição da Comissão Internacional de Juristas.

aos tribunais militares, é proibida a existência de tribunais com competência exclusiva para o julgamento de certas categorias de crimes". Estando a proibição de tribunais extraordinários consagrada pelo art. 209.°, n.° 4 da CRP, a norma do art. 32.°, n.° 9 da CRP deverá ser interpretada com um alcance diferente, apesar deste só se atingir quando interligado com o preceituado no n.° 4 do art. 209.° da CRP[880].

187. O direito internacional não ficou alheio à problemática da necessidade da existência de tribunais que se prendessem e se enraizassem em princípios de independência, de imparcialidade, e cuja competência fosse estabelecida por lei.

A DUDH, no seu artigo 10.° – Garantias da função jurisdicional –, consagra que "toda a pessoa tem direito, em plena igualdade, a que a sua causa seja equitativa e publicamente julgada por um tribunal independente e imparcial que decida dos seus direitos e obrigações ou das razoes de qualquer acusação em matéria penal que contra ela seja deduzida".

A CEDH, no n.° 1 do art. 6.°, dispõe que "qualquer pessoa tem direito a que a sua causa seja examinada equitativa e publicamente, num prazo razoável por um tribunal independente e imparcial, estabelecido pela lei, o qual decidirá, quer sobre a determinação dos seus direitos e obrigações de carácter civil, quer sobre o fundamento de qualquer acusação em matéria penal dirigida contra ela".

Princípio não esquecido pelo PIDCP, que, no n.° 1 do art. 14.°, prescreve que "todas as pessoas têm direito a que a sua causa seja ouvida equitativa e publicamente por um tribunal competente, independente e imparcial, estabelecido pela lei, que decidirá quer do bem fundado de qualquer acusação em matéria penal dirigida contra elas, quer das contestações sobre os seus direitos e obrigações de carácter civil".

188. O princípio do *juiz natural ou legal,* que se encontra consagrado constitucionalmente no n.° 9 do art. 32.° da CRP, prescrevendo

---

880 Neste sentido, GERMANO MARQUES DA SILVA, *Op. Cit.,* 4.ª Edição, Vol. I, p. 55.

que *nenhuma causa pode ser subtraída ao tribunal cuja competência esteja fixada em lei anterior*, consigna que o tribunal competente para o julgamento terá de ser predeterminado por lei, proibindo-se desta feita a "criação de tribunais *ad hoc* ou a atribuição da competência a um tribunal diferente do que era legalmente competente à data do crime"[881], ou seja, o preceito constitucional evita que se designe arbitrariamente um juiz ou um tribunal para julgar um caso específico, cujo conteúdo procurou "inconstitucionalizar a existência de tribunais de excepção em matéria criminal, bem como impedir quaisquer violações ao princípio do juiz natural"[882].

O princípio do juiz legal, que inclui todos os juízes que são chamados a participar numa decisão, valendo assim para todos os juízes, quer de instrução, quer dos colectivos, quer dos tribunais singulares, impõe que as normas processuais e orgânicas detenham "regras que possam estipular o tribunal que há-de intervir em cada caso em atenção a critérios objectivos"[883]. Estas normas serão as balizas da inadmissibilidade de qualquer possibilidade de que, para um caso concreto, haja determinação do tribunal ou tribunais competentes.

Em matéria criminal dos tribunais judiciais, o art. 211.° da CRP garante a exclusividade da jurisdição, sendo que o art. 203.° da CRP consagra a independência e a sujeição à lei dos tribunais aos quais incumbe *administrar a justiça em nome do povo, assegurar a defesa dos direitos e interesses legalmente protegidos dos cidadão reprimir a violação da legalidade democrática e dirimir os conflitos de interesses públicos e privados*, nos termos do art. 202.° da CRP. Contudo, é preciso que se assegure a imparcialidade dos juízes, podendo a mesma ser alcançada pela predeterminação, através de lei, "de critérios objectivos gerais de repartição de competência"[884].

---

881 Cfr. Gomes Canotilho e Vital Moreira, *Op. Cit.*, 3.ª Edição, p. 207. Neste sentido, Germano Marques da Silva, *Op. Cit.*, 4.ª Edição, Vol. I, p. 54.

882 Cfr. Jorge de Figueiredo Dias *apud* Teresa Beleza e Frederico Isasca, *Op. Cit.*, p. 22.

883 Cfr. Germano Marques da Silva, *Op. Cit.*, 4.ª Edição, Vol. I, p. 54.

884 *Idem*, p. 55.

189. Gomes Canotilho e Vital Moreira[885] defendem que, ao princípio do juiz natural ou legal, estão subjacentes três princípios:

α. o da "exigência da *determinabilidade*" (que consiste em leis gerais inequivocamente predeterminarem os juízes que devem decidir sobre um caso concreto);
β. o da "*fixação de competência*" (que impõe a obrigatoriedade de se observar as competências "decisórias legalmente atribuídas ao juiz e a aplicação dos preceitos que de forma mediata ou imediata são decisivos para a determinação do juiz da causa");
γ. e o de "observância das determinações de procedimento referentes à *divisão funcional interna*" (o que implica a existência "de um plano de distribuição de processos".

Germano M. da Silva[886], no mesmo sentido, afirma que só através da lei se conseguem demarcar os critérios objectivos que repartam a competência para os processos em concreto, ou seja: só por lei se pode "instituir o juiz e fixar-lhe a competência" e essa lei terá de ser anterior à ocorrência do facto que, naturalmente, será o objecto do processo.

A interpretação deste princípio jamais poderá ser um entrave "a qualquer reforma da organização judiciária, o que em uma interpretação estreita do preceito constitucional conduziria à necessidade de períodos de transição muito longos, em razão dos prazos de prescrição do procedimento criminal, o que seria de todo inexplicável e inconveniente à dinâmica do sistema"[887].

Se, por um lado, hoje, "ninguém admitiria discutir em tribunal os seus direitos sem a garantia de um juiz legal, independente", por outro lado, a independência, a imparcialidade dos juízes e dos tribunais só será assegurada desde que não se criem, após a prática do facto, tribu-

---

885 Cfr. Gomes Canotilho e Vital Moreira, *Op. Cit.*, 3.ª Edição, p. 207.
886 Cfr. Germano Marques da Silva, *Op. Cit.*, 4.ª Edição, Vol. I, p. 57.
887 *Ibidem.*

nais de excepção, ou de definição individual de competência, provocando uma discricionaridade que corroeria a justiça e a igualdade de direitos entre os cidadãos que determina que aquela seja independente e imparcial para todos[888].

[888] Neste sentido, GERMANO MARQUES DA SILVA, *Op. Cit.*, 4.ª Edição, Vol. I, pp. 57 e 58.

Capítulo X

DO PRINCÍPIO DA LIBERDADE

SUMÁRIO: § 74.° Considerações gerais

§ 75.° Manifestações do princípio da liberdade no código de processo penal português

a. primado da liberdade individual

b. estrutura acusatória do processo

c. presunção de inocência

d. princípio do contraditório

e. princípio da jurisdição

f. princípio da lealdade

g. identificação e determinação do objecto do processo

§ 74.° Considerações gerais

190. A liberdade, como conjunto complexo de direitos e de deveres que os homens e as suas instituições definem e proclamam, apresentase-nos também como realidade inerente ao ser humano que, como nos ensina o sábio grego Aristóteles[889], detém o sentido do que é justo e injusto e constrói no seu intelecto e na sua materialidade uma concepção de justiça sedimentada em critérios de equidade[890], que per-

---

889 Aristoteles *apud* John Rawls, *Uma Teoria da Justiça*, (Tradução de Carlos Pinto Correia), Lisboa: Editorial Presença, 1993, p. 197.

890 Sobre as teorias da justiça veja-se António Braz Teixeira, *Sentido e Valor do Direito*, 2.ª Edição, Lisboa: INCM, 2000, pp. 223 e ss.

mitirá a edificação de um caminho adequado e equilibrado entre o dogma e a intolerância, fomentando um reducionismo que promova uma visão de mera preferência entre a religião e a moral.

Como princípio, inerente a um Estado de direito democrático, a liberdade, sendo um direito natural de todo ser humano que se realiza no seu próprio pensar e age livremente no mundo, que, como ser livre e pessoal, deve exigir "a consagração legal de tudo o que seja indispensável para a realização de cada homem"[891]. Nesta linha de pensamento afirmamos que a liberdade apenas se concretiza quando a justiça, como "insubstancial que de nada depende mas do qual, no mundo jurídico, tudo depende", se enraíza em princípios como os da igualdade e da imparcialidade.

O Homem encontra-se quando o princípio da liberdade é rebocado e reforçado com os princípios da ordem, da paz, do respeito pela personalidade individual, da solidariedade, da segurança, funcionando todos em coexistência intrínseca e harmoniosa como se de corolários simultâneos se tratassem.

Hoje, como nos ensina Germano M. da Silva, o "princípio da liberdade como regra na pendência do processo até à condenação é sacrificado pela ampla admissão de medidas de coacção privativas da liberdade ou fortemente restritivas da liberdade e que perdem o seu carácter de excepcionalidade, justificado por necessidades de investigação pela coacção ou são aplicadas para satisfação da opinião pública veiculada pelos media quando não pelos mesmos construída para satisfação e conquista do seu público ávida de escândalos"[892].

No plano do direito, como ensina Hassemer[893], pensamos antecipadamente na liberdade dos outros e que essa mesma liberdade é condição (se bem que transcendental) da possibilidade não só de uma comunicação humana, mas também de qualquer comunicação intrapessoal, o que nos conduz a considerá-la como um princípio e um valor supremo inerente à pessoa humana.

---

891 *Idem*, p. 210.

892 Cfr. Germano Marques da Silva, "O direito penal em mudança", *in O Direito Contemporâneo em Portugal e no Brasil*, Coimbra: Almedina, 2003, p. 291.

893 Cfr. Winfried Hassemer, *História das Ideias Penais…*, pp. 99 e ss..

A liberdade, por sua vez, apresenta-se à POLÍCIA como meta a defender e a alcançar como se lhe impõe constitucionalemente – art. 272.° da CRP – devendo promover todos os actos atinentes a esse cumprimento *ex vi* do art. 3.° conjugado com o art. 18.°, n.° 1 da CRP.

191. A liberdade é, indubitavelmente, um direito natural, um valor, um ideal, mas também é um princípio que deve ser cultivado de modo que cada sujeito de direitos e de deveres possa autodeterminar-se, escolher voluntária e espontaneamente, ausente de quaisquer interferências na procura incessante de realização de necessidades e do seu ideal de crescimento e desenvolvimento no seio comunitário.

Mas, a liberdade não pode ser circunscrita ao campo privado, ao campo da política, da moral, das ideias, da acção, da palavra, do culto (...). A liberdade, como princípio, tem de ser pública na qual todos os cidadãos se revejam e se sintam membros, na qual participam activamente e para a qual dirigem os seus intentos éticos, morais e religiosos.

A natureza pública da liberdade, que deve partir do interior e estar sedimentada na liberdade privada, preconiza-se em dois vectores: o negativo e o positivo. O sentido negativo consubstancia a proclamação da liberdade face ao poder do estado, cuja estrutura de funcionamento, quer seja económica, quer seja judicial, quer seja política, jamais poderá restringir aquela sem fundamento enraizado na própria essência da liberdade face à restrição. A restrição de direitos, liberdades e garantias, como o art. 18.° da CRP consagra, deve estar expressamente prevista na Constituição (1.ª parte do n.° 2 do art. 18.° da CRP)[894]. A restrição deve salvaguardar outros direitos ou interes-

[894] Concordamos com a tese de que "a admissibilidade da restrição **à liberdade terá de encontrar no texto constitucional** *expressão suficiente e adequada* (parecendo de admitir, porém que a previsão não necessita de ser *directa* para ser *expressa*)". Cfr. GOMES CANOTILHO e VITAL MOREIRA, *Constituição da República...*, 2.ª Edição, 1.° Vol., pp. 167 e ss.. O negrito é nosso. JORGE MIRANDA defende que estamos perante o princípio da tipicidade das restrições autónomas dos direitos, liberdades e garantais. Cfr. JORGE MIRANDA, "O Regime dos Direitos, Liberdades e Garantias", *in Estudos Sobre a Constituição*, Lisboa: Livraria Petrony, 1979, 3.° Vol., p. 81.

ses constitucionalmente protegidos (*in fine* do n.° 2 do art. 18.° da CRP)[895]. Deve limitar-se ao estritamente necessário e mostrar-se apta para o efeito (2.ª parte do n.° 2 do art. 18.° da CRP)[896]. Aquela não pode aniquilar a liberdade diminuindo a extensão e o alcance essencial do seu conteúdo (*in fine* do n.° 3 do art. 18.° da CRP)[897].

A privação da liberdade terá de se cimentar na própria essência de liberdade[898] de outros e nunca na salvaguarda de princípios de autoritarismo estatal. No modelo inquisitório a verdade material pura e crua era o fim único e exclusivo, mas no modelo de estrutura acusatória a dignidade humana é o fim único, cuja realização depende da defesa da própria liberdade individual face aos poderes do estado, que, muitas das vezes, se arrogam da prossecução do interesse público como forma de justificar o injustificável. Neste plano, a defesa desenvolve-se e efectiva-se através de instrumentos jurídicos supra legais e ordinários,

---

[895] Este pressuposto significa que a restrição da liberdade não pode ser desmotivada, de forma gratuita e arbitrária, sendo necessário que esse direito ou interesse que se invoca tenha uma adequada e suficiente expressão constitucional, como acontece com os interesses de *segurança interna* (art. 272.°) e de *defesa nacional* (art. 273.°). Neste sentido Gomes Canotilho e Vital Moreira, *Op. Cit.*, 2.ª Edição, 1.° Vol., pp. 169 e 170.

[896] A restrição do exercício da liberdade tem de encarnar o *princípio da proporcionalidade* ou *princípio da proibição do excesso*, cujo alcance depende do íntegro respeito dos seus corolários: o *princípio da adequação* para a prossecução dos fins visados; o *princípio da exigibilidade*, as medidas restritivas da liberdade devem ser exigíveis (*a fortiori* art. 29.°, n.° 2 da DUDH), porque são o meio mais eficaz e menos oneroso para liberdade; o *princípio da proporcionalidade em sentido restrito*, em que os meios legais restritivos e os fins obtidos situam-se numa justa e proporcionada medida. Neste sentido Gomes Canotilho e Vital Moreira, *Op. Cit...*, 2.ª Edição, 1.° Vol., pp. 170 e 171. Cfr. Jorge Miranda, *Op. Cit...*, 3.° Vol., p. 82 e o art. 18.° da CEDH.

[897] No equacionamento da problemática do conteúdo essencial de um direito em confronto com outro bem, jamais a ponderação poderá levar à *aniquilação* de quaisquer direitos fundamentais, que são *bens jurídicos objectivos*. Neste sentido Gomes Canotilho e Vital Moreira, *Op. Cit...*, 2.ª Edição, 1.° Vol., p. 172. Cfr. Jorge Miranda, *Op. Cit...*, 3.° Vol., p. 82.

[898] Neste sentido John Rawls, que afirma que "os argumentos para a restrição da liberdade decorrem do próprio princípio da liberdade", [Cfr. *Op. Cit.*, p. 195].

desde diplomas internacionais, passando pela Constituição da República e pela legislação ordinária interna.

A liberdade no sentido positivo reveste a defesa do cidadão[899] face a agressões e ameaças dos demais membros da comunidade. A sua efectivação depende da vontade de estruturação e organização do Estado que se manifesta na criação não só de uma defesa material dessa liberdade, desenvolvida e exercida pelas forças de segurança, pelos tribunais, mas também e necessariamente na criação de um espírito de serviço público por parte daquelas que devem actuar de acordo com os instrumentos jurídicos em vigor no nosso ordenamento jurídico.

192. O Estado ao legislar autolimita-se de modo que se legitime perante os seus súbitos, pois estes não verão com bons olhos a restrição da sua liberdade em prol de interesses muitas das vezes recheados de receitas milagrosas e de promessas de eficácia na protelação da liberdade face aos demais cidadãos e ao próprio Estado.

O processo penal, como nos ensina JEAN LARGUIER, é um instrumentos jurídico imbuído e edificado segundo o primado da liberdade do cidadão. O nosso código de processo penal é o reflexo da busca humana que procura assegurar *todas as garantias de defesa*[900] ao arguido, que, na defesa da sua liberdade, que pressupõe também a sua segurança e defesa perante os demais e o poder estadual, se reflecte puramente na presunção de inocência até transito em julgado, na celeridade processual, na assistência de defensor, na obrigatoriedade do juiz de instrução intervir sempre que da acção policial ou judicial possam resultar ofensas aos direitos fundamentais, na contraditoriedade do debate instrutório e da audiência de julgamento, na nulidade das provas obtidas com violação dos princípios democrático e da lealdade, que violam a integridade moral do arguido, que o conduzem ao erro e ao crime.

---

[899] A defesa e a garantia da liberdade do cidadão deve ser promovida pela Polícia, cujos actos se apresentam como garantia dos direitos do cidadão.

[900] Cfr. art. 32.°, n.° 1 da CRP.

A consagração da natureza excepcional da prisão preventiva é, inequivocamente, uma manifestação de que o legislador constitucional procurou sedimentar o processo penal numa estrutura de defesa dos inocentes e dos homens honestos com base no princípio da liberdade.

O processo penal português coloca acima da verdade material a dignidade da pessoa humana que se alcança se aquele promover o respeito pelo princípio sagrado da liberdade individual em detrimento dos fins de segurança material (paz, ordem e tranquilidade públicas) e jurídica.

O art. 27.° da CRP consagra a liberdade não apenas como direito, mas como valor e princípio a defender e a cultivar por todos os operadores da justiça, a mais que a sua privação dependerá de *sentença judicial condenatória,* mas a mesma terá de se fundar na *prática de acto punido por lei com pena de prisão ou de aplicação judicial de medida de segurança.* Mas, a disposição legal que declare o acto punível terá de ser anterior à prática do mesmo, conforme consagra o n.° 1 do art. 29.° da CRP e o art. 1.° do CP. Os princípios da legalidade, da tipicidade e da não retroactividade da lei penal são corolários consequentes do princípio da liberdade[901].

JOHN RAWLS afirma que "a existência de mecanismos penais eficazes constitui a garantia que os sujeitos dispõem face aos seus semelhantes"[902]. Não destronando esta afirmação, acrescentamos que essa garantia se deve efectivar mais fortemente face aos poderes do Estado, principalmente quando estamos no campo criminal em que o exercício da liberdade está mais fortemente limitado e condicionado, devendo esta liberdade 'menor' ser melhor protegida de modo que se transforme numa efectiva realidade.

A Constituição da República Portuguesa, nos artigos 27.°, 28.°, 29.°, 30.°, 31.°, 32.° e 33.°, procurou incutir no espírito do legislador, do interprete e do aplicador da lei o sentido de que **o princípio da**

---

[901] Como afirma JOHN RAWLS, "ao aplicar o princípio da legalidade, devemos ter em mente a totalidade dos direitos e deveres que definem as liberdades e ajustar em conformidade as exigências respectivas". Cfr. JOHN RAWLS, *Op. Cit.*, p. 195.

[902] *Ibidem.*

liberdade é um valor sagrado e supremo que se sobrepõe à própria verdade material. JOHN RAWLS titula este valor como o princípio da prioridade da liberdade, que ancorado em razões de justiça e de respeito pelos demais princípios humanos, poderá possibilitar a concretização da *democracia constitucional*[903].

§ 75.° Manifestações do princípio da liberdade no código de processo penal português

a. *primado da liberdade individual*

194. No primado da liberdade individual face ao poder investigatório do detentor do poder punitivo assenta a estrutura do processo penal, que apenas pode ser accionado e exercido caso alguém tenha praticado uma conduta que consubstancie um *facto descrito e declarado passível de pena por lei anterior ao momento da sua prática*[904].

A acção penal apenas poderá ser accionada desde que a notícia denunciada ou recolhida consigne a prática de um crime. Mas, mesmo sendo considerado crime, o Estado, através do seu órgão titular da acção penal, Ministério Público, apenas poderá iniciá-la caso a natureza do crime seja pública, ou seja, caso tenha *legitimidade para promover o processo penal* (art. 48.° do CPP), melhor, quando a natureza do crime não seja semipública em que aquela depende de queixa (art. 49.° do CPP) ou não tenha natureza particular, cujo procedimento depende não só de queixa, mas também de acusação particular (art. 50.° do CPP).

195. A legitimidade processual limita, desde logo, a intervenção processual criminal do Estado. Este pressuposto processual é uma manifestação clara do princípio da liberdade, cuja essência e conteúdo

---

903 *Idem*, p. 197.

904 Cfr. n.° 1 do art. 1.° do CP.

é de valor superior à própria acção punitiva do Estado que visa a realização da justiça, a criação de segurança material e jurídica da comunidade.

Esta realização deverá, essencial e primeiramente, defender e *garantir os direitos e liberdades fundamentais e o respeito pelos princípios do Estado de direito democrático*[905], sendo a liberdade um desses pilares sagrados erigidos pelos valores democráticos e inerentes à essência do direito.

b. *estrutura acusatória do processo*

196. A própria estrutura acusatória do processo que se erige na balança da justiça e na dialéctica motivada pela *máxima acusatoriedade* exigida pela Lei de autorização legislativa[906], mas mitigada e condimentada com o princípio da investigação.

A consagração do princípio da separação de funções ou do acusatório, que tem como substracto a dicotomia de que quem investiga e acusa é diferente de quem julga, procura concretizar o sonho da prossecução do trapézio da liberdade. Trapézio esse que está em uma balança que anda de um lado para o outro, mas que está preso ao suporte da fiscalização de outrem.

A investigação criminal funciona como uma balança, onde colocamos em um dos pratos todos os indícios criminais e onde registamos expressa e tacitamente os meios métodos de obtenção desses indícios, mas também no outro temos o arguido que terá o seu direito de defesa e de contrariar aqueles indícios e de apresentar elementos que fundamentem a sua contraditoriedade. Contudo, ambos os pratos estão presos e controlados por um pé capaz de equilibrar o balançar de forma que a acção penal não caia no autoritarismo.

A separação das funções promove, necessariamente, o respeito pelo princípio da liberdade, porque a ponderação e análise factual é, sem dúvida, mais justa, a mais que exerce-se com independência, com

---

905 Cfr. al. *b*) do art. 9.° da CRP.

906 Cfr. Lei n.° 43/87, de 26 de Setembro.

imparcialidade e objectividade, tendo como fim último a realização da pessoa humana e da sua dignidade.

A estrutura acusatória, no seu âmago, imbui-se do valor liberdade. Estando cometida ao Ministério Público a tutela da acção penal, competindo-lhe a direcção do inquérito[907] que "compreende o conjunto de diligências que visam investigar a existência de um crime, determinar os seus agentes e a responsabilidade deles e descobrir e recolher as provas, em ordem à decisão sobre a acusação"[908]. Contudo, actos há que ou só podem ser praticados pelo juiz de instrução[909] ou

---

907 O art. 263.° – Direcção do inquérito – estipula que direcção do inquérito cabe ao Ministério Público, assistido pelos órgãos de polícia criminal e que, para tal, os órgãos de polícia criminal actuam sob a directa orientação do Ministério Público e na sua dependência funcional."

908 Cfr. n.° 1 do art. 262.° do CPP.

909 Os actos a praticar pelo juiz de instrução, durante o inquérito, são:

- *Proceder ao primeiro interrogatório judicial de arguido detido* – al. *a*) do n.° 1 do art. 268.° do CPP;
- *Proceder à aplicação de uma medida de coacção ou de garantia patrimonial, à excepção da prevista no artigo 196.°, a qual pode ser aplicada pelo Ministério Público* – al. *b*) do n.° 1 do art. 268.° do CPP;
- *Proceder a buscas e apreensões em escritório de advogado, consultório médico ou estabelecimento bancário, nos termos dos artigos 177.°, n.° 3, 180.°, n.° 1, e 181.°* – al. *c*) do n.° 1 do art. 268.° do CPP;
- *Tomar conhecimento, em primeiro lugar, do conteúdo da correspondência apreendida, nos termos do artigo 179.°, n.° 3* – al. *d*) do n.° 1 do art. 268.° do CPP;
- *Declarar a perda, a favor do Estado, de bens apreendidos, quando o Ministério Público proceder ao arquivamento do inquérito nos termos dos artigos 277.°, 280.° e 282.°* – al. *e*) do n.° 1 do art. 268.° do CPP;
- *Praticar quaisquer outros actos que a lei expressamente reservar ao juiz de instrução* – al. *f*) do n.° 1 do art. 268.° do CPP.

Sublinhamos que o JIC *pratica os actos referidos no número anterior a requerimento do Ministério Público, da autoridade de polícia criminal em caso de urgência ou de perigo na demora, do arguido ou do assistente,* nos termos do n.° 2 do art. 268.° do CPP, tendo em conta que o requerimento, *quando proveniente do Ministério Público ou de autoridade de polícia criminal, não está sujeito a quaisquer formalidades, ex vi* do n.° 3 do art. 268.° do CPP, devendo o juiz decidir, *no prazo máximo de vinte e quatro horas, com base na informação que, conjuntamente com o requeri-*

só podem ser praticados por ordem ou com prévia autorização do juiz de instrução[910].

Os actos em causa prendem-se com direitos fundamentais, sendo sua a competência por imposição constitucional – n.° 4 do art. 32.° da CRP[911].

197. O princípio da liberdade impõe ao Ministério Público que, caso se decida pela acusação, só o poderá fazer caso tenha recolhido indícios suficientes de que o crime se verificou e de quem foi o seu agente, mas nunca poderá acusar caso esteja perante meros indícios. Destes tem de resultar *uma possibilidade razoável de ao arguido vir a ser aplicada, por força deles, em julgamento, uma pena ou uma medida de segurança* – n.° 2 do art. 283.° do CPP – e não uma mera possibilidade.

A corroborar esta nossa posição temos a obrigatoriedade, sob pena de nulidade, de *narração, ainda que sintética, dos factos que fundamentam a aplicação ao arguido de uma pena ou de uma medida de segurança, incluindo, se possível, o lugar, o tempo e a motivação da sua prática, o grau de participação que o agente neles teve e quaisquer circunstâncias relevantes para a determinação da sanção que lhe deve*

---

mento, lhe for prestada, dispensando a apresentação dos autos sempre que a não considerar imprescindível, conforme estipula o n.° 4 do art. 268.° do CPP.

[910] O n.° 1 do art. 269.° do CPP estipula os actos a ordenar ou autorizar, exclusivamente, pelo juiz de instrução na fase do inquérito:

a) A efectivação de perícias, nos termos do n.° 2 do artigo 154.°;
b) A efectivação de exames, nos termos do n.° 2 do artigo 172.°;
c) Buscas domiciliárias, nos termos e com os limites do artigo 177.°;
d) Apreensões de correspondência, nos termos do artigo 179.°, n.° 1;
e) Intercepção, gravação ou registo de conversações ou comunicações, nos termos dos artigos 187.° e 190.°;
f) A prática de quaisquer outros actos que a lei expressamente fizer depender de ordem ou autorização do juiz de instrução".

[911] A constituição estipula que *toda a instrução é da competência de um juiz*, contudo o significado de instrução deve ser entendido como "garantia processual de salvaguarda dos direitos do arguido ao esclarecimento dos factos, com a sua participação, em ordem à decisão de o submeter a julgamento". Cfr. GERMANO MARQUES DA SILVA, *Do Processo Penal Preliminar*, pp. 29 e ss..

ser aplicada [al. *b*) do n.° 3 do art. 283.° do CPP], e *a indicação das disposições legais aplicáveis* [al. *c*) do n.° 3 do art. 283.° do CPP].

198. Podemos, ainda, acrescentar como manifestação do princípio da liberdade a obrigatoriedade de fundamentação dos actos decisórios, quer do juiz quer do Ministério Público, sendo aquele um instrumento forte de controlo do poder de punir, porque a mesma terá de incidir não só sobre os motivos de direito, mas também sobre os motivos de facto – n.° 5 do art. 97.° do CPP. Acrescentando-se ainda o *exame crítico das provas que serviram para formar a convicção do tribunal*, sob pena de nulidade [n.° 2 do art. 374.° e al. *a*) do n.° 1 do art. 379.° do CPP]. Superior à verdade material estão os direitos pessoais do arguido, os princípios que ornamentam e dão força a esses direitos e as garantias de defesa. Só desta forma podemos dizer que se fez justiça.

A fundamentação[912], mecanismo de controlo das jurisdições modernas, tem o seu maior fulgor não num processo de natureza inquisitória, mas sim em um processo de natureza acusatória, em que a convicção do tribunal se forma na audiência de julgamento, devendo a mesma passar de mera convicção oratória a convicção escrita e amalgamada na sentença.

A fundamentação poderá ser vista como uma consequência imediata e inevitável do processo de estrutura acusatória que tem como primado a defesa dos direitos do arguido face aos poderes do *ius puniendi*, que, pela sua simbologia, ao iniciar-se o inquérito criminal, coarcta toda e qualquer liberdade de acção física e moral. Sem dúvida que mais vale cem criminosos à solta do que um inocente na prisão.

---

912 JOÃO CAUPERS, relativamente à fundamentação da decisão administrativa, afirma que a fundamentação da decisão, a indicação das razões que a fundamentam, é "um factor indispensável para o controlar a legalidade desta", além de "procura assegurar o rigor de ponderação de interesses subjacentes à decisão". Cfr. JOÃO CAUPERS, *Introdução ao Direito Administrativo*, Lisboa: Âncora Editora, 2000, p. 73. No direito criminal adjectivo a fundamentação obriga necessariamente à ponderação dos factos e das disposições legais que conduzem à convicção do tribunal, o que funciona indubitavelmente como factor indispensável de controlo da legalidade da decisão judicial. Cfr. n.° 2 do art. 374.° do CPP.

c. ***presunção de inocência***

199. O princípio da liberdade 'dos homens honestos' preenche o conteúdo do princípio da presunção de inocência[913] até trânsito em julgado. A inadmissibilidade da presunção de culpa acarreta o reconhecimento de que a privação da liberdade, entenda-se a física e a psicológica, é um mal que não deve ser, primeiramente, posto em prática com fundamento em razões políticas, religiosas, culturais ou económicas[914], nem com fundamento em presunções fruto de deduções empíricas ou coloquiais.

Se ***A*** estava junto do carro e este consta para apreender porque foi furtado, logo ***A*** é o agente do crime, deve ser detido e presente ao juiz de instrução para primeiro interrogatório judicial. Perante os factos descritos, presume-se que ***A*** foi o autor material daquele comportamento desviante e censurável jurídico criminalmente. Estes pensamentos violam a essência dos princípios que regem o penal adjectivo e substantivo, dos direitos, liberdades e garantias dos cidadãos, e são próprios de um processo de índole inquisitória, em que a presunção de culpa é regra e a de inocência é a excepção, tendo o arguido o ónus de provar a sua inocência.

O princípio da liberdade impõe ao Estado o ónus da prova de que ***A*** foi o autor dos factos descritos e que a lei penal qualifica como crime de furto e não admite quaisquer presunções de autoria dos factos e da respectiva culpa.

200. A nossa Constituição consagra como princípio e garantia do processo criminal a presunção de inocência [n.° 2 do art. 32.° da CRP], que tem como grandes corolários o princípio *in dubio pro reu* e o da celeridade processual. A dúvida de que se ***A*** foi ou não o autor do furto, deve conduzir o tribunal à decisão de absolvição e não de

[913] Para um melhor aprofundamento do princípio da presunção de inocência e a prevenção especial, cuja decisão judicial parte da culpabilidade do agente – como limite e fundamento – J. M. Damião da Cunha, *O Caso Julgado...*, pp. 124 a 132.

[914] Não podemos pensar que, como ***A*** não tem meios de sobrevivência e anda a minguar nas ruas, deve o mesmo ser coarctado da sua liberdade de modo que não incomode os demais cidadãos cumpridores.

condenação. A descrição *de que não se provou, mas tudo leva a crer que* é típica de um processo de estrutura inquisitória, em que o arguido, a quem estava cometido o *onus probandi*, não conseguiu provar a sua inocência, logo se presumia a sua culpa, quando esta jamais deverá ser presumida.

A presunção de inocência pressupõe, inevitavelmente, a celeridade processual, uma vez que o arguido deve *ser julgado no mais curto prazo compatível com as garantias de defesa* [*in fine* do n.° 2 do art. 32.° da CRP]. Que liberdade tem um indivíduo quando, sendo arguido de um processo crime, vê a comprovação judicial da sua inocência a ser adiada *sine die*? Não tem liberdade, não poderá vivê-la, exercitá-la e senti-la como sua e somo real. Mas, jamais a celeridade processual poderá ser promovida com base na restrição dos direitos, liberdades e garantias do cidadão. Estes também e jamais poderão servir para justificar a morosidade da justiça ou da inércia dos operadores da justiça.

A POLÍCIA na sua intervenção, quer *a priori* quer *a posteriori*, deve partir sempre do pressuposto de que o indivíduo que investiga ou sobre qual está a praticar actos ou diligências pré-processuais ou processuais é inocente até sentença transitada em julgado, evitando-se assim a ideia errónea e, muitas vezes, falível de que aquele é o culpado e não um culpado.

d. ***princípio do contraditório***

201. O princípio do contraditório, que acarreta a oralidade e a publicidade do processo, é também um corolário essencial ao primado da liberdade. A realização da justiça não se compadece com a descoberta de uma verdade, a de quem investiga. Aquela só será plena quando se descobre a verdade, o agente do crime e não um agente do crime, a causa real do crime e não a causa real de uma das partes. Neste sentido e na necessidade de chamar o arguido a participar na administração da justiça criminal, o legislador constitucional consagrou a subordinação ao princípio do contraditório a audiência de julgamento e os actos instrutórios – 2.ª parte do n.° 5 do art. 32.° da CRP.

O legislador ordinário verteu, expressamente, esta subordinação para o código de processo penal. A produção de prova é realizada na audiência de julgamento, devendo os meios de prova apresentados nesta fase ser *submetidos ao princípio do contraditório, mesmo que tenham sido oficiosamente produzidos pelo tribunal*, conforme estipula o n.° 2 do art. 327.° do CPP. Os meios de prova têm de ser discutidos e debatidos entre a acusação e a defesa, proporcionando um controlo das provas por parte do arguido e o discreteamento do resultado quer das apresentadas pela acusação, quer das apresentadas por si próprio[915].

A inquirição de testemunha está, também, sujeita ao contraditório, n.° 4 do art. 348.° do CPP, e nas alegações finais é dada a palavra quer à acusação, Ministério Público, quer à defesa, defensor, sendo este, sob pena de nulidade, sempre o último a falar, n.os 1 e 2 do art. 360.° do CPP, mas, quer aqueles, quer os advogados dos assistentes e das partes civis, apenas podem discretear e discutir as provas apresentadas, examinadas e produzidas em audiência de julgamento[916].

202. Quanto aos *actos instrutórios que a lei determinar* sujeitos ao princípio do contraditório, quer na fase de inquérito, quer na fase de instrução, temos as *declarações para memória futura* nos termos dos artigos 271.°[917] e 294.°[918] do CPP respectivamente. Na fase da instru-

---

[915] Neste sentido Germano Marques da Silva, *Op. Cit...*, 4.ª Edição, Vol. I, p. 77.

[916] Cfr. artigos 327.°, 348.°, 355.° e 360.° do CPP. Acrescentamos que o n.° 3 do art. 321.° também estipula que a decisão de exclusão ou de restrição da publicidade é, sempre que possível, precedida de **audição contraditória** dos sujeitos processuais interessados, (negrito nosso).

[917] O n.° 5 do art. 271.° – *Declarações para memória futura* – preceitua o modo como a inquirição da testemunha decorre sob a égide do contraditório:

> "A inquirição é feita pelo juiz, podendo em seguida o Ministério Público, os advogados do assistente e das partes civis e o defensor, por esta ordem, formular perguntas adicionais".

[918] O art. 294.° – *Declarações para memória futura* – estipula que:

> "Oficiosamente ou a requerimento, o juiz pode proceder, durante a instrução, à inquirição de testemunhas, à tomada de declarações do assistente, das partes civis, de peritos e de consultores técnicos e a acareações, nos termos e com as finalidades referidas no artigo 271.°".

ção, o debate instrutório, que visa permitir a discussão perante o juiz, está subordinado ao princípio do contraditório, como preceitua o art. 298.° do CPP, devendo o mesmo juiz assegurar a *contraditoriedade na produção da prova e a possibilidade de o arguido ou o seu defensor se pronunciarem sobre ela em último lugar, ex vi* do n.° 3 do art. 301.° do CPP.

O princípio do contraditório ao assegurar ao arguido a possibilidade de refutar, de discutir, de rebater, de discretear as provas apresentadas contra si e a possibilidade de apresentar provas, assume um papel de extrema importância na prossecução do princípio da liberdade como primado da jurisdição penal.

e. *princípio da jurisdição*

203. O princípio da jurisdição que consigna a obrigatoriedade de ser julgado por um tribunal, tendo os tribunais *competência para administrar a justiça em nome do povo,* incumbindo-lhes *assegurar a defesa dos direitos e interesses legalmente protegidos dos cidadãos, reprimir a violação da legalidade democrática e dirimir os conflitos de interesses públicos e privados* (n.os 1 e 2 do art. 202.° da CRP).

A tutela efectiva dos direitos fundamentais, considerados numa perspectiva individual e colectiva, como os da dignidade, da liberdade, da igualdade e da segurança prossegue-se através do processo penal jurisdicionalizado, no qual tem presença um juiz imparcial, que apenas se preocupa com a realização da justiça[919]. Nesta perspectiva, o juiz funciona como barómetro independente[920] que assegura a efectivação das garantias, dos direitos e da liberdade do arguido.

---

919 Neste sentido GERMANO MARQUES DA SILVA, *Op. Cit.*, 4.ª Edição, Vol. I, pp. 52 e 53.

920 No sentido de que o juiz independente é garante da expressão e da tutela da liberdade, que está na lei, legitima e devidamente promulgada, D. ANTÓNIO FERREIRA GOMES, "A sociedade e o Trabalho: Democracia, Sindicalismo, Justiça e Paz", *in Direito e Justiça,* Vol. I, 1980, p. 14.

204. O princípio jurisdição do processo, como *pedra angular do processo penal*[921], impõe que, na fase do inquérito, sempre que estejam em causa actos que se *prendam directamente com direitos fundamentais – in fine* do n.° 4 do art. 32.° da CRP –, como por exemplo o 1.° interrogatório de arguido detido, a aplicação de medida de coacção ou a autorização de busca domiciliária[922], esses actos sejam da estrita competência do juiz de instrução, independente e imparcial quanto às investigações, promovendo-se desta forma a defesa dos direitos e garantias do arguido, como a liberdade individual do mesmo face aos poderes do estatais.

f. ***princípio da lealdade***

205. A lealdade processual, o *fair trail,* considerado por CLAUS ROXIN como "o mais alto princípio de todo o processo"[923], é uma manifestação clara do princípio da liberdade. A proibição de métodos enganosos, criminosos e delatores na obtenção da prova, consagrada no art. 126.° do CPP, funciona como um garante da liberdade. Uma liberdade física e moral que se consubstancia na própria liberdade de decisão ou de formação da sua própria vontade, que não é impelida, nem interpelada a ser a génese de uma conduta punida pelo ordenamento jurídico como crime.

O princípio da lealdade é, neste sentido, um corolário do princípio da liberdade, que, como valor a respeitar mesmo em detrimento da verdade material, apenas se realiza num processo penal de estrutura

921 *Idem*, p. 51.

922 Cfr. artigos 268.° e 269.° do CPP.

923 CLAUS ROXIN *apud* JORGE DE FIGUEIREDO DIAS, "Do princípio da «objectividade»...", in *RLJ*, Ano 128, n.° 3860, pp. 344-345. Sobre o princípio da lealdade como princípio da liberdade individual, o nosso "Os princípios democrático e da lealdade: Vectores de orientação dos órgãos de polícia criminal", *in Polícia Portuguesa*, Ano LXIII, II Série, n.° 124, Julho/Agosto de 2000, pp. 9 e ss.. Como ensina CLAUS ROXIN o princípio da lealdade emerge da materialização dos direitos fundamentais [Cfr. CLAUS ROXIN, *Derecho Procesal...*, pp. 13, 79 e 80, 100 e 101, 194, 359, 402 e 403, 450, 476 e 477].

acusatória em que a sua moldura é recheada pelos primados do princípio democrático que deve legitimar todo o poder do estado e ser o impulso orientador de uma sociedade[924] erigida em valores éticos e morais inerente ao respeito da dignidade da pessoa humana.

206. A proclamação da liberdade contra os abusos do poder punitivo é própria de um processo que se rege pelos primados da democracia em que o indivíduo em si é um sujeito de direitos e de deveres e não um objecto do qual se arranca uma verdade capaz de satisfazer os interesses gerais de segurança e de cumprimento do dever. Quer o princípio democrático quer o da lealdade são duas traves mestras de um processo capaz de traduzir "uma maneira de ser da investigação e obtenção das provas em conformidade com o respeito dos direitos da pessoa e a dignidade da justiça"[925].

Estes princípios impõem-se **aos agentes que operam a administração da justiça a obrigatoriedade de actuarem no estrito respeito pelos valores próprios da pessoa humana,** como a sua dignidade (valor supremo que se sobrepõe aos próprios fins de justiça), como a sua integridade pessoal (física ou moral)[926], cuja "interdição é absoluta"[927], como a própria liberdade de formação e manifestação da sua vontade perante a demais sociedade, ou seja, aqueles devem ter uma atitude de profundo respeito pela personalidade humana[928] e de respeito pela realização de justiça, promovendo-se assim a realização do princípio da liberdade quer na sua dimensão positiva, quer na negativa.

---

924 Neste sentido GOMES CANOTILHO, *Direito Constitucional e Teoria da Constituição,* 3.ª Edição, Coimbra: Almedina, 1999, p. 281.

925 Cfr. GERMANO MARQUES DA SILVA *apud* TEREZA BELEZA, *Op. Cit...*, III Vol., p. 65; e *Op. Cit...*, Vol. I (1.ª Ed., 1992) e Vol. II (2.ª Ed., 1999), pp. 53 e 161.

926 Cfr. 1.ª parte do n.° 8 do art. 32.° e n.os 1 e 2 do art. 26.° e art. 25.° da CRP.

927 Cfr. GOMES CANOTILHO e VITAL MOREIRA, *Op. Cit...*, 3.ª Edição, p. 206.

928 Cuja tutela geral está consagrada no art. 70.° da CCiv., que, segundo RABINDRANATH CAPELO DE SOUSA, imprime o respeito que todos devem ao homem como um ser intelectivo capaz de "perceber e entender dados dos sentidos, de organizar e orientar os sentimentos (...), em suma, de pensar e conhecer". Cfr. RABINDRANATH CAPELO DE SOUSA, *O Direito Geral da Personalidade*, Coimbra: Coimbra Editora, 1995, p. 234.

Não existirá um processo capaz de realizar a justiça quando *a priori* os seus agentes se socorrem de meios de obtenção de prova e de investigação que violam um dos pilares do processo penal: o respeito pela dignidade da pessoa humana[929], que por sua vez violam o princípio da liberdade.

A defesa da real e efectiva liberdade tem pautado as máximas de que vale mais absolver dez culpados do que condenar um inocente e de que o código de processo penal existe para defender os homens honestos.

g. *identificação e determinação do objecto do processo*

207. A delimitação e a identidade do objecto do processo, a sua indisponibilidade, é indubitavelmente uma manifestação do princípio da liberdade. A pronúncia de "arguido por factos que consubstanciem a *alteração substancial* dos descritos na acusação do Ministério Público ou do assistente ou no requerimento da abertura de instrução" é nula, conforme n.° 1 do art. 309.° do CPP.

O juiz de instrução não pode pronunciar o arguido por factos que consignem a alteração substancial dos descritos na acusação, ou seja, que possam imputar *ao arguido um crime diverso ou a agravação dos limites máximos das sanções aplicáveis* [al. *f*) do n.° 1 do art. 1.° do CPP]. Neste caso, cumpre obrigatoriamente ao Ministério Público abrir inquérito sobre aqueles factos que dos actos de instrução ou do debate instrutório resulta fundada suspeita da verificação de uma alteração substancial da acusação ou do requerimento para abertura de instrução, nos termos do n.° 4 do art. 303.° do CPP.

O n.° 1 do art. 359.° do CPP, ao prescrever que "uma alteração substancial dos factos descritos na acusação ou na pronúncia não pode ser tomada em conta pelo tribunal para o efeito de condenação no processo em curso, nem implica a extinção da instância", promove a defesa do arguido face a um julgamento sobre factos novos de que não

---

929 Neste sentido GERMANO MARQUES DA SILVA, *Curso de Processo...*, Vol. I (1.ª Ed., 1992) e Vol. II (2.ª Ed., 1999), pp. 53 e 161.

teve conhecimento nem tempo para se preparar para se defender das acusações, o que implica a promoção do princípio da liberdade individual do arguido face ao *ius puniendi.*

Impõe-se ao tribunal que respeite os *factos acusados que fundamentam a aplicação ao arguido de uma pena ou de uma medida de segurança* e a sua respectiva qualificação jurídica, ou seja, o tribunal não tem, desta forma, "liberdade de qualificação jurídica dos factos descritos na acusação, *pois é* a indicação da norma incriminadora que dá aos factos naturais o seu sentido de desvalor jurídico-penal"[930].

208. Os factos novos para serem julgados ou dão origem a um novo inquérito, sendo que a *comunicação da alteração ao Ministério Público vale como denúncia para que ele proceda pelos novos factos, se estes forem autonomizáveis em relação ao objecto do processo* [n.° 2 do art. 359.° do CPP], ou *o Ministério Público, o arguido e o assistente* estão *de acordo com a continuação do julgamento pelos novos factos,* caso *estes não determinarem a incompetência do tribunal,* devendo o presidente conceder *ao arguido, a requerimento deste, prazo para preparação da defesa não superior a 10 dias, com o consequente adiamento da audiência, se necessário,* conforme n.os 3 e 4 do art. 359.° do CPP[931].

---

930 Cfr. GERMANO MARQUES DA SILVA, *Op. Cit...,* 2.ª Edição, Vol. III, p. 278. Itálico nosso. Exceptua-se quando *no decurso da audiência se verificar uma alteração não substancial dos factos descritos na acusação ou na pronúncia,* em que o tribunal, *oficiosamente ou a requerimento, comunica a alteração ao arguido e concede-lhe, se ele o requerer, o tempo estritamente necessário para a preparação da defesa,* conforme n.° 1 do art. 358.° do CPP.

931 GERMANO MARQUES DA SILVA, afirmando que "exige agora a norma penal que o agente tenha conhecimento da ilicitude do facto, para o que pode ser necessário que conheça a norma incriminadora", defende uma tese mais garantistica para os arguidos, cujo teor o direito positivo não consagrou, ou seja, defende que "se nalguns casos é também objecto do conhecimento, no dolo, a norma que incrimina o facto, parece essencial que essa norma conste da acusação para que o arguido se possa defender ou, por outro modo, seria intolerável que o arguido pudesse ser surpreendido com uma condenação por outro tipo legal de crime que desconhecia e lhe era indispensável conhecer para que tomasse consciência da ilicitude do facto. E sendo

As limitações à liberdade de qualificação jurídica dos factos descritos na acusação ou na pronuncia é, indubitavelmente, uma manifestação de que o processo penal procura defender os direitos, as garantias e as liberdades do arguido, que se presume inocente até trânsito em julgado, cuja liberdade individual é preciso preservar e assegurar o mais garantisticamente de modo que não se condenem inocentes, mesmo que se saiba que se absolvem culpados.

Na sua actividade investigatória, a POLÍCIA funcionará como o instrumento técnico-táctico essencial para que, juridicamente, se determine e se identifique o objecto do processo penal, pois dela depende em muito a credibilidade da justiça e da salvaguarda dos valores superiores como o da liberdade[932].

---

essa consciência pressuposto essencial da condenação, que pudesse ser condenado sem se poder defender". Cfr. GERMANO MARQUES DA SILVA, *Curso de Processo...*, 2.ª Edição, Vol. II, p. 277.

[932] Como se impõe pelo art. 272.° da CRP. Quanto a este assunto e à extrema importância da investigação criminal operada pelos OPC e dirigida pelo MP, na fase do inquérito, na identificação e determinação do "obecto" do processo. Cfr. J. MANUEL DAMIÃO DA CUNHA, *O Caso Julgado Parcial...*, pp. 809 e ss. e o nosso "Do Objecto do Processo: Da importância dos Órgãos de Polícia Criminal na sua Identificação e Determinação", *in Politeia*, Ano III, n.° 2, Julho/Dezembro 2006, pp. 115-139.

PARTE III

DA NOTÍCIA DO CRIME
DAS MEDIDAS CAUTELARES E DE POLÍCIA
DA DETENÇÃO

CAPÍTULO I

DA NOTÍCIA DO CRIME

§ 76.° Considerações gerais

209. Aos Órgãos de Polícia Criminal (OPC), como «entidades e agentes policiais a quem caiba levar a cabo quaisquer actos ordenados por uma autoridade judiciária ou determinados» pelo CPP [al. *c*) do n.° 1 do art. 1.° do CPP], compete-lhes, deste modo e em geral, «coadjuvar as autoridades judiciais com vista à realização das finalidades do processo» [n.° 1 do art. 55.°, arts. 270.° e 288.°, n.° 1 do CPP] e, em especial, «mesmo por iniciativa própria, colher notícia dos crimes e impedir quanto possível as suas consequências, descobrir os seus agentes e levar a cabo os actos necessários e urgentes destinados a assegurar os meios de prova» [n.° 2 do art. 55.° do CPP], cujas disposições se enquadram no Livro VI, Título I, Capítulos I, II, III, artigos 241.° e ss. do CPP.

O CPP – art.1.°, n.° 1, al. *c*), art. 55.° e art. 263.° – estipula que os OPC coadjuvam o Ministério Público[933] na fase do inquérito, cuja di-

---

933 No mesmo sentido a al. *c*) do n.° 3 do art. 3.° da Lei de Organização da Investigação Criminal, aprovada pela Lei. n.° 49/2008, de 27 de Agosto.

recção lhe compete, nos termos do n.° 1 do art. 263.° do CPP e art. 219.° da CRP. Sendo o inquérito[934] «o conjunto de diligências que visam investigar a existência de um crime, determinar os seus agentes e a responsabilidade deles e descobrir e recolher as provas, em ordem à decisão sobre a acusação», cumpre aos OPC coadjuvar quer por iniciativa própria – medidas cautelares e de polícia – quer por determinação do MP – despacho de natureza específica – na prossecução de diligências que elucidem aquele da decisão de dedução ou não da acusação.

Os OPC que, nos termos do n.° 2 do art. 263.° do CPP, *actuam sob a directa orientação do Ministério Público e na sua dependência funcional,* coadjuvam o Ministério Público na *investigação do crime.*

210. Os OPC, contudo e antes da intervenção do MP, têm de intervir quer para evitar a prática de um crime ou de uma contra-ordenação, quer para evitar que outros ou o próprio agente destrua os meios de prova, quer para salvar ou minorar os riscos das vítimas e, até mesmo, do próprio autor do facto.

Os OPC desenvolvem, em regra, uma intervenção anterior à comunicação feita ao Ministério Público, cuja base legal se encontra no n.° 2 do art. 55.° do CPP que comete aos OPC o colhimento da *notitia criminis*, o impedimento da evolução das consequências do crime, a descoberta do(s) autor(es) do(s) facto(s) e, ainda, a prática de todos os actos que se mostrem necessários e urgentes para que se assegurem os meios de prova[935]. Os actos necessários e urgentes estão tipificados na lei e o seu uso tem de obedecer necessariamente à proporcionalidade do facto em si e aos fins do próprio acto e aos princípios da prossecução do interesse público e privado, da boa fé, da justiça, da impar-

---

[934] O inquérito no Processo Tutelar Educativo compreende «o conjunto de diligências que visam investigar a existência de facto qualificado pela lei como crime e determinar a necessidade de educação do menor para o direito, com vista à decisão sobre a aplicação de medida tutelar», ou seja, o inquérito detém uma dupla função: "a actividade de investigação sobre a verificação *da prática do facto (...) e* averiguação da necessidade de educação do menor para o direito, (...) pressuposto indispensável da aplicação de uma medida tutelar". Cfr. ANABELA M. RODRIGUES e A. C. DUARTE-FONSECA, *Comentário à Lei Tutelar...*, pp. 187 e 188. Itálico nosso.

[935] *Hoc sensu* art. 249.° do CPP.

cialidade, sem que em algum momento se absolutize qualquer posição processual.

Os OPC, que geralmente actuam no processo no uso de competência delegada (art. 270.° do CPP), em "casos pontuais, especificados pela lei, podem praticar actos processuais no uso de competência própria"[936-937]. Com ANABELA M. RODRIGUES[938], defendemos que os OPC desenvolvem *per si* diligências admissíveis legalmente que se enquadram no âmbito das competências próprias, apesar da sua natureza residual e precária ou cautelar, subordinadas sempre à apreciação e validação por parte da AJ[939].

No que diz respeito às medidas cautelares e de polícia previstas no CPP/87, ANABELA M. RODRIGUES afirma que o legislador tomou "consciência clara de que a realização de uma investigação criminal necessita, para ser eficaz, de ter ao seu dispor certos meios que são afinal, na prática, os meios *normais* de actuação" nas fases em que se estrutura a prova. A ilustre professora prossegue afirmando que "a nova filosofia assenta na legalização dos meios de actuação que até aqui (ao CPP/87) se encontravam numa zona de semi-clandestinidade", apesar da sua consagração representar "um risco, assumido pelo Código, de utilização abusiva dessas medidas", o que conduziu o legislador "a apertar os

---

936 Cfr. MANUEL LOPES MAIA GONÇALVES, *Código Processual Penal Anotado*, 7.ª Edição, Coimbra: Almedina, 1996, p. 141.

937 Os actos processuais, praticados aquando de um crime cujo agente é imputável, devem, *mutatis mutandis*, ser levados a cabo pelos OPC quando o agente desse facto típico e ilícito é um menor de 12 a 16 anos de idade, sendo de realçar os que se prendem com a notícia do facto, com as medidas cautelares e de polícia e com a detenção. Quanto à notícia do facto típico e ilícito e à detenção, a LTE especifica os seus pressupostos e as suas formalidades colmatando as omissões com a aplicação subsidiária do CPP (*ex vi* art. 128.° da LTE). Contudo, quanto às medidas cautelares e de polícia, exceptuando-se a identificação de menor (art. 50.°), a LTE é omissa, pelo que se devem aplicar subsidiariamente e com o devido ajustamento as disposições processuais do CPP *ex vi* art. 128.° da LTE.

938 Cfr. ANABELA M. RODRIGUES, "A fase preparatória do processo penal – tendências na europa. O caso português", *in STVDIA IVRIDICA,* N.° 61, Coimbra: Coimbra Editora, pp. 958-959.

939 Quanto a este assunto o nosso *Regime Jurídico da Investigação Criminal Comentado e Anotado*, 2.ª Edição, Coimbra: Almedina, 2004, pp. 74 e 75.

critérios que legitimam a intervenção das polícias nesses casos – restringe-se a utilização das medidas a *actos urgentes* (arts. 251.°, n.° 1 e 252.°, n.° 2) – e a introduzir o **limite da intervenção homologadora da autoridade judiciária** (artigos 251.°, n.° 2 e 252.°, n.° 3)"[940]. Apropriando-nos das palavras de CLAUS ROXIN, as medidas cautelares e de polícia "têm uma função *preventivo-policial*[941], que, devido à sua natureza precária, estão sujeitas à apreciação e validação judicial".

§ 77.° Da notícia do crime

211. O Ministério Público, como titular da acção penal, por conseguinte a quem cabe a promoção processual oficiosa do processo crime[942], pode adquirir a notícia do crime por *conhecimento próprio ou constatação directa*, por *auto de notícia* ou por *denúncia* – conforme art. 241.° do CPP. Ora vejamos:

α. o ***conhecimento próprio ou constatação directa*** consiste em o Ministério Público obter o conhecimento do crime de forma directa e imediata. Contudo, como afirma o Prof. GERMANO MARQUES DA SILVA, aquela "expressão tem um conteúdo mais amplo, abrangendo não só o conhecimento directo, mas também aquele que é obtido por qualquer meio que não pelos expressamente disciplinados pela lei, isto é, aquele que não é provocado por intermédio dos órgãos de polícia criminal ou denúncia"[943]. Desta feita, incluem-se os crimes de que o Minis-

---

940 Cfr. ANABELA M. RODRIGUES, *O Inquérito no Novo Código de Processo Penal,* in *Jornadas de Direito Processual Penal – O Novo Código de Processo Penal*, CEJ, 1995, p. 71. Neste sentido MANUEL SIMAS SANTOS, MANUEL LEAL-HENRIQUES e DAVID BORGES DE PINHO, *Op. Cit.,* 2.° Vol., p. 25. Negrito nosso.

941 Cfr. CLAUS ROXIN, *Derecho Procesal...*, p. 321.

942 Quanto ao processo tutelar educativo, artigos 41.°, 72.°, 73.° e 74.° da LTE.

943 Cfr. GERMANO MARQUES DA SILVA, *Curso de Processo Penal*, 2.ª Edição, Lisboa/S. Paulo: Verbo, Vol. III, p. 53. Neste sentido também MANUEL SIMAS SANTOS, MANUEL LEAL-HENRIQUES e DAVID BORGES DE PINHO, *Op. Cit.,* 2.° Vol., p. 11.

tério Público tem conhecimento por meio da comunicação social, de notícias anónimas ou de rumores públicos. O Ministério Público, ao ter conhecimento, através da comunicação social, de rumores ou de notícia anónima, de crimes, mesmo que não tenha indícios, pode e, na nossa opinião, deve determinar uma "investigação de natureza policial no sentido da sua confirmação, da obtenção de indícios credíveis"[944] da existência ou não do(s) facto(s) falado(s). Contudo, caso se confirmem os rumores ou as notícias, ao Ministério Público cabe iniciar a promoção processual penal quando o(s) facto(s) consigna(m) um crime de natureza pública, sendo que os de natureza semi-pública e particular carecem de denúncia do ofendido[945].

β. o ***conhecimento por meio de auto de notícia*** assenta em um documento base lavrado quer por autoridade judiciária, quer pelos OPC quer por entidade policial, onde se descrevem os factos constitutivos do crime, o dia, a hora, o local e as circunstâncias em que ocorreu (eram) o(s) crime(s), a identificação dos autores (quando possível), dos ofendidos e onde se relatam os meios de prova conhecidos, assim como as medidas tomadas para a sua salvaguarda e para evitar efeitos nefastos possíveis do crime, cuja verificação do delito é directa ou fruto de denúncia que lhe fora directamente efectuada por qualquer pessoa ou por funcionário[946-947].

---

944 *Idem*, pp. 53 e 54.

945 Quanto aos menores que praticam factos qualificados como crime, o nosso *Direito de Menores*, (Co-autoria com NIEVES SANZ MULAS, Lisboa: Âncora Editora, pp. 213 e ss., ANABELA M. RODRIGUES e A. C. DUARTE-FONSECA, *Op. Cit.*, p. 183, § 2.° do comentário ao n.° 2 do art. 72.° da LTE; e LEONOR FURTADO e PAULO GUERRA, *Op. Cit.*, CEJ, 2001, pp. 100 e ss..

946 Cfr. art. 241.°, 242.°, 243.°, 244.° e 248.° do CPP que também se aplicam no processo tutelar educativo *ex vi* art. 128.° da LTE, sem se olvidar do art. 73.°, n.° 1 al. *a*) da LTE. A par do auto de notícia aparece o auto de ocorrência, cujo estudo se faz no ponto sequente.

947 Quanto ao processo tutelar educativo ANABELA M. RODRIGUES e A. C. DUARTE-FONSECA, *Op. Cit.*, p. 185.

γ. o ***conhecimento por meio de denúncia*** é obtido ou através de uma participação facultativa (queixa) apresentada pelos ofendidos ou através de um participação obrigatória quando quem tem conhecimentos dos crimes no exercício das suas funções e por causa delas é funcionário, agente do Estado ou gestor público, ou seja, funcionário na acepção do art. 386.° do CP[948] – al. *b*) do n.° 1 do art. 242.° do CPP.

212. Há a relevar que para as entidades policiais – sejam ou não sejam OPC – existe o ónus de denúncia obrigatória de todos os crimes de que tenha conhecimento – *i. e.*, quer seja crime de natureza pública, quer de natureza semi-pública, quer de natureza particular. O titular da acção penal é o MP e não o OPC ou qualquer outra entidade policial. Pois, consideramos que o limite que se afere da parte final do art. 244.° do CPP – «salvo se o procedimento respectivo depender de queixa ou de acusação particular» – não se aplica aos que se enquadram na al. *a*) do n.° 1 do art. 242.° do CPP, mas aos demais cidadãos, que, como se afere do art. 244.° do CPP, devem comunicar a notícia de qualquer crime público a qualquer autoridade judiciária – MP, JIC ou Juiz – ou órgão de polícia criminal.

Acresce que, não obstante o n.° 3 do art. 242.° do CPP, até à alteração promovida pela Reforma de 2007, prescrever que «o disposto nos preceitos anteriores não prejudica o regime dos crimes cujo procedimento depende de queixa ou de acusação particular», defendíamos a obrigação de relatar os factos da ocorrência a que foram os elementos policiais, como modo de documentação da diligência e de elementos probatórios – principalmente pessoais – que podem não ser identificáveis e determináveis, caso não se elabore um auto de ocorrência ou de

---

[948] Quanto ao processo tutelar educativo, qualquer pessoa pode efectuar denúncia ao Ministério Público ou a órgão de polícia criminal por facto qualificado como crime que um menor de 12 a 16 anos de idade tenha cometido, desde que a natureza daquele seja pública, ou seja, desde que o procedimento não dependa de queixa e/ou acusação particular, nos termos dos n.os 1 e 2 do art. 73.° da LTE. Cfr. o nosso *Direito de Menores*, (Co-autoria com Nieves Sanz Mulas, Lisboa: Âncora Editora, p. 215 e Anabela M. Rodrigues e A. C. Duarte-Fonseca, *Op. Cit.*, p. 185.

notícia. É, ainda, de relevar que não compete aos OPC ou elementos policiais a qualificação, mesmo que preliminar, da natureza de um crime, sendo esta uma competência do MP[949], a quem compete, face ao auto, decidir ou não pela abertura de um inquérito – conforme art. 262.° e 263.° do CPP.

Com a devida vénia, afastavamo-nos de MAIA GONÇALVES quando afirmava que "a obrigatoriedade de denúncia para as entidades policiais relativamente aos crimes de que tomarem conhecimento é só relativamente aos crimes públicos"[950] face ao disposto no n.° 3 do art. 242.° do CPP, cuja interpretação se impõe em conjunto com a al. *a*) do n.° 1 do mesmo preceito. Pois, entendíamos que, a par da incompetência do OPC para qualificar o crime, o n.° 3 do art. 242.° do CPP devia ser interpretado no sentido de que a denúncia obrigatória que se exige às entidades policiais não afasta os pressupostos dos crimes de natureza semipública – que o legítimo titular do direito de queixa deseje procedimento criminal contra os agentes do crime – e dos crimes de natureza particular – que o legítimo titular do direito de queixa deseje procedimento criminal contra os agentes do crime e deseje constituir-se assistente no processo.

213. O legislador, com a Reforma de 2007, procurou clarificar a questão doutrinária sobre a interpretação do n.° 3 do art. 242.° do CPP. Pois, não sufragamos a posição de MAIA GONÇALVES quanto à interpretação que fazia deste preceito: de que os OPC só estavam obrigados a dar conhecimento da notícia, cuja natureza fosse pública[951].

---

[949] No momento da aquisição da notícia do crime pode-se entender que as circunstâncias factuais consignam a prática de um crime de natureza particular que, após alguns dias, se compagina com um crime de natureza pública. Não vemos mal algum ou qualquer objecção que os OPC elaborem auto de notícia ou de ocorrência sobre factos que *a priori* parecem enquadrar um crime de natureza não pública. Quanto à denúncia dos crimes no direito germânico, CLAUS ROXIN, *Op. Cit.,* pp. 327 e 328. CLAUS ROXIN considera que não se pode falar de um dever oficial de denúncia do MP e do OPC, por estes darem o impulso para iniciar o procedimento investigatório e estarem obrigadas a realizar investigações. *Ibidem.*

[950] Cfr. MAIA GONÇALVES, *Código de Processo...*, 12.ª Edição, p. 508.

[951] Cfr. MAIA GONÇALVES, *Código de Processo...*, 12.ª Edição, p. 508.

Os OPC não são os titulares da acção penal, atribuída constitucionalmente ao MP, nem lhes cabe qualificar o tipo e a natureza do crime. Desta feita, sempre considerámos que o n.° 3 do art. 242.° do CPP devia ser interpretado no sentido de que a denúncia obrigatória que se exige às entidades policiais não afastava os pressupostos dos crimes de *natureza semipública* – apresentação de queixa pelo legítimo titular do direito e respectivo desejo de procedimento criminal contra os agentes do crime – e dos crimes de *natureza particular* – apresentação de queixa pelo legítimo titular do direito, assim como o respectivo desejo de procedimento criminal contra os agentes do crime e o desejo de constituir-se assistente no processo[952].

A nova redacção do n.° 3 do art. 242.° do CPP afasta as dúvidas ao prescrever que só haverá instauração de inquérito nos crimes semipúblicos e particulares se for apresentada queixa no prazo legalmente previsto, ou seja, o OPC deve transmitir qualquer notícia de crime de que tenha conhecimento ao MP que decidirá se abre ou não inquérito face à matéria exposta nos autos, devendo proceder de acordo com o preceituado no art. 52.°, n.° 2 do CPP se o crime não for de natureza pública.

§ 78.° Do auto de notícia e de denúncia

214. O processo crime inicia-se com a *notitia criminis*, podendo esta revestir um auto de notícia ou de ocorrência e/ou um auto de denúncia. O auto de notícia[953] consigna-se para factos que sejam pre-

---

[952] Cfr. o nosso *Processo Penal* – Tomo I, 1.ª Edição, Coimbra: Almedina, 2004, p. 265.

[953] Conforme Ac. do STJ de 6/12/2006, o *auto de notícia* "é um documento que vale como documento autêntico quando levantado ou mandado levantar pela autoridade pública (art. 363.°, n.° 3, do CC), seja autoridade judiciária ou policial, e, por isso, faz prova dos factos materiais dele constantes, nos termos do art. 169.° do CPP, conquanto nunca prove a prática de um crime". Aresto consultado em *www.dgsi.pt/jstj.nsf/*, no dia 13 de Agosto de 2007.

senciados pelo autuante – *ex vi* do n.° 1 do art. 243.° do CPP –, conquanto o auto de ocorrência[954] – conhecido por participação – tem-se para os factos de que se tem conhecimento, mas que não foram presenciados pelo autuante e que não se compaginam com o auto de denúncia – para crimes de natureza semipública e particular.

O *auto de notícia* pode ser levantado ou mandado levantar pela AJ, pela autoridade de polícia criminal (APC), por OPC ou por entidade policial sempre que o crime de que tenha tido conhecimento seja de natureza pública – de denúncia obrigatória, conforme n.° 1 do art. 243.° do CPP –, desde que tenha presenciado ao *factum criminis*[955]. Como referimos no ponto antecedente, defendemos que seja prudente que os OPC ou APC devam levantar um auto de notícia ou de ocorrência (participação) quanto a factos de que tenham conhecimento mesmo que consignem um crime de natureza não pública, sob pena de perda de elementos probatórios – pessoais e reais cruciais para a prossecução do processo.

O *auto de denúncia* compreende o documento elaborado[956] pelo OPC ou pela APC ou pela AJ e destina-se a narrar um crime de natureza semipública ou particular, *i. e.*, consigna o designado *conhecimento indirecto* ou *por meio de denúncia*[957], ficando esta adstrita à vontade do titular do direito de queixa. Acresce que poder-se-á dar a situação de um cidadão, não titular do direito de queixa, se dirigir a uma AJ ou OPC ou entidade policial para denunciar um crime de natureza pública, devendo, neste caso, ser elaborado um auto de denúncia, em que o denunciante é identificado e assina o auto nessa qualidade.

---

954 Releva a distinção para efeitos da valor probatório e de fazer fé em juízo, que não se verifica se o agente que levanta o auto não presenciou o facto – *ex vi* do n.° 1 do art. 99.° do CPP. *Hoc sensu* AC. RL de 13 de Outubro de 1999, *apud* MAIA GONÇALVES, *Op. Cit.*, p. 275.

955 Quanto à presenciabilidade do *factum criminis* pelo agente policial, cfr. Assento do STJ, publicado no *DR*, I Série, n.° 147, de 29/06/1985.

956 Como se depreende do n.° 1 do art. 4.° da Lei n.° 45/2004, de 19 de Agosto, podem levantar auto de notícia ou de denúncia e comunicá-los (as) ao MP, as delegações, os gabinetes médico-legais do INML e, por maioria de razão, o perito médico.

957 Cfr. *supra* § 77.° Da notícia do crime.

Se o OPC ou APC ou AJ não presenciarem o facto que a lei qualifica como crime, não levantam um *auto de notícia* nem procedem *à denúncia*, mas devem levantar um *auto de ocorrência* onde conste os elementos exigíveis no art. 243.° do CPP. O pressuposto da presenciabilidade do autuante ou mandante é fundamental para que a peça de expediente seja o *auto de notícia.*

215. O auto de notícia ou de denúncia deve mencionar os factos constitutivos do crime [*i. e.*, responder ao *o quê*], o dia, a hora[958], o local e as circunstâncias de cometimento do crime[959] [*i. e.*, responder ao *quando*, ao *onde* e ao *modo*], tudo o que seja idóneo e adequado a puder «averiguar acerca da identificação dos agentes do crime» [*i. e.*, responder ao *quem*], a identidade dos ofendidos e, sempre que possível, todos os meios de prova conhecidos, principalmente testemunhas que possam depor sobre os factos originadores da *notitia criminis* – conforme n.° 1 do art. 243.° do CPP – quer os que preencham elementos probatórios que fundem a acusação quer os que possam servir de justificação ou exculpação ou que possam provar a inocência do arguido ou que possam relevar para a verificação de inexistência de crime – como se retira e se impõe pelo art. 219.° da CRP e pelo art. 53.°, n.° 1 do CPP –, concretizando-se o princípio da isenção e da objectividade[960].

O auto deve ser escrito e deve ser perfeitamente legível, não devendo conter «espaços em branco que não sejam inutilizados, nem entrelinhas, rasuras ou emendas que não sejam ressalvadas» – n.° 1 do art. 94.° do CPP – e, caso se verifique alguma ilegibilidade, «qualquer participante processual interessado pode solicitar, sem encargos, a respectiva transcrição dactilográfica» – n.° 4 do art. 94.° do CPP. Acompanhamos Maia Gonçalves[961] quando afirma que a inobservância

---

958 A indicação da hora do acto ou diligência processual é de extrema importância quando afecta liberdades fundamentais da pessoa – *p. e.*, a detenção, a condução sob detenção, a obrigatoriedade de permanência no local do exame.

959 Cfr. n.° 6 do art. 94.° do CPP.

960 Cfr. *supra* Parte II – Dos princípios estruturantes do processo penal português –, Capítulo I – Do princípio do acusatório ou da separação de funções –, § 28.° Da isenção e objectividade do Ministério Público.

961 Cfr. Maia Gonçalves, *Op. Cit.*, 12.ª Edição, p. 274.

destes quesitos gera única e exclusivamente uma irregularidade processual, devendo-se seguir o regime previsto nos art. 118.°, n.os 1 e 2 e art. 123.° do CPP, ficando sanado se não for arguido no acto.

O auto deve ser assinado por quem o levantou ou mandou levantar, sendo que a assinatura deve ser feita pelo próprio punho, não sendo admissível qualquer reprodução daquela – *ex vi* do n.° 2 do art. 243.° e n.° 2 do art. 95.° do CPP –, sendo de ressalvar os casos de impossibilidade por não saber escrever ou se encontrar momentaneamente impossibilitado de escrever – *p. e.*, por ter sofrido um acidente – em que a entidade deve mencionar no auto a natureza da impossibilidade – *ex vi* do n.° 3 do art. 95.° do CPP. No caso em que se impõe a assinatura de outrem – como no auto de apreensão ou de reconhecimento – e este se recusar a assinar, a entidade que levantou ou mandou levantar o auto deve, sempre que possível antes de encerrar o escrito[962], mencionar a recusa e os motivos apresentados – *ex vi* do n.° 3 do art. 95.° do CPP. Partilhamos da posição de MAIA GONÇALVES[963] quanto à omissão da assinatura gerar simples irregularidade que pode ser sanada com a aposição das mesmas, como se retira do n.° 3 do art. 123.° do CPP.

Acresce que o auto de notícia deve ser remetido obrigatoriamente ao MP no mais curto prazo de tempo, sem ultrapassar os 10 dias, independentemente de já se ter comunicado, por qualquer meio (fax, telefone e e-mail) a notícia do crime.

216. A denúncia não está sujeita a quaisquer formalismos, sendo que pode ser apresentada oralmente ou por escrito. Quando apresentada de forma oral, a denúncia deve ser transcrita em auto próprio e deve ser assinada quer pela entidade que a recebe quer pelo denunciante, sem nos olvidarmos de que este pode, física ou academicamente – analfa-

---

962 No Ac. da RC de 6 de Março de 1991 [*apud* MAIA GONÇALVES, *Op. Cit.*, p. 276] defende-se que a razão da recusa ou da impossibilidade deve ser aposta no auto antes do seu encerramento. Pensamos que como regra se deve seguir o ensinamento. Todavia, casos há de recusa em que esta é manifestada após o encerramento do auto, o que no nosso entender não afecta a validade do auto.

963 Cfr. MAIA GONÇALVES, *Op. Cit.*, 12.ª Edição, p. 275.

betismo –, estar impossibilitado de assinar, devendo as razões ser apostas no auto.

Se o denunciante se recusar assinar, devem ser apostos os motivos da recusa. No caso dos crimes semipúblicos e particulares parece-nos, *a priori,* descabido que o denunciante não assine o auto, compreendendo-se nos casos de salvaguarda da integridade física ou do receio de ameaças por parte do denunciado: *p. e.*, quando uma mãe denuncia o marido por abuso sexual de filho/a menor.

O conteúdo do auto de denúncia deve seguir o estipulado para o auto de notícia, tendo em conta a especificidade da peça processual, de modo a que se possa responder às questões *o quê*, *quem*, *quando*, *onde*, *como* e, se possível, *porquê.*

O denunciante pode declarar que deseja constituir-se assistente. A constituição de assistente[964] é obrigatória e a sua vontade deve ser inequívoca no âmbito dos crimes particulares, cujo procedimento depende de acusação particular, devendo, nestes casos, a entidade que receber a denúncia informar o denunciante desse ónus e dos procedimentos a observar – *ex vi* n.° 4 do art. 246.° e art. 50.° do CPP.

Quanto aos crimes semipúblicos[965], para iniciar a promoção penal, é suficiente que o denunciante declare que deseja procedimento criminal contra os agentes do crime, sendo que existem crimes de natureza pública – *p. e.,* nos crimes contra a paz, identidade cultural e integridade pessoal, nos crimes de tráfico de influências, favorecimento pessoal praticado por funcionário, denegação de justiça, prevaricação, corrupção, peculato, participação económica em negócio, abuso de poder e fraude na obtenção ou desvio de subsídio ou de subvenção[966] – em que qualquer cidadão se pode constituir assistente, por os bens jurídicos ofendidos afectarem a colectividade no todo e não apenas o indivíduo considerado isoladamente[967] – *i. e.*, por os

964 Quanto à constituição de assistente os artigos 68.° a 70.° do CPP.

965 Quanto à queixa como pressuposto para a promoção penal nos crimes de natureza semipública art. 49.° do CPP.

966 Conforme al. *e*) do n.° 1 do art. 68.° do CPP.

967 Quanto à importância da tutela jurídico-criminal dos bens jurídicos colectivos ou supra-individuais, Jorge de Figueiredo Dias, "O papel do Direito Penal na

bens jurídicos serem supraindividuais, em que a vítima não é isoladamente determinável, uma vez que todos os cidadãos são vítimas daquelas condutas.

Releva a questiúncula quanto à detenção por crime de injúria a agente de autoridade e a aposição no auto do seu desejo inequívoco de proceder criminalmente contra o arguido: pois, consideramos que este desejo aposto de forma inequívoca no auto deve ser aceite como «exercício do direito de queixa» que lhe assiste, independentemente da sua qualidade de OPC[968], não sendo, por inexistência de obrigação de formalismo para o auto de denúncia e por se considerar ilogicamente aceitável em exercício de funções de polícia, necessário que o agente de autoridade formalize uma denúncia *stricto sensu.*

217. Outro ponto de discussão prende-se com a situação relatada pelo OPC se apresentar *a priori* como crime de natureza pública e, após determinadas diligências, o MP identificar e determinar que ao facto é subsumível um crime de natureza semipública ou particular ou quando em sede de concurso de crimes se averigua que um dos factos consigna um crime de natureza semipública ou particular:

α. se o crime mais grave não depender de queixa e se existirem crimes de natureza pública, mesmo que exista uma paridade na gravidade, o MP deve, por dotado de legitimidade, promover a acção penal quanto a esses crimes – *ex vi* art. 52.°, n.° 1 do CPP.

β. caso o crime público seja de menor gravidade ou ainda se tenha apurada a natureza semipública do crime subsumível aos factos deve o MP notificar os titulares do direito de queixa para que declarem se desejam ou não proceder criminalmente e, quando for caso disso, se desejam constituir-se assistentes no processo – *ex vi* n.° 2 do art. 52.° do CPP.

Contudo,

---

protecção das gerações futuras" *in BFD – Universidade de Coimbra, Volume Comemorativo do 75.° Tomo,* Coimbra, 2003, pp. 1131 e ss. e José de Faria Costa, *Direito Penal Económico,* Coimbra: Quarteto, 2003, pp. 38 a 44.

[968] Quanto a este assunto o AC. RC de 18 de Janeiro de 1996 *apud* Maia Gonçalves, *Op. Cit.,* p. 511.

γ. a regra prevista nestes preceitos do Código de Processo Penal tem de ser vista à luz das excepções estipuladas no Código Penal [n.os 5 e 6 do art. 113.° e n.° 3 do art. 178.° do CP], *i. e.*, a imposição de notificação prevista no n.° 2 do art. 52.° do CPP é afastada pela tutela do interesse da vítima, que, face ao caso em si, se revela superior.

218. O legislador, na Reforma de 2007, procurou resolver alguns problemas que acercavam a *denúncia anónima*, com o aditamento dos n.os 5, 6 e 7 ao art. 246.° do CPP, sem afastar o regime da valoração da prova documental anónima previsto no art. 164.° do CPP, e a comunicação ao ofendido da denúncia de crime no caso do mesmo a desconhecer, com o aditamento de um novo número (n.° 1) ao art. 247.° do CPP.

Prescreveu-se, desta feita, que a denúncia anónima só procederá à abertura de inquérito se contiver indícios da prática de crime ou se a mesma constituir crime. Claro está que se da denúncia se retiram indícios da prática de crimes, a denúncia apenas serve como aquisição de notícia de indícios criminais e nada mais. Mas, se a denúncia anónima é em si mesma crime, ela será tida como notícia e prova do crime[969].

Caso não se verifique alguma das situações descritas não haverá abertura de inquérito e o MP determina a destruição da denúncia anónima. Caso haja abertura de inquérito, o MP ou o OPC informam o titular do direito de queixa ou de participação da existência da denúncia, conforme n.os 6 e 7 do art. 246.° do CPP.

Nos casos previstos na al. *a*) do n.° 5 do art. 246.° do CPP, parece existir uma incongruência quanto ao anonimato da denúncia, porque se é uma denúncia anónima, ou vem identificado o titular do direito de queixa ou não é possível identificá-lo para que o mesmo exerça o direito nos casos de crime semipúblico ou particular. Deste modo, somos da opinião que, nestas situações e verificando-se que estão preenchidos os pressupostos do n.° 5 do art. 113.° do CP, o MP deve promover a acção penal.

---

[969] Neste sentido PAULO PINTO DE ALBUQUERQUE, *Comentário ao Código Processual Penal...*, 1.ª Edição, p. 642.

219. O legislador, na reforma de 2007 e nas alterações introduzidas pela Lei n.° 26/2010, de 30 de Agosto, impôs ao MP a obrigatoriedade de comunicação da notícia do crime ao ofendido, podendo este a qualquer momento solicitar certificado do registo da denúncia ou do registo do(s) auto(s) que comunica(m) ao MP a notícia do crime, *ex vi* do n.° 1 e n.° 6 do art. 247.° do CPP.

A par desta informação, cabe ao MP informar o ofendido sobre o regime do direito de queixa e as respectivas consequências processuais, assim como deve informá-lo sobre o regime jurídico do apoio judiciário para que o mesmo possa exercer de pleno os seus direitos no decurso do processo, conforme n.° 2 do art. 247.° do CPP. Impõe-se, ainda, ao MP que informe o ofendido sobre o regime e serviços que procedem à instrução de pedidos de indemnização a vítimas de crimes violentos, assim como da possibilidade dos pedidos de adiantamento às vítimas de violência doméstica e das instituições públicas, associativas ou particulares que se promovem apoio às vítimas de crimes, *ex vi* do n.° 3 do art. 247.° do CPP.

A estes direitos gerais de que o ofendido é credor, acresce o direito especial de ser informado das decisões judiciárias sobre os agressores cuja perigosidade potencial seja reconhecida, *ex vi* do n.° 5 do art. 247.° do CPP. Este direito especial de informação procura colmatar a presumível lacuna do dever de informar os ofendidos sempre que o agressor potencialmente perigoso ou perigoso fosse libertado após primeiro interrogatório judicial de arguido detido, saísse de prisão preventiva ou saísse em liberdade por *teminus* de cumprimento da pena privativa da liberdade. Somos da opinião que este dever especial de informação recai sobre a autoridade judiciária que toma a decisão que afecta o estatuto do agressor e não apenas ao MP.

CAPÍTULO II

MEDIDAS CAUTELARES E DE POLÍCIA

§ 79.° Da comunicação da notícia do crime

220. O OPC, que tenha conhecimento directo ou por denúncia de um crime, deve comunicá-lo no mais curto prazo, que não pode exceder 10 dias, ao Ministério Público, *ex vi* n.° 1 do art. 248.° do CPP[970] e n.° 3 do art. 2.° da LOIC, sendo que, nos casos de urgência, a comunicação pode ser efectuada por «qualquer meio de comunicação para o efeito disponível»[971], sendo que se for efectuada oralmente – telefone ou telemóvel ou pessoalmente – deve ser confirmada por escrito, *ex vi* do n.° 3 do art. 248.° do CPP. Este procedimento dos OPC impõe-se,

---

970 No âmbito dos menores que praticam factos qualificados pela lei como crime, art. 73.°, n.° 4 da LTE.

971 Como o fax, o telemóvel, o telefone, o e-mail.

também, quanto a notícias de crime que sejam manifestamente infundadas que lhes tenham sido transmitidas.

A comunicação imediata da notícia do crime impõe-se por ser o MP o *titular da acção penal* – art. 219.°, n.° 1 da CRP e art. 48.° do CPP – e para se permitir que a *direcção* e *orientação* do inquérito – art. 263.° do CPP – se verifique *ab initio*, evitando-se ou minorando-se a ofensa a bens jurídicos pessoais quer das vítimas quer dos arguidos.

A comunicação[972] a que estão obrigados os OPC, em regra deve ser o auto de notícia, com a constatação de todas as circunstâncias de facto, de modo, de tempo, de lugar e, se possível, de autoria exigidas pelo art. 243.° do CPP. Contudo, várias questões se levantam quanto à nova redacção do art. 248.° do CPP. Ora vejamos.

221. A comunicação da notícia de crime ao MP que devia ser «no mais curto prazo»[973] de tempo, passou a poder ser feita «no mais curto prazo, que não pode exceder 10 dias»[974]. O legislador foi longe demais e criou o caminho para abertura da caixa de Pandora: o acesso ao poder não pode ser entregue a quem não está, muitas das vezes, preparado para o exercer em tempo e espaço de democracia.

---

[972] No âmbito da LTE, os OPC além da comunicação da notícia do facto qualificada pela lei como crime, estão obrigados a elaborar uma informação, no prazo máximo de oito dias, sobre *conduta anterior do menor e a sua situação familiar, educativa e social* – conforme art. 73.°, n.° 2 da LTE. No entanto há a registar que o legislador atribuiu uma competência própria e não delegada de investigação aos OPC quanto à *conduta anterior do menor e a sua situação familiar, educativa e social*. A atribuição desta competência pressupõe que os OPC saibam que têm como limites o objecto da informação e os princípios processuais consignados na CRP, no CPP e na LTE que são garantias invioláveis dos direitos e liberdades de qualquer cidadão, tendo sempre por base de orientação o respeito da dignidade da pessoa humana. Os OPC jamais, e seria imoral se tal acontecesse, poderão utilizar esta competência para poderem entrar nas residências das pessoas afim de verificarem a existência de meios de prova de outros crimes relativamente à restante família, pois qualquer procedimento ou acto dirigido a esses fins tem de obedecer aos trâmites legais consignados no CPP. Quanto a este assunto o nosso *Direito de Menores...*, pp. 215 e 216.

[973] Cfr. a redacção anterior do n.° 3 do art. 243.° e do n.° 1 do art. 248.° do CPP.

[974] Cfr. a redacção actual do n.° 3 do art. 243.° e do n.° 1 do art. 248.° do CPP.

Há, na nossa opinião, abertura para o regresso ao inquérito policial, em que os OPC podem proceder ao apuramento dos factos (promovendo diligências que afectam direitos, liberdades e garantias fundamentais pessoais) à revelia do controlo e fiscalização judiciária. Não nos parece que, na era da comunicação telemática, *on-line*, na era dos *SMS* e *MMS*, na era das tecnologias e da informatização de todos os serviços da Administração Pública – inclusive de todas as polícias –, seja aceitável que se permita que o OPC detenha a informação ou a notícia de um crime, obtida sem ser em flagrante delito[975], durante 10 dias, sem que o titular da acção penal – o MP – tenha conhecimento da mesma e das diligências que os OPC estão a promover, assim como da profundidade daquelas.

A doutrina[976], desde a Lei n.° 21/2000, de 10 de Agosto, que aprovou a primeira Lei de Organização da Investigação Criminal (LOIC)[977], vem alertando para o facto de haver uma tendência legislativa para a *policialização* da investigação criminal e, consequentemente, do inquérito e, quiçá, da fase jurisdicional, tendo em conta o n.° 3 do art. 2.° da LOIC, que, à vista, aparenta permitir que o OPC inicie a investigação criminal antes do MP ter conhecimento da notícia do crime, contrariando os n.os 1 e 2 do próprio art. 2.° da LOIC, o art. 263.° do CPP e o art. 219.° da CRP.

Consideramos que a alteração do n.° 3 do art. 243.° e do n.° 1 do art. 248.° do CPP, a fixar um prazo de 10 dias para que os OPC comuniquem a notícia dos crimes de que tenham conhecimento, permite que durante um período de tempo o cidadão sujeito da acção dos OPC possa

---

975 No caso de flagrante delito impõe-se a detenção nos crimes públicos e semipúblicos desde que apresentada a queixa.

976 Cfr. os nossos *Regime Jurídico da Investigação Criminal Comentado e Anotado*, 3.ª Edição, Coimbra: Almedina, 2006, pp. 63-82 e "Do objecto do processo: da importância dos órgãos de polícia criminal na sua identificação e determinação", *in Politeia*, Ano III, n.° 2, 2006, pp. 135-137. Com a mesma preocupação de policialização da investigação criminal, ANABELA MIRANDA RODRIGUES, "A fase preparatória do processo penal – tendências na Europa. O caso Português", *in STVDIA IVRIDICA*, Coimbra, n.° 61, pp. 954-956.

977 Que fora revogada pela nova LOIC, aprovada pela Lei n.° 49/2008, de 27 de Agosto.

ver os seus direitos, liberdades e garantias fundamentais na total alçada da polícia, sem qualquer fiscalização judiciária e muito menos judicial. Parece-nos que a alteração não está de acordo com o art. 219.° da CRP por desjudiciarizar a acção penal e desjurisdicionalizá-la por meio da *policialização da acção penal*. Parece-nos que os preceitos em causa [n.° 3 do art. 243.° e n.° 1 do art. 248.° do CPP] não estão conformes a Constituição: *v. g.*, n.ºs 1 e 4 do art. 32.° e n.° 1 do art. 219.° da CRP.

§ 80.° Das providências cautelares

222. Os OPC têm responsabilidade na prevenção criminal – *ex vi* art. 272.° da CRP[978] –, recaindo sobre os mesmos a necessidade de salvaguardarem todos os meios de prova – quer inculpem quer inocentem o arguido.

A salvaguarda ou a conservação dos meios de prova emerge da necessidade de carrear para o processo crime os elementos probatórios – pessoais ou reais – capazes e suficientes a induzir ao titular do processo uma decisão fundeada na «verdade material» no duplo sentido de que nos fala FIGUEIREDO DIAS: verdade subtraída à influência da acusação e da defesa e "*judicial*, *prática* e, sobretudo, não uma verdade obtida a todo o preço mas *processualmente válida*"[979]. Como agravo impõe-se que na sentença o tribunal, ao fundamentar, deve enumerar os factos provados e não provados, expor os motivos de facto e de direito que fundamentam a sua decisão e indicar e fazer um exame crítico das provas que serviram para formar a sua convicção – *ex vi* do n.° 2 do art. 374.° do CPP –, o que obriga os OPC a actuarem diligentemente ao tomarem ou ao 'esbarrarem' com a conduta cri-

[978] Apesar de o artigo se dirigir à Polícia – de segurança, ordem e tranquilidade públicas, administrativa e judiciária – a fonte constitucional dos OPC emerge do art. 272.° da CRP. Sobre a natureza da actividade da polícia nas três vertentes e face aos poderes legislativo, judicial e executivo, o nosso *Dos Órgãos de Polícia Criminal*, Coimbra: Almedina, 2004, pp. 11 e ss..

[979] Cfr. JORGE DE FIGUEIREDO DIAS, *Direito Processual Penal*, (Col. Clássicos Jurídicos), Reimpressão da 1.ª Edição, Coimbra: Coimbra Editora, 2004, pp. 193 e 194.

minosa, impondo-se-lhes que medidas e actos cautelares devem obedecer ao princípio da legalidade e, consequentemente, da tipicidade, ao princípio da proibição do excesso ou da proporcionalidade *lato sensu* – adequação, exigibilidade vou necessidade, proporcionalidade *stricto sensu* – ao princípio da subsidiariedade, ao princípio da prossecução do interesse público – que neste porto de imbricância se prende com as finalidades do processo penal.

Aos OPC cabe, antes da intervenção da AJ competente para proceder a investigações, praticar **actos cautelares**[980], actos de natureza pré-processual e de competência própria[981], que se mostrem não só **necessários e urgentes**[982], como também adequados e menos onerosos para os direitos do cidadão, que se destinem a «assegurar os meios de prova». Actos esses sujeitos à posterior apreciação e valoração por parte da AJ.

223. Neste sentido, nos termos do n.° 2 do art. 249.° do CPP[983], compete aos Órgãos de Polícia Criminal:

α. proceder a **exames dos vestígios do crime** ocorrido – devendo evitar que os vestígios do crime se apaguem ou alterem, podendo para tal proibir que entrem ou transitem no local do crime e a prática de actos que possam destruir os vestígios antes de examinados, assim como determinar a permanência

---

980 Falamos das *medidas cautelares e de polícia* previstas nos artigos 248.° a 253.° do CPP.

981 Para SOUTO DE MOURA, os OPC têm, neste âmbito, uma "competência material originária para tomar conhecimento de um crime e iniciar a respectiva investigação". Cfr. SOUTO DE MOURA, *Op. Cit.,* pp. 105 e ss..

982 Os actos necessários e urgentes prendem-se com **situações de urgência** que "são aqueles que demandam ou exigem diligências imediatas, indispensáveis à recolha e garantia dos meios de prova sujeitos a desaparecimento", conforme art. 249.°, n.os 1 e 2 – exames dos vestígios do crime, recolha de informação, apreensões no decurso das revistas e buscas – e art. 251.° – revistas e buscas sem prévia autorização judiciária. Neste sentido MANUEL SIMAS SANTOS, MANUEL LEAL-HENRIQUES e DAVID BORGES DE PINHO, *Op. Cit.,* 2.° Vol., p. 25.

983 Cfr. art. 2.°, n.° 3 da LOIC e o nosso *Regime Jurídico da Investigação...*, 3.ª Edição, pp. 63 e ss..

no local do crime de pessoas – e assegurar que o estado das coisas e dos locais se mantenha qualificado pela lei como crime;

β. colher **informações** por meio das pessoas que supostamente presenciaram o facto delituoso ou que, por razões de laços de amizade e familiares, conheçam da situação factual, das razões e das circunstâncias, que permitam não só esclarecer a circunscrição do modo, do tempo e do local, mas também identificar o(s) agentes do crime que originou a abertura do processo crime e a sua possível reconstituição;

γ. os **objectos do crime** e os que serviram de meio adequado à prática e à verificação do mesmo **devem ser apreendidos** para posterior entrega aos seus legítimos proprietários ou para exames técnico-científicos que possam conduzir com rigor à verdade, cuja conservação e manutenção desses objectos é da competência dos OPC até a sal entrega à AJ.

Após a intervenção da AJ, nos termos do n.° 3 do art. 249.° do CPP, recai sobre os OPC o ónus de assegurar novos os meios de prova de que tenham conhecimento e de procederem, face à urgência e necessidade da actuação, aos exames, à colheita de informações e a novas apreensões.

§ 81.° Da identificação e solicitação de informações

224. O procedimento de **identificação**[984] **de um suposto autor ou co-autor de um delito** terá de respeitar as formalidades prescritas

[984] Quanto à identificação veja-se, também, o art. 14.° da Lei n.° 20/87, de 12 de Junho, que aprovou a Lei de Segurança Interna e a Lei n.° 5/95, de 21 de Fevereiro, que estabelece um regime de obrigatoriedade de porte de documento de identificação e um novo tempo máximo de privação da liberdade – de duas horas – que, com a harmonização promovida pela redacção do art. 250.° dada pela Lei n.° 59/98, de 25 de Agosto, no nosso entender, foi revogado. No mesmo sentido MAIA GONÇALVES, *Op. Cit.*, p. 516. Quanto ao regime jurídico da identificação ANTÓNIO AUGUSTO TOLDA PINTO, *A Tramitação Processual Penal*, 2.ª Edição, Coimbra: Coimbra Editora, 2001, pp. 637 e ss..

pelo art. 250.° do CPP, devendo-se ter em conta que a pessoa a identificar é um cidadão titular de direitos fundamentais – dos quais se destacam a liberdade [o pedido de identificação a um cidadão limita-lhe automaticamente a sua liberdade de circulação], o bom nome e reputação [ao ser confrontado com a solicitação de identificação por parte de um OPC, principalmente quando acompanhado de pessoas do seu habitat e em certos locais, produz um efeito estigmatizante].

A identificação é uma medida cautelar e de polícia que se impõe na desenvoltura de actos pré-processuais ou processuais sob pena de não se assegurar as provas pessoais, para futuro contacto e apresentação quer em sede de inquérito ou de instrução quer em sede de julgamento.

Deste preceito retira-se que o OPC pode proceder à identificação de um cidadão que se encontre em lugar público, aberto ao público ou sujeito a vigilância policial, sempre que sobre ele recaiam fundadas suspeitas da prática de crime(s), da pendência de processo de extradição ou de expulsão, de que tenha penetrado ou permaneça irregularmente no território nacional[985] ou de haver contra si mandado de detenção, nos termos do n.° 1 do art. 250.° do CPP.

Os OPC, nos termos do n.° 2 do art. 250.° do CPP e antes de procederem à identificação, devem:

- **i.** em primeiro lugar, provar a sua qualidade identificando-se;
- **ii.** em segundo lugar, comunicar ao suspeito as circunstâncias que fundamentam a obrigação de identificação;
- **iii.** e, em terceiro lugar, indicar os meios por que este se pode identificar.

O suspeito da prática de crime(s) pode identificar-se mediante a apresentação do bilhete de identidade ou passaporte, caso seja cidadão português, do título de residência, bilhete de identidade, passaporte ou documento que substitua o passaporte, caso seja cidadão estrangeiro,

---

985 Sobre as condições de entrada, permanência, saída e afastamento de cidadãos estrangeiros, o DL n.° 244/98, de 8 de Agosto, alterado pelo DL n.° 4/2001, de 10 de Janeiro.

conforme n.° 3 do art. 250.° do CPP. Mas, sendo impossível apresentar um dos documentos referidos no número anterior, o suspeito pode identificar-se mediante a apresentação de documento original, ou cópia autenticada, que contenha o seu nome completo, a sua assinatura e a sua fotografia, conforme n.° 4 do art. 250.° do CPP.

Quando não for portador de nenhum documento de identificação, o órgão de polícia criminal deve imediatamente procurar comunicar com familiares ou pessoa de sua confiança, podendo-lhe ser facultada a possibilidade de se identificar através da comunicação com uma pessoa que apresente os seus documentos de identificação ou através da deslocação, acompanhado pelos OPC, ao lugar onde se encontram os seus documentos de identificação ou através de reconhecimento da sua identidade por uma pessoa identificada nos termos do n.° 3 ou do n.° 4 do art. 250.° do CPP que garanta a veracidade dos dados pessoais indicados.

225. Caso seja impossível identificar o suspeito de acordo com as formalidades descritas, os OPC podem conduzi-lo ao posto policial mais próximo e compeli-lo a permanecer ali pelo tempo estritamente indispensável à identificação, em caso algum superior a seis horas[986], realizando, em caso de necessidade, provas dactiloscópicas, fotográficas ou de natureza análoga e convidando o identificando a indicar residência onde possa ser encontrado e receber comunicações, conforme o n.° 6 do art. 250.° do CPP.

A condução a um departamento da Polícia de um suspeito para ser identificado por impossibilidade de identificação nos termos dos n.ºs 3 e 4 do art. 250.° do CPP compreende o conteúdo da designada detenção para identificação consagrada na al. *g*) do n.° 3 do art. 27.° da CRP, aditada pela IV Revisão Constitucional operada pela Lei Constitucional n.° 1/97, de 20 de Setembro[987], devendo a pessoa detida para iden-

---

[986] Se o identificando for menor o tempo limite é de três horas, conforme al. *b*) do art. 50.° da LTE.

[987] A Revisão Constitucional veio supervenientemente afastar a inconstitucionalidade material de que padecia o art. 250.° do CPP. Quanto a este assunto, Alexandre Sousa Pinheiro e Mário João de Brito Fernandes, *Comentário à IV Revisão Cons-*

tificação ser informada de imediato das razões da sua detenção *ex vi* n.° 4 do art. 27.° da CRP.

Consideramos que, tendo os OPC a legitimidade de conduzir um indivíduo para identificação – sendo privado da liberdade –, não podemos defender que a recusa à identificação, mesmo com a cominação, possa consubstanciar um crime de desobediência, por se demonstrar contrária a ideia de detenção para identificação e por não fazer sentido que, sendo possível deter para identificar – medida coactiva que "só pode ser aplicada quando o suspeito a identificar não o faça doutro modo, nos termos dos n.os 3 e 4 do art. 250.°"[988] –, se opte por deter por desobediência.

Estes actos de identificação devem sempre ser reduzidos a auto e as provas de identificação do suspeito constantes são destruídas na sua presença a pedido do mesmo, caso a suspeita não se confirme, *ex vi* n.° 7 do art. 250.° do CPP. A destruição dos actos de identificação não invalidam a elaboração de uma participação ou auto em que a entidade que procedeu a diligência indique *quem*, *quando*, *onde* e *porque* foi detido para identificação e quando é que a diligência cessou, sob pena da fiscalização e controlo da legalidade da actividade policial não ser exequível.

226. Os OPC podem pedir ao suspeito, bem como a quaisquer pessoas susceptíveis de fornecerem **informações** úteis, e deles receber, sem prejuízo, quanto ao suspeito, do disposto no artigo 59.° do CPP[989]

---

titucional, Lisboa: AAFDL, 1999, p. 119. Quanto à detenção para identificação, seus fundamentos e pressupostos, no direito alemão, § 127, I, 1 e 2 e §§ 163b e 163c da StPO e CLAUS ROXIN, *Op. Cit.*, pp. 278, 279, 284 e 285.

[988] Cfr. GERMANO MARQUES DA SILVA, *Op. Cit.*, 2.ª Edição, Vol. II, p. 211.

[989] No caso de menores, o art. 59.° do CPP, aquando de recolha de informações, apenas se aplica às pessoas imputáveis que as fornecem, uma vez que apenas pode ser constituído arguido *aquele que contra quem for deduzida acusação ou requerida instrução num processo criminal* (n.° 1 do art. 57.° do CPP), sendo que é obrigatória a constituição de arguido logo que corra *inquérito contra pessoa determinada em relação à qual haja suspeita fundada da prática de crime, estar prestar declarações perante qualquer autoridade judiciária ou órgão de polícia criminal; tenha de ser aplicada a qualquer pessoa uma medida de coacção ou de garantia patrimonial; um*

– constituição de arguido –, informações relativas ao crime e, nomeadamente, à descoberta e à conservação de meios de prova que poderiam perder-se antes da intervenção da autoridade judiciária, nos termos do n.° 8 do art. 250.° do CPP.

Ao suspeito deverá ser sempre facultada a possibilidade de contactar com pessoa da sua confiança – *ex vi* n.° 9 do art. 250.° do CPP – imperativo essencial e crucial na actuação das forças de segurança, cuja atitude de estigmatização se sentirá mais vincadamente se o identificando for um menor, em que se impõe de imediato o contacto com familiar ou pessoa de confiança sempre que o órgão de polícia criminal tenha necessidade de conduzir o menor para o posto policial mais próximo[990].

§ 82.° Da revista

227. A revista, face ao nosso Código de Processo Penal, pode enroupar carácter de meio de obtenção de prova – art. 174.° e 175.° do CPP – ou carácter de medida cautelar e de polícia – art. 251.° do CPP. Na legislação avulsa, a revista, com excepção do art. 53.° do DL n.° 15/93, de 22 de Janeiro, apresenta-se *a priori* como medida cautelar e de polícia em uma vertente preventiva e de segurança – art. 5.° da

---

suspeito for detido, nos termos e para os efeitos previstos nos artigos 254.° a 261.°; ou seja *levantado auto de notícia que dê uma pessoa como agente de um crime e aquele lhe for comunicado, salvo se a notícia for manifestamente infundada* (n.° 1 do art. 58.° do CPP). Mas, a **constituição de arguido** também deverá ocorrer: *"1 – Se, durante qualquer inquirição feita a pessoa que não é arguido, surgir fundada suspeita de crime por ela cometido, a entidade que procede ao acto suspende-o imediatamente e procede à comunicação e à indicação referidas no n.° 2 do artigo anterior"*. E se *"2 – A pessoa sobre quem recair suspeita de ter cometido um crime tem direito a ser constituída, a seu pedido, como arguido sempre que estiverem a ser efectuadas diligências, destinadas a comprovar a imputação, que pessoalmente a afectem"*. Conforme n.os 1 e 2 do art. 59.° do CPP.

[990] Quanto à identificação de menor o art. 50.° da LTE e o nosso *Direito de Menores...*, pp. 220 a 222.

Lei n.° 8/97, de 12 de Abril, art. 12.°, n.° 2 da Lei n.° 16/2004, de 11 de Maio, art. 4.° da Lei n.° 30/2000, de 29 de Novembro.

A revista como medida cautelar e de polícia é uma medida de excepção e, como tal, apenas se deve efectuar quando se verifica uma detenção e haja fundadas suspeitas de que, nas suas roupas, o detido oculta objectos relacionadas com o crime que sejam susceptíveis de servir de prova do facto e que, de outro modo, poder-se-iam perder ou quando de fuga iminente do suspeito ou, ainda, para acautelar práticas criminosas durante actos processuais.

Os Órgãos de Polícia Criminal, por razões de segurança, devem efectuar uma **revista** sumária[991], solicitando primeiramente que o suspeito deposite sobre uma superfície rígida todos os artigos que o possam indiciar da prática do facto delituoso que originou a intervenção da Polícia e que possam ferir (seringas, navalhas, armas) o/a agente ou outrem ou a si próprio. A revista deve ser efectuada num local reservado e, sempre que possível, na presença de alguém de sua confiança e evitar que se ofenda o pudor do visado com a diligência.

Quanto a mais desenvolvimentos, remete-se o estudo para a Parte IV – Dos meios de obtenção de prova – Capítulo II – Das revistas e buscas.

§ 83.° Das buscas

228. As buscas[992] enroupam, como regra, um carácter de meio de obtenção de prova – art. 174.° a 177.° do CPP – e, excepcionalmente,

---

[991] Sobre as revistas os nossos *Revistas e Buscas...*, pp. 11 e ss., *Lei e Crime...*, pp. 219 e ss., Germano Marques da Silva, *Curso de Processo Penal*, 2.ª Edição, Lisboa/S. Paulo: Verbo, 2000,Vol. II, pp. 193 e ss. Fernando Gonçalves e Manuel João Alves, *Os Tribunais, as Polícias e o Cidadão,* Coimbra: Almedina, 2000, pp. 202 e ss., Tolda Pinto, *Op. Cit.,* pp. 648 e ss.. Quanto à revista a menores o nosso *Direito de Menores...*, pp. 222 a 236.

[992] Quanto às buscas de forma desenvolvida com crítica à jurisprudência o nosso *Revistas e Buscas...*, 2.ª Edição, pp. 57-146. Quanto à busca no âmbito dos menores o nosso *Direito de Menores...*, pp. 236-241.

podem enroupar um carácter de medida cautelar e de polícia – art. 251.° do CPP e art. 5.° da Lei n.° 8/97, de 12 de Abril.

As buscas podem-se classificar em buscas domiciliárias e não domiciliárias, sendo que como medida cautelar e de polícia, a busca é não domiciliária. Se o OPC tiver de efectuar uma busca domiciliária nos termos da al. *a*) do n.° 4 do art. 174.° do CPP sem autorização da AJ – Juiz –, a diligência é uma busca domiciliária de cariz excepcional e não é uma medida cautelar e de polícia – *a contrario* al. *a*) do n.° 1 do art. 251.° do CPP.

Quanto a mais desenvolvimentos, remete-se o estudo para a Parte IV – Dos meios de obtenção de prova – Capítulo II – Das revistas e buscas.

§ 84.° Da apreensão de correspondência

229. A apreensão de correspondência[993] tem de ser vista segundo dois prismas: como *meio excepcional de obtenção de prova* pela ofensa ou restrição de bens jurídicos fundamentais pessoais – reserva da intimidade da vida privada [art. 26.° da CRP] tutelado pelo direito ao sigilo e inviolabilidade da correspondência [art. 34.° da CRP] – previsto no art. 179.° do CPP; e como medida cautelar e de polícia de cariz excepcional e precária – *ex vi* do art. 252.° do CPP.

Cumpre-nos, neste momento, cingirmo-nos à apreensão de correspondência como medida cautelar e de polícia que se apresenta como acto ordenado ou autorizado pelo juiz – n.° 1 do art. 252.° do CPP –, *i. e.*, ao se prescrever que os OPC transmitem a **correspondência intacta** apreendida **ao juiz** que tiver ordenado ou autorizado a diligência.

---

993 Quanto à apreensão de correspondência no âmbito dos menores o nosso *Direito de Menores...*, pp. 241 e 242. Quanto à apreensão de correspondência como medida cautelar e de polícia MAIA GONÇALVES, *Op. Cit.*, 12.ª Edição, p. 519, LEAL-HENRIQUES e SIMAS SANTOS, *Código de Processo Penal Anotado*, 2.ª Edição, Lisboa: Rei dos Livros, 2000, II Vol., pp. 40 e 41.

Se considerarmos que os OPC só podem apreender a correspondência por ordem ou autorização do juiz de instrução, consideramos que a inserção deste preceito – principalmente do n.° 1 – nas medidas cautelares e de polícia não se adequa à teleologia daquelas, por não ser um acto pré-processual e de competência materialmente originária, mas antes um acto ordenado pela AJ.

230. O n.° 2 do preceito suscita duas questões: a abertura da correspondência refere-se à correspondência apreendida por ordem ou autorização do JIC ou à correspondência de importância extrema por conter informações cruciais para a investigação de um crime – do catálogo – e, por isso, pode ser aberta por autorização do Juiz sem que tenha ordenado a diligência.

Se a apreensão de correspondência é de um melindre gravoso, esse melindre aumenta se a diligência cominar com a sua abertura, pelo que somos da opinião de que o n.° 2 do art. 252.° do CPP se correlaciona e entrelaça com o n.° 1 do mesmo preceito, *i. e.*, a abertura da correspondência – acto exclusivo do juiz [n.° 1 do art. 179.° do CPP e al. *b*) do n.° 1 do art. 269.° do CPP *ex vi* do n.° 4 do art. 32.° da CRP] – só pode cingir-se a diligência promovida por ordem daquele e à correspondência apreendida por ordem ou autorização do mesmo.

Summo rigore, o n.° 2, na linha do n.° 1, do art. 252.° do CPP não é uma verdadeira medida cautelar e de polícia.

231. Já o n.° 3 do art. 252.° do CPP reveste natureza precária e cautelar por legitimarem os OPC a ordenar a **suspensão** da remessa de qualquer correspondência nas estações dos correios e de telecomunicações por suspeita de conterem informação útil à investigação de um crime ou à descoberta da verdade e que, devido à demora da autorização ou ordem de apreensão por parte do JIC, poder-se-ia perder. O cariz cautelar da ordem do OPC reforça-se com a necessidade de o JIC convalidar, no prazo máximo de 48 horas, por despacho fundamentado a decisão do OPC. Acresce que a ordem do OPC deve ser fundamentada e não ser o resultado de uma actuação discricionária.

No entanto há a acrescentar que a suspensão da correspondência só pode ser ordenada por OPC nos casos em que ao juiz é legítimo ordenar a sua apreensão, *i. e.*, nos casos do n.° 1 do art. 179.° do CPP: a correspondência ser expedida ou recebida pelo suspeito a investigar – al. *a*); estar em causa um crime que seja punível com pena superior, no seu máximo, a três anos – catálogo de crimes –, nos termos da al. *b*); e que a diligência se revele de grande interesse para a descoberta da verdade ou para a prova – al. *c*). Não faria sentido legitimar uma maior amplitude aos OPC do que a legitimada ao juiz das liberdades.

Em suma, consideramos que apenas o n.° 3 do art. 252.° se pode enquadrar como medida cautelar e de polícia – *i. e.*, só a suspensão da correspondência se afigura como medida cautelar e precária – por ser um acto que carece de apreciação e validação posterior e por ser aplicável por necessidade e urgência sob pena de não se assegurar a descoberta da verdade ou a prova.

232. *Summo rigore*, os n.os 1 e 2 do art. 252.° do CPP não configuram a natureza de medidas cautelares e de polícia, pois apresentam-se como medidas cautelares judiciais aplicadas pelos OPC sob prévia autorização de juiz, nem é do MP. Só o n.° 3 do art. 252.° do CPP, que trata da *suspensão de correspondência*, é que pode ser decidida e aplicada por iniciativa própria do OPC, se configura como uma verdadeira medida cautelar e de polícia, cuja apreciação e validação judicial terá de ocorrer durante as 48 horas sequentes, caso contrário a mesma é remetida ao destinatário[994].

Os n.os 1 e 2 do art. 252.° do CPP são puros *meios de obtenção de prova*, cuja sistematização se impunha resolver com a Reforma de 2007, facto que não aconteceu. Consideramos que a apreensão de correspondência, como meio excepcional de obtenção de prova por restrição do direito à intimidade da vida privada e familiar e da palavra escrita do visado e de outras pessoas, que nada têm a ver com a actividade delituosa daquele, só devia configurar nos moldes e pressupostos em que se encontra previsto no art. 179.° do CPP.

---

994 Quanto a esta nossa posição e reafirmando-a, o nosso *Teoria Geral do Direito Policial*, 2.ª Edição, pp. 260-263.

O legislador, em 2007, devia ter resolvido esta situação: por um lado, devia ter alterado a epígrafe do preceito para *suspensão provisória de correspondência*; por outro, o art. 252.° do CPP só devia prever o descritivo do n.° 3, com remissão para os pressupostos e catálogo do art. 179.° do CPP.

§ 85.° Da localização celular

233. A Reforma de 2007 aditou ao Capítulo das *Medidas Cautelares e de Polícia* o art. 252.°-A, com a epígrafe *Localização Celular*. Não criticamos a inserção deste meio de obtenção de prova útil e eficaz na prevenção e na detecção de elementos de prova pessoal (arguido e vítima) fundamentais para o processo crime. Consideramos, antes, que a sua inserção sistemática não é correcta nem se adequa à teleologia deste meio, o que denota uma certa desorientação e ampliação desnecessária dos «poderes» materiais dos OPC. Ora vejamos.

A localização celular é um meio de obtenção de prova e não uma medida cautelar e de polícia, desde logo por ser impossível, neste momento, efectuar uma localização celular sem se proceder à intercepção da comunicação – escuta telefónica. Neste sentido, o legislador submeteu o regime da localização celular, por força do art. 189.°, n.° 2 do CPP, ao preceituado para as escutas telefónicas.

Acresce que o n.° 1 do art. 252.°-A do CPP não se refere exclusivamente aos OPC, mas em primeiro lugar às «autoridades judiciárias», que podem, estranhamente, aplicar a medida cautelar e de polícia *localização celular*. Parece-nos que as medidas cautelares e de polícia, até por razão do nome, são aquelas que são, por iniciativa própria e previamente, aplicadas pelos OPC por razões de *periculum in mora* da intervenção da AJ e que, por serem pré-processuais e serem precárias e urgentes, carecem de apreciação e validação judiciária. Ora se a AJ pode aplicar a medida em causa, não estamos na figura das medidas cautelares e de polícia, mas num puro acto judiciário ou judicial.

Ajuste-se que o n.° 2 prevê a possibilidade de recurso a este meio num «processo em curso», pelo que, a nosso ver, a AJ titular do processo deve, em todo o momento, fazer um juízo correcto do perigo (de vida ou de ofensa à integridade física) das vítimas e testemunhas quer de defesa quer de acusação, de modo a poder intervir autorizando ou ordenando o recurso à localização celular e a não permitir um recurso a este meio por iniciativa livre e originária dos OPC.

Não obstante esta nossa posição, consideramos que os OPC podem sempre proceder à localização celular sem autorização judicial nos casos em que haja perigo para a vida ou integridade física grave no âmbito do instituto do *estado de necessidade*. Os bens jurídicos superiores impõem que os OPC intervenham de imediato sem demoras sob pena da intervenção ser tardia, ou seja, o estado de necessidade obriga os OPC a intervir sob pena de serem responsabilizados por omissão.

O art. 252.°-A do CPP denota confusão entre medida cautelar e de polícia com a intervenção da polícia – *maxime* OPC – em *estado de necessidade*, que não se pode confundir com meios de obtenção de prova nem com medidas cautelares e de polícia.

Quanto a mais desenvolvimentos sobre a localização celular, remetemos o estudo para a Parte IV – Dos meios de obtenção de prova – Capítulo IV – Das Escutas Telefónicas.

§ 86.° Do relatório

234. Os OPC, que aplicam medidas cautelares e de polícia – que se destinam à recolha e conservação da prova antes da intervenção da AJ por razões de urgência face ao perigo de se perderem, podendo ser enquadradas como medidas de prevenção sujeitos à apreciação e à validação por parte da AJ competente [MP e JIC] –, medidas que colidem com direitos fundamentais do cidadão, devem, nos termos do n.° 1 do art. 253.° do CPP, proceder à elaboração de um relatório do qual deve, sucintamente, constar:

- as *investigações levadas a cabo*
- os *resultados obtidos*
- os *factos apurados*
- as *provas recolhidas*

Este relatório, que terá de ser enviado à AJ competente para fase do processo em curso – MP no inquérito e JIC na instrução –, conforme n.º 2 do art. 253.º do CPP, e que não se confunde com a comunicação da diligência – art. 251, n.º 2 em conjugação com o n.º 5 do art. 174.º do CPP – ou com a comunicação da notícia do crime – art. 248.º do CPP –, nem com o relatório final das diligências de investigação determinadas pela AJ ao OPC como órgão coadjuvante da administração da justiça, funciona como um instrumento de fiscalização e controlo[995] formal e material da actividade dos OPC em uma fase pré-processual ou da actividade dos OPC por determinação da AJ, cujos actos se revestem de teor judicial.

§ 87.º Breve conclusão capitular

235. Não podíamos terminar este capítulo sem tecer dois comentários que merecem a nossa atenção. Consideramos que o legislador, na Reforma de 2007, devia ter clarificado dois pontos cruciais do Capítulo em análise: um refere-se à elaboração do relatório previsto no art. 253.º do CPP e outro diz respeito à comunicação da aplicação das medidas cautelares e de polícia.

No que respeita à elaboração do relatório[996], previsto no art. 253.º do CPP, consideramos que o legislador devia ter prescrito que cabia à APC, responsável pela operação policial, a responsabilidade de elaboração do relatório dos factos, das provas obtidas, dos resultados e das diligências que foram efectuadas. Não nos parece correcto que deva ser o OPC a assumir a responsabilidade total de uma ocorrência policial, cujo desenrolar e desfecho da mesma depende da acção da APC, que determina o andamento de todas as diligências.

---

[995] *Hoc sensu* Simas Santos e Leal-Henriques, *Op. Cit.*, II Vol., p. 42.

[996] Refira-se que não falamos do relatório final que os OPC, que coadjuvam a AJ, elaboram findas as diligências investigatórias determinadas pelo MP ou pelo JIC no quadro da investigação criminal.

Quanto à comunicação das diligências levadas a cabo pelos OPC e pela APC – medidas cautelares e de polícia –, consideramos que há uma confusão tremenda: ora se comunica ao MP ora se comunica ao JIC, tendo em conta as competências jurídico-constitucionais-processuais. Somos da opinião que dever-se-ia prescrever a regra da comunicação das medidas cautelares e de polícia e a respectiva entrega do expediente e de todos os elementos probatórios ao MP, cabendo a este o dever de transmitir, nos casos que se impusessem, ao JIC para fiscalização jurisdicional das diligências actos que possam restringir direitos, liberdades e garantias fundamentais.

Não obstante o legislador de 2007 não ter procedido a estes ajustes[997], consideramos que deve ser este o procedimento e o trajecto a ser seguido pelos OPC, pelas APC, pelo MP e pelo JIC, tendo em conta a lógica da competência ascendente ou da cooperação vertical ou da coadjuvação de todas as entidades para que o tribunal administre a justiça em nome do povo.

[997] Cfr. art. 202.°, n.os 1 e 3 da CRP.

CAPÍTULO III
DA DETENÇÃO

SUMÁRIO: § 88.° Concepção e finalidades da detenção
§ 89.° Da detenção em flagrante delito
a. concepção de flagrante delito
b. detenção em flagrante delito
§ 90.° Da detenção fora de flagrante delito
a. pressupostos materiais
b. pressupostos formais
§ 91.° Do Mandado de Detenção Europeu
§ 92.° Da libertação de arguido detido ilegalmente

§ 88.° Concepção e finalidades da detenção

236. A detenção é uma privação da liberdade que ultrapassa o teor finalistico do CPP/29 – "prisão para fins processuais anterior à condenação"[998] –, cujo fundamento jurídico-constitucional se afere do art. 27.° da CRP. A par do direito à liberdade – cujo princípio da privação da liberdade se resigna na «consequência de sentença judicial condenatória pela prática de acto punido por lei com pena de pri-

---

998 Cfr. MANUEL CAVALEIRO DE FERREIRA, *Curso de Processo...*, Vol. II, 1981, p. 383 e, quanto à detenção e à prisão preventiva, *Curso de Processo...*, Vol. 1.°, 1986, pp. 237 e ss.. Quanto à detenção no direito alemão e a destrinça entre esta e a prisão preventiva, CLAUS ROXIN, *Derecho Procesal...*, pp. 256 e ss. e 278 e ss..

são ou de aplicação judicial de medida de segurança» [n.° 2 do preceito] – ancora o direito à segurança quer individual quer colectiva, que, quando afectada, pode legitimar quem de direito a promover diligências que privem o infractor da liberdade[999].

Privação essa que se apresenta como excepção ao princípio geral da privação da liberdade e que apenas se pode verificar sob determinados pressupostos de facto e de direito[1000] consagrados no n.° 3 do art. 27.° da CRP: «detenção em flagrante delito» [al. *a*)], detenção ou prisão preventiva por fortes indícios de prática de crime doloso a que corresponda pena de prisão cujo limite máximo seja superior a três anos» [al. *b*)] «prisão, detenção ou outra medida coactiva sujeita a controlo judicial, de pessoa que tenha penetrado ou permaneça irregularmente no território nacional ou contra a qual esteja em curso processo de extradição ou de expulsão» [al. *c*)], «detenção por decisão judicial em virtude de desobediência a decisão tomada por um tribunal ou para assegurar a comparência perante autoridade judiciária competente» [al. *f*)], detenção para identificação [al. *g*)].

A privação da liberdade tem uma finalidade *específica*: comparência em tribunal, expulsão ou extradição de um cidadão, entrega a uma autoridade judiciária de outro Estado-Membro ou ao Tribunal Penal Internacional, procedimento de identificação de suspeitos.

237. A detenção distingue-se da prisão preventiva[1001] e da própria execução de pena de prisão. Em todas as medidas o cidadão fica

---

[999] Quanto ao equilíbrio destes dois direitos o nosso *Dos Órgãos de Polícia...*, pp. 108 a 111, e Gomes Canotilho e Vital Moreira, *Constituição da República...*, 3.ª Edição, pp. 184-185.

[1000] Não olvidamos as privações da liberdade por sanção disciplinar militar [al. *d*)], por aplicação de medida tutelar educativa em regime fechado, semiaberto ou aberto dos menores [al. *e*)], nem por aplicação de internamento por anomalia psíquica [al. *h*)].

[1001] Quanto à destrinça Manuel Cavaleiro de Ferreira, *Curso de Processo...*, Vol. 1.°, 1986, pp. 237 e ss., Germano Marques da Silva, *Curso de Processo...*, 2.ª Edição, Vol. II, pp. 209 e ss.. Para Francisco Alonso Perez, na linha de Sánchez del Rio, a distinção entre detenção e prisão, como a prisão preventiva, centra-se no sujeito operativo activo, *i. e.*, a prisão só pode ser decretada por uma autoridade judi-

privado da liberdade por um determinado período de tempo, sendo, em princípio, o da detenção o mais reduzido. A execução de pena de *prisão* – como a mais gravosa privação da liberdade – apenas se verifica após sentença condenatória em pena de prisão transitada em julgado, pois já se percorreu o *iter processualis* onde os sujeitos processuais participaram activamente.

A *prisão preventiva* é uma medida de coacção – a mais gravosa das medidas de coacção e reveste (ou devia revestir) carácter excepcional e subsidiário –, que priva o preso preventivo da liberdade pessoal por decisão de um juiz – conforme art. 28.° da CRP e 202.° do CPP –, cuja aplicação deve obedecer aos princípios da legalidade e da proporcionalidade *lato sensu* – adequação, exigibilidade ou necessidade e proporcionalidade *stricto sensu* e da excepcionalidade e da subsidiariedade – que emerge de "uma decisão judicial interlocutória"[1002].

A *detenção* é uma medida privativa da liberdade meramente cautelar não só precária, temporária ou provisória, mas também com finalidades específicas[1003] que se vincam na própria destrinça das finalidades das várias detenções possíveis e encontra-se "sujeita à condição resolutiva de homologação judicial"[1004]. Face ao exposto cabe-nos fazer dois apontamentos:

α. as diferentes detenções, como *p. e.*, a detenção para identificação e detenção em flagrante delito, têm natureza precária – sujeitas ao um limite temporário e sujeitas à apreciação ou validação pela AJ – sendo que a destrinça se fundeará na finalidade específica que cada uma encerra e nos limites de prazo temporal de 6 horas, 24 horas ou de 48 horas;

---

cial. Cfr. Francisco Alonso Perez, *Medios de Investigación en el Proceso Penal*, 2.ª Edição, Madrid: Dykinson, 2003, p. 180.

1002 Cfr. Maia Gonçalves, *Código de Processo...*, 12.ª Edição, p. 521.

1003 Quanto a estas características da detenção, Germano Marques da Silva, *Op. Cit.*, 2.ª Edição, Vol. II, p. 209. O § 127, n.° 2 da StPO, a par das finalidades, acrescenta como quesitos a observar o *periculum in mora* e a impossibilidade da obtenção da ordem do juiz. Quanto a este assunto, Claus Roxin, *Op. Cit.*, pp. 278 e ss..

1004 Cfr. Maia Gonçalves, *Op. Cit.*, 12.ª Edição, p. 521.

β. a ideia de *precariedade* manifesta-se ou reforça-se ao se prescrever que, no âmbito do processo sumário, o arguido deve ser libertado e notificado para se apresentar no primeiro dia útil a seguir para julgamento, após a prestação de TIR – *ex vi* do n.° 2 do art. 387.° do CPP –, se houver impossibilidade dos serviços judiciais de receber o detido para que seja apresentado ao juiz para julgamento sob forma sumária.

238. A *detenção*, como medida privativa da liberdade, encerra finalidades próprias ou específicas tendo em conta o cenário factual finalistico da intervenção dos OPC, da APC ou da AJ, independentemente de ser em flagrante ou fora de flagrante delito, mas tendo presente a natureza do processo – comum ou sumário ou outro processo especial – e a natureza do crime – público, semi-público ou particular.

O art. 254.° do CPP, como a epígrafe aponta – *finalidades* –, estipula as finalidades da detenção procedida de acordo com os artigos 255.° a 261.° do CPP, o que nos leva a aferir que há outro tipo de detenção que não se enquadra literalmente no âmbito destas finalidades – *p. e.*, a detenção para identificação [n.° 6 do art. 250.° do CPP *ex vi* al. *g*) do n.° 3 do art. 27.° da CRP]. Cabe aferir as finalidades da detenção face ao quadro do flagrante delito e ao quadro da detenção fora do flagrante delito.

No quadro do flagrante delito, há, ainda, que aferir a finalidade face à natureza do processo – comum ou sumário – para se concrecar o escopo da detenção:

α. a detenção *em flagrante delito* em sede de processo sumário destina-se a apresentar o detido para julgamento, nunca podendo o prazo entre a privação da liberdade e a apresentação ao juiz ultrapassar as 48H00' – al. *a*) do n.° 1 do art. 254.°, art. 382.° do CPP *ex vi* do art. 28.°, n.° 1 e art. 27.°, n.° 3, al. *a*) da CRP;

β. a detenção *em flagrante delito* em sede de processo comum destina-se a apresentar o detido para primeiro interrogatório judicial e, sendo caso disso, para aplicação de medida de coacção, nunca podendo o prazo entre a privação da liberdade e a apresentação ao juiz ultrapassar as 48H00' – al. *a*) do n.° 1 do art. 254.°, artigos 141.° e 196.° a 211.° do CPP *ex vi* do art. 28.°, n.° 1 e art. 27.°, n.° 3, al. *a*) da CRP;

γ. a detenção *fora de flagrante delito*, que ocorre em regra em sede de processo comum – pois, se após uma falta a julgamento, mesmo em sede de processo sumário, se optasse, como na Alemanha, pela emissão de um mandado de detenção para assegurar a presença imediata do faltoso em julgamento, por, como ensina FIGUEIREDO DIAS, a detenção ser "um antecedente da contumácia e não tanto uma consequência da mesma"[1005], poder-se-ía, desde que se respeitasse os prazos, verificar uma detenção fora de flagrante delito em sede de processo sumário –, destina-se:

i. para aplicação ou execução de uma medida de coacção nos casos em que é admitida, devendo ser apresentado ao juiz que emitiu o mandado de detenção – al. *a*) do n.° 1 e n.° 2 do art. 254.°, artigos 196.° a 211.° do CPP *ex vi* do art. 28.°, n.° 1 da CRP;

ii. para assegurar a presença do detido – arguido ou outra pessoa, como uma testemunha, um OPC, um perito[1006] – perante a autoridade judiciária – MP, JIC ou Juiz – em acto processual, nunca podendo ultrapassar as 24H00', com o intuito de "evitar a perturbação dos trabalhos e as faltas sucessivas"[1007], apresentando-se como uma *medida de disciplina processual*[1008] – al. *b*) do n.° 1 do art. 254.° do CPP [Cfr. artigos 85.°, n.° 2 e 116.°, n.° 2 do CPP] *ex vi* do art. 27.°, n.° 3, al. *f*) da CRP. Acresce que a comparência perante o MP em acto processual se processa ou com man-

---

1005 Cfr. FIGUEIREDO DIAS *apud* M. SIMAS SANTOS e M. LEAL-HENRIQUES, *Op. Cit.*, 2.ª Edição, II Vol., p. 45.

1006 Na redacção anterior, a detenção para apresentação em acto processual, visava a apresentação do detido ao juiz em acto processual, enquanto que com a nova redacção a presença é perante a autoridade judiciária – MP, JIC e Juiz. Quanto a este assunto GERMANO MARQUES DA SILVA, *Op. Cit.*, 2.ª Edição, Vol. II, p. 212.

1007 Cfr. GERMANO MARQUES DA SILVA, *Op. Cit.*, 2.ª Edição, Vol. II, p. 212.

1008 *Ibidem*.

dado de condução – art. 273.°, n.° 3 e art. 116.° do CPP – ou, se tiver de ser ordenada detenção, a mesma terá de ser ordenada pelo Juiz[1009].

239. Quanto às finalidades da detenção e à redacção do art. 254.° do CPP, operada pela Lei n.° 59/98, de 20 de Agosto, há dois apontamentos a fazer:

α. quanto à parte final da al. *a*) do n.° 1, aditou o termo *execução* «de uma medida de coacção» como uma das finalidades da detenção. Aditamento que, na opinião de GERMANO M. DA SILVA, resolveu a controvérsia quanto à audição do arguido antes da execução da medida de coacção, *i. e.*, com a actual redacção do art. 254.° do CPP, sempre que a medida de coacção tenha sido aplicada sem audição do arguido recai sobre o juiz que emitiu o mandado a obrigatoriedade de interrogar o arguido «para que possa pronunciar-se sobre a medida de coacção que lhe foi aplicada sem prévia audição»[1010], cumprindo a disposição do art. 194.°, n.° 2 do CPP que prescreve que a aplicação de uma medida de coacção «é precedida, sempre que possível e conveniente, de audição do arguido».

β. o n.° 2 do art. 254.° do CPP – introduzido pela Lei n.° 59/98, de 20 de Agosto – apresenta-se como um reforço do disposto na al. *a*) do n.° 1, *i. e.*, na esteira de GERMANO M. DA SILVA, não devemos interpretar literalmente o preceito, porque a obrigatoriedade do interrogatório de arguido detido para «aplicação e *execução* de medida de coacção» não pode cingir-se à medida de coacção prisão preventiva, mas deve-se verificar sempre que se detenha alguém para aplicação ou execução de qualquer das medidas de coacção – *v. g.*, a medida de permanência em habitação – e não em exclusivo para aplicação ou execução da prisão preventiva[1011].

[1009] *Hoc sensu* MAIA GONÇALVES, *Op. Cit.*, 12.ª Edição, p. 521.

[1010] Cfr. GERMANO MARQUES DA SILVA, *Op. Cit.*, 2.ª Edição, Vol. II, p. 212.

[1011] *Idem*, p. 213.

A apresentação do detido deve ser ao juiz que emitiu ou ordenou a detenção seja o JIC seja o Juiz de julgamento, uma vez que as medidas de coacção podem ser aplicadas em qualquer fase processual e não em exclusivo na fase de inquérito ou na fase de instrução[1012].

§ 89.° Da detenção em flagrante delito

a. *concepção de flagrante delito*

240. Do texto legal depreende-se que o legislador consagrou não só o flagrante delito – n.° 1 do art. 256.° do CPP –, mas também o quase flagrante delito – 1.ª parte do n.° 2 do art. 256.° do CPP – e, ainda, a presunção de flagrante delito – 2.ª parte do n.° 2 do art. 256.° do CPP.

Quanto ao *flagrante delito*, prescreve o preceito que é «todo o crime que se está cometendo ou se acabou de cometer», *i. e.*, há flagrante delito quando o agente do crime é surpreendido a executá-lo ou a terminar de o executar, detendo o agente do delito «sinais que evidenciam a sua participação»[1013] no crime, afastando-se desta concepção a aquisição da prova directa do crime – pressuposto de *visibilidade* do delito –, centrando-se a concepção no pressuposto da *actualidade*

1012 *Hoc sensu* Germano Marques da Silva, *Op. Cit.*, 2.ª Edição, Vol. II, p. 213. Questão diferente e de relevante interesse é saber se o juiz, na fase do inquérito em que o *dominus* da fase é o MP, pode aplicar, em regra, medida de coacção mais gravosa para os direitos e liberdades do arguido do que a requerida pelo MP, *i. e.*, será que se for requerida a medida de coação da vigilância electrónica ou da obrigação de permanência na habitação pelo MP, o juiz pode aplicar a prisão preventiva ultrapassando a estratégia jurídico-criminal e de política criminal daquele que, em obediência ao princípio acusatório, é o titular da fase do inquérito. Caso se admita essa possibilidade como regra, não estaremos a ferir a estrutura acusatória do processo e o princípio da separação de funções. Questão esta que será por nós discreteada no Tomo II.

1013 Cfr. Germano Marques da Silva, *Op. Cit.*, 2.ª Edição, Vol. II, p. 214. Quanto à detenção em flagrante delito no direito alemão, § 127 e ss. do StPO e Claus Roxin, *Op. Cit.*, pp. 278 e ss..

do delito[1014]. Poder-se-á, com Germano Marques da Silva, apontar como características do flagrante delito: *evidência probatória*, *actualidade*, *presença de testemunhas*[1015].

Relativamente ao *quase flagrante delito*, o agente não está a cometer a infracção criminal, sendo contudo "surpreendido logo no momento em que findou a execução, mas sempre ainda no local da infracção em momento no qual a evidência da infracção e do seu autor deriva directamente da própria surpresa"[1016], modalidade a que se refere a 1.ª parte do n.° 2 do art. 256.° do CPP.

No que concerne à *presunção de flagrante delito* – modalidade prescrita na 2.ª parte do n.° 2 do art. 256.° do CPP –, o agente não é detido no local do crime, nem durante a execução ou logo que ela cessou. Verifica-se a presunção de flagrante delito quando o agente, logo após o crime, é perseguido por qualquer pessoa – *p. e.*, cidadão ou entidade policial ou judicial – ou é encontrado após o crime com objectos ou sinais que mostrem claramente que o cometeu ou nele participou[1017].

241. O n.° 3 do art. 256.° do CPP procura clarificar o flagrante delito nos crimes permanentes, exigindo-se *actualidade* do crime e, simultaneamente, *evidência* probatória[1018].

Desta feita, em caso de crime permanente – *p. e.*, furto de uso de veículo p. e p. pelo art. 208.° do CP, sequestro, p. e p. pelo art. 160.° do CP, deserção, p. e p. pelo art. 142.° e ss. do Código de Justiça Militar – só há flagrante delito se houver sinais de que o crime se está a cometer e o agente estiver a participar, *i. e.*, como afirma Figueiredo Dias, «se

---

[1014] Cfr. Maia Gonçalves, *Op. Cit.*, 12.ª Edição, p. 524. Quanto à questão da actualidade e da visibilidade do crime, Manuel Cavaleiro de Ferreira, *Curso...*, 1981, Vol. 2.°, 389.

[1015] Cfr. Germano Marques da Silva, *Op. Cit.*, 2.ª Edição, Vol. II, pp. 214 e 215.

[1016] Cfr. Manuel Cavaleiro de Ferreira, *Curso...*, 1981, Vol. 2.°, p. 388. *Hoc sensu* Germano Marques da Silva, *Op. Cit.*, 2.ª Edição, Vol. II, p. 214 e Maia Gonçalves, *Op. Cit.*, 12.ª Edição, p. 524.

[1017] Cfr. Germano Marques da Silva, *Op. Cit.*, 2.ª Edição, Vol. II, p. 214 e Maia Gonçalves, *Op. Cit.*, 12.ª Edição, p. 524.

[1018] Quanto a este assunto Maia Gonçalves, *Op. Cit.*, 12.ª Edição, p. 525.

os membros de uma associação criminosa são detidos enquanto procedem a uma reunião, pode aceitar-se, em princípio, que o tenham sido em flagrante, mas já não, seguramente, quando se encontrem a dormir em suas próprias casas»[1019].

Na esteira de GERMANO MARQUES DA SILVA[1020], consideramos que, nos casos de crime permanente, o flagrante delito persiste se o crime estiver a ser executado, cessando quando cessa a execução, impondo-se, face ao preceito, a *actualidade* do crime – «o crime está a ser cometido e o agente está nele a participar» – e a *evidência probatória* – «sinais evidentes».

b. ***detenção em flagrante delito***

242. A detenção em flagrante delito só é admissível para os crimes de natureza pública e semi-pública, sendo que para a detenção se manter quanto aos segundos se impõe que, em acto contínuo, o titular do direito de queixa exerça esse direito – *ex vi* n.° 3 do art. 255.° do CPP – devendo a AJ ou entidade policial (*maxime* OPC) levantar ou mandar levantar auto em que a queixa fique registada. Daqui se depreende que, no âmbito dos crimes de natureza particular, não pode haver detenção em flagrante delito, mas tão só identificação do agente do crime – *ex vi* n.° 4 do art. 255.° do CPP – sendo necessário aguardar por "uma eventual iniciativa do titular do direito de acusação"[1021].

A detenção em flagrante delito pode ser operacionalizada quer por AJ quer por entidade policial – *maxime* OPC – quer ainda por qualquer pessoa do povo – *ex vi* do n.° 1 do art. 255.° do CPP. Enquanto a detenção operada pela AJ e pelos OPC ou entidades policiais não oferece dúvidas de maior, já a detenção por um dos pares sugeriu ao legislador o cuidado de não a dotar de prerrogativas de autoridade, mas de prerrogativas preventivas.

[1019] Cfr. FIGUEIREDO DIAS *apud* GERMANO MARQUES DA SILVA, *Op. Cit.*, 2.ª Edição, p. 215.

[1020] *Ibidem.*

[1021] Cfr. MAIA GONÇALVES, *Op. Cit.*, 12.ª Edição, p. 523.

A detenção efectuada por um cidadão – qualquer pessoa – só admissível se não estiver presente uma AJ ou entidade policial e se não for possível chamar aqueles em tempo útil, *i. e.*, a detenção reveste carácter residual e subsidiário[1022]. Mas, o detentor do povo deve entregar de imediato o detido ou à AJ ou ao OPC ou entidade policial, que deverá redigir o auto de acordo com os quesitos do art. 243.° do CPP e, sendo caso disso, deve comunicar à AJ a detenção, conforme art. 259.° do CPP.

243. A detenção em flagrante delito é, imediatamente, comunicada ao MP – art. 259.°, al. *b*) e art. 248.° do CPP – que deve interrogar sumariamente o arguido detido e decidir por:

α. promover o *arquivamento do processo* – caso conclua que não se verificam os pressupostos para prosseguir criminalmente, nos termos do art. 277.° do CPP –, o *arquivamento do processo por dispensa ou isenção de pena* – nos termos do art. 280.° do CPP –, a *suspensão provisória do processo* – nos termos do art. 281.° do CPP – e, ainda, verificados os quesitos do art. 392.° do CPP, que a pena seja aplicada em *processo sumarissímo*. Refira-se que se o MP optar por promover o arquivamento do processo, a *suspensão provisória do processo* ou a aplicação da pena em *processo sumarissímo*, deve decidir «em acto seguido à detenção, sempre antes de esgotado o prazo para o julgamento em processo sumário, se for admissível o julgamento em processo sumário"[1023].

β. promover o *julgamento em processo sumário* – entendendo prosseguir com o processo para julgamento, o MP, fazendo a triagem e verificados os pressupostos do processo sumário – em que se verifica uma presunção de legalidade da actuação dos OPC – submete o caso a julgamento sob a forma sumária – art. 381.° do CPP[1024].

[1022] Quanto à detenção efectuada por um particular, CLAUX ROXIN, *Op. Cit.*, p. 283.

[1023] Cfr. GERMANO MARQUES DA SILVA, *Op. Cit.*, 2.ª Edição, Vol. II, p. 217.

[1024] Quanto ao processo sumário, defendemos que o estipulado no n.° 2 do art. 387.° do CPP – sujeição a TIR do arguido detido – só é admissível no âmbito do

γ. ou, devendo o processo seguir a forma comum, apresenta o detido ao JIC para *primeiro interrogatório judicial* e para *aplicação de uma medida de coacção ou garantia patrimonial* – art. 254.°, n.° 1, al. *a*) e art. 141.° do CPP. Acresce que GERMANO M. DA SILVA considera que a apresentação do arguido detido ao JIC só se justifica se o MP considerar que o processo deve seguir a forma comum e se entender promover "a aplicação de uma medida de coacção", caso não entenda necessário aplicar medida de coacção, o MP pode optar por ouvir sumariamente o detido e libertá-lo imediatamente[1025].

§ 90.° Da detenção fora de flagrante delito

244. O regime da detenção fora de flagrante delito já havia sido alterado com a reforma de 2007, operada pela Lei n.° 48/2007, de 29 de Agosto. Este regime volta a sofrer alterações produzidas pela Lei n.° 26/ /2010, de 30 de Agosto, reembolsando os poderes do MP e ampliando para todas as APC – e não apenas para as APC da Polícia Judiciária – a possibilidade de emitirem mandados de detenção nos casos integrantes da figura jurídico-criminal processual fora do flagrante delito.

O legislador, como colmatação de inexistência de magistrados ou como colmatação da ausência jurisdicional, continua a manter a admissibilidade da detenção fora de flagrante delito por mandado da APC na era da tecnologia e, mais grave, na era dos tribunais de turno. Resolver problemas operativos judiciários com restrição dos direitos, liberdades e garantias do cidadão – pois, não há cidadãos de primeira e cidadãos de segunda e terceira – não nos merece apoio nem consentimento tácito.

---

processo sumário se o arguido for notificado para comparecer no 1.° dia útil , pois se pode ser apresentado ao Juiz quer para primeiro interrogatório quer para julgamento sob a forma sumária, o OPC não pode nem deve aplicar o TIR. *Hoc sensu* GERMANO MARQUES DA SILVA, *Op. Cit.*, 2.ª Edição, Vol. II, pp. 218 e 219.

1025 Cfr. GERMANO MARQUES DA SILVA, *Op. Cit.*, 2.ª Edição, Vol. II, p. 218.

Continuamos a considerar que o n.° 2 do art. 257.° da CRP se encontra ferido de inconstitucionalidade material por violação do n.° 4 do art. 32.° da CRP e do n.° 1 do art. 202.° da CRP por violação dos princípios da jurisdicionalidade e da indisponibilidade das competências constitucionais (e respectiva inderrogabilidade) em que está mergulhado todo o nosso processo penal.

A detenção *fora de flagrante*[1026] delito só se pode efectuar com mandado do juiz, nos termos da primeira parte do n.° 1 do art. 257.° do CPP. Esta prerrogativa originária do juiz, por força do n.° 4 do art. 32.° e do art. 202.° da CRP, pode ser operada, subsidiária e excepcionalmente, pelo MP e pela APC, nos termos da segunda parte do n.° 1 e do n.° 2 do art. 257.° do CPP.

A detenção fora de flagrante delito tem consagração constitucional – art. 27.°, n.° 3 – e só é admissível quando:

- **i.** haja «fortes indícios de prática de crime doloso a que corresponda pena de prisão cujo limite máximo seja superior a três anos»[1027] – al. *b*);
- **ii.** a pessoa «tenha penetrado ou permaneça irregularmente no território nacional ou contra a qual esteja em curso processo de extradição ou de expulsão» – al. *c*);
- **iii.** haja «desobediência a decisão tomada por um tribunal ou para assegurar a comparência perante autoridade judiciária competente» – al. *f*);
- **iv.** haja necessidade de proceder à de identificação policial[1028] – al. *g*); e
- **v.** haja um Mandado de Detenção Europeu (MDE)[1029] para executar por ordem de decisão judicial, nos termos da Lei n.° 65/

[1026] Quanto a este assunto GERMANO MARQUES DA SILVA, *Op. Cit.*, 2.ª Edição, Vol. II, p. 219.

[1027] Cfr. al. *a*) do n.° 1 do art. 202.° do CPP.

[1028] Cfr. *supra* Capítulo II – Das Medidas Cautelares e de Polícia, § 81.° Da identificação e da recolha de informações e art. 250.°, n.° 6 do CPP.

[1029] Quanto a este assunto o nosso *Do Mandado de Detenção Europeu*, Coimbra: Almedina, 2006.

/03, de 23 de Agosto, conjugados com a al. *c*) do n.° 3 do art. 27.° da CRP.

A detenção fora de flagrante delito – prevista nos art. 257.° e 258.° do CPP, cuja interpretação se impõe em harmonia com os artigos 27.°, 32.° e 202.° da CRP – terá de preencher determinados pressupostos.

a. ***pressupostos materiais***

245. Os pressupostos materiais devem-se aferir conforme a entidade que emite o mandado ou ordem de detenção[1030]: Juiz, MP ou APC.

α. Relativamente ao **mandado de detenção** emitido pelo **Juiz** [JIC – para o inquérito e instrução – e Juiz de julgamento], os pressupostos materiais aferem-se da interpretação conjunta entre o art. 27.° da CRP e o art. 254.° do CPP:

- **i.** para que seja aplicada ou para que o arguido execute uma medida de coacção – al. *a*) do n.° 1 do art. 254.° do CPP;
- **ii.** para assegurar a presença imediata do detido perante autoridade judiciária – al. *b*) do n.° 1 do art. 254.°, 116.° e 333.° do CPP[1031] e *in fine* al. *f*) do n.° 3 do art. 27.° da CRP;
- **iii.** a par destes pressupostos, acresce a detenção fora de flagrante delito como medida preliminar para "aplicação de uma medida de coacção pela eventual prática de crime punível com uma pena de prisão de máximo superior a três anos ou de pessoa que tenha penetrado ou permaneça irregularmente no território nacional ou contra a qual esteja em curso um processo de extradição ou de expulsão"[1032] – als. *b*) e *c*) do n.° 3 do art. 27.° da CRP.

[1030] Quanto a este assunto Germano Marques da Silva, *Op. Cit.,* 2.ª Edição, Vol. II, pp. 220 e 221 e Simas Santos e Leal-Henriques, *Op. Cit.,* 2.ª Edição, II Vol., p. 53.

[1031] Quanto a este assunto Simas Santos e Leal-Henriques, *Op. Cit.,* 2.ª Edição, II Vol., p. 53.

[1032] Cfr. Germano Marques da Silva, *Op. Cit.,* 2.ª Edição, Vol. II, p. 220.

β. Esta prerrogativa originariamente jurisdicional está, subsidiária e excepcionalmente, atribuída ao MP, na fase de inquérito, desde que ao *factum criminis* seja admissível aplicar a medida de coacção prisão preventiva e desde que se verifique um ou mais dos seguintes pressupostos:

i. quando haja razões fundadas para se considerar que o visado com o mandado de detenção não se apresentará de forma voluntária perante a autoridade judiciária no prazo que lhe for fixado, conforme al. *a*) do n.° 1 do art. 257.° do CPP. Pressuposto este que nos parece fortemente subjectivo ou, melhor, de difícil aferição objectiva: como é que elementos são tidos em conta para se apurar se o visado não se vai apresentar voluntariamente perante a AJ?

ii. quando, nos termos da al. *b*) do n.° 1 do art. 251.° do CPP, se verifique, *em concreto*, uma ou mais das situações previstas no art. 204.° do CPP e a detenção possa acautelar essas situações: fuga ou perigo de fuga do visado; perigo em o inquérito ser perturbado [em especial, o perigo do visado poder colocar em causa a aquisição, a conservação ou a veracidade da prova]; e, face às razões em que o crime ocorreu, a sua natureza e a personalidade do arguido, perigo de este poder continuar a actividade criminosa de que é visado ou outra conexionada àquela ou perigo daquele poder perturbar de forma grave a ordem e a tranquilidade pública.

O legislador opta por deixar ao MP a prerrogativa do preenchimento de conceitos indeterminados com a doutrina e a jurisprudência: factualidade que abre espaço a uma menor objectividade judiciária. Quanto à continuação da actividade criminosa, o MP detém, em um caso concreto, precisão legal: violência doméstica, conforme se retira do n.° 2 do art. 30.° da Lei n.° 112/2009, de 16 de Agosto, que aprovou o regime jurídico da prevenção da violência doméstica, da protecção e assistência das suas vítimas.

iii. ou, nos casos em que a detenção se mostre imprescindível para a protecção da vítima, nos termos da al. *c*) do n.° 1 do art. 257.° do CPP. Como exemplo de maior relevo e com consagração legal, apontamos os casos dos agressores e das vítimas no quadro da violência doméstica, conforme determina o n.° 2 do art. 30.° da Lei n.° 112/2009, de 16 de Agosto, cuja protecção da vítima se impõe face à probabilidade objectiva de agressão do familiar visado com um mandado de detenção.

Acresce que, em acto contínuo, o MP terá de apresentar o detido ao JIC para primeiro interrogatório – art. 141.° do CPP – ou aplicação de medida de coacção ou de garantia patrimonial – artigos 191.° e ss. do CPP – e, se não puder apresentar de imediato o detido ao JIC, pode o MP proceder a um interrogatório sumário não judicial – n.° 1 do art. 143.° do CPP – e, logo que seja possível, ao interrogatório judicial – n.° 3 do art. 143.° do CPP.

γ. Como já referimos, parece-nos que a admissibilidade da APC poder emitir mandado de detenção fora de flagrante delito está ferida de inconstitucionalidade material por violação do princípio da jurisdicionalidade e da inderrogabilidade das competências próprias do poder judicial. Não olvidamos que existem espaços territoriais nacionais em que a presença de uma autoridade judiciária escasseia e que é necessário não deixar a sociedade desprotegida. Contudo, não olvidamos que é nesses espaços em que a comunicabilidade operativa e jurídica dos operadores judiciários melhor se empreende, o que afasta a problemática da incomunicabilidade com a intervenção da AJ e a problemática da desprotecção societária.

Continuamos a reter algumas reticências quando à detenção fora de flagrante delito com mandado ou ordem da APC face ao quadro jurídico que prevê que estejam em funcionamento os tribunais de turno, onde figuram quer o MP quer o JIC – autoridades judiciárias – que devem estar contactáveis para resolução de factos jurídico-criminais conflituantes com direitos fundamentais do cidadão – *v. g.*, a liberdade.

A Reforma de 2007, cuja versão fora abandonada em parte, acrescentara a estes pressupostos materiais, a exigência de existirem «fundadas razões para considerar que o visado se não apresentaria espontaneamente perante autoridade judiciária no prazo que lhe fosse fixado», conforme 2.ª parte do n.° 1 do art. 257.° do CPP. Este pressuposto material aplica-se quer seja o Juiz quer seja o MP quer seja o APC a emitir o mandado de detenção.

Não obstante esta nossa posição, cabe-nos referir que o CPP estipula que as APC podem emitir **mandado** ou **ordem de detenção em casos ou situações muito excepcionais** – que devem, em concreto, ser excepcionais e, desta feita, respeitar o princípio *odiosa sunt restringenda*. Ora vejamos.

A APC, e não as autoridades policiais, pode, nos termos do n.° 2 do art. 257.° do CPP, ordenar a detenção fora de flagrante delito quando se encontram preenchidos cumulativamente três pressupostos:

i. se ao *factum criminis* for admissível aplicar como medida de coacção a prisão preventiva;

ii. se existirem elementos que fundamentem o receio de fuga ou da continuação da actividade criminosa [como o caso da violência doméstica, previsto no n.° 2 por força da al. *a*) do n.° 3 do art. 30.° da Lei n.° 112/2009, de 16 de Setembro]; e

iii. se, face à situação de urgência e de perigo na demora de intervenção da AJ, não for possível contactá-la para que emita um mandado de detenção[1033].

Acto contínuo à detenção, a APC deve apresentar o detido ao MP – se a diligência se mostrar impossível, deve comunicar a detenção *ex vi* da al. *b*) do art. 29.° do CPP – que, podendo realizar o interrogatório sumário – art. 143.° do CPP –, terá de decidir ou pela imediata libertação do detido com fundamento no art. 261.° do CPP ou pela ordem de apresentação ao JIC para interrogatório judicial e, se for o caso, para aplicar medida de coacção ou garantia patrimonial – artigos 143.°, n.° 3 e 141.° do CPP.

1033 Se a APC contactar telefonicamente a AJ, não pode, posteriormente, argumentar que não era possível a sua intervenção e justificar o *periculum in mora*.

b. ***pressupostos formais***

246. O pressuposto formal da detenção fora de flagrante delito é ou *mandado* de detenção emitido pelo Juiz ou pelo MP ou a *ordem/ /mandado* emitida/o pela APC.

No quadro dos mandados ou ordens[1034] de detenção impõem-se vários quesitos formais que cumpre referir:

α. têm de ser passados em *triplicado* – sendo um para o detido, outro para o estabelecimento prisional e outro para juntar ao processo. Com Maia Gonçalves, consideramos que o número de três é o mínimo, podendo existir mais do que três exemplares[1035] – como estipulava o art. 9.°, n.° 2 do DL n.° 295-A/90, de 21 de Setembro (LOPJ), revogada pela Lei n.° 37/2008, de 6 de Agosto;

β. a data de emissão e a assinatura da AJ ou APC que emitiu o mandado ou a ordem – al. *a*) do n.° 1 do art. 258.° do CPP;

γ. identificação da pessoa a ser detida, *i. e.*, do visado – al. *b*) do n.° 1 do art. 258.° do CPP – proibindo-se, desta feita, os mandados em branco, que, como afirma Cavaleiro de Ferreira, não passava de uma "delegação de poderes de ordenar detenções, e por isso ilegal na sua execução"[1036];

1034 Quando o art. 258.° do CPP fala em *mandados* engloba os mandados emitidos pela AJ e as ordens emitidas pela APC.

1035 Cfr. Maia Gonçalves, *Op. Cit.*, 12.ª Edição, p. 528.

1036 Cfr. Cavaleiro de Ferreira *apud* Maia Gonçalves, *Op. Cit.*, 12.ª Edição, p. 527. Já as Ordenações Filipinas [L. V, Tít. CXIX, 1] estipulavam que "(...) E quando mandarem prender por seus Alvarás, irão neles declarados os nomes dos que houverem de ser presos: e sem a dita declaração os não assinarão. Porém, se para maior segredo e segurança da Justiça passarem Alvarás, que prendam a pessoa ou pessoas que lhes amostrar ou nomear o que o tal Alvará lhe apresentar, levará todavia sempre outro Alvará secreto, em que vão declarados os nomes dos que mandam prender, o qual será apresentado ao Meirinho ou Alcaide ao tempo da prisão e pelo Alvará sem nome poderão buscar o que houverem de prender. Porém não o prenderão realmente sem verem o outro Alvará em que o nome vai declarado; e no Alvará sem nome se fará menção como a parte leva o outro em que o nome vaio declarado. E se por Alvará sem nome prenderem, pague cada um, que o fizer, dez cruzados (...)

δ. identificação do facto motivador da detenção e circunstâncias que legalmente a fundamentam – al. *c*) do n.° 1 do art. 258.° do CPP –, sendo que aquela indicação não se esgota com "a mera indicação das normas aplicáveis" por não permitirem ao visado com o mandado ou a ordem "ajuizar da legalidade da detenção"[1037], *i. e.*, deve o mandado conter que "a pessoa a deter e devidamente identificada é detida por fortes suspeitas de ter cometido factos que integram o crime de..."[1038];

ε. o mandado deve ser *certificado* – da certidão deve constar a hora, o dia, o local onde fora lavrada ou a impossibilidade de efectuar a detenção[1039], devendo ao detido ser entregue uma cópia do mandado de detenção ou da ordem, que, no caso do n.° 2 do art. 258.° do CPP – *requisição de detenção* por motivos de urgência e de *periculum in mora* – e a par dos quesitos do n.° 1 do art. 258.° do CPP, deve conter a requisição e a indicação da AJ ou APC que a requereu.

247. A inexistência dos quesitos previstos nas als. *a*), *b*) e *c*) do n.° 1 do art. 258.° do CPP geram *nulidade* e, por conseguinte, legitimam o *direito de resistência* por parte da pessoa a deter e, quando frustada a resistência, de requerer a providência do *habeas corpus* por detenção ilegal – art. 220.° do CPP e art. 31.° do CRP.

---

e mais cada um será degredado um ano para África. E se for pessoa em que caiba pena de açoites, seja açoitado. E o Julgador que o passar pagará ao que por tal Alvará sem nome for preso, cem reis por cada dia que estiver preso e mais será suspenso do ofício até nossa mercê". Cfr. Germano Marques da Silva, *Op. Cit.,* 2.ª Edição, Vol. II, p. 222, nota 2.

1037 Cfr. Germano Marques da Silva, *Op. Cit.,* 2.ª Edição, Vol. II, p. 223. Na linha de Cavaleiro de Ferreira, Germano Marques da Silva relembra que o saudoso Mestre, na vigência do CPP/29, defendia que a indicação devia recair sobre o "facto concreto correspondente ao preceito incriminador, e sobre o qual há suspeita fundada". *Idem*, p. 222 e notas 4 e 5.

1038 Cfr. Maia Gonçalves, *Op. Cit.,* 12.ª Edição, p. 527.

1039 Face ao vazio legal do CPP/87, segue-se, como ensina Maia Gonçalves, o determinado pelos §§ 2.°, 3.° e 4.° do art. 296.° do CPP de 1929. Cfr. Maia Gonçalves, *Op. Cit.,* 12.ª Edição, p. 528.

A detenção pode ser efectuada quer por OPC – entidade policial – quer por funcionário de justiça, devendo-se:

α. dar conhecimento imediato ao defensor e a familiar do detido ou pessoa de sua confiança – n.° 8 do art. 198.° *ex vi* art. 260.° do CPP –, não carecendo de consentimento do detido para tal contacto se o mesmo for menor de dezoito anos;

β. comunicar a detenção ao juiz que emitiu o mandado – al. *a*) do art. 259.° do CPP – ou ao MP que pode emitir mandado de detenção em caso de crime que admita a prisão preventiva – al. *b*) do art. 259.° do CPP;

γ. não deter se existirem causas de isenção da responsabilidade do arguido – causas de justificação ou de exculpação – ou que possam extinguir o procedimento criminal – n.° 2 do art. 192.° *ex vi* art. 260.° do CPP – ou se, quando o mandado visa deter para cumprimento de pena de prisão por incumprimento da pena de multa, o detido se prontificar a pagar a multa que, não sendo possível à tesouraria do tribunal, o pagamento pode ser efectuado no posto policial contra entrega de recibo[1040].

§ 91.° Do Mandado de Detenção Europeu

248. O mandado de detenção europeu (MDE)[1041] simplifica e acelera a cooperação judiciária em matéria penal entre os Estados-Membros facilitando a localização da(s) prova(s) pessoal(ais) – pessoa(s) procurada(s) – e posterior entrega dentro de um espaço comum – da União –, *i. e.*, fomenta uma cooperação adequada aos tempos contemporâneos em que a criminalidade e os seus agentes não se desgas-

---

[1040] Pensamos que a doutrina prescrita para o então art. 100.° do Código das Custas Judiciárias, aprovado pelo DL n.° 212/89, de 30 de Junho, se pode aplicar nestes casos. *Hoc sensu* Maia Gonçalves, *Op. Cit.*, 12.ª Edição, p. 527.

[1041] Quanto a uma análise completa do regime jurídico do Mandado de Detenção Europeu, o nosso *Do Mandado de Detenção Europeu*, Coimbra: Almedina, 2006.

tam em processos burocráticos de decisão – política e judicial – e de operacionalização.

A *simplificação* e *celeridade* na cooperação judiciária em matéria penal, agravada quando baseada no reconhecimento mútuo, gera um custo que se reflecte na limitação dos poderes de controlo do mandado pelas autoridades do Estado de execução e na compressão dos direitos e das garantias individuais que a extradição, por tradição, propiciava[1042].

O estudo resumido do MDE, como instrumento de cooperação judiciária em matéria penal fundado no princípio do reconhecimento mútuo, no princípio da confiança mútua ou recíproca e na abolição (relativa) do princípio da dupla incriminação, impõe uma concepção que possa ser o reflexo conceptual de quatro vértices arquitectónicos que o próprio MDE encasula: o da natureza, o da formalidade, o da funcionalidade e o teleológico do mandado.

249. A DQ define[1043] o MDE como «uma decisão judiciária emitida por um Estado-Membro com vista à detenção e entrega por outro Estado-Membro duma pessoa procurada para efeitos de procedimento penal ou de cumprimento de uma pena ou medida de segurança privativas da liberdade»[1044] – n.° 1 do art. 1.° da DQ. O MDE engloba quatro elementos fundamentais: o formal – mandado, *lex*, ordem; o material – *prima facie*, detenção ou privação da liberdade de uma pessoa e, *secunda facie*, a sua entrega; o espacial – o espaço da União Europeia; e o orgânico – a intervenção (decisão) do Juiz da Relação[1045]. Desde já,

---

1042 No mesmo sentido, quanto ao procedimento de entrega no âmbito da jurisdição do TPI, se manifesta Pedro Caeiro, "O Procedimento de Entrega Previsto no Estatuto de Roma e a sua Incorporação no Direito Português", *in O Tribunal Penal Internacional e a Ordem Jurídica Portuguesa*, Coimbra: Coimbra Editora, 2004, p. 77.

1043 Optamos por colocar o presente do indicativo do verbo «definir» para sermos fiéis à epígrafe do art. 1.° da DQ que começa pelo substantivo «definição».

1044 A Lei n.° 65/03, de 23 de Agosto, transpôs *ipsis verbis* a concepção do Conselho.

1045 Quanto a este elemento remetemos para a explanação aprofundada do vértice arquitectónico da natureza judiciária do MDE.

a detenção processa-se fora do flagrante delito e pode ocorrer em qualquer um dos Estados-Membros (25) ou em um determinado Estado--Membro quando se sabe onde se encontra a pessoa objecto do MDE – conforme se retira do art. 9.°, n.° 1 da DQ.

O MDE não se confunde com um simples mandado de detenção nacional[1046]. A eficácia do MDE, como *lex* ou ordem expressa em documento próprio, cujos quesitos expressos no art. 8.° da DQ devem ser preenchidos[1047], projecta-se extra-muros nacionais e implica de forma extrema com os direitos fundamentais, porque os direitos afectados, como a liberdade física da pessoa procurada, têm uma restrição espacial ampla – espaço da União – e, por erro, podem aqueles ficar coarctados *sine die* e sem que o/a visado/a tenha conhecimento de que existe contra o/a memo/a um processo crime em curso ou uma condenação – basta que a execução do MDE siga os trâmites processuais penais do Estado-Membro de execução, sendo que nem todos se fundam em processo de estrutura acusatória.

O MDE gera uma **detenção** fora de flagrante delito, *i. e.*, uma privação da liberdade da pessoa que é procurada, que pode ser suspeita da prática de um crime ou já pode ser arguida ou já ter sido condenada por um tribunal do Estado-Membro de emissão[1048]. Privação esta que é, *a priori*, meramente cautelar, precária, temporária ou provisória e atinente à finalidade da entrega, que pode ou não ocorrer, para «efeitos de procedimentos penal ou de cumprimento de uma pena ou medida de segurança privativa da liberdade».

1046 O mandado de detenção, em Portugal, em casos muito excepcionais pode ser emitido por uma APC, que, na nossa opinião, não pode emitir um MDE, face, desde logo, à qualificação de natureza judiciária que este encerra.

1047 Quanto aos pressupostos (e quesitos) formais previstos no art. 8.° da DQ a ter-se em conta, far-se-á uma análise mais aprofundada no ponto arquitectónico da formalidade.

1048 Assunção que se afere da definição do MDE prescrita no art. 1.°, n.° 1 da DQ, seguindo a linha da detenção prevista no Estatuto do TPI. Quanto a esta interpretação relativamente ao TPI, PEDRO CAEIRO, "O Procedimento de Entrega Previsto no Estatuto de Roma...", *in O Tribunal Penal Internacional e a Ordem Jurídica Portuguesa*, p. 80.

Defendemos que a privação da liberdade de uma pessoa com um MDE, em Portugal, é cautelar, precária, temporária e provisória[1049], porque, por um lado, a detenção da pessoa procurada segue os trâmites do CPP[1050] e, por outro, duas ordens de razão corroboram esta posição: primeiro, porque quem operacionaliza a detenção será, com toda a certeza, um OPC sob determinação da AJ de execução – MP junto do tribunal da relação competente – ao qual comunica por escrito a efectivação da detenção[1051]; segundo, porque a AJ competente para a promoção de execução do MDE em Portugal – o MP junto do tribunal da relação competente, sendo este o da área de domicílio da pessoa procurada ou da área onde aquela se encontra[1052] – deverá, primeiramente, ouvi-la sumária e pessoalmente e logo que seja possível.

O MP deve, ainda, informá-la da existência e do conteúdo do MDE[1053], assim como da possibilidade de consentir na sua entrega à AJ de emissão, e promover a audição da pessoa detida, no prazo máximo de quarenta e oito horas após a detenção[1054], pelo juiz relator para que aprecie a validade da mesma e decida da sua manutenção, que, em caso de libertá-la, pode aplicar-lhe uma das medidas de coacção estipuladas pelo CPP[1055]. A detenção de uma pessoa com base num MDE está, desta feita, "sujeita à condição resolutiva de

---

1049 Relativamente a estas características da detenção GERMANO MARQUES DA SILVA, *Curso de Processo Penal*, 2.ª Edição, Lisboa/S.Paulo: Verbo, Vol. II, p. 209 e o nosso *Processo Penal* – Tomo I, Coimbra: Almedina, 2004, p. 285. Quanto à ideia de *provisoriedade da detenção*, CLAUS ROXIN, *Derecho Procesal Penal*, (Trad. GABRIELA E. CÓRDOBA e DANIEL R. PASTOR), Buenos Aires: Editores del Puerto, 2000, p. 278.

1050 Cfr. n.° 6 do art. 16.° da Lei n.° 65/03, de 23 de Agosto.

1051 Cfr. n.° 1 do art. 18.° da Lei n.° 65/03, de 23 de Agosto.

1052 Cfr. n.° 1 do art. 16.° conjugado com o n.° 1 do art. 15.° da Lei n.° 65/03, de 23 de Agosto.

1053 Não se olvida que o OPC, que proceder à detenção no âmbito e um MDE, deve informar a pessoa detida das razões da privação da liberdade, conforme se retira do art. 258.° do CPP *ex vi* do n.° 6 do art. 16.° da Lei n.° 65/2003, de 23 de Agosto.

1054 Entenda-se que as 48 horas são o limite máximo, pois se puder ser presente e ouvida antes das 48 horas, o MP deve apresentar a pessoa detida ao juiz relator.

1055 Cfr. n.° 3 do art. 18.° da Lei n.° 65/03, de 23 de Agosto.

homologação judicial"[1056], pois não é uma situação definitiva e inalterável.

A detenção por meio de um MDE tem como finalidade primeira a possibilidade de **entrega**[1057] da pessoa objecto do mandado e, só depois de se operar aquela, se prosseguem os efeitos adstritos ao mandado – procedimento penal ou cumprimento de sanção transitada em julgado. Tendo o instituto da entrega se apartado do núcleo do instituto da extradição e ganho um estatuto autónomo, já alcançado na *Convenção relativa ao processo de simplificado de extradição entre os Estados-Membros da União Europeia*[1058] – cuja entrega significa o processo de remissão por parte de um Estado-Membro de «pessoas procuradas para efeitos de extradição»[1059] –, na *DQ relativa ao mandado de detenção europeu e aos* ***processos de entrega*** mantém um estatuto autónomo face à detenção e ao próprio mandado como se pode retirar do título da DQ, cujo estudo aprofundado se fará em item próprio.

O MDE engloba um elemento espacial – o espaço da União Europeia constituído pelo espaço dos Estados-Membros – que concreciona, na linha das convenções europeias de extradição e de auxílio judiciário mútuo e das decisões quadro no domínio da cooperação em matéria penal que prosperam uma aproximação das legislações penais, o

---

1056 Cfr. MAIA GONÇALVES, *Código de Processo Penal Anotado e Comentado*, 12.ª Edição, Coimbra: Almedina, p. 521.

1057 Colocamos a expressão «possibilidade de entrega» e não a «entrega» porque, não obstante da autoridade judiciária de emissão ser o verdadeiro *dominus* do processo, cabe à AJ de execução apreciar da existência ou não de algum motivo de não execução obrigatória ou facultativa ou se, *in casu*, deve sujeitar a execução do mandado à prestação por parte da AJ de emissão de condições ou, ainda, se existe alguma ofensa grave aos direitos fundamentais que imponha a não execução do mandado sob pena do Estado-Membro de execução ser demandado pelo Tribunal Europeu dos Direitos do Homem. A AJ de execução não pode reter-se, única e exclusivamente, numa posição servil.

1058 Convenção de Bruxelas de 10 de Março de 1995, aprovada para ratificação pela Resolução da AR n.° 41/97, de 18 de Junho de 1997, e ratificada por Decreto do PR n.° 41/97.

1059 Cfr. art. 2.° da Convenção de Bruxelas de 1995.

espaço penal europeu que se anseia que seja de liberdade, de justiça e, na soma, de segurança, *i. e.*, um espaço de direito e democrático centrado na construção do ser humano e não securitarista ou securatizante, em que o direito penal seria um instrumento privilegiado da segurança[1060].

250. O MDE, como afirmáramos, encasula quatro pontos arquitectónicos – o da natureza, o da formalidade, o da funcionalidade e o teleológico –, que são de extrema curialidade à concepção doutrinária que adoptaremos e que não se esgota na definição legal da DQ e da Lei n.° 65/03, de 23 de Agosto.

Quanto à da natureza, como se depreende da DQ, o MDE possui **natureza judiciária**[1061] *ab initio ad finem* – desde o momento da emissão passando pelo momento da execução até à conclusão do processo[1062] –, *i. e.*, tendo como objectivo a substituição do instituto burocrático da extradição e entrega, de duplo controlo – político e judiciário –, o MDE passa a ser objecto única e exclusivamente das autoridades judiciárias competentes de cada Estado-Membro.

> O controlo do poder executivo como se verifica com a extradição ou cooperação judiciária em matéria penal a nível internacional sempre foi gerido por critérios de oportunidade política no quadro de prossecução de política externa interestadual, o que não se coaduna com a ideia de um espaço comum de liberdade, de justiça e de segurança[1063] sob a égide da defesa e garantia de valores

---

[1060] Quanto ao espaço penal (comum) europeu *supra* § 5.° Do equilíbrio dos princípios Liberdade-Segurança, **a.** Do «espaço» (europeu) comum de liberdade, segurança e justiça.

[1061] Quanto a este sentido Ricardo Bragança de Matos, "O Princípio do Reconhecimento e o Mandado de Detenção Europeu", *in RPCC*, Coimbra: Coimbra Editora, Ano 14, n.° 3, 2004, p. 346. Neste sentido ao falar da judiciarização do processo de entrega, Anabela Miranda Rodrigues, "O Mandado de Detenção Europeu", Ano 13, n.° 1, 2003, *in RPCC*, Coimbra: Coimbra Editora, pp. 36-38.

[1062] Cfr. *maxime* artigos 1.°, 2.°, 3.°, 4.°, 5.°, 6.°, 9.° e10.° da DQ. Mesmo quando há intervenção dos OPC, estes intervêm sob a direcção da AJ e não por iniciativa própria como nas medidas cautelares e de polícia.

[1063] Neste sentido, remetendo para a problemática do instituto da entrega na linha de Pedro Caeiro, Ricardo J. Bragança de Matos, "O Princípio do Reconhe-

comuns como o princípio da liberdade, o princípio democrático, o princípio do respeito dos direitos fundamentais[1064].

Ao se conferir ao MDE uma total natureza judiciária, o Conselho provocou, como ensina FONSECA MORILLO, "uma mudança de cultura nas relações jurídicas entre os Estados-Membros da União Europeia"[1065], ou como bem caracteriza EMÍLIO ULLED, provocou um verdadeiro «vuelco jurídico»[1066], porque materializou *a cooperação horizontal*[1067] entre as autoridades judiciárias dos vinte e cinco Estados-Membros, abrindo-se as portas à livre circulação das decisões judiciais em matéria de perseguição penal, *i. e.*, na senda de ANABELA M. RODRIGUES[1068], institui-se "o *contacto directo*" entre as autoridades judiciárias competentes de emissão e de execução[1069]. A natureza judiciária do MDE tinge a natureza de todo o processo que perde o odor político e adquire absoluto odor judiciário – todo **o processo adquire natureza judiciária**[1070],

---

cimento...", *in RPCC*, Ano 14, n.° 3, 2004, p. 347 e nota 68. Quanto à perda de sentido da intervenção do poder executivo (político) em um espaço regido pelo reconhecimento mútuo e a confiança recíproca, Exposição de Motivos da Ley 3/2003, de 14 de Marzo, *in BOE*, n.° 65, 17 Marzo 2003, p. 10245, Col. 1.

1064 Quanto a este assunto com maior desenvolvimento *infra* § **8.°** Das implicações prática, ponto α. Da entrega e da simplificação e condições.

1065 Cfr. FRANCISCO J. FONSECA MORILLO, "La orden de detención y entrega europea", *in Revista de Derecho Comunitario Europeo*, Ano 7, n.° 14, Janeiro-Abril, 2003, p. 70.

1066 Cfr. EMILIO JESÚS SÁNCHEZ ULLED, "Cooperación Judicial Internacional...", *in Cooperación Policial y judicial en Materia de Delitos Financieros, Fraude y Corrupción*, Salamanca: Aquilafuente, n.° 40, p. 144.

1067 Quanto à cooperação horizontal, o nosso *Teoria Geral do Direito Policial*, 2.ª Edição, Coimbra: Almedina, 2009, pp. 495-530.

1068 Cfr. ANABELA MIRANDA RODRIGUES, "O Mandado de Detenção Europeu...", *in RPCC*, Ano 13, n.° 1, 2003, p. 36.

1069 Institui-se uma "forma de cooperación judicial directa" – cfr. Exposição de Motivos da Ley 3/2003, de 14 de Marzo, *in BOE*, n.° 65, 17 Marzo 2003, p. 10245, Col. 2.

1070 Cfr. ANABELA MIRANDA RODRIGUES, "O Mandado de Detenção Europeu...", *in RPCC*, Ano 13, n.° 1, 2003, p. 36. Quanto à *judiciarização* do processo com maior desenvolvimento, o nosso *Do Mandado de Detenção...*, pp. 168-181.

instaurando-se, desta feita, **a separação dos poderes no quadro da construção e integração europeia**, *maxime* da edificação do espaço penal comum.

Esta conquista melhora "significativamente a *posição jurídica* da pessoa objecto do mandado" face ao tradicional processo de extradição, cujo odor político não se embrenhava na ideia de garantia e defesa dos direitos do cidadão, mas num juízo de oportunidade marcadamente político[1071].

251. Atracado à ideia de judiciariadade do processo e ao controlo da AJ de execução do MDE, encontra-se como garantia da pessoa objecto do mandado o **vértice arquitectónico da formalidade**, cuja expressão positiva se encontra vertida no art. 8.° da DQ, cuja não verificação gera, na nossa opinião e na linha de PEDRO CAEIRO, quanto ao controlo do pedido do TPI[1072], um vício de forma, tendo como consequência, até que seja sanado pela AJ de emissão[1073], a não execução do mandado. Caso o vício persista e a AJ de execução decida executar o MDE, na ausência de preceito na DQ quanto às consequências jurídicas e apoiando-nos no direito processual português, defendemos que o vício que se funde na ausência de identificação da pessoa objecto do mandado ou na omissão do facto motivador da sua emissão e circunstâncias que legalmente o fundamentam ou inexistência de assinatura da AJ de emissão[1074], gera uma *nuli-*

[1071] Neste sentido, mesmo quando em cima da mesa os Estados jogam o princípio da *reciprocidade*, MARIO MENDES SERRANO, "Extradição", *in Cooperação Internacional Penal*, Edição do CEJ, 2000, p. 38, nota 68.

[1072] Cfr. PEDRO CAEIRO, "O Procedimento de Entrega Previsto no Estatuto de Roma...", *in O Tribunal Penal Internacional e a Ordem Jurídica Portuguesa*, p. 82.

[1073] Que terá de passar por uma nova emissão de acordo com os quesitos do art. 8.° da DQ. Quanto ao conteúdo e forma do MDE, em Portugal, cfr. art. 3.° da Lei n.° 65/03, de 23 de Agosto e, em Espanha, cfr. artículo 3 da Ley Orgânica 2/2003, de 14 de Marzo – BOE n.° 65, 17 Marzo 2003.

[1074] A DQ não prevê expressamente a obrigatoriedade da assinatura da AJ de emissão, por ser um princípio jurídico internacional lógico e impensável de discussão, além de que no protótipo anexado à DQ se prevê a assinatura da AJ de emissão – Cfr. JO L 190, de 18 de Julho de 2002, p. 18.

dade[1075] e, por conseguinte, legitima o *direito de resistência* por parte da pessoa procurada e, se vir frustrado este direito, o direito de requer o *habeas corpus* por detenção ilegal[1076]. Acresce registar as seguintes referências de teor subjectivo e objectivo quanto ao quesito do conteúdo e forma do MDE:

A obrigatoriedade da identificação da pessoa objecto do MDE **afasta** de todo qualquer possibilidade ou intenção de **emissão de mandados em branco**, que conjugada com a imposição de identificação completa da AJ de emissão, imprime um reforço da responsabilização desta, coarctando-a de qualquer desejo de "delegação de poderes de ordenar detenções", gerando uma ilegalidade caso o mandado seja executado[1077]. Do outro lado, a identificação da AJ de emissão permite não só uma fiscalização e controlo, mas um contacto directo para sanação de vícios que possam existir e que face ao direito interno nacional obsta a que a AJ de execução prossiga o processo.

O conceito e a materialização de *autoridade judiciária* podem não ser os mesmos em todos os Estados-Membros – o legis-

---

1075 Aplica-se a consequência jurídica-processual prevista no n.° 1 do art. 258.° do CPP, quer por aplicação subsidiária – art. 34.° da Lei n.° 65/03 – quer por a execução do mandado se processar de acordo com a legislação vinculativa da AJ de execução, podendo a nulidade ser sanável caso não seja arguida – art. 120.°, n.° 2 do CPP – quer com a emissão de um novo MDE. Já não se aceita que a nulidade seja sanável se o MDE *não identificar a pessoa objecto* do mesmo, pois um dos elementos mais importantes inexiste, sendo o MDE não só nulo como *ineficaz*.

1076 Cfr. art. 220.° do CPP conjugado com o art. 31.° da CRP.

1077 Cfr. CAVALEIRO FERREIRA, *Curso de Processo Penal*, Lisboa: Editora Danúbio, Lda., 1986, Volume 1.°, p. 241. Socorrendo-nos e devendo-se adaptar as palavras ao nosso tempo, o saudoso Mestre refere, quanto ao "mandado de captura", que "a forma legal que deve revestir o mandado ou ordem de captura, bem como o modo da sua execução, que a lei condiciona, são requisitos de legalidade da prisão, e por isso a sua falta é fundamento da sua ilegalidade" e acrescenta que a ilegalidade da detenção pode fazer incorrer o executante em crime de detenção ilegal e, até mesmo, de sequestro. Quanto ao mandado de detenção em branco GERMANO MARQUES DA SILVA, *Curso de Processo...*, 2.ª Edição, Vol. II, p. 222 (nota 2) e *supra* § 90.° – *Da detenção fora de flagrante delito.*

lador português fixou como competente para a emissão do MDE a AJ competente para ordenar a detenção ou a prisão da pessoa procurada nos termos da lei portuguesa, *i. e.*, o MP na fase de inquérito [al. *b*) do n.° 1 do art. 1.°, al. *b*) do n.° 1 do art. 254.° e art. 273.° do CPP], o Juiz de Instrução Criminal na fase de instrução [al. *b*) do n.° 1 do art. 1.°, al. *b*) do n.° 1 do art. 254.° e art. 293.° do CPP] e o Juiz na fase de julgamento [al. *b*) do n.° 1 do art. 1.° e al. *b*) do n.° 1 do art. 254.° do CPP][1078], afastando, de imediato, a possibilidade da APC poder emitir um MDE[1079] –, podendo originar a dúvida da tutela jurisdicional dos direitos fundamentais da pessoa procurada caso em um Estado-Membro a concepção de AJ tenha uma amplitude maior que abarque autoridades policiais.

No que concerne ao teor objectivo dos quesitos formais, afere-se que se conexionam com o facto motivador da emissão do MDE, cuja forma não se consome com a indicação clara e concisa do *factum criminis*, pois impõe-se que seja indicada a *natureza e a respectiva qualificação jurídica* da infracção, os elementos que respondam às questões do *modo*, do *quando* e do *onde* da ocorrência da infracção, assim como o *tipo de participação na infracção* [se autor moral, se autor material, se co-autor, se cúmplice, se por acção, se por omissão], as consequências jurídicas da infracção, a *pena* ou medida de segurança proferida ou prevista para a infracção, a existência de *sentença* ou de *decisão judicial*

[1078] Como se depreende do CPP, em sede de julgamento, não existe qualquer preceito que permita ao Juiz a emissão de mandado de comparência ou de detenção para comparência no julgamento como existe para o JIC e para o MP. Todavia, haverá situações em que o juiz terá necessidade de emitir mandado de detenção para comparência devido à imprescindibilidade da presença do arguido – como *p. e.* produção de prova por meio da reconstituição dos factos. O procedimento penal termina, em princípio, com a sentença transitada em julgado. Em princípio, porque pode ocorrer uma situação de recurso de revisão de sentença.

[1079] A APC pode emitir um mandado de detenção nos termos do n.° 2 do art. 257.° e do art. 273.° do CPP, mas não tem natureza nem é, segundo o direito português, uma AJ. Quanto ao conceito legal de APC, cfr. al. *d*) do n.° 1 do art. 1.° do CPP.

com força executiva ou de um *mandado de detenção* no Estado-Membro de emissão. O incumprimento destes quesitos formais legitimam e oneram a AJ de execução a não prosseguir com a execução do MDE e, caso o faça, a execução, face ao direito português, está ferida de nulidade e legitima a pessoa procurada a exercer o direito de resistência e/ou a intentar o recurso de *habeas corpus* por detenção ilegal.

Não obstante se prever a existência de autoridade(s) central(ais) (AC), a não passagem do MDE por esta não origina qualquer vício de forma, porque compete-lhe transmitir e receber administrativamente o MDE e toda correspondência a ele referente, o que pode não ocorrer se a AJ de emissão souber onde se encontra a pessoa procurada, podendo transmitir o MDE directamente à AJ de execução, sem prejuízo de esta transmitir os dados à AC. Consideramos que à AC cabe, também, promover o contacto entre as AJ de emissão e de execução[1080].

252. Ancorado ao vértice arquitectónico da formalidade, patenteia-se o da **funcionalidade** do MDE que abarca, por um lado, a dupla ideia de que se revoga o tradicional processo moroso da extradição entre os Estados-Membros e de que se promove uma maior simplificação e celeridade anichada à cooperação horizontal das AJ de emissão e de execução e, por outro, a dupla configuração antagónica (ou de presumível antagonia) da concreção de um espaço de segurança física e psíquica (ou cognitiva) e de um maior incremento de defesa e garantia dos direitos fundamentais do cidadão.

O MDE revoga **o tradicional processo de extradição** vigorante no espaço dos Estados-Membros, que **fracassou**[1081] face ao

[1080] Cfr. artigos 7.° e 9.° da DQ. O legislador português fixou como AC a Procuradoria-Geral da República (PGR) – art. 9.° da Lei n.° 65/03, de 23 de Agosto –, já o espanhol fixou o Ministério da Justiça – n.° 3 do art. 2, da Ley Orgânica n.° 2/2003, de 14 de Marzo –, o que nos parece incongruente tendo em conta que a natureza do MDE é ser formal e materialmente *judiciária*.

[1081] Neste mesmo sentido JOAQUÍN DELGADO MARTÍN, "La Orden de Detención Europea y los Procedimientos de Entrega entre los Estados Miembros de la Unión

novo espectro criminal emergente em um espaço político-geográfico de integração crescente, no qual se desenvolve uma actividade criminal transnacional (e regional) organizada que gera um espírito de insegurança e, automaticamente, de desconfiança para com o estranho ou o estrangeiro de SEMMEL, quebrando-se a coesão do laço social e a relação de reciprocidade, *i. e.*, destrói-se a relação humana, "com o outro, com a alteridade"[1082]. A consequência mediata e imediata de quebra de confiança ou do laço humano – metamorfoseando-nos em estrangeiros em terra própria – promovida pela dita criminalidade organizada releva de extrema maneira quando o espectro criminal se compagina com o terrorismo e, principalmente, com actos terroristas. O fracasso advém, de entre outros factores, do sistema misto implementado internacionalmente de controlo político e de controlo judicial – que se agravava sempre que, após primeira decisão do executivo e posterior judicial de se extraditar a pessoa procurada, o executivo (o político) recusava o pedido com fundamento em "alteração significativa das circunstâncias que estiveram na base da decisão de admissibilidade" e, por isso, "a concessão da extradição se tenha tornado contrária aos interesses da política externa do Estado"[1083].

A mitificação da intervenção governativa no processo de extradição entre os Estados-Membros, afastando-se o critério de oportunidade ou de ordem pública do Estado e o critério de reci-

Europea", *in Cuadernos de Derecho Judicial* – Derecho Supranacional y Cooperación Jurídica Internacional, XIII-2003, Madrid, p. 292.

[1082] GIORG SIMMEL *apud* MARTINE XIBERRAS, *As Teorias da Exclusão – Para Uma Construção do Imaginário do Desvio*, (Trad. JOSÉ GABRIEL REGO), Lisboa: Instituto Piaget, 1996, pp. 65-69.

[1083] Cfr. PEDRO CAEIRO, "O Procedimento de Entrega...", *in O Tribunal Penal Internacional...*, pp. 126 e 127. O executivo, no sistema português, apenas se encontra vinculado à decisão judicial de sentido negativo – sistema de veto judicial – que decide pela não extradição da pessoa procurada. Neste sentido MANUEL CAVALEIRO DE FERREIRA, *Direito Penal Português – Parte Geral I*, Lisboa/S. Paulo: Editorial Verbo, 1981, p. 154; MARIO MENDES SERRANO, "Extradição", *in Cooperação Internacional Penal*, pp. 76-78.

procidade em nada sedeado em juízos de defesa de direitos da pessoa a extraditar, e a instituição do *contacto directo* ou da *cooperação directa* entre as AJ de emissão e de execução fomentam a simplificação e, respectivamente, a celeridade de todo o processo. Estas são as características de um procedimento *abreviado* em que predomina o carácter urgente como se retira dos prazos estipulados pela DQ[1084]. Acresce que a simplificação e a celeridade advém, ainda e como se verá, da redução dos motivos de recusa de execução que a AJ de execução pode arguir, *i. e.*, a DQ limita o poder de recusa de execução da extradição dentro do Estado Fronteiras europeu[1085].

A **configuração antagónica** releva no que concerne à conquista da **confiança do cidadão europeu na incrementação de um espaço comum dotado de segurança** – a detenção de um cidadão português no sul de Espanha, que praticara um crime de homicídio em Inglaterra (suspeito de ter morto a namorada), e a imediata entrega ao poder judicial inglês para que investigue, julgue e execute a sentença origina um sentimento de segurança intra e extra-muros nacionais[1086] e que a acção penal, cujos fins se prendem com a realização da justiça, com a descoberta da verdade, com o restabelecimento da paz jurídica e defesa dos direitos

1084 Neste sentido ROBERTO ALFONSO, "Il Mandato d'Arresto Europeo e la Rete Giudiziaria Europea", *in Cooperación Policial y Judicial en Materia de Delitos Financieros, Fraude y Corrupción*, Salamanca: Aquilafuente, n.° 40, p. 156. e JOSÉ M.ª VÁZQUES HONRUBIA, "Sistemas de Sustitución: el mandamiento europeo de detención y entrega", *in Cooperación Policial y Judicial en Materia de Delitos Financieros, Fraude y Corrupción*, Salamanca: Aquilafuente, n.° 40, p. 250.

1085 Neste sentido ROBERTO ALFONSO, "Il Mandato d'Arresto Europeo...", *in Cooperación Policial y Judicial...*, Salamanca: Aquilafuente, n.° 40, p. 156.

1086 Como nos ensina STAMATIOS TZITZIS, o "direito penal, pela ameaça da sanção, suscita um sentimento de segurança, este mínimo requisito para a realização da felicidade. Ele marca o limite da legitimidade das acções do «eu» e do outro sem as separar. O seu papel, contrariamente ao da ética, não é criativo. Ele encarna o guardião da ordem, o regulador da liberdade do «eu» e do outro, e com razão. A iniciativa originária da liberdade controlada é canalizada para concessões recíprocas às quais devem entregar-se a individualidade e a alteridade". Cfr. STAMATIOS TZITZIS, *Filosofia Penal*, (Trad. MÁRIO F. MONTE), Aveiro: Legis Editora, 1999, p. 88.

dos cidadãos (arguidos e vítimas), não fica desprovida de instrumentos capazes de a promover.

A configuração antagónica reflecte-se, por um lado, **na afirmação e na garantia dos direitos fundamentais do cidadão europeu** – o MDE, de pendor securitário, desde logo se baseia no princípio do reconhecimento mútuo [n.° e do art. 2.° da DQ], evoca o sentimento de que os *santuários* no Estado Fronteiras Europeu sucumbiram[1087] e de que qualquer agressão aos direitos fundamentais de qualquer cidadão europeu, cuja tutela jurídico-criminal se preveja, será responsabilizada e a ordem jurídica será reposta – e, por outro, no **apertinente ideário de que com a supressão da intervenção do executivo** se afasta a análise do processo de extradição de razões de ordem política, de oportunidade ou de conveniência – mesmo no quadro do princípio da reciprocidade que se convertera em princípio político e não jurídico[1088] – e, consequentemente, o processo poderá exalar mais um odor judicial, um **odor de justiça e de defesa e garantia dos direitos e liberdades da pessoa objecto do MDE**.

253. A funcionalidade de qualquer instrumento jurídico engancha um vértice **teleológico**, que, *in casu*, temos vindo a expor e que iremos discretear. Da DQ podemos aferir, objectivamente, um escopo imediato e outro mediato: o escopo imediato é a detenção e entrega da pessoa objecto do MDE e o mediato é submeter aquela a um procedimento penal ou ao cumprimento de sanção penal[1089]. Registe-se que a teleologia do MDE é de maior alcance.

[1087] Socorrendo-nos da tese de STAMATIOS quanto às funções das regras penais, procura-se incrementar a função expressiva – transmitindo "uma mensagem compreensiva e concreta aos destinatários do direito penal e, em especial, aos cidadãos", de modo que se suscite um condicionalismo psicológico no indivíduo para que respeite "as mensagens do direito penal". Cfr. STAMATIOS TZITZIS, *Filosofia...*, pp. 20-21.

[1088] Neste sentido MARIO MENDES SERRANO, "Extradição", *in Cooperação Internacional...*, p. 38, nota 68.

[1089] Pode-se afirmar que, onticamente, se aspira suprimir a ideia de impunidade, causa de aumento da criminalidade, como ensinara MONTESQUIEU. Cfr. JEAN LARGUIER, *La Procédure Pénale*, Paris: PUF, 1976, p. 5.

A **cooperação horizontal directa ou contacto directo**[1090] entre as autoridades judiciárias preconizada pelo MDE é um instrumento ancilar de um objectivo nuclear da União – facultar aos cidadãos da União um elevado nível de protecção inserido em um espaço comum erigido sob os princípios da liberdade, da justiça e da segurança – e, como tal, **escopo da construção de um espaço penal europeu**. O MDE, que concretiza o princípio do *reconhecimento mútuo*, onera os Estados-Membros a prosseguirem com a **harmonização das legislações penais** quer no que toca aos elementos constitutivos e sanções das infracções quer no que concerne ao campo processual penal[1091], sob pena de se fomentar desigualdades de justiça material. Acresce que, com ANABELA M. RODRIGUES[1092], concretizar o reconhecimento mútuo sem um mínimo de harmonização, porque não só a abolição (relativa) do princípio da dupla incriminação está subordinada ao aprofundamento da harmonização, como também as AJ não concretizarão o reconhecimento mútuo sem que as divergências entre as legislações penais – substantivas e adjectivas – sejam agorentadas. Não descuramos que o direito penal é o centro nevrálgico de interacção dos direitos fundamentais dos cidadãos quer na relação do «eu» com o «outro» quer do «eu» com o *ius puniendi*, ou seja, o direito penal empreende uma protecção dos direitos (fundamentais) do cidadão perante a presumível agressão por conduta hu-

---

1090 O melhoramento da cooperação entre os sistemas penais dos Estados-Membros da União – "para incrementar la eficácia de la lucha contra la delincuencia, especialmente en los suspuestos de delicuencia organizada transnacional, mediante una optimización de la entrega de sujetos procesales" – é, para JOAQUÍN D. MARTÍN, o objectivo principal. Cfr. JOAQUÍN D. MARTÍN, "La orden de detención europea...", *in Cuadernos de Derecho Judicial*, XIII-2003, p. 297.

1091 Não olvidemos que se o direito penal é o código dos infractores, o direito processual penal é o código dos inocentes – nele, como *direito constitucional aplicado*, se concrecionam os direitos, liberdades e garantias de todos os cidadãos e não em exclusivo do delinquente. Quanto a este assunto JEAN LARGUIER, *La Procédure...*, p. 6.

1092 ANABELA MIRANDA RODRIGUES, "A Emergência de Um «Direito Penal Europeu»...", *in Estratégia*, n.os 18-19, p. 151.

mana e dos direitos do infractor face ao poder punitivo[1093] – o que impele os Estados-Membros a envidar, interna e externamente, esforços para que as divergências legislativas penais não danifiquem gravemente os direitos fundamentais quer do cidadão vítima quer do cidadão delinquente avançando, por aperto do reconhecimento mútuo em que se baseia o MDE, com a harmonização penal substantiva e processual e **prevenindo-se o florescimento de terras de ninguém – os *santuários*.**

O MDE engancha duas teleologias distintas e conexas: por um lado, a **teleologia imediata** – a *detenção* de uma pessoa procurada por ser suspeita ou arguida pela prática de um crime previsto e punido no Estado da AJ de emissão com pena ou medida de segurança máxima não inferior a 12 meses ou por ter sido condenada a sanção não inferior a 4 meses[1094], para que, verificados os quesitos formais e materiais do MDE e reputada a inexistência de motivos de não execução ou de situações sujeitas a prestação de garantias, a mesma seja *entregue* à AJ de emissão; por outro, a **teleologia mediata** – *promover acção penal* de modo a poder investigar e julgar a pessoa suspeita ou arguida [«para efeitos de procedimento penal»] e/ou *executar a sentença de condenação* proferida [«para efeitos (...) de cumprimento de uma pena ou medida de segurança privativa da liberdade» não inferior a 4 meses].

254. Atingido este cruzamento de ideias, consideramos que a concepção do MDE não se esgota na disposição positiva da DQ. Deve-se esmigalhar e dotá-la de uma estruturação de maior amplitude que reflicta uma tipologia aferrolhada à tipologia de espaço de liberdade,

---

1093 Neste sentido A. SILVA DIAS, "De Que Direito Penal...", *in RPCC*, p. 315.

1094 E a consequente e natural apreensão e salvaguarda de possíveis provas reais e pessoais. Pois, no momento da detenção, as entidades que a efectuarem terão de proceder a uma revista sumária e pormenorizada às roupas e a uma busca preventiva e de segurança não domiciliária ao local onde a pessoa se encontra. Destas diligências processuais previstas no art. 251.° conjugado com o art. 174.° do CPP pode resultar a apreensão cautelar de objectos relacionados com o crime de que é suspeita – conforme al. *c*) do n.° 2 do art. 249.° do CPP. Quanto às revistas e buscas não domiciliárias e apreensões cautelares, *infra* §§ 82.° e 83.° e *supra* §§ 98.°-100.°.

de justiça e de segurança, *i. e.*, de um espaço comum de direito e democrático.

Exauridos os vértices arquitectónicos, consideramos que o MDE é uma decisão de natureza judiciária, emitida por uma autoridade judiciária de um Estado-Membro, designada de AJ de emissão, para que uma autoridade judiciária de um outro Estado-Membro, designada de AJ de execução, proceda à localização, contacto e detenção de pessoa(s) procurada(s) por ser(em) suspeita(s) ou arguida(s) em um processo crime ou ter(em) sido condenada(s) por um tribunal do Estado-Membro da AJ de emissão, para possível posterior entrega à AJ de emissão, dentro dos prazos legais e desde que não existam motivos que obstem à sua execução ou situações sujeitas a prestação de garantias, para efeitos de prossecução de acção penal contra aquela(s) por crime punível com pena ou medida de segurança privativa da liberdade de duração máxima não inferior a 12 meses ou de cumprimento de pena ou medida de segurança definitiva privativa da liberdade não inferior a 4 meses, cujo processo se esgrima na esfera inofensiva dos direitos, liberdades e garantias fundamentais do cidadão[1095].

§ 92.° Da libertação de arguido detido ilegalmente

255. A actuação dos operadores judiciários pauta-se por critérios de extrema legalidade. Contudo, casos há que aquela é ferida e fortemente ferida quando se detém ilegalmente uma pessoa, cuja cessação se pode operar ou com a libertação imediata ou ordem de soltura – art. 261.° do CPP – ou com a providência do *habeas corpus* – art. 220.° do CPP e art. 31.° da CRP.

1095 Para Roberto Alfonso, mais próximo da definição da DQ, o MDE é "uma decisão emitida por uma autoridade judiciária de um Estado membro mediante a qual se requer a outro Estado membro que procure, prenda e entregue uma pessoa procurada para execução de uma pena privativa da liberdade ou para um procedimento de custódia cautelar". Cfr. Roberto Alfonso, "Il Mandato D'Arresto Europeo...", *in Cooperación Policial y Judicial en Materia de Delitos Financieros, Fraude y Corrupción*, Salamanca: Aquilafuente, n.° 40, p. 156.

α. Quanto à **libertação imediata** – *ordem de soltura* – prevista no art. 261.° do CPP, impõe-se se tornar manifesto que a detenção:

i. foi efectuada por erro sobre a pessoa – como no caso de deter o indivíduo ***A***, sobre quem existe um mandado pendente e, após diligências, se verifica que não era ***A*** que devia ser detido, mas ***B*** por este ter dado ao OPC – em um momento anterior – a identificação de ***A***, seu irmão;
ou

ii. por ser, no caso concreto, legalmente inadmissível a detenção – como na situação de não se preencherem os pressupostos da detenção em flagrante delito e os de fora de flagrante delito;
ou

iii. por se demonstrar uma medida desnecessária.

A libertação imediata ou a ordem de soltura – que se impõe, verificados os quesitos citados, a qualquer entidade que tenha ordenado a detenção ou a quem o detido for presente – apresentam-se como comando de reafirmação de princípios gerais de protecção da legalidade da detenção e como "um esquema de controlo quanto à legalidade da detenção", sendo que poder-se-á afirmar que esse controlo se afere através do despacho fundamentado da decisão de soltura por parte das AJ – MP e JIC – ou através do relatório sumário da ocorrência – onde indicará as razões da libertação – elaborado por APC ou por OPC e entregue ao MP que "apreciará se foram violados quaisquer preceitos legais, e, caso o tenham sido, tomará as providências que repute adequadas"[1096].

β. No que concerne ao ***habeas corpus* em virtude de detenção ilegal**[1097], não obstante tratamento pormenorizado no Tomo II,

---

1096 Cfr. Maia Gonçalves, *Op. Cit.*, 12.ª Edição, p. 530.

1097 O *habeas corpus* fora perfilhado pela Constituição Política de 1933 – art. 8.°, § 4.° – e consagrado no regime ordinário pelo Decreto 35043 de 20 de Outubro de 1945.

cumpre-nos proceder a pequenas achegas da providência por detenções ilegais:

i. o *habeas corpus* é uma forma de impugnar uma detenção ilegal – art. 31.°, n.° 1 da CRP e art. 220.° – e não um recurso – "modo de impugnação apenas de decisões judiciais e não de todas as demais entidades que podem ordenar ou efectuar detenções" –, cujo processamento encerra em si mesmo uma demora, contraria ao desejo de uma decisão célere que ponha termo à detenção ilegal.

ii. a providência do *habeas corpus,* cujo fundamento é a detenção ilegal, visa que o detido seja presente ao juiz para que, após cumprimento da finalidade da detenção, faça cessar a situação de privação ilegal da liberdade.

iii. no que concerne à ilegalidade da detenção, cinge-se ao prescrito pelo n.° 1 do art. 220.° do CPP[1098]:

* que a detenção tenha excedido o prazo para entrega do detido à AJ competente – excedendo-se o prazo das 48 ou 24 horas para apresentação à AJ, o detido deve ser de imediato libertado pela entidade que tiver procedido à detenção – se AJ, por despacho fundamentado, se APC ou OPC por relatório com enumeração das razões da libertação – o detido ou qualquer cidadão no gozo dos seus direitos políticos pode e deve requerer a providência do *habeas corpus* – al. *a*) do n.° 1 e n.° 2 do art. 220.° e art. 221.° do CPP e n.° 2 do art. 31.° da CRP.
* que a detenção se mantenha em locais não permitidos legalmente – pelos DL n.° 265/79, de 1 de Agosto, e DL n.° 49/80, de 22 de Março –, cuja ordem judicial de apresentação imediata do detido destina-se a cessar, mesmo que indirectamente, a ilegalidade – al. *b*) do n.° 1 e n.° 2 do art. 220.° e art. 221.° do CPP.

1098 Cfr. Germano Marques da Silva, *Op. Cit.*, 2.ª Edição, Vol. II, pp. 227 e 228.

* que a detenção tenha sido efectuada ou ordenada por entidade incompetente – al. *c*) do n.° 1 e n.° 2 do art. 220.° e art. 221.° do CPP.
* que a detenção tenha sido motivada por facto segundo o qual a lei não permite – tendo-se aqui em causa a tipicidade e legalidade dos factos que a lei consigna como crime ou medida de segurança – al. *d*) do n.° 1 e n.° 2 do art. 220.° e art. 221.° do CPP.

iv. quanto à competência para decidir do *habeas corpus* por detenção ilegal, cabe ao JIC da área em que o detido se encontra – n.° 1 do art. 221.° do CPP – competência que se mantém, mesmo que tenha sido o juiz de julgamento que emitiu o mandado de detenção para comparência em sede de julgamento[1099].

v. o JIC, considerado com fundamento o requerimento, ordena que a entidade que mantém a detenção que apresente o detido, sob pena da prática do crime de abuso de poder – p. e p. pelo art. 382.° do CPP –, devendo aquela se fazer acompanhar de informações e esclarecimentos necessários à tomada de decisão sobre o requerimento, e, promovendo o contraditório – audição do MP e do defensor – aprecia e decide da legalidade da detenção, devendo fazer cessar se for ilegal[1100].

256. Os termos e condições previstos no art. 261.° do CPP, que impõe a libertação imediata do arguido detido, e nos artigos 220.° e 221.° do CPP, que estipula o regime do instituto do *habeas corpus* por detenção ilegal, aplicam-se às situações de Mandado de Detenção Europeu ou de mandado de captura internacional ou de Mandado de Detenção e Entrega ao Tribunal Penal Internacional.

1099 Cfr. GERMANO MARQUES DA SILVA, *Op. Cit.*, 2.ª Edição, Vol. II, p. 229.

1100 Cfr. GERMANO MARQUES DA SILVA, *Op. Cit.*, 2.ª Edição, Vol. II, pp. 229 e 230.

Parte IV

DOS MEIOS DE OBTENÇÃO DE PROVA

Capítulo I
DOS EXAMES

§ 93.° Considerações gerais

257. Os exames, como meio de obtenção de prova, encontram-se previstos nos artigos 171.° a 173.° do CCP. Contudo, não se esgotam neste circuito processual, pois podem revestir natureza de medida cautelar e de polícia[1101] – al. *a*) do n.° 2 do art. 249.° conjugada com o n.° 2 do art. 171.° e 173.°, todos do CPP – e, ainda, podem decorrer, no caso de *exame no local*, em sede de audiência de julgamento[1102] – art. 354.° do CPP.

Os exames podem ter como objecto quer pessoas, quer locais, quer coisas. Meio de obtenção de prova este em que o arguido, mesmo sendo sujeito processual, dotado de direitos e deveres, é, também,

---

[1101] Cfr. *Supra* Parte III, Capítulo II – Das medidas cautelares e de polícia, 2. Das providências cautelares.

[1102] Quanto a este assunto, Germano Marques da Silva, *Curso de Processo...*, 2.ª Edição, Vol. II, p. 191.

objecto de investigação[1103], *i. e.*, de inspecção cuidadosa na busca de indícios que possam, futuramente, determinar o modo como aquele sujeito praticou certo crime ou, até mesmo, que possam identificar o autor de determinado crime através de traços físicos próprios de determinado indivíduo – *p. e.* uma cicatriz em uma zona do corpo não visível.

258. Os exames, conhecidos também por inspecção – "técnica própria da descoberta e recolha dos vestígios e modo da sua interpretação"[1104] –, permitem, como nos ensina M. CAVALEIRO DE FERREIRA, uma "inspecção cuidadosa do local, destinada à descoberta dos vestígios ou provas reais da infracção", facilitando, desde logo, "a orientação dos interrogatórios, pela possibilidade que dá aos investigadores de controlar a veracidade da prova pessoal"[1105].

Face ao exposto n.° 1 do art. 171.° do CPP, podemos considerar como **exame** a inspecção dos vestígios que o crime possa ter deixado e de todos indícios referentes:

* ao modo como o crime foi perpetrado;
* ao local onde o crime foi preparado e cometido;
* às pessoas que o praticaram; e
* às pessoas e às coisas sobre as quais o crime foi cometido.

A inspecção[1106] pode incidir em pessoas – quer agentes quer vítimas da infracção –, em locais – onde se praticou e/ou se preparou a

---

1103 Quanto a este assunto, COSTA ANDRADE, na esteira de WOLFSLAST, levanta a questão da «auto-incriminação coerciva» e de que o arguido é instrumento da própria condenação quer quando colabora livre e activamente, quer quando «contra a vontade, uma pessoa tem de tolerar que o próprio corpo seja utilizado como meio de prova». Cfr. MANUEL DA COSTA ANDRADE, *Sobre as proibições de Prova em Processo Penal*, Coimbra: Coimbra Editora, 1992, pp. 127 e 128.

1104 Cfr. MANUEL CAVALEIRO DE FERREIRA, *Curso de Processo...*, Vol. II, p. 359. Todavia, a interpretação é considerada pelo CPP/87 como perícia e não como exame. Cfr. *infra* § 94.°.

1105 *Ibidem.* Neste sentido, M. MAIA GONÇALVES, *Código de Processo...*, 12.ª Edição, p. 403.

1106 Nas polícias as equipas que procedem a determinados exames, como os de lofoscopia, designam-se de equipas de inspecção.

infracção – e em coisas – quer as utilizadas para a prática da infracção quer as que servem de motivo ao crime [*p. e.*, exame de lofoscopia numa peça de arte furtada].

§ 94.° Exame *versus* perícia[1107]

259. Os exames não devem ser confundidos com as perícias – p. nos artigos 151.° e ss. do CPP –, que são meios de prova, enquanto que aqueles são meios de obtenção de prova. Erro de simpatia por o CPP/29 não destinguir expressamente os exames das provas periciais, além de que o art. 179.° do CPP/29 prescrevia que «os exames serão feitos por peritos (...)». Já no CPP/29 se fazia a distinção entre os *peritos comuns* e os *peritos especializados* – considerados como pessoas dotadas de conhecimento de particular ciência ou arte necessário para a realização do exame[1108].

Acompanhamos GERMANO M. DA SILVA ao defender que "a distinção assenta essencialmente em que a perícia é uma interpretação dos factos feita por pessoas dotadas de especiais conhecimentos técnicos, científicos ou artísticos"[1109]. Dos vestígios – reais e pessoais – do crime, os peritos são chamados a produzir as designadas conclusões periciais – meios de prova –, constantes do relatório pericial, que serão submetidas à apreciação da autoridade judiciária que ordenou a perícia.

Quanto aos exames, podemos aferir que partem de uma percepção dos elementos de prova quer pela AJ quer pelos OPC, que ou recolhem directamente os vestígios e os indícios através da inspecção às pessoas, ao local e às coisas – funcionando esta como um meio de obtenção de

---

1107 Quanto a esta destrinça, CARLOS PINTO DE ABREU, "Prova e Meios de Obtenção de Prova. Breve Nota sobre a Natureza e o Regime dos Exames no Processo Penal", *in I Congresso de Processo Penal – Memórias*, Coimbra: Almedina, 2005, pp. 257-284.

1108 Cfr. art. 180.° do CPP/29.

1109 Cfr. GERMANO MARQUES DA SILVA, *Curso de Processo...*, 2.ª Edição, Vol. II, p. 192.

meios de prova vestígios – ou essa percepção é conseguida indirectamente por meio da descrição dos vestígios deixados pelo crime e dos indícios do modo como e do local onde foi praticado[1110].

260. A grande destrinça emerge da exigência de «especiais conhecimentos técnicos, científicos e artísticos» – art. 151.° do CPP – para a perícia. Exigência que não se verifica para o exame, por um lado, e, por outro, os vestígios recolhidos através do exame são, caso seja necessário à decisão do caso, sujeitos à perícia ou valorados de forma directa e livre pela AJ[1111].

Acrescente-se que aos peritos não lhes é somente exigido que aprecie os factos, os vestígios, mas que os percepcionem – art. 151.° do CPP –, porque em muitos casos os indícios não são percepcionados por qualquer AJ ou OPC, mas sim por peritos[1112].

As perícias devem, sempre, ser ordenadas pela AJ competente, conquanto que os exames podem ser efectuados sem ordem judicial, pois a razão da *periculum in mora* determina que o OPC proceda ao exame evitando que os vestígios – que serão no futuro periciados ou valorados pela AJ – desapareçam quer por acção humana quer pelo decurso normal do tempo.

§ 95.° Pressupostos dos exames

261. Os exames configuram-se como providências cautelares para que se fixe em auto os vestígios e os indícios ou se permita ao tribunal a observação directa dos factos que relevem em matéria de prova[1113].

1110 *Hoc sensu* GERMANO MARQUES DA SILVA, *Curso de Processo...*, 2.ª Edição, Vol. II, p. 192.

1111 *Hoc sensu* GERMANO MARQUES DA SILVA, *Curso de Processo...*, 2.ª Edição, Vol. II, pp. 193 e 190.

1112 *Hoc sensu* GERMANO MARQUES DA SILVA, *Curso de Processo...*, 2.ª Edição, Vol. II, p. 192.

1113 *Idem*, p. 190.

Questão pertinente é a de se saber se, em um crime cuja competência investigatória é originariamente de reserva de um certo OPC, um outro OPC pode efectuar a inspecção dos vestígios e dos indícios. Face aos n.os 1 e 2 do art. 10.° da Lei de Organização da Investigação Criminal (LOIC) – aprovada pela Lei n.° 49/2008, de 27 de Agosto –, um elemento da PSP pode proceder ao exame de um crime de roubo de coisa móvel de valor científico, p. e p. pelo art. 210.° do CP, cuja competência reservada de investigação é da PJ – inciso *i*) da al. *b*) do n.° 3 do art. 7.° da LOIC.

Se o exame consignar natureza de medida cautelar e urgente que assegure a preservação dos meios de prova, o OPC da PSP pode efectuar o exame, caso contrário deve comunicar de imediato à PJ os factos e esperar que compareça no local o OPC competente originariamente – *ex vi* n.° 2 do art. 6.° da LOIC. Como já defendemos[1114], a realização dos exames dos vestígios e dos indícios do crime por parte de outro OPC apenas é admissível no plano circunscrito da al. *a*) do n.° 2 do art. 249.° do CPP, ou seja, como medida cautelar e de polícia.

Se os vestígios do crime forem de deterioração fácil ou imediata, não resta qualquer dúvida de que, logo que haja conhecimento do prática do crime, se devem providenciar, quer pelo OPC competente para a investigação quer por outro OPC[1115], actos ou medidas idóneas que evitem o apagar dos vestígios ou a sua alteração antes de serem examinados – n.° 2 do art. 171.° do CPP.

Pode-se, para tal e se necessário, proibir o trânsito, entrada e saída, de pessoas estranhas ou, até mesmo, de animais no local onde decorreu o crime – quer onde se tenham praticado os actos preparatórios, quando existam, quer onde o mesmo se consumou – e promover quaisquer medidas de detenção – *p. e.* para identificação – ou outras que sejam adequadas, exigíveis e proporcionais a evitar «quaisquer actos que possam prejudicar a descoberta da verdade» – *in fine* do n.° 2 do art. 171.° do CPP.

1114 Quanto a este assunto nosso *Regime Jurídico da Investigação Criminal – Comentado e Anotado*, Coimbra: Almedina, 2003, pp. 92 e 93, § 7. *Hoc sensu* GERMANO MARQUES DA SILVA, *Curso de Processo...*, 2.ª Edição, Vol. II, p. 191.

1115 Face à rápida deterioração dos vestígios, o princípio do respeito pela competência reservada é afastado em prol da preservação dos meios de prova.

262. O exame dos vestígios e dos indícios não carece de autorização ou ordem da autoridade judiciária, porque faz parte do elenco de actividades típicas e técnicas próprias da investigação. Contudo, o legislador fala em autoridade judiciária competente – n.° 4 do art. 171.° do CPP – e, seguidamente, de OPC competente.

A competência dos OPC é subsidiária em relação à da autoridade judiciária, *i. e.*, se esta tiver conhecimento ao mesmo tempo ou antes do OPC, este deve aguardar ou solicitar a ordem daquela para a realização do exame, pois caso contrário violaríamos o princípio da competência originária do processo crime[1116] – MP, no inquérito, e JIC, na instrução.

A importância do meio de obtenção de prova **exame** releva, mesmo, em sede de audiência de julgamento, em que o tribunal, quando considerar necessário à boa decisão da causa – decisão justa – pode deslocar-se ao local do crime ou da ocorrência de qualquer facto daquele, cuja prova se mostre essencial e convocar para o exame ao local os participantes processuais cuja presença considere conveniente[1117].

263. Se os vestígios estiverem deteriorados – desaparecidos e alterados – a AJ ou o OPC competente deve não só proceder à descrição do estado em que encontram as pessoas, o local e as coisas onde presumivelmente possam ter existido vestígios, mas também procurar, desde que possível, reconstituir os vestígios e descrever o modo, o tempo e as causas que provocaram a alteração ou desaparecimento – *ex vi* do n.° 3 do art. 171.° do CPP.

O legislador impõe à AJ ou ao OPC o ónus de recurso à sua experiência de perito comum e, como já está afastada a hipótese de desaparecimento ou alteração imediata, elimina qualquer conflito de competência investigatória, *i. e.*, deve proceder ao exame, nestes casos, o OPC competente para a investigação do crime *sub judice*.

[1116] Os OPC são órgãos que coadjuvam as AJ e não as orientam ou dão ordens. Quanto a este assusto o nosso *Regime Jurídico da Investigação Criminal...*, 3.ª Edição, pp. 63-82, anotação ao art. 2.° da LOIC e o nosso *Teoria Geral...*, 2.ª Edição, pp. 325-331 e 345-348.

[1117] Cfr. art. 354.° do CPP.

264. O legislador, cuidadoso, resolveu os casos em que a notícia do crime é obtida «em primeira mão» por uma autoridade que não AJ ou OPC – *p. e.* um guarda prisional ou um polícia municipal[1118].

Sobre o agente de autoridade recai a obrigação de evitar que os vestígios se apaguem ou se alterem, podendo proibir o trânsito de pessoas e praticar quaisquer actos ou medidas atinentes à preservação dos meios de prova, sempre que:

* no local não esteja uma AJ ou um OPC; e
* caso não tomasse essas medidas, haveria perigo iminente para obtenção da prova;

ex vi do n.° 4 do art. 171.° do CPP.

A actuação do agente de autoridade é provisória, o que implica que deverá de imediato comunicar à AJ e/ou ao OPC competentes para se deslocarem ao local e procederem aos respectivos actos examinatórios. O dever de comunicação advém, também, da al. *b)* do n.° 1 do art. 242.° do CPP.

§ 96.° Obrigação de permanência no local

265. O legislador, de entre muitas medidas, especificou, na prossecução dos fins do exame, a medida ou acto de obrigar certas pessoas a não se afastarem do local do crime e, caso queiram fazê-lo, a AJ ou o OPC competentes podem recorrer à força pública para obrigá-las a permanecer enquanto o exame não for dado como findo ou até que se mostre necessária a sua presença. Medida esta que pode e deve ser aplicada mesmo que quem a aplica seja um agente de autoridade não OPC.

[1118] Refira-se que ao Órgão de Polícia Municipal não cabe desenvolver actos *stricto sensu* de OPC – n.° 5 do art. 3.° da Lei n.° 19/2004, de 20 de Maio –, mas cabe-lhe cooperar com os OPC no sentido de evitar que os vestígios e indícios se apaguem com a intervenção humana, *i. e.*, cumpre-lhes evitar que qualquer pessoa interfira ou actue dentro do "rectângulo" do crime.

Duas questões de relevo se levantam: porque a especificação deste acto imperativo; e se, no caso de desobediência, esta comina o crime de desobediência.

Quanto à primeira questão e tendo em conta a natureza adjectiva do CPP, o legislador dotou, *ex lege*, a AJ e/ou o OPC de um «poder» material de detenção temporária idêntica à que a al. *g*) do n.° 3 do art. 27.° da CRP consagra – detenção para identificação. Mas, esse «poder» está limitado à proporcionalidade do seu fim. Se a presença de determinada pessoa não for indispensável à realização do exame, a AJ ou o OPC ou o agente de autoridade não pode impor tal medida restritiva da liberdade, porque é inadequada, inexigível e desproporcionada *stricto sensu*.

266. Relativamente ao crime de desobediência, apontamos duas razões para que não se verifique a cominação do crime de desobediência para quem não acate a ordem de se manter no local do crime:

* por um lado e como afirma MAIA GONÇALVES[1119], o CPP é uma lei adjectiva, não sendo subsumível a previsão do crime de desobediência;
* por outro e mais consentâneo, não faria qualquer sentido que o legislador autorizasse o *uso da força pública* para compelir alguém a ficar no local do crime e se aceitasse a cominação do crime de desobediência, seria um contra-senso e uma negação desta *lex* e da operatividade das polícias e da autoridade jus-constitucional atribuída às AJ e aos OPC.

Defendemos que, ao legitimar a AJ ou o OPC ou o agente de autoridade a recorrer à *força pública* para compelir alguém a permanecer no local do crime, não se verifica qualquer crime de desobediência o não cumprimento da ordem. Pois, se um cidadão se ausentar do local, após advertência de obrigatoriedade de permanência, será demonstrativo de inoperância por parte do OPC que não pode, na nossa opinião, ser suprimida com a cominação do crime de desobediência.

[1119] Cfr. M. MAIA GONÇALVES, *Código de Processo...*, 12.ª Edição, p. 405.

§ 97.° Sujeição a exame

267. A sujeição a exame recai sobre pessoa que se eximiu ou obstou à realização de exame a que estava obrigada ou sobre coisa que devia ser entregue para o respectivo exame e não fora entregue para essa diligência probatória. A recusa de pessoa ao exame ou de entrega de coisa sujeita a exame implica que a AJ compila quem se eximiu ou obstou ou não entregou a coisa a efectivar os deveres processuais a que está adstrito.

Quanto à competência para determinar o exame, somos da opinião de que é competente a autoridade judiciária competente para a fase do processo em curso: MP, no inquérito, JIC, na instrução, e juiz presidente do colectivo ou juiz em sede de julgamento.

A Proposta de Alteração do CPP constante do Projecto do Governo de 2004 contemplava que, mesmo durante o inquérito, é ao juiz de instrução que competirá ordenar ou autorizar «a efectivação de exames, nos termos do art. 172.°, n.° 1», conforme proposta de aditamento da al. *b*) do n.° 1 do art. 269.° do CPP. Posição esta que vingou na Reforma de 2007, ao aditar a al. *b*) do n.° 1 do art. 269.° do CPP, como sendo competência do juiz, na fase de inquérito, autorizar ou ordenar «efectivação de exames, nos termos do n.° 2 do art. 172.°», ou seja, exames sobre caraterísticas físicas ou psíquicas de pessoa que não tenha prestado o consentimento.

268. Os exames ao corpo das pessoas devem sempre respeitar, por um lado, a dignidade e, por outro, o pudor da pessoa examinanda, seja vítima, seja arguido no processo.

Se o objecto do exame recair sobre características físicas ou psíquicas de pessoa, *i. e.*, se incidir sobre a integridade pessoal e reserva da intimidade da pessoa visada que não tenha prestado consentimento expresso, livre na sua vontade e livre na sua pessoa, o mesmo necessita de autorização de juiz que, por despacho fundamentado, pondera sobre a necessidade e exigibilidade da sua efectivação, conforme n.° 2 do art. 154.° que se aplica por força do n.° 2 do art. 172.° e al. *b*) do n.° 1 do art. 269.° do CPP.

Acresce referir que os exames às características físicas e psíquicas à pessoa visada só são admissíveis se não criarem perigo para a saúde daquela e se forem efectivados por médico ou pessoa legalmente autorizada, conforme n.° 5 do art. 156.° que se aplica por força do n.° 2 do art. 172.° do CPP.

É de referir que se impõe ao juiz que, por despacho fundamentado, determine a destruição dos exames efectuados e das amostras recolhidas, quando se tratar de análises ao sangue ou a outras células corporais, logo que os mesmos não sejam necessários. Adite-se que a prova produzida por estes exames – características físicas ou psíquicas obtidas por meio de análise ao sangue ou a outras células corporais – só pode ser utilizada no processo em curso ou em outro processo já instaurado, conforme se retira do n.° 6 do art. 156.° que se aplica aos exames por força do n.° 2 do art. 172.° do CPP.

269. O legislador, como corolário do respeito daqueles ditames, por um lado afastou, automaticamente, a publicidade do exame e, por outro, limitou a presença dos que podem assistir ao exame: o examinador, a autoridade judiciária competente e pessoa de confiança do examinando, desde que não se verifique *periculum in mora*[1120].

Quanto ao n.° 3 do art. 172.° do CPP, no caso do examinando ser do sexo feminino, acompanhamos Costa Andrade, na linha de pensamento de Amelung, ao afirmar que "do que se trata é apenas salvaguardar o sentimento de pudor da mulher e não lhe garantir uma qualquer posição de domínio sobre a informação"[1121] probatória.

Em jeito de conclusão, referimos que o nome do médico ou da pessoa autorizada legalmente para proceder ao exame sobre as características físicas ou psíquicas devem constar do despacho que autoriza o exame[1122], assim como aqueles ficam obrigados ao segredo profissional quanto aos elementos de que tomaram conhecimento em razão da função exercida.

1120 É um direito do examinado do qual tem de ser informado por quem examina e pela AJ.

1121 Cfr. Manuel da Costa Andrade, *Op. Cit.*, p. 85.

1122 Aplica-se, assim, o previsto no n.° 1 do art. 154.° do CPP.

Capítulo II

DA REVISTA E DAS BUSCAS

§ 98.° Considerações gerais

270. As revistas e as buscas[1123] podem configurar duas realidades: meios de obtenção de prova ou, como acontece diariamente, medidas cautelares e de polícia. Releva para este capítulo as duas realidades, cuja destrinça se fará a cada ponto de estudo e análise, por se confundirem e se encontrarem em um mesmo objectivo: descoberta e conservação de provas reais e localização de provas pessoais. Mas, acresce que, no que respeita às medidas cautelares e de polícia, se impõe relembrar a sua natureza precária e cautelar, necessitando de serem apreciadas e validadas.

Qualquer um destes enquadramentos colide e conflitua com a tutela dos direitos fundamentais pessoais que, por um lado, se opõem ao interesse da perseguição e da realização da justiça como legitimação da «fuga à auto-inncriminação», e que, por outro, legitimam e limitam os operadores judiciários, cujos abusos e excessos podem reconduzir às proibições de prova e à nulidade de actos processuais.

A prevenção e o controlo do crime de modo que se alcance a teleologia do moderno direito punitivo – *a protecção de bens jurídicos e a reintegração do agente na sociedade*, nos termos do n.° 1 do art. 40.° do CP – não se coaduna, em um Estado de direito democrático, com um recurso desproporcional aos meios de obtenção de prova – *p. e.*, como instrumento de intimidação – nem com um recurso desleal e triturador do interesse público de realização da justiça e descoberta da verdade sã para que se garanta os direitos fundamentais e se alcance a paz jurídica.

A legitimidade advém do exemplo e não da autoridade típica de Estado de polícia. Pois, se nos encostarmos à autoridade apenas nos restará sentir as agruras das violações dos direitos humanos, cuja defesa se proclama na nossa constituição, e eficazmente nos desligitimamos face ao cosmos exigente de uma política criminal que encontra

---

[1123] Quanto a uma análise mais pormenorizada e profunda, assim como alargada a outras realidades jurídicas (como os Centros Educativos), o nosso *Revistas e Buscas*, 2.ª Edição, Coimbra: Almedina, 2005.

em um direito penal a *protecção de bens jurídicos fundamentais* e em um processo penal a concretização daquele propósito.

As revistas e buscas, domiciliárias ou não domiciliárias, cujo regime jurídico sofreu algumas alterações profundas com a Reforma de 2007[1124], encerram em si uma constelação de problemas que nos propomos descompartimentar e compartimentar no encontro e desencontro da prova judicial, material, prática e produzida validamente.

§ 99.° Das revistas

a. *regime jurídico*

271. As revistas[1125] consistem em proceder ao exame ou à inspecção minuciosa de uma pessoa, a qualquer hora do dia ou da noite, para se verificar se a mesma oculta ou não objectos relacionados com o crime ou que possam servir de prova daquele ou que possam constituir o conceito de arma ou de objectos com os quais o visado possa praticar actos de violência[1126]. Como meio de obtenção de prova, as revistas têm de ser autorizadas ou ordenadas pela autoridade judiciária, *ex vi* n.° 3 do art. 174.° do CPP – regime regra ou geral[1127-1128].

[1124] Quanto a este assunto, o nosso "A Desorientada Sistemática e Desmesurada Ampliação dos Meios de Obtenção de Prova e das Medidas Cautelares e de Polícia. Que Tarefa Esfíngica!", in *Galileu – Revista de Economia e Direito*, Vol. XII, n.° 2, 2007/Vol. XIII, n.° 1, 2008, pp. 227-250.

[1125] Quanto a este assunto o nosso *Revistas e Buscas*, 2.ª Edição, Coimbra: Almedina, 2003, pp. 19 e ss.. E no que respeita à revista de menores – no âmbito da Lei Tutelar Educativa e no âmbito do DL n.° 323-D/2000, de 20 de Dezembro – os nossos *Revistas e...*, 2.ª Edição, pp. 32-52 e *Direito de Menores...*, pp. 222 a 236.

[1126] Cfr. n.° 1 do art. 174.° do CPP e al. *b*) do n.° 1 do art. 251.° do CPP.

[1127] *Hoc sensu*, M. L. Maia Gonçalves, *Código de Processo Penal Anotado*, 2.ª Edição, p. 406.

[1128] Em sede de fiscalização preventiva foi suscitada a inconstitucionalidade do n.° 3 do art. 174.° do CPP, por violação do n.° 6 do art. 32.° da CRP (actual n.° 8), no sentido do Ministério Público poder autorizar a realização das revistas e buscas que não fossem domiciliárias. O Tribunal Constitucional considerou que as revistas

Contudo, o legislador consagrou um regime especial para as revistas, dispensando-a de autorização judicial, nos casos de terrorismo, criminalidade altamente organizada e violenta, quando haja indícios da prática iminente de crime que ponha em grave risco a vida ou a integridade de qualquer pessoa, conforme al. *a*) do n.° 5 do art. 174.° do CPP[1129]. Nos nossos dias, não podemos afirmar que não se desenvolve uma criminalidade violenta e altamente organizada ou que não se rapte uma pessoa, o que permite que, na sua actuação, os OPC façam revistas àqueles fora do regime geral.

Há, ainda, uma outra excepção a este regime, cuja ocorrência é muito frequente, e cujos contornos processuais permitem determinar dois tipos de revista: as que servem como meio de obtenção de prova (art. 174.° do CPP), como medida cautelar de polícia [art. 251.°, n.° 1 alíneas *a*) e *b*) do CPP] e as preventivas ou de segurança, previstas na al. *b*) do n.° 1 do art. 251.° do CPP, na Lei n.° 8/97, de 12 de Abril, e Lei n.° 16/2004, de 11 de Maio[1130]. Ainda há a acrescentar as revistas ao corpo no âmbito da Lei da Droga, previstas no art. 53.° do Decreto-Lei n.° 15/93, de 22JAN.

272. As revistas como meio de obtenção de prova seguem o regime geral, previsto nos n.os 1, 3 e 4 do art. 174.° do CPP. Mas, há a referir que a al. *a*) do n.° 1 do art. 251.° do CPP estipula que os OPC podem proceder à revista de quem for suspeito da prática de um facto tipificado como crime no momento da sua prática, ou de arguido/detido, sempre que suspeitem que o mesmo oculta objectos relacionados com o crime que são susceptíveis de servirem de prova e, caso a mesma não se efectuasse, poder-se-iam perder. Como afirma MAIA GONÇALVES, estamos perante uma medida cautelar e de polícia

---

autorizadas nesse âmbito e a dispensa de autorização prévia da autoridade judiciária para revistas no âmbito do n.° 4 do mesmo preceito não eram inconstitucionais por não consignarem a nulidade das "provas obtidas mediante abusiva intromissão na vida privada". Cfr. AC. TC n.° 7/87 de 09/01/87 *in* BMJ, n.° 363, pp. 109 e ss..

[1129] Regime especial que foi determinado pela Lei de Autorização Legislativa, Lei n.° 43/86, de 26 de Setembro, no seu art. 2.°, n.° 2, al. *29*).

[1130] Que revogou a Lei n.° 38/98, de 4 de Agosto.

urgente, "cuja utilidade se perderá se não forem realizadas imediatamente"[1131].

Vejamos o seguinte exemplo: ***A***, ***B*** e ***C***, imputáveis circulam numa viatura furtada e que foi referenciada pela prática de 6 crimes de roubo (método de esticão) na área metropolitana de Lisboa. Há uma secção de piquete que os intercepta à entrada da rua da sua residência. Ao se aproximarem da viatura verificam que os mesmos são portadores de armas de fogo – caçadeiras de cano cerrado.

Como circulam em uma viatura furtada, que poderá consignar a prática do crime de furto de uso de veículo, p. e p. pelo art. 208.° do CP, crime permanente[1132], que foi utilizada para efectuar 6 crimes de roubo – subtracção de bens pelo método de esticão, pondo em perigo a vida e a integridade física das vítimas – , p. e p. pelo art. 210.° do CP, além de serem detentores de armas de fogo alteradas para a prática de crimes (caçadeiras de canos cerrados), podem incorrer na prática do crime p. e p. pelo art. 275.° do CP. Condutas que legitimam a intervenção imediata dos OPC, que devem não só proceder à detenção[1133], pela prática dos crimes acima indicados, em flagrante delito ou reputando-se o flagrante delito quanto aos roubos, como se encontram legitimados a efectuar a revista aos indivíduos quer *ex vi* al. *c*) do n.° 4 do art. 174.°, quer *ex vi* al. *a*) do n.° 1 do art. 251.°, ambos do CPP, pelas seguintes razões[1134]:

- por se proceder à detenção de ***A***, ***B*** e ***C***, al. *a*) do n.° 1 do art. 251.° e al. *c*) do n.° 4 do art. 174.°, ambos do CPP;

1131 Cfr. M. Gonçalves, *Código de Processo...*, 12.ª Edição, p. 517. *Hoc sensu*, Manuel S. Santos, M. Leal-Henriques e D. Borges Pinho, *Código de Processo Penal Anotado*, Lisboa: Rei dos Livros, 1996, Vol. 2.°, pp. 37 e 38.

1132 Cfr. AC STJ de 30 de Janeiro de 1991, CJ, XVI, tomo 1, p. 12.

1133 Quanto à detenção, *supra* Parte III, Capítulo III – Da Detenção.

1134 Quanto às revistas após a detenção, a Rel. de Coimbra (Ac. de 20 de Fevereiro de 1991 *apud* S. Santos e M. Leal-Henriques, *Código de Processo Penal Anotado*, 2.ª Ed., Lisboa: Rei dos Livros, 1999, Vol. I, p. 884 e *apud* Maia Gonçalves, *Código de Processo...*, 12.ª Ed., pp. 407 e 518) pronunciou que "uma revista efectuada sem autorização judicial prévia, mas após a detenção do arguido, não é ilegal".

- por ser uma criminalidade violenta, que colocou em perigo de vida várias pessoas, al. *a*) do n.° 4 do art. 174.° do CPP;
- por se suspeitar que detenham ou ocultem objectos relacionados com o crime – dinheiro, ouro, gazua, armas, etc. – al. *a*) do n.° 1 do art. 251.° do CPP;
- objectos esses que são susceptíveis de servirem de prova no processo crime, al. *a*) do n.° 1 do art. 251.° do CPP;
- se não se efectuasse a revista, esses objectos poder-se-iam perder – desaparecer ou deteriorar-se o meio de prova – *in fine* da al. *a*) do n.° 1 do art. 251.° do CPP;
- como medida de protecção e auto defesa com a detecção de armas ou de objectos susceptíveis de servirem para a prática de actos violentos, por razões de segurança dos agentes, de terceiros utentes que se dirigem a um departamento policial ou a um tribunal para participar num acto processual e dos próprios arguidos sempre que são conduzidos a departamento policial [evitar-se que cortem os pulsos, a cara, as pernas], al. *b*) do n.° 1 do art. 251.° do CPP.

b. *da revista como meio de segurança ou como medida preventiva*

273. A última razão de ideias refere a **revista como meio de segurança ou medida preventiva,** que não se esgota neste âmbito, sendo de aplicar como medida cautelar e de polícia excepcional quando qualquer pessoa participe ou pretenda assistir a um acto processual, desde que os OPC tenham fundadas razões de que aquela oculta armas ou objectos susceptíveis da prática de actos de violência. Como exemplo, a audição de um dos arguidos que não tenha sido detido e que foi notificado para comparecer na secção de Inquéritos ou no DIAP para ser inquirido sobre os factos que lhe são imputados.

A revista como medida preventiva ou de segurança pode, também, ser efectuada a quem frequente um determinado estabelecimento de ensino ou recinto lúdico, religioso, partidário ou desportivo, desde que se suspeite que o mesmo tente introduzir naquele local arma(s) ou substâncias explosivas ou pirotécnicas, *ex vi* art. 5.° da Lei n.° 8/97, de 12 de Abril[1135].

Os OPC podem, ainda, efectuar a revista de segurança aquando de um evento desportivo, preenchidos os requisitos da necessidade do uso dessa medida cautelar e de polícia, para que se evite a introdução de objectos proibidos ou susceptíveis de gerar actos de violência, *ex vi* art. 23.°, n.° 3 e n.° 4 da Lei n.° 39/2009, de 30 de Julho[1136]. O pressuposto da necessidade imposto aos OPC [POLÍCIA] – «sempre que se mostre necessário»n.° 3 do art. 25.° – não se verifica na letra da lei para os assistentes de recinto desportivo. Contudo, consideramos que tal pressuposto ter-se-á de verificar sob pena de incongruência e de ilegalidade do acto.

274. Na detenção, os Órgãos de Polícia Criminal, por razões de segurança física e de preservação da prova, devem obrigatoriamente

---

1135 O art. 5.° da Lei n.° 8/97 *(buscas e revistas)* prescreve que:

"sempre que haja fundadas suspeitas, as forças de segurança podem realizar buscas e revistas tendentes a detectar a intromissão ou presença de armas e substâncias ou engenhos explosivos ou pirotécnicos nos estabelecimentos de ensino ou recintos onde ocorram as manifestações referidas no n.° 1 do artigo 1.°".

Enquadra o conceito de arma não só os instrumentos prescritos no n.° 1 do art. 1.° da Lei n.° 8/98, mas todos os que se possam utilizar como tal. Sobre o diploma, *infra* 3. Das buscas, e. das buscas previstas no art. 5.° da Lei n.° 8/97, de 12 de Abril.

1136 Conquanto o n.° 1 do preceito prescreve a possibilidade dos assistentes de recinto desportivo – «vigilantes especializados que desempenham funções de segurança e protecção de pessoas e bens em recintos desportivos e anéis de segurança» [conforme n.° 4 do art. 6.° do DL n.° 35/2004, de 21 de Fevereiro] ou «vigilante de segurança privada especializado, directa ou indirectamente contratado pelo promotor do espectáculo desportivo, com funções, deveres e formação» própria para o efeito [al. *c*) do art. 3.° da Lei n.° 39/2009, de 30 de Julho] – procederem, «na área definida para o controlo de acessos, efectuar revistas pessoais de prevenção e segurança aos espectadores, incluindo o tacteamento, com o objectivo de impedir a introdução no recinto desportivo de objectos ou substâncias proibidos, susceptíveis de possibilitar ou gerar actos de violência» [n.° 1 do art. 25.° da Lei n.° 39/2009, de 30 de Julho]. Este diploma revogou a Lei n.° 16/2004, de 11 de Maio. Quanto a esta matéria o nosso *Teoria Geral...*, 2.ª Edição, pp. 437-440.

efectuar uma **revista** sumária[1137], solicitando primeiramente que o arguido deposite sobre uma superfície rígida todos os artigos que o possam indiciar da prática do crime que originou a sua intervenção e que possam ferir (seringas, navalhas, armas) quer o/a agente [art. 251.° n.° 1 al. *a*) do CPP] quer outros arguidos detidos ou utentes da Esquadra.

Esta medida cautelar e de polícia é uma medida de excepção e, como tal, apenas se deve efectuar quando o agente do crime é detido ou é conduzido para o posto policial para identificação por ter praticado um crime ou porque sobre ele recaem suspeitas fortes de que cometeu aquele delito, e quando haja fundadas suspeitas de que, nas suas roupas, o mesmo oculta objectos relacionadas com o crime que sejam susceptíveis de servir de prova do crime e do seu autor e que, de outro modo, poder-se-iam perder, conforme al. *a*) do n.° 1 do art. 251.° do CPP.

275. O legislador, na Reforma de 2007, procedeu à legalização das designadas *revistas de segurança e preventivas* que já há muito vínhamos alertando, sob pena de se poder considerar que as revistas que os OPC efectuavam na via pública para saber se o suspeito ou o identificando, a conduzir ao departamento policial, escondia algum objecto relacionado com a prática do crime ou objecto perigoso ou proibido, que possa pôr em perigo bens jurídicos como a vida e a integridade física dos demais frequentadores desse departamento – policiais ou civis – e dos próprios elementos policiais que procedem à condução do cidadão[1138], não tenham fundamento legal.

1137 Sobre as revistas sumárias, os nossos *Revistas ...*, 2.ª Edição, pp. 25-26, *Lei e Crime...*, pp. 219 e ss.; FERNANDO GONÇALVES e MANUEL JOÃO ALVES, *Os Tribunais, as Polícias e o Cidadão,* Coimbra: Almedina, 2000, pp. 202 e ss.; GERMANO MARQUES DA SILVA, *Curso de Processo Penal*, 2.ª Edição, Lisboa/S. Paulo: Verbo, 2000, Vol. II e Vol. III, pp. 193 e ss. e 67 e ss..

1138 Quanto a esta posição, os nossos *Revistas e Buscas*, Coimbra: Almedina, 2003, pp. 15-18 (1.ª Ed.) e 2005, pp. 24-26 (2.ª Ed.) e "Revistas e Buscas. Que viagem queremos fazer?", *in I Congresso de Processo Penal – Memórias*, Coimbra: Almedina, 2005, pp. 293-294. Cfr. ainda JOSÉ MANUEL DAMIÃO DA CUNHA, "Dos Meios de Obtenção da prova Face à Autonomia Técnica e Táctica dos Órgãos de Polícia Criminal", *in II Congresso de Processo Penal – Memórias*, Coimbra: Almedina, 2006, pp. 76-78.

A nova redacção da al. *b*) do n.° 1 do art. 251.° do CPP legaliza e legitima uma prática policial que só era aceitável dentro da cláusula geral de polícia consagrada no n.° 2 do art. 29.° da DUDH, por nós designada de estado de necessidade de intervenção do Estado face a perigos abstractos e concretos. Parece-nos que a redacção podia ter sido mais explicita, ou seja, devia prever expressamente a admissibilidade da revista pessoal não desnudada sempre que suspeitos e outras pessoas entrem ou sejam conduzidos em espaço móvel ou fixo policial desde que haja «razões para crer que ocultam armas ou outros objectos com os quais possam praticar actos de violência».

276. A revista administrativa preventiva não se deve aferir deste preceito, porque estamos no âmbito do processo penal. A revista preventiva administrativa – como acontece no caso do consumo de estupefacientes ou substâncias psicotrópicas[1139] – deve estar prevista na legislação processual administrativa geral e avulsa ou numa lei de bases da actuação policial[1140].

Mas, face a um vazio geral quanto à revista administrativa preventiva e tendo em conta que muitas vezes as autoridades e os agentes policiais têm necessidade de conduzir pessoas ao departamento policial por causa de infracções contra-ordenacionais – *p. e.*, para procederem ao levantamento e assinaturas do auto de apreensão (art. 48.°-A do RGCO) uma vez que há suspeita de que esse cidadão possa deter ou transportar um objecto perigoso ou proibido (até relacionado com a infracção em causa) –, consideramos que aqueles podem e devem proceder à revista com fundamento legal da al. *b*) do n.° 1 do art. 251.° do CPP, que se aplica subsidiariamente por força do art. 41.° do RGCO, sob pena de entrarem nos departamentos policiais cidadãos armados ou com objectos proibidos e de posse ilícita.

[1139] Cfr. o art. 4.° da Lei n.° 30/2000, de 29 de Novembro. Quanto a este assunto, o nosso *Consumo de Drogas. Reflexões Sobre o Quadro Legal*, 3.ª Edição, Coimbra: Almedina, 2006, pp. 121-122.

[1140] Quanto a uma proposta de lei de bases de actuação policial, ANTÓNIO FRANCISCO DE SOUSA, "Para uma lei de Actuação Policial em Portugal", *in Estudos de Homenagem ao Prof. Doutor* GERMANO MARQUES DA SILVA, (Coordenação de M. M. GUEDES VALENTE), Coimbra: Almedina, 2004, pp. 57-106 (80-81).

Impõe-se que o OPC faça, mesmo em milésimos de segundo, um juízo de proporcionalidade e de exigibilidade do recurso a esta medida preventiva, sob pena de se restringir desmesuradamente os direitos fundamentais da reserva da intimidade da vida privada e da integridade pessoal do cidadão.

c. *da revista no âmbito do art. 53.° do DL n.° 15/93 de 22 de Janeiro*

277. No caso específico do tráfico de estupefacientes e substâncias psicotrópicas, crime p. e p. pelo art. 21.° e ss. do DL n.° 15/93, de 22 de Janeiro[1141], estipula o art. 53.°, cuja epígrafe é *revista e perícia*,

---

[1141] Que aprovou a Legislação de Combate à Droga. Quanto à legitimidade e às consequências jurídicas das revistas efectuadas por OPC no âmbito do crime de tráfico de droga, o STJ por acórdão de 27 de Janeiro de 1998, Proc. n.° 1045/97, considerou que:

«(...) a revista ao recorrente foi efectuada porque os elementos da GNR que a ela procederam, conhecedores de diversas denúncias contra ele que o identificavam como traficante de estupefacientes na Zona de Vizela, suspeitaram dele e resolveram revistá-lo, para verificar se era ou não portador de estupefacientes, encontrando-lhe efectivamente 15 embalagens de heroína.

Esta revista é permitida por lei e tem um regime especial, que não é citado nem na arguição nem no acórdão, mas que importa reter:

"Para efeitos do Código de Processo Penal... consideram-se equiparados a casos de terrorismo, criminalidade violenta ou altamente organizada as condutas que integram os crimes previstos nos artigos 21.° a 24.° e 28.° deste diploma" (artigo 51.° do Decreto-Lei n.° 15/93).

"Quando houver indícios de que alguém oculta ou transporta no seu corpo estupefacientes ou substâncias psicotrópicas é ordenada revista e, se necessário, procede-se à perícia" (artigo 53.° *ibidem*).

Ora, sendo o caso equiparado aos de terrorismo, criminalidade violenta ou altamente organizada, tem imediata aplicação o disposto no artigo 174.°, n. 4, alínea *a*) do Código de Processo Penal, que ressalva das exigências contidas no número anterior (prévia autorização da autoridade judiciária competente), em tal hipótese, as revistas e buscas efectuadas por órgão de polícia criminal, como o é a patrulha da G.N.R. [artigo 1.°, n. 1, alínea *c*) do Código de Processo Penal].

A revista podia ser efectuada sem autorização prévia da autoridade competente. Com uma ressalva: realizada a diligência, deve – sob pena de nulidade – ser imedia-

que ao suspeito, menor ou maior em razão da idade para efeitos de imputabilidade, pode ser ordenada revista desde que hajam indícios de que aquele oculte ou transporte **no seu corpo** estupefacientes ou substâncias psicotrópicas, *ex vi* n.° 1, e, se necessário, procede-se à perícia numa unidade hospitalar ou estabelecimento adequado a esse fim, *in fine* do n.° 1 e do n.° 2 do mesmo preceito. Estamos perante um meio de obtenção de prova especial para uma factualidade criminal específica e extremamente complexa.

Esta revista não se dirige à recolha de objectos ocultados ou transportados nas roupas do suspeito, mas sim no seu corpo. Muitos agentes do crime de tráfico de droga, transportam-no em partes do corpo cuja a sua detecção é difícil: as senhoras costumam transportar e ocultar estupefacientes na vagina e no anus, onde também os homens a ocultam; casos há em que a droga é transportada no estômago, havendo necessidade de se proceder a uma perícia junto de uma unidade hospitalar.

278. O regime previsto neste preceito quanto à revista e à perícia teria de ser especial, uma vez que poder-se-á pôr em causa a dignidade da pessoa humana e o pudor do visado com a diligência, logo havendo necessidade de sujeitar estas diligência ao consentimento do visado(a) e/ou, caso esta não se verifique, à autorização ou ordem da autoridade judiciária, conforme o n.° 3 do art. 53.° do DL n.° 15/93, de 22 de Janeiro.

O n.° 3 do art. 53.° do DL n.° 15/93 consagra o regime geral ou regra do n.° 3 do art. 174.° do CPP, mas também neste plano, se aplica

---

tamente comunicada ao juiz de instrução e por este apreciada em ordem à sua validação (artigo 174.°, n. 4 do Código de Processo Penal), o que não foi feito.

Portanto, não foi utilizado um método absolutamente proibido de obtenção de provas, que caiba na previsão de algum dos números do artigo 126.° do Código de Processo Penal, mas apenas omitida uma diligência posterior, tendente à validação judicial da revista.

Todavia, a nulidade resultante dessa omissão não constitui nenhuma das nulidades insanáveis previstas no artigo 119.° do Código de Processo Penal. E, como nulidade sanável que é, devia ter sido alegada nos termos do artigo 120.°, n. 3, alínea *c*) do mesmo código.

Como não o foi, considera-se sanada.». Cfr. *BMJ* n.° 473, pp. 166 e 179.

o atrás referido quanto à excepção da revista para obtenção de meio de prova, podendo efectuar-se como uma medida cautelar de polícia urgente e especial. O regime regra é, também, afastado com o consentimento expresso do suspeito, que, no caso dos menores devem ter 14 anos ou mais (art. 38.° do CP), ficando redigido no auto a diligência processual. Nas revistas do menor que transportava a droga dever-se-á ter em conta as chamadas de atenção do ponto seguinte.

d. *das formalidades da revista*

279. A revista jamais poderá ferir a dignidade da pessoa humana, assim como o pudor do visado, princípios que os OPC devem promover e respeitar, caso contrário poder-se-á verificar uma nulidade da diligência por a norma ser ofensiva da integridade física ou moral da pessoa revistada, conforme n.° 2 do art. 175.° em conjugação com o art. 126.° do CPP *ex vi* n.° 8 do art. 32.° da CRP, que consagra "a nulidade de todas as provas obtidas mediante (...) ofensa à integridade física ou moral da pessoa, abusiva intromissão da vida privada".

Quando a revista é efectuada com base em uma autorização ou ordem judicial, o operador da justiça que procedeu à revista terá de entregar ao visado uma cópia do despacho que ordenou a diligência, no qual deverá ser mencionado que o visado pode indicar pessoa da sua confiança (como pai, a mãe, a mulher, um irmão, ou até mesmo o seu advogado) para presenciar à revista, conforme n.° 1 do art. 175.° do CPP.

Se o visado não souber ler, aquele que proceder à diligência deverá ler e explicar o conteúdo do despacho e permitir que o visado de possa contactar pessoa de sua confiança para presenciar à diligência. Caso não se respeitem estas formalidades processuais legais, poder-se-á estar perante uma irregularidade processual, determinando assim a *invalidade do acto*, devendo a mesma ser *arguida pelos interessados no próprio acto, ex vi* n.° 1 do art. 123.° do CPP[1142].

[1142] *Hoc Sensu*, MAIA GONÇALVES, *Código de Processo...*, 12.ª Edição, p. 408 e Ac. da Relação de Coimbra de 20 de FEV91.

280. Quanto às revistas efectuadas no âmbito do n.° 5 do art. 174.° e do art. 251.° do CPP, as formalidades previstas no n.° 1 do art. 175.° do CPP devem-se respeitar, exceptuando-se a entrega do despacho da autorização judicial, pois a revista é efectuada *a priori* como medida de preservação da prova do crime e do(s) seu(s) autor(es), apresentando-se como medida cautelar e de polícia urgente, e/ou como medida de segurança.

A comunicação ao visado de que pessoa de sua confiança pode assistir à diligência poder-se-á verificar desde que dessa demora e dessa formalidade não resulte qualquer perigo para a vida ou para a integridade física dos OPC ou de terceiros. Se a revista tem como base uma detenção de um indivíduo que efectuou crime(s) com uso de arma de fogo ou uma arma cortante, a revista sumária[1143] efectuada ao detido não poderá respeitar a formalidade da presença de pessoa de sua confiança na diligência. Mas, na revista mais pormenorizada efectuada no posto policial, os OPC devem comunicar ao detido que poderá contactar pessoa de sua confiança para vir presenciar à revista.

281. Quanto às revistas e, também, às buscas, a doutrina e a jurisprudência foram alertando o legislador de que a inexistência de um ***prazo limite*** para a realização destes dois meios de prova punha em causa os direitos, liberdades e garantias do cidadão face à ilimitada temporalidade da actuação autorizada ou ordenada pela autoridade judicial e violava o princípio da proporcionalidade no sentido da exigibilidade e necessidade de restrição do direito ou liberdade fundamental.

Pois, a emissão de mandado para se proceder à revista de uma pessoa com prazo limite não estava prevista, o que gerava e gerou uma discussão sobre a constitucionalidade da interpretação do n.° 3 do art. 174.° do CPP no sentido de que a inexistência de um prazo limite no mandado não colocava em perigo os direitos, as liberdades e garantias do cidadão. A doutrina veio alertando para o facto de que essa interpretação gerava uma desjurisdicionalização fáctico-operativa material das diligências

---

1143 Comunmente conhecida e aceite como revista de segurança e de protecção, como afirma MAIA GONÇALVES, "trata-se de uma nítida medida cautelar, de uma actividade típica de polícia", *Código de Processo...*, 12.ª Edição, p. 518.

processuais que se prendem fortemente com direitos fundamentais pessoais: *v. g.*, a reserva da intimidade da vida privada e familiar.

Parece-nos que o legislador ao prescrever um prazo legal limite de duração da validade do mandado judicial ou judiciário de trinta dias[1144], conforme n.° 4 do art. 174.° do CPP, materializa o princípio da segurança jurídica e, consequentemente, do controlo jurisdicional da diligência processual penal, que se prende com direitos fundamentais do cidadão, assim como respeita o princípio da proporcionalidade ou da proibição do excesso.

282. A Reforma de 2007 foi mais longe ao impor que do mandado para realização de revista a pessoa determinada, além de dever constar o nome do visado com a diligência, seguiu o que há muito vínhamos defendendo quanto ao procedimento dos OPC[1145]. Desta feita, o legislador inculcou à AJ a obrigação de fazer constar que a pessoa visada com a revista «pode indicar, para presenciar a diligência, pessoa da sua confiança e que se apresente sem delonga», conforme 2.ª parte do n.° 1 do art. 175.° do CPP.

Neste sentido e de lógica temporal, consideramos que a não verificação dos quesitos expressos no n.° 1 do art. 175.° do CPP, inclusive da não referência desse direito ao visado e o seu não respeito por parte do OPC, consigna um método de obtenção de prova proibido, cuja consequência jurídica se enquadrará no art. 126.° do CPP.

§ 100.° Das buscas

a. *concepção e finalidades*

283. As buscas são meios de obtenção da prova, que se realizam em **locais reservados ou não livremente acessíveis ao público,** desde

---

[1144] Cfr. n.° 4 do art. 174.° do CPP.

[1145] Cfr. o nosso *Revistas e Buscas*, 2.ª Edição, pp. 54-57 (p. 55), onde escrevemos que o visado pode *indicar pessoa de sua confiança – como o pai, a mãe, a mulher, um irmão, ou até mesmo o seu advogado – para presenciara à revista.*

que sobre esse mesmo local exista **indícios** de que se encontram objectos relacionados com a prática de um facto qualificado como crime e que são susceptíveis de servirem de prova no processo crime em curso ou que nele se esconde(m) pessoa(s) que deve(m) ser detido(s), para ser(em) presente(s) à autoridade judiciária competente, *ex vi* n.os 2, 3 e 4 do art. 174.° do CPP[1146].

Depreende-se que se considera como busca[1147] a operação desenvolvida pela autoridade judiciária ou por órgão de polícia criminal (OPC) no intuito de obter indícios probatórios [provas materiais – objectos da prática do crime, móbil do crime, elementos preparatórios do crime, elementos materiais que indiciam a consciência da ilicitude dos actos que o(s) agente(s) praticou(aram), como por exemplo agendas, cadernos de apontamentos, números de telefone ou de telemóveis (etc.)] para serem carreados para o processo de modo a que se possa prosseguir os fins do processo penal: a realização da justiça através da condenação dos culpados e a absolvição dos inocentes.

1146 O art. 203.° do CPP/29 fazia uma exaustão mais aprofundada do que se enquadrava como busca: "quando haja indícios de que alguma pessoa tem em seu poder ou que se encontram em algum lugar, **cujo acesso não seja livre**, papeis ou outros objectos cuja apreensão for necessária para a instrução do processo, ou quando o arguido ou outra pessoa que deva ser presa se tenha refugiado em lugares daquela natureza". Negrito nosso.

A busca para captura encontrava-se prevista nos artigos 300.° a 302.° do CPP/29. Quanto a esta diligência e face ao CPP/29, Cavaleiro de Ferreira defendia que "a ordem judicial de busca para captura é sempre exequível de dia, em casa do arguido; mas não o é em casa alheia sem autorização dos moradores da casa ou dos seus donos, a não ser que expressamente o manato de busca judicial o ordenar, individualmente, concretamente, a casa e seus donos ou moradores. De noite, nunca é permitida a entrada em casa alheia, a qual só pode ter lugar mediante consentimento dos moradores". Cfr. Manuel Cavaleiro de Ferreira, *Curso de Processo Penal*, Lisboa: Ed. Danúbio, Lda., 1986, Vol. 1.°, pp. 235 e 236.

1147 Considera-se como **busca** o acto que se "destina à captura de pessoas que devam ser presas ou à apreensão de papeis e outros objectos (provas) necessários à instrução do processo". Cfr. AAVV, *Nova Enciclopédia Larousse*, Círculo de Leitores, 1996, Vol. 5, p. 1278, Col. 2. Como nos ensina o saudoso Manuel Cavaleiro de Ferreira, tendo em mente o CPP/29, a busca "destina-se à apreensão de provas reais – objectos que interessam à instrução do processo – ou à captura de pessoas que devam ser presas".

O STJ considerou que "as buscas realizam-se em *lugares reservados ou não livremente acessíveis ao público*, pelo que apenas podem ter lugar nas condições previstas na lei (...)"[1148]. Se o local não é reservado ou é de livre acessibilidade ao público, não podemos falar de buscas no sentido técnico-jurídico que o legislador pretendeu dar.

284. As buscas, em sede de inquérito, servem para descobrir, recolher e apreender todas as provas susceptíveis de possibilitarem ao Ministério Público (MP) decidir ou não pela dedução da acusação, ou seja, como meio de obtenção da prova, a busca poderá ser um instrumento essencial na recolha dos *indícios suficientes* capazes de determinar se o crime em investigação se verificou e se o arguido indiciado foi ou não o seu autor[1149].

Na fase de instrução, o Juiz poderá ter necessidade de ordenar que se efectuem mais diligências no sentido de comprovar judicialmente a decisão de dedução da acusação ou "de arquivar o inquérito em ordem a submeter ou não a causa a julgamento", podendo para a realização dessa diligência processual recorrer aos OPC[1150]. Contudo, se o meio de obtenção da prova já se tiver verificado na fase do inquérito, aquele apenas se repetirá "no caso de não terem sido observadas as formalidades legais ou quando a repetição se revelar indispensável à realização das finalidades da instrução", competindo ao Juiz de Instrução (JIC) praticar ou ordenar "oficiosamente aqueles actos que considerar úteis, sem prejuízo da possibilidade de reclamação"[1151].

Contudo, há buscas que se podem realizar antes da abertura oficiosa do inquérito, que, caso não fossem efectuadas, as provas mate-

---

[1148] Cfr. Ac. STJ, Proc. n.° 41 565/91, de 5 de Junho de 1991, *in BMJ* n.° 408, p. 162.

[1149] Sendo que se consideram *indícios suficientes* se "deles resultar uma possibilidade razoável de ao arguido vir a ser aplicada, por força deles, em julgamento, uma pena ou uma medida de segurança", *ex vi* n.° 2 do art. 283.° do CPP.

[1150] Cfr. n.° 1 do art. 288.° e n.° 2 do art. 290.° do CPP.

[1151] Cfr. n.° 2 e *in fine* do n.° 1 do art. 291.° do CPP. O legislador, apesar de coarctar a possibilidade de recorrer de um despacho de indeferimento do JIC quanto a requerimento de actos, permitiu a possibilidade do requerente efectuar uma reclamação, cuja decisão cabe ao JIC.

riais do crime e do(s) seu(s) agente(s) desapareceriam ou pereceriam com o tempo. O legislador, precavendo-se de demoras inusitadas, previu e legitimou a realização dessas buscas por OPC sem que para tal seja necessário recorrer previamente à autorização judicial, conforme regimes excepcionais previstos na al. *a*) do n.° 1 do art. 251.°, quanto a *buscas não domiciliárias*[1152], no n.° 4 do art. 174.° ambos do CPP e no n.° 3 do art. 34.° da CRP – com a redacção da Revisão Constitucional operada pela Lei Constitucional n.° 1/2001, de 1 de Dezembro – quanto a *buscas domiciliárias*, cujos contornos técnico-jurídicos face à Reforma de 2007 abordaremos seguidamente.

b. *das formalidades da busca*

285. Quanto às **formalidades da busca**, o art.176.° do CPP obriga que quem presidir ou efectuar a diligência, antes de a iniciar e de proceder à mesma, deve entregar uma cópia do despacho que autoriza ou ordena de quem determinou a busca, onde deverá mencionar que quem tem a disponibilidade do lugar onde se realiza a diligência ou o visado[1153] «pode assistir à diligência e fazer-se acompanhar ou substituir por pessoa de sua confiança e que se apresente sem delonga» (n.° 1), conquanto se faltarem aquelas pessoas, «a cópia é, sempre que possível, entregue a um parente, a um vizinho, ao porteiro ou alguém que o substitua» (n.° 2). Como pessoa de confiança ou que substitua o visado ou quem tenha a disponibilidade do lugar onde se irá realizar a busca poder-se-á considerar o advogado daqueles[1154] ou que poderá

1152 Contudo, há *buscas não domiciliárias* que seguem o regime do art. 174.° do CPP quando autorizadas pelo MP, porque só as *domiciliárias* é que carecem de autorização do Juiz de instrução, *ex vi* n.° 1 do art. 177.° do CPP.

1153 Utilizamos o visado, porque muitas das vezes quem tem a disponibilidade do lugar não é sobre quem recai a suspeita de esconder os objectos relacionados com um crime ou que possam servir de prova ou a pessoa que deverá ser detida. Como veremos seguidamente, quando existe um visado e o disponente do lugar da busca dever-se-á dar uma cópia aos dois.

1154 Num processo da 7.ª Vara Criminal do Círculo de Lisboa, em que a arguida foi condenada pelos crimes p. e p. pelo art. 21.°, n.° 1 do DL n.° 15/93, de 22 de

ser nomeado pela AJ para acompanhar a diligência quando mais ninguém puder proceder ao acompanhamento dos OPC ou da AJ na prossecução de busca.

Janeiro, de cuja decisão recorreu para o STJ e deste para o TC, levantando a questão da inconstitucionalidade dos n.os 1 e 2 do art. 176.° do CPP, que originou o Ac. n.° 16/ /97 – Processo n.° 821/95, *DR*, II Série, de 28 de Fevereiro de 1997, pp. 2612 e ss. A arguida "nas alegações depois de oferecidas conclui assim: (...) 4.ª. O artigo 176.° do CPP encontra-se ferido de inconstitucionalidade material, por violação dos artigos 34.°, n.° 2 e 32.°, n.° 1 da Constituição, ao possibilitar que os órgãos de polícia criminal possam efectuar busca domiciliária a casa dos arguidos, com a mesma casa desabitada e sem ninguém assistir à busca. 5.ª. O artigo 176.° do CPP mostra-se ainda inconstitucional por não indicar qual o formalismo a seguir quando é o «vizinho» a assistir à busca domiciliária. O artigo 176.° permite um vazio legislativo que é o de admitir que uma terceira pessoa sentada numa sala possa legitimar a busca na casa que não é sua, tanto bastando para isso que aponha a sua assinatura no auto de busca (o que sucedeu, aliás, no caso dos presentes autos)" (p. 2613, Col. 1).

O Sr. Procurador-Geral Adjunto contra-alegou definindo que "o disposto no artigo 176.°, n.os 1 e 2, do Código de Processo Penal não viola qualquer norma ou princípio da Constituição da República Portuguesa" (p. 2613, Col. 1).

Quanto à mesma questão, o STJ por acórdão de 8 de Novembro de 1995 não teve por verificada a inconstitucionalidade suscitada, fundamentando da seguinte forma: "Na sequência do estabelecido na Lei Fundamental, o artigo 176.° veio permitir a assistência à diligência da pessoa que tiver a disponibilidade do lugar em que a busca se realiza e, faltando ela ou pessoa de sua confiança, a assistência de um parente, vizinho, porteiro ou alguém que o substitua. E o artigo 177.°, n.° 1, também, de harmonia com a Constituição da República Portuguesa, vem confirmar que para a busca domiciliária, efectuada entre as 7 e as 21 horas, não é necessária a autorização, nem a presença de quem tiver a disponibilidade do domicílio. Por outra via, os artigos 176.° e 177.°, n.° 1, não violam também o artigo 32.°, n.° 1 da Constituição da República Portuguesa. Em nada são atingidas as garantias de defesa" (p. 2612, Col. 2).

O **Tribunal Constitucional**, sendo que a busca decorreu pelas 19H00 e que era autorizada pelo Juiz, sem o consentimento da visada e a ela assistindo uma vizinha, por não se ter "por verificada qualquer interpretação inconstitucional da norma do art. 176.° do CPP que vem questionada, no tocante às especificações assinaladas pela recorrente", "com efeito, sendo a busca autorizada pelo juiz, não era exigida nem a presença nem o consentimento da visada, devendo apenas ser cumpridas as formalidades a que aquele preceito se reporta, nas quais se não identifica qualquer insuficiência geradora de inconstitucionalidade", **decidiu "não julgar inconstitucional as normas do artigo 176.°, n.os 1 e 2, do Código de Processo Penal"** (p. 2616, Col. 1).

A Jurisprudência tem defendido que se o OPC ou a autoridade judiciária que presidiu à busca omitiu estas formalidades, tal omissão "constitui irregularidade, submetida ao regime do art. 123.°. Porém, se tiver havido coacção, ofensa à integridade física ou moral da pessoa ou abusiva intromissão no domicílio, na correspondência ou nas comunicações, a diligência será nula (arts. 32.°, n.° 8 da CRP e 126.° do CPP)"[1155].

Considerando o STJ que "é **incontroverso**, face ao disposto no art. 176.° n.° 1 do CPP, **não ser a presença obrigatória do arguido aquando da realização da busca**, sem embargo de, em obediência ao preceituado no mesmo normativo, dever ser-lhe comunicado que pode assistir à diligência e fazer-se acompanhar ou substituir por pessoa de sua confiança" afirma que "a **omissão** desta formalidade não é fulminada com a nulidade, consistindo **mera irregularidade**"[1156].

286. Não obstante ser *incontroverso*, o legislador procurou evitar que a ausência do arguido fosse motivo ou causa de demora ou de perda de efectividade na realização da diligência, pois poder-se-á colocar a situação em que o arguido, em um dado processo, esteja preso ou a ser julgado por outro processo nessa mesma data e ter a seu mando e às suas ordens outros co-autores na promoção do crime que, até então, eram desconhecidos[1157].

[1155] Cfr. Maia Gonçalves, *Código de Processo...*, 12.ª Edição, p. 409. *Hoc sensu*, o aresto do STJ de 8 de Novembro de 1995, *in* BM n.° 451, p. 238: "A falta da entrega da cópia do despacho que determinou a busca à pessoa que a esta assistiu, inobservando o disposto no art.176.° do CPP, constitui, quando muito, nulidade suprível, sanável por falta da respectiva arguição em tempo útil". Quanto à valoração probatória *infra* iii. do valor das provas obtidas por meio de revistas e buscas ilegais.

[1156] Cfr. Ac. do STJ de 15 de Dezembro de 1998, Proc. 1081/98, *in* SASTJ, n.° 26, p. 81 *apud* Maia Gonçalves, *Código de Processo...*, 12.ª Edição, p. 409. Negrito nosso.

[1157] Já aconteceu estar a decorrer uma busca em uma residência pelos crimes de tráfico de estupefacientes e de receptação, em que os arguidos, conhecidos e indiciados no processo, estavam a ser julgados no Tribunal da Boa Hora, enquanto eram identificados outros colaboradores na residência dos primeiros.

Na nossa opinião o legislador, conhecedor do mundo do crime bem estruturado e organizado, procurou, por um lado, permitir a descoberta das provas materiais do crime – objectos – apesar do(s) seu(s) autor(es) não se encontrarem naquele momento na residência, e, por outro, impôs como critério limitador da actuação e como modo de salvaguarda mínima dos direitos e liberdades do cidadão ao determinar que, na realização da busca, o OPC ou a autoridade judiciária que a determinou ou autorizou deverá ser acompanhado por outrem – pessoa da sua confiança ou que o substitua, parente, vizinho, porteiro – que serão, também, testemunhas da diligência.

A nova redacção do n.° 1 do art. 176.° do CPP, dada pela Lei n.° 48/2007, de 29 de Agosto[1158], impõe claramente que a AJ deve indicar no mandado de busca que a pessoa que tiver a disponibilidade do lugar onde a diligência vai decorrer, que pode não ser o visado com a busca, pode fazer-se acompanhar por pessoa da sua confiança – familiar, amigo e, até mesmo, advogado – ou fazer-se substituir por essa pessoa desde que se apresente no local sem delonga, além de que aquela tem sempre o direito de assistir à diligência. Continuamos a considerar que o não respeito por estes quesitos formais[1159] e materiais operativos da busca com mandado judicial, por parte da AJ ou do OPC, geram proibição de prova, nos termos do art. 126.° do CPP, por violação dos princípios democrático e da lealdade[1160].

287. Como refere Marques Ferreira, "o disposto no art. 175.°, n.° 2 relativamente às formalidades da revista se deverá aplicar analogicamente à busca não obstante o legislador ter omitido qualquer referência expressa a tal aplicação nos casos de busca"[1161], ou seja, a busca *deve respeitar a dignidade pessoal e, na medida do possível, o pudor*

1158 Qua aprovou a 15.ª Alteração do CPP, aprovado pelo DL n.° 78/87, de 17 de Fevereiro.

1159 Se o mandado de busca não contiver aquelas indicações que se impõem pelo n.° 1 do art. 176.° do CPP, é um mandado ilícito.

1160 Podemos acrescentar que um comportamento diferente do expresso no n.° 1 do art. 176.° do CPP viola, também, o princípio da transparência da acção jurídico-criminal do Estado.

1161 Cfr. Marques Ferreira, "Meios de Prova", *in Jornadas...*, p. 265.

do visado. Caso a diligência não respeite esta formalidade, podemos estar perante uma nulidade *ex vi* art. 126.° do CPP[1162].

No caso de quem ordenar ou efectuar a busca tiver razões para presumir que as pessoas que se encontram no local ocultam na(s) sua(s) pessoa(s) quaisquer objectos relacionados com um crime ou que possam servir de prova, deve o mesmo proceder à revista daquelas, que deve obedecer às formalidades do art. 175.° do CPP, *ex vi* 1.ª parte do n.° 3 do art. 176.° do CPP.

A autoridade judiciária ou o OPC, no decorrer da busca, pode(m) "determinar que alguma ou algumas pessoas se não afastem do local da *busca* e obrigar, com o auxílio da força pública, se necessário, as que pretendam afastar-se a que nele se conservem enquanto a *busca* não terminar e a sua presença for indispensável" (itálico nosso), conforme n.° 1 do art. 173.° *ex vi* 2.ª parte do n.° 3 do art. 176.° do CPP.

No decorrer da diligência, qualquer agente de autoridade deve evitar que os vestígios do crime desapareçam ou se apaguem ou se alterem antes de serem examinados, podendo o mesmo proibir, se necessário, a entrada ou o trânsito de pessoas estranhas ao local do crime onde se realiza a busca ou quaisquer outros actos que possam prejudicar a descoberta da verdade, conforme n.os 4 e 2 do art. 171.° *ex vi* do n.° 2 do art. 173.° *ex vi* 2.ª parte do n.° 3 do art. 176.° do CPP.

288. Como já referimos relativamente às revistas, a doutrina e a jurisprudência foram alertando o legislador de que a inexistência de um ***prazo limite*** para a realização de uma ***busca*** (domiciliária ou não) restringia de forma excessiva os direitos, liberdades e garantias do cida-

---

1162 COSTA ANDRADE afirma que "o art. 126.° (Métodos proibidos de prova) estabelece um regime diferenciado: a par de métodos apenas proibidos *sem o consentimento* do titular (n.° 2), a lei leva a prescrição de outros a ponto de impor a sua invalidade mesmo quando obtidos *com o consentimento* do titular. Será assim sempre que estejam em causa métodos que contendam com a «integridade física ou moral» das pessoas. Uma solução à qual não será naturalmente estranha a intenção de prevenir *manifestações não livres de consentimento*, hipótese sempre em aberto dada a desigualdade de facto entre os diferentes intervenientes". Cfr. M. DA COSTA ANDRADE, "Consenso e Oportunidade", *in Jornadas de Direito Processual Penal – O Novo Código de Processo Penal,* CEJ, Coimbra: Almedina, 1995, p. 337.

dão face à ilimitada temporalidade da actuação autorizada ou ordenada pela autoridade judicial, violando o princípio da proporcionalidade no sentido da exigibilidade e necessidade de restrição do direito ou liberdade fundamental. Pois, não havia uma segurança jurídica operativa fiscalizada jurisdicionalmente.

A emissão de um mandado de busca, principalmente domiciliária, deve conter um prazo limite para a sua realização. Mas, este limite temporal não estava previsto, o que gerava e gerou uma discussão sobre a constitucionalidade da interpretação do n.° 3 do art. 174.° do CPP no sentido de que a inexistência de um prazo limite no mandado não colocava em perigo os direitos, as liberdades e garantias do cidadão. A doutrina alertou o legislador para o facto de que essa interpretação gerava uma desjurisdicionalização fáctico-operativa material das diligências processuais que se prendem fortemente com direitos fundamentais pessoais: *v. g.*, a reserva da intimidade da vida privada e familiar.

Desta feita, o legislador estipulou um prazo legal limite de duração máxima da validade do mandado judicial ou judiciário de trinta dias[1163], conforme n.° 4 do art. 174.° do CPP, materializa, reforçando o princípio da segurança jurídica e, consequentemente, reforçou o controlo jurisdicional da diligência processual penal, que se prende com direitos fundamentais do cidadão, assim como respeita o princípio da proporcionalidade ou da proibição do excesso.

c. *das buscas não domiciliárias*

289. A *busca não domiciliária*, obedecendo a certas formalidades da própria busca domiciliária, cuja estipulação se encontra no art. 177.° do CPP em consonância com o art. 34.° da CRP – preceito constitucional que consagra a *inviolabilidade relativa* do domicílio ao longo do dia e *quase absoluta* ao longo da noite, cuja 5.ª Revisão Constitucional, operada pela Lei Constitucional n.° 1/2001, de 12 de Dezembro, diminui, aparentemente, o seu carácter quase absoluto da inviolabili-

---

1163 Cfr. n.° 4 do art. 174.° do CPP.

dade[1164]), divide-se em dois vectores: as autorizadas ou ordenadas pelo MP; e as que são realizadas pelo OPC sem qualquer autorização prévia de autoridade judiciária.

No que respeita a limitações legais, a *busca não domiciliária* não está sujeita aos limites de tempo consagrados para as domiciliárias[1165], nem à rigidez dos pressupostos para a sua efectivação, apesar de quem a efectuar ter de seguir *mutatis mutandis* as formalidades consignadas para a *busca domiciliária.*

290. Como nas revistas, o legislador consagrou, também para as buscas, um regime especial de dispensa de autorização judicial prévia previsto no n.° 5 do art. 174.° do CPP e na al. *a*) do n.° 1 do art. 251.° do CPP[1166-1167], pelos mesmos fundamentos apresentados quanto à revista.

1164 Dizemos quase absoluto, porque não há direitos absolutos para além do direito à vida e porque no âmbito do n.° 4 do art. 174.° do CPP, essa absolutidade poderia ser quebrada. Falamos em diminuição aparente porque na realidade será muito difícil proceder a buscas ao longo da noite, sendo que os requisitos constitucionais para que a inviolabilidade nocturna do domicílio seja quebrada são muito apertados: Situação de flagrante delito ou c/autorização judiciária, mas estes requisitos têm de se interligar com a natureza "ideonda" do tipo de crime – criminalidade especialmente violenta ou altamente organizada, na qual se incluem o terrorismo, o tráfico de pessoas, o tráfico de armas e de estupefaciente. Somos de opinião de que, **só nestes casos**, é que o flagrante delito possibilita a entrada no domicílio pelos órgãos de Polícia Criminal. A revisão Constitucional consagrou o regime da al. *a*) do n.° 4 do art. 174.°; em conjugação com a al. *a*) do n.° 2 do art. 1.° do CPP, onde se incluíam os crimes p. e p. pelos artigos 21.° e 22.° *ex vi* art. 28.° do DL n.° 15/93, de 22 de Janeiro.

1165 O legislador, apesar de não estipular expressamente no CPP de 1987, não proibiu que as buscas não domiciliárias se efectuassem durante o período nocturno, contrariamente ao CPP/29 que, quanto às casas sujeitas por lei a fiscalização especial da polícia – como estabelecimentos, viaturas – estipulava que "a busca e apreensão poderão efectuar-se a qualquer hora", § 2.° do art. 204.° do CPP/29. Pois, como afirma MANUEL CAVALEIRO DE FERREIRA, "a fiscalização implica a possível entrada nesses estabelecimentos da polícia, quando necessário ao exercício da fiscalização legal". Cfr. MANUEL CAVALEIRO DE FERREIRA, *Curso de Processo Penal*, Lisboa: Editora Danúbio, Lda., 1986, Vol. 1.°, p. 235.

1166 Quanto às buscas não domiciliárias, como se disse no Ac. do TC n.° 507/94, o regime regra das buscas não domiciliárias "é o de que as mesmas têm de ser autori-

Refira-se que existe uma diferença entre as buscas realizadas no âmbito do n.° 5 do art. 174.° e as que se realizam no âmbito do art. 251.°, ambos do CPP. As primeiras, que se enquadram no regime geral das buscas [artigos 174.°, 175.° e 176.° do CPP], representam uma excepção ao regime das buscas não só não domiciliárias, mas também às domiciliárias, que se justifica pelos valores jurídicos a defender – a vida, a integridade física – que são superiores ao valor da inviolabilidade do domicílio. Conquanto as segundas – art. 251.°, n.° 1, al. *a*) do CPP – são as que os OPC efectuam sem autorização ou ordem prévia da autoridade judiciária e que decorre dos *actos de polícia*[1168], que apenas serão actos processuais após a sua validação pela autoridade judicial competente.

Como decidiu o STJ, esta "efectivação de buscas e apreensões é um *acto de natureza cautelar* (cfr. artigo 248-253 do Código de Processo Penal) pelo que a intervenção da Polícia de Segurança Pública nas mencionadas diligências se encontra a coberto da lei"[1169]. Falamos de buscas desenvolvidas em viaturas que saem e entram em zonas criminógenas (como nos bairros onde se trafica drogas e se recepciona material furtado ou roubado), em cafés, em restaurantes, em discotecas, em barcos, em salas de dança, em todos os locais que não sejam consi-

---

zadas ou ordenadas por despacho pela autoridade judiciária competente. Excepcionalmente, tais buscas ou apreensões podem realizar-se sem a precedência de despacho da autoridade competente em três casos tipificados na lei", *in DR*, II Série, de 12 de Dezembro de 1994.

[1167] No Ac. do TC n. 192/2001 de 8 de Maio de 2001, Proc. n.° 517/00, pode-se ver analisada e exposta a questão de se saber se a busca a uma garagem, após a detenção do arguido, se baseia na al. *c*) do n.° 4 do art. 174.° ou na al. *a*) do n.° 1 do art. 251.° ambos do CPP.

Não se verifica, assim, qualquer violação do artigo 32.° n.os 1 e 8 da CPP."

Cfr. *http:/www.tribunalconstitucional.pt/jurisprudência.htm*, consultado em 25 de Maio de 2002.

Negrito nosso.

[1168] Cfr. Germano Marques da Silva, *Curso de Processo Penal*, 2.ª Edição, Lisboa/S. Paulo: Verbo, 1999, Vol. III, pp. 63 e ss.

[1169] Cfr. Ac. STJ n.° 12048/91 de 3/10/91 *in http://www.dgsi.pt/jstj.nsf/*, consulta em 14 de Setembro de 2001. Itálico nosso.

derados domicílio[1170], "cuja utilidade se perderá se não forem realizadas imediatamente"[1171].

Como afirma MAIA GONÇALVES, "trata-se, em suma, de casos em que os órgãos de polícia criminal podem ir além dos poderes já conferidos por outras disposições, realizando (...) **buscas não domiciliárias** mesmo sem prévia autorização judiciária, desde que a **demora** na obtenção dessa autorização faça perder a utilidade da diligência ou a ponha em grave risco de perder-se"[1172]. No mesmo sentido, SIMAS SANTOS e LEAL-HENRIQUES caracterizam estas buscas de "medidas de excepção, sujeitas a um rigoroso e apertado condicionalismo (...), ditadas pela urgência na aquisição, recolha e preservação de provas em risco de perda, interessando, pois, pô-las em resguardo, ou pela necessidade de acautelar a prática de acções criminosas durante a realização de actos processuais"[1173].

291. Como medidas cautelares e de polícia, que podem entrar na "esfera privada dos cidadãos", o legislador rodeou-as "de uma malha de condições que as pusesse fora dos abusos de que usualmente são acusadas"[1174]. Reforçando este quadro restritivo e excepcional, ANABELA MIRANDA RODRIGUES afirma que a legalização destes meios de actuação por parte dos OPC demonstra que o legislador tinha "a consciência muito nítida de que a sua consagração representa um risco, assumido pelo Código, de utilização abusiva dessas medidas", o que o "levou a apertar os *critérios* que legitimam a intervenção das polícias nesses casos – restringe-se a tomada de medidas a «**actos urgentes**» (**art. 251.°, n.° 1** e 252.°, n.° 2) – e a introduzir o *limite* da **interven-**

1170 Sobre o domicílio, infra 2.3.1.

1171 Cfr. M. L. MAIA GONÇALVES, *Op. Cit.*, 12.ª Edição, p. 517.

1172 *Ibidem*, pp. 517 e 518.

1173 Cfr. MANUEL SIMAS SANTOS e MANUEL LEAL-HENRIQUES, *Código de Processo Penal Anotado*, 2.ª Edição, Lisboa: Rei dos Livros, Vol. 2.°, p. 37.

1174 *Idem. Hoc sensu*, ANABELA MIRANDA RODRIGUES, "O Inquérito no Novo Código de Processo Penal", *in Jornadas de Direito Processual Penal – O Novo Código de Processo Penal,* CEJ, Coimbra: Almedina, 1995, p. 71: "uma investigação criminal necessita, para ser eficaz, de ter ao seu dispor certos meios que são afinal, na prática, os meios «normais» de actuação naquelas fases em que a prova se estrutura".

ção homologadora da autoridade judiciária (art. 251.°, n.° 2 e art. 252.°, n.° 3)"[1175].

A busca prevista na al. *a*) do n.°1 do art. 251.° do CPP impõe como pressupostos para que a mesma se possa efectivar:

* que a mesma não se enquadre no âmbito das buscas domiciliárias;
* que deve recair sobre suspeito em caso de fuga iminente ou sobre o detido;
* que terá de existir fundada razão de que naquele local se ocultam objectos relacionados com o crime;
* que esses objectos têm de ser susceptíveis de servirem de prova;
* que se a busca não se efectivasse aqueles poder-se-iam perder, ou seja, a utilidade da diligência desapareceria.

292. Estes pressupostos não se confundem com os da al. *c*) do n.° 5 do art. 174.° do CPP. Neste âmbito, o *periculum in mora* só é aceitável se existir uma detenção em flagrante delito, exigência que não se verifica no art. 251.° do CPP, uma vez que pode ser efectuada mesmo fora do flagrante delito[1176]. Mas, a realização destas buscas não domiciliárias, *sob pena de nulidade*, são, imediatamente, comunicadas "ao juiz de instrução e por este apreciadas em ordem à sua validação", conforme n.° 6 do art. 174.° *ex vi* n.° 2 do art. 251.° ambos do CPP ou seja, este acto urgente do OPC está sujeito ao "*limite* da **intervenção homologadora** da autoridade judiciária"[1177]. Como afirma MARQUES FERREIRA a competência para apreciação e validação deve caber ao MP "uma vez que tem competência para as autorizar (art. 174.°, n.° 3) e tal acto não consta do elenco dos que competem exclusivamente ao juiz de instrução em sede de inquérito (arts. 268.° e 269.°)"[1178].

[1175] Cfr. ANABELA MIRANDA RODRIGUES, "O Inquérito no Novo...", *in Jornadas...*, p. 71. Negrito nosso.

[1176] *Hoc sensu,* M. L. MAIA GONÇALVES, *Op. Cit.,* 12.ª Edição, p. 518.

[1177] Cfr. ANABELA MIRANDA RODRIGUES, "O Inquérito no Novo...", *in Jornadas...*, p. 71. Negrito nosso.

[1178] Cfr. MANUEL MARQUES FERREIRA, "Meios de Prova", *in Jornadas de Direito Processual Penal – O Novo Código de Processo Penal,* CEJ, Coimbra: Almedina, 1995, p. 267.

Imaginemos uma viatura que, circula com ***A***, ***B*** e ***C*** e que não é enquadrável como domicílio dos mesmos, é suspeita de estar envolvida em um assalto a uma ourivesaria ou de transportar estupefacientes, o OPC pode efectuar a busca minuciosa à viatura, ao local onde se encontram na via pública, no jardim público, ou seja, em locais que não sejam de acesso reservado, mas de acesso livre, *ex vi* art. 251.°, n.° 1, al. *a*) e *a contrario* art. 174.° n.° 2 e 3, art. 177.°, n.° 1, todos do CPP.

293. Aquando da aprovação do CPP/87, o Presidente da República, em sede de fiscalização preventiva, enviou o novo CPP ao TC por entender que ao se "permitirem as buscas sem autorização prévia do juiz, os n.os 3 e 4 do art. 174.° contendem com o disposto no n.° 6 do art. 32.° da CRP, na parte em que ele fere a nulidade das provas obtidas mediante «abusiva intromissão na vida privada»"[1179].

O TC, no seu douto acórdão n.° 7/87, não se pronunciou pela inconstitucionalidade dos n.os 3 e 5 do art. 174.° do CPP por considerar que o "n.° 6 do artigo 32.° da CRP (*actual n.° 8*) só considera nulas, no que aqui importa, as provas obtidas mediante abusiva intromissão na vida privada. Ora, sendo as *buscas não domiciliárias* – no âmbito, é claro, do *inquérito – autorizadas ou ordenadas pelo MP* – que é «autoridade judiciária» nos termos da alínea *b*) do n.° 1 do artigo 1.° do Código –, e especificando-se nos n.° 2 do artigo 174.° os casos em que elas são admitidas, não se vê que estejamos em presença de uma intromissão abusiva na vida privada. E o mesmo parece poder dizer-se, embora aí se dispense a autorização prévia do MP, em relação aos casos previstos no n.° 5 do artigo 174.°, face às exigências feitas nas próprias alíneas desse número e, no caso da alínea *a*), ainda no n.° 5 do mesmo artigo.

Não há aqui, pois, violação do n.° 6 do artigo 32.°.

E não se pode falar, por outro lado, na violação do n.° 2 do artigo 34.° – que só autoriza a «entrada no domicílio dos cidadãos», contra a sua vontade, quando «ordenada pela autoridade judicial competente, nos casos e segundo as formas previstas na lei» –, desde logo porque

---

1179 Cfr. Ac. n.° 7/87, de 9 de Janeiro de 1987, Proc. n.° 302/86, *in DR*, I Série, de 9-2-1987, pp. 504-(8 a 9), Cols. 2 e 1 respectivamente.

este Tribunal entende que no artigo 174.° se não abrange a entrada no «domicílio» dos cidadãos (as buscas domiciliárias são reguladas no artigo 177.°)"[1180].

294. *Summo rigore*, aos OPC cabe salvaguardar e conservar os meios de prova e as provas reais do crime. Sendo que a realização desta medida cautelar e de polícia resulta da existência de um conflito entre a descoberta da verdade material e a protecção dos direitos fundamentais dos cidadãos[1181], o legislador consagra a sua verificação e salvaguarda dos dois pólos em conflito: por um lado, permite que os OPC realizem as buscas não domiciliárias e como medida cautelar segundo os critérios da al. *a*) do n.° 1 do art. 251.° do CPP, limitando-a à homologação da autoridade judiciária, conforme n.° do mesmo preceito – realizando-se a justiça e promovendo-se a descoberta da verdade material; por outro lado, ao estipular critérios rigorosos, cujo *ónus* probatório da existência daqueles cabe ao OPC, e ao limitá-los à homologação pela autoridade judiciária, salvaguarda, melhor, protege os direitos fundamentais.

O OPC pode efectuar a busca nos locais de acesso livre ou condicionado[1182] desde que se enquadre nos requisitos da al. *a*) do n.° 1 do art. 251.° do CPP, procurando descobrir e recolher objectos relacionados com o crime e que sejam susceptíveis de servir de prova do mesmo, para que se preserve as provas em risco de perda e se resguardem e se acautelem da prática de actos capazes de as destruírem e que ponham em causa o rigor probatório e a execução de perícias e exames futuros. Cabe ao OPC comunicar esta diligência pré-processual à AJ para apreciação e validação, conforme n.° 6 do art. 174.° *ex vi* do n.° 2 do art. 251.° do CPP.

[1180] *Ibidem*.

[1181] *Hoc sensu*, ANABELA MIRANDA RODRIGUES, "O Inquérito no Novo...", *in Jornadas...*, p. 71. Verifica-se, assim, "o equilíbrio almejado pelo legislador português entre os «bens-jurídicos» subjacentes às proibições de prova e os valores intra-processuais atinentes à perseguição eficaz e justa do crime". Cfr. MANUEL DA COSTA ANDRADE, *Sobre os Meios Proibidos de Prova em Processo Penal*, Coimbra: Coimbra Editora, 1992, p. 198.

[1182] O domicílio é de acesso restrito, cuja análise realizaremos de seguida.

d. ***das buscas previstas no art. 5.° da Lei n.° 8/97, de 12 de Abril***

295. A Lei n.° 8/97, de 12 de Abril[1183], visa criminalizar condutas susceptíveis de criar perigo para a vida e integridade física decorrentes do uso e porte de armas e substâncias ou engenhos explosivos ou pirotécnicos no âmbito de realizações cívicas, políticas, religiosas, artísticas, culturais ou desportivas. A teleologia do diploma não se prende com a efectivação do perigo, mas bastando para tal que esse mesmo perigo seja criado, ou seja, basta que alguém, sem autorização para o efeito, transporte, detenha, traga consigo ou distribua armas[1184], substâncias ou engenhos explosivos ou pirotécnicos não só nos recintos onde decorram as manifestações referidas, mas também em estabelecimentos de ensino, conforme n.° 1 do art. 1.° do diploma[1185].

O legislador dotou e legitimou as forças de segurança a efectuarem buscas não domiciliárias de modo a evitar que, nos recintos onde decorram as referidas manifestações, entrem armas e substâncias, ou engenhos explosivos ou pirotécnicos, tutelando-se e promovendo-se os

[1183] Este diploma surge, infelizmente, devido à morte do adepto do Sporting no Estádio Nacional quando decorria a final da Taça de Portugal entre o Benfica e o Sporting, No decurso do jogo, quando o Benfica inaugurou o marcador, há um seu adepto que lançou um *very light* que foi atingir mortalmente um adepto, o que causou alguma preocupação e algum mau estar face à desregulamentação quanto a procedimentos de segurança, principalmente no que concerne à previsão legal desses procedimentos que legitimassem as forças de segurança a proceder a revistas às pessoas que entrassem nos recintos desportivos – medida preventiva prevista no art. 25.° da Lei n.° 39/2009, de 30 de Julho – e a efectuar buscas nas viaturas que entraram nos recintos desportivos ou onde decorrem os eventos e nos locais onde as “claques” guardam os adornos e material de apoio.

[1184] Enquadra-se neste contexto, segundo o legislador, arma de fogo, arma de arremesso, arma destinada a projectar substâncias tóxicas, asfixiantes ou corrosivas, arma branca, conforme n.° 1 do art. 1.° da Lei n.° 8/97.

[1185] Quanto à pena depende se faz uso ou não dos instrumentos perigosos referidos (art. 1.°), no caso de fazer uso deles, se ofende a vida ou a integridade física (art. 2.° – agravação pelo resultado). Além destas sanções, ao agente do crime pode ser aplicada uma sanção acessória de “proibição de frequência dos estabelecimentos de ensino ou recinto onde tenham decorrido as manifestações referidas”, conforme n.° 1 do art. 3.°. O crime p. e p. pelo art. 1.° da Lei n.° 8/97 é um crime de perigo abstracto.

bens jurídicos vida e integridade física de todos quantos assistem a um espectáculo ou divertimento ou manifestação pública.

O diploma abrange as condutas descritas quando o recinto é um estabelecimento de ensino, cumprindo-se a função preventiva da legislação, ao legislar e legitimar as forças de segurança a efectuarem uma busca a uma viatura ou a uma mochila de um aluno de uma escola, de um professor ou de um funcionário do estabelecimento de ensino[1186]. A criminalidade atinge, hoje, as nossas escolas e, como a imprensa nos tem demostrado, por todo o mundo se ouvem notícias de alunos que se dirigem armados às escolas onde efectuam autênticos massacres[1187].

296. O art. 5.° da Lei n.° 8/97 estipula um regime especial de busca não domiciliária face ao ordenamento jurídico processual penal, afastando os pressupostos mais restritos e limitadores do regime prescrito nos artigos 174.° e ss., e 251.° n.° 2, al. *a)* do CPP.

Prescreve o preceito que as forças de segurança, sempre que haja *fundadas suspeitas,* "podem realizar buscas (...) *tendentes a detectar a introdução* ou a *presença* de armas e substâncias ou engenhos explosivos ou pirotécnicos *nos estabelecimentos de ensino* ou *recintos* onde ocorram as manifestações referidas".

O âmbito das buscas previstas no art. 5.° da Lei n.° 8/97 é muito maior e mais abrangente, mas delimita, como é próprio de um Estado de direito estruturado segundo os princípios da democracia e do respeito pela dignidade da pessoa humana, especificando a **causa** – fundadas

---

[1186] Quanto às **revistas** a menores, Manuel Monteiro G. Valente, "Delinquência Juvenil: Dos actos praticados pelos órgãos de Polícia Criminal no Processo Tutelar Educativo" *in Revista Infância e Juventude*, n.° 4/01, Outubro-Dezembro, 2001, p. 73, quando afirma que "a revista deve ser efectuada num local reservado e, sempre que possível, na presença do responsável pelo poder paternal ou de um familiar idóneo, quando não for possível encontrar os pais ou quando os pais se encontram implicados nas circunstâncias factuais do crime". Quanto às **buscas** será de todo conveniente que o presidente do CE (Conselho Executivo) da Escola ou algum responsável ou funcionário assista à busca às mochilas, às pastas e/ou aos ciclomotores, aos carros dos alunos, sempre que se preencham os pressupostos do art. 5.° da Lei n.° 8/97.

[1187] Mais propriamente nos Estados Unidos da América e na Alemanha.

suspeitas –, os **locais** – estabelecimentos de ensino e/ou recintos onde decorram manifestações desportivas, políticas, religiosas, artísticas, culturais e cívicas –, e as **finalidades das buscas** – detectar a introdução ou a presença de armas[1188] ou engenhos explosivos ou pirotécnicos.

O pressuposto *fundadas suspeitas* restringe o âmbito de actuação das forças de segurança, evitando-se a arbitrariedade que aqueles deveriam desenvolver com o argumento de que o espectáculo ou divertimento público ou manifestações a decorrer naquele tipo de recinto legitima e legaliza toda e qualquer busca não domiciliária.

> Como exemplo, apontamos o aluno *X* que é referenciado por andar a ameaçar os seus colegas com uma arma branca ou arma de fogo, ou o grupo de adeptos que, no jogo anterior, efectuou o lançamento de engenhos pirotécnicos, pondo em perigo a vida e a integridade física dos restantes adeptos, que naquele momento se encontram na presença das forças de segurança e estas não têm tempo para solicitar autorização ou ordem de busca à autoridade judiciária, como preceitua o n.° 3 do art. 174.° do CPP.

No conflito de direitos[1189], de um lado os direitos individuais – do suspeito de introduzir, ou de ter, transportar na sua mochila, na sua viatura que tem acesso ao parque interior do recinto – a intimidade e reserva da vida privada, o seu bom nome e reputação, a imagem e, do outro lado, a vida e a integridade física de adeptos ou assistentes ou de uma comunidade estudantil, que se sobrepõem aos primeiros, como valores supremos que justificam o sacrifício daqueles.

A teleologia do diploma aproxima-se à prevista na al. *a*) do n.° 5 do art. 174.° do CPP, apesar de, na nossa opinião, se aproximar da

---

1188 Quanto ao conceito de armas, defendemos que se enquadram naquelas as previstas e descritas no n.° 1 do art. 1.° deste diploma, quer também aqueles objectos transformados em armas de fogo como canetas metálicas, guarda chuvas, bengalas, isqueiros, etc..

1189 Quanto ao Conflito de Direitos, VARELA DE MATOS, *Conflito de Direitos em Direito Constitucional*, Braga: Almeida & Leitão, 1998; J. J. GOMES CANOTILHO, *Direito Constitucional e Teoria da Constituição*, Coimbra: Almedina, 3.ª Edição, 2000; J. VIEIRA DE ANDRADE, *Direitos Fundamentais*, Coimbra: Almedina, 2002; JORGE MIRANDA, *Manual de Direito Constitucional*, Coimbra: Coimbra Editora, 1998, Vol. IV.

medida cautelar de polícia prevista na al. *a*) do n.° 1 do art. 251.° do CPP. Ambos se complementam e se interligam em consonância com os artigos 24.°, 25.° e 26.° da CRP.

297. Quanto ao procedimento, as forças de segurança terão de actuar de acordo com as regras processuais prescritas no CPP, quanto à apreensão cautelar [al. *c*) do n.° 2 do art. 249.° em conjugação com os artigos 178.° e ss. do CPP], à identificação [art. 250.° do CPP em conjugação com a al. *g*) do n.° 3 do art. 27.° da CRP], à elaboração do relatório (art. 253.° do CPP), à detenção (artigos 254.° e ss. do CPP).

O relatório da diligência – busca não domiciliária no âmbito do art. 5.° da Lei n.° 8/98 –, que deverá "conter" as investigações levadas a cabo, os resultados das mesmas, a descrição dos factos apurados e as provas recolhidas (n.° 1 do art. 252.° do CPP), assim como os fundamentos das suspeitas que imputaram a efectuação da busca, deverá ser remetido à autoridade judiciária competente: ao **Ministério Público** caso não seja realizada qualquer detenção ou ao **Juiz de Instrução** quando se verificar(em) a(s) detenção(ões) de indivíduos para primeiro interrogatório judicial (no caso de processo comum, sempre que atinja alguém com o instrumento proibido – art. 2.° da Lei n.° 8/97) ou para julgamento sob forma sumária (quando a conduta se enquadra no art. 1.° do diploma em conjugação com os pressupostos do art. 381.° e ss. do CPP), *ex vi* art. 254.° do CPP em conjugação com os artigos 27.°, n.° 3, als. *a)* e *b)* e 28.°, n.° 1 da CRP[1190].

Quanto às formalidades da busca, há a referir que a mesma deve respeitar a dignidade pessoal do visado e, o mais possível, o seu pudor, imposição que se afere das revistas prevista no n.° 2 do art. 175 do CPP[1191].

Caso a busca ofenda a integridade física ou moral dos visados, mesmo que haja consentimento daqueles, a busca é nula e as provas

---

[1190] Se o agente das condutas prescritas e criminalizadas pela Lei n.° 8/97 for um menor de 12 a 16 anos de idade, procede-se de acordo com a Lei Tutelar Educativa, *maxime*, artigos 50.° e ss..

[1191] *Hoc sensu* MARQUES FERREIRA, "Meios de Prova", *in Jornadas...*, p. 265.

obtidas mediante essa ofensa[1192] são nulas e não podem ser usadas no processo crime, mas sim contra os elementos das forças de segurança, caso contra as mesmas haja procedimento criminal, *ex vi* art. 126.° do CPP em conjugação com o n.° 8 do art. 32.° da CRP.

As buscas realizadas de acordo com o art. 5.° da Lei n.° 8/97 seguem o regime das buscas como medida cautelar e de polícia, sujeitas a apreciação em ordem à sua validação.

e. *da busca domiciliária*

i. do domicílio

298. Impõe-se, neste porto de abrigo, que apresentemos o sentido do conceito de domicílio[1193], ou seja, qual o sentido normativo de domicílio amalgamado no art. 177.° do CPP em conjugação com o art. 34.° da CRP. Será que uma viatura automóvel, uma caravana, um anexo de um café, um anexo de uma moradia, um contentor (...) pode ou não ser domicílio para esta diligência processual – busca?

O art. 34.° da CRP consagra a *inviolabilidade do domicílio*, que "exprime numa área muito particular, a garantia do direito à reserva da intimidade da vida privada e familiar, genericamente afirmada no artigo 26.°, n.° 1 da CRP"[1194]. Desta feita, como garantia a mesma "não

---

1192 O legislador entendeu fixar que condutas ofendem a integridade física ou moral das pessoas no n.° 2 do art. 126.° do CPP, cujo consentimento não justifica a ilicitude dessa conduta.

1193 Sobre o conceito de domicílio de modo desenvolvido, os nossos *Revistas...*, pp. 80 a 88 e *Lei e Crime...*, pp. 226 e ss.. Quanto à Quinta Revisão Constitucional, operada pela Lei Constitucional n.° 1/2001, de 12 de Dezembro, *infra* α. regime regra – n.° 1 do art. 177.°, do CPP.

1194 Cfr. Ac. do TC n.° 452/89, Proc. n.° 15/87, *in DR*, I-Série, de 22 de Julho de 1989, p. 2888, Col. 1, que declarou *a inconstitucionalidade parcial, com força obrigatória geral, da norma do n.° 2 do artigo 81.° da parte III do Regulamento Geral do Serviço da Guarda Nacional Republicana. Não declara a inconstitucionalidade das normas dos n.os 1, 2 (segmento sobrante) e 3 do artigo 81.° do mesmo Regulamento.*

se limita a proteger o domicílio, entendido em sentido estrito, ou seja, no sentido civilístico de residência habitual; antes, e de acordo com a interpretação que dela tradicionalmente é feita, tem uma dimensão mais ampla, isto é, e mais especificamente, tem por objecto a habitação humana, aquele espaço fechado e vedado a estranhos, onde recatada e livremente, se desenvolve toda uma série de condutas e procedimentos característicos da vida privada e familiar"[1195].

[1195] *Ibidem*, Cols. 1 e 2. Várias legislações estrangeiras consideram os "grupos ou caravanas de nómadas, ou, mais exactamente, dos segmentos desses grupos ou caravanas com vocação habitacional, quando sediados, como seu domicílio"[1067]. ZENO VELOSO, quanto à questão do domicílio, defende que «no direito luso-brasileiro não pode haver caso de ausência de domicílio, de falta de domicílio. Toda a pessoa tem domicílio» – [Cfr. ZENO VELOSO, "O domicílio no direito brasileiro, no português e no projecto de Código Civil do Brasil", *in Scientia Juridica*, t. XXXIV, n.os 197/ /198, pp. 313 e ss.]. O mesmo autor continua, no que respeita à pessoa que não tem residência habitual (situação prevista no artigo 33.° do Código Civil brasileiro), defende que "o dispositivo visa alcançar o vagabundo (em sentido técnico), sinónimo de vagamundo, a quem TITO LÍVIO denominou erroneus. São os nómades, os ciganos, os andarilhos, os ambulantes. Quer seja por uma tendência de espírito – como diz CAIO MÁRIO –, por uma característica de personalidade, por força do atavismo e até por imperativo da profissão (como os artistas de circo, os caixeiros-viajantes, os condutores de camião), facto é que existem pessoas que não se fixam em nenhum lugar, que não se estabelecem em nenhuma localidade, com animo definitivo, com a intenção de ali permanecer e ficar. Tecnicamente, e conforme os princípios, tais pessoas não teriam domicílio. *Quid juris*? Nosso Código resolve, dizendo que se terá por domicílio de tais pessoas o lugar onde forem encontradas. O projecto de Código Civil, artigo 73.°, adopta a mesma solução. Que é também a do Código Português, artigo 82.°, n.° 2.". Cfr. ZENO VELOSO, *Op. Cit.*, pp. 321 e 322].

No direito *francês* MARC BOUTET defende a extensão do princípio da inviolabilidade do domicílio às caravanas dos nómadas, apoiando-se na decisão do Conselho de Estado de 2 de Dezembro de 1983, Ville de Lille, C. Ackermann[1067], pois previa-se a possibilidade de o *maire* de Lille ordenar a revista das viaturas dos nómadas – "O Conselho de Estado entendera então que nenhuma disposição do Código de Saúde Pública ou do Código da Administração Comunal permitia que o maire – excepto em caso de epidemia grave exigindo medidas de urgência – ordenasse a revista das viaturas dos nómadas, e isso por elas constituírem afinal o seu domicílio, cuja inviolabilidade está consagrada no artigo 184.° do Código Penal francês. Aquele autor, daqui partindo, não deixa de alertar para o equívoco que constituía negar o carácter de domicílio aos abrigos móveis com base numa jurisprudência que não considerava nem os veículos nem os seus prolongamentos como domicílio". Cfr. Ac. TC n.° 452/89, p. 2889, Col. 2.

A jurisprudência *italiana* considera que se enquadra no conceito de domicílio "a tenda ou roulotte, quando aparcada (...), já que como tal se considera o local onde se desenvolve a vida familiar" – Cfr. Marc Boutet, *Revue du droit public et de la science politique en France et à l'étranger*, pp. 169 e ss. *apud* Ac. TC n.° 452/89, p. 2889, Col. 1.

Da legislação estrangeira depreende-se que as roullotes, carroças da etnia cigana, seus componentes, tendas, embarcações, se enquadram no conceito de domicílio beneficiando, assim, "[1067]da garantia da inviolabilidade do domicílio, constitucionalmente consignada no artigo 34.°, n.os 1, 2 e 3, da CRP" – Cfr. Ac. TC n.° 452/ /89, p. 2889, Col. 1.

Mesmo que ", em movimento, as auto-vivendas, roulottes, carroções e veículos similares não poderão porventura ser havidos como o domicílio, em sentido civilístico, de tais nómadas, isso não significará, necessariamente, que aquelas infra-estruturas móveis não hajam de estar, ao cabo e ao resto, igualmente abrangidas pela garantia constitucional da inviolabilidade do domicílio. É que, para efeitos do artigo 34.° da CRP, e como já anteriormente se viu, o domicílio equivale a habitação, «enquanto projecção espacial da pessoa» (Amorth, La Costituzione Italiana, p. 62), ou, mais incisivamente ainda, enquanto «instrumento necessário de uma completa manifestação da liberdade individual» (Florian, *apud* Novissimo digesto italiano, Vol. VI, p. 180). Ora, esses segmentos habitacionais dos grupos e caravanas de nómadas, mesmo a rodar nas estradas, mesmo sem gente dentro, constituem a habitação dos nómadas que os conduzem ou rebocam e, por isso mesmo, não podem deixar de estar tutelados, ainda nessas circunstâncias, pelo artigo 34.° da CRP" – *Ibidem*.

Quanto à protecção do domicílio, "os artigos 5.° da Constituição de 1822, 145.°, § 6.°, da Carta Constitucional, 16.° da Constituição de 1838, 3.°, n.° 15.°, da Constituição de 1911 e 8.°, n.° 6.°, da Constituição de 1933, que, e respectivamente, estatuíam que «a casa de todo o Português é para ele um asilo», «todo o Cidadão tem em sua Casa um asilo inviolável», «a casa do Cidadão é inviolável», «é garantida a inviolabilidade do domicílio» e «constituem direitos e garantias dos cidadãos portugueses a inviolabilidade do domicílio (...), nos termos que a lei determinar»; e os artigos 380.° do Código Penal de 1886 e 176.° do Código Penal vigente, que, punindo a introdução ilícita em casa alheia, têm expressado, ao nível do direito penal, aquela garantia constitucionalmente afirmada em todos os nossos textos constitucionais: em termos mais restritos, o artigo 380.° do velho Código Penal, que se referia «à introdução na casa de habitação de alguma pessoa», em termos mais amplos, o artigo 176.° do novo Código Penal, que se refere à introdução «na habitação de outra pessoa»", *Ibidem*.

O artigo 34.° da CRP, mesmo que protegesse a inviolabilidade do domicílio na sua dimensão civilística[1196], quanto a certas buscas previstas para os locais onde os grupos e caravanas de nómadas permanecem – assim como "componentes materiais dos grupos e caravanas de pessoas a que alude o artigo 81.°, ou seja, as componentes com vocação habitacional, ainda que precária (caso, por exemplo, do habitáculo das auto-vivendas, roulottes, carroções e tendas), quando estacionadas ou armadas, constituem necessariamente o seu domicílio, beneficiando tais pessoas, aí verdadeiramente domiciliadas"[1197] – impõe que as diligência sejam efectuadas nos termos do art. 177.° do CPP, ou seja, com autorização ou por ordem de juiz e efectuada entre as 7 e as 21 horas.

[1196] Do disposto no artigo 82.° do Código Civil resulta:

1 – A pessoa tem domicílio no lugar da sua residência habitual; se residir alternadamente em diversos lugares, tem-se por domiciliada em qualquer deles.

2 – Na falta de residência habitual, considera-se domiciliada no lugar da sua residência ocasional ou, se esta não puder ser determinada, no lugar onde se encontra.

Quanto a este preceito, Pires de Lima e Antunes Varela, *Código Civil Anotado*, Coimbra: Coimbra Editora, Vol. I, 4.ª Edição, p. 111, escrevem que:

"A **residência *habitual*** não é a **residência *permanente*** nem a **residência *ocasional***, como o mostram os n.os 1 e 2 deste artigo. (...) O preceito do n.° 2 é aplicável àqueles que, como certos vendedores ambulantes, artistas de circo, operários ou trabalhadores em certos empreendimentos, ciganos, etc., não têm paradeiro fixo".

João de Castro Mendes, *Teoria Geral do Direito Civil*, I Vol., p. 204, refere que se entende por:

"***Paradeiro*** é o sítio onde uma pessoa singular em certo momento se encontra. Cada pessoa singular tem sempre um paradeiro e só um.

Residência é um sítio preparado para servir de base de vida a uma pessoa singular.

A **residência habitual** é o domicílio, como se vê do artigo 82.°. Ora, pode suceder que a pessoa singular não tenha um sítio de residência habitual, mas dois ou três – por exemplo, vive sistematicamente seis meses em casa dum filho e seis meses em casa de outro".

Neste grupo podem-se enquadrar cidadãos de etnia cigana, os artistas de circo, os que vivem deambulando de um lugar para outro. Cfr. Ac. TC n.° 452/89, p. 2889, Col. 1.

[1197] Cfr. Ac. TC n.° 452/89, p. 2888, Col. 2.

GOMES CANOTILHO e VITAL MOREIRA[1198], considerando como domicílio "o local onde se habita, a habitação, seja permanente seja eventual, seja principal ou secundária" e afastando o sentido civilístico, incluem as habitações precárias, como tendas e roulottes, no conceito de domicílio e a residência ocasional (quarto de hotel), e "ainda os locais de trabalho (escritórios)", pelo que se consideram englobadas no âmbito de protecção da norma.

O douto aresto do TC n.° 452/89, quanto a caravanas ou rolouttes, concluiu que "a norma do n.° 2 do citado artigo 81.°, (da parte III do Regulamento da GNR), na medida em que, em situação de viagem, consente que se efectuem buscas, sem observância das regras constitucionalmente definidas, nesses espaços fechados em que a personalidade humana se projecta mais privadamente, mais livremente, infringe, também nesse ponto, o preceituado no artigo 34.° da CRP"[1199], decidindo-se pela sua inconstitucionalidade com força obrigatória geral.

299. GOMES CANOTILHO e VITAL MOREIRA defendem que face à função constitucional da garantia da inviolabilidade de domicílio e sendo o domicílio uma "projecção espacial da pessoa", "esta garantia deve estender-se quer ao domicílio voluntário geral quer ao domicílio profissional (Cód. Civil, arts. 82.° e 83.°)" e que "a protecção do domicílio é também extensível à sede das pessoas colectivas (Cód. Civil, art. 159.°)"[1200]. Na esteira desta perspectiva, o domicílio profissional e o de pessoas colectivas devem ser consideradas abrangidas pelo conceito de domicílio previsto no n.° 1 do art. 174.° do CPP. Seguindo a posição de MARNOCO e SOUSA, J. MARTINS DA FONSECA considera que a noção constitucional de domicílio se deve interpretar restritivamente, devendo-se confinar à «casa ou parte de uma casa que um indivíduo ocupa de facto, num dado momento, para aí viver só ou com os mem-

---

1198 Cfr. GOMES CANOTILHO e VITAL MOREIRA, *Constituição da República Portuguesa Anotada*, Coimbra: Coimbra Editora, 3.ª Edição, 1993, p. 213.

1199 *Idem*, p. 2890, Col. 1.

1200 Cfr. GOMES CANOTILHO e VITAL MOREIRA, *Constituição da República...*, 3.ª Edição, pp. 212 e 213.

bros da sua família»[1201], pelo que não enquadra nessa noção o domicílio profissional, nem o de pessoa colectiva.

Sendo o direito à inviolabilidade de domicílio "um direito à liberdade da pessoa, e assim é que a Constituição considera a «vontade», o «consentimento» da pessoa (n.os 2 e 3) como condição *sine qua non* da possibilidade de entrada no domicílio dos cidadãos fora dos casos de mandato judicial"[1202] e fora das situações "de flagrante delito ou mediante autorização judicial em casos de criminalidade especialmente violenta ou altamente organizada, incluindo o terrorismo e o tráfico de pessoas, de armas e de estupefacientes, nos termos previstos na lei"[1203], consideramos que não se pode interpretar restritivamente o conceito constitucional de domicílio, pois o domicílio profissional pode também ser domicílio voluntário geral ou o nosso simples carro pode funcionar como domicílio habitacional, onde desenvolvemos "uma série de condutas e procedimentos característicos da vida privada e familiar"[1204] e, até mesmo, o banco do jardim ou o vão da escada.

1201 Cfr. J. Martins Fonseca, "O conceito de domicílio, face ao art. 34.° da Constituição da República", *in Revista do Ministério Público*, n.° 45, 1991, pp. 45 e ss.. Posição esta que João Conde Correia crê mais consistente, "Qual o significado de abusiva intromissão na vida privada, no domicílio, na correspondência e nas telecomunicações (art. 32.°, n.° 8, 2.ª parte da CRP9?", *in Revista do Ministério Público*, Ano 20, JUL/SET, 1999, n.° 79, p. 51.

1202 Cfr. Gomes Canotilho e Vital Moreira, *Constituição da República...*, 3.ª Edição, pp. 212.

1203 Alteração aditada à parte final do n.° 3 do art. 34.° da CRP pela Revisão Constitucional, operada pela Lei Constitucional n.° 1/2001, de 12 de Dezembro, passando aquele número a ter a seguinte redacção:

> «3. Ninguém pode entrar durante a noite no domicílio de qualquer pessoa sem o seu consentimento, salvo em situação de flagrante delito ou mediante autorização judicial em casos de criminalidade especialmente violenta ou altamente organizada, incluindo o terrorismo e o tráfico de pessoas, de armas e de estupefacientes, nos termos previstos na lei.».

Esta alteração trouxe muito pouco de novo, pois já o art. 174.°, n.° 4, al. *a*) do CPP previa a possibilidade de efectuação de buscas nestas circunstâncias, sendo o caso de tráfico de droga (arts. 21.° a 24.° e 28.° do DL 15/93 de 22 de Janeiro) equiparado a criminalidade altamente organizada, terrorismo ou criminalidade violenta.

1204 Cfr. Ac. TC n.° 452/89, p. 2888, Col. 2.

Costa Andrade, que acompanhamos, considera que o domicílio encerra em si um bem jurídico pessoal que, "de forma mais ou menos ostensiva e directa, releva da esfera privacidade e se caracteriza pela sua estrutura comunicativa e intersubjectiva", bem jurídico correspondente "a direitos e liberdades fundamentais que só pela abertura dialógica e comunicação interactiva logram a expressão positiva"[1205], pelo que o conceito de domicílio terá de ser de dimensão ampla e não restrita.

Dever-se-á considerar como *domicílio*, para efeitos processuais penais, todo o espaço delimitado fisicamente – *v. g.*, moradia, andar, cabana, contentor, viatura, roulotte, tunel, vão de escada, banco de jardim delimitado com esferovite e/ou cartão[1206], (etc.) – onde se projecta a dimensão "comunicativa e intersubjectiva" da dignidade da pessoa humana por meio da tutela da reserva da intimidade da vida privada e familiar.

ii. **regime jurídico das buscas domiciliárias**

300. A **busca domiciliária** será a diligência efectuada em um local que se enquadre no conceito normativo constitucional de domicílio, com o objectivo de descobrir, recolher e apreender objectos – provas reais materiais – que permitam indicar se existiu ou não crime e, em caso afirmativo, os seus agentes. Diligência esta ordenada ou autorizada pelo juiz ou consentida pelo visado da busca.

Os pressupostos legais impostos pelo artigo 177.° do CPP, em conjugação com os artigos 174.° e ss. do CPP, são a consequência inequívoca do art. 34.° da CRP que consagra a inviolabilidade do domicílio como direito, liberdade e garantia fundamental de qualquer cidadão português, estrangeiro ou apátrida, desde que "disponha de uma residência, independentemente das relações jurídicas subjacentes

---

1205 Cfr. Manuel da Costa Andrade, *Sobre as Proibições de Prova...*, p. 50.

1206 Não foi uma nem duas vezes que, como APC, solicitamos o consentimento do visado para busca "domiciliária" a cidadãos, toxicodependentes, que traficavam droga, cuja residência – domicílio – era um espaço exíguo coberto com uma tenda de pano ou com um pedaço de cartão.

(ex: propriedade, arrendamento, posse), (...), *abrangendo* todos os membros da família"[1207] e advêm dos n.os 27 e 29.° do art. 2.°, n.° 2 da Lei n.° 43/86, de 26 de Setembro (Autorização Legislativa em Matéria de Processo Penal)[1208].

O regime das buscas domiciliárias assenta na consagração constitucional do direito à inviolabilidade do domicílio, limitando, por um lado, a sua efectivação e, por outro, possibilitando a sua realização mesmo que certos pressupostos não estejam preenchidos por razões de salvaguarda de direitos (vida e integridade física) de grande valor e constitucionalmente protegidos (artigos 24.° e 25.° da CRP) e de tutela jurídico-penal (artigos 131.° e ss. do CP).

Face a um conflito de direitos iminente e imediato, os OPC ou o MP não podem, sob pena da demora de intervenção da autoridade judicial se transformar em uma situação mais grave e inaceitável pela comunidade. Esperar pela autorização do juiz para entrar no domicílio, uma vez que o visado não consente que aqueles possam evitar um risco mais grave, não é aceite social e juridicamente, pelo que se impõe a intervenção do MP ou do OPC que, em última instância, se enquadrará no *estado de necessidade*. Deve-se optar sempre pelo mal menor, pois o legislador constituinte não quis proteger mais o domicílio do que a vida e a integridade física das pessoas. O art. 177.° do CPP é a expressão plena desta construção jurídica.

[1207] Cfr. GOMES CANOTILHO e VITAL MOREIRA, *Constituição da República...*, 3.ª Edição, p. 213.

[1208] O n.° 2 do art. 2.° Lei n.° 43/86 estipula que ao CPP competia a:

"27) Concretização do horário em que são admitidas as buscas domiciliárias, assegurando-se a sua não realização durante a noite e a restrição da competência para a respectiva autorização ao juiz instrutor, salvo consentimento do visado;

29) Definição de um regime especial de dispensa de autorização judicial prévia para as buscas domiciliárias, revistas, apreensões e detenções fora de flagrante delito nos casos de terrorismo, criminalidade violenta ou altamente organizada, quando haja fundados indícios da prática iminente de crime que ponha em grave risco a vida ou a integridade de qualquer pessoa, devendo nesse caso a realização da diligência ser imediatamente comunicada ao juiz instrutor e por este validada, sob pena de nulidade".

α. *regime regra – n.° 1 do art. 177.° do CPP*

301. O n.° 1 do art. 177.° do CPP determina que *a busca em casa habitada ou numa sua dependência fechada*[1209] ***só pode ser ordenada ou autorizada pelo juiz***, princípio inscrito no n.° 2 do art. 34.° da CRP e que se justifica "pela necessidade de salvaguardar a reserva da privacidade do domicílio e a sua inviolabilidade, como marcos fulcrais da liberdade individual"[1210].

A necessidade de intervenção do juiz advém do n.° 4 do art. 32.° da CRP que determina a obrigatoriedade da prática de *actos instrutórios que se prendam directamente com os direitos fundamentais* ser da competência de um juiz. Neste sentido, o art. 269.°, n.° 1, al. *a*) do CPP determina que, no inquérito, compete exclusivamente ao juiz de instrução ordenar ou autorizar buscas domiciliárias, segundo o estipulado pelo art. 177.° do CPP[1211].

Como decidiu o douto Acórdão do Tribunal Constitucional n.° 114/ /95, Proc. n.° 360/94, de 23 de Fevereiro de 1995, em sede de fiscalização concreta da constitucionalidade, a autorização da busca autorizada pelo juiz é um "controlo jurisdicional da existência de indícios de ocultação, em casa habitada, de quaisquer objectos relacionados com um crime ou que possam servir de prova (...). A *intervenção do juiz* é exigida pela preocupação de *controlar a legalidade* e, bem assim, *garantir os direitos fundamentais dos cidadãos*, no caso, o direito a *inviolabilidade do domicílio*, o que, por outras palavras, vale dizer ser *a* ***intervenção do juiz***, "*in casu*", de dimensão exclusivamente ***garantística e não de valoração de provas***"[1212].

[1209] A referência a casa habitada e numa dependência fechada encerra a ideia de domicílio em sentido amplo, dimensão ampla de domicílio ligado "à ideia de reserva da intimidade das pessoas". Cfr. MARCELLO CAETANO e JORGE MIRANDA *apud* Ac. TC n.° 507/94, Proc. n.° 129/93, *in DR*, II Série, de 12 de Dezembro de 1994, p. 12 461, Col. 2.

[1210] Cfr. M. SIMAS SANTOS, M. LEAL-HENRIQUES e D. BORGES PINHO, *Código de Processo Penal Anotado*, Lisboa: Rei dos Livros, 1996, 1.° Vol., p. 684. *Hoc sensu*, GOMES CANOTILHO e VITAL MOREIRA, *Constituição da República...*, 3.ª Edição, p. 213.

[1211] Se no inquérito é da competência exclusiva do juiz, caso seja necessário, na instrução essa competência mantém-se.

[1212] *Apud http://www.dgsi.pt/atco1.nsf/*, consultado em 16-09-2001. Itálico e negrito nossos.

Quanto à *autorização* ou *ordem*, o legislador determinou expressamente que seria da competência de um juiz, mas quanto a quem preside à busca deixou à mercê da interpretação do preceito. Dever-se-á recorrer ao n.° 3 do art. 174.° do CPP, que estipula que quem preside à diligência é a autoridade judiciária que a autorizou ou a ordenou. Todavia, neste mesmo preceito o legislador, sabendo de antemão da pouca disponibilidade das autoridades judiciárias para presidirem e acompanharem estas diligências, colocou na norma que essa presidência se verificaria *sempre que possível*, deixando margens de actuação aos operadores da justiça. Somos da opinião de que quem autorizou ou ordenou a diligência, nas buscas domiciliárias o juiz, deveria sempre acompanhar e presidir à diligência.

302. O segundo pressuposto é o **horário** em que pode decorrer a busca domiciliária, entre as 7 e as 21 horas, n.° 1 do art. 177.° do CPP, cuja inspiração constitucional se encontra na 1.ª parte do n.° 3 do art. 34.° da CRP ao consagrar que *ninguém pode entrar durante a noite no domicílio de qualquer pessoa sem o seu consentimento*[1213].

A terminologia do n.° 1 do art. 177.° é diferente da prescrita constitucionalmente, o que levou ADÉLIO P. ANDRÉ[1214] a defender que, "«sendo noite, em Portugal, entre as 17 e as 21 horas, durante parte do ano», o art. 177.°, n.° 1 ofenderia, nesta parte, o imperativo constitucional" do n.° 3 do art. 34.° da CRP. MARQUES FERREIRA, contrapondo e com o qual concordamos, afirma que "o alcance e limites do termo noite utilizado pelo legislador constitucional não se fundamentam em razões de ordem naturalmente meteorológicas antes sendo necessário estabelecer o seu sentido normativo. Neste sentido, noite equivalerá ao «período de descanso» ou de «recolhimento» para esse efeito, que em

---

1213 Já o **Alvará de 25 de Dezembro de 1801**, que criou a ***Guarda Real de Polícia***, estipulava que "**A casa de qualquer cidadão não pode ser ocupada, nem entrada, quer de dia, quer de noite, salvo no caso de incêndio ou inundação, participado por quem more**". Cfr. MASCARENHAS BARRETO, *História da Polícia em Portugal*, Braga Editora, 1979, p. 120. Negrito nosso.

1214 Cfr. ADÉLIO p. ANDRÉ *apud* M. MARQUES FERREIRA, "Meios de Prova", *in Jornadas de Processo...*, p. 266.

Portugal ocorre entre as 21 e as 7 horas para a generalidade das pessoas, e não tem que coincidir necessariamente com a totalidade do período de ausência da luminosidade solar"[1215].

A restrição quase absoluta[1216] da *noite* que, até à última Revisão Constitucional apenas poderia ser afastada pelo consentimento do visado ou nos casos da al. *a*) do n.° 4 do art. 174.° do CPP, passou, ***quase aparentemente***, a relativa com a Lei Constitucional n.° 1/2001 de 12 de Dezembro, que aditou ao n.° 3 do art. 34.° as seguintes excepções: «salvo em situação de flagrante delito ou mediante autorização judicial em casos de criminalidade especialmente violenta ou altamente violenta ou altamente organizada, incluindo o terrorismo e o tráfico de pessoas, de armas e de estupefacientes, nos termos previstos na lei».

Este aditamento ao n.° 3 do art. 34.° da CRP não é mais do que praticamente a aposição do determinado na al. *a*) do n.° 5 do art. 177.° do CPP, sendo contudo e perigosamente mais ampla a sua dimensão no preceito actual constitucional:

* no n.° 3 do art. 34.° da CRP não se impõe o requisito de estar em perigo a vida ou a integridade física de qualquer pessoa;
* insere no âmbito de possibilidades de recurso à busca à noite os crimes de tráfico de pessoas, de armas e de estupefacientes (quanto a este último já era equiparado a casos de terrorismo,

---

1215 Cfr. M. Marques Ferreira, "Meios de Prova", *in Jornadas de Processo...*, p. 266. *Hoc sensu*, Germano Marques da Silva, *Curso de Processo Penal*, 2.ª Edição, Lisboa/S. Paulo: Verbo, Vol. II, p. 195.

1216 Sobre o carácter absoluto do limitação que o termo noite encerra, Gomes Canotilho e Vital Moreira, *Constituição da República...*, p. 213. Face à Revisão Constitucional de 2001, em que a proibição absoluta de entrada no domicílio durante a noite – excepto com o consentimento do legítimo titular do direito [sobre quem recaem as suspeitas da prática do crime em investigação] – fora eliminada, o legislador constitucional optou por «introduzir restrições constitucionais ao direito acompanhadas de "restrições" ao seu campo de aplicação (flagrante delito ou mediante autorização judicial em casos de criminalidade violenta ou altamente organizada, como o terrorismo, o tráfico de pessoas, de armas ou de estupefacientes)". Cfr. Gomes Canotilho, "Métodos de Protecção de Direitos, Liberdades e Garantias", *in Boletim da Faculdade de Direito – Volume Comemorativo*, 2003, Coimbra, pp. 799-800.

criminalidade violenta ou altamente organizada *ex vi* art. 51.° do DL n.° 15/93 de 22 de Janeiro);

* impõe o requisito do flagrante delito, quase que legitimando e conformando constitucionalmente a al. *c*) do n.° 5 do art. 174.° do CPP;
* e, fora do requisito anterior, apenas se poderá efectuar a busca entre as 21 e as 7 horas com mandado emitido por autoridade judiciária que pode ser o JIC ou o MP devido à tipologia criminal abrangida, conjugando-se com o n.° 2 do art. 177.° al. *b*) do n.° 3 do art. 177.° e al. *a*) do n.° 5 do art. 174.° do CPP; ou
* quando consentida pelo(s) visado(s).

Consideramos, todavia, que quer em flagrante delito quer mediante mandado judicial só é admissível quando os crimes promotores da diligência se confinam aos «casos de criminalidade especialmente violenta ou altamente violenta ou altamente organizada, incluindo o terrorismo e o tráfico de pessoas, de armas e de estupefacientes»[1217].

Pensamos que se cumpre a preocupação de COSTA ANDRADE, "os interesses polarizados pela perseguição penal vêm sendo enfatizados, à custa da subvalorização e compressão da liberdade. (...) à semelhança do que assinalava o coro na tragédia de Ésquilo, também no processo penal parece «ouvir-se de novo o canto das Erínias». Agora sob a bandeira duma justiça penal eficaz, que vem mobilizando a doutrina e a jurisprudência para o clima de *moral panic* (COHEN) ou de «estado de necessidade de investigação» (*Ermittlungsnotstand*) de que fala HASSEMER"[1218].

O pressuposto *noite* deixa de vigorar a partir do momento em a busca domiciliária é consentida pelo visado, pelo que as remissões do art. 177.° do n.° 3 para o n.° 5 do art. 174.° do CPP e para as als. *b*)

[1217] Não é nosso entender que os casos de flagrante delito, independentemente da tipologia criminal, legitimariam a busca domiciliária entre as 21H00' e as 07H00', como apreendeu JORGE CARLOS FONSECA, "Reforma do Processo Penal e Criminalidade Organizada", *in Jornadas de Processo Penal e Direitos Fundamentais,* Coimbra: Almedina, 2004, 437 e nota 54.

[1218] Cfr. COSTA ANDRADE, *Sobre as Proibições de Prova...*, pp. 67 e 68.

e *c*) do n.° 2 do art. 177.° do CPP não está ferida de "qualquer inconstitucionalidade porquanto, face ao consentimento do visado, torna-se ilegítimo falar em «entrada do domicílio dos cidadãos contra a sua vontade» (art. 34.°, n.° 2 da CRP)"[1219]. O consentimento do visado atesta a necessidade de mandado judicial ou o preenchimento de quaisquer requisitos especiais.

β. ***excepções do anterior n.° 2 do art. 177.° do CPP***[1220]

303. O legislador português consagrou, em 1987, excepções ao regime regra[1221] das buscas domiciliárias, mesmo que seja posto em causa o direito à inviolabilidade do domicílio. O aditamento das excepções ao n.° 3 do art. 34.° da CRP com a Revisão Constitucional de 1997, dá a ideia de conformação constitucional superveniente de uma excepção muito discutida na doutrina e na jurisprudência.

Caso não se tivesse consagrado a excepção à autorização ou à ordem do juiz para se entrar no domicílio do cidadão, cair-se-ia em uma dialéctica incessante na operacionalidade dos operadores da justiça: *p. e.*, se às 08H00 houvesse notícia de que, na casa *X*, se encontrava um indivíduo com explosivos preparados para deflagrar às 08H23, estando no seu interior pessoas impossibilitadas de sair, e as forças policiais não pudessem intervir porque teria de ser necessário uma autorização ou ordem judicial, certamente que aquelas pessoas não seriam salvas e morreriam. Pois, é inaceitável em um Estado de direito democrático que se valorize mais a inviolabilidade do domicílio do que a vida ou a integridade física de qualquer cidadão.

Com base na Lei de Autorização Legislativa [al. *29*) do n.° 2 do art. 2.°][1222], o legislador, ao consagrar no n.° 2 do art. 177.° do CPP, remetendo para al. *a*) do n.° 4 do art. 174.° do CPP, a excepção de pro-

---

[1219] Cfr. MARQUES FERREIRA, "Meios de Prova", *in Jornadas de Processo...*, p. 266. *Hoc sensu*, Ac. do TC n.° 7/87.

[1220] Mantemos esta parte da obra pela sua relevância histórico-jurídica e para uma melhor compreensão do fenómeno evolutivo do direito processual penal.

[1221] Cumpre-se o ditado popular: "não há regra sem excepção".

[1222] Lei n.° 43/87, de 26 de Setembro.

ceder a busca domiciliária sem autorização do juiz, podendo a mesma ser autorizada pelo MP ou efectuada pelos OPC, definiu, desta feita, "um *regime especial* de dispensa de autorização judicial prévia para as *buscas domiciliárias*, (...) nos casos de terrorismo, criminalidade violenta ou altamente organizada, quando haja fundados indícios da prática iminente de crime que ponha em grave risco a vida ou a integridade de qualquer pessoa"[1223].

304. A redacção anterior do n.º 2 do art. 177.º estipulava, também, que o MP e os OPC podiam efectuar a busca domiciliária quando o visado consentisse, cujo consentimento deveria ser prestado livremente e não coagido e, ainda, deveria ficar documentado, conforme al. *b*) do n.º 5 (anterior n.º 4) do art. 174.º do CPP, permitindo-se a materialização dos n.os 2 e 3 do art. 34.º da CRP.

Mas, após a diligência e no mais curto espaço de tempo, a mesma deverá "ser imediatamente comunicada ao juiz instrutor e por este validada, sob pena de nulidade" [conforme *in fine* al. *29)* do n.º 2 do art. 2.º da Lei n.º 43/86 e n.º 5 do art. 174.º do CPP]. Questão que se levanta é a de se saber se a comunicação imediata ao juiz de instrução para apreciação e em ordem à validação da diligência apenas se verifica nos casos da al. *a*) do n.º 5 (anterior n.º 4) do art. 174.º ou/e também nos casos da al. *b*) do mesmo preceito.

O STJ considera que "o n.º 5 (actual n.º 6) do art. 174.º do CPP, só contempla o caso da al. *a*) do n.º 4 (actual n.º 5) do mesmo artigo, e o advérbio «correspondentemente» revela que o n.º 2 do art. 177.º, daquele código, não lhe confere amplitude mais lata"[1224]. Contrariamente ao STJ, somos da opinião de que a 2.ª parte da redacção anterior do n.º 2 do art. 177.º do CPP se referia quer aos casos da al. *a*) quer aos da al. *b*), pois estamos no âmbito das buscas domiciliárias e, caso assim não fosse o pensamento do legislador, seria dispensável a 2.ª parte da redacção anterior do n.º 2 do art. 177.º do CPP, porque já se encontrava prescrito que, nos casos da al. *a*) do n.º 5 (anterior n.º 4) do art. 174.º

[1223] Itálico nosso.

[1224] Cfr. Ac. STJ de 17 de Junho de 1998, Proc. n.º 42/98, *apud* S. Santos e M. Leal-Henriques, *Op. Cit.*, Vol. I, p. 888.

do CPP, fossem ou não buscas domiciliárias, haveria obrigação de comunicação imediata ao juiz de instrução para apreciação e validação ou não da diligência.

305. Aquando da aprovação do CPP/87, o Presidente da República em **sede de fiscalização preventiva**, enviou o CPP ao TC para que fiscalizasse da inconstitucionalidade dos preceitos 174.°, n.° 4 (actual n.° 5) e 177.°, n.° 2, por considerar que os mesmos violavam o n.° 2 do art. 34.° da CRP e por entender, também, que ao se "permitiram as revistas e buscas sem autorização prévia do juiz, os n.os 3 e 4 (actual n.° 5) do art. 174.° contendem com o disposto no n.° 6 do art. 32.° da CRP, na parte em que ele fere a nulidade das provas obtidas mediante «abusiva intromissão na vida privada»"[1225].

O TC, em jeito de súmula e quanto à questão levantada pelo Presidente da República, pronunciou-se pela não inconstitucionalidade da redacção anterior do n.° 2 do art. 177.° na remissão para as als. *a*) e *b*) do n.° 4 (actual n.° 5) do art. 174.° e pela inconstitucionalidade na parte em que remetia para a al. *c*) do n.° 4 (actual n.° 5) do art. 174.°, "porque nestes casos – detenção em flagrante por crime a que corresponda pena de prisão –, não está em jogo qualquer valor que deva prevalecer sobre a garantia constitucional de reserva do juiz"[1226].

1225 Cfr. Ac. n.° 7/87, de 9 de Janeiro de 1987, Proc. n.° 302/86, *in DR*, I Série, de 9-2-1987, pp. 504-(8 a 9), Cols. 2 e 1 respectivamente. Quanto às buscas não domiciliárias, *supra* c. das buscas não domiciliárias.

1226 Cfr. Ac. TC n.° 7/87 *apud* http://www.dgsi.pt/atco1.nsf/, consultado em 14-09-2001. Quanto à questão levantada pelo Presidente da República, o TC pronunciou-se nos seguinte termos (*Ibidem*, Cols. 1 e 2):

"Do princípio, estabelecido no n.° 1 do artigo 34.° da CRP, de que o domicílio é inviolável exceptua o n.° 2 do mesmo artigo a «entrada no domicílio dos cidadãos contra a sua vontade», quando «ordenada pela autoridade judicial competente, nos casos e segundo as formas previstas na lei», com o limite constante do n.° 3, de que «ninguém pode entrar durante a noite no domicílio de qualquer pessoa sem o seu consentimento».

Também aqui a CRP remete para a lei a especificação dos «casos» e das «formas» em que é permitida a entrada no domicílio dos cidadãos contra a sua vontade, com a condição, porém, de ela ser ordenada pela «autoridade judicial». Ora, como vimos, o n.° 2 do artigo 177.° permite que as buscas domiciliárias sejam ordenadas

γ. *das excepções actuais ao regime regra das buscas domiciliárias*

306. Consideramos, como já foi frisado por nós, domicílio todo o espaço onde se projecta a dimensão da pessoa humana, o que nos leva a considerar domicílio todo o espaço em que a pessoalidade do visado se manifeste objectivamente como local de expressão da reserva da intimidade da vida privada e familiar – *p. e.*, onde pernoita, onde recebe a sua correspondência, onde faz a sua higiene pessoal de forma contínua e ininterrupta, cujo espaço esteja delimitado por barreiras fixas ou móveis.

Mas, debrucemo-nos sobre a alteração do art. 177.° do CPP, tendo em conta o comando constitucional amalgamado no n.° 3 do art. 34.° da CRP, que consagrava, até 2001, o domicílio como santuário durante a noite, cuja disponibilidade estava nas mãos de quem dispunha do domicílio.

---

pelo MP ou efectuadas por órgãos de polícia criminal (mesmo sem autorização do MP) nos seguintes casos, já atrás referidos: *a*), de terrorismo, criminalidade violenta ou altamente organizada, quando haja fundados indícios da prática iminente de crime que ponha em grave risco a vida ou a integridade de qualquer pessoa; *b*), em que os visados consintam, desde que o consentimento prestado fique, por qualquer forma, documentado; *c*), aquando de detenção em flagrante por crime a que corresponda pena de prisão. E o mesmo preceito acrescenta, na sua parte final, que «é correspondentemente aplicável o disposto no artigo 174.°, n.° 5».

Haverá nesta norma alguma inconstitucionalidade?

Na sua remissão para a alínea *a*) do n.° 4 do artigo 174.°, ela não pode haver-se como inconstitucional, por o direito à inviolabilidade do domicílio, enunciado nos n.os 1, 2 e 3 do artigo 34.° da CRP, dever compatibilizar-se com o direito à vida e com o direito à integridade pessoal, consignados, respectivamente, nos artigos 24.° e 25.° da lei fundamental e que aquela alínea *a*) procura defender, direitos que hão-de entender-se como limites imanentes do direito em causa.

Também na sua remissão para a alínea *b*) do n.° 4 do artigo 174.° ela não é inconstitucional, porque, consentindo os visados, ou, por outras palavras, não se verificando a entrada no domicílio «contra a sua vontade», não se viola o domicílio.

Já, porém, se considera inconstitucional a norma em questão na parte em que remete para a alínea *c*) do n.° 4 do artigo 174.°, porque, entendendo o Tribunal que «autoridade judicial» para os efeitos do artigo 34.°, n.° 2, é apenas o juiz, não se vê que neste caso esteja em jogo qualquer valor que deva prevalecer sobre a garantia constitucional de reserva do juiz".

307. A Revisão Constitucional de 2001 aditou, como já afirmamos, ao n.° 3 do art. 34.° da CRP a possibilidade de busca domiciliária nocturna para casos de *criminalidade especialmente violenta ou altamente organizada, incluindo o terrorismo e o tráfico de pessoas, de armas e de estupefacientes*, desde que exista autorização judicial – *i. e.*, autorização de um juiz – ou em caso de flagrante delito.

O legislador constitucional, na nossa opinião, consagrou não só **um catálogo muito reduzido de crimes** que admitem buscas domiciliárias nocturnas, como também **submeteu a realização das mesmas a um de dois ditames fundamentais**: ou **autorização judicial** ou **em casos de flagrante delito.** Mas, estes ditames **só se aplicam**, na nossa opinião, **para aquele reduzido catálogo de crimes.** Ora vejamos o que aconteceu com o art. 177.° do CPP.

308. A al. *c*) do n.° 2 do art. 177.° do CPP[1227] ultrapassa a admissibilidade de busca nocturna prevista no n.° 3 do art. 34.° da CRP. Con-

---

[1227] Para um estudo analítico e doutrinário evolutivo da legislação processual penal em matéria de buscas domiciliárias, aproveitamos este espaço para transcrever o excerto da 1.ª edição desta obra, de 2004, inscrito nas páginas 355 a 357: «Quanto à remissão para a **al. *a*) do n.° 4 do art. 174.°** do CPP, permitindo-se que o MP ordene a busca domiciliária ou que o OPC efectue a busca domiciliária nos casos de "terrorismo, criminalidade violenta ou altamente organizada, quando haja fundados indícios da prática eminente de crime que ponha em grave risco a vida ou a integridade de qualquer pessoa".

O art. 1.°, n.° 2 do CPP, estipulava que "apenas podem considerar-se como casos de terrorismo, criminalidade violenta ou altamente organizada as condutas que:

a) integrarem os crimes previstos nos artigos 299.°, 300.° ou 301.° do Código Penal; ou
b) dolosamente se dirigirem contra a vida, a integridade física ou a liberdade das pessoas e forem puníveis com pena de prisão se máximo igual ou superior a cinco anos".

A solução apresentada considerava-se como "de equilibrada compatibilização de direitos e de interesses fundamentais" [cfr. M. Simas Santos e M. Leal-Henriques, *Código de Processo Penal Anotado*, 2.ª Edição, Lisboa: Rei dos Livros, 1999, Vol. I, p. 894], pois a inviolabilidade do domicílio jamais se poderia sobrepor ao direito à vida e à integridade física de qualquer cidadão (arts. 24.° e 25.° da CRP), cuja tutela jurídico-penal se verifica. Num caso em que houvesse fortes fundados indícios de que um indivíduo tinha na sua residência retidos familiares e que tencionava assas-

sideramos que as tipologias criminais de criminalidade violenta e organizada, de terrorismo, de tráfico de armas e de seres humanos não se compaginam com uma punibilidade de pena de prisão superior a 3 (três) anos, mas sim de 8 (oito) anos e, no máximo dos máximos, poder-se-ia admitir de 5 (cinco) anos.

---

siná-los, jamais se poderia esperar por uma autorização ou ordem judicial para que os OPC entrassem no domicílio daquele para salvar vidas humanas; ou, como já aconteceu, na Zona de Almada, em que um indivíduo se fechou na sua residência sozinho e ameaçou fazer explodir garrafas de gás, pondo em perigo a vida dos vizinhos, e em que havia um odor forte a gás, os OPC poderiam, nos termos da al. *a*) do n.° 4 do art. 174.° do CPP, proceder à entrada no domicílio sem necessidade dessa mesma diligência ser autorizada ou ordenada pela autoridade judicial. Os bens jurídicos a proteger sobrepõem-se, neste conflito de direitos, ao bem jurídico violado pelos OPC [cfr. Sobre conflito de direitos, Gomes Canotilho, *Direito Constitucional e Teoria da Constituição,* 3.ª Edição, Coimbra: Almedina, 2000; Jorge Miranda, *Manual de Direito Constitucional*, Coimbra: Coimbra Editora, 1997, Vol. IV], *i. e.,* a vida e a integridade física das pessoas sobrepõem-se à inviolabilidade do domicílio.

Como afirmam Gomes Canotilho e Vital Moreira [cfr. *Op. Cit.*, 3.ª Edição, p. 213], a actuação dos OPC ou de outrem enquadra-se em um estado de necessidade, causa de exculpação, pois estamos perante um perigo actual, não removível de outro modo, que ameaça a vida, a integridade física de terceiro e não lhes é exigível que tenham comportamento diferente, conforme art. 35.° do CP.

Relativamente ao tráfico de estupefacientes, o art. 51.° do DL n.° 15/93, de 22 de Janeiro, equipara os crimes previstos nos arts. 21.° a 24.° e 28.° do diploma, a criminalidade violenta e criminalidade altamente organizada, enquadrando-se neste âmbito a actuação dos OPC e do MP quando preenchidos os respectivos pressupostos.

O Ac. do STJ de 25 de Janeiro de 1996, Proc. n.° 48 505, decidiu que, sendo equiparados os artigos 21.°, 24.° e 28.° à criminalidade violenta, "as buscas e escutas telefónicas feitas no domínio *daqueles ilícitos*, podem ser feitas pelos órgãos de polícia criminal sem precedência de autorização judicial" [cfr. M. S. Santos e M. Leal-Henriques, *Op. Cit.,* p. 887. Itálico nosso].

Quanto às escutas telefónicas discordamos completamente por a operatividade técnica não se compaginar com a situação da urgência que se impõe na al. *a*) do n.° 4 do art. 174.° do CPP, *i. e.,* o tempo necessário para operacionalizar tecnicamente a escuta telefónica é suficiente para requerer ao JIC a autorização da ordem de intercepção e gravação de comunicações e conversações. As escutas telefónicas são um meio excepcional de obtenção de prova, impondo que qualquer olhar sobre o seu recurso se esgrima sempre no plano da excepcionalidade. Quanto a este assunto o nosso *Escutas Telefónicas – Da Excepcionalidade à Vulgaridade,* 2.ª Edição, Coimbra: Almedina, 2008.

Não era intento do legislador constitucional permitir que os OPC pudessem proceder a buscas domiciliárias a qualquer hora do dia quando o crime motivador da busca domiciliária fosse punido com pena de prisão superior a 3 anos, além de que só as als. *a*) e *b*) do n.° 2 do art. 177.° do CPP estão conformes ao espírito constitucional do n.° 3 do art. 34.° da CRP.

Acresce a esta ideia que o legislador processual penal procurou conceptualizar as tipologias expressas na segunda parte do n.° 3 do art. 34.° da CRP que consagra a admissibilidade da busca domiciliária nocturna: por *criminalidade especialmente violenta* consideram-se as condutas humanas que agridam ou coloquem em perigo de lesão bens jurídicos como a vida, integridade física ou a liberdade das pessoas «puníveis com pena de prisão no máximo igual ou superior a 8 anos»[1228]; por *criminalidade altamente organizada* consideram-se as condutas humanas que integrem «os crimes de associação criminosa, tráfico de pessoas, tráfico de armas, tráfico de estupefacientes ou substâncias psicotrópicas, corrupção, tráfico de influência ou branqueamento»[1229].

Face ao exposto, parece-nos claramente que a previsão legal de admissibilidade de buscas domiciliárias nocturnas desde que haja flagrante delito e desde que o crime em causa seja punível com pena superior a 3 (três) anos ultrapassa a admissibilidade constitucionalizada, estando este preceito desconforme materialmente com a Constituição por violação do n.° 3 do art. 34.°. Neste sentido, seguindo a boa doutrina constitucional, somos de opinião de que as AJ e os OPC não devem proceder a buscas domiciliárias nocturnas com fundamento na al. *c*) do n.° 2 do art. 177.° do CPP, por a mesma estar ferida de inconstitucionalidade material.

309. A al. *a*) do n.° 3 do art. 177.° parece-nos desnecessária porque já estava previsto no n.° 4 [hoje n.° 5] do art. 174.° do CPP. Mas, esta inserção pode levar a entender que, por força da al. *c*) do n.° 5 do

---

1228 Cfr. al. *l*) conjugada com a al. *j*) do art. 1.° do CPP.

1229 Cfr. al. *m*) do art. 1.° do CPP.

art. 174.° do CPP, se pode fazer sempre uma busca diurna desde que o visado pela busca tenha sido detido em flagrante delito e o crime motivador da busca seja punível com pena de prisão.

Parece-nos demasiado perigoso a remissão da al. *a*) do n.° 3 do art. 177.° do CPP, porque entendemos que a remissão dever-se-ia, única e exclusivamente, cingir às als. *a*) e *b*) do n.° 5 do art. 174.°, como acontecia com a remissão da redacção do anterior n.° 2 do art. 177.° do CPP.

Acresce referir que era já entendimento da doutrina de que a al. *c*) do n.° 5 (anterior n.° 4) do art. 174.° do CPP se destinava às buscas não domiciliárias, por interpretação *a contrario* da redacção do anterior n.° 2 do art. 177.° do CPP, que admitia que o MP autorizasse ou ordenasse busca domiciliária diurna ou a mesma fosse realizada por iniciativa do OPC desde que se verificassem as situações previstas nas als. *a*) e *b*) do n.° 5 (anterior n.° 4) do art. 174.° do CPP.

Como nota conclusiva deste ponto, consideramos que o MP e os OPC só podem proceder a busca domiciliária diurna nos casos de «terrorismo, criminalidade violenta ou altamente organizada, quando haja fundados indícios da prática iminente de crime que ponha em grave risco a vida ou a integridade de qualquer pessoa» e de consentimento expresso e documentado do visado, conforme als. *a*) e *b*) do n.° 5 do art. 177.° do CPP.

O princípio da indispensabilidade de recurso a um meio de obtenção de prova altamente lesivo de direitos fundamentais pessoais – *v. g.*, reserva da intimidade da vida privada e familiar – inculca ao intérprete o respeito e a concretização do princípio da interpretação restritiva das normas restritivas de direitos fundamentais e do princípio da proibição do excesso da intervenção do Estado e da razoabilidade do meio de obtenção de prova: não se matam moscas com canhões.

A interpretação, advinda da al. *a*) do n.° 3 do art. 177.° do CPP, que admite a busca domiciliária diurna no caso da al. *c*) do n.° 5 do art. 174.° do CPP está ferida de inconstitucionalidade material por violação do n.° 2 do art. 18.° e do n.° 4 do art. 32.° da CRP.

310. A al. *b*) do n.° 3 do art. 177.° do CPP que admite que o MP autorize ou ordene e/ou os OPC possam, por sua iniciativa, efectuar buscas domiciliárias nocturnas nos casos de *flagrante delito pela prática de crime punível com pena de prisão superior, no seu máximo, a 3 anos* e sempre que o visado dê *consentimento* livre e expresso e documentado, parece-nos **incongruente por admitir para o menos e não admitir para o mais**, ou seja, por admitir que aqueles efectuem buscas domiciliárias nocturnas nos casos de crimes puníveis com penas inferiores às previstas para os crimes de *terrorismo ou criminalidade especialmente violenta e altamente organizada.*

A redacção do anterior n.° 2 do art. 177.° do CPP previa a possibilidade de buscas domiciliárias autorizadas ou ordenadas pelo MP ou efectuadas pelos OPC quando se verificassem os pressupostos da al. *a*) do n.° 5 [anterior n.° 4] do art. 174.° do CPP. Quanto ao consentimento, desde que seja prestado pelo visado e de livre vontade (liberdade de decisão e de acção), é óbvio que os OPC podem efectuar a busca domiciliária a qualquer hora do dia e para qualquer tipo legal de crime. Deve-se, todavia, ter em conta que só é admissível se o consentimento tiver sido prestado sem ofensa da integridade física e psíquica do visado e sem ofensa do princípio do respeito da dignidade da pessoa humana, *i. e.*, se não recair numa das situações de proibição de prova previstas no art. 126.° do CPP[1230].

Não obstante estas considerações, afirmamos, ainda, que esta previsão nos parece desnecessária, por duas ordens de razão: a primeira, é que a intervenção dos OPC, nestes casos, só se deve verificar em situações de extrema necessidade de salvaguarda de bem jurídico superior em iminente perigo de lesão, devendo-se enquadrar a actuação do OCP dentro do *estado de necessidade* previsto no art. 35.° do CP; a segunda, prende-se com a ideia de que existem, desde 1998, os Procuradores e os Juízes de Instrução Criminal de Turno, ou seja, aqueles devem estar sempre contactáveis e disponíveis para procederem às autorizações ou ordens judiciárias necessárias e competentes, evitando-

---

1230 Claro está que não nos referimos aos casos em que os polícias, por imperativo de estado de necessidade e, até mesmo, de legítima defesa de terceiro, tenha de coagir o cidadão que originou o perigo eminente para a vida ou integridade física de outrem. Esta situação não se enquadra no plano das proibições de prova, mas no plano das causas de justificação e de exculpação.

-se a desjurisdicionalização da acção penal e a consequente policialização do processo crime.

δ. ***do consentimento***

311. A remissão da al. *a*) do n.° 3 do art. 177.° para a **al. *b*) do n.° 5 do art. 174.**° do CPP, cujo conteúdo preenche a brecha que o legislador constituinte deixou no art. 34.° nos n.os 2 e 3, permite que a entrada no domicílio possa ocorrer desde que não seja contra a vontade do cidadão, ou seja, com o seu **consentimento**[1231], que, nos termos da al. *b*) do n.° 5 do art. 174.° do CPP, deve ser documentado após ter sido prestado.

Questão pertinente e que tem levantado algumas decisões controversas é a de se saber quem é que presta o consentimento, se o disponente do bem (proprietário, arrendatário, possuidor) ou se o visado pela diligência[1232].

1231 Sobre o Consentimento no âmbito da al. *b*) do n.° 5 do art. 174.°, João Conde Correia, "Qual o significado de abusiva intromissão...", *in RMP*, Ano 20, n.° 79, pp. 53 e ss..

1232 No acórdão de 11 de Março de 1993, Proc. n.° 43 512, o STJ decidiu que:

O artigo 34.° da Constituição consagra o princípio da inviolabilidade do domicílio; e o seu artigo 32.°, n.° 6 (actual n.° 8) declara nulas as provas obtidas mediante... abusiva intromissão no domicílio.

Todavia, não foi violado qualquer destes comandos fundamentais.

O artigo 174.° do Código de Processo Penal, ao definir os pressupostos legais das revistas e buscas, expressamente ressalva os casos (alínea *b*) do n.° 4) "em que os visados consintam, desde que o consentimento fique, por qualquer forma, documentado" ou ainda os casos (alínea *c*) do mesmo n.° 4) ocorridos "aquando da detenção em flagrante delito por crime a que corresponda pena de prisão", sendo que em qualquer destes casos a revista ou busca podem ser efectuadas por órgão da polícia criminal.

Ora, o recorrente residia em casa dos pais. O *órgão da polícia criminal* (G.N.R.) não só *efectuou a busca* em acto seguido à detenção do arguido, em flagrante, à porta daquela casa, por crime a que corresponde pena de prisão, *como também mediante consentimento expresso do dono da mesma casa*, *pai do arguido* (C), como consta do documento junto a folhas 6 dos autos, confirmado nas suas declarações de folhas 29.

Quanto *à hora* a que foi efectuada a busca (22 horas e 15 minutos), *não era ela obstáculo*, no circunstancialismo concreto, à sua efectivação, *uma vez que houve*

O Ac. TC n.° 507/94, de 14 de Julho de 1994, Proc. 129/93[1233], considerou que, sendo o domicílio "uma projecção espacial da pessoa que reside em certa habitação, uma forma de uma pessoa afirmar a sua dignidade humana", "**no caso de várias pessoas partilharem a mesma habitação, deve ser exigido o consentimento de todas**"[1234]. Este aresto tem como base o Ac. do STJ de 26 de Novembro de 1992, Proc. n.° 42916[1235] que decidiu que: "Não há violação do direito de inviolabilidade do domicílio sempre que a entrada no mesmo não seja feita contra a vontade do titular do respectivo direito – art. 34.°, n.° 2 da CRP. O titular desse direito é a pessoa que tiver a disponibilidade do lugar onde a diligência se realize (art. 176.°, n.°1 do CPP), o dono ou a dona da casa".

---

expresso consentimento de quem o podia dar, como flui dos artigos 174.°, n.° 4 e 177.°, n.° 2 do Código de Processo Penal e do artigo 34.°, n.° 3 da Constituição. Não foram violados, pois, os dispositivos legais apontados pelo recorrente.

Diga-se, por último, que – mesmo a existir, que não existe, a invocada nulidade – esta deveria ter sido arguida até ao momento referido no artigo 120.°, n.° 3, alínea *c*) do Código de Processo Penal e, não o tendo sido, teria de considerar-se sanada (ver, no indicado sentido, o acórdão deste Supremo Tribunal de 5 de Junho de 1991, *in* C.J., XVI, III, 26).".

Pelo que decidiu que *não há abusiva intromissão no domicílio quando o pai do arguido, conforme consta do documento e de declarações que fazem parte dos autos, expressamente consentiu que o órgão de polícia criminal (GNR) efectuasse uma busca na casa de que aquele era dono, em acto seguido à detenção do arguido em flagrante delito por crime a que corresponda pena de prisão – art. 174.° , n.° 4, alíneas b) e c), do Código de Processo Penal.*

No douto acórdão de 8 de Fevereiro de 1995, Proc. n.° 47084, o STJ considerou *proibida uma busca à casa da arguida, levada a efeito por agentes policiais, sem precedência de autorização da competente autoridade judiciária nem consentimento da pessoa visada – art. 174.°, n.° 4, do Código de Processo Penal –, sendo irrelevante o consentimento dado pelo filho da arguida.*

[1233] Cfr. *Diário da República*, II série, n. 285, de 12 de Dezembro de 1994, pp. 12455 e ss.. Negrito nosso.

[1234] Argumenta o TC, seguindo a doutrina de GOMES CANOTILHO e VITAL MOREIRA, *Constituição da República...*, 3.ª Edição, p. 213 *Ibidem*, p. 12461, Col. 1.

[1235] Cfr. Ac. STJ *apud* M. S. SANTOS e M. LELAL-HENRIQUES, *Código de Processo...*, Vol. I, p. 886.

Acompanhamos COSTA ANDRADE quando se reporta ao direito penal substantivo, citando AMELUNG: "cada um dos que habitam na mesma casa é portador de um direito fundamental na forma de exigência de omissão dirigida ao Estado e só pode dispor-se de um direito alheio na base de autorização bastante. Na medida em que falta autorização no mínimo concludente, *o consentimento de uma só pessoa não basta para legitimar as buscas na casa habitada por vários* (...) Quando um dos membros da casa autoriza que outro dos habitantes permita a entrada de pessoa particular ou do homem do gás, daí não pode concluir-se que o autorize também a franquear a porta a quem vem preparar a sua condenação, isto é, a inflicção de um mal"[1236]. Não se pode confundir as autorizações quer pelo seu conteúdo e âmbito, quer quanto aos fins em si mesmas, dadas ao canalizador ou electricista com os consentimentos dados aos OPC para efectuarem uma busca domiciliária.

312. Na esteira de AMELUNG, o TC considera que "a situação de titularidade plúrima do direito à inviolabilidade do domicílio pode dar origem a situações de concurso de conflituantes"[1237] mesmo fora do próprio processo penal, competindo aos tribunais a solução desses conflitos, pois poderá acontecer, como exemplificam CRISAFULLI e PALADIN[1238] que um dos cônjuges se oponha a que o outro receba no domicílio conjugal um terceiro.

Na linha do Ac. n.° 7/87, o douto Tribunal Constitucional continua a reafirmar que, no caso de não existir autorização ou ordem da autoridade judicial e tendo em conta o consagrado no n.° 2 do art. 34.° da CRP, "ou os visados pelas buscas domiciliárias não autorizadas pela autoridade judicial consentiam na realização das mesmas ou então tinha de haver autorização ou mandado judicial", pois "só nos casos da al. *a*) do n.° 4 *(actual n.° 5)* do art. 174.° (...) se poderia ter

---

[1236] Cfr. AMELUNG, *Zuässigkeit und Freiwilligkeit*, p. 13, *apud* M. DA COSTA ANDRADE, *Sobre as Proibições de Prova...*, pp. 51 e 52. Itálico nosso.

[1237] Cfr. Ac. TC n.° 507/94, *in Diário da República*, n.° 285, II Série, de 12 de Dezembro de 1994, p. 12 461, Col. 1.

[1238] *Idem.*

por não inconstitucional a busca domiciliária por órgão de polícia criminal"[1239].

Com a devida vénia, não acompanhamos a posição do Conselheiro NUNES DE ALMEIDA que votou vencido por considerar que será "absurdo que, residindo várias pessoas na mesma casa como membros da mesma família e entre si dependentes, para se efectivar uma busca, se tivesse de obter o consentimento de todos os residentes, na hipótese de não ser viável a obtenção momentânea de um mandato judicial", parecendo-lhe "perfeitamente correcta a obtenção de consentimento de quem, no momento, dispõe da plenitude da casa, como era o caso, no processo em apreço, da mãe do arguido"[1240], pois o exercício dos direitos fundamentais pessoais pertencem ao seu titular de forma exclusiva, cuja alienação lhe cabe *ab initio,* a par da *Verfügbarkeit über sich selbst.*

313. O direito à inviolabilidade de domicílio, como os demais direitos fundamentais "que se foram afirmando e decantando ao longo do processo histórico de afrontamento entre o indivíduo e o Estado detentor do ius puniendi (...) cujo triunfo correspondeu à cristalização como princípios essenciais do processo penal próprio de um Estado de Direito", colhe "o étimo e a legitimação material naquela autonomia radical da pessoa"[1241], melhor, como o Tribunal Constitucional Alemão define: «a disponibilidade sobre si próprio (*Verfügbarkeit über sich selbst*)»[1242].

Na senda de AMELUNG ao dissertar que «Estes direitos fundamentais não tutelam apenas a pessoa do cidadão mas também o interesse da comunidade de que o processo penal decorra segundo as

---

1239 *Idem.*

1240 Cfr. Ac. TC n.° 507/94, *in DR*, n.° 285, II Série, de 12 de Dezembro, de 1994, p. 12468, Col. 2 e o Ac TC n.° 67/97, de 4 de Fevereiro, de 4 de Fevereiro de 1997, *in BMJ*, n.° 364, pp. 75 e ss.. O conselheiro ALBERTO TAVARES DA COSTA votou também vencido nos termos da declaração de voto do conselheiro LUÍS NUNES DE ALMEIDA.

1241 Cfr. M. DA COSTA ANDRADE, *Op. Cit.*, pp. 70 e 71.

1242 Cfr. M. DA COSTA ANDRADE, *Op. Cit.*, p. 71.

regras do Estado de Direito»[1243], a não existência do consentimento da pessoa visada configuraria "um cerceamento da autonomia pessoal, *cuja* ineficácia *apresentar-se-ia* igualmente onerosa para o Estado"[1244].

Pois, à justiça penal cumpre "proteger bens jurídicos, reafirmar a validade das normas e reforçar a confiança na sua vigência, restabelecer a paz jurídica e prosseguir a verdade preordenada à realização da justiça material"[1245] e nunca, como afirma HASSEMER[1246], encurtar a diferença "ética que deve subsistir entre a perseguição do crime e o próprio crime".

Summo rigore e de acordo com uma interpretação restritiva do **consentimento** para a efectuação de uma busca domiciliária, defendemos que aquele **terá de ser prestado pelo visado com a diligência e seja titular do direito de inviolabilidade de domicílio, não sendo suficiente a disponibilidade do local da habitação**[1247] conforme al. *b*), n.° 5 do art. 174.°, al. *a*) do n.° 3 do art. 177.° do CPP e n.os 2 e 3 do art. 34.° da CRP.

[1243] Cfr. AMELUNG *apud* MANUEL DA COSTA ANDRADE, *Op. Cit.,* p. 71.

[1244] *Idem*, p. 72.

[1245] *Ibidem.*

[1246] *Apud* MANUEL DA COSTA ANDRADE, *Op. Cit.,* p. 73.

[1247] *Hoc sensu*, Ac. do STJ de 8 de Fevereiro de 1995, CJ-acs. do STJ, Ano III, T. 1 (1995), p. 194, citado por GERMANO MARQUES DA SILVA, Curso de Processo Penal, 2.ª Edição, Lisboa/S. Paulo: Verbo, Vol. II, 1998, p. 196, nota 1. Este douto acórdão fora proferido posteriormente ao Ac. do TC n.° 507/94, pois a posição do STJ era bem diferente, como o demonstram: o acórdão recorrido para o TC que originou o Ac. n.° 507/94; o Ac. do STJ, de 5 de Junho de 1991, *in* CJ, XVI, Tomo 3, p. 26, ao considerar que, sendo "as buscas realizadas em lugares reservados ou não livremente acessíveis ao público, e por isso, só podem ter lugar nas condições previstas na lei ou com o consentimento de quem tiver a livre disponibilidade em relação a esse lugar e que não tem de ser a pessoa visada com a diligência"; o Ac. da RC de 10 de Julho de 1991, *in* CJ, XVI, T. 4, p. 127: "O termo «visado» do art. 174.°, n.° 4, al. *b*) do CPP deve ser entendido em sentido amplo abrangendo as pessoas de que pode depender a busca, que tanto podem ser o arguido, se tiver os objectos na sua posse ou ocupar certa área, como qualquer pessoa que esteja nessas condições".

ε. *da busca em escritório de advogado ou em consultório médico*

314. O n.° 5 do art. 177.° do CPP – *buscas em escritório de advogado ou em consultório médico* –, apesar de nada referir expressamente quanto a quem autoriza, defendemos que deverá a autorização ou a ordem ser emitida pelo Juiz[1248], devendo o mesmo presidir à diligência – *sob pena de nulidade* – e que deverá avisar com antecedência o presidente do conselho local da Ordem dos Advogados ou da Ordem dos Médicos para que, também, presenciem à diligência em curso.

Às buscas nestes consultórios ou consultórios aplicam-se, *mutatis mutandis*, as normas das buscas domiciliárias, mesmo as excepções do n.° 2 do art. 177.° que remete para as als. *a*) e *b*) do n.° 5 do art. 174.° do CPP. Contudo, a busca, neste âmbito, não está subordinada às horas impostas pelo n.° 1, podendo decorrer mesmo ao longo da noite, ou seja, a qualquer hora do dia[1249] – excepto se o consultório ou o escritório forem domicílio do visado pela diligência de obtenção de prova.

Se o escritório ou o consultório também funcionarem como habitação, domicílio, os procedimentos são iguais aos da busca no domiciliária. O consentimento dado pelo advogado ou pelo médico não afasta o contacto das respectivas Ordens Profissionais para que estejam representadas na diligência.

Quanto ao n.° 6 do art. 177.° do CPP, busca *em estabelecimento oficial de saúde,* seguem-se as regras impostas para o n.° 5, deste preceito. MARQUES FERREIRA defende que não é necessário que o juiz que emitiu o mandado presida à busca[1250], posição contrária têm M. SIMAS SANTOS e M. LEAL-HENRIQUES ao defenderem que "é obrigatória a pre-

---

[1248] Se é ao juiz que compete e que deve presidir à diligência, não faria sentido que o juiz não fosse competente para autorizar ou ordenar buscas em escritórios de advogados ou em consultórios médicos.

[1249] *Hoc sensu*, M. SIMAS SANTOS e M. LEAL-HENRIQUES, *Código de Processo...*, 2.ª Edição, Vol. I, p. 895.

[1250] Cfr. MARQUES FERREIRA, "Meios de Prova", *in Jornadas de Processo...*, p. 267.

sidência do juiz ao acto, além do mais porque o n.° 4 *(actual n.° 6)* do artigo apenas se limita a dizer a quem deve ser dirigido o aviso prévio, mantendo em tudo o mais a doutrina do n.° 3 *(actual n.° 5)*"[1251].

No que respeita aos avisos, partilhamos da opinião de MARQUES FERREIRA que entende que os mesmos devem "ser compatíveis com o segredo que este tipo de diligências exige para se obter êxito na sua realização por isso que o aviso tenha por finalidade exclusiva permitir a presença do representante do organismo em causa e não dar a conhecer previamente as razões da diligência ou, eventualmente, a identificação do objecto da busca ou, sequer, do perseguido criminalmente"[1252]. Quanto à presença do Juiz para presidir à busca em estabelecimento de saúde, não acompanhamos MARQUES FERREIRA, mas a posição de SIMA SANTOS e LEAL-HENRIQUES: o Juiz, que ordenou ou autorizou a busca em estabelecimento de saúde, deve presidir à diligência.

315. Como ponto crítico menos positivo da Reforma de 2007, apontamos a não previsão da protecção imposta legalmente para as buscas efectuadas nos escritórios dos advogados e consultórios médicos para outras profissões que lidam com direitos pessoais fundamentais, tais como os departamentos policiais, os departamentos públicos centrais, locais e periféricos onde haja processamento de dados pessoais devido a processos administrativos – *p. e.*, repartição de finanças, departamentos das câmaras municipais, escolas estatais e não estatais.

O legislador sabe que há tratamento de dados pessoais de pessoas estranhas aos processos de investigação criminal e, nesse sentido, deveria ter dado a mesma protecção jurídico-processual que prevê com equidade e justiça para os escritórios de advogados e consultórios médicos, impondo que o juiz que emitiu o mandado presidisse à busca e que a mesma seja acompanhada pelo superior hierárquico ou ente a

---

[1251] Cfr. M. SIMAS SANTOS e M. LEAL-HENRIQUES, *Código de Processo...*, 2.ª Edição, Vol. I, p. 895.

[1252] Cfr. MARQUES FERREIRA, "Meios de Prova", *in Jornadas de Processo...*, p. 267.

quem caiba a superintendência ou a tutela do serviço onde irá decorrer a diligência processual.

Esperemos que numa próxima reforma processual penal se protejam os direitos e liberdades pessoais dos cidadãos com a prescrição da mesma tutela jurisdicional sempre que a busca ocorra em departamento público ou privado em que haja tratamento de dados pessoais internos e externos aos próprios serviços investigados.

iii. **Do valor das provas obtidas por meio de revistas e buscas ilegais**

α. ***considerações gerais***

316. As provas obtidas por meios onerosos e estigmatizantes dos direitos do arguido não podem ser aceites quer face ao direito substantivo quer face ao direito adjectivo penal, pois seria de uma incongruência que uma dada conduta do agente do Estado seja punida criminalmente pelo código penal e fosse valorada como meio de obtenção de prova legal e admissível pelo código de processo penal[1253].

A obtenção ou alcance da verdade material, de modo que não sejam condenados inocentes e se faça prova de que ***X*** foi o autor do ilícito ***Y***, não pode justificar ou exculpar aqueles que usam e abusam de meios que ofendam direitos fundamentais pessoais como a reserva da intimidade da vida privada, a inviolabilidade do domicílio, a integridade física e moral de qualquer cidadão de um Estado de direito democrático, como o de Portugal.

Apesar do direito penal se assumir "intencionalmente fragmentário e descontínuo", aquele não deixa de ser a "tutela de *ultima ratio* dos bens jurídicos fundamentais, indispensáveis ao livre desenvolvimento ético do Homem e à subsistência e funcionamento duma comunidade jurídica e democraticamente organizada"[1254], pois há direitos fundamentais que nem com o consentimento da pessoa podem ser violados,

---

[1253] *Hoc sensu,* M. DA COSTA ANDRADE, *Sobre as Proibições de Prova...*, pp. 40 e ss..

[1254] *Idem*, p. 42.

porque encerram em si mesmos duas dimensões[1255]: por um lado, a *subjectiva*, que garante a protecção do cidadão individualmente face ao poder do Estado; e, por outro, a *objectiva*, como valores ou fins edificadores e estruturantes de dada comunidade, que mais não são do que fulcrais para que o Estado de direito democrático sobreviva e subsista sobre os alicerces da dignidade da pessoa humana e da vontade popular.

Questão pertinente e actual é da se saber se podem ser valoradas e aceites provas obtidas com a violação de domicílio, crime p. e p. pelos artigos 190.° e 378.° do CP. O art. 190.° do CP é um crime comum, qualquer pessoa pode cometê-lo, contrariamente ao crime p. e p. pelo art. 378.°, que é um crime individual ou próprio, sendo apenas aplicado aos funcionários de acordo com o conceito de funcionário do art. 386.° do CP[1256]. Face ao exposto, deparamo-nos com um conflito de direitos e de interesses subjectiva e objectivamente tutelados. Apesar de se "potenciar a incongruência e a dissonância entre o direito penal e o processo penal", o legislador ordinário não seguiu a tese da inadmissibilidade absoluta[1257] dos meios de prova

---

[1255] *Hoc sensu,* João Conde Correia, "Qual o significado de abusiva intromissão na vida privada, no domicílio, na correspondência e nas telecomunicações (art. 32.°, n.° 8, 2.° parte da CRP)?", *in RMP*, Ano 20, Julho/Setembro, 1999, n.° 79, p. 53.

[1256] Quanto ao conceito de funcionário, José Manuel Damião da Cunha, *O Conceito de Funcionário, para Efeito de Lei Penal e a "Privatização" da Administração Pública,* Coimbra: Coimbra Editora, 2008.

[1257] Defendida por Sydow, quanto às obtidas pelos particulares que também se estendem às obtidas pelas instâncias de controlo por força da lei. Quanto às provas obtidas de forma ilícita por particulares, Sydow argumenta que *essa **inadmissibilidade*** **"garantirá maior segurança jurídica do que os juízos de ponderação segundo o caso concreto**, que apelam para a gravidade da suspeita do facto como fundamento da *admissibilidade de valoração* das provas ilicitamente obtidas ou para a gravidade da agressão, levada a cabo pelo particular, aos direitos do arguido como fundamento da sua *não-valoração*. Inversamente, a solução aqui proposta, para além de prevenir as agressões entre particulares, dará satisfação ao imperativo constitucionalmente vinculativo de **respeito pelo livre desenvolvimento da personalidade de todos, mesmo do suspeito da prática de um crime**". Cfr. Sydow *apud* Costa Andrade, *Sobre as Proibições de Prova...*, p. 44. Negrito nosso.

obtidos através de um ilícito material substantivo, mas antes a inadmissibilidade relativa[1258].

317. A admissibilidade relativa de provas obtidas ilicitamente permite que se possam salvaguardar "valores de irrecusável prevalência e transcendentes aos meros interesses da perseguição penal"[1259], como a vida e a integridade física de qualquer pessoa, assim como a liberdade, a imagem, a reserva da intimidade da vida privada e, até mesmo, a inviolabilidade de domicílio[1260]. Essa admissibilidade está sujeita a limites naturais e positivos, melhor, quer quanto à causa quer quanto ao fim *eo ipso* que emerge da titularidade do(s) direito(s) a proteger face a perigos iminentes. Como exemplo, a excepção prevista na al. *a*) do n.° 2 do art. 177.° do CPP ao permitir que se realize uma busca domiciliária nos casos *de terrorismo, criminalidade especialmente violenta ou altamente organizada, ou nos mesmos casos e quando haja fundados indícios da prática iminente de crime que ponha em grave risco a vida ou a integridade física de qualquer pessoa*, nos termos da al. *a*) do n.° 4 do art. 174.° do CPP[1261].

Princípio consagrado pela última Revisão Constitucional no aditamento ao n.° 3 do art. 34.° da CRP, ao salvaguardar as buscas efectuadas de noite e, por maioria de razão, de dia sem o consentimento do visado e sem autorização judicial nos *casos de detenção em flagrante delito ou com autorização judicial nos casos de criminalidade especialmente violenta ou altamente organizada, incluindo o terrorismo e o tráfico de pessoas, de armas e de estupefacientes*[1262].

1258 Tese seguida hoje pela maioria dos autores.

1259 Cfr. Manuel da Costa Andrade, *Sobre as Proibições de Prova...*, p. 45. Que dá como exemplo o uso de uma gravação ilícita que se apresenta como a "única possibilidade de alcançar a absolvição de um inocente infundadamente acusado de um crime".

1260 Como exemplo da defesa da inviolabilidade de domicílio, cuidamos de referir a intervenção dos OPC quando uma residência está a ser assaltada ou alguém alheio ao mesmo tenta entrar ilicitamente naquele.

1261 Cfr. art. 51.° do DL n.° 15/93 de 22 de Janeiro.

1262 O legislador constitucional procurou dotar os operadores da justiça dos mecanismos legais para salvaguardar bens jurídicos superiores à inviolabilidade do

As excepções legitimam, mas limitam automaticamente essa admissibilidade, pois o que ultrapassar essa limitação deve-se considerar que, com KLEINKNECHT[1263], estamos perante um *atentado extremo contra os direitos humanos*, com os quais o próprio consentimento do visado se deve conformar. Desta feita, e com aquele autor, dever-se-á renunciar ao meio de obtenção de prova e, consequentemente, àquela, se o processo da sua obtenção atingiu maculamente os direitos humanos do arguido, como o consentimento que é obtido sob coacção ou tortura[1264]. Provas estas que apenas podem ser usadas contra quem as obteve, *ex vi* n.° 4 art. 126.° do CPP.

Contudo, será necessário a cuidada e pertinente chamada de atenção de HASSEMER, que, na esteira de RADBRUCH, repara que "«a perda de dignidade e de distância que o Estado a si mesmo se inflige» através da violação das proibições de prova, que significa o «encurtamento da diferença ética que deve subsistir entre a perseguição do crime e o próprio crime». O Estado, (...), expõe-se ao perigo da erosão daquela superioridade moral do processo penal que constitui a justificação das medidas coercivas que nele podem vir a ser aplica-

---

domicílio e, consequentemente, à reserva da intimidade da vida privada do infractor, face à vida e à integridade física de qualquer pessoa, à integridade do Estado, entendido como comunidade a proteger face a perigos ideondos futuros. Todos nos lembramos do desespero das pessoas de bem e cidadãos que protestavam contra a ineficácia da justiça face ao tráfico de droga desenvolvido em uma dada habitação no bairro da Sé do Porto, pois aquele ilícito apenas se processava pela madrugada dentro, o que, perante o circunstancialismo fáctico, restringia fortemente a possibilidade de efectuar-se uma busca domiciliária apesar do preceituado no art. 51.° do DL n.° 15/93, de 22 de Janeiro. Caso muito badalado na imprensa portuguesa.

1263 KLEINKNECHT *apud* MANUEL DA COSTA ANDRADE, *Sobre as Proibições de Prova...*, p. 46.

1264 Excepto nos casos em que aqueles métodos se mostram como "meio idóneo e necessário à promoção de autónomos e relevantes valores e interesses transprocessual-penais. E tanto interesses encabeçados em portadores individuais como interesses de alcance comunitário. Como sucederá (...) quando a escuta telefónica, a coacção, mesmo a tortura, configure o único meio de localizar o engenho explosivo com que um perigosos agrupamento terrorista ameaça consumar um massacre de inocentes". Cfr. MANUEL DA COSTA ANDRADE, *Sobre as Proibições de Prova...*, pp. 81 e 82.

das»"[1265], *i. e.*, a valoração de tais provas fere muito mais a legitimidade do Estado do que a não perseguição criminal.

β. *regime jurídico da valoração das provas*

318. Sabendo-se da ligação estreita que existe entre o regime das nulidades e as proibições da prova, há a referir que são de figuras ou realidades autónomas.

Como preceitua o n.° 1 do art. 122.° do CPP, *as nulidades tornam inválido o acto em que se verificarem, bem como os que dele dependerem e aqueles puderem afectar*, do que resulta que o acto não produz efeito, não tem valor, podendo na declaração de nulidade, que determina quais os actos nulos, ordenar a sua repetição desde que necessário e desde que seja possível fazê-lo, como preceitua o n.° 2 do mesmo preceito. Conquanto e sendo que apenas se admitem as provas que não forem proibidas por lei (art. 125.° do CPP), "a proibição da prova tem a ver com a sua inadmissibilidade no processo. Os elementos recolhidos por métodos proibidos de prova não poderão por via de regra ser ali valorados"[1266], mas tão só contra quem carreou as provas através de métodos proibidos – n.° 4 do art. 126.°, do CPP.

O art. 126.° do CPP prescreve *os métodos proibidos da prova*, considerando como nulas as provas deles resultantes. O n.° 1 do preceito refere-se a *provas obtidas mediante tortura, coacção ou, em geral, ofensas da integridade física ou moral das pessoas*[1267], pelo que nunca podem ser utilizadas contra o arguido, mesmo tendo ele consentido por contenderem "com a dignidade e integridade física ou moral

---

1265 WINFRIED HASSEMER *apud* MANUEL DA COSTA ANDRADE, *Sobre as Proibições de Prova...*, p. 73.

1266 Cfr. Ac. STJ de 8 de Fevereiro de 1995, Proc. n.° 47 084, *in BMJ*, n.° 444, p. 363.

1267 O n.° 2 do art. 126.° prescreve as provas que ofendem a integridade física e moral das pessoas. Ainda sob a égide do CPP/29, FIGUEIREDO DIAS considera como "proibidos e inadmissíveis em processo penal todos os meios" de obtenção de prova que ofendessem a dignidade da pessoa humana. Cfr. JORGE DE FIGUEIREDO DIAS, *Direito Processual...*, (Clássicos Jurídicos), pp. 542 e ss..

das pessoas, que são bens jurídicos indisponíveis para o seu titular"[1268], pois inserem-se no grupo da proibição absoluta ou inadmissibilidade possível por expressarem os limites impostos à inadissibilidade relativa. Quanto à tortura e à coacção, há autores que defendem que é um método de prova que se justifica se forem o único meio idóneo capaz de evitar um massacre de inocentes[1269].

Quanto às provas obtidas segundo os métodos prescritos no n.° 1 e n.° 2 do art. 126.° do CPP, quer a jurisprudência, quer a doutrina são unânimes em defender que estão feridas de nulidade absoluta, insanável e de conhecimento oficioso, como se retira do n.° 1 do art. 126.°, ao prescrever imperativamente "não podendo ser utilizados", excepto como prova contra quem as obteve de tal forma censurável e ilegal[1270].

Quanto ao n.° 3 do art. 126.° do CPP, a controvérsia está instalada, pois, como veremos, há autores e jurisprudência que entendem que estamos perante uma nulidade relativa, dependente da arguição, por isso sanável, conquanto que outros entendem que se enquadram no âmbito das nulidades absolutas ou das proibições de prova.

319. O n.° 3 do art. 126.° do CPP estipula igualmente como *nulas, não podendo ser utilizadas*[1271], *as provas obtidas mediante intromissão na vida privada, no domicilio, na correspondência ou nas telecomunicações sem o consentimento do respectivo titular*. Da inter-

---

[1268] Cfr. Ac. STJ de 8 de Fevereiro de 1995, Proc. n.° 47 084, *in BMJ*, n.° 444, p. 363.

[1269] Cfr. Manuel da Costa Andrade, *Sobre as Proibições de Prova...*, pp. 81 e 82.

[1270] Cfr. M. Maia Gonçalves, "Os meios de prova", *in Jornadas de Direito Processual Penal, ou CPP*, CEJ, Coimbra: Almedina, 1995, p. 195; Fernando Gonçalves e Manuel João Alves, *Os Tribunais, as Policias e o Cidadão – O Processo Penal Prático*, 2.ª Edição, Coimbra: Almedina, 2002, pp. 127 e ss., Marques Ferreira, *Op. Cit.*, pp. 224 e ss., Teresa Beleza "A prova", *in Apontamentos de Direito Processual Penal*, Lisboa: AAFDL, 1992, II Vol., pp. 151 e ss., Germano Marques da Silva, *Curso de Processo Penal*, 2.ª Edição, Lisboa/S. Paulo: Editorial Verbo, 1999, pp. 161 e ss..

[1271] A Reforma de 2007 aditou a expressão «não podendo ser utilizadas» ao n.° 3 do art. 126.° do CPP, fazendo vigorar o princípio da segurança jurídica.

pretação literal do preceito, depreende-se *à priori* que, se o titular do direito consentir, a nulidade é afastada, pois estamos perante bens jurídicos pessoais disponíveis. Nesta ordem de ideias, "da diferente qualificação dos bens em causa e da respectiva disponibilidade ou indisponibilidade para o seu titular resultam regimes ou consequências diversas", o que conduz à solução de considerar tais métodos de proibição relativa, por os métodos serem "**susceptíveis de consentimento relevante do respectivo titular**, as provas obtidas também serão nulas, mas tal **nulidade**, porque sanável, **depende da arguição do interessado**, ficando sujeito à disciplina dos artigos 120.° e 121.° do Código de Processo Penal"[1272].

O STJ, com o acórdão de 23 de Abril de 1992, entendera que "a nulidade da busca domiciliária, não se integrando no artigo 119.° (...) se assume como nulidade relativa e, nos termos do artigo 120.°, n.° 3 (...) como nulidade de arguição sujeita a prazo"[1273].

Summo rigore, quanto à jurisprudência podemos afirmar que vincula a ideia de que se a **busca domiciliária** for efectuada sem autorização judiciária ou se não se enquadrar no âmbito da al. *a*) do n.° 4 do art. 174.° do CPP e se não houver qualquer consentimento ou, havendo este pressuposto sem que tenha sido dado pelo visado, aquela é nula, sendo as suas provas também são nulas, contudo esta nulidade depende de arguição pelos interessados até, no caso das buscas domiciliárias ocorrem, em regra, na fase de inquérito, cinco dias após a notificação do despacho de encerramento do inquérito e, caso tenha sido aberta a

---

[1272] Cfr. Ac. STJ de 8 de Fevereiro de 1995, Proc. n.° 47 084, *in BMJ*, n.° 444, pp. 363-364. Negrito nosso. Quanto ao disposto nos n.os 1 e 3 do art. 126.° do CPP, escreve M. MAIA GONÇALVES, que "trata-se, (...), de dois graus de desvalor de provas obtidas contra as cominações legais, sendo maior o desvalor ético-jurídico das provas obtidas mediante os processos referidos no n.° 1, e tal diferente grau de desvalor tem reflexo nas nulidades cominadas: enquanto as provas obtidas pelos processos referidos no n.° 1 estão fulminadas com uma nulidade absoluta, insanável e de conhecimento oficioso, que embora como tal não esteja consagrada no artigo 119.°, o está neste artigo 126.°, através da expressão imperativa não podendo ser utilizadas". Cfr. MAIA GONÇALVES, «Meios de Prova», *in Jornadas de Direito Processual Penal, O Novo Código de Processo Penal*, (CEJ), Coimbra: Almedina, 1995, p. 195.

[1273] Cfr. *BMJ*, n.° 416, pp. 536 e ss..

instrução, até ao encerramento do debate instrutório, conforme preceitua a al. *c*) do n.° 3 do art. 120.° do CPP[1274].

Neste sentido MAIA GONÇALVES, defende que "as provas obtidas mediante o processo descrito no n.° 3 são dependentes de arguição, e portanto sanáveis, pois que não são apontadas como insanáveis no artigo 119.° ou em qualquer outra disposição da lei. Em relação a estas últimas provas, obtidas mediante os processos aludidos no n.° 3, a lei atendeu de algum modo à vontade do titular do interesse ofendido e ao princípio *volenti non fiat injuris...*".

Tese diversa defende TERESA BELEZA e GERMANO MARQUES DA SILVA. A ilustre professora defende que "se alguém – o MP, a PJ, ou seja quem for – obtiver qualquer prova através de um destes métodos proibidos, essa prova será totalmente inútil porque em absoluto não utilizável. Ou melhor, ela poderá ser utilizada com o fim exclusivo de basear uma condenação da pessoa que ilegalmente a abteve: (...) é o que dispõe o n.° 4 do art. 126.°. Sentido paralelo tem o n.° 2 do art. 164.°. É em parte o facto de existir o n.° 4 do art. 126.°, prossegue a autora, que me leva a rejeitar o entendimento de MAIA GONÇALVES, que nas *Jornadas* defendeu que a nulidade estatuída no n.° 3 do art. 126.° seria uma nulidade sanável. Mas, além disso, pareceme que o raciocínio de MAIA GONÇALVES põe de lado o estatuído no art. 118.°, n.° 3. Não creio, por outro lado, que a expressão "são igualmente nulas" do n.° 3 (do art. 126.°) seja argumento (...). Julgo que o sentido desta frase é apenas o de "também". Repare-se no disposto no art. 167.°, quanto ao "valor probatório das reproduções mecânicas": elas só valem como prova se não forem ilícitas. Isto é, uma gravação de uma mera conversa feita à revelia dos interlocutores (a não ser, é claro, nos casos e circunstâncias em que o próprio CPP o permite, nos arts. 187.° ss.) será ilícita "nos termos da lei penal", art. 199.° e como tal *não valerá como provas*"[1275].

[1274] *Hoc sensu* e a título de exemplo, Ac. STJ de 11 de Março de 1993, Proc. n.° 43 512 e Ac. STJ de 23 de Abril de 1992; *apud* M. SIMAS SANTOS e M. LEAL-HENRIQUES, *Código de Processo...*, (2.ª Ed.), Vol. I, pp. 886 e 898.

[1275] Cfr. FERNANDO GONÇALVES e MANUEL JOÃO ALVES, *Os Tribunais, as Polícias...*, p. 130.

Na mesma linha de raciocínio, GERMANO MARQUES DA SILVA considera que "como ensina o Doutor MANUEL DA COSTA ANDRADE há uma imbricação íntima entre as proibições de prova e o regime das nulidades[1276]. Com efeito, é no título dedicado às nulidades que o CPP inscreve o preceito segundo o qual *as disposições do presente título não prejudicam as normas deste Código relativas a proibições de prova* (art. 118.°, n.° 3) e, frequentemente, a lei enuncia as proibições de prova, cominando precisamente com a sanção da nulidade a violação dos pertinentes imperativos legais. São, porém, realidades distintas e autónomas, embora a utilização de uma prova proibida no processo tenha os efeitos da nulidade do acto"[1277-1278] e que, "o regime de proibições de prova não há-de reconduzir-se pura e simplesmente ao regime das nulidades, pois se assim fora seria dificilmente explicável o n.° 3 do art. 118.°, seguindo, porém, o regime das nulidades insanáveis. Por isso, a nulidade resultante da produção de prova proibida será de conhecimento oficioso até decisão final, só se convalidando com o trânsito em julgado da decisão"[1279-1280].

320. As provas obtidas por meio de métodos proibidos não podem ser enquadráveis no regime das nulidades previsto nos artigos 118.° e ss. do CPP. Não faria qualquer sentido a epígrafe do art. 126.°

1276 Cfr. MANUEL DA COSTA ANDRADE, *Sobre as Proibições de Prova em Processo Penal,* p. 193.

1277 No sentido de que a lei portuguesa associou as proibições de prova à figura e ao regime das nulidades, «em adimplemento da injunção constitucional constante do n.° 6 do art. 32.° da CR», também MANUEL DA COSTA ANDRADE, *Sobre as Proibições de Prova...,* p. 313.

1278 Cfr. Ac. do STJ, de 29 JAN 92, CJ, Ano XVII, T. I, 1992, p. 20: «As declarações, escritas ou não, prestadas por uma pessoa, informalmente, antes da sua constituição formal como arguida num processo que contra ela já esteja a correr, obrigam à sua imediata constituição como arguida, sob pena de nulidade de utilização da prova resultante da tais declarações e da impossibilidade de tal ser utilizada contra ela».

1279 Cfr. GERMANO MARQUES DA SILVA, *Curso de Processo...,* 2.ª Edição, Vol. II, pp. 120 e 121.

1280 Neste mesmo sentido FERNANDO GONÇALVES e MANUEL JOÃO ALVES, *Os Tribunais, as Polícias...,* p. 130.

do CPP falar de proibições e interpretarmos estas como nulidades. O termo «nulas», prescrito nos n.os 1 e 2 do preceito, deve ser interpretado no sentido de proibidas, pois seria ilógico interpretar um dos elementos do corpo do artigo de forma diferente do sentido real e teleológico a ele subjacente.

Se o legislador quisesse que as provas obtidas sob métodos proibidos fossem «nulas» nos termos dos artigos 118.° e ss. do CPP, não teria consagrado num Livro (III e Título I) à parte, mas tê-las-ia integrado no Título V do Livro II do CPP. Não descortinamos outra interpretação, além de defendermos, também, como GERMANO MARQUES DA SILVA, que a «nulidade» proveniente de prova proibida não está sujeita a arguição, pois é de conhecimento oficioso até decisão transitada em julgado.

Face ao exposto, acompanhamos a tese de TERESA BELEZA e GERMANO MARQUES DA SILVA, acrescentando como argumento que caso não fosse essa a ilação a retirar do texto não faria qualquer sentido que o conteúdo do n.° 3 do art. 126.° fosse prescrito no preceito das proibições de prova. Nem nos parece lógico incluir nas proibições de prova aquelas que se deveriam enquadrar no âmbito das nulidades dependentes de arguição. Como argumento em defesa desta tese, acrescentamos que as proibições de prova previstas no art. 3.° do art. 126.° se referem ao que de mais íntimo se deve preservar – a reserva da intimidade da vida privada –, sendo que a aceitação da sua violação funcionaria como uma legitimação para as polícias ou o MP poderem desenvolver actos com a finalidade de obtenção de provas mesmo que essa obtenção ferisse o princípio do respeito da dignidade da pessoa humana.

Quem se arroga da moral para combater a imoral, não pode alguma vez combatê-la com a imoralidade[1281]. Como afirma e bem GERMANO MARQUES DA SILVA, a busca da verdade não é um "valor absoluto e por isso não **se** admite que a verdade possa ser procurada

[1281] *Hoc sensu*, GERMANO MARQUES DA SILVA, *Ética Policial e Sociedade Democrática*, Lisboa: Ed. ISCPSI, 2001, pp. 43 e ss., e CESARE BECCARIA, *Dos Delitos e das Penas*, São Paulo: Martins Fontes, 1991.

usando quaisquer meios, mas tão só através de meios justos, ou seja, de meios legalmente admissíveis", melhor, a verdade não deve "ser investigada a qualquer preço, mormente quando esse «preço» é o sacrifício dos direitos fundamentais das pessoa"[1282].

321. A apreciação e validação da busca domiciliária está cometida ao juiz de instrução, como se depreende dos artigos 174.°, n.° 6, 177.°, n.° 4, 268.°, 269.°, todos do CPP, *ex vi* art. 32.°, n.° 4, da CRP. A apreciação e validação da revista é, também, da competência do JIC e, sempre que a mesma se enquadre nos quadrantes do art. 126.° do CPP, as provas obtidas com a revista devem ser proibidas.

As buscas efectuadas sem autorização judicial, *maxime* JIC, se for busca domiciliária, devem ser comunicadas àquele para que o mesmo aprecie o acto com vista à sua validação ou não, ratificando ou não o acto[1283]. As buscas domiciliárias, que se enquadram no âmbito da proibição de prova, jamais poderão ser validadas, excepto quando se enquadrarem as excepções previstas no n.° 3 do art. 177.° (quando o crime motivador for punido com pena de prisão igual ou superior a 5 anos, *i. e.*, quando o crime motivador se enquadrar no âmbito da criminalidade "especialmente violenta ou altamente organizada") ou no n.° 5 do art. 174.° ambos do CPP, apesar da sua apreciação caber ao Juiz de Instrução Criminal.

1282 Cfr. GERMANO MARQUES DA SILVA, *Curso de Processo...*, 2.ª Edição, Vol. II, pp. 116-117. Negrito nosso.

1283 *Hoc sensu*, Ac. Rel. Coimbra *in* Ac. TC n. 192/2001, Proc. n.° 517/2000. O mesmo se passa se o OPC efectuar uma revista no âmbito do tráfico de droga, crimes p. e p. pelos artigos 21.° a 24.° e 28.° do DL n.° 15/93, em que a omissão da comunicação ao JIC para apreciação em ordem à sua validação constitui nulidade sanável, devendo ser esta alegada pelo interessado nos termos do art. 120.°, n.° 3, al. *c*) do CPP. Cfr. Ac. STJ de 7 de Janeiro de 1998, Proc. n.° 1045/97 *in* M. SIMAS SANTOS e M. LEAL-HENRIQUES, *Código de Processo...*, (2.ª Ed.), Vol. I, pp. 887.

CAPÍTULO III

DAS APREENSÕES

§ 101.° Concepção e finalidade

322. As apreensões podem, simultaneamente, reter uma natureza de meio de obtenção de prova – "protegendo a realização do direito criminal" – e uma natureza preventiva e cautelar. Como medida preventiva e cautelar, destaca-se como medida cautelar e de polícia – al. *c*) do n.° 2 do art. 249.° em conjugação com o n.° 4 do art. 178.° do CPP – cuja demora da intervenção judicial e consequente perda dos meios de prova, legitima pela urgência que os OPC procedam a apreensões *a priori* de autorização da AJ.

As apreensões cautelares efectuadas pelos OPC, nos termos da al. *c*) do n.° 2 e do n.° 3 do art. 249.° do CPP, após apreciação e validação, convalidam-se ou convertem-se em meios de obtenção e conservação de prova e em prova processual penal judicialmente válida. Acresce que o seu escopo se amplia a permitir a "segurança de bens para garantir a execução, embora na grande maioria dos casos esses objectos sirvam também como meios de prova"[1284].

Cabe-nos relembrar que não se pode confundir apreensão com o *arresto preventivo* estipulados pelo art. 227.° do CPP, nem com a *caução económica* prevista pelo art. 227.° do CPP, que, como medidas destinadas a promover garantias reais – visam "garantir o pagamento de pena pecuniária, da taxa de justiça, das custas do processo ou de qualquer outra dívida para com o Estado relacionada com o crime e ainda o pagamento de indemnização ou outras obrigações derivadas do crime"[1285]. Contudo, as apreensões podem-se converter em arrestos preventivos *ex vi* do n.° 5 do art. 186.° do CPP.

323. Prescreveu-se como bens apreensíveis – elementos probatórios materiais – os previstos no n.° 1 do art. 178.° do CPP:

* os objectos que serviram ou estejam destinados para a prática de um crime;
* os objectos que constituem o produto, o lucro, o preço ou a recompensa do mesmo crime;
* os objectos que o arguido deixou no local ou rasto do crime; e
* ainda, todos os objectos que possam ter servido como prova do facto criminoso.

Em suma, as apreensões são enraizadamente meios de obtenção de prova e podem revestir natureza cautelar e de polícia, merecedora de tutela jurídico criminal. A apreensão é, em regra, cautelar no sentido

---

[1284] Cfr. Germano Marques da Silva, *Curso de Processo...*, 2.ª Edição, Vol. II, p. 197. Quanto a este assunto Simas Santos e Leal-Henriques, *Código de Processo...*, 2.ª Edição, II Vol., p. 902 e Maia Gonçalves, *Código de Processo...*, 12.ª Edição, pp. 413 e ss. e nosso *Lei e Crime...*, pp. 235 e ss.. Quanto à apreensão de objectos – coisas móveis e imóveis – no direito alemão §§ 94 e ss. da StPO e Claus Roxin, *Derecho Procesal...*, pp. 299 e ss..

[1285] Cfr. Germano Marques da Silva, *Curso de Processo...*, 2.ª Edição, Vol. II, p. 197.

de só passar a definitiva – modificação da posse e da disponibilidade – após sentença condenatória transitada em julgado com declaração de perda a favor do Estado dos bens apreendidos ou com a entrega dos bens aos legítimos proprietários – bens recuperados no âmbito da investigação de crimes contra a propriedade.

§ 102.° Regime jurídico e formalidades

324. As apreensões são, em regra, autorizadas ou ordenadas e, consequentemente, validadas por despacho da autoridade judiciária – *ex vi* do art. 178.°, n.° 3 do CPP. Se o OPC puder recorrer à AJ competente para que esta autorize ou ordene por despacho a apreensão dos objectos supracitados, não pode aquele socorrer-se da urgência e do *periculum in mora* para proceder à apreensão de provas reais – nos termos da al. *c*) do n.° 2 do art. 249.° do CPP.

Quanto à autoridade judiciária – MP, JIC ou Juiz de julgamento [nos termos do art. 340.° do CPP] –, consideramos que o MP tem competência para proceder, autorizar e ordenar apreensões que não sejam da competência exclusiva do JIC, *i. e.*, fora do quadro legal em que ao JIC compete:

i. [proceder] à apreensão em estabelecimento bancário, em consultório médico ou de saúde e em escritório de advogado – artigos 180.°, 181.° e 268.° n.° 1, al. *c*) do CPP;
ii. [autorizar e ordenar] apreensão de correspondência, art. 179.°, n.° 1 e 269.°, n.° 1, al. *d*) do CPP.

As apreensões citadas são validadas pelo JIC, pois se lhe assiste competência para proceder ou autorizar ou ordenar, não deixa de lhe assistir a competência para apreciar e validar, não fosse o JIC o juiz das liberdades.

No que respeita ao MP, poder-se-á afirmar que se há casos em que pode autorizar ou ordenar a apreensão – *p. e.*, de objectos localizados na via pública ou em um estabelecimento de restauração (café, restaurante) –, nestes assiste-lhes a competência de apreciar e validar as apreensões efectuada pelos OPC, sem prejuízo, todavia, da intervenção do JIC.

325. As apreensões efectuadas pelos OPC no âmbito de medida cautelar e de polícia e por ordem ou autorização do Juiz ou do JIC ou do MP estão sujeitas à apreciação e validação no decurso das setenta e duas horas subsequentes – n.° 5 do art. 178.° do CPP.

Os OPC, ao efectuarem apreensões sob um mandado judicial, devem proceder à *entrega do original* ao visado com a apreensão de bens e devem elaborar *auto de apreensão* que deve ser assinado quer pelo OPC quer pelo detentor dos objectos apreendidos e se solicitado devem proceder à entrega de uma cópia do auto de apreensão a quem legitimamente detinha os objectos apreendidos – art. 183.° do CPP e art. 176.° do CPP.

Os objectos aprendidos e que tenham dignidade de depósito e de guarda pela POLÍCIA, devem ser primeiramente *selados* à frente de quem foi apreendido e só depois se devem depositar na CGD – ouro, pedras preciosas, títulos e dinheiro – ou em cofre forte para que no futuro, os invólucros selados possam ser abertos na presença dos mesmos – art. 184.° do CPP.

Se os objectos apreendidos forem resultado de recuperação de «material furtado ou roubado» e se se demonstrarem desnecessários para a produção da prova ou transitada a sentença em julgado e os objectos não tiverem «sido declarados perdidos a favor do Estado», serão entregues aos seus legítimos proprietários – «restituídos a quem de direito» –, devendo-se para tal elaborar um *termo de entrega* com a descrição dos objectos entregues e com a respectiva aposição de assinaturas dos intervenientes no acto – *ex vi* n.° 1 e n.° 2 do art. 186.° do CPP.

As pessoas a quem devam ser restituídos os objectos apreendidos têm 90 dias após a notificação para procederem ao respectivo levantamento, sendo que, cumprido aquele prazo, aquelas suportarão os custos inerentes ao depósito dos objectos, conforme n.° 3 do art. 186.° do CPP. Passado 1 ano após notificação sem que os objectos tenham sido levantados, os mesmos consideram-se perdidos a favor do Estado por força do n.° 4 do art. 186.° do CPP.

§ 103.° Das apreensões

a. *apreensão de correspondência*

326. O direito à inviolabilidade da correspondência encontra-se consagrado no art. 34.°, n.° 1 da CRP, cuja violabilidade só é admissível em matéria criminal nos casos expressos na lei – n.° 4 do art. 34.° da CRP. A inviolabilidade ou o sigilo da correspondência e a proibição de ingerência protegem o núcleo essencial da reserva da intimidade da vida privada e familiar, consagrado no art. 26.° da CRP[1286].

A apreensão de correspondência[1287] incide sobre cartas, encomendas, valores, telegramas ou qualquer outra correspondência – *p. e.*, electrónica – quer nas estações dos correios quer nas estações de telecomunicações ou centrais de servidores informáticos – n.° 1 do art. 179.° do CPP.

Realce-se que os OPC só podem proceder à apreensão, ficando a abertura da mesma reservada ao Juiz que emitiu a ordem ou a autorização – n.° 3 do art. 179.° e 252.°, n.os 1 do CPP – excepto nos casos do n.° 2 do art. 252.° do CPP[1288].

1286 Consideramos como válida e adequada a posição assumida para as escutas telefónicas no nosso *Escutas Telefónicas...*, 1.ª Edição, pp. 98 e ss.. Quanto a este assunto Gomes Canotilho e Vital Moreira, *Constituição da República...*, 3.ª Edição, pp. 213 e 214.

1287 Quanto a este assunto Germano Marques da Silva, *Curso de Processo...*, 2.ª Edição, Vol. II, p. 197 e 198, Simas Santos e Leal-Henriques, *Código de Processo...*, 2.ª Edição, I Vol., pp. 910 e ss. e Maia Gonçalves, *Código de Processo...*, 12.ª Edição, pp. 419 e ss. e nosso *Lei e Crime...*, pp. 236 e 237.

1288 *Supra* apreensão de correspondência no âmbito das medidas cautelares e de polícia. Para Simas Santos e Leal-Henriques, a sanção jurídico-processual por desrespeito aos pressupostos dos n.os 1 e 2 do art. 179.° do CPP é a nulidade insanável – art. 119.° do CPP –, "não podendo ser utilizadas, consequentemente, as provas daí resultantes (cfr. art. 126.° , n.os 1 e 3)". Cfr. Simas Santos e Leal-Henriques, *Código de Processo...*, 2.ª Edição, I Vol., p. 911. *Hoc sensu* Maia Gonçalves, *Código de Processo...*, 12.ª Edição, p. 420.

327. Como *pressupostos* a verificar, sob pena de *nulidade* – sanção jurídico-processual que enquadramos no âmbito das *proibições de prova* exaradas no capítulo anterior[1289] –, são os seguintes:

α. *despacho fundamentado* do juiz a autorizar ou a ordenar a apreensão da correspondência – n.° 1 do art. 179.°, art. 97.° e 269.°, n.° 1, al. *d*) do CPP;

β. verificação *cumulativa* dos quesitos:

- a correspondência tem de ser expedida ou recebida pelo suspeito – al. *a*) do n.° 1 do art. 179.° do CPP;
- obediência ao catálogo dos crimes motivadores da apreensão – crimes puníveis com prisão cujo máximo seja superior a 3 anos – al. *b*) do n.° 1 do art. 179.° do CPP;
- a apreensão tem de se revelar de grande interesse para a descoberta da verdade ou para a prova – al. *c*) do n.° 1 do art. 179.° do CPP.

γ. que a *correspondência não seja a efectuada entre o defensor e o arguido*, sendo apenas admissível tal restrição se a correspondência for objecto ou elemento do crime – n.° 2 do art. 180.° do CPP[1290].

328. A *abertura da correspondência* – exceptuando-se a circunstância do n.° 2 do art. 252.° do CPP – é da competência do Juiz que houvera autorizado ou ordenado a diligência, conforme determina o n.° 3 do art. 179.° do CPP, devendo ser o *primeiro a tomar conhecimento* do conteúdo para que faça uma de duas coisas:

α. considere relevante para a prova e ordene a sua junção ao processo; ou

---

[1289] *Supra* regime jurídico da valoração das provas, Capítulo II – Das revistas e das Buscas. A violação dos pressupostos do art. 179.° do CPP enquadram-se no plano das proibições de prova – art. 126.° do CPP – e não no plano das nulidades.

[1290] Quanto a este assunto o nosso "Terrorismo – Fundamento de restrição de direitos?", *in Terrorismo*, Coordenação de ADRIANO MOREIRA, Coimbra: Almedina, 2003, p. 411 e MARQUES FERREIRA, "Meios de Prova", *in Jornadas de Direito Processual...*, p. 269.

β. não se relevando para a prova, restitua ao legítimo proprietário, ficando sujeito ao dever de segredo sobre o que tomou conhecimento e não teve interesse para a prova ou descoberta da verdade[1291].

329. No que concerne aos *conhecimentos fortuitos – Zufallsfunde –*, consideramos que, por o regime da apreensão de correspondência se aproximar do regime das escutas telefónicas, a valoração dos conhecimentos fortuitos no âmbito daquelas se identifica e se deve aplicar no plano da apreensão da correspondência[1292-1293].

b. *apreensão em escritório de advogado ou em consultório médico*

330. A diligência de apreensão de correspondência em escritório de advogado e em consultório médico[1294] segue a mesma linha de protecção de bens jurídicos cruciais ao desenvolvimento harmonioso da sociedade, tutelando-se adjectivamente o segredo profissional que, consequentemente, provocará uma salvaguarda dos direitos fundamentais pessoais – *maxime*, reserva da intimidade da vida privada e familiar.

[1291] Sem olvidarmos que a restituição da correspondência far-se-á sempre que se manifestar desnecessária *ex vi* art. 186.° do CPP.

[1292] Capítulo VI – Dos conhecimentos fortuitos.

[1293] Quanto a este assunto o nosso *Dos Conhecimentos Fortuitos (nas escutas telefónicas): a busca de um equilíbrio apuleiano!*, Trabalho apresentado na Cadeira de Processo Penal, no âmbito do Mestrado em Ciências Jurídico-Criminais da Faculdade de Direito da Universidade de Coimbra, sob a regência da Prof.ª Doutora ANABELA MIRANDA RODRIGUES, no ano lectivo de 2003/04. Quanto a esta matéria, o nosso *Conhecimentos Fortuitos. Em Busca de um Equilíbrio Apuleiano*, Coimbra: Almedina, 2006.

[1294] Quanto a este assunto GERMANO MARQUES DA SILVA, *Curso de Processo...*, 2.ª Edição, Vol. II, pp. 197 e 198, SIMAS SANTOS e LEAL-HENRIQUES, *Código de Processo...*, 2.ª Edição, I Vol., pp. 910 e ss. e MAIA GONÇALVES, *Código de Processo...*, 12.ª Edição, pp. 419 e ss. e nosso *Lei e Crime...*, pp. 236 e 237.

Remetendo para os n.os 5 e 6 do art. 177.° do CPP – regime das buscas nestes locais –, o n.° 1 do art. 181.° do CPP impõe que a diligência não só seja autorizada pelo juiz, como este deve presidir à mesma – n.° 3 do art. 177.° *ex vi* do art. 181.° e art. 269.°, n.° 1, al. *d*) do CPP.

331. À apreensão de correspondência em escritório de advogado e em consultório médico aplica-se o regime da *abertura da correspondência*, nos termos do n.° 3 do art. 180.° do CPP, devendo o juiz ser o primeiro a tomar conhecimento e decidir pelo interesse e relevo para a descoberta da verdade ou para a prova, recaindo sobre o mesmo o ónus de decidir ou pela junção ou pela restituição da correspondência – n.° 3 do art. 181.° do CPP – assim como se considera que a nulidade prescrita no n.° 2 do art. 181.° do CPP consigna uma *proibição de prova* – art. 32.°, n.° 8 da CRP e 126.° do CPP[1295].

O preceito reforça a ideia de segredo e de respeito de relações próximas entre advogado e cliente – tutelando o segredo profissional – e entre médico e os seus clientes – segredo profissional médico – *ex vi* n.° 2 do art. 181.° do CPP.

c. *apreensão em estabelecimento bancário*

332. A apreensão em estabelecimento bancário[1296] – que conflitua com o segredo bancário, que, no âmago, tutela direitos fundamentais pessoais – obriga-nos a referir que o n.° 1 do art. 181.° do CPP prescrevia, antes da alteração formal operada pela Lei n.° 59/98, de 25 de Agosto, que a AJ procedia à apreensão em bancos, podendo o MP proceder à apreensão, o que se afasta com a alteração operada, em

[1295] Com os mesmos argumentos, amalgamados no Capítulo II, f. da busca domiciliária, iii. do valor das provas obtidas por meio de revistas e buscas ilegais..

[1296] Quanto a este assunto GERMANO MARQUES DA SILVA, *Curso de Processo...*, 2.ª Edição, Vol. II, pp. 198 e 198, SIMAS SANTOS e LEAL-HENRIQUES, *Código de Processo...*, 2.ª Edição, I Vol., pp. 916 e ss. e MAIA GONÇALVES, *Código de Processo,* 12.ª Edição, pp. 421 e ss. e nosso *Lei e Crime...*, p. 238.

que o Juiz é quem procede à apreensão em bancos ou outras instituições de crédito documentos, títulos, valores, quantias ou quaisquer outros objectos.

O juiz não só procede à apreensão como examina a correspondência e toda a documentação bancárias para a descoberta dos objectos – documentos, títulos, valores, quantias ou quaisquer outros – susceptíveis de serem apreendidos por estarem relacionados com um crime e se revelarem de grande interesse para a descoberta da verdade ou para a prova, *i. e.*, se existirem fundadas razões para que se admita uma relação entre aqueles objectos e o crime em investigação, independentemente de serem pertença do arguido ou de não constarem com o seu nome – n.os 1 e 2 art. 181.° do CPP.

O exame será efectuado pelo Juiz, podendo para tal socorrer-se da coadjuvação dos OPC ou de técnicos especializados. Do conhecimento que aqueles tomarem ficam obrigados ao dever de segredo, cuja violação poderá compaginar o crime de violação de segredo de justiça, p. e p. pelo art. 371.° do CP[1297].

d. *apreensão a pessoas sujeitas a segredo profissional ou de funcionário e a segredo de Estado*

333. De relevar é o facto de a *ordem poder ser emitida* pelo MP – ao se consagrar no n.° 1 do art. 182.° do CPP que «apresentam à autoridade judiciária» –, o que afasta a exclusividade do Juiz – *maxime* JIC – por em causa não estarem direitos fundamentais pessoais dos cidadãos, mas antes o funcionamento normal do Estado, cujos funcionários devem primar pela salvaguarda desses interesses.

Os funcionários sob segredo profissional ou de funcionário podem-se recusar a entregar os objectos – documentos, ou outros objectos – invocando aqueles segredos. Recusa essa que terá de ser lavrada a escrito. Face à recusa, a AJ pode proceder a averiguações necessárias

---

1297 Neste mesmo sentido Simas Santos e Leal-Henriques, *Código de Processo...*, 2.ª Edição, I Vol., p. 916.

para apurar da legitimidade da recusa, que, se se verificar como ilegítima, a AJ ordena ao funcionário que entregue os documentos ou solicita ao tribunal superior que ordene a entrega dos documentos – n.° 2 do art. 182.° que remete para os n.os 2 e 3 do art. 135.° e art. 136.°, n.° 2 do CPP.

Os funcionários sob segredo de Estado, que se recusem a entregar os documentos solicitados, terão de ver confirmado o segredo Estado, em um prazo não superior a 30 dias, pelo Ministro da Justiça – art. 137.°, n.° 3 *ex vi* n.° 3 do art. 182.° do CPP.

§ 104.° Destino dos objectos apreendidos

334. Se os objectos apreendidos forem coisas perecíveis podem ser vendidas ou afectadas a uma finalidade socialmente útil – *p. e.*, após a apreensão de géneros alimentícios por suspeita de terem sido furtados, mesmo sem a decisão da AJ, o OPC ou APC podem promover a entrega desses bens perecíveis a instituições de caridade –, as perigosas podem ser destruídas por ordem da AJ e quanto às deterioráveis pode-se promover medidas de conservação ou de manutenção ou a sua destruição imediata – conforme art. 185.° do CPP.

Quanto aos objectos apreendidos, fruto de crimes contra a propriedade, conhecido o proprietário, deve-se elaborar um termo de entrega e entregar os bens, desde que não se mostrem necessários para a descoberta da verdade ou para a prova – art. 186.° do CPP.

Os objectos lucro do crime ou pessoais adquiridos com o produto do crime pertencentes aos arguidos podem ser declarados perdidos a favor do Estado – art. 178.°, n.° 7 do CPP e artigos 109.° e 111.° do CP.

335. Pode-se referir que a Reforma de 2007 promoveu a clarificação quanto ao destino a dar aos bens sem valor, perecíveis, perigosos ou deterioráveis apreendidos. Esta clarificação valorizar-se-á se a Autoridade Judiciária estiver disponível para ser contactada pelo OPC, caso contrário vamos entrar na mesma falácia.

Não nos parece desejável que um OPC mantenha durante várias horas produtos alimentícios de fácil deterioração nas suas instalações, sem condições de conservação, ou os encaminhe para um tribunal para determinação do seu destino, sob pena de contribuirmos para a afectação da saúde pública.

Caso a AJ esteja contactável via fax ou via e-mail e se solicite a autorização ou ordem a dar destino a tais produtos, parece-nos que a nova redacção do art. 185.° do CPP clarifica uma prática diária e desjurisdicionalizada da disposição de bens. É preciso que a AJ esteja disponível para permitir que essa disposição de bens não tenha de ser efectuada por decisão da Autoridade de Polícia Criminal por imperativos de *periculum in mora* na afectação da saúde pública, afectação social ou na destruição desses bens.

CAPÍTULO IV

DAS ESCUTAS TELEFÓNICAS

SUMÁRIO: § 105.° Introdução
- a. resenha histórica
- b. concepção
- c. meio de obtenção de prova *versus* informações secretas

§ 106.° Regime jurídico
- a. meio excepcional de investigação: fundamentos
- b. admissibilidade e formalidades do recurso à realização das escutas telefónicas
- c. fiscalização e controlo
- d. limites: expressos e imanentes
- e. extensão do regime das escutas telefónicas
- f. da admissibilidade das provas obtidas por intercepção de comunicações em processos disciplinares
- g. da localização celular
- h. o registo de voz (*off*) e de imagem
- i. da intercepção (controlo) de comunicações no quadro da segurança interna
- j. valoração probatória
- l. proposta de alteração do CPP

§ 105.° Introdução

a. *resenha histórica*

336. No que toca às **escutas telefónicas**[1298], há a realçar, inicialmente, que quer o DL n.° 605/75 quer o DL n.° 377/77 mantiveram a salvaguarda de meios de prova previstos no art. 210.° do CPP/29. Quanto ao primeiro diploma, ainda sob a égide do Programa do Movimento das Forças Armadas que determinou, no plano das medidas a curto prazo, «a dignificação do processo penal em todas as suas fases, havendo o Ministério da Justiça, no seu Plano de Acção, aprovado em Conselho de Ministros de 20 de Setembro de 1974, considerado prioritária, em ordem ao cumprimento daquela directriz, a simplificação e celeridade do processo penal», o art. 2.° estipulava que no inquérito policial eram admissíveis todos os meios de prova permitidos em direito – n.° 1 – e que as buscas domiciliárias, autópsias e exames que pudessem ofender o pudor das pessoas examinadas dependiam de prévia autorização do Ministério Público – n.° 3.

O Legislador submetia os meios de prova previstos no n.° 2 do art. 2.° do DL n.° 605/75 a autorização do MP, sem que afastasse os meios de prova previstos no art. 203.° e 204.° do CPP/29 e, em muito especial, no **§ 2.° do art. 210.° do CPP/29**, onde se consagrava que «poderá o juiz ou qualquer autoridade ou agente por sua ordem **interceptar, gravar e impedir comunicações**», quando seja indispensável à instrução da causa, nos termos que são estabelecidos no Código de Processo Penal ou em legislação especial, conforme artigos 209.°, 210.° e 211.° do CPP/29.

[1298] Quanto ao que iremos aprofundar e estudar neste Capítulo, o nosso *Escutas Telefónicas – Da Excepcionalidade à Vulgaridade,* 2.ª Edição, Coimbra: Almedina, 2008, cuja extensão do estudo ultrapassa o panorama *stricto sensu* das escutas como meio de obtenção de prova. Quanto às escutas telefónicas no direito alemão §§ 100 e ss. da StPO e CLAUS ROXIN, *Derecho Procesal,* pp. 306 e ss.. Tendo em conta a discussão sobre a competência para autorizar e validar escutas telefónicas a titulares dos órgãos de soberania, assim como do valor (positivo ou negativo) do conteúdo das mesmas, GERMANO MARQUES DA SILVA, "Escutas telefónicas... em busca de uma interpretação jurídica", *in Boletim da Ordem dos Advogados*, n.os 60-61, Lisboa, pp. 50-54.

337. O DL n.° 377/77, já sob os princípios estruturantes do processo penal consagrados pela CRP/76, *maxime* art. 32.°, não só alterou a redacção dos preceitos do DL n.° 605/75 como alterou a dos preceitos do CPP/29, inclusive o art. 210.° – que se refere às escutas telefónicas. O art. 2.° do DL n.° 605/75 passou a consignar que no inquérito preliminar eram admissíveis todos os meios de prova permitidos em direito, tendo em conta que «as buscas, autópsias, vistorias, apreensões domiciliárias e exames que possam ofender o pudor das pessoas examinadas, **bem como as diligências referidas no artigo 210.° do Código de Processo Penal**, devem ser autorizadas pelo juiz de instrução, que a elas presidirá, salvo se as diligências se fizerem com o consentimento expresso, reduzido a escrito e assinado, da pessoa cujo pudor possa ser ofendido, de quem de direito relativamente ao autopsiado, daqueles em cujo domicílio se fizerem ou, em geral, da pessoa contra quem forem dirigidas» – al. *a*) do n.° 1.

O art. 210.° do CPP prescrevia que, no âmbito das escutas telefónicas, poderia «juiz, ou qualquer oficial de justiça ou agente da autoridade, por sua ordem, ter acesso aos referidos meios, para interceptar, gravar ou impedir comunicações, quando seja indispensável à instrução da causa, observando-se as disposições deste Código em tudo o que não for regulado na respectiva legislação especial», sem que se olvidasse que «**só excepcionalmente** poderiam ser ordenadas, devendo o juiz declarar previamente a sua necessidade em despacho fundamentado» – § 2.° do art. 210.°.

Realce-se, ainda, que o legislador não falava de meios de obtenção de prova, mas sim de meios de prova, conforme art. 2.°, n.° 1 e n.° 3, do DL n.° 605/75 e art. 2.°, n.° 1 do DL n.° 377/77, englobando no mesmo tipo conceptual quer os meios de prova – *p. e.* testemunhas, al. *b*) do n.° 1 do DL n.° 377/77 – quer os meios de obtenção de prova – *p. e.*, exames e buscas, al. *a*) do n.° 1 do DL n.° 377/77 – que a doutrina apartava[1299].

1299 Cfr. MANUEL CAVALEIRO DE FERREIRA, *Curso de Processo Penal*, Lisboa: Editora Danúbio, Lda., 1986, p. 220.

b. ***concepção***

338. A concepção de escuta telefónica como meio de obtenção de prova obriga-nos a uma reflexão sobre a **técnica** e sobre o **meio** e que **provas** se procura obter. A compreensão deste instrumento legal e material de prevenção criminal stricto sensu, *i. é,* de investigação criminal e não de vigilância criminal[1300].

As escutas telefónicas atordoaram o país com as conversas 'escandalosas' de dirigentes partidários e, nesse preciso momento, provocaram reacções antagónicas: por um lado, os defensores dos direitos, liberdades e garantias – que empunham a espada contra a absolutização da verdade a qualquer custo – sentiram-se com razão de criticar a indiscriminação e o desnorte da selecção do que é escutado e do que é ou deve ser transcrito – para o auto de transcrição de escuta – evitando-se que um 'desabafo' se transforme em chacota e em risos de almoço ou de toma de café; mas, por outro lado, os guerreiros da segurança a qualquer custo e da restrição de direitos e liberdades em prol da 'justiça' ergueram a voz contra as restrições aos operadores judiciários na selecção do que é escutado e do é transcrito, arguindo a total transcrição para os autos do que fora escutado, para que a verdade ou a aparente verdade seja do conhecimento do 'povo'.

Este acontecimento – publicação de excertos cirúrgicos de escutas telefónicas sobre certas personalidades do nosso país – pôs, também, em relevo o problema do que é ou devemos entender por escuta telefónica no âmbito do direito penal adjectivo – apartando-a da má e desregulada escuta, não podendo ser considerada como meio de obtenção de

---

1300 Quanto a este assunto os nossos estudos "A segurança como tarefa fundamental do Estado", *in Revista Polícia Portuguesa*, Ano LXIII, n.° 125, Set/Out, 2001, pp. 27 e ss., *Regime Jurídico da Investigação Criminal Comentado e Anotado*, Coimbra: Almedina, 2003, pp. 24 e 25, "Terrorismo: Fundamento de restrição de direitos?", *in Terrorismo* (Coord. De ADRIANO MOREIRA), Coimbra: Almedina, 2003, pp. 375 e ss., *O Novo regime Jurídico do Agente Infiltrado Anotado e Comentado*, (co-autoria FERNANDO GONÇALVES e MANUEL JOÃO ALVES), Coimbra: Almedina, 2001, pp. 28 e 29. Num quadro Constitucional, J. J. GOMES CANOTILHO e VITAL MOREIRA, *Constituição da República Portuguesa Anotada*, 3.ª Edição, Coimbra: Coimbra Editora, 1993, pp. 954 e ss., anotação ao art. 272.°.

prova – a problemática da técnica e do domínio exclusivo da técnica pela polícia judiciária (PJ), do meio em si e das provas que se desejam ou que interessam recolher para analisar e interpretar – provas reais – e localizar, contactar e apresentar ao tribunal – provas pessoais.

339. A **técnica**, sacralizada e caracterizada como algo de difícil concepção e manejo, prático em demasia para que o juiz que autorizou ou ordenou possa descer da teoria de que está imbuído o seu gabinete – doutrina e jurisprudência –, cujo contacto provocaria constipação intelectual, é de fácil domínio e de permeável acesso. Como escreve MATA-MOUROS[1301], o juiz, sentado no seu gabinete de trabalho, dotado de *password* própria de acesso ao sistema, podia aceder ao sistema sempre que entenda necessário, permitindo e promovendo o controlo a que tanto se aspira: "estas visitas do juiz às intercepções, sem hora marcada ou dependência de anfitrião, conseguiriam mais em prol do efectivo controlo judicial da pertinência na manutenção da escuta, na adequação da sua próxima prorrogação e mesmo na sindicância dos critérios de selecção policiais"[1302].

Os terminais das escutas telefónicas encontram-se sediados nas polícias, *maxime* PJ. A localização física, caso não seja colmatada com o recurso ao controlo à distância – por meio de acesso informático dotado das características próprias dos computadores da PJ –, é um obstáculo à AJ – MP ou JIC – no acompanhamento das diligências do OPC. Duvidoso se afigura os longos prazos de transcrição, quando, hoje, há computadores capazes de gravarem o som e transcreverem-no pouco tempo depois, facilitando de todo em todo o trabalho árduo dos OPC. A técnica, hoje, pode ser um instrumento funcionalizante da justiça e, por conseguinte, na defesa e na garantia dos direitos e liberdades dos cidadãos.

340. Como **meio** de obtenção de prova, neste canto do estudo, reservaremos apenas considerações gerais, cuja especificidade desenvolveremos com maior acuidade no ponto do regime jurídico.

1301 Cfr. FÁTIMA MATA-MOUROS, *Sob Escuta,* S. João do Estoril: Princípia, 2003, pp. 28 e 29.

1302 *Idem*, p. 29.

A excepcionalidade dos meios de obtenção de prova reserva-se aos que ofendem mais gravemente os direitos fundamentais pessoais do cidadão. A realização da justiça e a descoberta da verdade material encontra-se limitada por dois vértices: por um lado, prefere-se não obtê-la a ofender 'brutalmente' quaisquer direitos pessoais e princípios fundamentais (tais como a vida, a integridade física e psíquica, a dignidade da pessoa humana), sob pena de a justiça ser amoral e enferma; por outro, está sujeita ao recurso ao meio menos oneroso para aqueles direitos e princípios, *i. e,* se a realização do exame e da revista ao(s) suspeito(s) preenche o quadro probatório – real e pessoal – do processo, não deve ser efectuada a busca ou a apreensão ou a escuta telefónica ou o recorrer ao agente infiltrado.

Como meio de obtenção de prova, a escuta telefónica deve, também, cingir-se ao estritamente necessário ou exigível probatório e não a uma desmesurada fruição. Pressuposto extraído do enquadramento sistemático das escutas telefónicas. O legislador consagrou as escutas telefónicas em último lugar dos meios de obtenção de prova – colocando em primeiro lugar os exames, depois as revistas e as buscas, seguidamente as apreensões e, por último, as escutas telefónicas. Deste, mais grave, só o agente infiltrado, cujo regime o legislador consagrou em diploma autónomo[1303].

O recurso às escutas telefónicas depende de autorização judicial e nunca pode funcionar como típica medida cautelar e de polícia. Quer os exames, as revistas, as buscas e as apreensões em geral – mesmo de correspondência – podem, como tipificadas nos artigos 249.° a 252.° do CPP, ser aplicadas pelos OPC como medidas cautelares e de polícia – cujo actos pré-processuais carentes de apreciação, das apreensões de correspondência e de validação judiciária[1304] –, mas já não podem socorrer-se das escutas ou da figura de agente infiltrado como medida

---

[1303] Cfr. Lei n.° 101/2001, de 25 de Agosto.

[1304] Cfr. Germano Marques da Silva, *Curso de Processo Penal*, 2.ª Edição, Lisboa/S. Paulo: Verbo, Vol. III, pp. 63 e ss.. Quanto a este assunto, Anabela Miranda Rodrigues, "A fase preparatória...", *in STVDIA IVRIDICA*, n.° 61, p. 958 e o nosso *Regime Jurídico da Investigação Criminal Comentado e Anotado*, 3.ª Edição, Coimbra: Almedina, 2006, p. 78.

cautelar e de polícia, porque não tipificadas como tal e por violarem severamente os direitos fundamentais.

Acrescente-se que, apesar da discussão doutrinal e jurisprudencial, este meio de obtenção de prova – por tão oneroso dos direitos fundamentais – carece de autorização ou ordem de juiz, não se criando qualquer possibilidade de a mesma poder ser ordenada ou autorizada pelo MP ou realizada sem qualquer autorização ou ordem de autoridade judiciária, como os meio de obtenção de prova exame, revistas, buscas e apreensões.

Do exposto, podemos aferir que as escutas telefónicas apenas se nos apresentam como um **meio** de obter provas reais e pessoais para um processo crime quer na fase de inquérito quer na fase da instrução, caso o juiz entenda que se devem proceder a novas diligências de prova e não se confunde como um meio de prova.

341. Como périplo deste ponto, propusemo-nos abordar a escuta na perspectiva da prova: "**que provas** investigamos?".

Temos vindo a descortinar as perspectivas das escutas telefónicas como técnica de investigação e seus percalços, como meio de obtenção de provas, e, sem terminar este ponto, incumbe-nos discretear sobre as escutas quanto ao elemento **provas**.

Para John Gilisssen, a prova funciona como "um mecanismo pelo qual se tenta restabelecer a verdade de uma alegação, de um direito ou de um facto", ou seja, a prova é "o conjunto de processos por meio dos quais se tenta convencer aquele que deve dizer o direito de que teve lugar (ou não) um certo facto, ou ainda de que uma afirmação corresponde à verdade ou deve ser tida como se lhe correspondesse"[1305].

1305 Cfr. John Gilisssen, *Introdução Histórica ao Direito*, 4.ª Edição, Lisboa: Fundação Calouste Gulbenkian, 2003, p. 711. A prova de que nos fala Gilissen é abrangente, pois abarca todos os ramos do direito e não apenas a prova criminal. Ao lado da designada **prova judicial** – que é específica e se destina a "convencer o juiz, a persuadi-lo da existência de um facto concreto que teve lugar num passado mais ou menos próximo" –, o autor fala-nos da **prova *demonstrativa*** – que parte da matemática e da lógica para demonstrar ideias ou dados abstractos –, da **prova *experimental*** – típica das ciências naturais e que parte de experiências que procuram demonstrar factos com exactidão –, da **prova *histórica*** – visando a reconstituição de factos do

Quanto à prova judicial, JOHN GILISSEN considera-a específica e que se destina a "convencer o juiz, a persuadi-lo da existência de um facto concreto que teve lugar num passado mais ou menos próximo"[1306], sem contudo apartá-la completamente das provas demonstrativa, experimental e histórica. A prova judicial é, em concomitância, demonstrativa, experimental e histórica.

A realização de escutas telefónicas destina-se a descobrir e recolher, para futura análise e interpretação e conexão jurídica, **provas reais** – elementos materiais e factuais do crime e elementos materiais móbil do próprio crime – e localizar, contactar e, posteriormente, apresentar em juízo **as provas pessoais** – quer agentes ou co-agentes do crime quer testemunhas – que se considerem «relevantes para a descoberta da verdade e para a prova».

c. ***meio de obtenção de prova* versus *informações secretas***

342. As escutas telefónicas, cuja possibilidade de execução por ordem ou autorização de despacho de juiz emerge do n.° 4 do art. 32.° da CRP, somente se podem verificar no plano do processo penal e nunca no plano do Serviço de Informações de Segurança (SIS) ou do Serviço de Informações e Estratégia de Defesa (SIED), conhecidos por serviços secretos que produzem informações secretas.

A Lei n.° 9/2007, de 19 de Setembro, que aprovou a orgânica do Secretário-Geral do Sistema de Informações da República Portuguesa, do Serviço de Informações e Estatégias de Defesa (SIED) e do Serviço de Informações de Segurança (SIS), veio reestruturar e organizar as informações secretas em Portugal, principalmente no que respeita à dependência político-executiva, passando a estar sob a dependência do Primeiro Ministro que não só aprova os planos anuais das actividades do SIED e do SIS, como também pode «fixar, por despacho, directrizes e instruções sobre as actividades a desenvolver» por aqueles ser-

---

passado –, tipos de prova úteis e possíveis para o desenvolvimento probatório do processo judicial. *Idem*, p. 712.

1306 *Ibidem*.

viços. Acresce que o SIED e o SIS passaram a estar na dependência de um Secretário-geral que responde perante o Primeiro-Ministro, conforme artigos 1.° a 25.° da Lei n.° 9/2007, de 19 de Fevereiro.

Não podemos configurar a realização de escutas telefónicas no plano estrito de descoberta e recolha de informação secreta face ao nosso ordenamento jurídico processual penal. Não é de todos desconhecido o famigerado episódio das escutas instaladas no gabinete do Procurador Geral da República CUNHA RODRIGUES. Se nos perguntarem se os serviços secretos efectuam as escutas não lhes poderemos responder, mas face ao quadro legal vigente não se afigura constitucionalmente admissível exceptuando-se no âmbito criminal. Se recuarmos no tempo, a famosa ENIGMA, subtraída, em boa hora, ao regime nacional socialista – vulgo NAZI – funcionou como meio de intercepção de comunicações entre as forças do eixo germano-itálo-nipónico, podendo sabotar manobras bélicas sobre os aliados e accionar ataques destes sobre aqueles.

343. O SIS[1307] e o SIED[1308] estão, desde logo, impedidos de efectuar escutas telefónicas por imposição de comando constitucional. A realização de escutas telefónicas advém, constitucionalmente, da salvaguarda consagrada na parte final do n.° 4 do art. 34.°, *i. e.*, apenas

---

[1307] Quanto à genese e reinício dos serviços de informações no pós-25 de Abril, Lei n.° 30/84, de 5 de Setembro, alterada pela Lei n.° 4/95, de 21 de Fevereiro, e pela Lei Orgânica n.° 4/2004, de 6 de Novembro, que aprovou a Lei Quadro do Sistema de Informações da República Portuguesa. A Lei Orgânica do SIS, aprovada pelo DL n.° 225/85, de 4 de Julho, alterado pelos Decretos-Leis n.os 369/91, de 7 de Outubro, n.° 245/95, de 14 de Setembro, fora revogada pelo art. 72.° da Lei n.° 9/2007, de 19 de Fevereiro. O SIS rege-se, hoje, pela Lei n.° 9/2007, de 19 de Fevereiro, em especial no que concerne à sua missão pelos artigos 33.° a 43.° e pela Lei Quadro do Sistema de Informações da República Portuguesa.

[1308] A Lei Orgânica do SIED foi aprovada pelo DL n.° 254/95, de 30 de Setembro. A al. *c*) do art. 7.° da Lei Orgânica n.° 4/2004, de 6 de Novembro, alterou a designação de SIEDM para SIED: Serviços de Informações Estratégicas de Defesa. A Lei Orgânica do SIED foi revogada pelo art. 72.° da Lei n.° 9/2007, de 19 de Fevereiro. O SIED rege-se, hoje, pela Lei n.° 9/2007, em especial pelos artigos 26.° a 32.° no que respeita à sua missão e, ainda, pela Lei Quadro do Sistema de Informações da República Portuguesa.

será permitido violar o direito à inviolabilidade das comunicações humanas – pondo fim ao «sigilo» de que gozam «os meios de comunicação privada» – «nos casos previstos na lei **em matéria criminal**».

Como se depreende, os elementos do SIS e do SIED não são OPC nem APC, não podem desempenhar e praticar actos processuais e pré-processuais, como se afere dos seus diplomas orgânicos, o que, por natureza, limita e trava qualquer possibilidade legal – por freio constitucional – de poderem solicitar ao juiz a realização de escutas telefónicas.

O SIS é um serviço de segurança e, no âmbito da Lei de Segurança Interna (LSI) e desde que estejam preenchidos os pressupostos legais e o pressuposto teleológico das escutas telefónicas em geral – previsto no art. 187.° do CPP – e, ainda, desde que sejam fundamentais para a prossecução de segurança interna, pode-se realizar o *controlo das comunicações*, conforme previsto art. 27.° da LSI. Todavia e como veremos em momento posterior, a intercepção e gravação – controlo – das comunicações previstas no quadro da segurança interna só é admissível com autorização judicial, se feitas pela polícia judiciária e se em causa estiverem crimes muito graves que afectam drasticamente a segurança interna do país, como se retira do catálogo do n.° 2 do art. 187.° do CPP. Pois, o SIS não pode constitucional e legalmente proceder ao controlo de escutas telefónicas[1309].

§ 106.° Regime jurídico

344. O regime jurídico das escutas telefónicas[1310] sofreram uma grande evolução, cujas especificações de requisitos e condições pres-

---

1309 Quanto a este assunto, o nosso "El Sistema de Seguridad Interior Portugués", *in Revista de Seguridad Publica* – Cuadernos de la Guardia Civil, n.° XXXVI, Año 2007, 2.ª Epoca, pp. 8-9, e Luís Fiães Fernandes e Manuel Monteiro Guedes Valente, *Segurança Interna – Reflexão e Legislação*, Coimbra: Almedina, pp. 25-26.

1310 Para um estudo aprofundado e alargado do regime jurídico das escutas telefónicas, o nosso *Escutas Telefónicas...*, 2.ª Edição, Coimbra: Almedina, 2008

critos nos artigos 187.° a 190.° do CPP, não têm precedente quer no CPP/29, quer com as sucessivas alterações, sendo a primeira de maior significado operada pelo DL n.° 377/77, na qual se prescreveu a «excepcionalidade» da autorização ou ordem, e a segunda operada pela Lei n.° 48/2007, de 29 de Agosto, que aprovou a 15.ª Alteração ao CPP, aprovado pelo DL n.° 78/87, de 17 de Fevereiro, na qual se consagrou, na linha da doutrina que vínhamos defendendo, os princípios da *indispensabilidade para a descoberta da verdade* e da *elevada dificuldade de obtenção da prova por um meio de obtenção de prova menos oneroso* para os direitos e liberdades fundamentais do cidadão.

a. ***meio excepcional de investigação: fundamentos***

345. Os perigos de recurso imediato ou instantâneo a um meio de obtenção de prova que fere profundamente os direitos fundamentais é uma consequência directa ou indirecta da política criminal de criminalização seguida pela Europa, estruturada na base de uma política penal securitária, em que a segurança é o fiel da balança da liberdade e da justiça[1311]. Como nos dão conta WINFRIED HASSEMER e MUÑOZ CONDE[1312], a veia criminalizadora influencia o processo penal, cuja celeridade, facilidade e agilização de procedimentos contribuem para a diminuição ou, até mesmo, eliminação de garantias típicas de um Estado de Direito, das quais se salientam as relacionadas com a prática de prova.

Cabe-nos, operadores da justiça, olhar para os meios de obtenção de prova não só em uma vertente obcecada e extremada, confundindo política criminal com políticas de segurança, de eficácia e eficiência da investigação e prossecução da repressão (e não prevenção) criminal,

---

e BENJAMIM SILVA RODRIGUES, *Das Escutas Telefónicas*, Tomos I e II, 2.ª Edição, Coimbra, 2008.

1311 Sobre este assunto o nosso *Do Mandado de Detenção Europeu*, Coimbra: Almedina, 2006, pp. 106-108.

1312 Cfr. WINFRIED HASSEMER e FRANCISCO MUÑOZ CONDE, *La Responsabilidad por el Producto en Derecho Penal*, Valencia: Tirant lo Blanch, 1995, pp. 27, 28 e 38 e WINFRIED HASSEMER, *Persona, mundo y responsabilidad – Bases para una Teoría de la Imputación en Derecho Penal*, Valencia: Tirant lo Blanch, 1999, pp. 68-69.

como também partir do horizonte visível e palpável de que não existe exercício pleno de direitos, liberdades e garantias sem segurança física e psíquica, que gera uma segurança cognitiva. O equilíbrio dos dois pratos da balança – liberdade e exercício de direitos *versus* segurança e prevenção/repressão do crime – nasce ou perspectiva-se alcançar na conjugação dos vectores criteriosos da excepcionalidade de determinados meios de obtenção de prova de que os OPC se socorrem para prosseguir as finalidades da investigação criminal.

346. A excepcionalidade[1313] do meio de obtenção de prova escutas telefónicas – já vertida na alteração do art. 210.° do CPP/29 operada pelo DL n.° 377/77 – retira-se de três vectores fundamentais: por um lado, da sistematização dos meios de obtenção de prova; por outro, dos princípios inerentes e imanentes aos meios de obtenção de prova – princípio da legalidade, da proporcionalidade *lato sensu*, do interesse particular ou de defesa dos direitos fundamentais, do interesse público, da justiça, da boa fé; e, ainda, pela nova redacção do art. 187.°, que sujeita a utilização da escuta aos princípios da indispensabilidade da descoberta da verdade ou da impossibilidade ou da muita dificuldade de obter a prova por meio menos oneroso[1314].

Acresce a este três grandes vectores, a limitação da autorização da diligência à fase de inquérito, requisito legal que lhe dá, ainda mais, natureza excepcional. Destes emergem vários princípios corolários que orientam e limitam a autorização por despacho de juiz da realização da escuta telefónica.

[1313] Relativamente à excepcionalidade do recurso às escutas, MANUEL DA COSTA ANDRADE, "Sobre o regime processual das escutas telefónicas", *in RPCC*, Ano I, Fasc. 3.°, Jul/set, 1992, pp. 369 e ss., FRANCISCO ALONSO PÉREZ, *Medios de Investigación en el Proceso Penal*, 2.ª Edição, Madrid: Dykinson, 2003, pp. 403 e 404 e TERESA ARMENTA DEU, *Lecciones de Derecho Procesal Penal*, Madrid e Barcelona: Marcial Pons, Ediciones Jurírcas y Sociales, S. A., 2003, pp. 178 e ss..

[1314] A nova redacção do n.° 1 do art. 187.° do CPP vem inscrever as posições que a doutrina mais defensora dos direitos, liberdades e garantias dos cidadãos, na qual nos inserimos e que escrevemos e partilhamos na 1.ª Edição deste livro, conforme se pode ler nas páginas 51-59, tinha vindo a defender face à elevada *danosidade social* provocada pela diligência.

Da **sistematização** dos meios de obtenção de prova podemos aferir que existe uma gradação dos meios a recorrer: exames, revistas, buscas, apreensões e escutas telefónicas. Não foi ao acaso que o legislador utilizou esta sistematização. Pois, dela poder-se-á retirar o sentido de que existe uma gradação dos meios de obtenção de prova face à probalidade de ferimento de direitos fundamentais – integridade pessoal, reserva da intimidade da vida privada, inviolabilidade do domicílio e das telecomunicações e da correspondência, imagem, palavra, honra – como se existisse uma escada ascendente a subir de acordo com o esgotamento da anterior e da necessidade para defesa da colectividade e do próprio agente ou suspeito do crime com fins de prevenção geral e especial.

Os OPC não podem, após a notícia do crime, solicitar de imediato autorização para realizar escutas telefónicas sem que primeiro se fundamente que os meios de investigação, até então usados, não são os adequados e proporcionais *stricto sensu* para prevenir e investigar o crime *sub judice*[1315].

Como argumento desta nossa posição, chamamos à colação, como e., os crimes que podem ser investigados com o recurso à realização de escutas telefónicas: os que se enquadram no conteúdo de criminalidade grave e de complexidade e especificidade gravíssima e os de difícil prova sem a realização de escutas telefónicas[1316], como o crime de injúrias praticado pelos meios de telecomunicações. A limitação legal do âmbito substantivo de recurso às escutas telefónicas, demonstra a excepcionalidade do meio em causa, que, como refere MATA-MOUROS[1317], sofreu um *boom* nos idos de 2000, ou como escrevemos, vulgarizou-se a excepcionalidade.

347. A bússola da investigação criminal, no plano dos institutos jurídico-processuais de investigação criminal da prova real e pessoal, **deve nortear-se não só por regras de eficácia e eficiência e economia**

1315 É neste sentido de demonstração objectiva de que os meios de obtenção de prova menos onerosos não são capazes de possibilitar a descoberta da verdade material que se deve ler a nova redacção do n.° 1 do art. 187.° do CPP.

1316 Cfr. n.° 1 do art. 187.° do CPP.

1317 Cfr. F. MATA-MOUROS, *Sob Escuta*, p. 64.

processual – obedecendo ao sussurrar do «medo do perigo e da desestabilização das normas»[1318] – como «coacção e controlo» a esse «medo do perigo e do debilitamento das normas»[1319], mas também aquelas devem ser subjugadas aos princípios da legalidade, da proporcionalidade *lato sensu*, do interesse particular ou de defesa dos direitos fundamentais, do interesse público, da "concordância prática", da boa fé e da lealdade. Exagero a *priori*, não duvidamos; cauteloso é o nosso olhar.

348. Quanto ao **princípio da legalidade**[1320], não basta que o meio de obtenção de prova esteja previsto na lei – artigos 187.° a 190.° do CPP –, pois impõe-se, como limite orientador e protector dos direitos individuais do cidadão suspeito e terceiro, que o recurso à realização das escutas preencha determinados pressupostos a montante e a jusante, ou seja, preencha «exigências de fundamento e critério» para que cumpra a sua "*função de garantia*, exigida pela ideia de Estado-de-Direito, contra o exercício ilegítimo (político-juridicamente ilegítimo) já abusivo (persecutório e arbitrário), já incontrolável (subtraído à racionalidade jurídico-dogmático e crítico-metodológica) do *ius puniendi*"[1321].

A **montante**, o pedido para realização de escutas telefónicas efectuado pelo MP a solicitação do OPC deve, por um lado, respeitar a tipicidade substantiva – crimes que podem ser objecto de escuta telefónica –, por outro, deve respeitar a excepcionalidade do meio em causa, e, ainda, deve fazer referência de que a escuta telefónica não só é o meio adequado à prossecução dos fins do processo penal, *maxime* investigação criminal, mas também é o meio necessário e o mais proporcional *stricto sensu* para a prossecução daqueles fins. O requerimento do MP para autorização de intercepção e gravação de conversações deve conter os fundamentos de facto e de direito de que o meio de

---

1318 Cfr. WINFRIED HASSEMER, *Persona, mundo y responsabilidad (...)*, p. 266.

1319 *Idem*, p. 268.

1320 Como defende FIGUEIREDO DIAS, "o princípio da legalidade defende e potencia o efeito de prevenção geral que está e deve continuar ligado não unicamente à pena, mas a toda a administração da justiça penal". Cfr. JORGE DE FIGUEIREDO DIAS, *Direito Processual Penal*, Coimbra: Coimbra Editora, 1981, p. 120.

1321 Cfr. A. CASTANHEIRA NEVES, "O princípio da legalidade criminal", *in Digesta*, Coimbra: Coimbra Editora, 1995, Vol. I, p. 353.

obtenção de prova requerido é *indispensável* para a descoberta da verdade ou que o recurso ao mesmo se deve ao facto de todos os meios de obtenção de prova menos onerosos para os direitos e liberdades fundamentais se demonstram(aram) ineficazes, pelo que sem o mesmo é *impossível ou muito difícil* obter a prova[1322].

A **jusante**, o despacho do juiz, que autoriza ou ordena, deverá ser, por um lado, um exame crítico às razões apontadas pelo MP e OPC e, por outro, deve ser fundamentado de facto e de direito[1323] de forma a que os direitos e liberdades dos cidadãos, que tanto suor custou aos nossos antepassados, não estejam à mercê de um deferimento baseado na confiança no solicitante. A autorização do juiz deve ser um exame crítico às razões da *indispensabilidade* do recurso à intercepção e gravação das conversações para a descoberta da verdade ou à *impossibilidade ou muita dificuldade* da obtenção da prova por outro meio menos danoso para o(s) cidadão(s). Como juiz das liberdades, não pode ter uma conduta de concordância pacífica e, nesta línea, ser mais um actor judiciário de acusação.

349. **O princípio da proporcionalidade *lato sensu* ou da proibição do excesso**[1324-1325], impõe a materialização dos seus corolários

---

1322 Esta posição doutrinal encontra-se hoje prescrita no n.° 1 do art. 187.° do CPP.

1323 Quanto à fundamentação de facto e de direito do requerimento e do despacho de autorização ou de ordem do juiz, veja-se al. *b*) do n.° 1 e n.° 4.° do art. 97.° do CPP.

1324 Quanto a este princípio no recurso às escutas, MANUEL DA COSTA ANDRADE, "Sobre o Regime Processual Penal das Escutas telefónicas", *in RPCC*, Ano I, Fasc. 3, pp. 386 e ss., FRANCISCO ALONSO PÉREZ, *Medios de Investigación...*, pp. 404 a 406, HENRY-D. BOSLY e DAMIEN VANDERMEERSCH, "La loi Belge du 30 Juin 1994 relative a la protection de la vie privée contre les ecoutes, la prise de connaissance et de telecomunications et de telecomunications privées", *in Revue de Droit Penal et de Criminologie*, 75.° année, Avril 1995, pp. 319-322.

1325 GOMES CANOTILHO e VITAL MOREIRA defendem que as restrições aos direitos fundamentais são constitucionalmente excepcionais e que esta excepcionalidade, como o caso das escutas telefónicas que restringem os direitos fundamentais da *palavra falada*, da *confidencialidade da palavra falada*, da *reserva da intimidade da vida privada*, se encontra subordinada "aos princípios jurídico-constitucionais das leis res-

directos – adequação, exigibilidade e necessidade, proporcionalidade *stricto sensu* – e de um corolário indirecto – subsidiariedade. Princípio de consagração constitucional no art. 18.°, n.° 2 e no art. 266.°, n.° 2 da CRP. Consideramos que os pressupostos da proporcionalidade *lato sensu* prescritos para a *lege ferenda* devem-se verificar e materializar na interpretação e aplicação da norma sempre que em causa se possa restringir ou coarctar direitos, liberdades e garantias, *i. e.*, o art. 18.°, n.° 2 da CRP, deve verificar-se sempre na operacionalização da lei criminal. O freio ao arbítrio ou ao abusivo recurso às escutas retirava-se da parte final da anterior redacção do n.° 1 do art. 187.° do CPP, ao sujeitar a solicitação – requerimento –, a autorização ou a ordem de realização de escutas telefónicas a razões de crença de «que a diligência se revelará de **grande interesse** para a descoberta da verdade ou para a prova»[1326].

A nova redacção do n.° 1 do art. 187.° do CPP reforça o freio anterior ao arbítrio ou ao recurso desmedido às intercepções e gravações de comunicações ao determinar que, a par da autorização judicial, se impõe que o recurso a este meio de obtenção de prova seja "**indispensável** para a descoberta da verdade" ou que "a prova seria, de outra forma, **impossível** ou **muito difícil de obter**"[1327]. Se a verdade já estiver descoberta e se houver prova suficiente para acusar ou não acusar ou para pronunciar ou não pronunciar, a diligência não reveste qualquer interesse judiciário.

A decisão pela solicitação – primeira triagem do MP – de autorização para realização das escutas telefónicas e o sequente despacho de autorização ou ordem do juiz deve fundar-se em pressupostos de **adequação** do meio de obtenção de provas reais e pessoais para o caso concreto, *i. e.*, para a prossecução dos fins visados na prevenção e

---

tritivas referidas no art. 18.° (necessidade, adequação, proporcionalidade, determinabilidade). No que respeita à lei restritiva, esta não pode legitimar *escutas telefónicas* (intercepção, gravação de conversação ou comunicações telefónicas) para a investigação de quaisquer crimes, devendo limitar-se a crimes particularmente graves". Cfr. Gomes Canotilho e Vital Moreira, *Constituição da República Portuguesa Anotada*, 4.ª Edição, Coimbra: Coimbra Editora, 2007, p. 543.

[1326] Negrito nosso.

[1327] Cfr. n.° 1 do art. 187.° do CPP. Negrito nosso.

investigação do facto delituoso *sub judice* e não em abstracto. Se o MP, após o estudo criterioso das circunstâncias factuais apresentadas pelo OPC detentor do processo, considerar que com a realização de uma busca domiciliária atingem-se os mesmos objectivos – descoberta e recolha de prova real e contacto e localização de prova pessoal e a descoberta da verdade – que se atingiriam com a realização de escutas telefónicas, não deve solicitar a realização destas, mas antes a autorização para proceder a uma busca domiciliária ou a outro meio de obtenção de prova, por ser adequada aos fins do processo. Por maioria de razão se impõe o mesmo raciocínio para o juiz, a quem cabe decidir, fundamentadamente, sobre a solicitação. O raciocínio da indispensabilidade ou da impossibilidade impenderá, necessariamente, a um juízo de adequação da diligência para a descoberta da verdade e obtenção da prova.

A **exigibilidade** e/ou **necessidade** do meio em estudo impõe-se quer em uma perspectiva material quer em uma perspectiva filosófico-jurídica. A realização das escutas não se esgota em um olhar de eficácia, de eficiência e/ou economia processual e, ainda, de celeridade processual. Os fins do processo penal[1328] – realização da justiça e descoberta da verdade, protecção dos direitos fundamentais, restabelecimento da paz jurídica e "concordância prática" – não podem ser examinados isoladamente, pois são estrutura maciça de um todo, que se entrelaça e se interliga, cujas decisões devem co-ponderar para que uma finalidade não se absolutize e aniquile a(s) outra(s). Como afirma W. HASSEMER, "um míope entendimento do que se considera hoje como um direito penal eficaz pode ser, mais tarde, contraproducente"[1329].

Os pressupostos de eficácia e eficiência no 'combate' ao crime preenchem o ideário ilustrativo da política de segurança e afastam-se da estratégia de um política criminal direccionada para a prevenção criminal *lato sensu*: prevenção criminal nos sentidos de vigilância e prevenção criminal *stricto sensu* do n.° 3 art. 272.° da CRP[1330]; e preven-

[1328] Cfr. JORGE DE FIGUEIREDO DIAS, *Direito Processual Penal*, pp. 20 a 26.

[1329] Cfr. WINFRIED HASSEMER, *Persona, mundo y responsabilidad (...)*, p. 95.

[1330] Quanto à análise da dupla vertente da prevenção criminal, os nossos estudos *Dos Órgãos de Polícia Criminal – Natureza, Intervenção, Cooperção,* Coimbra:

ção geral – negativa e positiva – e prevenção especial do direito punitivo. Absorvidos por este sentido de retracção à reacção contra o medo com medidas de investigação preventivas coactivas, a decisão quer pela solicitação pelo MP quer do despacho de autorização ou ordem do juiz obriga que aqueles façam um juízo valorativo da necessidade ou exigibilidade da realização das escutas telefónicas não em abstracto, mas *in casu concreto*. A alteração sofrida pelo art. 187.° do CPP inculca, ainda mais, ao MP e ao juiz (JIC) o dever de proceder a um juízo de exegibilidade e de necessidade de recurso à intercepção e gravação das conversações e comunicações, como se pode retirar da imposição de verificação em concreto da indispensabilidade da diligência ou da demonstração da impossibilidade de obtenção de prova por outro meio.

O **princípio da proporcionalidade *stricto sensu*** consigna, por seu turno, que a solicitação ou a decisão de autorização ou de ordem de realização das escutas telefónicas emirja, como meio legal de investigação criminal que afecta, directa e indirectamente, direitos fundamentais do cidadão suspeito e do cidadão terceiro – intermediário ou vítima[1331] –, de uma justa e proporcional ponderação entre o meio em si mesmo e os fins almejados, *i. e.*, terá de se verificar uma proporcionalidade quanto às finalidades do processo *sub judice* – quer de prevenção quer de investigação criminal – e quanto à gravidade do crime em investigação ou a investigar[1332]. Pressupostos estes de verificação cumulativa. Ao se sujeitar o recurso às escutas telefónicas ao princípio da impossibilidade da obtenção da prova "de outra forma", o legislador de 2007 impôs que se respeite o princípio da razoabilidade ou da proporcionalidade *stricto sensu* desta diligência, cabendo aos operadores judiciários a obrigação de provar a impossibilidade ou a dificuldade de

---

Almedina, 2004, pp. 18 e ss. e *Regime da Investigação Criminal Comentado e Anotado*, 3.ª Edição, Coimbra: Almedina, 2006, pp. 31-33.

1331 A escuta das conversações da vítima e respectiva gravação da comunicação só é admissível com o seu consentimento, efectivo ou presumido, conforme al. *c*) do n.° 4 do art. 187.° do CPP.

1332 Quanto à proporcionalidade *stricto sensu* no recurso a meios de obtenção de prova, o nosso *Regime Jurídico do Agente Infiltrado Comentado e Anotado*, (co-autoria F. GONÇALVES e M. J. ALVES), Coimbra: Almedina, 2001, p. 83.

um meio menos oneroso poder obter a prova para o processo na fase de inquérito.

Filho ilegítimo do princípio da proporcionalidade, mas legítimo do princípio da exigibilidade ou da necessidade, encontra-se o princípio da **subsidiariedade**[1333], que deverá pesar na decisão de quem solicita e de quem decide pelo despacho de autorização ou de ordem à realização das escutas telefónicas. Ousando designá-lo de princípio da escadaria ascendente, como já referimos, o MP só deve solicitar a realização das escutas se os meios de obtenção de prova – exame, revistas, buscas, apreensões e posteriores exames periciais aos objectos apreendidos (*p. e.*, perícia a um documento, a uma carta para verificação de caligrafia, a dactiloscopia,...) – não forem os adequados, os necessários e proporcionais *stricto sensu* para a concretização das finalidades do processo – quer inculpem quer absolvam. Na linha de RUDOLPHI[1334], como dimensão colateral, impõe-se a exigência de idoneidade da diligência no respeito do princípio da subsidiariedade.

350. O princípio da **garantia e defesa dos interesses do cidadão suspeito (arguido e/ou intermediário)** ou dos **direitos fundamentais** brota de uma das finalidades cruciais do processo penal. A protecção dos direitos fundamentais das pessoas, sejam ou não suspeitos da prática de um determinado crime, não se esgota na individualidade do visado, pois tutela, sobremaneira, "o interesse da comunidade de que o processo penal decorra segundo as regras do Estado de Direito"[1335].

Se ***A*** é suspeito de tráfico de droga – crime p. e p. pelos arts. 21.° e ss. do DL n.° 15/93, de 20 de Janeiro –, não se afigura legalmente

---

1333 Quanto a este assunto, JORGE DE FIGUEIREDO DIAS, *Direito Penal Português – As Consequências Jurídicas do Crime*, Lisboa: Aequitas – Editorial Notícias, 1993, p. 446, § 705.° No âmbito das escutas telefónicas, MANUEL DA COSTA ANDRADE, "Sobre o Regime Processual das Escutas...", *in RPCC*, Ano I, Fasc. 3, p. 387, BOSLY e VANDERMEERSCH, "La Loi Belge du 30 Juin 1994...", *in RDPC*, 75.° Année, 1995, pp. 322 e 323.

1334 Cfr. RUDOLPHI *apud* MANUEL DA COSTA ANDRADE, *Sobre os Meios Proibidos de Prova...*, p. 291.

1335 Cfr. JORGE DE FIGUEIREDO DIAS, *Direito Processual Penal*, p. 22.

admissível as escutas telefónicas entre ele e outrém insuspeito, mesmo socorrendo-nos do princípio da verdade material que claudica quando a lesão aos direitos fundamentais é mais grave do que a não aplicação das consequências jurídicas do crime.

O novo n.° 4 do art. 187.° do CPP, ao prescrever quem são os sujeitos passivos possíveis de serem visados com a diligência, veio restringir por lei positiva a agressão dos direitos fundamentais da reserva de intimidade da vida privada e da palavra e, consequentemente, veio limitar quaisquer interpretações extensivas de utilização da diligência sobre pessoas que não sejam suspeitos/arguido, intermediário ou vítima de crimes, cuja prova só seja possível obter por meio da escuta telefónica ou da intercepção de qualquer outro meio de comunicação.

351. O princípio da **prossecução do interesse público** no mais lato sentido – prevenção criminal de modo que se viva em segurança e se exerça os direitos e liberdades sem «medo do perigo e do debilitamento das normas jurídicas» – ancora-se nas finalidades do processo penal da realização de justiça e da descoberta da verdade material, como ensina FIGUEIREDO DIAS, "por detrás da imposição de uma pena está uma finalidade de prevenção geral de integração e, portanto, uma exigência de verdade e de justiça na aplicação da sanção"[1336].

O interesse público no restabelecimento da paz jurídica "posta em causa pelo crime – ou até pela suspeita da prática do crime" abraça não só o arguido – que deve «ser julgado no mais curto prazo compatível com as garantias de defesa», art. 32.°, n.° 2 da CRP –, como também a comunidade jurídica, "que reforça a sua fidelidade aos bens jurídico-penais, apesar do crime"[1337]. A sujeição a um maior rigor dos requisitos para requerimento e autorização da intercepção das comunicações é manifestação de que o interesse público da realização da justiça sem agressão indiscriminada aos direitos fundamentais dos cidadãos[1338] fora colocado em crise pela vulgarização de uma diligência excepcional e que, constitucionalmente, só é admissível para processos crimes.

1336 *Ibidem.*

1337 *Idem*, p. 24.

1338 Veja o famoso caso do Envelope 9.

352. O **princípio da lealdade** e da **boa fé**[1339] impele que os operadores judiciários não obtenham a prova «mediante tortura, coacção, *ofensa da integridade* física ou *moral da pessoa, abusiva intromissão na vida privada*, no domicílio, *na correspondência* ou nas *telecomunicações*»[1340] – n.° 8 do art. 32.° da CRP, cuja materialização adjectiva se expressa no art. 126.° do CPP.

O princípio da lealdade[1341], como princípio "de natureza essencialmente moral"[1342], deve traduzir "uma maneira de ser da investigação e obtenção das provas em conformidade com o respeito dos direitos da pessoa e a dignidade da justiça"[1343], é um princípio integrante do processo penal, uma vez que impõe aos agentes que operam a administração da justiça a obrigatoriedade de actuarem no estrito respeito pelos valores próprios da pessoa humana, como a sua dignidade (valor supremo que se sobrepõe aos próprios fins de justiça), como a sua integridade pessoal (física ou moral)[1344], cuja "interdição é absoluta"[1345], como o respeito pela personalidade humana[1346] e o respeito pela realização de justiça, que não se alcança quando *a priori* esses agentes se socorrem de meios de obtenção de prova e de investigação inidóneos e

---

1339 Princípio de consagração constitucional recente, figurando *in fine* n.° 2 do art. 266.° da CRP com a 4.ª Revisão Constitucional - Lei Constitucional n.° 1/97.

1340 Itálico nosso.

1341 Quanto ao princípio da lealdade, os nossos estudos *Dos Órgãos de Polícia...*, pp. 67-73 e *Regime Jurídico da Investigação...*, pp. 42-44.

1342 Cfr. Germano Marques da Silva *apud* Tereza Beleza, *Apontamentos de Direito...*, III Vol., p. 65.

1343 Germano Marques da Silva *apud* Tereza Beleza, *Apontamentos de Direito...*, III Vol., p. 65; Cfr. Germano Marques da Silva, *Curso de Processo Penal*, Lisboa/S. Paulo: Verbo, 4.ª Edição, Vol. I e 2.ª Edição, Vol. II, pp. 53 e 161.

1344 Cfr. 1.ª parte do n.° 8 do art. 32.° e n.os 1 e 2 do art. 26.° e art. 25.° da CRP.

1345 Cfr. Gomes Canotilho e Vital Moreira, *Constituição da República Portuguesa Anotada,* 3.ª Edição, p. 206.

1346 Cuja tutela geral está consagrada no art. 70.° do CCiv., que, segundo Rabindranath Capelo de Sousa, imprime o respeito que todos devem ao homem como um ser intelectivo capaz de "perceber e entender dados dos sentidos, de organizar e orientar os sentimentos (...), em suma, de pensar e conhecer". Cfr. Rabindranathc de Sousa, *O Direito Geral da Personalidade*, Coimbra: Coimbra Editora, 1995, p. 234.

inaceitáveis pela comunidade[1347] que violam o pilar central do processo penal: o respeito da dignidade da pessoa humana[1348].

A busca da verdade material não é ilimitada ou cega, impõe-se que aquela indagação jurídico-operacional se proceda, como afirma CLAUS ROXIN, de acordo com "«o mais alto princípio de todo o processo penal: o da exigência de *fair trail*», de um *procedimento leal*"[1349]. A realização da justiça não se vislumbrará se, apesar de ao crime em investigação couber a realização de escutas telefónicas, o juiz despachar autorização ou ordem sem se preencherem os pressupostos filosóficos jurídicos – princípios. A desnecessidade e a dispensabilidade da realização da escuta telefónica, assim como a possibilidade de obtenção da prova por meios menos agressivos para os cidadãos, ofende o princípio da lealdade[1350] e, automaticamente, os direitos fundamentais da inviolabilidade das telecomunicações, da reserva da intimidade da vida privada, da integridade pessoal e da *palavra falada* e da *confidencialidade da palavra falada.*

353. A "**concordância prática**", como uma das finalidades do processo penal, deve ser encarada no momento da decisão de solicitação ou do despacho de autorização ou ordem de realização das escutas telefónicas, no sentido de que existindo um "carácter irremediavel-

---

[1347] Neste mesmo sentido e quanto às escutas telefónicas, já escrevera há muito tempo JORGE DE FIGUEIREDO DIAS, *Direito processual Penal*, colecção clássicos jurídicos, pp. 456 e ss..

[1348] Neste sentido GERMANO MARQUES DA SILVA, *Curso de Processo Penal*, Vol. I e II, pp. 53 e 161.

[1349] Cfr. CLAUS ROXIN, *Derecho Procesal Penal*, (Tradução da versão alemã da 25.ª Edição para o espanhol de GABRIELA E. CÓRDOBA e de DANIEL R. PASTOR), Buenos Aires: Editores del Puerto s.r.l., 2000, p. 72, e *apud* JORGE DE FIGUEIREDO DIAS, "Do princípio da «objectividade» ao princípio da «lealdade» do comportamento do Ministério Público no Processo Penal", (Anotação ao Ac. STJ n.° 5/94, Proc. n.° 46444), *in Revista de Legislação e Jurisprudência*, Ano 128, n.° 3860, pp. 344 e ss..

[1350] Neste sentido e afirmando que os direitos fundamentais exigem um "*procedimento penal levado a cabo com lealdade* e de acordo o Estado de Direito", CLAUS ROXIN, *Derecho Procesal Penal*, pp. 13, 79-80, 101, 194, 359, 403 e 450. Quanto ao *procedimento leal* no labor policial diário, o nosso *Teoria Geral...*, 2.ª Edição, pp. 168-170 e 193-195.

mente antinómico e antitético, *in casu*"[1351], das finalidades, "o remédio para esta impossibilidade de harmonização integral das finalidades do processo penal estará numa tarefa – infinitamente penosa e delicada – de operar a *concordância prática das finalidades em conflito*"[1352]. Tarefa esta que conduz à "compressão das finalidades em conflito, de forma a atribuir a cada uma a máxima eficácia possível: de cada finalidade há-de salvar-se, em cada situação, o máximo conteúdo possível, optimizando-se os ganhos e minimizando-se as perdas axiológicas e funcionais"[1353].

Como critério geral, FIGUEIREDO DIAS defende, e bem, uma optimização das finalidades em conflito, existindo casos em que se impõe "eleger uma só das finalidades, por nelas estar em causa a intocável dignidade da pessoa humana"[1354], impelindo-se que, sempre que esteja em causa a dignidade da pessoa humana do arguido ou de outrém, não se promove qualquer transacção, dando primazia absoluta à finalidade que melhor protege e garante o respeito da dignidade da pessoa humana[1355].

Da reforma operada pela Lei n.° 48/2008, de 29 de Agosto, no que respeita às escutas telefónicas, podemos afirmar que o princípio da "concordância prática" deve ser o fiel que fará vingar a fundamentação da decisão face aos quesitos legais, face aos princípios da indispensabilidade da diligência ou da impossibilidade de alcance da prova por outro meio ou técnica de investigação. Podemos afirmar que este princípio fará a diferença entre o recurso à inteligência investigatória – *engenho e arte* – e o recurso à subjugação da investigação à tecnologia, ou seja, à desumanização da investigação criminal.

Cabe ao juiz, na harmonização das finalidades do processo penal e dos princípios que norteiam o recurso aos meios de obtenção de prova potencialmente mais violadores dos direitos fundamentais, dar prima-

---

1351 Cfr. JORGE DE FIGUEIREDO DIAS, *Direito Processual Penal*, p. 25.

1352 *Ibidem*. Teoria K. HESSE no plano dos direitos fundamentais em termos jurídico-constitucionais.

1353 *Ibidem*.

1354 *Ibidem*.

1355 *Idem*, p. 26.

zia aos que garantem com maior vigor o respeito da dignidade da pessoa humana.

b. ***admissibilidade e formalidades do recurso à realização das escutas telefónicas***

354. O regime jurídico das escutas telefónicas encontra-se prescrito no Capítulo IV, do Título III – Dos meios de obtenção de prova –, do Livro III – Da prova –, da Parte Primeira. A Lei n.° 46/87, de 26 de Setembro, determinou que a autorização para aprovar um novo Código de Processo Penal tinha como conteúdo e alcance a «construção de um sistema processual que permita alcançar, na máxima medida possível e no mais curto prazo, as finalidades de realização da justiça, de **preservação dos direitos fundamentais das pessoas** e de paz social»[1356] – al. *1*) do art. 2.° – e um «regime especial de **controle das comunicações** de ou para suspeitos, em **casos de terrorismo e criminalidade violenta ou altamente organizada**, a requerer pela Polícia Judiciária a juiz de instrução competente, assegurando-se o funcionamento do sistema e definindo-se, em conformidade com os seus objectivos, a respectiva competência territorial»[1357] – al. *30*) do art. 2.°.

Por natureza intrínseca a realização de escutas viola o gozo e o pleno exercício de direitos fundamentais como a reserva da intimidade da vida privada e familiar, a palavra, a inviolabilidade das telecomunicações e comunicações, consagrados constitucionalmente, quiçá a liberdade de expressão – artigos 26.° e 34.° da CRP. Face à possibilidade de inconstitucionalidade do art. 187.° do CPP, o Presidente da República – MÁRIO SOARES – submeteu o preceito, entre outros, à fiscalização preventiva da constitucionalidade, por duvidar da sua conformidade com o art. 26.° da CRP. O TC[1358] concluiu que o comando em apreço não violava o art. 26.° da CRP – *maxime* o direito fundamental da reserva da intimidade da vida privada e familiar – por a ingerência

[1356] Negrito nosso.

[1357] Negrito nosso.

[1358] Cfr. Ac. TC n.° 7/87, de 9 de Janeiro, *in BMJ*, n.° 363, p. 109.

própria das escutas telefónicas no seio privado e familiar se encontrar salvaguardado constitucionalmente – n.° 4 do art. 34.° da CRP: «**É proibida toda a ingerência das autoridades públicas** na correspondência, **nas telecomunicações** e nos demais meios de comunicação, **salvo os casos previstos em matéria de processo criminal**»[1359] – nem infringe os limites constitucionais da necessidade e da proporcionalidade do n.° 2 do art. 18.° da CRP.

Desde a versão original que a Constituição consagrava a inviolabilidade do sigilo[1360] dos meios de comunicação privada – n.° 1 do art. 34.° da CRP – e que a sua violabilidade dependia da tipificação em matéria criminal.

A consciência da *danosidade social* indissociavelmente[1361] conexa com a realização deste meio de obtenção de prova obriga a uma interpretação restritiva dos pressupostos de admissibilidade[1362], quer no plano legisferante quer no plano de operacionalização das normas reguladoras, cuja interpretação e aplicação devem ser conformes às limitações e restrições impelidas pela Constituição. Acompanhamos Rui Medeiros[1363], arrogando-se do princípio constitucional português da vinculação dos poderes públicos à Constituição e da concepção de que a Constituição como norma cujos efeitos não se esgotam em relação à actividade legislativa, ao sujeitar a actividade dos OPC e dos restantes operadores judiciários à Constituição e à legalidade democrática – art. 3.° da CRP – e à aplicação e vinculação directa dos preceitos constitucionais respeitantes aos direitos, liberdades e garantias – n.° 1 do art.

1359 Negrito nosso.

1360 O sigilo de que falamos não se confunde com o dever de segredo que recai sobre todos os que tiveram conhecimento do conteúdo das escutas telefónicas – n.° 3 do art. 188.° do CPP.

1361 Quanto à danosidade social, Manuel da Costa Andrade, *Sobre as Proibições de Prova em Processo Penal*, Coimbra: Coimbra Editora, 1992, pp. 283 e ss..

1362 No sentido da interpretação restritiva dos pressupostos, Manuel da Costa Andrade, *Sobre as Proibições de Prova...*, p. 286 e Ac. RP, de 11 de Janeiro de 1995, *apud* Maia Gonçalves, *Código de Processo Penal Anotado e Comentado*, 12.ª Edição, Coimbra: Almedina, 2001, p. 428.

1363 Cfr. Rui Medeiros, *Da Decisão de Inconstitucionalidade*, Lisboa: UCE, 1997, pp. 167 e ss..

18.° da CRP –, desde logo, aos princípios balizadores das normas restritivas de direitos, liberdades e garantias consagrados nos n.os 2 e 3 do art. 18.° da CRP.

355. A **tipicidade** ou **catalogação dos crimes** passíveis de investigação por meio de intercepção e gravação de conversações ou comunicações é de imposição constitucional – «salvo os casos previstos na lei em matéria criminal» – *in fine* do n.° 4 do art. 34.° da CRP. O legislador constitucional, conhecedor dos perigos da desregulação ou dos conceitos vácuos, restringiu, *ab initio*, o legislador ordinário e determinou-lhe que tipificasse e não deixasse em branco os tipos de crime susceptíveis de investigação para descoberta da verdade e/ou para prova através da diligência em estudo.

Esta tipificação materializa uma protecção de direitos fundamentais das pessoas – como ensina FIGUEIREDO DIAS, uma das finalidades do processo penal e de imposição de autorização legislativa al. *l*) do art. 2.°, da Lei n.° 46/87, de 22 de Setembro – e concretiza os princípios prescritos no n.° 2 do art. 18.° da CRP.

Dos crimes tipificados de possível sujeição à diligência, verifica-se que correspondem:

- a crimes designados de criminalidade grave[1364] – puníveis com pena de prisão superior no seu máximo, a três anos de prisão – al. *a*) do n.° 1 do art. 187.° do CPP;
- a crimes de complexa investigação e especialíssima gravidade – tráfico de estupefacientes, armas, engenhos explosivos, matérias explosivas e análogas, contrabando – als. *b*), *c*) e *d*) do n.° 1 do art. 187.° do CPP;
- e de difícil produção de prova e, por conseguinte, de difícil investigação, apesar de punidos com pena inferior, no máximo, a 3 anos de prisão – injúria, ameaça, coacção de devassa da vida

[1364] Conceito que devia sofrer alterações, pois consideramos que se enquadram no âmbito da criminalidade grave os crimes puníveis com pena de prisão superior a 5 anos, devendo todos os crimes puníveis com pena de prisão inferior a 5 anos serem inseridos no âmbito da criminalidade de massa.

privada e perturbação da paz e sossego praticados por telefone fixo e móvel – al. *e*) do n.° 1 do art. 187.° do CPP.

A tipificação do n.° 2 do art. 187.° do CPP – terrorismo, criminalidade violenta ou altamente organizada, sequestro, rapto, tomada de reféns, crimes contra a identidade cultural e pessoal[1365], contra a segurança do Estado[1366], falsificação de moeda ou títulos equiparados a moeda, crimes abrangidos por convenção sobre segurança da navegação aérea ou marítima –, com uma determinação mais cuidada, não contraria a do n.° 1 do art. 187.°, pois que são tipos de crime puníveis, no máximo, superiores a três anos de prisão. A tipificação específica quanto aos tipos (melhor tipologias) criminais visa questões de urgência e de necessidade ou questões logísticas e de economia processual e de competência territorial.

Do exposto, depreende-se que o recurso à escuta telefónica está sujeito ao **decurso de um processo crime**, ou seja, não se configura como medida cautelar e de polícia nem como medida ou meio pré ou extra processual, caso contrário a catalogação ou tipificação criminal exposta no n.° 1 do art. 187.° do CPP seria, de todo em todo, descabida e sem sentido[1367].

356. A realização da intercepção e gravação de conversações e de comunicações depende sempre de despacho fundamentado de Juiz ou de Juiz de Instrução Criminal. Como diligência portadora de "uma danosidade polimórfica e pluridimencional"[1368] e, consequentemente, violadora de direitos fundamentais, por imposição constitucional – *in fine* do n.° 4 do art. 32.° da CRP – e como acto processual carece de 'sindicância' e autorização ou ordem do Juiz das liberdades – art. 187.° n.os 1 e 2, art. 269.°, n.° 1, al. *c*) do CPP.

1365 Previstos no Título III do Livro II do Código Penal e na Lei Penal Relativa a Violações do Direito Internacional Humanitário.

1366 Previstos no Capítulo I, do Título V, do Livro II do Código Penal.

1367 Quanto a este assunto, Ac. STJ, Proc. n.° 1145/98, de 30 de Março de 2000, *apud* António Augusto Tolda Pinto, *A Tramitação Processual Penal*, 2.ª Edição, Coimbra: Coimbra Editora, 2001, p. 429.

1368 Cfr. Manuel da Costa Andrade, *Sobre as Proibições de Prova...*, p. 283.

O **requerimento** para a realização de intercepção e gravação de conversações e comunicações deve ser dirigido ao juiz de instrução ou ao juiz – nas comarcas onde não exista tribunal de instrução criminal – pelo MP ou pela APC nos casos de urgência e de perigo na demora – n.° 2 do art. 268.° *ex vi* n.° 2 do art. 269.° do CPP. Requerimento este que não está sujeito a quaisquer formalidades de fundo – n.° 3 do art. 268.° *ex vi* n.° 2 do art. 269.° do CPP.

Mas, como já referimos, o MP ou a APC que requererem a realização de escutas devem, na nossa opinião, dizer das razões de facto e de direito pela opção do recurso a este meio de obtenção de prova, cabendo-lhe demonstrar ao juiz que a diligência é *indispensável para a descoberta da verdade* ou que é o único meio de obtenção de prova, do elenco do CPP, adequado, necessário e possível para obter a prova, ou seja, o requerente tem de provar que é *impossível* obter a prova ou que é *muito difícil* de a obter sem recurso à intercepção e gravação das conversações e comunicações. Não basta requerer, pois, defendemos que a eles cabe apresentar as razões do requerimento sob pena de deixarmos o juiz num beco escuro e ambíguo. Posição que se retira da obrigatoriedade de junção da informação que segue com o requerimento ou da apresentação dos autos, desde que o juiz considere imprescindível – n.° 4 do art. 268.° *ex vi* n.° 2 do art. 269.° do CPP. Cabe ao Juiz no prazo de vinte e quatro horas decidir pela autorização ou não autorização e, da decisão, cumpre-lhe o **dever de fundamentação**[1369] de facto e de direito *ex vi* do n.° 1 do art. 187.° conjugado com o art. 97.°, n.° 1, al. *b*) e n.° 4 do CPP.

Acresce referir que a diligência, por força de lei, só pode ser autorizada na fase de inquérito – que deve ou devia ser dominada pelo princípio da não publicidade, principalmente nos crimes que formam o catálogo admissível de serem fundamento de escuta telefónica. Não obstante se prescrever como regra a publicidade do processo crime *ab*

[1369] O actual n.° 1 do art. 187.° do CPP prescreve que a autorização carece de "despacho fundamentado". Tem o mérito de clarificar (melhor) o que estava claro no art. 97.° do CPP e de afastar a tentação de despachos não fundamentados em matéria de escutas telefónicas. O legislador em 2007 veio eliminar quaisquer dúvidas que, pensamos, por força da doutrina e jurisprudência estavam, há muito, dirimidas.

initio (n.° 1 do art. 86.° do CPP), consideramos que de nada relevam as escutas (melhor, as provas obtidas através de escutas telefónicas) se, na fase de inquérito e com escutas a decorrer, o MP não requerer ao juiz de instrução ou não determinar e submeter ao juiz de instrução a validação da aplicação do segredo de justiça. Caso o processo não esteja em segredo de justiça, parece-nos que os princípios da *indispensabilidade* da descoberta da verdade ou da *impossibilidade* de obtenção de prova por outro meio são de total inutilidade argumentativa.

Refira-se, ainda, que nos parece demasiado redutor a prescrição legal da diligência à fase de inquérito. Somos defensores de utilização desta diligência como *ultima ratio* investigatória, mas temos consciência de que há tipos criminais, cuja especial complexidade e elevadíssima gravidade impõem, até para uma melhor convicção do juiz de instrução criminal e para um melhor apuramento da verdade e defesa de direitos fundamentais do arguido (quando está inocente), que o legislador não devia restringir a escuta telefónica – assim como qualquer intercepção de comunicação (conforme n.° 1 do art. 189.° do CPP) e não localização celular (n.° 2 do art. 189.° do CPP) – à fase de inquérito, sob pena de o paradigma da investigação criminal percorrer todo *iter processualis* se desmoronar e se resumir a uma fase inicial não totalmente jurisdicionalizada.

O legislador reduziu, todavia, a utilização da escuta telefónica ou a intercepção de qualquer meio de comunicação à fase de inquérito, fase primordial de recolha de prova real e pessoal suficiente para a prossecução do processo crime. Sufragando a boa doutrina de que as normas restritivas de direitos, liberdades e garantias fundamentais devem ser interpretadas restritivamente, somos da opinião de que a intercepção e a gravação não pode, neste quadro legal, continuar a partir do momento em que o MP acusa. A acusação finda o inquérito, e findo este, qualquer intercepção e gravação que os OPC façam violam abusivamente a Lei processual penal. Qualquer interpretação de extensibilidade desta diligência está ferida de inconstitucionalidade material por violação do n.os 1 e 4 do art. 34.° e n.° 2 do art. 18.° da CRP.

A **competência territorial do juiz** que decide da realização ou não das escutas segue a regra dos artigos 19.° a 23.° do CPP, como se retira do n.° 1 do art. 187.° do CPP. Contudo e como se sabe, a sede das escutas telefónicas centra-se na cidade de Lisboa – no edifício da PJ – o que, para determinados crimes de âmbito nacional – crime organizado – e por economia de meios investigatórios humanos e materiais, o requerimento pode não ser dirigido ao Juiz de certa área onde, *p. e.*, houvera consumação ou onde se realiza o crime ***Y***, mas «ao juiz dos lugares onde eventualmente se puder efectivar a conversação ou comunicação telefónica ou da sede da entidade competente para a investigação criminal» – n.° 2 do art. 187.° do CPP.

357. A par dos pressupostos de admissibilidade o legislador ordinário estabeleceu determinadas formalidades atinentes à limitação do arbítrio e à fiscalização e controlo por parte do Juiz que autorizou e ordenou a diligência, como de seguida analisaremos. Assim, impôs que:

i. O OPC que efectuar as escutas telefónicas deve **lavrar em auto** o conteúdo das conversações e comunicações interceptadas e gravadas e elaborar relatório no qual deve indicar as passagens das gravações relevantes para a prova, descrever sucintamente o respectivo conteúdo e explicar o alcance do mesmo para a descoberta da verdade, conforme n.° 1 do art. 188.° do CPP. O auto, os suportes técnicos e o relatório devem, de 15 em 15 dias, ser **dados a conhecer ao MP**, que levará ao conhecimento do **juiz** que autorizou a diligência[1370], nunca podendo a transmissão de conhecimento do MP para o juiz ultrapassar as 48 horas, conforme n.os 3 e 4 do art. 188.° do CPP. Até às alterações introduzidas pela Lei n.° 48/2007, de 29 de Agosto, a interpretação de não imediata transcrição para auto da intercepção ou gravação de conversações e comunicações e do conhecimento imediato do seu conteúdo ao Juiz para que pudesse decidir atempadamente sobre a junção ou não ao pro-

---

[1370] Quanto à inobservância da imposição de comunicação imediata, prescrita pela versão anterior do preceito, o Tribunal da Relação de Lisboa considerava que os elementos do OPC deviam ser responsabilizados disciplinarmente. Cfr. Ac. RL de 16 de Agosto de 1996, *apud* A. A. Tolda Pinto, *A Tramitação Processual Penal...*, p. 427.

cesso dos elementos de prova recolhidos ou sobre a necessidade da manutenção ou não da diligência, era inconstitucional, por violação do n.° 8 do art. 32.° da CRP[1371]. A expressão «imediatamente» indicava um "efectivo acompanhamento e controlo da escuta pelo juiz»[1372] evitando-se um desconhecimento longo das operações e sem documentação do Juiz.

Mas, a alteração do art. 188.° manteve a possibilidade do OPC que estiver a realizar a escuta poder tomar conhecimento prévio do conteúdo da comunicação interceptada para que possa praticar os actos cautelares necessários e urgentes para assegurar os meios de prova, nomeadamente os prescritos nos artigos 249.° a 253.° do CPP, e, até mesmo, a detenção em flagrante delito, conforme art. 254.° do CPP – *ex vi* do n.° 2 do art. 188.° do CPP. A escuta telefónica pode conduzir à detenção em flagrante delito, mas esta não pode ser o fundamento para se efectuarem escutas telefónicas, sob pena da já massificada vulgarização e futura inutilização do meio excepcional descredibilizar, ainda mais, a justiça penal.

O legislador processual penal procedeu, em 2007, a algumas alterações que procuraram afastar dúvidas que, inacreditavelmente, existiam quanto ao tempo da transmissão do conhecimento do conteúdo das intercepções e gravações das comunicações – quer as previstas no art. 187.° quer as que por extensão se admitem pelo art. 189.° do CPP. O advérbio de modo temporal "imediatamente" gerou muita discussão doutrinária e jurisprudencial, sendo que sempre nos colocamos na linha de que "imediatamente" se cingia à transmissão imediata dos elementos probatórios obtidos e suficientes para o processo motivador da escuta e num curtíssimo espaço de tempo. Espaço de tempo que o legislador veio consagrar, que pode ser muito para alguns crimes, mas adequado para a maioria dos tipos de crime do catálogo: o OPC tem de transmitir o auto, os

---

1371 Cfr. Ac. TC n.° 470/97, Proc. n.° 649/96 *apud* TOLDA PINTO, *A Tramitação Processual Penal...*, p. 427.

1372 *Ibidem.*

suportes técnicos e o relatório de diligência de 15 em 15 dias, desde o início da escuta, ao MP, que por sua vez os leva ao conhecimento do juiz num prazo máximo de 48 horas, *i. e.*, o juiz que autorizou a diligência fará um controlo jurisdicional, no máximo, de 17 em 17 dias. Esta determinabilidade temporal fixa deve-se ao facto de os terminais informáticos dos juízes não estarem, ainda, equipados com o *software* adequado a fiscalizar em directo o que o OPC se encontra a escutar ou a interceptar e a gravar[1373]. Temos apontado que, face à inexistência de consenso quanto ao que se devia entender por "imediatamente"[1374] e face à inexistência de terminais ligados ao juiz que autorizou a diligência, a determinação de prazos fixos em dias foi uma melhoria na materialização da segurança jurídica e do princípio da legalidade da restrição de direitos fundamentais.

ii. Desse conhecimento na fase de inquérito, o juiz **determina**, a requerimento do MP, **a transcrição e a junção** da gravação em auto e junta-o ao processo, caso considere os elementos recolhidos ou parte deles relevantes para fundamentar a aplicação de medida de coacção ou de garantia patrimonial[1375], conforme n.° 7 do art. 188.° do CPP. A transcrição dos autos obedece, *mutatis mutandis*, ao prescrito nos n.os 2 a 4 do art. 101.° do CPP e o juiz pode ser coadjuvado por OPC e pode nomear intérprete se entender ser necessário. Desde que o auto de transcrição esteja junto ao processo, o mesmo passa a ser **prova documental**[1376].

1373 Neste sentido FÁTIMA MATA-MOUROS, *Sob Escuta*, p. 29.

1374 No sentido de que expressões como "imediatamente", "segurança" e "polícia" podem agredir valores constitucionalmente protegidos por legitimarem diligências na base de uma "causa provável", JOSÉ MANUEL DAMIÃO DA CUNHA, "Dos Meios de Obtenção de prova face à Autonomia Técnica e Táctica dos Órgãos de Polícia Criminal", *in II Congresso de Processo Penal – Memórias,* (Coord. MANUEL M. G. VALENTE), Coimbra: Almedina, 2006, pp. 67-68.

1375 Excepto se for para aplicar termo de identidade e residência.

1376 Cfr. Ac. STJ, de 21 de Janeiro de 1998 e Ac. RL de 12 de Janeiro de 2000 *apud* TOLDA PINTO, *A Tramitação Processual Penal...*, pp. 427 e 428.

iii. Todos os participantes nas operações de intercepção e gravação das conversações e comunicações ficam adstritos ao **dever de segredo** quanto ao que tiveram conhecimento, pois sobre aqueles recai o dever de sigilo ou segredo do que tomaram conhecimento em razão do ofício, conforme *in fine* do n.° 6 do art. 188.° do CPP.

c. ***fiscalização e controlo***

358. A problemática da fiscalização e do controlo da realização das escutas tem feito correr alguma tinta e verberar visados e inocentes apanhados pela teia enrendosa da diligência. Como é possível o Juiz ou MP fiscalizarem *in momento* a operação policial – PJ – na intercepção e gravação das conversações e comunicações? Como fiscalizar se a intercepção e gravação não ultrapassa os limites prescritos juridico-constitucionalmente? Como aceder em cada momento à escuta a realizar pelo OPC? A fiscalização e controlo, em regra, é *post factum* e nunca *in facto*.

A razão do advérbio de modo «imediatamente» do anterior n.° 1 do art. 188.° do CPP radicava no sentido de fiscalização e controlo imediato ou o mais imediato possível, que como afirma o douto aresto do TC, pressupõe um «**efectivo acompanhamento** e **controlo da escuta** pelo juiz que a tiver ordenado, enquanto durarem as operações em que esta se materializa – sem que decorram largos períodos de tempo em que essa actividade do juiz se não mostre documentada nos autos»[1377].

O advérbio de modo temporal foi substituído por prazos fixos – do OPC para com MP 15 dias e do MP para com o Juiz 48 horas – de modo a materializar minimamente um efectivo controlo e real fiscalização. Na nossa opinião, o desrespeito dos prazos estipulados não podem originar apenas um processo disciplinar, mas devem originar a proibição da prova no processo por violação dos quesitos legais impos-

[1377] Cfr. Ac. TC n.° 470/97, Proc. n.° 649/96 *apud* Tolda Pinto, *A Tramitação Processual Penal...*, p. 427.

tos pelo art. 188.° do CPP, cuja nulidade se insere no n.° 3 do art. 126.° do CPP, por violação dos princípios da lealdade (n.° 8 do art. 32.° da CRP) e da proporcionalidade *lato sensu* imposto pelo n.° 2 do art. 18.° da CRP[1378].

O **juiz** que autoriza a diligência é competente para fiscalizar a actividade dos participantes da diligência. Relevante é saber se o MP, que requereu ou que detém o processo na fase de inquérito, pode fiscalizar e controlar a actividade *escuta* operacionalizada pelo OPC. Antes das alterações de 2007, na fase de instrução, cujo titular é o juiz de instrução, o MP não podia fiscalizar ou controlar aquele acto específico *escuta* determinado ao OPC ***Y*** ou ***Z***, pois estavam sob a dependência funcional do JIC – art. 288.° e 290.°, n.° 2 do CPP. Mas, como a nova redacção legal não admite escutas fora da fase de inquérito, não se coloca qualquer problema de fiscalização de escutas na fase da instrução.

359. Na fase de inquérito – que compreende todas as diligências que visem investigar a existência de um crime, determinar os seus autores e a responsabilidade dos mesmos e descobrir e recolher provas que permitam tomar a decisão de acusação ou de arquivamento –, ao **MP** compete-lhe dirigir o inquérito, assistido pelos OPC, que actuam sob a directa orientação do MP e na sua dependência funcional – art. 263.° do CPP. Por maioria de razão, continuamos a defender que o MP, na fase em que é o *dominus* do processo, não só pode, como deve fiscalizar e controlar a actividade de realização de escutas pelo OPC. Se tem competência para requerer a diligência – n.° 2 do art. 268.° *ex vi* n.° 2 art. 269.° do CPP –, também a tem para fiscalizar e controlar o desenrolar da mesma[1379].

De relevante interesse revestia a discussão sobre a possibilidade ou não de realização de escutas telefónicas em **sede de julgamento**.

[1378] No sentido de proibição da utilização da prova obtida por violação do princípio *fair trial*, CLAUS ROXIN, *Derecho Procesal...*, pp. 79-81 e 102-111.

[1379] Quanto à enorme importância do relacionamento entre os OPC e o MP, principalmente no que concerne ao objecto do processo, J. M. DAMIÃO DA CUNHA, *O Caso Julgado Parcial*, Porto: UCE, 2002, pp. 809 a 811.

O n.° 1 do art. 340.° do CPP estipula que «O tribunal ordena, oficiosamente ou a requerimento, a produção de todos os meios de prova cujo conhecimento se lhe afigure necessário à descoberta da verdade». A possibilidade de realização de escutas não podia ser baseada em exclusivo na letra da lei, *i. e.*, o pensamento legislativo deve reconstituir-se a partir dos textos, «tendo sobretudo em conta a unidade do sistema jurídico, as circunstâncias em que a lei foi elaborada e as condições específicas do tempo em que é aplicada» – n.° 1 do art. 9.° do CCiv.. Face ao limite legal prescrito no n.° 1 do art. 187.° do CPP, hoje não são admissíveis escutas na fase de julgamento, excepto se forem o resultado, inaceitável e inadmissível, da localização celular, que pode ser ordenada ou autorizada em qualquer fase do processo. Caso haja escuta telefónica com a localização celular, somos da opinião de que a prova obtida é proibida por violação do n.° 4 do art. 34.° da CRP que gera como consequência o prescrito no n.° 8 do art. 32.° da CRP e no art. 126.° do CPP – a proibição de prova.

360. Acresce que, por um lado, devíamos ter em conta os princípios que norteiam o recurso às escutas telefónicas – legalidade, proporcionalidade *lato sensu*, interesse público e particular, da garantia dos direitos fundamentais, da concordância prática conjugado com o programa político-criminal –, destacando-se o princípio da necessidade [n.° 1 e n.° 3 do art. 340.° do CPP], o princípio da legalidade [n.° 3 do art. 340.° e art. 125.° do CPP], o princípio da adequação [que se aflora no n.° 3 do art. 340.°] e o princípio da *obtenibilidade* [*a contrario* al. *b)* do n.° 4 do art. 340.° do CPP][1380], e, por outro, o juiz só devia avançar para este meio de obtenção de prova caso os novos exames, as novas revistas, as novas buscas e as novas apreensões não se tenham mostrado capazes de descobrir a verdade e a prova.

Como princípio, exceptuando-se o caso de a escuta servir como prova de absolvição ou de inocência do arguido – *p. e.*, para de seguida se efectuar um exame ou peritagem à voz interceptada e gravada nas primeiras escutas e a voz que se intercepta e grava já em sede de jul-

[1380] *Hoc sensu* Maia Gonçalves, *Código de Processo...*, p. 650.

gamento[1381] –, já defendíamos que o recurso à escuta telefónica em sede de julgamento não devia ser aceite, tendo em conta a finalidade da intercepção e da gravação de conversações e comunicações, a conjugação dos princípios inerentes ao recurso à escuta e, ainda, tendo em conta que é um meio excepcional de obtenção de prova. O afastamento *ex lege* do recurso a esta diligência em fase de julgamento pode, em caso de possível inocência do arguido se poder provar pela perícia voz constante das escutas e a voz a gravar, limitar o juiz na construção do seu juízo de convicção livre quanto ao caso *sub judice*.

361. Um outro plano de fiscalização e de controlo operava-se em um momento posterior à própria transcrição das gravações e da sua junção ao processo, realizado pelo arguido, pelo assistente e pelas pessoas, cujas conversações tiverem sido escutadas. Esta fiscalização e este controlo eram designados pelo legislador processual penal por *exame do auto* de transcrição, mas não das gravações[1382]. Dois apontamentos antes de procedermos a uma maior reflexão e ao regime actual.

O primeiro apontamento prende-se com a alteração operada pela Lei n.° 58/98, de 25 de Agosto. Quanto à possibilidade de exame do auto de transcrição das escutas, se o juiz entendesse que havia razões «para crer que o conhecimento do auto ou das gravações pelo arguido ou pelo assistente poderia prejudicar as finalidades do inquérito ou da instrução», o acesso ao auto de transcrição era-lhes vedado.

O segundo apontamento prende-se com o facto de que a transcrição para o auto – por imperativos de legalidade, de objectividade e de imparcialidade – a *priori* corresponde às verdadeiras intercepções e gravações e dentro de um determinado contexto global. Mas, o anterior n.° 3 do art. 188.°, estipulava a destruição por ordem do juiz – acto que ele próprio devia presidir e não ordenar – das gravações sempre que não detiver elementos de prova – real e pessoal – relevantes para

---

1381 Quanto à gravação de conversa para identificação de voz intercepatada em uma escuta telefónica, MANUEL DA COSTA ANDRADE, *Sobre Proibições de Prova*...., p. 129.

1382 Cfr. versão anterior do n.° 5 do art. 188.° do CPP.

o processo. Perguntamo-nos como é que o arguido ou o assistente ou outrem podiam examinar inteiramente da conformidade legal das intercepções e das gravações e da sua conformidade jurídico-constitucional. O exame continuava *per si* limitado e esta limitação estava ferida inconstitucionalidade material por violação do n.° 1 do art. 32.° da CRP[1383].

O exame levado a cabo pelo **arguido** e a possibilidade de nova audição da gravação transcrita em simultâneo com a transcrição do auto é um direito fundamental de defesa para poder contradizer e apresentar os argumentos das suas palavras interpretadas com o sentido real o irreal pela AJ.

[1383] Neste sentido, o Ac. TC n.° 660/06, *in Diário da República* (DR), II Série, Parte D, de 10/01/2007. No mesmo sentido de inconstitucionalidade do n.° 3 do art. 188.° do CPP ao permitir a destruição de elementos de prova obtidos mediante intercepção e gravação de conversações e comunicações, cujo conteúdo é do conhecimento do OPC e do MP e considerado pelo juiz de instrução como irrelevantes, sem que o arguido deles tenha qualquer conhecimento e sem que sobre os mesmos e sua relevância se possa pronunciar, se pronunciou o Tribunal Constitucional pelos Acórdãos n.os 450/2007 e 451/2007. O arguido tem o direito, por força do n.° 1 do art. 32.° da CRP, de requerer a transcrição de outras passagens diferentemente seleccionadas pelo JIC, úteis e relevantes para contextualizar o sentido e alcance das passagens anteriormente seleccionadas. Assim proferiu o TC pelo Ac. n.° 426/2005, *in DR*, II Série, n.° 232. Quanto a um estudo profundo destes acórdãos e na mesma linha da inconstitucionalidade, Mário Ferreira Monte, "Escutas Telefónicas", *in III Congresso de Processo Penal – Memórias*, (Coord. de M. M. Guedes Valente), Coimbra: Almedina, 2010, pp. 163-196 e Maria de Fátima Mata Mouros, "Escutas Telefónicas – O que não muda com a Reforma", *in Debate sobre a Reforma Penal – Galileu – Revista de Economia e Direito,* Vol. XII, n.° 2, 2007/XIII, n.° 1, 2008, pp. 279-310. Todavia, a riqueza da jurisprudência do TC não se manteve na onda do aprofundamento dos direitos, liberdades e garantias fundamentais de qualquer cidadão ao "não julgar inconstitucional a norma do artigo 188.°, n.° 3, do CPP, na redacção anterior à Lei n.° 48/2007, de 29 de Agosto, quando interpretada no sentido de que o juiz pode destruir o material coligido através de escutas telefónicas, quando considerado não relevante, sem que antes o arguido dele tenha conhecimento e possa pronunciar-se sobre o eventual interesse para sua defesa", [Ac. TC n.° 70/2008, Processo n.° 1015/07, consultado em *http://www.tribunalconstitucional.pt/tc/acordaos/20080070.html?*, no dia 9 de Março de 2008. Aconselham-se as leituras dos votos de vencido de vários conselheiros do Tribunal Constitucional].

Questão pertinente era da importância de **outrem** poder fazer o mesmo exame ao auto de transcrição se não era arguido no processo e via o seu nome «embrulhado» em uma teia de prova criminal. Esta fiscalização impunha-se para que, mesmo em abstracto, os operadores da escuta sentissem a responsabilidade de não escutar e gravar conversações e comunicações desligadas do processo ou intimas. Funcionaria como crivo desmotivador e automaticamente conduzia, em caso de violação, aqueles à prática de um crime de devassa da vida privada, p. e p. pelo art. 192.° do CP, ou de gravação ilícita, p. e p. pelo art. 199.° do CP.

Dúvida se apresentava quanto ao alcance de **assistente** no processo. Defendemos todo aquele que se tiver constituído como tal, nos termos do art. 61.° do CPP. Num crime de corrupção, em que ***A*** denuncia a prática do crime e se constitui assistente – art. 61.° n.° 1 al. *e*) do CPP – pode solicitar o exame do auto de transcrição.

362. A Reforma de 2007 pouco ou nada alterou quanto à fiscalização não judiciária e à garantia efectiva dos direitos e liberdades fundamentais do cidadão, em especial dos que podem ser sujeitos passivos das intercepções e gravações das comunicações. Ora vejamos. O teor do anterior n.° 3 do art. 188.° do CPP foi alterado, dando origem a um novo n.° 6 que estipula que o juiz, sem prejudicar a possibilidade de um conhecimento fortuito poder originar um auto de notícia e comunicação da notícia do crime ao MP, conforme determina o n.° 7 do art. 187.° do CPP, pode determinar "a destruição imediata dos suportes técnicos e relatórios manifestamente estranhos ao processo", mas que digam respeito a conversações de pessoas, cuja escuta é inadmissível por lei, que "abranjam matérias cobertas pelo segredo profissional, de funcionário ou de Estado" ou que contenham conversações, cujo conhecimento do conteúdo afecte gravemente direitos, liberdades e garantias dos cidadãos (de todos sem excepção), conforme als. *a*), *b*) e *c*) do n.° 6 do art. 188.° do CPP.

Os escutados[1384], pois o arguido, o intermediário e a vítima, (e o assistente), só podem examinar os suportes técnicos das conversações

---

[1384] Não obstante a lei falar só em assistente e arguido. Cfr. n.° 7 do art. 188.° do CPP.

ou comunicações e obter cópias das partes que pretendam transcrever juntar ao processo, assim como dos relatórios, após o *terminus* do inquérito, *i. e.*, após a notificação da acusação e antes do prazo de requerer a abertura de instrução terminar ou de apresentação de contestação. Continua tudo na mesma linha, o arguido (assim como o intermediário, a vítima) e o assistente só podem ter acesso ao que consta do processo e jamais ao que fora anteriormente determinado destruir pelo juiz, sem o devido respeito pelas garantias de defesa consagradas no n.° 1 do art. 32.° do CRP, como *p. e.* contextualizar as transcrições relevadas para o processo.

Na linha de Claus Roxin[1385], consideramos que o prescrito no n.° 6 do art. 188.° do CPP, ao não permitir a oportunidade do sujeito passivo da escuta, em especial, o arguido, de acesso ao conteúdo integral das escutas, viola o princípio de lealdade – *fair trail* –, em que o juiz (das liberdades) funciona como a guilhotina que corta o que **ele** considera não relevar para o processo, mas que, *p. e.*, a conversação com um terceiro pode descodificar a prova de inocência ou a matéria reservada ao segredo profissional, de funcionário ou de Estado e, até mesmo, matéria que agride direitos fundamentais pode ser essencial para provar a inocência do arguido, mas que este não teve qualquer acesso ou contacto. Pensamos que a nova redacção não deixa de estar desconforme com o n.° 1 e o n.° 8 do art. 32.° da CRP, por violar as garantias processuais constitucionais e violar o princípio da lealdade ou de um procedimento penal leal próprio de um Estado de Direito Democrático.

d. *limites: expressos e imanentes*

363. Os limites não se esgotam nos normativos ordinários, mas partem, desde logo, dos imperativos constitucionais.

Aos tribunais – *maxime* juízes e MP – cumpre «administrar a justiça em nome do povo» – n.° 1 do art. 202.° da CRP –, estando «apenas sujeitos à lei»[1386] – art. 203.° da CRP – e não «podem aplicar nor-

---

[1385] Cfr. Claus Roxin, *Derecho Procesal...*, p. 79.

[1386] Lei em sentido amplo: Constituição e lei ordinária.

mas que infrinjam o disposto na Constituição ou os princípio nela consignados» – art. 204.° da CRP –, estando subordinados à Constituição e, por sua vez, aos preceitos constitucionais respeitantes ao respeito dos direitos, liberdades e garantias que se aplicam directamente aos quais estão vinculados – art. 18.°, n.° 1 da CRP.

Aos OPC cabe defender a legalidade democrática e garantir os direitos fundamentais, cujas medidas (cautelares e de polícia) são as prescritas na lei e a cuja prevenção criminal devem presidir as regras gerais sobre polícia e o respeito dos direitos, liberdades e garantias dos cidadãos[1387]. Os OPC estão vinculados à Constituição e a todos os preceitos legais, aos quais cumpre fazer vigorar, e estão vinculados aos preceitos constitucionais respeitantes aos direitos, liberdades e garantias que se aplicam directamente – conforme artigos 272.°, 266.°, 3.° e 18.°, n.° 1 da CRP.

Como limite drástico de proclamação constitucional, o n.° 8 do art. 32.° da CRP consagra como nulas – proibidas – as provas obtidas mediante abusiva intromissão na vida privada e familiar ou nas telecomunicações.

Os operadores judiciários devem ser o baluarte do respeito da dignidade da pessoa humana, limite intransponível para qualquer acto ou diligência processual, principalmente quando essa diligência provoca uma danosidade social quase incontrolável.

364. Como **limites expressos** nos preceitos do CPP, referentes às escutas telefónicas, podem-se referir os artigos 125.° – provas admitidas só as não proibidas por lei –, o art. 126.° – regime dos métodos proibidos de prova – e os artigos 118.° e ss. relativos às nulidades, conjugados com o art. 190.° do CPP.

Nos artigos propriamente ditos da admissibilidade e formalidades das escutas, três limites expressos se apresentam: por um lado, a diligência só pode ser autorizada na fase de inquérito – *ab initio* n.° 1 do art. 187.° do CPP; por outro, a autorização da realização das escutas dependem da diligência se revelar indispensável para a descoberta da verdade ou da prova se demonstrar *impossível* ou *muito difícil* de obter

[1387] Cfr. art. 272.° da CRP.

de outra forma – n.° 1 do art. 187.° do CPP; e, ainda, a proibição de intercepções e gravações de conversas e comunicações entre o arguido e o seu defensor, *ex vi* n.° 5 do art. 187.° do CPP. Quanto a esta última limitação, há a indicar a salvaguarda legal prescrita na segunda parte do preceito, ao possibilitar-se a autorização de intercepção e gravação das conversações e comunicações entre o defensor e o arguido se o juiz tiver fundadas razões para crer que aquelas «constituem objecto ou elemento de crime»[1388].

365. Dos preceitos reguladores das escutas telefónicas, consideramos que existem **limites imanentes** à própria diligência, tais como a cuidada actividade de modo que se respeite o conteúdo essencial do direito fundamental da reserva da intimidade da vida privada e familiar, do direito à palavra, do direito ao sigilo das comunicações e à sua inviolabilidade.

Acresce que, na esteira de COSTA ANDRADE[1389], os limites ou restrições emergentes do n.° 5 do art. 187.° do CPP à realização de escutas não se esgotam no plano relacional entre o arguido e o seu defensor, pois é regime **extensível a outras esferas de segredo ou de relações de confiança**, sob pena de descoordenação e incoerência legal processual penal. A mesma restrição de intercepção e de gravação é aplicável nas conversações e comunicações com o médico, com o sacerdote, com o psiquiatra, quanto a matéria de segredo profissional ou segredo de Estado e, ainda, na nossa opinião, com os familiares mulher e filhos excepto se existirem indícios de que são co-autores ou cúmplices dos factos em investigação – traz-se à colação os artigos 134.° a 137.° do CPP – assim como, do mesmo modo, se aplica a salvaguarda da segunda parte do n.° 5 do art. 187.° do CPP[1390].

[1388] Quanto a esta questão, o nosso "Terrorismo: Fundamento de Restrição de Direitos?", *in Terrorismo*, (Coord. ADRIANO MOREIRA), 2.ª Edição, Coimbra: Almedina, 2004, pp. 453-454.

[1389] Cfr. MANUEL DA COSTA ANDRADE, *Sobre as Proibições de Prova...*, p. 287.

[1390] Quanto a este assunto, MANUEL DA COSTA ANDRADE, *Sobre as Proibições de Prova...*, p. 300 e GERMANO MARQUES DA SILVA, *Curso de Processo Penal*, 2.ª Edição, Vol. II, p. 175. Posição esta que GERMANO MARQUES DA SILVA mantém na 4.ª Edição, do Vol. II, p. 252.

Quer MANUEL DA COSTA ANDRADE quer GERMANO MARQUES DA SILVA não se opõem à realização de escutas telefónicas entre o arguido e os familiares[1391]. Com a devida vénia discordamos por duas razões fundamentais: por um lado, existem situações em que mulher e filhos e pais desconhecem por completo a actividade criminosa do marido, do pai ou do filho, vendo-se subjugados à possibilidade de conversações e comunicações telefónicas íntimas e familiares serem ouvidas e gravadas por estranhos à família; por outro lado, defendemos que não faz qualquer sentido permitir que declarações de familiares sejam incriminadoras ou valoradas como prova na descoberta da verdade, obtidas sem o seu consentimento, quando, em sede de inquirição, aqueles – cônjugue, pais, filhos, irmãos, afins – podem recusar-se a depor como testemunhas, *ex vi* do art. 134.° do CPP. Salvaguardando os casos em que os parentes e afins sejam, também, objecto da investigação em curso ou intermediários, defendemos que devem ser proibidas as intercepções e gravações das conversas e comunicações entre arguido e parentes e afins, sob pena de legitimarmos um testemunho contra vontade ou não consentido. Consideramos que o n.° 4 do art. 187.° do CPP vem restringir o leque de possíveis escutados, inclusiva familiares.

366. Um outro limite agora expressamente estipulado, que mesmo assim conduz a um longo período de escutas telefónicas, mas que garante melhor a segurança jurídica e a protecção dos direitos fundamentais da pessoa, é o **prazo** máximo de três meses, renováveis por igual tempo.

A Comissão de Assuntos Constitucionais, Direitos, Liberdades e Garantias já tinha proposto, na Reforma de 1998, que se aditasse um n.° 4 ao art. 187.°, no qual se determinava a obrigação de estipulação de prazo de três meses, prorrogável pelo mesmo tempo, para a realização da intercepção e respectiva gravação. A omissão de prazo punha em levedante o pensamento dúbio que nos acercava de quanto tempo era a escuta e se era necessário um ano ou 3 ou 4 meses para a realização da escuta telefónica[1392].

1391 *Ibidem.*

1392 No sentido da indefinição do tempo de realização da escuta estar ferida de inconstitucionalidade por violação das garantias processuais penais constitucionais,

Reconhecendo que há investigações que se prolongam por mais de um ou dois anos devido à sua complexidade e especialíssima gravidade, sempre defendemos que, face à limitada fiscalização e controlo dos OPC por parte da AJ, seria benéfico que se consagrasse um prazo com possibilidade de prorrogações sucessivas desde que o juiz, ponderados os fundamentos, entendesse que a escuta telefónica era indispensável para a descoberta da verdade ou a obtenção da prova seria impossível ou muito difícil de outra forma.

O legislador, na Reforma de 2007, seguiu e prescreveu, como concretização da legalidade (tipicidade plena de prazo de realização de escuta) e da segurança jurídica, o prazo de três meses no máximo, cuja renovação por iguais períodos de tempo fica dependente da verificação dos quesitos de admissibilidade da diligência.

e. ***extensão do regime das escutas telefónicas***

367. A extensão do regime das escutas telefónicas está prescrito no art. 189.° do CPP, cuja redacção da reforma do Processo Penal operada pela Lei n.° 58/98, de 25 de Agosto, fora alterada pela reforma operada pela Lei n.° 48/2007, de 29 de Agosto.

Na versão originária do Código, o preceito estendia o regime dos artigos 187.° a 189.° «às conversações ou comunicações transmitidas por qualquer meio técnico diferente do telefone». Face ao exposto, COSTA ANDRADE[1393] escrevia que a determinação legal do art. 190.°[1394] apenas se dirigia às "demais formas de transmissão técnica de conversações ou comunicações", regime este "reservado às formas de comunicação oral, isto é, que possibilitam a emissão e recepção da própria palavra falada", estando "excluídas formas de comunicação como o telégrafo ou telefax", porque careciam de tutela e porque "a intromis-

---

por violação dos artigos 32.°, n.° 8, 48.° n.os 1 e 4, e 18.°, n.° 2 da CRP. Cfr. Ac. TC n.° 379/2004, *in DR*, II Série, n.° 170, p. 10973.

[1393] Cfr. MANUEL DA COSTA ANDRADE, *Sobre as Proibições de Prova...*, pp. 274 e 275.

[1394] Actual 189.° com nova redacção.

são indevida nas comunicações telegráficas não actualiza o atentado ao direito à palavra, que constitui um dos coeficientes de maior peso da danosidade social das escutas telefónicas".

Como escrevêramos na primeira edição das *Escutas Telefónicas – Da Excepcionalidade à Vulgaridade*[1395], impunha-se a alteração do preceito em estudo, porque considerámos que, excluindo as filmagens[1396], o regime das escutas telefónicas se aplicasse a conversações e comunicações transmitidas por qualquer meio técnico diferente do telefone, designadamente correio electrónico ou outras formas de transmissão de dados por via telemática e, ainda, à intercepção das comunicações entre pessoas presentes[1397].

A alteração do preceito (anterior art. 190.°, actual 189.° do CPP) veio afastar quaisquer dúvidas existentes quanto à extensibilidade dos requisitos e formalidades (a montante, durante e a jusante) da intercepção e gravação de meios técnicos de comunicação utilizados pelas pessoas, em que a base da comunicação é a *palavra falada e/ou escrita*, cuja tutela constitucional (estando na mesma inserida a tutela da *confidencialidade* da *palavra falada e/ou escrita*) se afere do n.° 1 do art. 26.° da CRP e se materializa com o n.° 4 do art. 34.° da Constituição.

368. Levanta-se, desde já, a questão de saber se o legislador, ao impor a aplicação dos pressupostos jurídico-constitucionais e jurídico-

---

1395 Cfr. o nosso *Escutas Telefónicas – Da Excepcionalidade à Vulgaridade*, 1.ª Edição, Coimbra: Almedina, 2004, pp. 76-77 (77).

1396 Cfr. Ac. STJ de 3 de Dezembro de 1997 *apud* MAIA GONÇALVES, *Código de Processo...*, p. 432.

1397 Aditamento proposto pela Comissão de Assuntos Constitucionais, Direitos, Liberdades e Garantias, por parte do PS para que se abrangesse todas as formas de telecomunicações: rádio, telex, satélite, radar, computador, mensagens electrónicas de telemóvel. Quanto à alteração legislativa processual penal sobre todas as intercepções e gravações de comunicações (artigos 187.° e 189.° do CPP), o nosso "La Investigación del Crimen Organizado. Entrada y Registro en Domicilios por La Noche, El Agente Infiltrado y La intervención en las comunicaciones", in *Dos Décadas de Reformas Penales*, (Coord. N. SANZ MULAS), Granada: Ed. Comares, 2008, pp. 189-192.

-legais das escutas telefónicas ao "correio electrónico", afastou o "correio electrónico" do conceito de correspondência, cuja tutela processual penal se aferia do art. 179.° do CPP. Parece-nos que o legislador, não obstante considerar os dados enviados no "correio electrónico" serem correspondência, optou por submeter a intromissão por parte do MP e dos OPC ao regime reforçado e restritivo das escutas telefónicas: ao *princípio da limitatividade da fase processual da autorização* (só na fase de inquérito se admite a ingerência judicializada na correspondência electrónica), ao *princípio da indispensabilidade da diligência* para a descoberta da verdade e/ou ao *princípio da impossibilidade ou de elevada dificuldade da obtenção da prova por outro meio.* Podemos afirmar que, neste ponto, existiu um reforço da tutela jurídica da correspondência electrónica[1398].

O art. 179.° do CPP, que era a base jusprocessual para se proceder ao acesso à correspondência electrónica, por meio da sua apreensão, não tem o alcance restritivo que o art. 187.° e 188.° do CPP actualmente detêm no sentido de evitar um debulhar arbitrário do correio electrónico. Este reforço de garantia do cidadão não pode funcionar como inibidor de aperfeiçoar o *engenho e a arte* da investigação criminal, principalmente quanto a crimes complexos no quadro da criminalidade económica, financeira e informática[1399].

Acresce referir que se estende o regime das escutas telefónicas aos dados que estejam guardados em suporte digital, ao qual se aplicava anteriormente o regime do art. 179.° do CPP. Quanto ao acesso a do-

---

1398 Neste sentido ANDRÉ LAMAS LEITE, "Entre Péricles e Sísifo...", *in RPCC*, Ano 17, n.° 4, p. 662.

1399 Parece-nos retirar da douta posição de ANDRÉ LAMAS LEITE que a sujeição do recurso à intercepção e gravação do correio electrónico aos mesmos pressupostos das escutas telefónicas é "mais restritivo que o anterior e que **muito dificultará a investigação**". Pois, pensamos que há crimes e crimes e há crimes cuja investigação impõe o recurso à intercepção de "correio electrónico", pelo que impõe ao OPC que demonstre ao MP e este ao Juiz que esta diligência é indispensável à descoberta da verdade e que sem ela é impossível ou muito difícil obter a prova para o processo. Pensamos que o legislador procurou limitar ao máximo a intromissão na correspondência electrónica por parte dos OPC e do MP. Cfr. ANDRÉ LAMAS LEITE, "Entre Péricles e Sísifo...", *in RPCC*, Ano 17, n.° 4, p. 662.

cumentos gravados em computador, MANUEL DA COSTA ANDRADE[1400] vem defendendo que não se enquadra no âmbito da intercepção de comunicações, nem de apreensão de correspondência, mas sim no quadro das buscas. Posição com a qual concordamos. Mas, a busca, neste caso concreto, teria de ser inserida no âmbito da busca domiciliária ou ter-se-ia de criar uma nova figura de busca – busca informática ou electrónica – com um regime muito próximo ou idêntico ao regime das escutas telefónicas, sob pena de não serem consideradas buscas domiciliárias nem apreensão de correspondência e, por isso, não estarem *ab initio* sob a alçada do princípio da jurisdicionalidade, mas de urgência e do *periculum in mora*, desprotegendo o cidadão.

369. A sujeição do acesso aos conteúdos guardados no computador ao regime dos artigos 187.° e 188.° do CPP, impõe que o início de uma investigação criminal por meio desta diligência seja com prévia autorização judicial[1401], seja apenas na fase do inquérito, seja indispensável para a descoberta da verdade e/ou seja impossível ou muito difícil, por outro meio, obter a prova, seja por um prazo máximo de três meses prorrogáveis e que os OPC procedam formalmente como se de uma escuta se tratasse[1402], sem esquecerem que nessa base pode estar gravado correio electrónico.

A extensibilidade do regime das escutas no âmbito do n.° 1 do art. 189.° do CPP só pode recair nos sujeitos passivos – arguido, intermediário conexionado com o arguido e vítima – previstos no art. 187.°, n.° 4 do CPP ou nos casos admissíveis do n.° 5 do art. 187.° do CPP.

[1400] Cfr. MANUEL DA COSTA ANDRADE, Entrevista no *Correio da Manhã*, do dia 30-9-2007, e citado por ANDRÉ LAMAS LEITE, "Entre Péricles e Sísifo...", *in RPCC*, Ano 17, n.° 4, p. 663.

[1401] Quanto a este assunto, ANDRÉ LAMAS LEITE, "Entre Péricles e Sísifo...", *in RPCC*, Ano 17, n.° 4, p. 662, e PEDRO VERDELHO, "Apreensão de Correio Electrónico em Processo Penal", *in RMP*, n.° 100, 2004, pp. 153-164 e "A Reforma Penal Portuguesa e o Cibercrime", *in RMP*, n.° 108, 2006, pp. 121-122.

[1402] Parece-nos que, no caso do *correio electrónico* e do *conteúdo gravado no computador* do arguido, do intermediário ou da vítima, não faz sentido que o juiz ordene a destruição dos mesmos, porque, esperamos, os OPC e o MP apenas aproveitaram o que foi considerado, nos termos do n.° 9 do art. 188.° do CPP, como prova.

f. *da admissibilidade das provas obtidas por intercepção de comunicações em processos disciplinares*

370. Tem-se levantado a questão de se saber se as provas obtidas pela intercepção e gravação das conversações e comunicações podem ser utilizadas em **processos disciplinares**[1403] oriundos de processos crimes, cujo tipo legal de crime se insere no catálogo previsto no art. 187.° do CPP. A questão levantada não se prende com conhecimento fortuito de matéria disciplinar, porque a admissão da valoração do conhecimento fortuito como fundamento de notícia de crime e comunicação ao MP por força do n.° 7 do art. 187.° do CPP esgota-se no quadro criminal e, na nossa opinião, só é admissível quanto a crimes do catálogo ou crimes conexionados com os crimes do catálogo[1404], sob pena de vulgarizar a valoração do conhecimento fortuito de um meio de obtenção de prova muito excepcional. Afastamos, assim e desde já, a valoração do conhecimento fortuito de uma infracção disciplinar por meio da intercepção de comunicações.

O problema levantado tem solução jurídico-legal e jurídico-constitucional, ou seja, quer no respeito do preceituado no art. 187.° do CPP, quer no respeito do consagrado no n.° 4 do art. 34.° do CRP não são admitidas escutas telefónicas no âmbito disciplinar. Do catálogo das infracções que admitem o recurso à escuta telefónica (ou a qualquer intercepção e gravação previstas no art. 189.° do CPP) não configuram infracções disciplinares, pelo que, *ex lege*, não se admite escutas telefónicas no quadro de processos disciplinares.

Acresce referir que o legislador não podia incluir no catálogo de tipologias infraccionais possíveis a admitir escutas telefónicas (ou quaisquer intercepções de comunicações) as infracções discipli-

---

[1403] Quanto a este assunto e no sentido da inadmissibilidade de prova produzida através de escutas telefónicas em processos disciplinares, Ac. do STA n.° 878/08 de 30 de Outubro de 2008, consultado em *http://www.dgsi.pt/jsta.nsf*, no dia 11 de Fevereiro de 2008.

[1404] Quanto à problemática dos conhecimentos fortuitos, o nosso *Conhecimentos Fortuitos. A Busca de um Equilíbrio Apuleiano*, Coimbra: Almedina, 2006 e de forma mais breve *infra* ponto 16. Valoração Probatória, b. Dos "Conhecimentos fortuitos".

nares por limite impositivo e inalienável ou de inadmissível extensibilidade por força do n.° 4 do art. 34.° da CRP. Este comando constitucional é intransponível e, como afirmam GOMES CANOTILHO e VITAL MOREIRA[1405], tendo em conta o princípio de interpretação restritiva das normas restritivas de direitos fundamentais, impõe que a excepcionalidade do recurso à diligência em causa só é admissível para matéria de processo criminal e, dentro deste, para o quadro criminal previsto na lei – princípio da reserva de lei e de precedência de lei[1406]. Como sabemos, no quadro jurídico português é inadmissível o recurso a escutas telefónicas para processos disciplinares.

371. Desta feita, não se pode admitir que se possam usar conteúdos, elementos probatórios e indícios de prova obtidas através de intercepções e gravações de conversações e comunicações telefónicas, telemáticas e outras previstas no art. 189.° do CPP, em processos disciplinares e, do mesmo modo, não as podemos admitir como notícia de infracção disciplinar.

Como se prevê para a notícia de crime – n.° 7 do art. 187.° do CPP –, que, não sendo crime conexo com o crime motivador de diligência (e mesmo este), o OPC deve comunicar ao MP para decidir se, sobre o novo crime "apanhado" na intercepção e gravação, requer autorização judicial para proceder à diligência ou se opta, sendo esta a nossa opinião, por abrir um novo inquérito e apurar da indispensabilidade do recurso à diligência e da impossibilidade ou muita dificul-

[1405] Cfr. GOMES CANOTILHO e VITAL MOREIRA, *Constituição da República Portuguesa...*, 4.ª Edição, Vol. I, p. 543.

[1406] Cfr. art. 18.°, n.° 2 e 165.°, n.° 1, al. *b*) da CRP. Quanto à precedência de lei e reserva de lei na restrição de direitos fundamentais, GOMES CANOTILHO, *Direito Constitucional e Teoria da Constituição*, 7.ª Edição, Coimbra: Almedina, 2003, pp. 1265-1266 e 1276-1283 (1277); JORGE BACELAR GOUVEIA, *Manual de Direito Constitucional*, Coimbra: Almedina, 2005, Vol. II, pp. 1106-1123; JORGE MIRANDA, *Manual de Direito Constitucional – Direitos Fundamentais*, 3.ª Edição, Coimbra: Coimbra Editora, 2000, pp. 327-328; JOSÉ CARLOS VIEIRA DE ANDRADE, *Os Direitos Fundamentais na Constituição Portuguesa de 1976*, 3.ª Edição, Coimbra: Almedina, 2004, pp. 298-320 (312-313) e GOMES CANOTILHO e VITAL MOREIRA, *Constituição da República...*, 4.ª Edição, Vol. I, p. 543.

dade na obtenção da prova por outra forma. Deve-se, primeiramente, esgotar os meios menos onerosos para com os direitos fundamentais pessoais.

Esta solução legislativa e interpretação possível face ao quadro constitucional, sem olvidar os princípios gerais do direito enformadores de um Estado de direito democrático, não é admissível em processo disciplinar, devendo-se considerar que essas provas, esses elementos de prova ou esses indícios probatórios proibidos, por violação dos princípios da lealdade, da legalidade, da jusconstitucionalidade e do respeito pela dignidade da pessoa humana[1407].

g. *da localização celular (meio de obtenção de prova ou medida cautelar e de polícia)*

372. A localização celular encontra-se inscrita no CPP como meio de obtenção de prova – n.° 2 do art. 189.° do CPP – e como medida cautelar e de polícia – art. 252.°-A do CPP. A localização celular, que, no nosso país, actualmente só é possível com a intercepção da comunicação por parte dos OPC, pois ainda não se detém software capaz de exclusivamente se proceder à localização sem intercepção da comunicação, contende directamente com o direito de liberdade de movimentos – *jus ambulandi* – e, consequentemente, com o direito que o cidadão tem de "não se saber, a todo o momento, onde (...) se encontra"[1408], devia ser considerado unicamente como meio de obtenção de

[1407] Consideramos que se aplica subsidiariamente o art. 125.° e, consequentemente, o art. 126.° do CPP, como se retira de vários Regulamentos Disciplinares existentes no nosso ordenamento jurídico.

[1408] Cfr. André Lamas Leite, "Entre Péricles e Sísifo...", *in RPCC*, Ano 17, n.° 4, p. 664. Este autor, na mesma página e nota 89, indica-nos a posição do Supremo Tribunal Federal dos EUA: o direito de que o cidadão tem de não se saber onde se encontra "não é uma garantia dos sujeitos, desde que os mesmos circulem em locais públicos". Já a nossa doutrina, na linha da alemã, considera que o local onde se encontra a pessoa não é o mais importante, "mas sim a natureza e a qualidade dos dados, *maxime* a sua atinência a uma esfera de «auto-determinação informacional»".

prova e jamais devia ter sido considerado como medida cautelar e de polícia – art. 252.°-A do CPP. Prendemo-nos na localização celular como medida cautelar e de polícia.

As medidas cautelares e de polícia[1409] têm natureza precária e só são admissíveis na base da urgência para fazer cessar o dano de uma conduta humana negativa que afecta qualquer bem jurídico ou que põe em perigo de lesão um bem jurídico. Impõe-se por razões de preservação de prova fundamental para o processo que se irá iniciar ou que está em curso, cuja não actuação dos OPC (polícia) afectaria as finalidades do processo: descoberta da verdade material e judicialmente válida, assim como a realização da justiça e a defesa dos direitos fundamentais dos cidadãos e, como ponto final, o alcance da paz pública. As medidas cautelares e de polícia são (ou só devem ser) prosseguidas por elementos policiais (OPC ou APC) e não por autoridades judiciárias (AJ)[1410] como se afere do n.° 1 do art. 252.°-A do CPP.

A localização celular, como medida cautelar e de polícia, só é admissível quando impere a necessidade de obtenção de dados sobre o local onde se encontra o cidadão visado por razões de afastamento do "perigo para a vida ou de ofensa à integridade física grave", conforme n.° 1 do art. 252.°-A do CPP. A construção legal positiva configura uma situação de *estado de necessidade* e, nunca, de medida cautelar e de polícia.

373. Acresce saber que tipos legais de crime põem em perigo a *vida* e a *integridade física grave*. Somos de opinião que o legislador, *a priori*, pode ter limitado o catálogo aos crimes contra as pessoas, em especial contra a vida, contra a integridade física e contra a liberdade (*maxime* sequestro, rapto, escravidão, tráfico de pessoas e contra

---

[1409] Quanto às medidas cautelares e de Polícia e a sua justificação no quadro jus-processual penal, o nosso *Teoria Geral do Direito Policial*, 2.ª Edição, Coimbra: Almedina, 2005, pp. 239-270 e ANABELA MIRANDA RODRIGUES "O Inquérito no Novo Código de Processo Penal", *in Jornadas de Direito Processual Penal*, Coimbra: Almedina, 1995, pp. 70-72 e *supra* §§ 79.°-87.°.

[1410] Se há intervenção da AJ não podemos confirmar a diligência como pré-processual, mas como processual, e deve seguir os quesitos do art. 189.°, n.° 2 do CPP.

a liberdade de autodeterminação sexual). Mas, consideramos que a cláusula aberta "perigo para a vida ou de ofensa de integridade física grave", inclui tipologias criminais que conexionadamente afectam aqueles bens jurídicos – terrorismo, tráfico de armas, tráfico de droga – e que se enquadram na criminalidade grave, complexa e altamente especializada [criminalidade organizada e violenta].

O quadro inscrito no n.° 1 é de *estado de necessidade* e, por isso, desnecessária a sua positivação. De outra forma, como se depreende do n.° 2 do art. 252.°-A do CPP, estamos perante um meio de obtenção de prova puro, que carece de autorização e/ou ordem do juiz por colidir com direitos fundamentais. Neste sentido, esta tentativa de *policialização* da fase inicial do processo viola o princípio da jurisdicionalização de todo o processo – *ab initio ad finem* – e, consequentemente, parece-nos que está ferida de inconstitucionalidade material por violação do art. 32.° n.° 4 da CRP, que consagra a intervenção do juiz sempre que o acto ou diligência processual colidir "directamente com os direitos fundamentais".

Consideramos que não enquadrará este juízo de inconstitucionalidade se a situação factual preencher os quesitos do estado de necessidade[1411], o que afasta a opção legislativa demasiado perigosa por poder ser uma alavanca para se proceder a escutas telefónicas sem autorização judicial e fora da fase de inquérito como impõe o n.° 1 do art. 187.° do CPP. A comunicação *a posteriori* ao juiz não afasta a violação do direito fundamental *liberdade* e de *não se saber onde se encontra o cidadão*, assim como da *palavra falada*, da *reserva da intimidade da vida privada*. Nem a prescrição de nulidade, que entendemos como proibição de uso dos dados de localização, repõe (ou restaura) a integridade dos direitos fundamentais.

[1411] Quanto ao *estado de necessidade* legitimador da restrição de um direito fundamental, GOMES CANOTILHO e VITAL MOREIRA, *Constituição da República...*, 4.ª Edição, Vol. I, p. 543. GERMANO MARQUES DA SILVA considera que o art. 253.°-A do CPP "resolve um conflito de direitos, o da reserva da vida privada e da defesa da vida e da integridade física, fazendo, por isso, aplicação legislativa do direito de necessidade (art. 34.° do CP)". Cfr. GERMANO MARQUES DA SILVA, *Curso de Processo...*, 3.ª Edição, Vol. III, p. 75.

374. O n.° 2 do art. 252.°-A do CPP, que impõe a comunicação ao juiz no prazo máximo de 48 horas, se a localização celular se referir a um processo em curso, é contrário ao n.° 2 do art. 189.° do CPP, apesar de considerarmos que os OPC podem promover diligências cautelares e de polícia depois da comunicação da notícia do crime e das respectivas provas reais e pessoais à AJ – *v. g.*, n.° 3 do art. 249.° do CPP. Refira-se que, estando o processo em curso, não se levanta o *periculum in mora* da intervenção da AJ e da perda da prova que se está a recolher para o processo – um dado de localização de um arguido ou intermediário ou vítima por meio celular. Não consideramos adequada a solução do n.° 2 do art. 252.°-A do CPP num momento histórico em que já se encontra implementado o tribunal de turno – MP e JIC encontram-se, melhor, deviam encontrar-se contactáveis. Há uma desconformidade deste preceito com o consagrado no n.° 4 do art. 32.° da CRP[1412], excepto se for *estado de necessidade* de evitar o "perigo para vida ou de ofensa à integridade física grave".

Quanto ao n.° 3 do art. 252.°-A do CPP, que prevê a comunicação dos dados de localização celular ao "juiz da sede da entidade competente para a investigação criminal" caso os mesmos se refiram a um novo processo, *i. e.*, no âmbito da prevenção criminal *stricto sensu* ou, como afirma PAULO P. ALBUQUERQUE, no quadro da "pura prevenção criminal"[1413], levantam algumas questões.

A intercepção de comunicações – que permitirá a localização celular do arguido, do intermediário ou da vítima – só é admissível constitucionalmente "em matéria de processo criminal", ou seja, só é admissível quando existe um processo crime e nunca antes da sua existência, sob pena de inconstitucionalidade material por violação do art. 34.°, n.° 4, *in fine* da CRP[1414]. Este preceito é mais um marco significativo da *policialização* do processo e da sua consequente *desju-*

[1412] Conjugado com o n.° 4 do art. 34.° da CRP.

[1413] Cfr. PAULO PINTO DE ALBUQUERQUE, *Comentário ao Código de Processo Penal à Luz da Constituição e da Convenção dos Direitos do Homem*, Lisboa: UCE, 2007, p. 652.

[1414] Neste sentido, PAULO PINTO DE ALBUQUERQUE, *Comentário do Código de Processo...*, p. 652.

risdicionalização. Não queremos afastar a importância dos dados de localização celular das pessoas previstas no n.° 4 do art. 187.° do CPP, que são fundamentais para provar, quantas vezes, a sua inocência ou para descobrir a verdade sobre se um determinado arguido é quem, num determinado espaço, coordena as operações de compra e venda de estupefacientes (art. 21.° do DL n.° 15/93, de 20 de Janeiro) e, desta forma, se realizar a justiça (penal).

O que nos preocupa é a tutela efectiva dos direitos, liberdades e garantias fundamentais de todos os cidadãos que, quando são afectados mais gravemente do que o não alcance da paz pública com a intervenção jurídico-operativa-processual, não se compadecem com a sua materialização enferma.

375. A localização celular não se confunde com a vigilância policial – sendo esta uma técnica de pesquisa directa de informações sobre determinada pessoa[1415] ou sobre a actividade ilícita de uma ou mais pessoas, cujo conteúdo é transposto para um relatório que será entregue ao MP para decidir se um requerimento ao Juiz de uma diligência mais gravosa para o cidadão visado tem ou não fundamento, como a realização de uma busca domiciliária, de uma apreensão de correspondência, de intercepção e gravação de conversações e comunicações e, até mesmo, de localização celular. A vigilância policial não restringe tão forte e tão gravemente os direitos fundamentais da *liberdade*. Como não é possível actualmente localizar sem interceptar a comunicação, sem restringir o direito da *palavra falada* [excepto o novo sistema de localização do telemóvel por GPS], a localização celular não devia ter sido inserida sistematicamente, porque não tem essa natureza, nas medidas cautelares e de polícia.

Como dois últimos pontos e se for admissível e se a doutrina e a jurisprudência entender a *localização celular* como medida cautelar

---

1415 No quadro da recolha de informações no âmbito de segurança interna ou no âmbito da prevenção criminal, cuja GNR e PSP têm competência nas sua "áreas de actuação e com vista à detecção de situações de tráfico e consumo de estupefacientes ou substâncias psicotrópicas", de vigiar recintos "frequentados por grupos de risco" ou zonas "referenciadas como locais de tráfico ou de consumo", cfr. als. *a*) e *b*) do n.° 2 do art. 2.° do DL n.° 81/95, de 22 de Abril.

e de polícia, consideramos que os sujeitos passivos desta medida se aferem do n.° 4 do art. 187.° do CPP [arguido, intermediário ligado ao *factum criminis* e a vítima (que consinta e que, no momento não pode consentir por se encontrar raptada, sequestrada ou em perigo de vida ou de ofensa grave da integridade física)], impondo-se aqui o princípio da interpretação restritiva das leis ou preceitos restritivos dos direitos fundamentais, seguindo o brocado *odiosa sunt restringenda*[1416]; outro ponto, consideramos que a consequência jurídica de *nulidade*, prevista no n.° 4 do art. 252.°-A do CPP, para "obtenção de dados sobre localização celular com violação" dos quesitos impostos e, acrescentamos, do princípio da proporcionalidade *lato sensu* [adequação, necessidade e exigibilidade, subsidiariedade e proporcionalidade *stricto sensu*], assim como da lealdade, se insere no quadro das proibições de prova, previstas no art. 126.° do CPP e consagradas no n.° 8 do art. 32.° da CRP.

376. A extensibilidade prevista no n.° 2 do art. 189.° dos dados sobre localização celular constantes de autos e dos registos da realização de conversações e comunicações não é pura, pois a obtenção e a junção aos autos dos mesmos (dados e registos) carece de autorização ou de ordem por despacho de juiz e para qualquer fase do processo – inquérito, instrução e julgamento. A extensibilidade operada pelo n.° 1 do art. 189.° do CPP apenas se admite para a fase de inquérito, conquanto a extensibilidade do n.° 2 do art. 189.° não se esgota na fase de inquérito, pois estende-se às fases de instrução e de julgamento, criando um regime processual menos favorável às pessoas previstas nas als. *a*) e *b*) do n.° 4 do art. 187.° do CPP.

As escutas telefónicas, só podem ser efectuadas [e não podem ser proteladas] na fase do inquérito por imposição legal, mas a localização celular pode ser autorizada (na fase de inquérito a requerimento da APC ao MP e deste ao Juiz) ou ordenada por juiz, por despacho fundamentado de facto e de direito, quanto às tipologias criminais dos n.° 1 e 2 do art. 187.°, sobre as pessoas previstas no n.° 4 do art. 187.°

1416 Quanto ao afastamento da interpretação extensiva das normas restritivas, JORGE MIRANDA, *Manual de Direito...* – Tomo IV, 3.ª Edição, p. 340.

do CPP (na fase da instrução e julgamento). Será que esta abertura na fase de instrução e do julgamento não se configura como uma possibilidade indirecta de realizar escutas telefónicas inadmissíveis *ex lege* através da *localização celular*? O tempo nos elucidará.

377. Refira-se que a autorização ou ordem da diligência – *localização celular* – deve obedecer aos princípios da indispensabilidade da descoberta da verdade [mesmo para as fases de instrução e de julgamento] ou da impossibilidade ou muita dificuldade de obtenção dos dados necessários para a prova, prescritos no n.° 1 do art. 187.° do CPP.

Este meio de obtenção de prova é, como as escutas telefónicas, um meio excepcional, que restringe direitos, liberdades e garantias fundamentais e, por isso, deve ser interpretado e aplicado de forma restritiva, pelo que a localização celular e o registo detalhado das "chamadas efectuadas de e para certo aparelho telefónico (fixo ou móvel)"[1417] impõem autorização fundamentada de juiz e restringida aos sujeitos previstos no n.° 4 do art. 187.° e somente ao catálogo dos n.os 1 e 2 do art. 187.° do CPP, vinculando, desta feita e por força do n.° 1 do art. 18.° da CRP, as entidades privadas, ou seja, as operadoras[1418].

Esperemos que a busca da verdade não olvide que se destrói mais a justiça quando não se actua com lealdade, do que com a não descoberta da verdade, ou seja, que a busca da verdade tenha como mote que o processo penal é, por excelência, o direito dos inocentes.

h. ***o registo de voz* (off) *e de imagem***

378. A Lei n.° 5/2002, de 11 de Janeiro, estabelece um regime especial de produção de provas (reais e pessoais) e a quebra do segredo profissional e perda de bens a favor do Estado no que se refere aos crimes de tráfico de estupefacientes – artigos 21.° a 23.° e 28.° do DL

[1417] Cfr. André Lamas Leite, "Entre Péricles e Sísifo...", *in RPCC*, Ano 17, n.° 4, p. 665.

[1418] Neste mesmo sentido, André Lamas Leite, "Entre Péricles e Sísifo...", *in RPCC*, Ano 17, n.° 4, p. 665.

n.° 15/93 –, terrorismo e organizações terroristas, tráfico de armas, corrupção passiva e peculato, branqueamento de capitais, associação criminosa, contrabando, tráfico e viciação de veículos furtados, lenocínio e lenocínio e tráfico de menores e contrafacção de moeda e de títulos equiparados a moeda, nos termos do n.° 1 do art. 1.°.

A par dos demais meios de prova, o art. 6.° deste diploma prescreveu como meio de produção de prova o *registo de voz (off) e imagem*, «por qualquer meio, sem consentimento do visado», mas com a prévia autorização – quando requerido pelo MP ou APC – ou ordem – *ex officio* – do juiz.

Ao registo de voz (*off*) e de imagem[1419] aplica-se, *ex lege* [n.° 3 do art. 6.°], as formalidades prescritas no art. 188.° do CPP – tais como lavrar o auto, elaborar o relatório no qual deve indicar as passagens relevantes para a prova, descrever sucintamente o conteúdo e explicar o alcance para a descoberta da verdade, ao qual se juntam os suportes técnicos, e dar *conhecimento*, de 15 em 15 dias, dos autos, dos relatórios e dos suportes técnicos ao MP, que, no prazo de 48 horas, levará ao conhecimento do *juiz* que autorizou ou ordenou o registo[1420].

O juiz pode ordenar a "destruição imediata dos suportes técnicos e relatórios manifestamente estranhos ao processo", que respeitem a pessoa não previstas no n.° 4 do art. 187.° do CPP, a matérias de segredo de Estado, profissional ou de funcionário ou que afectem direitos, liberdades e garantias caso fossem divulgados[1421], podendo ser coadjuvado para o efeito por OPC[1422].

[1419] Quanto à problemática do registo de voz (*off*) e imagem, com profundidade académico-científica, MÁRIO FERREIRA MONTE, "O Registo de Voz e Imagem no Âmbito da Criminalidade Organizada e Económico e Financeira – Lei n.° 5/2002, de 11 de Janeiro" e "A Intervenção e Gravação de Conversações e Comunicações. O Registo de Voz e Imagem. Alguns Aspectos Relevantes do Actual Sistema Processual Penal", *in Medidas de Combate à Criminalidade Organizada e Económico-Financeira*, Coimbra: Coimbra Editora, 2004, pp. 79-90 e 91-106. Quanto a este assunto o nosso "La Investigación del Crimen Organizado... ", in *Dos Décadas de Reformas...*, p. 192.

[1420] Cfr. n.os 1, 3 e 4 do art. 188.° do CPP.

[1421] Cfr. n.° 6 do art. 188.° do CPP.

[1422] Cfr. n.° 5 do art. 188.° do CPP.

Quer o arguido, quer o assistente quer o intermediário, cuja voz ou imagem tenha sido registada têm o direito de proceder ao exame dos documentos que constem não só da autorização ou ordem, mas também dos registos da voz (*off*) e da imagem e respectiva reprodução documental.

379. O legislador estendeu o regime das formalidades das escutas telefónicas ao registo de voz e da imagem, tendo em conta que o registo de voz (*off*) prescrito na Lei n.° 5/2002 não se confina ao mesmo panorama mecânico da intercepção e gravação de conversações e comunicações, apesar de os direitos à palavra e à imagem serem afectados profundamente, cuja agressividade também se verifica no plano das escutas telefónicas.

Ao submeter o registo de voz (*off*) e de imagem às formalidades, *mutatis mutandis*, previstas no art. 188.° do CPP, impõe-se que se tenha em conta a nova redacção do preceito. Contudo, a alteração do art. 187.° do CPP influenciou a alteração do art. 188.° do CPP, principalmente no que respeita às pessoas que podem ser escutadas e que podem sofrer com a destruição de relatórios e suportes técnicos antes de terem acesso aos mesmos e o que pode valer como prova [as conversações ou comunicações que o MP ordenar ao OPC para transcrever e que o arguido e assistente transcreverem das cópias existentes] conforme n.° 9 do art. 188.° do CPP.

No campo do registo de voz (*off*) e imagem, consideramos que, na base do brocado *odiosa sunt restringenda*, se devem aplicar os mesmos princípios do recurso às escutas telefónicas a este meio de produção de prova, assim como restringir os sujeitos passivos do meio de produção de prova ao arguido e ao intermediário, restringir os prazos de três meses prorrogáveis como nas escutas telefónicas, e aplicar o regime do n.° 7 do art. 187.° do CPP quanto aos conhecimentos fortuitos.

380. De relevar há o facto de que, no plano substantivo legitimador deste meio de produção de prova, verificamos que os crimes que legitimam o registo de voz (*off*) e da imagem também legitimam a realização das escutas telefónicas e que este meio pode ser fulcral para se provar ou não que uma determinada voz, interceptada e gravada em uma conversação ou comunicação, é a voz de ***A*** ou ***B*** e não a voz de ***C*** ou ***D***. Mais do que a conversação ou o conteúdo da comunicação, o que está em causa é a *voz* e a *imagem* de determinada pessoa suspeita da prática de determinado crime catálogo.

Duvidamos da necessidade deste meio de produção de prova – veja-se que o legislador designou o registo de voz (*off*) e de imagem como *meio de produção de prova* – Capítulo II – e não meio de obtenção de prova, muito embora estendesse o regime de um meio de obtenção de prova idêntico [escutas telefónicas] ao novo meio de produção de prova – uma vez que na intercepção e na gravação das conversações e comunicações telefónicas não se regista apenas o conteúdo, mas também a voz de quem conversa e comunica, cuja perícia à voz seria sempre possível por determinação da autoridade judiciária[1423].

Quanto ao registo das imagem, o CPP já previa a sua possibilidade no art. 167.°, devendo-se para o efeito respeitar o preceituado para os meios de obtenção de prova, *ex vi* n.° 2 do art. 167.° do CPP, o que se nos configura desnecessária a previsão legal em um diploma avulso de um meio já previsto no CPP, sendo de realçar e valorar a sujeição de realização à autorização ou à ordem de juiz.

i. *da intercepção (controlo) de comunicações no quadro da segurança interna*

381. O recurso à intercepção de qualquer meio de comunicação para efeitos de segurança interna está previsto no art. 27.° da LSI, que prevê a possibilidade de recurso ao *controlo de comunicações*[1424-1425],

---

[1423] Cfr. art. 154.° do CPP. A perícia pode ser ordenada pelo MP no inquérito, deve ser ordenada pelo JIC na instrução e pelo juiz no julgamento, quer a requerimento quer oficiosamente. *Hoc sensu* MAIA GONÇALVES, *Código de Processo...*, 12.ª Edição, p. 378.

[1424] Quanto a este assunto o nosso "El Sistema de Seguridad Interior Portugués. Breve Reflexión", *in Revista de Seguridad Publica* – Cuadernos de la Guardia Civil, Madrid, n.° XXXVI, Año 2007, 2.ª Epoca, p. 8.

[1425] É de referir que a Proposta de Lei n.° 184/X[117], que aprovara a nova Lei de Segurança Interna, não previa a possibilidade de recurso ao controlo das comuni-

cuja execução do controlo das comunicações será feita mediante autorização judicial e será da exclusiva competência da Polícia Judiciária. Quanto a esta possibilidade de intercepção e gravação – que o legislador designa de *controlo de comunicações* – vamos fazer quatro considerações de enquadramento, de explicitação e de crítica.

Consideramos que o «controlo de comunicações» *não pode ser considerada uma medida de polícia*, porque, desde logo, depende de autorização prévia do Juiz de Instrução Criminal (JIC) e está sujeita à permanente e imediata intervenção do JIC, como se depende do art. 27.° da LSI. Desta feita, é uma medida judicial, um *meio de obtenção de prova excepcional*[1426] que a Polícia (PJ) deve operacionalizar para a prossecução da segurança interna.

Defendemos que *o catálogo de crimes* a que sujeito ao controlo de comunicações é o constante do art. 187.° do CPP. Mas, somos da opinião que só deviam admitir o controlo de comunicações para questões de segurança interna os crimes do catálogo do n.° 2 do art. 187.° do CPP, porque são esses os que mais imbricam com a preocupação de salvaguarda da segurança interna face a actos ou factos ilícitos de elevada organização, elevada especialidade e complexidade, que possam fazer perigar a paz pública: crimes de terrorismo, de criminalidade violenta ou altamente organizada, de associação criminosa, crimes contra a paz e a humanidade, contra a segurança do Estado, crimes abrangidos por convenção sobre segurança de navegação aérea ou marítima, de produção e tráfico de estupefacientes, de falsificação de moeda ou títulos

cações para o catálogo de crimes previstos no art. 187.°, em especial para os constantes do n.° 2 deste preceito, cuja sua verificação afectam sobremaneira a segurança interna. Mas, o legislador tinha ressalvado o prescrito no n.° 3 do art. 18.° da LSI, que dava a prerrogativa ao Juiz de remeter, à força ou serviço de segurança detentora do processo crime em investigação, em auto próprio e sigiloso, os elementos que pudessem constituir elementos de prova para crimes de terrorismo, criminalidade violenta ou altamente organizada.

[1426] Quanto à excepcionalidade ao recurso do controlo das comunicações, já nos nossos *Escutas Telefónicas – Da Excepcionalidade à Vulgaridade*, 1.ª Edição, Coimbra: Almedina, 2004 e *Processo Penal* – Tomo I, 1.ª Edição, pp. 385-437, defendiamos esta tese por provocar uma *danosidade social* elevada.

equiparados a moeda, *i. e.*, crimes cuja prática e resultado final fazem perigar danosamente a segurança interna.

382. O que o *controlo de comunicações*, como se retira do art. 27.° da LSI, é da *competência exclusiva da PJ* após a autorização (ou ordem) do JIC. Não podemos, em sede de segurança interna, restringir o controlo de comunicações à fase de inquérito[1427], pois estamos no âmbito de uma influência das condutas delitivas graves que podem influir na segurança interna na fase do inquérito, de instrução e, até, mesmo de julgamento[1428].

Refira-se que a investigação da maioria dos crimes do catálogo, principalmente os previstos no n.° 2 do art. 187.° do CPP, são da competência da PJ e os terminais de controlo das comunicações encontram-se sedeados nas suas instalações. Esta limitação física e jurídico-material não prejudica o controlo imanente do JIC que autorizou ou ordenou a diligência.

383. Não obstante a LSI nada frisar e, parece até evitar o MP para todas as medidas de polícia[1429], consideramos que devia caber ao MP o requerimento ao juiz para recurso ao *controlo de comunicações* e que devia, também, caber-lhe, a fiscalização da PJ na fase de inquérito do processo.

Em sede de segurança interna, há tipologias criminais que devem estar inseridas no catálogo – *v. g.*, delitos económicos, ambientais, corrupção, branqueamento (de vantagens) – e que o recurso às designadas

---

[1427] Cfr. n.° 1 do art. 187.° do CPP.

[1428] No caso de um julgamento de um criminoso ligado a uma rede ou organização terrorista, faz todo o sentido que se proceda à intercepção de escutas telefónicas entre aquele e os seus intermediários (e até mesmo o seu advogado), para evitar que haja um atentado terrorista ou a execução de um plano de fuga daquele criminoso, cuja liberdade coloca em perigo a segurança interna do Estado e dos demais Estados-Membros ou da Comunidade Internacional.

[1429] Conforme se pode retirar dos artigos 28.° a 34.° da LSI. Mas, defendemos que o MP deve fiscalizar a acção das forças e serviços de segurança no quadro da segurança interna em geral e no quadro da aplicação das medidas de polícia, assim como a polícia judiciária em especial, no quadro do controlo das comunicações, por força do n.° 1 do art. 219.° da CRP.

escutas telefónicas não pode ser tão restritivo se o cenário for de prevenção de determinados crimes – terrorismo, crime organizado, tráfico de armas, de seres humanos, de órgãos humanos, de droga, contra humanidade, contra a paz nacional, europeia e internacional –, porque, verificados os prejuízos, são de elevada monta. Mas, esta abertura não pode ser uma muleta para a investigação criminal, onde o recurso às escutas telefónicas deve ser excepcionalíssimo.

384. Parece-nos que o legislador tem em conta que a previsão de um preceito idêntico ao n.° 2 do art. 187.° do CPP na LSI não faria sentido, uma vez que a prossecução de investigação criminal na fase de inquérito e o alcance positivo de resultados capazes de evitar lesão ou de evitar a colocação em perigo de lesão bens jurídicos funciona como base de criação e de fomento de segurança interna (nacional, europeia e internacional).

O legislador segue o comando constitucional de que só são admissíveis intromissões nas (tele)comunicações em *matéria de processo criminal*[1430] e limita o recurso às intercepções e gravações de comunicações, sujeitando-o aos pressupostos previstos nos prescritos do CPP.

j. *valoração probatória*

385. O art. 190.° do CPP, estipula que, sob pena de *nulidade*, os *requisitos* e *condições* prescritas nos artigos 187.°, 188.° e 189.° do CPP devem ser observados[1431].

Relevante é saber qual o sentido do substantivo «nulidade» prescrito no art. 190.° do CPP quando, no recurso às escutas telefónicas, se não verifiquem os pressupostos inerentes à sua realização. A doutrina

---

1430 Cfr. *in fine* do n.° 4 do art. 34.° da CRP.

1431 Quanto à valoração probatória da inobservância dos quesitos legais impostos pelos artigos 187.°, 188.° e 189.° do CPP, tendo em conta a alteração do n.° 3 do art. 126.° do CPP, André Lamas Leite, "Entre Péricles e Sísifo...", *in RPCC*, Ano 17, n.° 4, pp. 665-669.

encontrou-se, até a reforma de 2007 e alteração do n.° 3 do art. 126.° do CPP, dividido:

* José da Costa Pimenta[1432] e Tolda Pinto[1433], nos termos do art. 120.° e ss. do CPP, defendiam que o sentido de «nulidade» prescrito no art. 189.° (actual 190.°) do CPP se confinava à *nulidade dependente de arguição*[1434]. O mesmo pensamento tinha Maia Gonçalves quanto à não verificação dos quesitos formais, excepto quanto à falta de autorização ou ordem judicial;
* Por conseguinte, Maia Gonçalves[1435], no caso de inexistência de autorização ou de ordem judicial, considerava que a sanção adjectiva se enquadrava no plano das *nulidades insanáveis*, nos termos dos artigos 118.° e 119.° do CPP. Posição que continua a manter[1436].
* Manuel da Costa Andrade[1437] e Germano Marques da Silva[1438] defendiam que se tratava de uma *proibição de prova*, tendo em conta o estipulado pelo n.° 3 do art. 126.° do CPP – «ressalvados os casos previstos na lei, são igualmente nulas as provas obtidas mediante intromissão nas telecomunicações» – cuja nulidade acarretava que a prova não podia ser utilizada, por força do n.° 1 do art. 126.° do CPP, excepto contra quem a tivesse produzido, *ex vi* n.° 4 do art. 126.°. No sentido de proibição de prova, entroncava-se a posição de Maia Gonçalves quanto à "apreensão ou intromissão na correspondência postal ou nas telecomunicações", sempre que fossem "efectuadas sem

---

1432 *Apud* Maia Gonçalves, *Código de Processo...*, 12.ª Edição, p. 431.

1433 Cfr. Tolda Pinto, *A Tramitação Processual Penal*, 2.ª Edição, Coimbra: Coimbra Editora, 2001, p. 425.

1434 Neste sentido, o Ac. STJ de 21 de Outubro de 1992, *in BMJ*, n.° 420, pp. 230 e ss..

1435 Cfr. Maia Gonçalves, *Código de Processo...*, 12.ª Edição, p. 431.

1436 Cfr. Maia Gonçalves, *Código de Processo...*, 17.ª Edição, 2007, p. 437.

1437 Cfr. Manuel da Costa Andrade, *Sobre as Proibições...*, pp. 188 e ss..

1438 Cfr. Germano Marques da Silva, *Curso de Processo Penal*, 2.ª Edição, Vol. II, pp. 205-206.

o consentimento de quem de direito ou sem ordem ou autorização da autoridade judiciária"[1439].

Continuamos a acompanhar MANUEL DA COSTA ANDRADE e GERMANO MARQUES DA SILVA, tendo em conta que, por um lado, a lei dispõe que as condições de admissibilidade e os requisitos são estabelecidos sob *pena de nulidade*, devendo-se entender que a sua inobservância constitui *proibição de prova* determinada pelo art. 32.°, n.° 8 da CRP e o art. 126.° do CPP, por outro, o sentido de «nulas» prescrito no enunciado dos números do art. 126.° deve ser interpretado como *proibidas* em consonância com a epígrafe do preceito – proibições de prova –, sendo que tem como consequência a sua não utilização no processo em curso, e, ainda, face aos bens jurídicos ofendidos com a inobservância das condições e requisitos – reserva da intimidade da vida privada, direito à palavra falada, confidencialidade da palavra falada, inviolabilidade de comunicações[1440] – de tutela constitucional, a utilização das provas contra aqueles que as obteram ilegalmente.

A reserva da intimidade da vida privada e familiar é uma trave mestra do princípio basilar do nosso Estado de direito democrático – dignidade da pessoa humana –, cuja força centrifuga impõe, um plano de «concordância prática» para que a verdade material se realize, e não se coaduna com o entendimento de que a «nulidade» a que se refere o art. 190.° do CPP se circunscreva à lógica das nulidades dependentes de arguição ou das nulidades insanáveis.

Neste mesmo sentido e na linha da nossa posição, entendemos que a alteração ao n.° 3 do art. 126.° do CPP, ao aditar ao texto a impossibilidade de utilização de provas obtidas de forma ilícita e no desrespeito dos pressupostos legais das escutas telefónicas, seguindo o mesmo regime do n.° 1 do art. 126.° do CPP[1441], vem afastar as dúvi-

---

1439 Cfr. MAIA GONÇALVES, *Código de Processo...*, 12.ª Edição, p. 431. Sentido que mantém na 17.ª Edição, de 2007, p. 437.

1440 Cfr. GOMES CANOTILHO e VITAL MOREIRA, *Constituição da República...*, 4.ª Edição, Vol. I, pp. 543-544.

1441 Quanto a este assunto e no mesmo sentido, considerando a *nulidade* prevista no art. 190.° do CPP como uma "*nulidade atípica*, designada por «probição de

das de interpretação da "nulidade" do art. 190.° do CPP, ou seja, que só se deve entender como proibição no sentido do art. 126.° do CPP.

386. Outro problema inerente à produção de prova e à sua proibição surge quanto à sua complexidade e especialidade de que nos fala COSTA ANDRADE[1442], que se prende com a valoração da *proibição de produção* e da *proibição de valoração.*

Para SCHÜNEMANN, "os problemas jurídico-processuais das escutas telefónicas se reduzem – (...) – a problemas de proibição de produção de prova"[1443], concluindo que "«só há limites à valoração de provas quando estes assentam num modo *não permitido* de produção»"[1444].

RUDOLPHI sintetiza que "«A valoração de uma conversação telefónica legalmente gravada só será admissível quando especialmente justificada. Isto é: quando nos termos do § 100 a) da StPO, teria sido possível ordenar a escuta telefónica e proceder à gravação precisamente daquela conversação para efeitos de perseguição penal»"[1445].

Verifica-se, como ensina COSTA ANDRADE, na linha do BGH alemão, o "princípio da descontinuidade normativa entre o juízo de licitude/ilicitude da produção da prova e o da admissibilidade da respectiva utilização probatória"[1446], no primeiro momento temos "o discurso (substantivo) de licitude/ilicitude da recolha de provas" e no segundo momento "o discurso (processual) da validade da sua utilização"[1447].

---

prova»", ANDRÉ LAMAS LEITE, "Entre Péricles e Sísifo...", *in RPCC,* Ano 17, n.° 4, pp. 668-669.

[1442] Cfr. M. DA COSTA ANDRADE, *"Sobre o Regime Processual...", in RPCC,* Ano I, Fasc. 3, p. 376.

[1443] *Ibidem.*

[1444] *Ibidem.*

[1445] RUDOLPHI *apud* MANUEL DA COSTA ANDRADE, *"Sobre o Regime Processual...", in RPCC,* Ano I, Fasc. 3, p. 377.

[1446] *Ibidem.*

[1447] *Idem,* pp. 401 e ss..

1. *proposta de Alteração do Código de Processo Penal de 2004*[1448]

387. Alguns processos mediáticos pela censurabilidade quer social – da qual se destaca a comunicação social – quer jurídico-criminal, tendo em conta a natureza das vítimas, impulsionaram os decisores políticos a apresentarem um Proposta de Alteração do Código de Processo Penal[1449], sendo as escutas telefónicas uma das questiúnculas mais fervorosamente atacadas.

Da consulta realizada à proposta de alteração destacamos dois pontos a analisar: por um lado, a exposição de motivos e, por outro, as alterações propostas para os artigos 11.°, 12.°, 187, 188.° e 190.° do CPP.

Quanto ao primeiro ponto, gostaríamos de realçar que a ideia base das alterações propostas se destinavam a uma maior restrição do recurso às escutas telefónicas como meio de obtenção de prova, reforçando-se formalmente a vertente da *excepcionalidade* pela delimitação rigorosa da admissibilidade, cuja ponderação exigente e vinculada de bens jurídicos capazes de orientar o intérprete e o aplicador devia ser obra do legislador[1450].

388. Partindo do sentido de que a escuta provocar uma danosidade social elevada quanto às pessoas a escutar ou que são escutas, cuja privacidade é devassada, foi proposto um novo n.° 2 do artigo 187.° que delimitava normativamente o universo de pessoas ou ligações telefónicas passíveis de ser escutadas telefonicamente: «A intercepção e a gravação de conversações ou comunicações telefónicas só podem ser ordenadas ou autorizadas relativamente a suspeitos ou a pessoas em relação às quais seja possível admitir, com base em factos determinados, que recebem ou transmitem comunicações provenientes dos suspeitos ou a eles destinadas, ou que os suspeitos utilizam os seus telefones».

1448 Mantemos este ponto por razões histórico-políticas da evolução do direito a constituir.

1449 Que podia ser consultada em *www.mj.gov.pt.*

1450 Veja-se ponto 5 da exposição de motivos.

Atribuiu-se a competência às Secções Criminais do *Supremo Tribunal de Justiça* para autorizar e ordenar intercepção e gravação de conversações e comunicações feitas pelo Presidente da República, pelo Presidente da Assembleia da República ou pelo Primeiro-Ministro, conforme proposta de aditamento da al. *h*) do n.° 3 do art. 11.° – «3 – Compete às secções criminais do Supremo Tribunal de Justiça, em matéria penal: h) Ordenar ou autorizar a intercepção, gravação ou registo de conversações ou comunicações, nos termos dos artigos 187.° e 190.°, quando efectuadas pelo Presidente da República, pelo Presidente da Assembleia da República ou pelo Primeiro-Ministro»[1451] –, assim como às Secções Criminais das *Relações* competência para ordenar ou autorizar a intercepção, gravação ou registo de conversações ou comunicações efectuadas por titulares de órgãos de soberania, salvo os referidos na alínea *a*) do n.° 2 – juízes de direito, procuradores da República e procuradores adjuntos – e no artigo 11.°, conforme proposta de aditamento de uma nova al. *c*) ao n.° 3 do art. 12.° do CPP.

389. A proposta trazia para o plano normativo – aditamento de um novo n.° 3[1452] ao art. 187.° do CPP –, por razões de um melhor controle e fiscalização por parte da AJ, a fixação de um prazo limite máximo de três meses para a realização das escutas, prorrogáveis por igual período desde que se mantenham os respectivos pressupostos

[1451] Solução adoptada pela reforma de 2007, operada ela Lei n.° 48/2007, de 29 de Agosto. Cfr. al. *b*) do n.° 2 do 11.° do CPP, ao atribuir competência ao Presidente do STJ para «autorizar a intercepção, a gravação e a transcrição de conversações ou comunicações em que intervenham o Presidente da República, o Presidente da Assembleia da República ou o Primeiro-Ministro e determinar a respectiva destruição, nos termos dos artigos 187.° a 190.°». Quanto a este assunto, Germano Marques da Silva, "Escutas telefónicas… em busca de uma interpretação jurídica" *in Boletim da Ordem dos Advogados*, n.os 60-61, Lisboa, 2009, pp. 50-53.

[1452] «3 – O *despacho* que ordena ou autoriza a intercepção e a gravação de conversações ou comunicações telefónicas é *fundamentado* e fixa o prazo máximo da sua *duração*, por um período não superior a *três meses*, sendo renovável por períodos idênticos desde que se mantenham os respectivos pressupostos de admissibilidade». Itálico nosso.

de admissibilidade. Neste novo n.° 3, também se prescrevia que o despacho do juiz que autorizava ou ordenava a escuta devia ser fundamentado. Pois, consideramos desnecessária tal imposição normativa por já se encontrar consagrado no art. 97.° do CPP, mas que vingou como se depreende do actual n.° 1 do art. 187.° do CPP.

No âmbito dos **crimes catálogo** aditava-se duas novas alíneas com **os crimes contra a liberdade e autodeterminação sexual** – al. *b*) – e **contra a protecção devida aos menores** – al. *c*) –, de modo que se pudesse interceptar e gravar conversações ou comunicações telefónicas independentemente da moldura abstracta em causa nos diversos tipos penais. Estas duas alíneas estão datadas ao fenómeno que vivemos nos últimos dois anos relativamente ao Processo da Casa Pia e dos Açores. Face a esta alteração passavam a poder ser investigados através de escuta telefónica os crimes p. e p. pelos artigos 163.°, n.° 2, 164.°, n.° 2, 167.°, 171.°, 172.°, n.° 3, 173.°, n.os 2 e 3, 174.°, 175.°, 249.° e 250.° do CP, por a sua moldura penal ser inferior a 3 anos de pena de prisão.

Ao n.° 1 do art. 188.° do CPP[1453] pretendia-se substituir o advérbio de modo «imediatamente» como norma impositiva para fiscalização e controlo[1454] por aposição de um prazo de cinco dias para que os OPC levasse ao conhecimento do juiz competente o auto de intercepção e gravação de conversações telefónicas e as fitas gravadas ou elementos análogos. Pensamos que o advérbio de modo seria o mais ajustado ao caso concreto, contudo, face aos atropelos aos direitos e

---

1453 «1 – Da intercepção e gravação a que se refere o artigo anterior é lavrado auto, o qual, junto com as fitas gravadas ou elementos análogos, é *no prazo de cinco dias* levado ao conhecimento do Ministério Público que tiver promovido as operações e do juiz que as tiver ordenado ou autorizado, com a indicação das passagens das gravações ou elementos análogos considerados relevantes para a prova». Itálico nosso.

1454 Como se retira da exposição de motivos: "Com estas soluções, *reforça-se o controlo do juiz* relativamente aos elementos recolhidos através das operações autorizadas ou ordenadas, por forma a que *este possa decidir atempadamente sobre a sua relevância para a prova* e consequente transcrição e junção ao processo, bem como sobre a *manutenção ou não da realização das referidas operações*". Itálico nosso.

liberdades fundamentais, o legislador sentia necessidade de delimitar o prazo máximo que os OPC tinham após o fim das escutas, pelo que impôs, na Reforma de 2007, que o OPC tem de dar conhecimento dos suportes técnicos, do auto e do relatório de 15 em 15 dias ao MP e este tem 48 horas para entregar tal documentação ao juiz que autorizou a diligência.

390. Para uma melhor transparência da justiça e da credibilidade das provas descritas nos autos de transcrição, afastava-se o princípio da destruição de elementos desnecessários e inúteis à produção da prova para se valorar o princípio e direito de recurso aos tribunais[1455] e, consequentemente, da descoberta da verdade e da igualdade de armas entre a acusação e a defesa no domínio do acesso e interpretação da prova e, ainda, de fiscalização por parte do arguido e do assistente do que fora escutado e gravado e da sua contextualização, conforme se retira do novo n.° 7 a aditar ao art. 188.°: «Sem prejuízo do disposto nos artigos 86.° e 89.°, o arguido e o assistente, bem como as pessoas cujas conversações tiverem sido escutadas, podem requerer ao juiz que ordene a transcrição de elementos não transcritos, especificando os factos relevantes para a prova que considerem omitidos ou descontextualizados no auto a que se refere o n.° 3».

O n.° 3 do art. 188.° do CPP sofria uma divisão, originando um n.° 3 – «Se o juiz, ouvido o Ministério Público, considerar os elementos recolhidos, ou alguns deles, relevantes para a prova, ordena a sua transcrição em auto e fá-lo juntar ao processo» – e um n.° 6 – «Os elementos recolhidos que não forem transcritos em auto ficam na exclusiva disponibilidade do juiz, sendo destruídos com o trânsito em julgado da decisão final, ficando todos os participantes nas operações ligados por dever de segredo relativamente àquilo de que tiverem tomado conhecimento».

Propunha-se, ainda, a adaptação da norma constante do artigo 190.° à futura aprovação do regime próprio de obtenção de prova digital electrónica, ficando clara a natureza de norma geral do artigo 190.°

[1455] Ideia que não vingou conforme se retira do n.° 6 do art. 188.° do CPP.

do Código de Processo Penal face às normas especiais que regulariam aquela matéria, permitindo, desta feita, «uma correcta interpretação e coordenação das várias peças do sistema»[1456]. Contudo, consideramos desnecessário alterar o art. 190.° do CPP que por si só já abrange o teor a alcançar com as alterações. O conteúdo do art. 190.° do CPP passou para o art. 189.° do CPP que introduziu novas extensibilidades do regime das escutas telefónicas, inclusiva da localização celular e do registo das comunicações e conversões.

1456 Cfr. al. *f)* do ponto 5 da Exposição de motivos.

Capítulo V

DO AGENTE INFILTRADO

§ 107.° Considerações gerais

391. A nossa sociedade, pela sua normal desenvoltura cultural, exige cada vez mais dos poderes político, legislativo, executivo. Caminha e não se compadece com atrasos estruturais ou legislativos que sejam a causa de uma paz e segurança em queda, em que o crime se transforma em um negócio compensador.

A lei tem de se adequar aos tempos, ao quotidiano desenvolvimento das novas estruturas sociais e, consequentemente, da nova e mais requintada criminalidade. O crime está à frente da sua prevenção e, muito mais à frente, da sua repressão. As bandeiras da eficácia e da eficiente prevenção caiem por terra, como os acontecimentos de 11 de Setembro, do 11 de Março e do 7 de Julho, demonstraram ao mundo. O legislador e muito menos os homens que interpretam e aplicam a lei dificilmente se antecipam aos factos humanos que violam bens jurídicos essenciais e fundamentais ao desenvolvimento do Homem.

Sendo a lei um legado de todos os tempos históricos e valendo em cada momento da forma do modo que este a entende e desimplica e de acordo com a consciência jurídica[1457], a mesma não pode estagnar sob pena de ser inútil e rejeitada pela comunidade. Assim como, no passado, "os homens independentes e isolados se uniram em sociedade, cansados de viver em contínuo estado de guerra e de gozar de uma liberdade inútil pela incerteza de sua conservação"[1458], a sociedade, hoje, cede, também e cada vez mais, parte da sua liberdade em troca de segurança e tranquilidade, impondo que os responsáveis criem os mecanismos necessários e proporcionais para que a Polícia possa desempenhar a função que o poder constituinte de 1976 lhe confiou: *defender a legalidade democrática e garantir a segurança interna e os direitos dos cidadãos.*

392. A nível internacional, relembremos as críticas e a análise de ZIEGLER quanto às estruturas e às interdependências demasiado burocráticas das polícias a nível europeu, ao afirmar que a transnacionalidade do crime organizado aponta, como grande passo para uma luta eficiente contra esse mesmo crime, a instituição de uma organização policial internacional "dotada de competência supranacional"[1459], uma

---

[1457] *Hoc sensu* KARL LARENZ, *Metodologia da Ciência do Direito*, (tradução de JOSÉ LAMEGO), Lisboa: Fundação Calouste Gulbenkian, 1978, pp. 193 e ss.; CARLOS ALBERTO POIARES, *Análise Psicocriminal das Drogas – O Discurso do Legislador*, Braga: Almeida & Leitão, Lda., 1998, p. 76.

[1458] Cfr. CESARE BECCARIA, *Dos Delitos e das Penas*, (tradução de LUCIA GUIDICINI com a colaboração de ALESSANDRO BERTI CONTESSA) S. Paulo: Martins Fontes, 1991, p. 43.

[1459] Cfr. JEAN ZIEGLER, *Os Senhores do Crime*, Lisboa: Terramar, pp. 214 e 215.

vez que a Europol não passa de um "Eunuco"[1460], que tem como única arma o rato do computador[1461].

Na busca de mecanismos capazes de prevenir e investigar a criminalidade mais grave e que mais preocupa e fere o normal desenvolvimento do Homem, o legislador decidiu ampliar o âmbito das acções encobertas, vulgo **agente infiltrado**, subordinando o regime estabelecido aos princípios norteadores da administração da justiça, ajustando a lei ao tempo dos nossos dias e dando à sociedade a segurança jurídica no sentido de legalizar um meio de investigação excepcional que, até então, podia apenas ser usado no âmbito do tráfico de droga (artigos 59.° e 59.°-A do DL n.° 15/93, de 22 de Janeiro) e âmbito do combate à corrupção e à criminalidade económico financeira (art. 6.° da Lei n.° 36/94 de 29 de Setembro)[1462].

Apesar da sua previsão já se verificar para este tipo de crimes, a Lei n.° 101/2001, de 25 de Agosto, vem completar e alargar as finalidades do recurso ao agente infiltrado, estipular os pressupostos da acção encoberta (legitimando-a e limitando-a), regular a protecção do funcionário e do terceiro que actue como agente infiltrado, assim como a irresponsabilidade do agente.

§ 108.° Das acções encobertas para fins de prevenção e investigação criminal – agente infiltrado

393. O Regime Jurídico das Acções Encobertas para Fins de Prevenção e Investigação Criminal[1463], aprovado pela Lei n.° 101/2001,

---

[1460] *Idem*, pp. 214 e 215.

[1461] Cfr. JURGEN STORBECK *apud* JEAN ZIEGLER, *Os Senhores...*, p. 214.

[1462] Preceitos revogados pelo art. 7.° do RJAEFPIC.

[1463] Sobre este regime jurídico, o nosso *O Novo Regime Jurídico do Agente Infiltrado Comentado e Anotado e Legislação Complementar*, (co-autoria com F. GONÇALVES e M. D. ALVES), Coimbra: Almedina, 2001 e ISABEL ONETO, *Agente Infiltrado*, Coimbra: Coimbra Editora, 2007. Quanto a um estudo comparativo dos regimes jurídicos português e espanhol, ADÁN CARRIZO GONZALEZ-CASTELL, "El Agente Infiltrado En España y Portugal. Estudio comparado a la Luz de las Garantias y de los Prin-

de 25 de Agosto, ampliou o âmbito de aplicação da acção encoberta ou do agente infiltrado a infracções criminais, possibilitando que este meio ou técnica de investigação e de prevenção excepcional, cujo recurso terá de obedecer ao princípio da proporcionalidade *lato sensu* na sua visão tríplice: adequação, necessidade e proporcionalidade *stricto sensu*[1464].

O princípio da *necessidade* impõe que se obedeça aos vértices do princípio da *subsidiariedade*, pois como técnica excepcional o agente infiltrado, quer por razões de ordem moral e ética, quer por razões de segurança do próprio infiltrado, somente, e repetimos somente, deve ser usado quando todos os outros meios de obtenção de prova não forem suficientemente capazes e eficazes na obtenção da prova.

394. A barreira entre acção encoberta e a provocação é muito ténue, impendendo sobre o agente infiltrado uma formação moral e ética muito forte e fundada em valores e princípios cimentados no respeito pelos direitos, liberdades e garantias individuais para que a sua acção apenas seja informativa e não formativa do crime.

Em uma tentativa de marcar a fronteira e evitar o seu desmoronamento, o legislador vinculou o recurso à técnica do agente infiltrado à verificação de determinados requisitos (art. 3.°):

* a adequação da acção encoberta à prevenção e repressão criminal;
* aquela deve destinar-se à descoberta de material probatório;
* a acção encoberta tem de ser proporcional quanto aos fins e quanto à gravidade do crime a investigar;
* carece autorização da autoridade judiciária, ou seja, controle jurisdicional.

Materialmente tudo depende de quem investiga, de quem autoriza e de quem julga. O agente infiltrado é um meio de obtenção de provas

---

cipios Constitucionales", *in Criminalidade Organizada e Criminalidade de Massa* (Coord. Manuel M. G. Valente), Coimbra: Almedina, 2009, pp. 185-219.

[1464] Cfr. o nosso *O Novo Regime Jurídico do Agente Infiltrado...*, § 2 da anotação ao art. 3.° do RJAEFPIC.

que colide com o exercício de direitos fundamentais [como a reserva da vida privada, pois o agente ao se tornar uma pessoa de confiança do suspeito poderá aceder a factos da vida e da família daquele, cujo conhecimento não se efectuaria se não fosse um agente infiltrado], o que coloca certas reservas ao recurso a uma técnica de investigação e prevenção criminal excepcional. Como afirma GERMANO MARQUES DA SILVA, depende "muito da prudência dos juízes que têm as formações mais diversas. É grande a margem entregue à **prudência do julgador**"[1465].

395. A Lei n.° 101/2001, de 25 de Agosto, ampliou o âmbito de aplicação da acção encoberta, permitindo, desta feita, recorrer a este meio de investigação para o deslindamento de outros tipos de crimes, que não os já previstos. Caso não fosse efectuada esta ampliação, "nos termos da Convenção relativa ao Auxílio Judiciário Mútuo em Matéria Penal entre os Estados-Membros da União Europeia, teríamos de **admitir acções encobertas em investigações transnacionais fora do tráfico de droga e fora da corrupção**, *o que* seria, no mínimo, estranho admiti-lo para a cooperação internacional **e não para as investigações puramente nacionais**"[1466].

Da posição do Ministro da Justiça poder-se-á, em uma primeira análise, que esta mudança legislativa se deve aos ventos internacionais, aparecendo como uma nova que, para evitar a incongruência entre as permissões legais nacionais quanto às autoridades internas face a crimes cometidos quer portugueses quer por estrangeiros em território nacional e as permissões que o mesmo ordenamento jurídico dava em termos de cooperação judiciária internacional em matéria penal, impeliu o poder legislativo a ampliar o âmbito de aplicação da acção encoberta.

1465 Cfr. GERMANO MARQUES DA SILVA *apud* FERNANDA CACHÃO, "A qualidade do agente", *in Euronotícias*, 27 de Julho de 2001, p. 30.

1466 Cfr. ANTÓNIO COSTA (Ministro da Justiça), *in DAR*, I Série, n.° 99, de 22 de Junho de 2001, p. 3865, Col. 1; itálico e negrito nossos; Cfr. art. 160.°-B da Lei n.° 144/99, de 31 de Agosto, que aprovou a *Lei de Cooperação Judiciária Internacional em Matéria Penal*, alterada pela Lei n.° 104/2001, de 25 de Agosto, pela Lei n.° 48/2003, de 22 de Agosto, e pela Lei n.° 48/2007, de 29 de Agosto.

Este motivo não terá sido o impulsionador da alteração legal do regime, mas cremos que ajudou a dar força a que o regime fosse modificado, pois a segurança e a liberdade são irmãs gémeas, cuja tutela jurídica tem de se prender com o equilíbrio do exercício de ambos os direitos.

§ 109.° Do regime jurídico do agente infiltrado

a. *concepção*

396. O n.° 2 do art. 1.° da Lei n.° 101/2001 estabelece o conceito de acção encoberta, desenvolvida pelo agente infiltrado ou agente «investigador», como **"aquelas que sejam desenvolvidas por funcionários de investigação criminal ou por terceiro actuando sob o controlo da Política Judiciária para prevenção ou repressão dos crimes indicados nesta lei, com ocultação da sua qualidade e identidade"**. A figura do agente infiltrado não deve confundir-se com a do agente provocador ou com a do agente encoberto, como veremos mais adiante[1467].

[1467] A ténue linha divisória entre a provocação e a acção encoberta ou infiltrada foi objecto de reparos na discussão na generalidade. O deputado FERNANDO SEARA (PSD), na busca e na transmissão dessa preocupação que a todos nos envolve, afirmou que "importaria fazer *uma reflexão sobre a extensão do âmbito* e da *possibilidade de actuação dos agentes infiltrados*, como consta da proposta de lei, de forma a precavermos a susceptibilidade *de não confundir o conceito de agente infiltrado com o de agente provocador*? Ou seja, V. Ex.ª, com o conhecimento profundo que tem da prática e da realidade do direito e do processo penal, não entenderia que uma das benfeitorias a suscitarmos em sede de especialidade até para precavermos algumas das questões que têm sido suscitadas por magistrados acerca do conteúdo da proposta, poderia ser *a delimitação de uma fronteira entre o agente infiltrado e a susceptibilidade da sua evolução,* a partir do articulado, *para o conceito,* que por ventura seria posto em causa em acórdãos de tribunais superiores, *de agente provocador*?", *(in DAR*, I Série, n.° 99, de 22 de Junho de 2001, p. 3868, Col. 2; negrito nosso).

Hoc sensu, o deputado TELMO CORREIA (CDS-PP), colocou "a questão da actuação destes agentes, *designadamente a actuação de agentes provocadores*, que têm

397. A técnica de investigação excepcional do agente infiltrado está, actualmente, consagrada em praticamente todos os ordenamen-

---

uma função preventiva (mas não só) e que pode ser significativa, designadamente *em relação à prova*. Pergunto se não se coloca aqui um problema em termos de obtenção da prova e mais um *confronto com o próprio Código de Processo Penal*. Porquê? Porque o respectivo artigo 126.° diz, claramente, que «são nulas as provas obtidas mediante ofensa de integridade física e moral das pessoas» e «considerando-se como provas inadmissíveis todas aquelas obtidas por meios enganosos»". Receando que se possa "cair e anular a actuação destes mesmos agentes encobertos, como penso – e peço-lhe também que o confirme, Sr. Ministro – que poderá ter acontecido em muitos casos de actuação destes mesmos agentes relacionados com o tráfico de droga. É que, efectivamente, se a prova não tiver admissibilidade ou validade, esta actuação fica muito limitada".

Tendo ainda chamado a atenção para o facto desta "opinião não ser nem única nem original". Pois, "o actual Secretário de Estado da Administração Interna, Rui Pereira, num artigo que publicou em tempos, quando desempenhava outras funções, chamava precisamente a atenção para que a actuação destes agentes pode, obviamente, ficar invalidada, levando-nos a entrar claramente no campo da prova proibida." (*in DAR*, I Série, n.° 99, de 22 de Junho de 2001, p. 3867, Cols. 1 e 2; negrito nosso).

Quanto à separação pragmática da acção desenvolvida pelo agente infiltrado do agente provocador, o deputado ANTÓNIO FILIPE (PCP) afirmou que é "evidente que nós, *na letra da lei, podemos distinguir isso facilmente*, podemos rodear esta figura do agente encoberto com muitos cuidados – aliás, esta proposta de lei tem cuidados relativamente a isso, cuidados relativamente ao controlo da actuação do agente encoberto. O problema é que, tratando-se, precisamente de um agente encoberto, nós podemos controlar algumas coisas que ele faz, mas ninguém está em condições de garantir que controla em absoluto tudo o que ele faz, ... na medida em que ele é um agente encoberto dentro de uma rede de uma associação criminosa".

Classificando-a como a "grande dificuldade desta figura, afirmou que nós sabemos o que é que estamos a regular, mas nunca conseguiremos garantir tudo o que fica para além daquilo que estamos a regular. Portanto, daí que esta figura do agente encoberto seja incontornavelmente melindrosa, porque nunca sabemos até que ponto é que ele, em vez de ser apenas o agente encoberto, acabará por ser provocador da própria prática de crimes que, se não fosse a sua actuação, nem sequer chegariam a ser praticados", (*in DAR*, I Série, n.° 99, de 22 de Junho de 2001, p. 3870, Cols. 1 e 2; negrito nosso).

A estas questões e preocupações da acção encoberta pode ser um meio encapotado de reprimir o crime através de uma actuação caracterizada como provocação,

tos jurídicos, designadamente europeus – França, Itália, Alemanha, Espanha –, embora com mais ou menos restrições, maior ou menor amplitude.

A figura do agente infiltrado, bem como o uso de outros meios preventivos do crime, como por exemplo, a observância contínua de uma pessoa, a vigilância electrónica, os informadores secretos, etc., têm suscitado, no entanto, viva discussão doutrinária. Na Alemanha, por exemplo, como nos dá conta HARTHMUTH HORST, a actual discussão a este propósito é dominada pela "preocupação de que um aumento dos poderes da polícia (...) possa acabar por perturbar o equilíbrio entre o poder da polícia e o poder dos tribunais e possa tornar-se indirectamente numa ameaça dos direitos humanos..."[1468].

Em sentido contrário, concluiu o nono congresso das Nações Unidas para a prevenção do crime e tratamento dos delinquentes que teve lugar na cidade do Cairo de 29 de Abril a 8 de Maio de 1995, quando declarou que a polícia e outros serviços de ordem pública têm de se socorrer das novas tecnologias de ponta como meio necessário para combater eficazmente a criminalidade organizada que, também, ela se socorre e domina essas mesmas tecnologias.

Na Convenção de Palermo[1469], em 2000, os Estados Partes convencionaram que deveriam desenvolver medidas atinentes à investigação e promoção jurisdicional capazes de permitir às jurisdições internas controlar e combater eficazmente a criminalidade organizada (art. 20.°).

---

pondo em causa direitos e liberdades dos cidadãos, o receio de que se chegue ao ponto do 'vale tudo', o Ministro da Justiça, ANTÓNIO COSTA afirmou que tínhamos de "afastar alguns «fantasmas» quanto à acção encoberta" e desde que "**esteja bem delimitada** da instigação ou da autoria mediata, a acção encoberta é uma **forma que deve ser reconhecida como legítima**" *(in DAR*, I Série, n.° 99, de 22 de Junho de 2001, p. 3870, Col. 2; negrito nosso).

1468 Cfr. HARTHMUTH HORST, "Os Limites da Prevenção Criminal à Luz dos Direitos do Homem", *in RPCC,* Ano 8, 1998, p. 384.

1469 Que ultimou a Convenção das Nações Unidas Contra a Criminalidade Organizada Transnacional, quanto a este assunto o nosso *Escutas Telefónicas...*, 2.ª Edição, pp. 154-155.

398. Actua como agente infiltrado o funcionário de investigação criminal ou terceiro, por exemplo, o cidadão particular, que actue sob o controlo da Polícia Judiciária que, com ocultação da sua qualidade e identidade e com o fim de obter provas para a incriminação do suspeito ou suspeitos, ganha a sua confiança pessoal, para melhor o observar, em ordem a obter informações relativas às actividades criminosas de que é suspeito e provas contra ele(s), com as finalidades exclusivas de prevenção ou repressão criminal, sem contudo, o(s) determinar à prática de novos crimes.

A figura do agente infiltrado é, substancialmente, diferente da do agente provocador. O agente provocador cria o próprio crime e o próprio criminoso, porque induz o suspeito à prática de actos ilícitos, instigando-o e alimentando o crime, agindo, nomeadamente, como comprador ou fornecedor de bens ou serviços ilícitos. O agente infiltrado, por sua vez, através da sua actuação limita-se, apenas, a obter a confiança do suspeito(s), tornando-se aparentemente num deles para, como refere MANUEL MEIREIS, «desta forma, ter acesso a informações, planos, processos, confidências (...) que, de acordo com o seu plano constituirão as provas necessárias à condenação»[1470].

Hoc Sensu, o Tribunal Constitucional considerou que «O que verdadeiramente importa, para assegurar essa legitimidade – da intervenção do agente infiltrado – é que o funcionário de investigação criminal não induza ou instigue o sujeito à prática de um crime que de outro modo não praticaria ou que não estivesse já disposto a praticar, antes se limite a ganhar a sua confiança para melhor o observar, e acolher informações a respeito das actividades criminosas de que ele é suspeito. E, bem assim, que a intervenção do agente infiltrado seja autorizada previamente ou posteriormente ratificada pela competente autoridade judiciária»[1471].

O agente infiltrado, na sua actuação, de acordo com o seu plano e, tendo em conta os fins pretendidos [obtenção de prova contra o(s)

[1470] Cfr. MANUEL AUGUSTO ALVES MEIREIS, *O Regime das Provas Obtidas pelo Agente Provocador em Processo Penal*, Coimbra: Almedina, 1999, p. 164.

[1471] Cfr. Ac. TC n. 578/98, Proc. n.° 835/95, *in DR*-II Série, n.° 48 de 26 de Fevereiro de 1999, p. 2951.

suspeito(s), com as finalidades exclusivas de prevenção ou repressão criminal], pode colaborar na actividade criminosa desenvolvida pelos respectivos agentes, prestando-lhes, designadamente auxílio material ou moral, ou até mesmo, praticar actos de execução do crime, até certo limite, como estabelece o n.° 1 do art. 6.°. Porém, tal colaboração (e prática de actos de execução) só é lícita se a *actividade criminosa estiver já em curso*. Não é tolerável, nem a lei prevê, que o agente infiltrado adopte uma conduta de impulso ou instigação dessa actividade, sob pena de se converter num verdadeiro agente provocador. *Summo rigore*, não pode o agente infiltrado ou agente «investigador», como também é designado, determinar a prática do crime. A sua actividade não pode ser formativa do crime, mas apenas informativa.

399. Quanto a esta caracterização do agente provocador, o douto acórdão do Supremo Tribunal de Justiça, de 15 de Janeiro de 1997[1472],

[1472] Cfr. Acórdãos do STJ, *in Colectânea de Jurisprudência*, Ano V, Tomo I, pp. 185-188, no qual foi dada como provada a seguinte matéria fáctica:

«1 – No dia 9 de Setembro de 1995, cerca das 22 horas, no lugar de Mariz (...) o arguido encontrava-se junto de diversos indivíduos conotados com o consumo de estupefacientes;

2 – *Estavam, todos, na via pública perto de uma paragem dos transportes públicos;*

3 – Nesse momento e nesse local encontravam-se dentro de uma viatura aí estacionada, dois agentes da PSP, trajando à civil, viatura essa não identificada como da PSP (...);

6 – Ao observarem aquele ajuntamento, um dos agentes, de nome Paulo Sérgio, ***dirigiu-se*** ao arguido, a ***quem perguntou*** se tinha droga para vender;

7 – O arguido, desconhecendo que o Paulo Sérgio era agente da PSP, disse que não tinha droga mas sabia onde arranjá-la;

8 – Então o agente Paulo Sérgio ***solicitou-lhe*** que lhe obtivesse uma grama de heroína;

9 – O arguido negou-se a tal;

10 – O agente Paulo Sérgio ***voltou a pedir*** ao arguido que lhe conseguisse a heroína, ***tendo insistido*** com ele para que lha obtivesse;

11 – Ao fim de algum tempo o arguido acedeu ir, com eles, buscar a droga;

confirmou o acórdão recorrido, que absolveu o arguido, devido ao facto de os agentes da Polícia (PSP), através da sua actuação, ***determinarem*** o arguido à prática do crime, induzindo-o e instigando-o, sem o qual o crime não seria cometido. Os agentes actuaram, pois, como verdadeiros agentes provocadores, sendo por isso, considerada ilícita, com a consequente nulidade de todas as provas assim obtidas e a punição dos mesmos.

Na verdade, a actuação dos agentes da polícia, «não foi destinada a encontrar ou criar uma situação em que se pudesse surpreender o arguido no desenvolvimento de uma actividade criminosa ***que já viesse de trás***, essa abordagem, bem como a ***insistência persistente*** que se lhe seguiu, foi pelo contrário, (...), uma actuação ***à sorte*** a ver se se topava por acaso, com um indivíduo que estivesse ligado a meios de tráfico (...). Não havendo qualquer elemento que referenciasse o arguido a anteriores actividades de tráfico, foi a actividade policial ***que o impeliu*** enganosamente (...) a uma actividade pontual e desgarrada, ***concluindo que,*** a actuação policial foi nula (...), e os seus resultados não podem ser considerados. A justiça não pode ser feita à custa da moral; Se o for, é uma falsa justiça»[1473].

Como é, ainda, referido no mesmo aresto, «é ilícita a actuação policial e nulas as provas obtidas, quando os agentes se acercam do arguido, em relação ao qual não era referido qualquer conotação como

---

12 – Dirigiram-se, o arguido e os dois agentes da PSP, no veículo destes, para próximo da Ponte do Freixo;

13 – Aí chegados o arguido saiu do carro, onde ficaram os agentes, e foi buscar a droga a um indivíduo que não foi possível identificar em concreto;

14 – Quando o arguido voltou para junto do veículo e dos agentes da PSP, a fim de lhes entregar a heroína que havia ido adquirir para eles, estes identificaram-se como agentes de autoridade e de imediato detiveram o arguido;

15 – Na revista que então lhe foi feita apreenderam-lhe 6 embalagens (...) de heroína...;

16 – Destas 6 embalagens, uma delas (...) era destinada aos agentes da PSP – ***conforme o solicitado***, e as restantes 5 embalagens (...) destinavam-se ao seu consumo pessoal» (itálicos nossos).

1473 Cfr. nosso *Lei e Crime...*, p. 266. Itálicos nossos.

consumidor ou traficante, ***lhe perguntou se tem droga para vender*** e perante a resposta de que não tinha mas sabia onde a poderiam adquirir, acedeu a ir com eles até um local onde ficando eles no automóvel, o arguido foi junto da pessoa desconhecida trazendo consigo 6 embalagens, uma das quais para ceder a esses agentes»[1474].

Neste sentido podemos ler o Acórdão do Tribunal Europeu dos Direitos do Homem – caso Teixeira de Castro C. Portugal [44/1997/ /828/1034], de 9 de Junho de 1998 – que condenou o Estado português a pagar a título de indemnização, a quantia de € 50.000 a um cidadão português, condenado pelos tribunais portugueses por tráfico de droga, por concluir que os agentes da PSP, aí referidos, com ocultação da sua qualidade, ao procederem à detenção do cidadão, no momento em que lhes entregou certa porção de heroína, ***que insistiram comprar***, não actuaram como agentes infiltrados, mas sim como verdadeiros agentes provocadores do crime[1475].

400. Na medida em que o recurso à figura do agente infiltrado consubstancia, intrinsecamente em si mesma, uma técnica de investigação de moral duvidosa, uma vez que é o próprio suspeito que, actuando em erro sobre a qualidade do funcionário de investigação criminal produz, involuntariamente, a prova da sua própria condenação, ela só é de admitir no limite.

Releva aqui frisar as palavras de Germano Marques da Silva, «quando a inteligência dos agentes da justiça ou os meios sejam insuficientes para afrontar com sucesso a actividade dos criminosos e a criminalidade ponha ***gravemente*** em causa os valores fundamentais que à justiça criminal cabe tutelar»[1476], e esgotados que estejam os restantes meios de investigação criminal, como resulta, aliás da exposição de motivos da presente lei ao referir: «A primeira das preocupações tra-

---

[1474] Cfr. o nosso *Lei e Crime: O Agente Infiltrado versus o Agente Provocador – Os Princípios do Processo Penal*, (co-autoria com Fernando Gonçalves e Manuel João Alves), Coimbra: Almedina, 2001, p. 267. Itálicos nossos.

[1475] *Ibidem*.

[1476] Cfr. Germano Marques da Silva, *"Bufos, Infiltrados, Provocadores e Arrependidos"*, *in Direito e Justiça*, Vol. VIII, T. 2, , p. 31. Itálico nosso.

duz-se desde logo no princípio geral de que estas actuações estão sujeitas aos princípios da necessidade e proporcionalidade face à investigação a desenvolver»[1477].

b. ***das finalidades do agente infiltrado***

401. O regime de acções encobertas abrange, apenas, as finalidades de *prevenção e investigação criminal*, conforme n.° 1 do art. 1.° da Lei n.° 101/2001. O legislador limita o recurso à técnica do agente infiltrado não só no seu âmbito (art. 2.°), mas também quanto aos fins do uso desta técnica de investigação, apesar de a ter consignado neste diploma não apenas para fins de investigação criminal, mas para fins de prevenção criminal.

Extensão esta que provocou dúvidas e mereceu reparos de alguns deputados na discussão do diploma na generalidade[1478]. Pois, existe a preocupação de evitar que uma técnica que deve ser **excepcional** passe a ser a regra.

402. A função de prevenção criminal, atribuída à Polícia, afere-se do n.° 3 do art. 272.° da CRP, que consagra que *a* ***prevenção dos crimes****, incluindo a dos crimes contra a segurança do Estado, só pode*

[1477] Cfr. o nosso *Lei e Crime*..., pp. 264 e ss..

[1478] Destaca-se a interpelação feita pelo deputado António Filipe (PCP) ao Ministro da Justiça: "Um outro aspecto que **agrava isto** (uma outra novidade desta proposta de lei) é ser **permitido utilizar o agente encoberto**, não apenas para a investigação, mas também para a **prevenção criminal**. De facto, esta possibilidade da utilização de agentes encobertos para fins já não de investigação mas também de prevenção da criminalidade coloca-nos o **problema** de podermos estar perante uma **banalização excessiva** da figura do agente encoberto", *(in Diário da Assembleia da República*, I Série, n.° 99, de 22 de Junho de 2001, p. 3870, Col. 2, negrito nosso). A estas dúvidas e reparos, assim como aos dos deputados o Ministro da Justiça, António Costa, reafirmou a sua convicção da eficácia e da justiça desta técnica de investigação, ao afirmar que o *recurso à acção encoberta na área da prevenção da criminalidade já é hoje admitida, (in DAR*, I Série, n.° 99, de 22 de Junho de 2001, p. 3873, Col. 2, itálico nosso).

fazer-se ***com observância das regras gerais sobre polícia e com respeito pelos direitos, liberdades e garantias dos cidadãos***[1479].

A Constituição da República Portuguesa consagra a prevenção criminal desenvolvida pela polícia e, simultaneamente, limita-a e sujeita-a às regras legais a que as polícias devem obediência e pelas quais devem pugnar e ao respeito do cidadão na sua plenitude como sujeito de direitos, de liberdades e garantias que devem ser defendidos e garantidos por aquelas, *ex vi* n.° 1 do art. 272.° da CRP.

De iure condito, surge a questão de se saber se o legislador, ao prescrever a possibilidade de uso da acção encoberta para fins de prevenção criminal, pretendeu abranger a prevenção criminal *lato sensu*, ou seja, na sua dupla função (de vigilância e de prevenção em sentido estrito) ou a prevenção criminal *stricto sensu* (função de prevenção em sentido estrito).

Obedecendo à observância obrigatória do princípio da *ultima ratio* desta técnica, isto é, do princípio da subsidiariedade, da excepção e da proporcionalidade (na sua trilogia: adequação, necessidade e proporcionalidade *stricto sensu*) quanto ao **recurso da figura do *agente infiltrado*,** defendemos que aquele **apenas se deve observar quanto à prevenção criminal *stricto sensu*** que se traduz "na adopção de medidas adequadas para certas infracções de natureza criminal"[1480], medidas essas que visam a protecção de pessoas e bens, a vigilância de indivíduos e locais suspeitos, sem que se restrinja ou limite o exercício dos direitos, liberdades e garantias do cidadão[1481].

403. No campo da investigação criminal tem sido profícua a discussão pública sobre os moldes, os modelos ideais e a coordenação das polícias, o que resultou na inevitável publicação da Lei n.° 21/ /2000 de 10 de Agosto, que aprovou a ***Organização da Investigação***

[1479] Itálico e negrito nossos.

[1480] Cfr. Gomes Canotilho e Vital Moreira, *Constituição da República Portuguesa Anotada*, 3.ª Edição, Coimbra: Coimbra Editora, pp. 956 e 957.

[1481] *Ibidem*. Quanto a este assunto o nosso estudo "A segurança como tarefa fundamental do Estado", *in Polícia Portuguesa*, n.° 125, p. 28.

Criminal (LOIC), que foi revogada pela Lei n.° 49/2008, de 27 de Agosto[1482].

O legislador, numa tentativa de demarcar os vértices da investigação criminal para limitar os possíveis abusos da actuação policial, definiu-a como sendo a actividade que "compreende o conjunto de diligências que, nos termos da lei processual penal, visam averiguar a existência de um crime, determinar os seus agentes e a sua responsabilidade descobrir e recolher as provas, no âmbito do processo", art. 1.° da LOIC.

Na nossa opinião, o conceito de investigação criminal deve ser mais abrangente, pois compreende o processo de procura de indícios e de vestígios que indiquem e expliquem e nos façam compreender quem, como, quando, onde e porquê foi/é cometido o crime ***X***. Este processo, que dança num reajustar deambulatório entre a prova conseguida e a contraprova aceite, deve ser padronizado e sistemático segundo as regras jurídicas que travem o poder de quem o pode abusar[1483].

A investigação criminal, como já referimos, visa descobrir, recolher, conservar, examinar e interpretar as provas reais, assim como localizar, contactar e apresentar as provas pessoais que conduzam ao esclarecimento da verdade material dos factos que consubstanciam a prática de um crime[1484].

O recurso à acção encoberta para fins de prevenção criminal funciona necessariamente como uma técnica de investigação excepcional que tem como fim último a realização do direito nas prossecuções de defesa da sociedade, do colectivo, que tem o direito de viver em segu-

---

[1482] Se a Lei n.° 21/2000, de 10 de Agosto, era questionável face ao CPP e à própria CRP, a nova LOIC, aprovada pela Lei n.° 49/2008, de 27 de Agosto, levanta muitas mais questões de legalidade e de constitucionalidade. Realidades que estarão tratadas na 4.ª Edição do nosso *Regime Jurídico de Investigação Criminal Anotado e Comentado*. Quanto a este assunto, o nosso *Teoria Geral...*, 2.ª Edição, pp. 319-401.

[1483] Cfr. o nosso *Lei e Crime...*, p. 22.

[1484] *Ibidem. Hoc sensu,* Gomes Dias *apud* Teresa Pizarro Beleza e Frederico Isasca, *Direito Processual Penal – Textos*, Lisboa: AAFDL, 1992, p. 65.

rança e numa ordem social e internacional que lhes garanta a efectivação plena dos seus direitos e liberdades, ou seja, a realização dos fins e interesses da ordem jurídica, em particular do direito penal e das penas, subjugados a princípios consagrados constitucionalmente (artigos 1.°, 2.° e 9.° da CRP) que só se alcançam quando se descobre **quem é que, como é que, quando é que, onde é que**, e o **porque é que** se praticou aquele delito[1485]. Realiza-se, assim, o "direito como instituição, como ordem concreta... *culminando-se* o processo jurídico de ordenação da vida em sociedade"[1486].

A investigação criminal permitirá, desta feita, a aplicação da lei penal ao caso concreto, promovendo deste modo a sua "cristalização definitiva"[1487], saindo da sua redoma abstracta para uma aplicação material e concreta, movida pelas instâncias formais de controlo (como a lei, a polícia, a acusação pública, o tribunal, o sistema penitenciário[1488]) e reagem contra a delinquência, apoiada pela criminologia que nos ajuda não só a entender os pressupostos factuais e a razão da sua existência, mas também porque é que o crime existe, sabendo-se que é um malefício para a sociedade[1489].

c. *agente infiltrado versus agente provocador*

404. A Lei n.° 101/2001 não legaliza a figura do *agente provocador* (*polizeiliche Lockspitzel, Agent Provocateur, Entrapment*), cuja actuação e provas assim obtidas são ilícitas e violam os princípios democrático e da lealdade, vectores que devem estar presentes na prevenção e na investigação criminal, sendo que a eficácia e a eficiência

---

1485 Cfr. o nosso *Lei e Crime*, p. 25; e o nosso estudo, "A Investigação Criminal como Motor de Arranque do Processo Penal", *in Polícia Portuguesa*, n. 122.°, p. 3.

1486 Cfr. Manuel Cavaleiro de Ferreira, *Direito Penal Português*, Lisboa//S. Paulo: Verbo, 1982, Vol. I, p. 43, itálico nosso.

1487 Cfr. Jorge de Figueiredo Dias e Manuel da Costa Andrade, *Criminologia*, Coimbra: Coimbra Editora, 1997, pp. 67 e ss..

1488 Cfr. M. da Costa Andrade, "Criminologia", *in Polis*, Vol. I, p. 1425.

1489 *Idem* e o nosso *Lei e Crime*, p. 26.

jamais poderão ser alcançadas com o sacrifício dos direitos, liberdades e garantias do cidadão.

O processo penal procura, fundamentalmente, tutelar os direitos e liberdades individuais contra os abusos do *ius puniendi* do Estado, cuja investigação criminal se apresenta como primeiro patamar dessa tutela. Neste sentido, este poder não se pode arrogar de todos os meios e métodos ao seu dispor para perseguir os infractores. Os fins não podem e, muito menos, devem num estado de direito democrático justificar os meios e métodos. Quem se arroga da moral para executar a perseguição não pode socorrer-se de meios desonestos, de meios em nada deontológicos, embora apregoados como eficazes, mas nem sempre eficientes, para 'apanhar' alguns infractores.

As técnicas de obtenção de meios de prova e os meios de obtenção de prova em processo penal têm de promover a materialização dos princípios e dos direitos próprios de um Estado de direito democrático, ou seja, devem materializar o princípio democrático como "*forma de legitimação do poder*"[1490] de forma que se torne no "*impulso dirigente* de uma sociedade"[1491].

Os direitos fundamentais impõem uma atitude contra o exercício do poder autoritário no sentido de que exigem que todo e qualquer processo se execute segundo as regras da transparência democrática[1492]. O processo crime deve decorrer de forma transparente sem qualquer subterfúgio capaz de conduzir o cidadão mais incauto a actos ilícitos[1493].

405. O princípio democrático impõe que ao cidadão seja dada a liberdade de escolha dos seus actos. Como afirma GERMANO MARQUES DA SILVA, "a capacidade para o bem e para o mal está em cada um de nós como uma possibilidade que as circunstâncias podem sempre aju-

---

[1490] Cfr. GOMES CANOTILHO, *Direito Constitucional e Teoria da Constituição*, 3.ª Edição, Coimbra: Almedina, 1999, p. 282.

[1491] *Idem.*

[1492] *Idem.*

[1493] Cfr. o nosso *Lei e Crime*, p. 136.

dar a exteriorizar – «a ocasião faz o herói e o ladrão»"[1494], logo não faz parte da democracia que exista uma estrutura processual que permita que os operadores da justiça, incluindo obrigatoriamente os órgãos de polícia criminal que trabalham no seu dia a dia para que a mesma se cumpra e que a mesma seja um valor essencial da sociedade, utilizem meios e métodos antidemocráticos próprios de uma legitimação autoritária do poder[1495].

O respeito da dignidade da pessoa humana como princípio estruturante do Estado de direito democrático obriga a que a igualdade entre todos os cidadãos face à lei – para ALEXIS DE TOCQUEVILLE o sentido da democracia no mundo moderno assenta na igualdade de condições[1496] – igualdade de direitos e de deveres, seja uma igualdade de natureza e de dignidade humana, afastando toda e qualquer discriminação de tratamento, ou seja, não podemos partir para uma investigação escalonizando as pessoas segundo uma apetência ou não para a prática do mal[1497].

A concepção democrática da sociedade impõe uma visão do ser humano como um ser frágil, impondo a recriminação deste método de investigação criminal – provocação – que cria o seu próprio objecto. Não é um método de investigação legal e deontológico próprio de uma sociedade assente em valores morais e éticos como o da solidariedade, o do perdão, o do respeito pela dignidade da pessoa humana, pela personalidade humana que por natureza é frágil[1498].

Sufragamos a opinião de GERMANO M. DA SILVA quando afirma que a "ordem pública é mais perturbada com a violação das regras fun-

---

[1494] Cfr. GERMANO MARQUES DA SILVA *apud* TERESA BELEZA e Outros, *Apontamentos de Direito Processual Penal*, Lisboa: AAFDL, 1995, III Vol., p. 63 e *Curso de Processo Penal*, 2.ª Edição, Vol. II, p. 160.

[1495] Cfr. o nosso *Lei e Crime*, p. 137; e o nosso estudo, "Os princípios democrático e da Lealdade: Vectores de orientação dos órgãos de polícia criminal", *in Polícia Portuguesa*, n.° 124, p. 9.

[1496] Cfr. ALEXIS DE TOCQUEVILLE *apud* OLIVIER DUHAMEL e YVES MÉNY, *Dictionnaire constitucionnel*, Paris: Puf, 1992, p. 286.

[1497] Cfr. o nosso *Lei e Crime*, p. 137; e o nosso estudo, "Os princípios democrático...", *in Polícia Portuguesa*, n.° 124, p. 9.

[1498] *Ibidem*, pp. 137-138; *Ibidem*, p. 10.

damentais da dignidade e da rectidão da actuação judiciária, pilares fundamentais da sociedade democrática, do que pela não repressão de alguns crimes, por mais graves que sejam, pois são sempre muitos, porventura a maioria, os que não são punidos, por não descobertos, sejam quais forem os métodos de investigação utilizados"[1499].

Logo, se os OPC exercem uma actividade investigatória através da acção encoberta em um Estado, que assenta nos primados do direito e da democracia, devem actuar de acordo com o princípio democrático, tendo sempre em consideração que cada indivíduo é um ser humano sujeito à fraqueza do mal e nunca *à priori* como um criminoso[1500].

406. Quanto ao **princípio da lealdade** ou do *fair trail,* que impõe aos agentes da administração da justiça a obrigatoriedade de actuarem no estrito respeito pelos valores próprios da pessoa humana, como a sua dignidade (valor supremo que se sobrepõe aos próprios fins de justiça), como a sua integridade pessoal (física ou moral – 1.ª parte do n.° 8 do art. 32.° e n.os 1 e 2 do art. 26.° e art. 25.° da CRP), cuja "interdição é absoluta"[1501], como a própria liberdade de formação e manifestação da sua vontade perante a demais sociedade, ou seja, devem ter uma atitude de profundo respeito pela personalidade humana e de respeito pela realização de justiça, que não se alcança quando *a priori* esses agentes se socorrem de meios de obtenção de prova e de investigação que violam um dos pilares do processo penal: o respeito pela dignidade da pessoa humana[1502].

Caso o agente infiltrado passe a provocador, actua contrariamente aos princípios e às normas próprias de um Estado de direito democrático e inerentes a um processo penal de estrutura acusatória temperado

---

1499 Cfr. GERMANO MARQUES DA SILVA, *Curso de Processo...*, 2.ª Edição, Vol. II, p. 160.

1500 Cfr. o nosso *Lei e Crime*, p. 141; e o nosso estudo, "Os princípios democrático...", *in Polícia Portuguesa*, n.° 124, p. 11.

1501 Cfr. GOMES CANOTILHO e VITAL MOREIRA, *Constituição da República...*, 3.ª Edição, p. 206.

1502 Cfr. GERMANO MARQUES DA SILVA, *Curso de Processo...*, 4.ª Edição, Vol. I, p. 53 e 2.ª Edição, Vol. II, p. 161; o nosso *Lei e Crime*, p. 144; e o nosso estudo, "Os princípios democrático...", *in Polícia Portuguesa*, n.° 124, p. 11.

pelo princípio da investigação, e põe em causa o n.° 8 do art. 32 da CRP que consagra *a nulidade de todas as provas obtidas mediante tortura, coacção, ofensa da integridade física ou moral da pessoa, abusiva intromissão na vida privada, no domicílio, na correspondência ou nas telecomunicações*, cuja expressão processual se manifesta nos artigos 118.° e 126.° da CPP[1503].

O princípio da lealdade, cuja violação na obtenção de provas é "fundamento de proibição de provas"[1504], não se esgota na fase da investigação, nem na recolha de provas, devendo se ter em conta pelos operadores de justiça em qualquer fase do processo. A Justiça não permite que os operadores judiciários actuem por meios ilícitos para obterem a *notitia criminis*, com o fundamento de que o indivíduo ***A*** tem uma propensão natural para o crime, cuja materialização depende apenas de um incitamento, de uma provocação. O incitamento ou a interpelação à prática do facto presente ***X***, confirmando-se a aptidão de ***A*** para a prática daquele crime, é um meio de obtenção de prova próprio dos processos de estrutura inquisitória em que a verdade material era o fim essencial do processo criminal para a realização da justiça[1505].

A verdade material não é um valor supremo, contrariamente à dignidade da pessoa humana, à sua integridade, à sua liberdade de pensar e conhecer sem qualquer coacção, interpelação, provocação. A busca da verdade material não se pode prender com métodos ou meios criminosos com a finalidade de combater o crime, pois seria a realização de uma justiça enferma como fim de um processo penal doente, cultivado por uma sociedade delatora e germinadora da sua auto destruição[1506].

[1503] *Ibidem*, pp. 144-145; e *Ibidem*, p. 12.

[1504] Cfr. GERMANO MARQUES DA SILVA, *Curso de Processo...*, 2.ª Edição, Vol. II, p. 161 e *apud* TERESA BELEZA, *Apontamentos...*, Vol. III, p. 65.

[1505] Cfr. o nosso *Lei e Crime...*, p. 145; e o nosso estudo, "Os princípios democrático...", *in Polícia Portuguesa*, n.° 124, p. 12; *hoc sensu* MANUEL AUGUSTO ALVES MEIREIS, *O Regime das Provas Obtidas...*, p. 196.

[1506] Cfr. o nosso *Lei e Crime*, p. 145; e o nosso estudo, "Os princípios democrático...", *in Polícia Portuguesa*, n.° 124, p. 12; *hoc sensu* GERMANO MARQUES DA SILVA, *Curso de Processo...*, 2.ª Edição, Vol. II, p. 162 e *apud* TERESA BELEZA, *Apontamentos...*, Vol. III, p. 66.

Como já referimos o princípio da lealdade está consagrado na nossa Constituição no n.° 8 do art. 32.°, como ditame e limite orientador da investigação e da recolha de provas pelos órgãos da polícia criminal, que coadjuvam o Ministério Público no exercício da acção penal que deve ser norteada por critérios de legalidade e de objectividade.

O procedimento leal por parte dos operadores judiciários proíbe que estes façam uso de métodos proibidos, como a provocação na recolha de provas, porque o suspeito (arguido) nunca poderá ser tratado como um objecto, melhor, como um meio de prova utilizado contra si mesmo, por característica do processo de estrutura inquisitória, mas tem de ser visto como um sujeito processual, "que persiste e subsiste na plenitude do seu sentido e alcance mesmo quando figura (ao mesmo tempo) como um meio de prova"[1507]

O princípio da lealdade impele a administração da justiça a não recorrer a meios enganosos, a métodos ardilosos que traduzem, a obtenção de provas de forma ilícita, que induzem o arguido à pratica de factos que não praticaria se não fosse ardilosamente interpelado, provocado e incitado[1508].

A acção encoberta jamais poderá servir de um encapotamento desmedido da figura do provocador, sendo as provas obtidas pelos infiltrados não aceitáveis, nem mesmo desculpáveis, mas antes condenáveis pela violação dos princípios democrático e da Lealdade.

Nesta linha de pensamento, o Ac. STJ de 13-01-99 decidiu que:

> "I – É característico do meio enganoso de prova – artigo 126, n. 2, alínea *a*), do CPP – a figura do **agente provocador** em que um membro da autoridade policial, ou um civil comandado pela polícia, induz outrem a delinquir por forma a facilitar a recolha de provas da ocorrência do acto criminoso.

1507 Cfr. MANUEL DA COSTA ANDRADE, *Sobre as Proibições de Prova em Processo Penal*, Coimbra: Coimbra Editora, 1992, pp. 212 e 213.

1508 Cfr. o nosso *Lei e Crime*, p. 147; e o nosso estudo, "Os princípios democrático...", *in Polícia Portuguesa*, n.° 124, p. 13; *hoc sensu* GERMANO MARQUES DA SILVA, *Curso de Processo...*, 2.ª Edição, Vol. II, p. 162 e *apud* TERESA BELEZA, *Apontamentos...*, Vol. III, p. 66.

II – Diferente da figura do agente provocador é a do **agente infiltrado**, caracterizando-se esta por o agente se insinuar junto dos agentes do crime, ocultando-lhes a sua qualidade, de modo a ganhar as suas confianças, a fim de obter informações e provas contra eles mas sem os determinar à prática de infracções.

III – Comummente vêm-se aceitando as provas obtidas através do agente infiltrado, porque, se a utilização do agente provocador representa sempre **um acto de deslealdade** que **afecta a cultura jurídica democrática** e a **legitimação do processo penal** que a acolhe, tal não ocorre naquela figura, em que tais valores não se revelam afectados"[1509].

d. ***do agente encoberto***

407. A figura do *agente encoberto*, apesar de se aproximar, não deve confundir-se com a do agente infiltrado, e muito menos, com a do agente provocador[1510]. A característica que distingue a figura do agente encoberto das outras é «a sua absoluta passividade relativamente à decisão criminosa»[1511].

Agente encoberto é, pois, um OPC (da Polícia Judiciária, Polícia de Segurança Pública ou da Guarda Nacional Republicana) ou um particular que, de forma concertada, com aquele actua, que, sem revelar a sua qualidade ou identidade, frequenta os lugares conotados com o crime, *v. g.*, bares, cafés, supermercados, estações de caminhos de ferro e outros lugares abertos ao público, com a finalidade de identificar, e eventualmente deter, possíveis suspeitos da prática de crimes, mais ou menos graves, de natureza púbica ou semipública, sem contudo que a sua conduta determine a prática de qualquer crime ou conquiste a confiança de alguém.

A presença do agente encoberto nesses lugares conotados com o crime e a sua qualidade não influenciam «o rumo dos acontecimentos; naquele lugar e naquele momento poderia estar qualquer outra pessoa

---

1509 Cfr. *in* http://www.dgsi.pt/jstj.nsf/.

1510 Sobre este assunto o nosso *Lei e Crime* ..., pp. 303 e 304.

1511 Cfr. Manuel Augusto Alves Meireis, *O Regime das Provas...*, p. 192.

e as coisas aconteceriam da mesma forma; aqui o risco corre, no todo, por conta do delinquente (...) o agente encoberto nunca teve nem o domínio absoluto nem o domínio funcional do facto»[1512].

Consignará a figura de agente encoberto, *p. e.*, o agente das Brigadas Anti-Crime da Polícia de Segurança Pública ou da Guarda Nacional Republicana que, trajando à civil, se dirige a um café ou bar, onde sabe que se vendem objectos de ouro, provenientes de furtos ou roubos, com o intuito de que algum dos suspeitos o aborde nesse sentido, para proceder à respectiva detenção, ou ainda o mesmo agente (ou claro da Polícia Judiciária) «que trajando à civil, se dirige a um bar, onde sabe que se trafica droga com o intuito de que alguém o aborde nesse sentido. Senta-se a uma mesa e alguém se lhe dirige perguntando-lhe se quer comprar 10 grs. de heroína. O agente reage detendo essa pessoa em flagrante delito»[1513].

408. A actuação do agente encoberto é totalmente lícita e legalmente admissível. Ao abrigo dos princípios da liberdade, da atipicidade dos meios de prova que não forem proibidos por lei (art. 125.°, do Código de Processo Penal), da oficialidade e da investigação, as provas assim obtidas são válidas, nada impedindo que a prova assim obtida seja aceite e livremente valorada pelo tribunal[1514].

A figura do agente encoberto é, indubtavelmente, crucial, para o exercício das competências que foram atribuídas, em matéria de investigação criminal, aos diversos órgãos de polícia criminal, pela Lei n.° 21/2000, de 10 de Agosto[1515], e que se mantiveram, conturbadamente e sem muita clareza, na Lei n.° 49/2008, de 27 de Agosto. Como afirma Manuel A. Meireis, o recurso à figura do agente encoberto poderá ser visto como «uma verdadeira medida de profilaxia criminal»[1516].

[1512] *Idem*, pp. 192-193.

[1513] *Idem*, p. 192.

[1514] *Idem*, pp. 192-193.

[1515] Cfr. artigos 3.°, 4.°, 5.° da Lei n.° 21/2000, de 10 de Agosto, revogada pela Lei n.° 49/2008, de 27 de Agosto, devendo-se ter em conta os artigos 3.° a 8.°.

[1516] Cfr. Manuel Augusto Alves Meireis, *O Regime das Provas...*, pp. 192-193.

e. ***o terceiro como agente infiltrado***

409. A referência a *funcionários de investigação criminal* pelo n.° 2 do art. 1.°, da presente lei, abrange, apenas os funcionários de investigação criminal da Polícia Judiciária e não, também, os funcionários da mesma natureza da Polícia de Segurança Pública e/ou da Guarda Nacional Republicana. Por outras palavras: agente infiltrado apenas pode ser um funcionário de investigação criminal da Polícia Judiciária.

Em primeiro lugar, se o legislador tivesse admitido a possibilidade de o agente infiltrado poder ser também um funcionário de investigação criminal da PSP ou da GNR, não teria, certa e expressamente, estabelecido:

* no n.° 2, do art. 1.°, que o terceiro haveria de actuar apenas sob controlo da Polícia Judiciária, mas também sob o controlo da PSP ou GNR, consoante os casos;
* no art. 4.°, n.° 3 que «Oficiosamente ou a requerimento da Polícia Judiciária (e não também da PSP ou GNR), a autoridade judiciária competente pode, mediante decisão fundamenta, autorizar que o agente encoberto, que tenha actuado com identidade fictícia (...) preste depoimento sob esta identidade ou processo relativo aos factos objecto da sua actuação»;
* e no n.° 2, do art. 5.° que «A identidade fictícia é atribuída por despacho do Ministério da Justiça, mediante proposta do director nacional da Polícia judiciária», e não também, do director nacional da PSP ou do comandante geral da GNR.

Fortalecendo estes argumentos, a investigação dos crimes previstos no presente artigo é da competência reservada da polícia judiciária, como resulta do art. 7.° da Lei n.° 49/2008, de 27 de Agosto – Lei de Organização da Investigação Criminal.

Naturalmente, os agentes de investigação criminal que não pertencem à Polícia Judiciária, podem intervir como terceiro, bem como agentes encobertos, dentro dos limites em que caracterizamos a figura do agente encoberto.

410. O n.° 2 do art. 1.° da Lei n.° 101/2001 consigna a possibilidade de um "terceiro sob o controlo da Polícia Judiciária" poder actuar como agente infiltrado. A utilização do agente infiltrado para a investigação de crimes típicos do crime organizado – tráfico de estupefacientes, tráfico de armas, terrorismo, empresas de máquinas de jogos, contrabando, falsificação de medicamentos, pornografia, prostituição, (etc.)[1517], sendo uma necessidade da salvaguarda do Estado, que tem por tarefa fundamental garantir a segurança dos seus cidadãos, já por si levante problemas quanto à legitimidade ético-jurídica[1518]. Esta legitimidade é, muito mais, posta em causa quando se recorre a um terceiro para actuar de forma encoberta.

Relembremos a preocupação de WITTERMAYER, quando afirmou que "a combinação com outros reclusos para rondar um recluso acusado (...) lança sobre a justiça penal um labéu de indignidade"[1519].

O labéu da indignidade ainda será maior quando o terceiro que actua como agente infiltrado, tem interesses directos quanto ao crime a investigar, o que proporciona um melhor controlo das operações da Polícia e, consequentemente, a proliferação da sua actividade ilícita.

Defendemos que o recurso ao "terceiro" não é feliz, apesar de existir um permanente controlo da sua acção pela Polícia Judiciária.

Referimos ainda que, como salienta o Tribunal Constitucional, «a técnica do agente infiltrado comporta, contudo, perigos vários: desde logo, se o funcionário de investigação criminal encarregado dessa missão não for pessoa de sólida formação moral e firmeza de carácter, pode facilmente deixar-se envolver nas actividades criminosas que investiga; depois, entre a actividade do agente infiltrado, que, disfarçadamente, procura ganhar a confiança dos suspeitos, para melhor os observar e obter informações sobre a sua actividade delituosa, e a do

---

1517 Cfr. RODRIGO SANTIAGO, "O «Branqueamento de capitais e outros produtos de crime»", *in RPCC,* ano 4.°, fase 4, Out./Dec. 1994, pp. 499.

1518 Cfr. MANUEL DA COSTA ANDRADE, *Sobre as Proibições de Prova...,* p. 221.

1519 Cfr. WITTERMAYER *apud* MANUEL DA COSTA ANDRADE, *Sobre as Proibições de Prova...,* p. 230.

agente provocador, que induz à prática do crime, a diferença é, por vezes, bem ténue...»[1520]. Como é possível controlar eficazmente a conduta do funcionário quanto à sua legitimidade ético-jurídica.

§ 110.° Âmbito geral de aplicação do Agente Infiltrado

411. O artigo 2.° da Lei n.° 101/2001[1521] estabelece, através de uma enumeração taxativa, os tipos de crime em que o recurso à figura

---

1520 Cfr. Acórdão do T.C. n.° 578/98, Processo n.° 835/98, publicado no *DR* – II Série, n.° 48, de 26FEV99, p. 2950.

1521 Artigo 2.° (Âmbito de aplicação):

As acções encobertas são admissíveis no âmbito da prevenção e repressão dos seguintes crimes:

a) Homicídio voluntário, desde que o agente não seja conhecido;
b) Contra a liberdade e contra a autodeterminação sexual a que corresponda, em abstracto, pena superior a 5 anos de prisão, desde que o agente não seja conhecido, ou sempre que sejam expressamente referidos ofendidos menores de 16 anos ou outros incapazes;
c) Relativos ao tráfico e viciação de veículos furtados ou roubados;
d) Escravidão, sequestro e rapto ou tomada de reféns;
e) Organizações terroristas e terrorismo;
f) Captura ou atentado à segurança de transporte por ar, água, caminho-de-ferro ou rodovia a que corresponda, em abstracto, pena igual ou superior a 8 anos de prisão;
g) Executados com bombas, granadas, matérias ou engenhos explosivos, armas de fogo e objectos armadilhados, armas nucleares, químicas ou radioactivas;
h) Roubo em instituições de crédito, repartições da Fazenda Pública e correios;
i) Associações criminosas;
j) Relativos ao tráfico de estupefacientes e de substâncias psicotrópicas;
l) Branqueamento de capitais, outros bens ou produtos;
m) Corrupção, peculato e participação económica em negócio e tráfico de influências;
n) Fraude na obtenção ou desvio de subsídio ou subvenção;
o) Infracções económico-financeiras cometidas de forma organizada ou com recurso à tecnologia informática;

do agente infiltrado, enquanto técnica de investigação criminal, com vista à obtenção de prova, e de prevenção criminal *stricto sensu* é admissível[1522].

---

p) Infracções económico-financeiras de dimensão internacional ou transnacional;

q) Contrafacção de moeda, títulos de créditos, valores selados, selos e outros valores equiparados ou a respectiva passagem;

r) Relativos ao mercado de valores mobiliários.

1522 A ampliação do âmbito de aplicação do agente infiltrado mereceu, como seria de esperar, algumas observações e comentários, tendo sido também levantadas algumas questões na discussão do diploma na generalidade.

O deputado Telmo Correia (CDS-PP) perguntou ao Ministro da Justiça se tinha, "ao alargar esta figura a outro tipos de crimes, uma avaliação do que está para trás? Ou seja, a **utilização** de agentes encobertos ou de agentes **infiltrados** no âmbito do **tráfico de droga** e no âmbito da **corrupção que resultados** apresentáveis teve **que justifiquem este alargamento**?" (*in DAR*, I Série, n.° 99, de 22 de Junho de 2001, pp. 3864 e 3865, Col. 2 e 1; negrito nosso). O Ministro da Justiça afirmou que o agente encoberto tem sido utilizado no combate ao tráfico de droga com "sucesso positivo". Quanto ao alargamento do âmbito de aplicação, defendeu que "há um conjunto de **outros tipos de crimes** em que, pela forma normal de serem praticados, **o agente encoberto pode ter grande utilidade**, sobretudo porque, nos termos da Convenção relativa ao Auxílio Judiciário Mútuo em Matéria Penal entre os Estados-Membros da União Europeia, teríamos de **admitir acções encobertas em** investigações **transnacionais fora do tráfico de droga e fora da corrupção**, e seria, no mínimo, estranho admiti-lo para a cooperação internacional **e não para as investigações puramente nacionais**", (*in DAR*, I Série, n.° 99, de 22 de Junho de 2001, p. 3865, Col. 1; negrito nosso).

A Lei n.° 104/2001 de 25 de Agosto aditou o art. 160.°-B à *Lei de Cooperação Judiciária Internacional em Matéria Penal*, aprovada pela Lei n.° 144/99 de 31 de Agosto, com a seguinte redacção:

Artigo 160.°-B (*Acções encobertas*):

1 – Os funcionários de investigação criminal de outros Estados podem desenvolver acções encobertas em Portugal, com estatuto idêntico ao dos funcionários de investigação criminal portugueses e nos demais termos da legislação aplicável.

2 – A actuação referida no número anterior depende de pedido baseado em acordo, tratado ou convenção internacional e da observância do princípio da reciprocidade.

3 – A autoridade judicial competente para a autorização é o juiz do Tribunal Central de Instrução Criminal, sob proposta do magistrado do Minis-

Fora destes casos, o recurso à figura do agente infiltrado é legalmente inadmissível sendo, consequentemente, ilícito e, por isso, as pro-

---

tério Público junto do Departamento Central de Investigação e Acção Penal (DCIAP).

O deputado MARQUES MENDES (PSD) considerou excessiva a ampliação das als. *h*) e *n*) [actual al. *o*)] da Proposta de lei n.° 79/VIII (Cfr. *DAR*, I Série, n.° 99, de 22 de Junho de 2001, p. 3865, Col. 2). Quanto ao elenco dos crimes previstos no art. 2.°, Telmo Correia (DS-PP) referiu que "faria sentido que, à partida, fosse o elenco constante do artigo 4.° da nova Lei de Organização da Investigação Criminal (Lei n.° 21/2000 de 10 de Agosto) e defendeu que crimes como crimes de furto, roubo ou dano, de receptação de coisa móvel que tenha valor científico, artístico, histórico ou para o património cultural que se encontre em colecções públicas, privadas ou em local acessível ao público". Fundamenta a sua tese no argumento de que "este foi um tipo de criminalidade que esteve recentemente bastante em voga – bastará recordar os crimes praticados relacionados com arte sacra, com objectos de arte –, pelo que, neste caso penso que faria sentido incluir, dado que está elencado na Lei da Organização da Investigação Criminal. Esse tipo de crime ocorreu e consta dos relatórios como um dos tipos de criminalidade que explodiu a certa altura em Portugal", (*in DAR*, I Série, n.° 99, de 22 de Junho de 2001, p. 3868, Cols. 1 e 2). ANTÓNIO FILIPE (PCP) considera a ampliação uma "lista imensa de crimes para os quais é prevista a possibilidade do agente encoberto, lista essa que nos parece, porventura, excessiva". Acrescentando que aquando da discussão da lei da droga, consideraram "pertinentes argumentos aduzidos no sentido de que, para o desmantelamento de redes particularmente complexas, a figura do agente infiltrado é, muitas vezes, uma necessidade, ou que é, em muitos casos, a única forma de conseguir chegar ao desmantelamento dessas redes". Contudo, considerando que esta figura está dotado de uma complexidade que aconselha a que seja tratada como algo de excepcional, o que na sua opinião não o que foi proposto, (*in DAR*, I Série, n.° 99, de 22 de Junho de 2001, p. 3870, Col. 1).

O Ministro da Justiça defendeu a ampliação com o argumento da legitimidade da acção do agente infiltrado, porque "se é legítima para o combate ao tráfico de drogas, deve ser considerada legítima para o combate ao branqueamento de capitais ou para o combate aos crimes relativos ao mercado mobiliário. (...) porque este é um tipo de criminalidade onde o lucro obtido – e estou a falar designadamente em contrabando praticado de forma organizada – requer uma actuação muito firme no combate que lhe é levado a cabo". Pois, hoje, "a mesma rede de tráfico de droga serve para o tráfico de seres humanos e serve para o contrabando. Como tal, o que temos são cadeias de distribuição que distribuem os bens que lhes são colocados para tal. No fundo, a **associação criminosa tende a reproduzir a organização pró-**

vas assim obtidas são provas proibidas face, desde logo, ao art. 125.° do Código de Processo Penal, que estabelece que só são admissíveis as provas que não forem proibidas por lei.

Acresce que as provas assim obtidas são recondutíveis aos «métodos proibidos de prova», de acordo com o disposto na última parte da alínea *a*), do n.° 2, do art. 126.° do CPP – utilização de meios enganosos –, sendo, por isso, nulas, não podendo ser utilizadas, n.° 1 do mesmo preceito legal, a não ser para o seguinte e exclusivo fim de: proceder criminalmente contra quem as produziu, nos termos do n.° 4, do referido art. 126.° do CPP. Estamos face a uma nulidade atípica, uma vez que não consta do elenco dos artigos 119.° e 120.° do CPP. Esta nulidade é, naturalmente, de conhecimento oficioso não dependente, consequentemente, de arguição do interessado. Note-se que, como ordena o art. 118.°, n.° 3, do Código de Processo Penal, *as disposições do presente título – Título V – Das Nulidades – não prejudicam as normas deste Código relativas a proibições de prova*, onde se inclui, evidentemente, o art. 126.° do CPP[1523].

Em conformidade com o presente normativo legal, actua o agente infiltrado legitimado pela lei e ainda no cumprimento de um dever, estando pois, excluída assim a ilicitude, nos termos da presente lei [art. 6.°, n.° 1 e do art. 31.°, n.os 1 e 2, al. *c*), do Código Penal].

---

pria das estruturas económicas e, tal como hoje não há – ou há cada vez menos – estruturas especializadas na distribuição de um determinado produto, aqui também não as há.

Portanto, **o que não faz sentido é que, numa acção encoberta para o tráfico de droga em que se detecta que esse tráfico está associado à prática de contrabando, ao tráfico de seres humanos ou ao tráfico de armas, não se possa potenciar a acção e a prova que está a ser recolhida para a incriminação relativamente a todos esses tipos de crimes.** Hoje em dia é muito difícil destrinçar a especialização do criminoso ou, pelo menos, do criminoso que nos interessa no combate que este pacote de diplomas pretende levar a cabo", (*in DAR*, I Série, n.° 99, de 22 de Junho de 2001, p. 3873, Col. 2; negrito nosso).

1523 Cfr. o nosso *Lei e Crime...*, pp. 268 e 269.

§ 111.° Dos pressupostos do recurso ao agente infiltrado

412. Os requisitos e pressupostos a que estão sujeitas as acções encobertas, desenvolvidas pelo agente infiltrado, estão estabelecidos no art. 3.° da Lei n.° 101/2001[1524]. Ora vejamos.

O n.° 1 estabelece o princípio geral, nos termos do qual, as acções encobertas estão sujeitas ao princípio da proporcionalidade na plenitude dos seus corolários: os princípios da adequação, da necessidade e da proporcionalidade *stricto sensu*. Como afirmamos, o requisito ou pressuposto do *princípio da proporcionalidade em sentido amplo* ou *princípio da proibição do excesso* compreende o *princípio da adequação*, ou seja, a acção encoberta tem de ser adequada à prossecução dos fins visados – à prevenção e/ou à investigação criminal do caso concreto –, *i. e.*, a acção encoberta deve ser adequada "aos fins de prevenção e repressão criminais identificados em concreto, nomeadamente à descoberta de material probatório"; o *princípio da*

[1524] **Artigo 3.° (Requisitos):**

1 – As acções encobertas devem ser adequadas aos fins de prevenção e repressão criminais identificados em concreto, nomeadamente a descoberta de material probatório, e proporcionais quer àquelas finalidades quer à gravidade do crime em investigação.

2 – Ninguém pode ser obrigado a participar em acção encoberta.

3 – A realização de uma acção encoberta no âmbito do inquérito depende de prévia autorização do competente magistrado do Ministério Público, sendo obrigatoriamente comunicada ao juiz de instrução e considerando-se a mesma validada se não for proferido despacho de recusa nas setenta e duas horas seguintes.

4 – Se a acção referida no número anterior decorrer no âmbito da prevenção criminal, é competente para autorização o juiz de instrução criminal, mediante proposta do Ministério Público.

5 – Nos casos referidos no número anterior, a competência para a iniciativa e a decisão é, respectivamente, do magistrado do Ministério Público junto do Departamento Central de Investigação e Acção Penal e do juiz do Tribunal Central de Instrução Criminal.

6 – A Polícia Judiciária fará o relato da intervenção do agente encoberto à autoridade judiciária competente no prazo máximo de quarenta e oito horas após o termo daquela.

exigibilidade ou da necessidade, a medida da acção encoberta deve ser exigíveis ou necessária para a prevenção e/ou investigação criminal do caso em concreto, porque é o meio de obtenção de prova e de prevenção mais eficaz e menos oneroso para os restantes direitos, liberdades e garantias; e o *princípio da proporcionalidade em sentido restrito*, em que, como meio legal restritivo de direitos e liberdades, a acção encoberta e os fins obtidos situam-se numa justa e proporcionada medida, isto é terá de haver uma proporcionalidade "quer àquelas finalidades – *de prevenção e repressão criminais* – quer à gravidade do crime em investigação", o que implica que basta que não se verifique cumulativamente estes pressupostos para que não se recorra à acção encoberta para a prevenção e investigação do crime a investigar[1525].

413. O princípio da subsidiariedade, como consequência do princípio da necessidade[1526], deverá ser tido em conta quando a autoridade judiciária competente autorizar a acção encoberta, isto é, não pode autorizar esta técnica sempre que uma técnica de investigação e prevenção criminal possa atingir os mesmos fins.

Posição legislativa que bem se compreende, na medida em que o recurso à figura do agente infiltrado consubstancia, intrinsecamente em si mesma, uma técnica de investigação de moral duvidosa, uma vez que é o próprio suspeito que, actuando em erro sobre a qualidade do funcionário de investigação criminal, produz, involuntariamente, a prova da sua própria condenação. Os requisitos e pressupostos estipulados no art. 3.° funcionam como uma limitação à 'banalização' do recurso a uma técnica que deve ser de natureza excepcional.

1525 Quanto ao princípio da proporcionalidade, GOMES CANOTILHO e VITAL MOREIRA, *Constituição da República...*, 2.ª Edição, 1.° Vol., pp. 170 e 171; J. MIRANDA, "O Regime dos Direitos...", 3.° Vol., p. 82; e o nosso estudo, *Da Publicação da Matéria de Facto nas Condenações nos Processos Disciplinares*, Lisboa: ISCPSI, 2000, pp. 64 e 65. Cfr. o n.° 2 do art. 18.° da CRP, art. 29.° da DUDH e art. 18.° da CEDH.

1526 Cfr. JORGE FIGUEIREDO DIAS, *Direito Penal Português – As consequências jurídicas do crime*, Lisboa: Aequitas – Editorial Notícias, 1993, p. 446, § 705.

Com base nos referidos princípios e como já se aludiu em anotação ao art. 1.°, o recurso a esta técnica de investigação só é de admitir no limite, ou seja, e recorrendo às palavras de GERMANO MARQUES DA SILVA, «quando a inteligência dos agentes da justiça ou os meios sejam insuficientes para afrontar com sucesso a actividade dos criminosos e a criminalidade ponha gravemente em causa os valores fundamentais que à justiça criminal cabe tutelar...»[1527], e esgotados que estejam os restantes meios de investigação criminal.

Relativamente ao n.° 1 do preceito em estudo, há a referir que o seu texto não sofreu qualquer alteração quanto ao apresentado pela proposta de Lei n.° 79/VIII, o que já não aconteceu quanto aos n.os 3, 4 e 5 deste preceito.

414. Por outro lado e com base em tais princípios, é também de afastar liminarmente o recurso ao agente infiltrado como técnica de investigação criminal, sem que haja uma prévia recolha de elementos objectivos capazes de demonstrar fortes indícios de que se está perante um suspeito da prática de algum dos crimes previstos no art. 2.°. Aliás, fora deste condicionalismo, nem sequer é permitido o controlo de identidade ou identificação coactiva do visado, como resulta do disposto no art. 250.° do Código Processo Penal.

O n.° 2 consagra, também, o princípio da liberdade em geral ao excluir qualquer obrigatoriedade de qualquer cidadão de participa numa acção encoberta e em especial ao abranger com a exclusão todo funcionário de investigação criminal, que não está vinculado por força deste preceito ao dever de praticar e desenvolver uma técnica capaz de pôr em perigo a sua própria segurança e dos demais familiares, preocupação fundamental demonstrada na exposição de motivos e nos artigos 4.° e 5.° da Lei n.° 101/2001.

O n.° 2 mereceu do deputado MARQUES MENDES a seguinte crítica: "não percebo a questão de ninguém ser obrigado a participar numa acção encoberta, porque não se trata de uma questão de consciência mas

---

1527 Cfr. GERMANO MARQUES DA SILVA, "Bufos Infiltrados...", *in Direito e Justiça*, Vol. VIII, Tomo 2, p. 31.

de risco. Ora, se é uma questão de risco, por que é que os agentes podem ficar inibidos ou autoinibir-se de participar neste tipo de acções? Se fosse uma questão de consciência, eu percebia; como é apenas uma questão de risco que está por detrás desta situação, não consigo perceber"[1528]. O Ministro da Justiça, António Costa, afirmou que "quanto à questão do risco, é um risco extraordinário. Aliás, há dias, veio relatado no jornal uma acção que decorreu fora do território nacional, que envolveu a intervenção da Marinha e em circunstâncias em que os agentes estavam em situação de altíssimo risco. Não é, portanto, um risco comum. Podem ser de circunstâncias de risco anormal que, em meu entender, justificam que não se possa impor ao agente que se submeta a esse risco", pois, como "a experiência nos revelou, é a grande determinação e a grande coragem dos agentes da Polícia Judiciária no desempenho das suas missões, muitos com sacrifícios da sua própria vida". Estando-se, assim, perante uma questão de princípio"[1529].

415. O recurso ao agente infiltrado depende de prévia autorização da autoridade judiciária competente, Ministério Público ou juiz de instrução criminal, consoante os casos, nos termos dos n.os 3 a 5 do presente preceito legal, cujos textos foram alterados face à proposta de Lei n.° 79/VIII:

3. A realização de uma acção encoberta depende de prévia autorização da autoridade judiciária titular da direcção do processo, a proferir no prazo máximo de 5 dias e a conceder por período determinado.
4. Se a acção referida no número anterior decorrer no âmbito da prevenção criminal, é competente para autorização o Magistrado do Ministério Público junto do Departamento Central de Investigação e Acção Penal.
5. Se, por razões de urgência, não for possível obter as autorizações referidas nos números anteriores, deve a intervenção ser validada no primeiro dia útil posterior, fundamentando-se as razões da urgência.

[1528] Cfr. *Diário da Assembleia da República*, I Série, n.° 99, de 22 de Junho de 2001, pp. 3865 e 3866, Cols. 2 e 1 respectivamente.

[1529] Cfr. *Diário da Assembleia da República*, I Série, n.° 99, de 22 de Junho de 2001, p. 3866, Col. 1.

A alteração deveu-se às criticas desenvolvidas na discussão da lei na generalidade, sendo de referir a intervenção de MARQUES MENDES (PSD) que, interrogando o Ministro da Justiça sobre a legitimidade do agente encoberto, afirmou que era "manifestamente inadequado, com a amplitude boa, correcta, que agora se preconiza nesta proposta de lei, que se diga que a legitimação dos agentes encobertos é feita pelo próprio coordenador da acção de prevenção ou de investigação criminal"[1530], defendendo que devia ser um juiz a ordenar e a legitimar o recurso à acção encoberta, não podendo ser o Ministério público, que é, nos termos da al. *b*) do n.° 1 do art. 1.° do CPP, uma autoridade judiciária, abrindo-se 'as portas'.

O deputado MARQUES MENDES questionou se, sendo o Ministério Público quem "coordena estas acções de prevenção", o cidadão pode não ficar "a descoberto da possibilidade de haver uma qualquer intenção de colocar o agente encoberto para instigar, de certa forma, comportamentos menos adequados da parte dos cidadãos e, depois, esses cidadãos virem a serpor essa investigação acusados". Pois, a salvaguarda dos direitos dos cidadãos, de acordo com normas que foram propostasna última revisão constitucional (...), as normas que têm que ver, porventura, com factos susceptíveis de violar direitos e garantias dos cidadãos, devem sempre ser caucionadas pela autoridade judicial e não apenas pela autoridade judiciária"[1531].

O Ministro da Justiça, ANTÓNIO COSTA, defendeu que o regime de autorização apresentado pela proposta de Lei n.° 79/VIII era "o adequado ao equilíbrio entre a eficácia e a protecção dos direitos que devem ser objecto de tutela na investigação deste tipo de crimes", propondo para a comissão a discussão mais detalhada do precito. Tendo ainda lembrado que, "relativamente às autorizações, (...) nos casos já existentes de acções encobertas, a autorização compete ao Ministério Público. Portanto, nesta matéria, não inovamos", tendo concordado que

---

1530 Cfr. *Diário da Assembleia da República*, I Série, n.° 99, de 22 de Junho de 2001, p. 3865, Col. 2.

1531 *Idem*, p. 3866, Col. 1.

"quando se alarga, talvez se devessem criar outros mecanismos" de controle e fiscalização[1532].

O n.° 3 do preceito, em sede de especialidade, passou a ter uma nova redacção: *manteve-se como autoridade judiciária competente para a autorização o Ministério Público, caso a acção se encontre na fase de inquérito, mas estipulou-se a obrigatoriedade de comunicação ao Juiz de Instrução para validação, que se verificará se o mesmo não exarar um "despacho de recusa nas setenta e duas horas seguintes". A autorização do Ministério Público fica, desta feita, sujeita ao controle jurisdicional, conformando o preceito com a parte final do n.° 4 do art. 32.° da CRP.*

416. Quanto ao n.° 4, a proposta de lei consignava como autoridade competente para autorização da acção encoberta o Ministério Público quando aquela acção se destinasse à prevenção criminal, o texto final aprovado em sede de especialidade consagra como autoridade competente para a autorização o Juiz de Instrução por *proposta do Ministério Público.*

Se estamos no âmbito da prevenção criminal, entendida no plano *stricto sensu* e como a acção encoberta colide com os direitos fundamentais do cidadão, não faria sentido que a autorização não seguisse o regime consagrado na Constituição (*in fine* do n.° 4 do art. 32.°) e no CPP (artigos 268.° e 269.°).

417. O n.° 5 proposto pela proposta de Lei n.° 79/VIII foi retirado do corpo do artigo, sendo aditado uma nova redacção. Em sede de especialidade, o legislador, apercebendo-se dos perigos que poderiam advir da norma em questão, isto é, o receio mais que justificado de surgirem *situações de urgência* infundadas e sem preencher os requisitos do n.° 1, preferiu dar uma nova redacção ao preceito, retirando qualquer possibilidade aos funcionários de investigação criminal fazerem uso de uma técnica de investigação sem a prévia autorização do Ministério Público e do Juiz de Instrução.

1532 Cfr. *Diário da Assembleia da República*, I Série, n.° 99, de 22 de Junho de 2001, p. 3866, Cols. 1 e 2.

A actual redacção do n.° 5 vem clarificar a aplicação do n.° 4, considerando competente para a proposta (*iniciativa*) o MP que se encontre junto do DCIAP e para a autorização (*decisão*) o Juiz de Instrução do TIC.

418. A Polícia Judiciária deverá fazer o relato da intervenção do agente infiltrado à autoridade judiciária competente, no prazo máximo de 48 horas, após o termo de tal intervenção (n.° 6), que só será junto ao processo se a autoridade judiciária o reputar absolutamente indispensável em termos probatórios, art. 4.°, n.° 1 da Lei n.° 101/2001.

§ 112.° Da protecção do agente infiltrado

419. A segurança dos agentes infiltrados, como um "domínio sensível, quer por actuarem junto dos criminosos, quer por estarem sujeitos a eventuais represálias", deve, indubitavelmente, merecer uma protecção não apenas material, mas também formal.

Neste sentido, o legislador estipulou, desde logo, no n.° 2 do art. 3.° que *ninguém pode ser obrigado a participar numa actuação encoberta*, e previu "regras de protecção do agente no que toca aos meios pelos quais a prova assim produzida é apresentada no processo e um regime de identidade fictícia"[1533].

420. Na discussão na generalidade, o art. 4.°[1534] mereceu reparos e críticas. O deputado Marques Mendes (PSD) defendeu a repro-

---

[1533] Cfr. *Diário da Assembleia da República*, I Série, n.° 99, de 22 de Junho de 2001, p. 3860, Col. 2.

[1534] Artigo 4.° (Protecção de funcionário e terceiro):

1 – A autoridade judiciária só ordenará a junção ao processo do relato a que se refere o n.° 5 do artigo 3.° se a reputar absolutamente indispensável em termos probatórios.

2 – A apreciação da indispensabilidade pode ser remetida para o termo do inquérito ou da instrução, ficando entretanto o expediente, mediante prévio registo, na posse da Polícia Judiciária.

dução do "regime idêntico ao *estipulado* para as gravações das conversas telefónicas" para que se salvaguarde, "no interesse da defesa, todas as situações"[1535].

Quanto ao regime das gravações das escutas o que fora discutido e questionado era "o que é que se apresentava à autoridade judiciária", mas no que se refere ao regime jurídico do agente infiltrado "a questão que se coloca não é a de saber o que é que se apresentar à autoridade judiciária mas o que é que fica junto ao processo. Pode haver circunstâncias que determinem que, sem vantagem acrescida para a prova ou para os direitos de defesa, mas com risco de prejuízo para a própria segurança dos agentes envolvidos, se possam juntar imediatamente aos autos todos os elementos. Uma coisa é apresentá-los à autoridade judiciária, outra coisa é a autoridade judiciária incorporar esse relato no próprio processo"[1536].

421. O presente artigo estabelece normas de protecção do funcionário de investigação criminal e do terceiro infiltrados, salientando-se a possibilidade de o agente infiltrado, que tenha actuado com identidade fictícia, pode ser autorizado, oficiosamente ou a requerimento da Polícia Judiciária, pela autoridade judiciária competente, a prestar depoimento sob esta identidade no processo relativo aos factos objecto da sua intervenção.

---

3 – Oficiosamente ou a requerimento da Polícia Judiciária, a autoridade judiciária competente pode, mediante decisão fundamentada, autorizar que o agente encoberto que tenha actuado com identidade fictícia ao abrigo do artigo 5.° da presente lei preste depoimento sob esta identidade em processo relativo aos factos objecto da sua actuação.

4 – No caso de o juiz determinar, por indispensabilidade da prova, a comparência em audiência de julgamento do agente encoberto, observará sempre o disposto na segunda parte do n.° 1 do artigo 87.° do Código de Processo Penal, sendo igualmente aplicável o disposto na Lei n.° 93/99, de 14 de Julho.

[1535] Cfr. *Diário da Assembleia da República*, I Série, n.° 99, de 22 de Junho de 2001, p. 3866, Col. 1, itálico nosso.

[1536] Cfr. ANTÓNIO COSTA, *Diário da Assembleia da República*, I Série, n.° 99, de 22 de Junho de 2001, p. 3866, Col. 1).

Tratam-se de medidas destinadas, sobretudo, a prevenir e a evitar eventuais represálias contra o agente infiltrado, pelos suspeitos, objecto da sua intervenção.

O relato a que se refere o n.° 1 não está previsto no n.° 5 do art. 3.°, mas sim no n.° 6 daquele preceito. A junção do relato terá de obedecer ao princípio da indispensabilidade probatória, isto é, se ao longo do processo se depreender que a sua junção não é necessária ou exigível para questões de prova dos factos imputados ao(s) arguido(s), por razões de segurança jamais a autoridade judiciária deve ordenar a junção do relato ao processo. Pois, como afirma António Costa, contrariando a tese de Marques Mendes, o relato será sempre presente à autoridade judiciária que decidirá pela sua junção ou não ao processo, o que acontecendo porá consequentemente em perigo a segurança do agente encoberto.

A apreciação da indispensabilidade, nos termos do n.° 2, pode ser remetida para o termo da(s) fase(s) do inquérito ou da instrução, pois assim como Ministério Público poderá ter necessidade de fundamentar de facto a dedução da acusação (art. 283.° do CPP), também o Juiz de Instrução, aquando da sua decisão pela pronúncia, poderá Ter necessidade de recorrer ao relato, considerando-o indispensável em termos de prova (art. 308.° do CPP).

Na fase de julgamento, se o juiz optar pela indispensabilidade da audiência do agente encoberto, nos termos do n.° 6, deverá restringir *a livre assistência do público* ou que a audiência ou parte dela decorra com *exclusão da publicidade*, conforme determina a 2.ª parte do n.° 1 do art. 87.° do CPP, e deve seguir o preceituado pela Lei n.° 93/99 de 14 de Julho, que regula a *aplicação das medidas para a protecção de testemunhas em processo penal.*

Podemos, nesta linha de pensamento, ler o Ac. STJ de 6 de Julho de 1995, proc. n.° 28 003, que decidiu ser "admissível não chamar a depor esse homem de confiança, tendo em conta o interesse legítimo das autoridades policiais na investigação do tráfico de estupefacientes, de forma a preservar o seu anonimato e a protege-lo de previsíveis futuras retaliações"[1537].

1537 Cfr. www.dgsi.pt/jstj.nsf/.

422. O artigo 5.° da Lei n.° 101/2001[1538] estabelece, como medida de protecção e segurança do agente infiltrado, a possibilidade do agente infiltrado poder actuar sob identidade fictícia, a qual é atribuída por despacho do Ministério da Justiça, mediante proposta do director nacional da Polícia Judiciária, sendo válida por um período de seis meses prorrogáveis por períodos de igual duração, ficando o respectivo funcionário de investigação criminal autorizado a, durante aquele período, actuar sob a identidade fictícia, quer no exercício da concreta investigação quer genericamente em todas as circunstâncias do tráfico jurídico e social (n.os 1 a 3).

O despacho que atribui a identidade fictícia é classificado de secreto, cujo teor do mesmo não está acessível ao público em geral, nem mesmo ao público que o rodeia no ambiente de trabalho, e deve incluir a referência à verdadeira identidade do agente infiltrado (n.° 4).

O agente infiltrado que tenha actuado com identidade fictícia, pode ser autorizado pela autoridade judiciária competente, a prestar depoimento sob esta identidade em processo relativo aos factos objecto da sua actuação, nos termos do n.° 3, do art. 4.°.

A identidade fictícia é uma manifestação formal e material da preocupação exigível quanto ao agente encoberto, cujo o risco que o agente corre não é comum, mas sim anormal pelo que se impõe por

---

[1538] Artigo 5.° (Identidade fictícia):

1 – Para o efeito do n.° 2 do artigo 1.°, os agentes da polícia criminal podem actuar sob identidade fictícia.

2 – A identidade fictícia é atribuída por despacho do Ministro da Justiça, mediante proposta do director nacional da Polícia Judiciária.

3 – A identidade referida no número anterior é válida por um período de seis meses prorrogáveis por períodos de igual duração, ficando o funcionário de investigação criminal a quem a mesma for atribuída autorizado a, durante aquele período, actuar sob a identidade fictícia, quer no exercício da concreta investigação quer genericamente em todas as circunstâncias do tráfico jurídico e social.

4 – O despacho que atribui a identidade fictícia é classificado de secreto e deve incluir a referência à verdadeira identidade do agente encoberto.

5 – Compete à Polícia Judiciária gerir e promover a actualização das identidade fictícias outorgadas nos termos dos números anteriores.

necessidade e exigibilidade que os agentes encobertos actuem sob identidade fictícia.

§ 113.° Da irresponsabilidade do agente infiltrado

423. Refere o n.° 1 do artigo 6.°[1539] que «Não é punível a conduta do agente encoberto que, no âmbito de uma acção encoberta, consubstancie a prática de actos preparatórios ou de execução de uma infracção em qualquer forma de comparticipação diversa da instigação e da autoria mediata, sempre que guarde a devida proporcionalidade com a finalidade da mesma».

Na verdade, se a conduta do agente infiltrado, no âmbito de uma acção encoberta, também não fosse punível, no âmbito da instigação ou da autoria mediata, estaria a lei a admitir a figura do agente provocador, totalmente inadmissível em um Estado de direito democrático.

Uma vez que, como já se referiu, o agente provocador, ao criar o próprio crime e o próprio criminoso, induz o suspeito à prática de actos ilícitos, instigando-o e alimentando o crime, agindo, nomeadamente, como comprador ou fornecedor de bens ou serviços ilícitos, e é um verdadeiro criminoso. Como tal, deve ser punido, para além das provas assim obtidas serem provas proibidas, por serem inadmissíveis face, desde logo, ao art. 125.° do CPP, sendo ainda reconduтíveis aos «métodos proibidos de prova», face ao disposto na última parte da alínea *a*), do art. 126.° do CPP – utilização de meios enganosos –, sendo por isso nulas, não podendo ser utilizadas – n.° 1 do art. 126.° do CPP –, a não ser para o seguinte e exclusivo fim: proceder criminalmente contra quem as produziu, nos termos do n.° 4 do mesmo preceito legal.

[1539] Quanto ao n.° 2 do art. 6.°:

2 – Se for instaurado procedimento criminal por acto ou actos praticados ao abrigo do disposto na presente lei, a autoridade judiciária competente deve, logo que tenha conhecimento de tal facto, requerer informação à autoridade judiciária que emitiu a autorização a que se refere o n.° 3 do artigo 3.°.

Um Estado de direito democrático, baseado na dignidade da pessoa humana, no respeito e na garantia de efectivação dos direitos e liberdades fundamentais – artigos 1.° e 2.° da CRP –, não pode admitir que a justiça actue por meios ilícitos, sob pena de a justiça e os criminosos se distinguirem apenas pela quantidade e não pela qualidade[1540].

424. O legislador optou por recorrer a conceitos típicos e conhecidos do direito penal que são "mais claros para o aplicador penal". Como afirma António Costa, ao prever-se que, caso haja instigação ou autoria mediata, não haverá isenção de responsabilidade penal, o legislador "impõe ao agente encoberto um cuidado acrescido na forma como actua"[1541].

Como acontecia com o art. 59.° do DL n.° 15/93, o RJAEFPIC "considera como lícito um facto que, de outra maneira, seria subsumível à lei penal, *deixando* de haver, em harmonia com os princípios gerais constitucionais – artigos 31.° e ss. do Código Penal e 29.° da Constituição –, qualquer acto ilícito gerador da nulidade de provas processuais obtidas com o recurso à prática daquele facto", o que não deve confundir-se com a realidade do «chamado "agente provocador" que não é mais do que um simples autor mediato do crime, isto é, a pessoa que dolosamente, determina outrem à comissão do crime, o qual não seria cometido sem a sua intervenção"[1542].

O STJ, pelo Ac. de 14 de Maio de 1997, Proc. n.° 32 893, considerou que:

«III – Se um guarda da polícia, abordando o arguido, e perguntando-lhe se "tinha para ele" dizendo o arguido que, "naquele momento não tinha, mas que ia a casa buscar", como foi, trazendo quatro embalagens de heroína, não pode qualificar-se a actuação

---

1540 Sobre o agente provocador Cfr. o nosso *Lei e Crime...*, pp. 253 e ss.; e sobre a prova em Processo Penal e respectivas nulidades, Fernando Gonçalves e Manuel J. Alves, *Os Tribunais, As Polícias e o Cidadão – O Processo Penal*, Coimbra: Almedina, 2000, pp. 129 a 195.

1541 Cfr. *DAR cit.*, p. 3873, Col. 1.

1542 Cfr. Ac. do STJ de 21 de Março de 1996, Proc. n.° 30 319; *hoc sensu* Ac. do STJ de 05 de Março de 1997, Proc. n.° 31 712 e de 6 de Maio de 1995, Proc. n.° 28 003, todos *in* www.dgsi.pt/jstj.nsf/.

do referido agente da PSP como sendo "agente provocador" ou "agente infiltrado".

IV – É que, o agente policial em causa não determinou o arguido à prática de qualquer crime, antes de ser interpelado por aquele guarda da polícia, já tinha ilicitamente a heroína em sua casa.

V – A conduta daquele agente da polícia não configura o uso de meios "enganosos", nos termos do artigo 126.°, n.° 2, alínea *a*) do CPP, nem foi violado o disposto no artigo 32.°, n.° 6 – *actual n.° 8* – da Constituição da República Portuguesa.»

O legislador exclui da responsabilidade penal os actos preparatórios que a lei dispõe expressamente a sua punibilidade, como no caso de contrafacção de moeda, art. 271.° do CP, pois o princípio é de que "a preparação de uma infracção penal e os actos em que se traduz não devem ser em regra puníveis", *ex vi* art. 21.° do CP[1543].

De acordo com o n.° 2 do art. 22.° do CP, são actos de execução aqueles que *preencherem um elemento constitutivo de um tipo de crime* [al. *a*)], *os que forem idóneos a produzir o resultado típico* [al. *b*)], ou aqueles *que, segundo a experiência comum e salvo circunstâncias imprevisíveis, forem de natureza a fazer esperar que se lhes sigam actos das espécies indicadas nas alíneas anteriores* [al. *c)*].

§ 114.° Conclusão capitular

425. A nova criminalidade, mais sofisticada e apetrechada de meios materiais e humanos, coloca novos desafios à justiça e aos seus operadores, pelo que o legislador, conhecedor desses árduos desafios, consagrou um novo regime jurídico de obtenção de provas – do agente infiltrado –, duplicando a responsabilidade daqueles que investigam, para que crimes como o terrorismo, o de branqueamento de capitais e de corrupção não proliferem como um «cancro» em um Estado de direito democrático.

[1543] Cfr. José de Faria Costa *apud* M. L. Maia Gonçalves, *Código Penal Português Anotado e Comentado – Legislação Complementar*, Coimbra: Almedina, 2001, p. 112.

CAPÍTULO VI

DOS CONHECIMENTOS FORTUITOS E DO «EFEITO-À-DISTÂNCIA»

SUMÁRIO: § 115.° Tipologia
§ 116.° Dos conhecimentos da investigação
§ 117.° Do «efeito-à-distância»
§ 118.° Dos conhecimentos fortuitos no âmbito dos meios de obtenção de prova em geral
§ 119.° Dos conhecimentos fortuitos nas escutas telefónicas
a. Do estudo da jurisprudência
b. Do estudo da doutrina
c. Do «efeito-à-distância» dos conhecimentos fortuitos
§ 120.° Posição adoptada

§ 115.° Tipologia

426. Os operadores judiciários – principalmente os OPC –, ao realizarem a intercepção e a gravação de comunicações, obtêm, muitas vezes e fortuitamente, conhecimento de factos que não se reportam ao crime cuja investigação legitimou a autorização ou ordem da escuta telefónica, ou seja, obtêm um conhecimento fortuito de outro tipo legal de crime não impulsionador da escuta.

Tendo em conta a investigação criminal através da intercepção de comunicação e gravação da conversação de ***A*** por crime de *roubo* [p. e p. pelo art. 210.° do CP] se apura que ***A*** cometera um crime de *furto* *de uso de veículo* [p. e p. pelo art. 208.° do CP]. Conquanto no crime de *roubo* é admissível a escuta telefónica [*ex vi* al. *a*) do n.° 1 do art. 187.° do CPP], já no crime de *furto de uso de veículo* não é admissível a escuta telefónica [*a contrario* al. *a*) do n.° 1 do art. 187.° do CPP], pois não se enquadra no catálogo dos crimes que à partida admitem a escuta telefónica. Prefigurando este quadro, podemos conceber o caso de nessa mesma escuta se obter o conhecimento de que ***A***, além da prática do crime de roubo, pratica, no momento da transmissão, um possível crime de difamação na pessoa de um Ministro – p. e p. pelo art. 180.° do CP, cuja agravação está prevista no art. 184.° do CP.

Os problemas de interpretação e de aplicação das normas se afiguram mais complexos se a infracção de que se tem conhecimento fortuito não é ou não se imputa ao sujeito sobre quem caem as suspeitas do crime catálogo originador e pressuposto da realização da intercepção e gravação de conversações: *p. e.*, na escuta de ***B*** por crime de *burla qualificada* [p. e p. pelo art. 218.° do CP] se intercepta uma conversação de ***C***, amigo de ***B***, que lhe informa que cometera um crime *alteração de marcos* [p. e p. pelo art. 216.° do CP].

Podemos, deste modo, entender que preenchem o quadro dos *conhecimentos fortuitos*[1544] – *Zufallsfunde* – os factos ou conhecimentos recolhidos por meio da realização legal de intercepção e gravação de comunicações e/ou conversações telefónicas e que não se reporta ao crime que fundamentou o recurso a este meio de obtenção de prova ou "a qualquer outro delito (pertencente ou não ao catálogo legal) que esteja baseado na mesma situação histórica de vida daquele"[1545], ou,

[1544] Para um estudo mais promenorizado o nosso *Conhecimentos Fortuitos. Em Busca de um Equilíbrio Apuleiano*, Coimbra: Almedina, 2006.

[1545] Cfr. Francisco Aguilar, *Dos Conhecimentos Fortuitos Obtidos Através de Escutas Telefónicas*, Coimbra: Almedina, 2004, p. 18. Para André Lamas Leite os *conhecimentos fortuitos* compreendem "aqueles que exorbitam o núcleo de fontes de informação previstas no meio de obtenção de prova em causa, assim atingindo a esfera jurídica de terceiros, bem como aqueles que, atendendo ao seu conteúdo, não se prendem com a faculdade que motivou o recurso a tal meio". Cfr. André Lamas Leite, "As escutas telefónicas – Algumas reflexões em redor do seu regime e das consequências processuais derivadas da respectiva violação", *in Revista da Faculdade de Direito da Universidade do Porto*, Ano I, 2004, p. 38.

na construção mais simples e clara de COSTA ANDRADE, *"factos ou conhecimentos recolhidos fortuitamente, isto é, que não se reportam ao crime cuja investigação legitimou a sua realização"*[1546].

427. Refira-se que devemos, desde já, trazer à discussão em conta dois pontos[1547]: em primeiro lugar, os *conhecimentos fortuitos*, apesar da distinção conceptual e normativa, têm pontos de conexão com o *objecto do processo* – com o "pedaço da vida" – que por sua vez se inter-relaciona com o crime catálogo legitimador da escuta; e, em segundo lugar, a distinção ou a separação conceptual normativa e consequente valoração dos *conhecimentos fortuitos* face aos *conhecimentos da investigação, i. e.*, aqueles que os investigadores obtêm por força da investigação em curso.

A investigação criminal é crucial para identificar e determinar o *objecto do processo*[1548]. Nesta linha de raciocínio, a investigação, por meio do recurso à escuta telefónica – na descoberta de provas reais e na localização de provas pessoais –, pode conduzir à identificação, à determinação e à consolidação o *objecto do processo* desde que se descubram provas referentes ao crime que legitimou a escuta telefónica que permitam a descoberta da verdade.

Desta feita, considerámos que seria 'perigoso' aceitar-se, caso não se verificasse o crime catálogo ou mesmo que se verifique, valorar, sem um crivo restritivo, provas de um outro crime que não foi o fundamento

---

1546 Cfr. MANUEL DA COSTA ANDRADE, *Sobre as Proibições...*, p. 304, "Sobre o regime...", *in RPCC*, p. 398 e "As escutas telefónicas...", *in Revista Jurídica de Macau*, p. 88.

1547 Quanto a este assunto MANUEL DA COSTA ANDRADE, *"Sobre o regime processual..."*, *in RPCC*, pp. 401 e ss..

1548 Quanto à problemática da identificação e determinação do *objecto do processo*, o nosso estudo "Princípio da Liberdade", *in Dos Órgãos de Polícia Criminal*, Coimbra: Almedina, 2004, pp. 56 e 57, A. CASTANHEIRA NEVES, "O objecto do Processo", *apud* TERESA BELEZA e FREDERICO ISASCA, *Direito Processual Penal – Textos,* Lisboa: AAFDL, 1991, pp. 135 a 190, e *Sumários de Direito Criminal*, Coimbra, 1968, pp. 196 a 250. Quanto à importância da relação OPC com o MP em temas como o do «objecto» do processo e o *ne bis in idem*, JOSÉ DAMIÃO DA CUNHA, *Caso Julgado Parcial*, Porto: UCE, 2002, pp. 809 a 811.

da escuta telefónica, quer seja quer não seja do catálogo, para se identificar e determinar o *objecto do processo* de um outro processo em investigação ou de um novo processo crime quanto um facto completamente desconhecido. Mas, a fronteira ténue com o objecto do processo é mais visível face ao quadro dos conhecimentos da investigação, como veremos em § próprio.

428. A questão dos *conhecimentos fortuitos* não se esgota no quadro das escutas telefónicas. É uma questão que tem relevância no quadro de outros meios de obtenção de prova de natureza excepcional e sujeitos à verificação de um dos crimes previstos no catálogo de crimes, ditados de especialíssima gravidade – *v. g.*, *apreensão de correspondência, agente infiltrado, registo de som (off) e imagem*[1549] e, actualmente, *buscas domiciliárias nocturnas*[1550].

Quanto à questão das *buscas domiciliárias nocturnas* referimos que, afastados os casos de consentimento do visado, que já se admite [conforme al. *b*) do n.° 5 do art. 174.° e as als. *a*) e *c*) do n.° 2 e al. *b*) do n.° 3 do art. 177.° do CPP], admitem-se buscas domiciliárias nocturnas em caso de *terrorismo ou criminalidade especialmente violenta ou altamente organizada* e em caso de *flagrante delito pela prática de crime punível com pena de prisão superior, no seu máximo, a três anos*.

[1549] Cfr. art. 179.° do CPP, Lei n.° 101/2001, de 25 de Agosto, e art. 6.° da Lei n.° 5/2002, de 11 de Janeiro.

[1550] Cfr. als. *a*) e *c*) do n.° 2 e al. *b*) do n.° 3 do art. 177.° do CPP, que correspondem ao que estava previsto no projecto de alteração do CPP. Como já havíamos afirmado que acrescia a este núcleo restrito, caso as alterações ao art. 177.° do CPP sejam aprovadas, as buscas domiciliárias nocturnas (das 21 às 7 horas), cuja restrição até à revisão constitucional de 2001 era absoluta – pois só se admitia intervenção em caso de pedido do visado, em caso de legítima defesa e em caso de estado de necessidade. Quanto à derrogação do carácter absoluto da preservação do domicílio com a revisão constitucional de 2001, o nosso *Revistas e Buscas*, 2.ª Edição, Coimbra: Almedina, 2005, pp. 110-112 e Jorge Carlos Fonseca, "Reforma do Processo Penal e Criminalidade Organizada", *in Jornadas de Direito Processual Penal e Direitos Fundamentais*, (Coord. Fernanda Palma), Coimbra: Almedina, 2004, p. 437 e nota 54. Quanto a esta nossa preocupação, o nosso *Conhecimentos Fortuitos...*, p. 76.

O legislador criou, assim, um catálogo de crimes que admite a intervenção da AJ ou do OPC em momentos temporais até então de restrição absoluta – pois, em causa estão direitos fundamentais pessoais pilares da dignidade humana: *v. g.*, a reserva da intimidade da vida privada e familiar. O carácter absoluto da restrição do domicílio durante a noite passa a relativo face aos tipos de crime em catálogo que admitem essa delação, cuja prática legitimam a intervenção com buscas domiciliárias ordenadas ou não pela AJ.

Esta opção legislativa merece dois breves comentários[1551]. Parece-nos que a materialização pelo legislador ordinário da possibilidade de se fazer busca domiciliária nocturna com fundamento no flagrante delito desde que o crime causa da intervenção judiciária ou policial seja punido com pena superior a três anos ultrapassa o carácter restritivo que o comando constitucional consagra no *n.° 3 do art. 34.° da CRP*, que, na nossa opinião, consagra um *catálogo restritivo de tipologias criminais* em que são admissíveis as buscas domiciliárias nocturnas.

O segundo comentário prende-se com o facto de estas tipologias servirem de catapulta para aquisição da notícia ou de indícios ou de elementos probatórios de outros crimes não inscritos no catálogo que de outra forma seriam impensáveis adquiri-los, recolhê-los e examiná-los – facto que gera uma discussão dogmática sobre os conhecimentos fortuitos e os conhecimentos à distância e os conhecimentos da investigação.

§ 116.° Dos conhecimentos da investigação

429. Conexionados aos *conhecimentos fortuitos* encontramos os *conhecimentos da investigação – Untersuchungserkenntnissen –*, que nos cabe conceptualizar e relevar na valoração desses conhecimen-

[1551] Quanto a uma crítica mais profunda sobre as alterações ao art. 177.° o nosso "A Desorientada Sistemática e a Desmesurada Ampliação dos Meios de Obtenção de Prova e das Medidas Cautelares e de Polícia. Que tarefa esfíngica!", *in Galileu – Revista de Economia e Direito*, Vol. XII, n.° 2, 2007/ XIII, n.° 1, 2008, pp. 234-238. Assim como *supra* Capítulo II – Revistas e Buscas.

tos obtidos, também, no decurso de uma escuta telefónica[1552]. Como afirma Wolter[1553], a fronteira entre os *conhecimentos da investigação* e o *objecto do processo* é ténue e influem, substantiva e adjectivamente, a dogmática e a jurisprudência. Na linha de Costa Andrade[1554] cumpre-nos diferenciar os *conhecimentos fortuitos – Zufallsfunde –* dos *conhecimentos da investigação – Untersuchungserkenntnissen –* no âmbito das escutas telefónicas ou de outros meios de obtenção de prova sujeitos a critérios apertados: *v. g.*, autorização judicial (ou judiciária pendente de ratificação de juiz), princípio da indispensabilidade de recurso, admissível apenas para um catálogo de crimes.

Os *conhecimentos da investigação* são aqueles que, recolhidos por meio de escuta telefónica lícita, se encontram em uma relação de *concurso ideal e aparente* com o crime catálogo que fundamentou o recurso à escuta telefónica, que compreendem os designados *delitos alternativos* que comprovam de modo alternativo os factos do crime

---

1552 Quanto a este assunto e no que concerne à jurisprudência do STJ há a referir dois arestos dignos de registo: Ac. STJ de 23 de Outubro de 2002, Proc. n.° 21333//02, e Ac. STJ de 16 de Dezembro de 2003, Proc. n.° 2134/03-5, consultados em *www.dgsi.pt/jstj.nsf*, no dia 27 de Junho de 2004. Quanto ao primeiro aresto, seguindo a tese de Costa Andrade, afirma-se que "nada repugna e até se justifica que os dados legalmente obtidos através de escutas telefónicas para determinados factos sejam extensíveis à prova dos demais factos que com eles tenham um polo de afinidade, assim se aproveitando os resultados de uma actividade que teve como escopo cobrir uma rede de criminalidade interligada", e no segundo aresto, na mesma linha, refere-se que "sendo conhecimentos da investigação, os resultados obtidos estendem-se ao último processo (incluindo os comparticipantes nos crimes), desde que ocorram todos os pressupostos legais da validade das intercepções e gravações telefónicas, de acordo com as exigências dos artigos 187.° e 188.° do CPP, nomeadamente: as mesmas terem sido autorizadas pelo respectivo juiz de instrução em despacho fundamentado; os crimes em investigação serem de catálogo; terem sido devidamente enunciadas as razões tendentes a demonstrar que as escutas se impunham como meio necessário, idóneo e até insubstituível para a descoberta da verdade (portanto, obedecendo ao princípio da subsidiariedade), e terem sido fundadas na existência de suspeita qualificada".

1553 Cfr. Wolter *apud* Manuel da Costa Andrade, *Sobre as Proibições...*, p. 282 e André Lamas Leite, "Escutas telefónicas...", *in Revista da Faculdade de Direito da Universidade do Porto (RFDUP)*, p. 39.

1554 Cfr. Manuel da Costa Andrade, "Sobre o regime...", *in RPCC*, pp. 401 e ss..

catálogo, que, no âmbito dos crimes que fundamentam a autorização relativamente ao crime de associação criminosa, que constituem a finalidade ou a actividade daquela, *i. e.*, como afirma RIESS, os conhecimentos da investigação "integram o processo histórico que, a seu tempo, ofereceu o motivo para uma ordem legítima de escuta"[1555], e, ainda, em um plano de igualdade com os conhecimentos da investigação, se devem acrescentar a *comparticipação* (autoria e cumplicidade), as formas de *favorecimento pessoal, auxílio material* e a *receptação*[1556].

430. Da concepção de *conhecimentos da investigação*, podemos aferir que se orna em torno de uma *identidade de investigação no sentido processual*[1557], por, como ensina STÖRMER, a opção pela intercepção telefónica compreende "o evento [no seu todo] e não apenas os conhecimentos isolados da acção do catálogo"[1558]. Acrescente-se que STÖRMER considera que só podem preencher o quadro dos conhecimentos fortuitos os factos que não façam parte da mesma «unidade de acção no sentido processual», assim como RIESS e WELP, na linha do BGH, defendem que os factos que estejam no plano da mesma unidade processual do crime que motivou a escuta não podem ser considerados como conhecimentos fortuitos[1559]. Se os novos conhecimentos fizerem parte do mesmo "pedaço da vida" não podem ser considerados como conhecimentos fortuitos.

À concepção estruturada por COSTA ANDRADE, que seguimos, são apresentadas, por FRANCISCO AGUILAR, duas críticas: por um lado, a ausência de um critério objectivo com assento legal; por outro, «o carácter não fechado da amostragem».

1555 Cfr. RIESS *apud* MANUEL DA COSTA ANDRADE, *Sobre as Proibições...*, p. 306 e *Sobre o regime...*, *in RPCC*, p. 402. No sentido de RIESS, mas com fundamentações não coincidentes, ROXIN e SCHLÜCHTER *apud* MANUEL DA COSTA ANDRADE, *Sobre as Proibições...*, p. 306, nota 193.

1556 *Ibidem.*

1557 Cfr. FRANCISCO AGUILAR, *Dos Conhecimentos Fortuitos...*, p. 18.

1558 Cfr. STÖRMER *apud* FRANCISCO AGUILAR, *Dos Conhecimentos Fortuitos...*, p. 18 e nota 13.

1559 Quanto a estas posições doutrinárias, FRANCISCO AGUILAR, *Dos Conhecimentos Fortuitos...*, p. 18 e nota 12.

Quanto à primeira crítica, Francisco Aguilar apresenta como solução legal o recurso ao n.° 1 do art. 24.° do CPP – *casos de conexão* –, por considerar que confere «cobertura legal e objectiva às diferentes constelações típicas» dos conhecimentos da investigação, garantindo e materializando o princípio da segurança jurídica própria de um Estado de direito, e, por considerar que a valoração dos conhecimentos fortuitos ultrapassa o fim normativo do art. 187.° do CPP, defendendo a proibição de valoração dos mesmos, o que implica que se aplicará, "sempre e sem excepção, o regime próprio dos conhecimentos da investigação"[1560]. Quanto à segunda crítica, considera que o critério consensualista de Costa Andrade cria uma amostragem não fechada, o que permeabilizará a jurisprudência e a doutrina para o risco de efectuar uma extensão ou transformação de factos característicos dos conhecimentos fortuitos em conhecimentos da investigação[1561].

431. Queremos tão só fazer dois apontamentos. No que respeita à segunda crítica, consideramos que a concepção de *conhecimentos da investigação* não se configura como uma amostragem não fechada, por, mesmo seguindo o critério consensualista, se nos apresentarem bem identificados e determinados esses conhecimentos – *p. e.*, não nos parece que exista perigo de extensão desmedida, quando, sendo autorizada ou determinada uma intercepção e gravação de conversações e comunicações de ***A*** por suspeita forte da prática de um crime de homicídio, se valora ou se enquadra dentro dos conhecimentos da investigação a comparticipação de ***B*** ou a ocultação de provas materiais da prática do crime de ***A*** por ***C***, caso contrário a *unidade da identidade de acção*, de que nos fala o próprio autor, diluir-se-ia[1562].

No que respeita à primeira crítica e à posição de Francisco Aguilar, como explicaremos em ponto próprio, consideramos que, por um

[1560] Cfr. Francisco Aguilar, *Dos Conhecimentos Fortuitos...*, pp. 23 e 78.

[1561] Cfr. Francisco Aguilar, *Dos Conhecimentos Fortuitos...*, pp. 19 e 20.

[1562] As posições radicais não favorecem a harmonização do quadro justo aceitável pela comunidade, podendo, mesmo sendo intuídas de boa fé e com bom propósito, carrear efeitos perversos do sistema de justiça penal.

lado, a figura dos conhecimentos fortuitos não se configura como proibição absoluta de valoração[1563], e, por outro, que nem todos os conhecimentos adquiridos através de escutas preenchem, "sempre e sem excepção, o regime dos conhecimentos da investigação".

§ 117.° Do «efeito-à-distância»

432. Os *conhecimentos fortuitos* – factos recolhidos fortuitamente que não se reportam ao crime que legitimou a escuta telefónica – não se confundem com o «efeito-à-distância». Neste quadro se interroga-se da "possibilidade de valoração do material probatório obtido por intermédio de uma violação de uma proibição de prova"[1564], *i. e.*, enquanto que nos *conhecimentos fortuitos* – *Zufallsfunde* – situamo-nos face ao "resultado directo de um meio de obtenção de prova legal"[1565], já no «efeito-à-distância» – *Fernwirkung* – situamo-nos face ao "resultado indirecto de um meio, método ou tema de prova ilegal"[1566].

O «efeito-à-distância» apresenta-se, nas palavras de ROGALL, como um problema «desesperadamente controverso»[1567] ou, nas pala-

---

1563 Mesmo concordando e sabendo que as normas que restringem direitos e liberdades devem ser interpretadas restritivamente, não podemos estudar os problemas cingindo-nos ao direito positivado, pois há que olhar para eles inseridos em um ordenamento jurídico não composto exclusivamente por normas positivas.

1564 Cfr. ANDRÉ LAMAS LEITE, "Escutas telefónicas...", *in RFDUP*, p. 39. O *efeito-à-distância* é uma «reacção em cadeia» da proibição de valoração de todos os meios de prova que a violação de proibição de produção de prova ou de perseguição da prova possibilitou, ou seja, "se a proibição de valoração que eventualmente inquine a prova *primária* ou directa se comunica, e em que medida, às provas *secundárias* e indirectas, impondo a sua exclusão em cadeia". Cfr. MANUEL DA COSTA ANDRADE, *Sobre as Proibições...*, pp. 102 e 169.

1565 Cfr. ISABEL ALEXANDRE, *Provas Ilícitas em Processo Civil*, Coimbra, 1998, p. 62.

1566 *Ibidem.*

1567 Cfr. ROGAL *apud* MANUEL DA COSTA ANDRADE, *Sobre as Proibições...*, pp. 61 e 173.

vras de MEYER, «extraordinariamente discutido»[1568], face à indagação "da comunicabilidade ou não da proibição de valoração aos meios secundários de prova tornados possíveis à custa de meios ou métodos proibidos de prova"[1569]. No âmbito das escutas telefónicas, sendo que defendemos que a sua realização sem qualquer autorização ou ordem do juiz comina em proibição de prova, pergunta-se, academicamente, se um OPC, sem autorização do juiz, efectuar uma intercepção e gravação de conversas entre ***A*** e ***B*** e descobre onde os mesmos guardam os estupefacientes e como o transaccionam, se podemos valorar a localização dos estupefacientes e o *modus operandi* de ***A*** e ***B*** face à proibição de produção de prova, ou seja, a proibição do método proibido precludirá a valoração da localização e do *modus operandi*?

433. O caminho a seguir impõe que não se extremem posições defendendo ora a total valoração do resultado directo ou indirecto de um meio proibido de prova ora a negação total de qualquer resultado de um meio proibido de prova sob a pala receosa de BAUMANN[1570] de que a habilidade do polícia possa determinar a paralisação de todo processo ou sob a teoria clássica *fruits of the poisonous tree doctrine* americana[1571].

Na esteira de COSTA ANDRADE, defendemos que o caminho a seguir deve enveredar em uma "ponderação, entre outros, de tópicos como a perigosidade do «veneno», a importância do «fruto» no contexto global da prova e a vinculação normativa do fruto à «árvore envenenada»"[1572]. Sem olvidarmos os "conceitos e princípios nucleares do *fim de protecção da norma*[1573] e dos *comportamentos lícitos alternati-*

[1568] Cfr. MEYER *apud* MANUEL DA COSTA ANDRADE, *Sobre as Proibições...*, p. 173

[1569] Cfr. MANUEL DA COSTA ANDRADE, *Sobre as Proibições...*, p. 61.

[1570] BAUMANN *Apud* MANUEL DA COSTA ANDRADE, *Sobre as Proibições...*, p. 62.

[1571] *Ibidem.*

[1572] *Idem*, p. 63.

[1573] Seguindo o tópico do fim da protecção da norma, RUDOLPHI considera "que haverá proibição de valoração quando, com a proclamação da norma violada, o legislador «quer impedir a influência de determinado meio de prova ou de outras cir-

vos, rectius, dos processos hipotéticos de investigação"[1574-1575] – paradigma da *doutrina da imputação objectiva*[1576] seguido pela doutrina americana[1577] e alemã[1578] –, a ponderação, conduzida meticulosamente, advém do conflito atinente à tutela dos bens jurídicos em jogo e da predominância do que se afigure comummente mais valioso[1579].

Na doutrina americana, há realçar a evolução do princípio do *efeito-à-distância* das *exclusionary rules – a fruit of the poisonous tree doctrine* – para a *doctrine of attenuation* que permite a valoração da prova secundária sempre que «*the causal connection (...) may have become so attenuated as to dissipate the taint*», que apela "para um **princípio de imputação susceptível de reduzir as margens** (exageradas) de um efeito à distância sobreponível às indicações de uma estrita *conditio sine qua non*" e para a doutrina da *independent source* – "legitima a valoração das provas secundárias sempre que elas foram ou *poderiam ter sido obtidas* por via autónoma e legal, à margem da *exclusionary rule* que impende sobre a prova primária", fazendo depender tal valoração de uma causalidade hipotética, que "ocorrerá nos casos em que a produção da prova secundária, por via independente e legal, se possa, em concreto, considerar como «*imminent, but in fact unrealized source of evidence*» («*inevitable discovery exception*»)"[1580].

---

cunstâncias sobre a sentença a proferir e esta indesejável influência pode, no caso concreto, vir efectivamente a ocorrer como consequência da violação da norma»". RUDOLPHI *apud* MANUEL DA COSTA ANDRADE, *Sobre as Proibições...*, p. 104.

1574 Cuja formulação se sintetiza em "a violação duma proibição de produção da prova não determina a proibição de valoração do meio de prova sempre que se possa afirmar que *aquele meio se teria igualmente obtido caso se tivessem respeitado as normas processuais violadas*". Cfr. MANUEL DA COSTA ANDRADE, *Sobre as Proibições...*, p. 107. Itálico nosso.

1575 Cfr. MANUEL DA COSTA ANDRADE, *Sobre as Proibições...*, p. 313.

1576 *Idem*, pp. 312 e 313.

1577 Cfr. MANUEL DA COSTA ANDRADE, *Sobre as Proibições...*, pp. 170 a 172. Negrito nosso.

1578 Cfr. MANUEL DA COSTA ANDRADE, *Sobre as Proibições...*, pp. 173-182.

1579 Cfr. MANUEL DA COSTA ANDRADE, *Sobre as Proibições...*, pp. 31, 33, 36 e ss., 108 e 184.

1580 Cfr. MANUEL DA COSTA ANDRADE, *Sobre as Proibições...*, pp. 170 a 172. Negrito nosso.

434. No direito alemão, que, inicialmente seguiu *a fruit of the poisonous tree doctrine*, desenvolveram-se novas visões quer no âmbito da jurisprudência quer no âmbito da doutrina. Há autores – SCHÄFER, MEYER, BAUMANN, PETRY, KLEINKNECHT – que negam qualquer *efeito-à-distância*, por considerarem que, exceptuando-se o caso das declarações sob coacção e tortura, previsto no § 136 *a*) da StPO, «o processo penal não pode desenvolver-se como se os meios de prova mediatos pura e simplesmente não existissem»[1581].

Aqueles autores afirmam o princípio do *Fernwirkung* paralisaria a administração da justiça como se, no dizer de SCHÄFER, operasse uma «capitulação da ordenação jurídico-penal»[1582]. GÖSSEL considera que o princípio do *Fernwirkung* prescrito no § 136 *a*) da StPO apenas impede que se utilize "para efeitos de convicção o material directamente resultante do atentado à livre conformação da vontade do arguido (*v. g.* Uma confissão obtida mediante tortura)", mas já não impede "a consideração dos demais resultados daquela investigação que, apesar de obtidos a partir dos dados indevidamente alcançados, podem ser legitimamente introduzidos no processo"[1583].

Mas, há outros autores que defendem o *efeito-à-distância*, por, sintetizando, "a utilização das provas secundárias, (...), permitiria ladear as proibições de prova, minando a eficácia das normas e neutralizando o respectivo conteúdo de tutela"[1584] e por "só o reconhecimento do *efeito-à-distância* poder, em concreto, «purificar o processo da *nódoa* (*Makel*) da ilegalidade», consumada com a violação da proibição de prova"[1585], cuja doutrina se desenrola em soluções compromissórias ou mistas.

PETERS, partindo da distinção entre *proibições de perseguição da prova* e *proibições do processo da prova*, considera que as primeiras geram uma «reacção em cadeia, excluindo, sem mais, a valoração de tudo aquilo cujo conhecimento se obteve em consequência da res-

1581 MEYER *apud* MANUEL DA COSTA ANDRADE, *Sobre as Proibições...*, p. 173.

1582 SCHÄFER *apud* MANUEL DA COSTA ANDRADE, *Sobre as Proibições...*, p. 174.

1583 GÖSSEL *apud* MANUEL DA COSTA ANDRADE, *Sobre as Proibições...*, p. 174.

1584 Cfr. MANUEL DA COSTA ANDRADE, *Sobre as Proibições...*, p. 175.

1585 HENKEL *apud* MANUEL DA COSTA ANDRADE, *Sobre as Proibições...*, p. 175 e 176.

pectiva violação»[1586]. ROGALL, como já sintetizamos, segue a teoria da ponderação de interesses, sem, hoje, excluir os processos hipotéticos, afirma que «se um elevado interesse punitivo em relação à criminalidade grave fala contra o *efeito-à-distância*, já inversamente um atentado grave aos direitos individuais protegidos sugere a intervenção do *efeito-à-distância*»[1587]. GRÜNWALD, situando o problema do *Fernwirkung* quanto às provas secundárias cuja obtenção não teria sido possível sem a violação da norma, aponta a solução sob o critério do *fim da protecção da norma*[1588]. WOLTER defende, por um lado, o *Fernwirkung* sempre que a valoração das provas secundárias se revelar desnecessária, por existir alternativa menos onerosa – princípio da *ultima ratio* – e nos casos em que a valoração da proibição da prova primária se dever a «violação grosseira da lei e do direito» – princípio da proporcionalidade – e, por outro, seguindo a "doutrina penal-substantiva da causalidade e da imputação", defende a valoração da prova secundária "sempre que entre ela e a violação originária não subsista um *nexo efectivo de causalidade*" e das que se alcançariam seguramente sem que se violasse a lei, além de que, tendo presente a dignidade constitucional do valor de uma justiça penal eficaz e do princípio da legalidade, não se pode pretender que "a violação de uma qualquer norma processual, mesmo de relevo constitucional, haja de desencadear, sem mais, a total proibição de valoração", principalmente no que toca à criminalidade grave, em que pode e deve intervir a tese da *ponderação de interesses*[1589].

A **jurisprudência** alemã iniciou por negar qualquer *efeito-à-distância*, convertendo-se aos poucos *à controvérsia, às hesitações e à insegurança* que este problema suscita, admitindo o Tribunal Federal que "a proibição de valoração que atinge uma determinada prova terá de se comunicar às provas derivadas", tendo contudo infirmadas as expectativas ao negar o *Fernwirkung* por razões político-criminais

[1586] PETERS *apud* MANUEL DA COSTA ANDRADE, *Sobre as Proibições...*, p. 176.

[1587] ROGALL *apud* MANUEL DA COSTA ANDRADE, *Sobre as Proibições...*, p. 176.

[1588] GRÜNWALD *apud* MANUEL DA COSTA ANDRADE, *Sobre as Proibições...*, p. 177.

[1589] WOLTER *apud* MANUEL DA COSTA ANDRADE, *Sobre as Proibições...*, pp. 178 e 179.

– paralisação da administração da justiça – e por ter a convicção concreta que as provas secundárias seriam obtidos por meio admissível legalmente[1590].

435. A tese, criticada por GRÜNWALD, de que "a *eficácia funcional da justiça* penal constitui um bem jurídico de dignidade constitucional", tese de que se arroga o Tribunal Constitucional alemão para fundamentar a valoração dos diários pessoais, e que, no regime das proibições de prova sugere uma posição diferenciada para a criminalidade grave deve ser vista não como absoluta, mas como ponto de partida, por aquele mesmo Tribunal, considerar "a *eficácia da justiça penal* (ou da *Funktionstüchtigkeit der Strafrechtspflege*) como uma dimensão essencial do Estado de direito, a tratar e proteger como autónomo e eminente bem jurídico supra-individual"[1591].

O recurso ao *princípio da ponderação de interesses* a tutelar, que se apresenta como resposta à ameaça da criminalidade grave, segundo o Tribunal Constitucional alemão, fundamenta que as autoridades competentes para prevenir e reprimir tal criminalidade possam efectuar gravações ocultas que identifiquem os verdadeiros criminosos e inocentem os acusados infundadamente. Contudo, pergunta-se o que se deve entender por criminalidade grave: será o elenco dos crimes que permitem a escuta telefónica ou a criminalidade que se enquadra nas als. *j*), *l*) e *m*) do art. 1.° do CPP?

Como grande defensor da tese da *ponderação de interesses*, ROGALL, conduzindo as proibições de prova a uma conflitualidade unidimensional, defende que as proibições de prova são instrumento de defesa dos direitos individuais e que a proibição de valoração "relevam do conflito entre os interesses individuais e o interesse da perseguição penal" e que a prevalência do direito individual emerge do "princípio do estado de Direito *que* reclama a garantia e efectivação do bem jurídico individual face à actividade de perseguição do Estado"[1592].

[1590] Cfr. MANUEL DA COSTA ANDRADE, *Sobre as Proibições...*, pp. 180 a 182.

[1591] GRÜNWALD *apud* MANUEL DA COSTA ANDRADE, *Sobre as Proibições...*, pp. 31 e 184.

[1592] ROGALL *apud* MANUEL DA COSTA ANDRADE, *Sobre as Proibições...*, p. 33.

A teoria da *ponderação dos interesses*, mesmo tendo concordância maioritária da doutrina, não é pacífica, cujas discordância se podem referir GRÜNWLAD – pois, tal tese pode dissolver os princípios jurídico-constitucionais em um "sistema móvel de valores a ponderar entre si" e destituir a ideia central de que o princípio do Estado de direito é "um baluarte contra o qual esbarram os interesses da perseguição penal", contrariando-se, assim, a centralização da ideia de que com a ponderação de interesses se prosseguiria uma justiça penal de *eficácia funcional*, realizando-se o Estado de direito[1593] –, HASSEMER e WOLTER – que relembram a *indisponibilidade de princípios e de valores do processo penal*, atinentes às proibições de prova, (...) e como tais subtraídos à «dogmática da ponderação»"[1594] – ou AMELUNG – para o qual "as proibições de valoração não configuram um acto de graça dispensado aos agentes da pequena e média criminalidade, nem assentam em qualquer cálculo económico no contexto do caso concreto, como supõe a doutrina da ponderação"[1595]. Contudo, há a referir que, hoje, releva os *processos hipotéticos*[1596].

436. O direito processual português, como deixamos patente e na linha de COSTA ANDRADE, "apela para um aturado e filigrâmico labor de exegese e hermenêutica". Impõe-se ao intérprete e aplicador um percurso em que terá de olhar para "a surpresa e singularidade do caso concreto, ditadas já pelo tipo de proibições de prova violada, já pela natureza e relevo do direito, bem jurídico ou interesse sacrificado, já pelo sujeito passivo da violação (*v. g.* arguido ou testemunha)"[1597].

Não podemos afastar, todavia, alienadamente o *efeito-à-distância* sob pena de, por um lado, se ofender intoleravelmente a dignidade da

---

1593 GRÜNWLAD *apud* MANUEL DA COSTA ANDRADE, *Sobre as Proibições...*, pp. 31 e 33.

1594 HASSEMER e WOLTER *apud* MANUEL DA COSTA ANDRADE, *Sobre as Proibições...*, pp. 36 e ss..

1595 AMELUNG *apud* MANUEL DA COSTA ANDRADE, *Sobre as Proibições...*, p. 36.

1596 ROGALL *apud* MANUEL DA COSTA ANDRADE, *Sobre as Proibições...*, p. 108.

1597 Cfr. MANUEL DA COSTA ANDRADE, *Sobre as Proibições...*, p. 314.

pessoa[1598] e os transcendentes valores institucionais que lhe estão associados em um Estado de direito, por outro, na esteira de ROXIN, poder-se-ia incentivar o recurso a métodos proibidos de prova e frustrar-se de modo irreparável a correspondente proibição, e, ainda, na linha de HASSEMER, "neutralizar a «expressividade cultural e jurídica» da proscrição dos métodos proibidos de prova"[1599].

437. A valoração de proibições de provas não pode fundar-se em exclusivo na gravidade do crime, que não é razão suficiente que legitime a danosidade social daquela violação, *i. e.*, não podemos avalizar ou ajuizar o método proibido tendo como premissa a gravidade do crime, funcionando esta como a batuta orientadora da decisão. Há que adjudicar outros factores de gravitação em torno da proibição ou não de provas secundárias obtidas através de provas primárias ilícitas. Questão pertinente se nos afigura a valoração do *efeito-à-distância* dos conhecimentos fortuitos.

O *efeito-à-distância* deve ser olhado no quadro do direito processual português – que detém "casos inequívocos de *efeito-à-distância*"[1600] – e seguidamente no âmbito dos *conhecimentos fortuitos*.

O direito português associou as proibições de prova quer à figura quer ao regime das nulidades, desde logo o n.° 8 do art. 32.° da CRP consagra «são *nulas* todas as provas...» e, apesar da epígrafe do preceito ser «métodos proibidos de prova», os n.os 1 e 3 do art. 126.° do CPP estipulam «são nulas,...» e «são igualmente nulas...». Poder-se-á retirar a ideia precipitada da "submissão de princípio das proibições de prova à sanção prevista para as nulidades"[1601], que torna inválido não só o acto em que se verificarem, mas todos os que

---

1598 Quanto à relevância da *dignidade da pessoa* – do arguido – na problemática do *efeito-à-distância*, JORGE DE FIGUEIREDO DIAS, "Para uma reforma global do processo penal português (Da necessidade e de algumas orientações fundamentais)", *in Para uma Nova Justiça Penal*, Coimbra, 1983, pp. 206 e ss..

1599 Quanto a estas posições MANUEL DA COSTA ANDRADE, *Sobre as Proibições...*, p. 315.

1600 *Idem*, p. 313.

1601 *Ibidem*.

dependerem do acto viciado e que a nulidade possa afectar – n.° 1 do art. 122.° do CPP.

O legislador português não se limitou a proibir a valoração de declarações obtidas através *métodos proibidos de interrogatório* – § 136 *a*) da StPO –, mas "optou por proibir, sem mais, a valoração de todas as provas obtidas mediante recurso aos métodos proibidos de prova"[1602]. O legislador decidiu, intencionalmente, "generalizar a proibição de valoração a todas as provas inquinadas pelo «veneno» do método proibido"[1603]. Contudo, não podemos aferir que no direito português o *efeito-à-distância* é santificadamente seguido e que não está sob o «fogo» da discussão saudável da exegese e hermenêutica laboriosamente aturada e filigrâmica, impostas ao intérprete e aplicador.

438. Centremos a discussão do *efeito-à-distância* à sua manifestação paradigmática e certamente mais unívoca: a utilização de *métodos proibidos de prova contra o arguido*[1604], cuja essência proibitiva emerge da Constituição – art. 32.°, n.° 8 – e materializa-se no CPP – art. 126.°. Como afirma COSTA ANDRADE, o "*efeito-à-distância* parece, assim, configurar um momento nuclear do *fim de protecção* do art. 126.° do CPP na direcção do arguido"[1605], *i. e.*, "só o *efeito-à-distância* pode aqui prevenir uma tão frontal como indesejável violação do princípio *nemo tenetur se ipsum accusare*"[1606].

Valorar meios de prova obtidos com ofensa grave à dignidade da pessoa humana, como a realização de uma escuta telefónica ilícita ou lícita mas com fundamentos irreais ou argumentos «agendados» com o intuito de obter conhecimentos de factos ou indícios de um crime não pertencente ao catálogo, seria violar a *teleologia protectiva* do art. 126.° do CPP[1607].

1602 *Idem*, p. 314.

1603 *Ibidem*.

1604 *Ibidem*. Cujo fulcro pode relevar para a análise dos *conhecimentos fortuitos* como se verá em estudo que se fará em um ponto próprio.

1605 *Idem*, p. 315.

1606 *Ibidem*.

1607 BEULKE, no âmbito dos meios enganosos ou de coacção, considera que a valorar dos meios de prova seria o mesmo que "compelir o arguido a colaborar na

Releva, todavia, a questão de se saber se o *efeito-à-distância* se impõe regiamente ou se, tendo em conta que se devem interpretar restritivamente as normas que restringem o gozo e o exercício de direitos, liberdades e garantias – como se manifestam as escutas telefónicas –, em determinadas situações se deve olhar para o caso concreto e afastar o *efeito-à-distância* – ou seja, atender "ao nexo de causalidade ou à «imputação objectiva» entre a violação da proibição de produção da prova e a prova secundária". Enquanto que ROXIN defende a verificação de um "«alto grau de probabilidade» de provas mediatas"[1608] caso a obtenção daquelas não tivessem como base a violação da lei, BEULKE "reclama exigências correspondentes às da convicção do juiz necessária para sustentar a condenação do arguido"[1609].

439. Como defensores da tese da *interpretação restritiva* das normas jurídicas que restringem direitos, liberdades e garantias fundamentais de todos os cidadãos[1610], acompanhamos, com COSTA ANDRADE, a posição de BEULKE, *i. e.*, o afastamento do *efeito-à-distância* só é admissível nos casos em que se verificar não apenas um *alto grau de probabilidade*, mas se for convicção idêntica à da sustentação da condenação de que a obtenção das provas secundárias se alcançaria sem a violação da lei. Teoria que ganha maior vigor quando o *efeito-à-distância* decorre de escutas telefónicas ilícitas, cuja devassa provoca uma elevada e qualificada danosidade social.

---

sua própria condenação". *Apud* MANUEL DA COSTA ANDRADE, *Sobre as Proibições...*, p. 315.

[1608] Cfr. ROXIN *apud* MANUEL DA COSTA ANDRADE, *Sobre as Proibições...*, p. 316.

[1609] Cfr. BEULKE *apud* MANUEL DA COSTA ANDRADE, *Sobre as Proibições...*, p. 316.

[1610] Que se impõe quando se requer e autoriza e ordena uma intercepção e gravação de comunicações e conversações, que se estende á "recolha e valoração das provas obtidas". Cfr. MANUEL DA COSTA ANDRADE, *Sobre as Proibições...*, p. 316.

§ 118.° Dos conhecimentos fortuitos no âmbito dos meios de obtenção de prova em geral

440. Os estudos em torno dos *conhecimentos fortuitos* relevaram, sobremaneira e primeiramente, no plano das escutas telefónicas, por ser unânime a sua quase irrelevância no plano dos meios de obtenção de prova tradicionais: exames, das revistas, das buscas e das apreensões[1611]. Esta quase unanimidade deve-se, por um lado, ao facto de, por regra, serem meios operacionalizados por autorização ou ordem judicial[1612] para todo o tipo de crime (pois, os meios tradicionais de obtenção de prova não estavam sujeitos à verificação de um catálogo de crimes) e, por outro, ou por razões de legítima defesa, de direito de necessidade, estado de necessidade ou conflito de direitos e deveres[1613] ou por preencherem a tipicidade das medidas cautelares e de polícia[1614] podem ser operacionalizados sem a prévia autorização ou ordem judicial sob condição de posterior e imediata apreciação e validação.

Mas, a evolução da criminalidade simples e detectável evolui para uma criminalidade organizada, fechada, complexa, de elevada especialidade, obrigaram o legislador a adequar os meios de obtenção de prova, legalizando e legitimando meios geradores de elevada danosidade social e de elevada agressividade dos direitos fundamentais pessoais dos cidadãos. Deste modo e acompanhando as novas técnicas e tecnologias, o legislador legalizou o agente infiltrado, a intercepção de comunicações (telefónicas, telemáticas, informáticas), a localização celular, o registo de voz *(off)* e imagem e, por último, as buscas domiciliárias nocturnas. Contudo, o legislador submeteu o recurso a estes

---

[1611] Excepto apreensão de correspondência – art. 179.° do CPP.

[1612] Cfr. art. 32.°, n.° 4 e art. 34.°, n.° 2 da CRP e art. 172.°, n.° 1, 174.°, n.° 3, 177.°, 178.°, n.° 3, 268.° e 269.° do CPP.

[1613] Cfr. art. 34.°, n.° 3 da CRP (depois da 5.ª Revisão Constitucional), artigos 32.°, 34.°, 35.°, 36.°, 38.° do CP, artigos 174.°, n.° 4 al. *a*) e art. 1.°, n.° 2 do CPP.

[1614] Cfr. artigos 248.° a 253.° do CPP e art. 16.° da Lei de Segurança Interna e Leis Orgânicas da PSP, PJ, GNR e SEF.

meios de obtenção de prova a pressupostos rígidos, sob pena de nulidade (que gera proibição de prova), pelo que o estudo dos conhecimentos fortuitos releva no quadro de todos os meios de prova sujeitos à verificação de um catálogo de crimes, que não são admissíveis como medidas cautelares e de polícia.

O recurso ao ***agente* infiltrado**, desde logo não se enquadra como medida cautelar e de polícia e, essencialmente, está sujeito a um catálogo de crimes[1615] – considerados mais graves ou de difícil investigação através dos meios de obtenção de prova tradicionais –, que legitimam o recurso a meios de obtenção de prova de elevada *danosidade social*. Características que, no nosso entender, qualificam este meio de natureza excepcional e, como tal, impõem ao intérprete e aplicador uma visão excepcional na valoração dos *conhecimentos fortuitos*. A valoração dos conhecimentos fortuitos obtidos pela técnica excepcional do agente infiltrado obedecerá às mesmas linhas de orientação defendidas por nós para a excepcional valoração daqueles no quadro da intercepção e gravação de comunicações (telefónicas, telemáticas, informáticas, localização celular), tendo em conta que o legislador em 2007 tentou solucionar esta questiúncula com a redacção do n.° 7 do art. 187.° do CPP.

Nesta linha de pensamento, releva a valoração dos *conhecimentos fortuitos* no quadro da ***apreensão de correspondência*** – art. 179.° do CPP –, por a diligência só ser admissível para um *catálogo (indefinido nos tipos de crime, mas limitado pela pena aplicável em abstracto)* – «crime punível com pena de prisão superior, no seu máximo, a três anos» –, para a expedição da correspondência ser de autoria do suspeito e lhe ser dirigida e por a diligência se revelar «de grande interesse para a descoberta da verdade ou para a prova». O regime da apreensão da correspondência é um regime, em muito, próximo do regime das escutas telefónicas, o que nos impõe uma determinada reserva na valoração de um conhecimento fortuito[1616], *i. e.*, a submissão da valoração

---

1615 Cfr. art. 187.°, n.° 1 do CPP e art. 2.° da Lei n.° 101/2001, de 25 de Agosto.

1616 Como exemplo, apropriamo-nos com a devida licença do apresentado pelo ilustre penalista COSTA ANDRADE: "***A***, que aguarda julgamento em prisão preventiva, escreve a ***B*** pedindo-lhe que subtrai ou falsifique documentos que podem vir a ser uti-

segue os mesmos ditames que a valoração dos conhecimentos fortuitos na intercepção e gravação de comunicações.

A nossa preocupação recai, também, sobre o ***registo de voz (off) e imagem***, cujo regime jurídico se encontra previsto no art. 6.° da Lei n.° 5/2002, de 11 de Janeiro. Este diploma aprova o regime jurídico da prevenção e combate à criminalidade organizada e económico-financeira, criando um regime especial de recolha de prova referente aos crimes de *tráfico de estupefacientes* (p. e p. pelos artigos 21.° a 23.° e 28.° do DL n.° 15/93, de 22 de Janeiro), crimes de terrorismo e organização terrorista (previstos na lei n.° 53/2003, de 22 de Agosto), crimes de *tráfico de armas*, de *corrupção passiva* e *peculato*, de *branqueamento*, de *associação criminosa*, e, quando praticados de forma organizada, crimes de *tráfico e viciação de veículos furtados*, de *lenocínio e lenocínio e tráfico de menores*, de *contrafacção de moeda e de títulos equiparados a moeda*, conforme n.° 1 do art. 1.° da Lei n.° 5/2002, de 11 de Janeiro. O recurso a este meio de obtenção de prova pode, ainda, ser utilizado para investigar crimes de *participação económica em negócio*, de *administração danosa em unidade económica do sector público*, de *fraude na obtenção ou desvio de subsídio, subvenção ou crédito*, de *infracções económico-financeiras de forma organizada, com recurso à tecnologia informática* e de *infracções económico-financeiras de dimensão internacional ou transnacional*, por força do n.° 3 do art. 1.° da Lei n.° 5/2002, de 11 de Janeiro.

O *registo de voz (off) e imagem* foi concebido e está concebido como um meio excepcional de obtenção de prova: depende de autorização judicial e está sujeito a um catálogo de crimes. Neste campo, como nos anteriores, os conhecimentos fortuitos ganham espaço de discussão dogmática e relvam para a problemática da valoração da pro-

---

lizados contra ***A*** em relação a crime diferente daquele que motiva a prisão preventiva". Continua o ilustre Mestre: "Também aqui cabe questionar se a carta, legalmente apreendida para efeitos do processo que levou à prisão preventiva, poderá ser igualmente valorada no processo em vista do qual foi solicitada a subtracção ou falsificação de documentos". Cfr. MANUEL DA COSTA ANDRADE, "Sobre o regime processual...", *in RPCC*, p. 374.

dução de prova e da valoração da prova. Estas valorações de prova dependem da verificação dos pressupostos que expomos na posição adoptada no final deste capítulo.

A Reforma de 2007 alterou profundamente e para além do admissível constitucionalmente o regime das *buscas domiciliárias*, em especial as realizadas no período da noite (entre as 21 e as 7 horas). As ***buscas domiciliárias nocturnas*** só são admissíveis para determinado tipo de crimes e para crimes cuja moldura penal seja superior a 3 anos, conforme als. *a*) e *c*) do n.° 2 do art. 177.° do CPP. Antes da Reforma de 2007, a al. *a*) do n.° 5 (anterior n.° 4) do art. 174.° do CPP estipulava um catálogo de crimes legitimador da acção dos OPC por iniciativa própria, sujeitando esta ao preenchimento de quesitos muito estreitos e limitativos de quaisquer abusos por parte daqueles. Mas, o regime actual previsto nos n.° 2 e n.° 3 do art. 177.° do CPP, que estipula um catálogo de crimes legitimador da busca domiciliária nocturna, relva para a problemática dos conhecimentos fortuitos. Não enquadramos, neste nosso raciocínio, as situações de consentimento do visado – al. *b*) do n.° 2 do art. 177.° e al. *b*) do n.° 5 do art. 174.° ambos do CPP – nem as situações em que os OPC agem em legítima defesa ou em direito de necessidade ou em estado de necessidade para salvaguarda de bens jurídicos superiores.

441. No âmbito dos meios de obtenção de prova exames, revistas, buscas não domiciliárias e domiciliárias fora do catálogo das excepções previstas no n.° 2 (buscas domiciliárias nocturnas) e no n.° 3 (buscas domiciliárias autorizadas pelo MP ou efectivadas por iniciativa do OPC) do art. 177.° do CPP e apreensões[1617] – quer sejam autorizados ou ordenados por autoridade judiciária quer preencham o quadro típico das medidas cautelares e de polícia – os *conhecimentos fortuitos* não relevam, pois devem ser valorados como prova caso o acto da AJ ou do OPC seja lícito. Se for requerida uma autorização para realização de uma busca domiciliária e respectivas revistas e apreensões ou exames com base no crime de burla, p. e p. pelo art. 217.° do CP, e, no prosse-

[1617] Excepto apreensão de correspondência – art. 179.° do CPP.

guimento da diligência, se descobrirem provas de crime de falsificação de documentos, p. e p. pelo art. 256.° do CP, estas devem ser apreendidas e valoradas como provas lícitas[1618-1619].

Esta interpretação, de modo algum, fere o princípio da interpretação restritiva das normas que restringem direitos, por o *escopo* das normas que prescrevem estes meios de obtenção de provas se dirigir à descoberta das provas reais e pessoais de «um crime ou que possam servir de prova» – revistas e buscas[1620] – ou à apreensão de «objectos que tiverem ou estivessem destinados a servir a prática de um crime»[1621] ou à inspecção de «vestígios que possa ter deixado o crime» – exames[1622].

Poder-se-á aderir à defesa da valoração dos *conhecimentos fortuitos* sem reservas, não se podendo "contrariar a tese de admissibilidade geral da apreensão e valoração de todos os *conhecimentos fortuitos*"[1623] obtidos através de um exame ou de uma revista ou de uma busca que não se enquadre nas buscas domiciliárias nocturnas[1624]. O art. 178.° do CPP e o § 108 da StPO alemã (este mais claro) autorizam que se apreendam "todos os objectos relacionados, nos termos legalmente prescritos, com *um crime*"[1625].

1618 Nos idos da competência reservadíssima da PJ quanto aos crimes de tráfico de estupefacientes – situação alterada pelo DL n.° 81/95, de 22 de Abril – outras forças de segurança – *v. g.*, PSP e GNR – solicitavam mandados de busca com base no crime de receptação e, milagrosamente, no decorrer da diligência apareciam provas que indiciavam o crime de tráfico de estupefacientes.

1619 Já diferente será o raciocínio se a autorização judicial for para uma busca domiciliária nocturna, cujo crime em investigação é o crime de tráfico de droga, p. e p. pelo art. 21.° do DL n.° 15/93, de 22 de Janeiro, e, no decurso da busca, se encontram elementos probatórios do crimes de falsificação de notação técnica, p. e p. pelo art. 258.° do CP. Pois, aqui estamos perante uma situação de conhecimentos fortuitos, que impõe uma análise juridicamente cuidada.

1620 Cfr. art. 174.°, n.os 1 e 2 do CPP.

1621 Cfr. art. 178.°, n.° 1 do CPP.

1622 Cfr. art. 172.°, n.° 1 do CPP.

1623 Cfr. MANUEL DA COSTA ANDRADE, "Sobre o regime processual...", *in RPCC*, p. 374.

1624 Posição contrária é assumida por FRANCISCO AGUILAR, *Op. Cit.*, pp. 80 e ss..

1625 *Ibidem.*

Os meios de obtenção de prova – exames, revistas, buscas em geral e apreensões em geral[1626] – são admitidos como válidos para a investigação de qualquer crime, pois o recurso aos mesmos não está sujeito a um catálogo de crimes, o que, por razões de economia processual, se defende maioritariamente "a apreensão ou a valoração probatória dos objectos que corporizam os *conhecimentos fortuitos*"[1627].

§ 119.° Dos conhecimentos fortuitos no âmbito das escutas telefónicas

442. Cumpre-nos, neste §, fazer uma análise do tratamento que a jurisprudência e doutrina alemã, espanhola e portuguesa têm dado aos *conhecimentos fortuitos* na realização de intercepção e gravação de comunicações e conversações, sem nos olvidarmos de sucintamente reflectirmos sobre o *efeito-à-distância* dos *conhecimentos fortuitos*.

a. *do estudo da jurisprudência*

i. **Jurisprudência alemã**

443. A jurisprudência **alemã** assumiu, sem dúvida, a vanguarda da discreteação do tratamento (evolutivo) dos *conhecimentos fortuitos* obtidos por meio de intercepção e gravação de comunicações e conversações[1628], cuja primeira grande decisão a que um tribunal é chamado a pronunciar-se data de 11 de Outubro de 1972 – do *Oberlands-*

[1626] Excepto apreensão de correspondência – art. 179.° do CPP.

[1627] Cfr. Manuel da Costa Andrade, "Sobre o regime processual...", *in RPCC*, p. 375. Há a referir que é este o entendimento da doutrina – Maiwald, Rudolphi, Schlüchter – e jurisprudência alemã [Cfr. Manuel da Costa Andrade, "Sobre o regime processual...", *in RPCC*, p. 375, nota 10].

[1628] Há a referir que para a jurisprudência alemã conhecimentos fortuitos são aqueles factos ou conhecimentos que não digam respeito ao crime catálogo que legitimou a autorização ou ordem judicial da escuta telefónica. Cfr. Francisco Aguilar, *Op. Cit.*, pp. 27 e 28.

gericht de Hamburgo. Este Tribunal decidiu valorar os *conhecimentos fortuitos* de uma escuta telefónica legalmente realizada independentemente de a suspeita da prática de crime que motivou a investigação através da escuta telefónica catalogado no § 100 a) da StPO ainda se verificar, com os seguintes argumentos[1629]:

α. o conhecimento de factos distintos da suspeita do crime catálogo legitimador do § 100 *a*) da StPO é uma "consequência adicional extremamente obvia" da devassa produzida pela escuta telefónica. Realidade e consciência esta tida em conta pelo legislador que não estipulou norma proibitiva de valoração de tais factos. Proibição que não pode retirar-se do art. 10.° n.° 1 GG;

β. argumento que se confirma ou reforça com o preceituado pelo § 108 da StPO – valoração de conhecimentos diferentes aos que motivaram a ordem ou autorização de busca[1630];

γ. do inciso V do § 100 *b*) da StPO afere-se que não se verifica uma proibição de valoração, pois a destruição das gravações só podem ser destruídas não quando a investigação criminal do crime legitimador cesse, mas quando se revelarem desnecessárias e, por conseguinte, inúteis «para a perseguição criminal» – *zur Strafverfolgung* – de qualquer crime.

444. O Supremo Tribunal Federal (BGH) alemão[1631] – *Bundesgerichtshof* –, contrariamente à posição do *Oberlandsgericht* de Hamburgo, que se pronunciou pela "admissibilidade da valoração de todos os conhecimentos fortuitos", considerou que, por um lado, o argumento do § 108 da StPO não é correcto, por não existir um catálogo legal de crimes que legitimam o recurso à busca e que, por outro, o argumento

---

[1629] Cfr. FRANCISCO AGUILAR, *Op. Cit.*, pp. 28 e 29.

[1630] Contudo, há a referir que o preceituado no § 108 da StPO não se aplicava directamente por ser impossível apreender-se as gravações por já estarem na posse das autoridades que promovem a investigação. Cfr. FRANCISCO AGUILAR, *Op. Cit.*, p. 29.

[1631] Decisão de 15 de Março de 1976. Posição retirada do estudo de FRANCISCO AGUILAR, *Op. Cit.*, p. 30.

do inciso V do § 100 *b*) da StPO carece de uma interpretação ajustada, pois a expressão «para a perseguição criminal» [*zur Strafverfolgung*] significa a perseguição de um dos crimes do catálogo previstos no § 100 *a*) da StPO e não deve ser interpretado no sentido de «para uma perseguição criminal» [*zur einer Strafverfolgung*] que englobaria qualquer acção criminal não catalogada. O BGH fundamenta, também, a sua posição no art. 10.° da Lei Fundamental (GG): "o princípio da proporcionalidade resultante do princípio do Estado de direito só permite a restrição das posições respeitantes a direitos fundamentais apenas naquilo que seja absolutamente necessário à protecção de bens jurídicos constitucionalmente reconhecidos"[1632], devendo-se assim proibir a valoração dos *conhecimentos fortuitos* que não sejam "relevantes para o fim de protecção da ordem democrática e livre (reconhecido pelo artigo 10.° GG)"[1633].

Desta feita, o BGH decidiu que «a valoração só é admissível se e na medida em que os factos conhecidos no âmbito de uma escuta telefónica conforme § 100 *a*), da StPO, estão em conexão com a suspeita de um crime do catálogo no sentido deste preceito»[1634], independentemente de a suspeita que originou e legitimou a escuta telefónica se confirme ou não e independentemente de a responsabilidade da nova *notitia criminis* se imputar a um terceiro[1635]. Da decisão do BGH nasce "o princípio da proibição de valoração dos *conhecimentos fortuitos* «que não estejam em conexão com um crime do catálogo»"[1636], respeitando-se o princípio da proporcionalidade – *Verhältnismässigkeit* – emergente corolário do princípio do Estado de direito por o catálogo do § 100 *a*) da StPO conter tipologias criminais que tutelam bens jurí-

---

1632 *Apud* FRANCISCO AGUILAR, *Op. Cit.*, pp. 30 e 31.

1633 Cfr. FRANCISCO AGUILAR, *Op. Cit.*, p. 31.

1634 Cfr. MANUEL DA COSTA ANDRADE, "Sobre o regime processual...", *in RPCC*, p. 403. Explicite-se que o BGH considerou valorar os *conhecimentos fortuitos* ou que respeitem ou que estejam «em conexão» [*Zusammenhang*] com um dos crimes do catálogo do § 100 *a*) da StPO.

1635 Pois, entende o BGH que a valoração dos *conhecimentos fortuitos* não se reduz à esfera pessoal, desde que se reporta à prática de um crime do catálogo. Cfr. FRANCISCO AGUILAR, *Op. Cit.*, pp. 33 e 34..

1636 Cfr. FRANCISCO AGUILAR, *Op. Cit.*, p. 31.

dicos merecedores de defesa em uma "ordem democrática e livre de acordo com o artigo 10.° GG"[1637].

Da primeira decisão do BGH sobre os *conhecimentos fortuitos* ficara a dúvida de se a conexão apenas residia para com o crime do catálogo que motivou a escuta ou se poder-se-ia entender essa relação com um outro crime do catálogo legitimantes do recurso à escuta telefónica. Na decisão de 30 de Agosto de 1978, o BGH esclarece a questão ao admitir que a conexão pode não só reportar-se ao crime catálogo motivador da escuta como a outro crime prescrito no catálogo[1638].

Esta, esta posição levanta a seguinte questão: o BGH decide pelo princípio da proibição de valoração dos *conhecimentos fortuitos* que não respeitem a um dos crimes catalogado e, posteriormente, restringe esta posição através do conceito «conexão» – *Zusammenhang* – podendo-se valorar conhecimentos – provas – de crimes que a *priori* não legitimam qualquer acção de intercepção de escuta telefónica através de uma alavanca 'legal'[1639]. O alargamento da valoração dos conhecimentos fortuitos aplica-se principalmente "no domínio específico das *associações criminosas* e do *terrorismo*. (...) relativos aos *crimes que constituem a finalidade ou actividade da associação criminosa*", por um lado, e, por outro, o BGH também "entende que o facto de em julgamento se apurar como infundada a acusação pelo crime de associação criminosa não impede a valoração dos conhecimentos relativos aos crimes da associação criminosa"[1640].

1637 Cfr. FRANCISCO AGUILAR, *Op. Cit.*, p. 31.

1638 Sobre este assunto FRANCISCO AGUILAR, *Op. Cit.*, p. 32 e MANUEL DA COSTA ANDRADE, "Sobre o regime processual...", *in RPCC*, p. 404.

1639 Cujo tratamento doutrinal por RIESS, ROXIN, WOLTER e WELP será posteriormente analisado.

1640 Cfr. MANUEL DA COSTA ANDRADE, "Sobre o regime processual...", *in RPCC*, p. 404 e ANDRÉ LAMAS LEITE, "As escutas telefónicas...", *in RFDUP*, p. 42. Existe um perigo eminente ou a tentação natural em busca da eficácia policial – muitas das vezes exigida politicamente – de se criar um cenário de *associação criminosa* para a prática de crimes não catalogados, cuja escuta seria inadmissível, e, finda a investigação, já em sede de julgamento se provar a inexistência de associação criminosa e os conhecimentos obtidos através da escuta legalmente autorizada poderem servir ou de alavanca para carreamento de elementos probatórios ou, perigosamente considerando, de prova.

445. A Lei de Combate ao Tráfico Ilegal de Estupefacientes e outras formas de Criminalidade Organizada de 15 de Julho de 1992 alterou o inciso V do § 100 *b*) da StPO no qual se prevê a valoração probatória dos *conhecimentos fortuitos* em outros processos-crime necessários ao esclarecimento de um dos crimes mencionados no § 100 *a*) da StPO[1641]. A previsão legal dos *conhecimentos fortuitos* provocou dúvidas e influenciou a jurisprudência quer pela possibilidade de limitar a extensibilidade de valoração dos conhecimentos fortuitos.

O BGH, na decisão de 18 de Março de 1998, considerou como regra "a valoração dos conhecimentos fortuitos relativamente aos delitos do § 100 *a*) da StPO"[1642], afastando-se, *a priori*, a valoração de *conhecimentos fortuitos* de crimes não catalogados[1643]. Mas, o BGH, como em jurisprudência antecedente à alteração da StPO, mantém, mais estritamente e limitadora, a defesa de valoração de *conhecimentos fortuitos* de crimes não pertencentes ao catálogo desde que "apresentem a tal *enger Bezug* ["estreita referência"] não relativamente a qualquer uma das acções catalogadas no § 100 *a*) da StPO, mas apenas no que respeita ao delito do catálogo constante da ordem legitimidora da escuta telefónica"[1644-1645-1646]. O BGH restringiu a sua posição dos

---

[1641] Quanto ao direito processual penal italiano e no sentido de positivação da valoração dos conhecimentos fortuitos, o n.° 1 do art. 270.° – *Utilizzacione in altri procedimenti* – prescreve que *I risultati delle intercettazioni non possono essere utilizatti in procedimenti diversi da quelli nei quali sono stati disposti, salvo che risultino indispensabili per l'accertamento di delitti per i quali è obbligatorio l'aresto in flagranza.*

[1642] Cfr. FRANCISCO AGUILAR, *Op. Cit.*, p. 48.

[1643] Não obstante de poderem originar novas investigações para obtenção de novos meios de prova.

[1644] Cfr. FRANCISCO AGUILAR, *Op. Cit.*, p. 49. Este autor, na linha de RIESS, WELP e STÖRMER, que defendem que os conhecimentos referentes a crimes não catalogados que estão em conexão com o crime catálogo legitimador da escuta são conhecimentos da investigação, defende que esta interpretação do BGH não enquadra a figura dos conhecimentos fortuitos, mas antes a figura conhecimentos da investigação, por considerar que só é conhecimento fortuito o que não pode ser avalizado no mesmo processo, *i. e.*, o inciso V do § 100 *b*) da StPO não se aplica ao que é valorado no mesmo processo, mas ao que pode ser valorado em outro procedimento criminal. *Idem*, pp. 52 e 53.

conhecimentos fortuitos de crimes não catalogados em conexão com os crimes catálogo.

ii. Jurisprudência espanhola

446. Em Espanha, os Tribunais Superiores, quer o Tribunal Constitucional quer o Tribunal Supremo, têm-se pronunciado sobre os *conhecimentos fortuitos – descubrimientos ocasionales* – sendo de reter, desde logo, que os operadores judiciários que no âmbito de uma escuta telefónica sobre o crime x descobrem ou tomam ocasionalmente conhecimento de provas do crime ω devem imediatamente comunicar ao juiz que autorizou a escuta para que a possível violação de direitos fundamentais cesse e emita um novo despacho, por se considerar que, nesse momento, existe uma ingerência ilegítima[1647].

[1645] Não obstante de sucessiva jurisprudência valorar os *conhecimentos fortuitos* respeitantes a crimes não catalogados no § 100 *a*) da StPO que apresentam uma "estreita referência" ao crime que legitimou a escuta, quer aquele seja um *modus operandi* diverso de cometer o crime – que não admita a escuta telefónica – quer seja uma situação de concurso ideal de crimes quer seja uma eventual conexão constitutiva de uma identidade de facto. Quanto a este assunto, Francisco Aguilar, *Op. Cit.*, p. 49.

[1646] O caso, a que o BGH foi chamado a pronunciar-se, respeita a um processo em que foram autorizadas escutas telefónicas para o crime de tráfico de estupefacientes em 22.8.1994, tendo em data posterior, 12.12.1994, sido decretada sobre os mesmos suspeitos uma nova escuta por crimes de associação criminosa – com o fim de ilícitos fiscais, fraudes, falsificação de documentos, falsificação de divisas e tráfico de seres humanos. Foi deduzida acusação pelos crimes de tráfico de seres humanos e de lenocínio e não pelos crimes legitimadores das escutas, tendo os arguidos sido condenados pelo *LG Wuppertal*. O BGH decidiu não se poderem valorar os *conhecimentos fortuitos*, devendo a condenação ser anulada, por os crimes de que originou a condenação não pertenciam ao catálogo, não apresentavam qualquer conexão com o crime do catálogo que originou a escuta – tráfico de estupefacientes – mas antes com o crime de associação criminosa, cuja autorização é posterior, pleno que não pode haver autorização com efeitos retroactivo. Cfr. Francisco Aguilar, *Op. Cit.*, pp. 52 e 53.

[1647] Cfr. Franciso Alonso Perez, *Op. Cit.*, pp. 421 e ss.. Quanto a sentenças neste sentido, Sentença do Tribunal Constitucional 49/1996, Sentença do Tribunal Supremo de 30 de Maio de 1997 y Tribunal Europeu dos Direitos do Homem de 6 de Setembro de 1978, caso «Klass» e outros, de 2 de Agosto de 1984, caso Malone, e de 24 de Abril de 1990, caso «Kruslin».

A jurisprudência espanhola, com o intuito de salvaguarda eficaz dos direitos fundamentais e de validação dos *descubrimientos ocasionales* ou fortuitos – «descubrimiento casual de indicios de otro delito distinto del investigado durante un registro domiciliario o una intervención telefónica»[1648] – defende a sujeição daqueles à comunicação imediata ao juiz e ao cumprimento por parte dos operadores judiciários – *maxime* forças policiais – dos quesitos da proporcionalidade e da autorização, acrescendo ainda que a escuta telefónica se ajuste às exigências e prevenções legais e constitucionais[1649]. A comunicação pode originar, caso assim entenda o juiz, ou a uma nova autorização ou ordem judicial ou ao início de uma nova investigação criminal.

Dos vários textos jurisprudenciais consultados quanto aos *conhecimentos fortuitos*, poder-se-á retirar dois apontamentos: por um lado, um *permanente controlo jurisdicional* da actividade investigatória *da polícia*; por outro, a não comunicação ao juiz do conhecimentos fortuitos significa uma *ingerência ilegítima*, consequentemente verifica-se uma violação dos direitos fundamentais do cidadão, o que *origina*, segundo entendimento do Tribunal Constitucional e o Tribunal Supremo espanhóis, uma «*proibição de valoração de provas* obtidas com a violação de direitos fundamentais»[1650], quer das provas directas quer das provas indirectas ou derivadas, exceptuando-se as provas derivadas que possam «considerarse jurídicamente independientes», *i. e.*, as que se alcançariam se o meio de obtenção fosse lícito.

iii. **Jurisprudência portuguesa**

447. Na jurisprudência portuguesa – que segue os passos da jurisprudência alemã no que concerne aos conhecimentos fortuitos no âm-

---

[1648] Cfr. Sentença do Tribunal Supremo de 29.12.1997 *apud* Francisco Alonso Perez, *Op. Cit.*, pp. 423 e 424.

[1649] Cfr. Francisco Alonso Perez, *Op. Cit.*, pp. 423 e 424.

[1650] Cfr. Sentenças do Tribunal Constitucional 49/1996, 166/1999 e 171/1999, Sentenças do Tribunal Supremo de 30 de Maio de 1997, de 28 de Abril de 1995, de 7 de Julho de 1995, de 1 de Dezembro de 1995, de 4 e 31 de Outubro de 1996, de 26 de Setembro de 1997 *apud* Francisco Alonso Perez, *Op. Cit.*, pp. 422, 423, 424 e 433 e ss.. Itálico nosso.

bito das escutas telefónicas – há a realçar alguns arestos: o Ac. da RP de 11 de Janeiro de 1995[1651], os acórdãos do STJ de 23 de Outubro de 2002 e de 16 de Dezembro de 2003[1652].

Do primeiro aresto – Ac. RP de 11.01.1995 – há a registar a aderência à tese da jurisprudência alemã, *i. e.*, "em matéria de escutas é já aceite, como princípio de observância obrigatória, o da proibição dos conhecimentos fortuitos que não estejam em conexão com um «crime do catálogo», entendido este como o *numerus clausus* dos delitos em cuja instrução a lei adjectiva admite a possibilidade de utilização das escutas"[1653], tendo em conta que a *danosidade social* indissociavelmente ligada à utilização de escutas telefónicas impõe "uma leitura restritiva das normas que fixam os pressupostos da sua admissibilidade"[1654] e que por princípio se proíba a "valoração dos conhecimentos fortuitos obtidos através das escutas telefónicas"[1655].

O Supremo Tribunal de Justiça pugnou por destrinçar *conhecimentos da investigação* e *conhecimentos fortuitos*, tendo, na linha de Costa Andrade, considerado que "no primeiro caso estamos ainda no âmbito da própria investigação em curso e em que portanto existe uma maior ou menor proximidade entre situações que estão a ser objecto de apuramento (*v. g.* «factos que estejam numa relação de concurso ideal e aparente com o crime que motivou e legitimou a investigação por meio da escuta telefónica»; casos de «delitos alternativos que com ele estejam numa relação de comprovação alternativa dos factos»; de «crimes que, no momento em que é decidida a escuta em relação a uma associação criminosa, aparecem como constituindo a sua finalidade ou actividade»; e ainda no caso de «formas de comparticipação – autoria e cumplicidade» e de «formas de favorecimento pessoal, auxílio material

---

1651 Consultado em *www.dgsi.pt/jtrp.nsf/*, a 27 de Junho de 2004 e, quanto aos conhecimentos fortuitos e tomada de posição, pode ser consultado Ac. STJ de 23 de Setembro de 2002, consultado em *www.dgsi.pt/jstj.nsf/*, a 27 de Junho de 2004.

1652 Consultados em *www.dgsi.pt/jstj.nsf/*, a 27 de Junho de 2004.

1653 Cfr. Sumário Ac. RP de 11.01.95, consultado em *www.dgsi.pt/jtrp.nsf/*, a 27 de Junho de 2004.

1654 Cfr. Ac. RP de 11.01.95 *apud* Ac. STJ de 23 de Setembro de 2002, consultado em *www.dgsi.pt/jstj.nsf/*, a 27 de Junho de 2004.

1655 *Ibidem.*

ou receptação»)"[1656] e que "no segundo caso, (...), a situação é mais melindrosa, pois que contende com os chamados conhecimentos fortuitos, isto é, com conhecimentos obtidos de forma lateral e sem relacionamento com a investigação em curso.

Aqui, e utilizando palavras de GERMANO MARQUES DA SILVA, trata-se de saber «qual o valor dos conhecimentos obtidos sobre factos que não se reportam ao crime cuja investigação legitimou a realização da escuta telefónica»"[1657]. Analisando a doutrina, o STJ defende "o **aproveitamento** dos *conhecimentos fortuitos* através de escutas telefónicas será meio de prova válido e admissível se:

- as escutas de que provêm os conhecimentos fortuitos tiverem obedecido aos respectivos requisitos legais contidos no art. 187.° do CPP (prévia autorização judicial, referentes a crimes taxativamente indicados na lei – crimes de catálogo – e seu interesse para a descoberta da verdade ou para a prova);
- o crime ou crimes em investigação e para cujo processo se transportam os conhecimentos fortuitos constituírem também crimes de catálogo;
- o aproveitamento desses conhecimentos tiverem igualmente interesse para a descoberta da verdade ou para a prova no processo para onde são transportados;
- o arguido tiver tido possibilidade de controlar e contraditar os resultados obtidos por essa via"[1658].

448. O STJ foi, ulteriormente, chamado a pronunciar-se sobre a problemática dos conhecimentos fortuitos e conhecimentos da investigação, tendo, *in casu*, defendido que "os conhecimentos adquiridos por

---

[1656] Cfr. Ac. STJ de 23 de Setembro de 2002, consultado em *www.dgsi.pt/jstj.nsf/*, a 27 de Junho de 2004. Este processo tem origem em uma escuta telefónica relativamente a outro delito e o juiz titular deste processo determinou passagem de certidão para que as gravações das conversações relativamente aos crimes diferentes – ou acção criminosa distinta da que originou a escuta telefónica – pudessem incorporar o processo em que não tinham sido realizadas.

[1657] *Ibidem*.

[1658] *Ibidem*. Negrito e itálico nossos.

via das escutas são conhecimentos da investigação e não conhecimentos fortuitos, pois «se reportam ao crime cuja investigação legitimou a sua autorização»"[1659], cujos factos podem ser "extensíveis á prova dos demais factos que com eles tenham um polo de afinidade, assim se aproveitando os resultados de uma actividade que teve como escopo cobrir uma rede de criminalidade interligada"[1660], como acontece nos autos deste processo, "pois seria até absurdo que, se o juiz de instrução autorizou a efectivação de escutas telefónicas para possibilitar a descoberta da actividade de tráfico ilícito de estupefacientes por parte de determinados agentes, um dos quais, pelo menos, é concretamente referenciado como mentor desse tráfico, a referida autorização não valesse para certos actos individualizados consubstanciadores daquele tráfico só porque eles foram (formalmente) autonomizados num outro processo (provavelmente por nem todos os arguidos coincidirem com os do primitivo, onde foi concedida a autorização)"[1661].

Poder-se-á retirar da jurisprudência analisada que, no âmbito das escutas telefónicas, os Tribunais Superiores portugueses, na esteira da doutrina alemã e portuguesa e jurisprudência alemã, destinguem por um lado os conhecimentos fortuitos dos conhecimentos da investigação e, por outro, defendem a valoração dos conhecimentos fortuitos "em

---

1659 Cfr. Ac. STJ de 16 de Dezembro de 2003, consultado em *www.dgsi.pt/jstj.nsf/*, a 27 de Junho de 2004.

1660 Cfr. Ac. STJ de 23 de Outubro de 2002, consultado em *www.dgsi.pt/jstj.nsf/*, a 27 de Junho de 2004 .

1661 Cfr. Ac. STJ de 16 de Dezembro de 2003, consultado em *www.dgsi.pt/jstj.nsf/*, a 27 de Junho de 2004. E como se pronuncia o STJ: "Deste modo, sendo conhecimentos da investigação, os resultados obtidos estendem-se a este processo (incluindo os comparticipantes nos crimes – COSTA ANDRADE, *Ob. Cit.*, p. 386), sendo certo que ocorrem todos os pressupostos legais da validade das intercepções e gravações telefónicas, de acordo com as exigências dos artigos 187.° e 188.° do CPP, nomeadamente: as mesmas foram autorizadas pelo respectivo juiz de instrução em despacho fundamentado; os crimes em investigação são de catálogo, porquanto puníveis com pena de prisão superior, no seu máximo, a três anos de prisão e, a acrescer a isso, relativos a tráfico de estupefacientes; foram devidamente enunciadas as razões tendentes a demonstrar que as escutas se impunham como meio necessário e idóneo e até insubstituível para a descoberta da verdade (portanto, obedecendo ao princípio da subsidiariedade)".

conexão com um «crime do catálogo»", aderindo ao princípio da proibição da valoração dos conhecimentos fortuitos de crimes extracatalogados[1662].

b. ***do estudo da doutrina***

i. **Doutrina alemã**

449. Como no plano jurisprudencial, também a doutrina alemã tomou a dianteira da discussão da valoração ou não dos *conhecimentos fortuitos – Zufallsfunde*. Na doutrina, até à alteração do inciso V do § 100 *b*) da StPO[1663], delineavam-se, no *plano objectivo*, três grandes orientações [duas totalmente antagónicas e uma dotada de equilíbrio apuleiano]: de um lado da margem, autores como KNAUTH e PRITTWITZ defendem a inexistência de relevância jurídica, devendo ser proibida a valoração de qualquer conhecimento fortuito; do outro lado da margem, SCHÜNEMANN defende a valorização sem restrições dos *conhecimentos fortuitos*; e, no centro da discussão e dos antípodas, surgem autores como RUDOLPHI, SCHRÖDER, WELP, ROGALL, ROXIN, WOLTER, MEYER que, tendo presente sempre que as normas restritivas de direitos fundamentais devem ser interpretadas restritivamente e com algumas particularidades individuais, não afastam nem absolutizam a valorização dos *conhecimentos fortuitos*, antes apresentam um caminho de valorização de certos conhecimentos fortuitos centrada no catálogo[1664].

1662 Sem olvidarmos que o BGH defende a valoração de conhecimentos fortuitos de crimes não catalogados que estejam em uma relação de «estreita referência» com o crime motivador da escuta telefónica.

1663 Operada pela Lei de Combate ao Tráfico de Estupefacientes de 15 de Julho de 1992.

1664 SCHRÖDER criticou a analogia ao § 108 da StPO por parte do Tribunal de Hamburgo, posição acompanhada por MAIWALD, e a interpretação da expressão – «para a perseguição criminal» – do § 100 *b*) da StPO, em honra do respeito do elemento sistemático, porque a destruição das gravações só se opera quando desnecessário para a perseguição de um dos crimes do catálogo do § 100 *a*) da StPO. ROXIN

A tese da irrelevância jurídica dos *conhecimentos fortuitos* – afastando a valoração daqueles que não respeitem única e exclusivamente ao crime legitimante da escuta telefónica – de PRITTWITZ[1665] funda-se na inexistência de norma positiva que estipulasse a valoração. A exigência de norma positivante da valoração dos *conhecimentos fortuitos* emerge do art. 10.° II 1 GG que proíbe uma interpretação extensiva do § 100 *a*) da StPO, pois este § é uma norma excepcional que restringe um direito fundamental e, como tal, não se pode transpor para os *conhecimentos fortuitos* os quesitos dos *conhecimentos da investigação*, *i. e.*, o intérprete não se pode substituir ao legislador. A tese de PRITTWITZ e KNAUTH tem como base o respeito pelo princípio crucial em um Estado de direito – *princípio da reserva de lei.*

A valoração dos conhecimentos, que respeitem ao crime que legitimou a intercepção e gravação das comunicações e conversações, aceite por PRITTWITZ poder-se-á *resumir ao espectro dos conhecimentos da investigação* e afasta, por completo, a valoração dos conhecimentos fortuitos.

450. Com tese diversa, demasiado controversa, apontamos SCHÜNEMANN que defende a absoluta valorização sem restrições dos *conhecimentos fortuitos* desde que não se verifique uma proibição de produção de provas – *i. e.*, desde que a escuta telefónica obedeça aos quesitos legais –, pois se esta é lícita não faz sentido proibir a valoração das provas recolhidas sobre outros factos delituosos sejam ou não do catálogo. Como já referimos, para SCHÜNEMANN a questão coloca-se na validade da produção e não na valoração da prova, centrando a sua tese na *con-*

---

critica a interpretação de que, como não existe norma proibitiva de valoração dos conhecimentos fortuitos, o legislador, consciente da probabilidade de danosidade ou devassa quer objectiva quer subjectiva, não quis afastar a valoração desses conhecimentos. WELP concordara com analogia ao § 108 da StPO, mas afasta a constelação de valoração de todos os conhecimentos fortuitos obtidos por escuta telefónica. Cfr. FRANCISCO AGUILAR, *Op. Cit.*, pp. 38 e 39.

1665 Cfr. PRITTWITZ *apud* MANUEL DA COSTA ANDRADE, "Sobre o regime processual...", *in RPCC*, p. 405, FRANCISCO AGUILAR, *Op. Cit.*, pp. 44 e 45 e ANDRÉ LAMAS LEITE, "As escutas telefónicas...", *in RFDUP*, p. 39.

gruência entre estes dois pólos – se não existe proibição de produção, também não se pode falar em proibição de valoração[1666].

Dois apontamentos se exigem quanto à tese de SCHÜNEMANN: por um lado, o autor não atende ao facto de, por si só, e como relembra RIESS, o uso, em processo penal, de gravações obtidas por escutas telefónicas consigna em uma devassa capaz de preencher o quadro de uma proibição de «valoração autónoma ou independente»[1667]; e, por outro, esta posição doutrinal coloca em constante perigo a possibilidade de «branqueamento» das investigações que necessitam de recurso a um meio detentor de uma danosidade social elevada e, como agravante, que os crimes que não poderiam, *ex lege*, ser investigados por meio de escuta telefónica – por os crimes não pertencerem ao catálogo – passassem a sê-lo[1668].

451. A terceira posição doutrinal alemã direcciona-se, no plano objectivo, para a valoração dos *conhecimentos fortuitos* que estejam «em conexão» com o crime catálogo[1669] – RUDOLPHI, SCHRÖDER, WELP, ROGALL, ROXIN, WOLTER, MEYER. Todavia, há dois vectores de orientação quanto a esta tese:

α. para autores como SCHRÖDER, ROXIN, MEYER, SCHLÜCHTER, MAUNZ/DÜRIG/HERZOG, esta conexão apresenta-se como *con-*

1666 Cfr. MANUEL DA COSTA ANDRADE, "Sobre o regime processual...", *in RPCC*, pp. 376 e 403.

1667 Cfr. FRANCISCO AGUILAR, *Op. Cit.*, p. 42.

1668 Sobre esta preocupação, FRANCISCO AGUILAR, *Op. Cit.*, p. 42.

1669 Desta constelação retira-se que se o conhecimento fortuito respeitar a um crime exta-catálogo, aquele não pode ser valorado por respeito ao princípio da legalidade – pois seria inadmissível permitir-se valorar provas de um crime que o legislador não admitiu ter dignidade para ser colocado na balança da ponderação entre verdade material e inviolabilidade das comunicações e da vida privada – e por, através de tal limitação, se promover, ao que ANDRÉ LEITE designa de o *efeito de prevenção geral exo-processual* – evitando-se que os operadores judiciários forjem a verdade e, em uma óptica de eficácia, se socorram subterfugiosamente do catálogo para investigar por escuta telefónica crimes para os quais é inadmissível o recurso a tal meio de obtenção de prova. Mas, aqueles conhecimentos podem e devem constituir a notícia do crime e comunicação ao MP para que promova a acção penal. Quanto a este assunto ANDRÉ LAMAS LEITE, "As escutas telefónicas...", *in RFDUP*, pp. 41 e 42.

dição necessária e *suficiente* para se valorarem os conhecimentos fortuitos, pois não exigindo outros quesitos[1670];

β. outros autores como WELP, ROGALL, RUDOLPHI, MAIWALD, FEZER, entendem que a valoração deve obedecer **«ao programa político-criminal subjacente àquele regime e aos juízos de concordância prática** que lhe emprestaram sentido»[1671], ou seja, impõe-se que «a gravidade da suspeita e a própria urgência criminalística da medida *sub nomine* da cláusula da *ultima ratio*», pois o **princípio constitucional da proporcionalidade** tem de valer para *a autorização da escuta* e para a *valoração das conversações que a utilização legal de uma escuta telefónica permitiu registar no gravador*[1672] – submete-se, desta feita, a valoração dos "conhecimentos fortuitos a um juízo hipotético de intromissão, fazendo incidir sobre eles aquela ideia de «estado de necessidade investigatório»"[1673] – ou seja, impõe-se uma exegese da *necessidade ou desnecessidade* da valoração dos conhecimentos fortuitos para a investigação e, tendo em conta a excepcionalidade deste meio de obtenção de prova, da hipotética admissibilidade da escuta telefónica para a investigação dos crimes objecto do conhecimento fortuito[1674]. Para ROGALL[1675] a probabilidade de que o tribunal que ordenou a escuta que originou o conhecimento fortuito, caso soubesse do crime e dos seus agentes,

---

1670 Cfr. MANUEL DA COSTA ANDRADE, "Sobre o regime processual...", *in RPCC*, p. 405, nota 77; FRANCISCO AGUILAR, *Op. Cit.*, p. 42, nota 136; e ANDRÉ LAMAS LEITE, "As escutas telefónicas...", *in RFDUP*, p. 40, nota 96.

1671 Cfr. MANUEL DA COSTA ANDRADE, "Sobre o regime processual...", *in RPCC*, pp. 405 e 406, nota 78, FRANCISCO AGUILAR, *Op. Cit.*, p. 43, nota 140 e ANDRÉ LAMAS LEITE, "As escutas telefónicas...", *in RFDUP*, p. 40, nota 97.

1672 Cfr. MANUEL DA COSTA ANDRADE, "Sobre o regime processual...", *in RPCC*, p. 406.

1673 Cfr. MANUEL DA COSTA ANDRADE, "Sobre o regime processual...", *in RPCC*, p. 406.

1674 Análise imbricada na posição WELP *apud* FRANCISCO AGUILAR, *Op. Cit.*, pp. 43 e 44.

1675 Cfr. ANDRÉ LAMAS LEITE, "As escutas telefónicas...", *in RFDUP*, p. 41.

ordenaria ou autorizaria a sua execução terá de ser uma *probabilidade qualificada* sob pena de não valoração – em obediência ao princípio *in dubio pro reo* em todos os casos de dúvida.

452. Questão relevante recai nos casos em que o conhecimento fortuito incide sobre um crime não catalogado – que é o objecto de acusação –, conhecido no âmbito da escuta motivada pela suspeita de *associação criminosa* ou um dos seus crimes – finalidade ou actividade – ou de *terrorismo*, crimes geradores de enorme alarme social e uma certa «histeria» ou psicose de insegurança.

A maioria da doutrina, que segue a posição do BGH, defende a valoração destes conhecimentos fortuitos. A questão que releva é saber se aqueles são ou preenchem o ideário de conhecimentos fortuitos ou se, antes, de conhecimentos da investigação, como afirma RIESS, pois constituem a finalidade ou a actividade daqueles delitos e integram «o processo histórico que a seu tempo ofereceu o motivo para uma ordem legítima de escuta»[1676].

Contra esta posição tão abrangente, encontram-se WOLTER, WELP e ROXIN, sendo que este último argui que seria perigoso aceitar tal posição doutrinária por se poder fundamentar a investigação através da escuta com base na suspeita do crime de associação criminosa sem que este se pudesse verificar, para que se investigue por escutas telefónicas crimes que não preenchem o catálogo[1677].

453. Quanto ao *âmbito subjectivo*, questiona-se se e em que medida podem ser valorados conhecimentos fortuitos relativos a terceiros. GÖSSEL acompanha a posição assumida pelo BGH, *i. e.*, podem ser valorados os *conhecimentos fortuitos* contra terceiros sempre que sejam suspeitos da prática de um crime do catálogo ou de um crime «em conexão» com um dos crimes do catálogo, por, logicamente, sobre eles poder-se admitir, para investigação, o recurso à escuta telefó-

---

1676 Cfr. ANDRÉ LAMAS LEITE, "As escutas telefónicas...", *in RFDUP*, p. 42.

1677 Cfr. MANUEL DA COSTA ANDRADE, "Sobre o regime processual...", *in RPCC*, p. 407.

nica[1678]. MAIWALD[1679] segue a posição do BGH, mas introduz dois pontos: em primeiro lugar, o critério da *repetição hipotética da intervenção* que fundamenta a valoração dos conhecimentos fortuitos contra terceiros deve radicar «apenas no carácter do delito» ou no «tipo de ofensa» de que fala RIESS; em segundo, reforça a posição com o recurso ao regime das buscas, *i. e.*, ao «grau de suspeição», como elemento que regula a legitimidade da intervenção e possibilita o uso e consequente valoração dos conhecimentos fortuitos contra terceiros.

Contudo, ROXIN[1680] questiona a legitimidade de valoração dos conhecimentos fortuitos de crimes não catalogados – aqueles que se encontram em uma relação de «conexão» com a suspeita de um crime do catálogo – contra pessoas terceiras, se estas não forem acusadas pela prática de um dos crimes do catálogo. Face a esta questão, ROXIN, tendo como base o crime de *associação criminosa*, defende o adicionamento de um quesito adicional – que da acusação deva constar a prática do crime do catálogo que originou e legitimou a escuta telefónica.

Mas, WELP[1681] – que se manifestara primeiramente contra a valoração dos conhecimentos fortuitos contra terceiros, por considerar que subjectivamente o § 100 *a*) da StPO apenas admitia que se valorassem aqueles conhecimentos contra o arguido e o mediador de notícias [*Nachrichtenmittler*] – apresenta uma construção tripartida para a valoração dos conhecimentos fortuitos contra terceiros: em primeiro lugar, no momento da ponderação da admissibilidade de «hipotética repetição de intervenção» deve vigorar a *proibição* de valoração de conhecimentos fortuitos contra terceiro que *não tenha participado na conversa telefónica* – se a polícia descobre que ***C*** cometera o delito ***X*** do catálogo na intercepção que fizera a ***A*** e a ***B***, esse conhecimento não pode ser valorado contra ***C***; em segundo lugar e como consequência do segundo, deve prevalecer o princípio da *participação na conversação* telefónica – se da conversa telefónica entre ***A*** e ***B*** se descobre que ***B***

1678 Cfr. KARL-HEINZ GÖSSEL, "As proibições de prova no Direito Processual Penal da República Federal da Alemanha", *in RPCC*, Ano 2, 1992, p. 414.

1679 Cfr. MAIWALD *apud* FRANCISCO AGUILAR, *Op. Cit.*, p. 45.

1680 Cfr. ROXIN *apud* FRANCISCO AGUILAR, *Op. Cit.*, p. 46.

1681 Cfr. WELP *apud* FRANCISCO AGUILAR, *Op. Cit.*, pp. 46 e 47.

praticara um crime do catálogo, por força do § 100 *a*) da StPO, aquele conhecimento fortuito pode ser valorado por ser permitida a hipotética repetição de intervenção; em terceiro lugar, por força do § 100 *a*) da StPO, devem-se valorar os conhecimentos fortuitos contra todos os *comparticipantes* independentemente de terem tido intervenção na conversa telefónica.

454. Cumpre-nos, neste momento, analisar as posições doutrinais face à alteração do inciso V do § 100 *b*) da StPO, operada pela Lei do Combate ao Tráfico de Estupefacientes de 15 de Julho de 1992.

Objectivamente, há a referir que a consagração no inciso V do § 100 *b*) da StPO da valoração dos conhecimentos fortuitos em outros processos-crime com o intuito de esclarecimento de um crime do catalogado manifesta acolhimento da tese de PRITTWITZ e de KNAUTH do princípio de «reserva de lei» para a restrição de direitos fundamentais e, consequentemente, a teoria da irrelevância jurídica dos conhecimentos fortuitos desaparece pela positivação da maioria da doutrina e jurisprudência alemãs[1682]. A tese da total valoração dos conhecimentos fortuitos, de SCHÜNEMANN, deixa de ter o pouco sentido que lhe era concedido, pois o inciso restringe a valoração dos conhecimentos fortuitos ao esclarecimento de um delito do catálogo e em um processo diferente, pois se for no mesmo processo, estaremos no âmbito dos conhecimentos da investigação.

Quanto a doutrina maioritária – a da valoração dos conhecimentos fortuitos de crime pertencente ao catálogo ou que esteja em conexão com um desses crimes – sofre na nossa opinião um ajustamento pela teleologia da valorização dos conhecimentos fortuitos "necessários ao esclarecimento de um delito mencionado no § 100a", expressão que, na esteira de FRANCISCO AGUILAR[1683], deve ser entendida na "mera perspectiva da necessidade probatória daqueles factos" e não em um «juízo de "hipotética repetição de intervenção" no novo processo», desaparecendo este quesito para a possibilidade de valoração dos conhecimentos fortuitos. Com a alteração operada, como afirma STÖRMER, o legis-

---

1682 *Hoc sensu* FRANCISCO AGUILAR, *Op. Cit.*, p. 55.

1683 Cfr. FRANCISCO AGUILAR, *Op. Cit.*, p.54.

lador alemão criou "uma autorização de valoração para os conhecimentos fortuitos obtidos através de vigilância telefónica" e "tornou possível a anterior opinião da jurisprudência (...) salvaguardada legalmente"[1684].

Subjectivamente, não se alcança que no § 100 *b*) V da StPO haja qualquer limite à valoração de conhecimentos fortuitos de delitos catalogados praticados por terceiros, ficando ratificada a posição do BGH.

ii. **Doutrina espanhola**

455. Os autores espanhóis[1685] – como RODRÍGUEZ RAMOS, LÓPEZ-FRAGOSO, MORENO CATENA, F. ALONSO PÉREZ –, na sua maioria, seguem a doutrina maioritária alemã, defendendo, em termos *objectivos*, que podem ser valorados os conhecimentos fortuitos – *descubrimientos ocasionales* – que respeitem a um crime do catálogo ou que com este esteja «em conexão» – art. 17.° da Ley de Enjuiciamento Criminal –, e, em termos *subjectivos*, a valoração dos conhecimentos fortuitos de crimes catalogares contra terceiros. Todavia há dois apontamentos a reter: para LÓPEZ BARIA DE QUIROGA, é de excluir qualquer utilização de conhecimentos fortuitos de delitos catalogares cometidos por terceiros; para MARTIN MORALES, só é de admitir a valoração contra terceiros se estes forem comparticipantes[1686].

Contudo, consideram que se não existir qualquer conexão com um dos delitos catalogares, esses conhecimentos devem ser considerados como mera *notitia criminis* para início de um novo processo crime[1687].

iii. **Doutrina portuguesa**

456. No que respeita a terras portuguesas, a doutrina maioritária segue a tese de valoração dos conhecimentos fortuitos relativos a um

---

1684 Cfr. STÖRMER *apud* FRANCISCO AGUILAR, *Op. Cit.*, p. 55.

1685 Cfr. FRANCISCO ALONSO PÉREZ, *Op. Cit.*, p. 422.

1686 Cfr. FRANCISCO AGUILAR, *Op. Cit.*, p. 45, nota 151.

1687 Cfr. FRANCISCO ALONSO PÉREZ, *Op. Cit.*, p. 422.

dos crimes do catálogo ou que se encontram «em conexão» com um dos delitos catalogados.

De destacar, emerge a posição de COSTA ANDRADE[1688], que defende a valoração dos conhecimentos fortuitos desde que se respeitem determinados pressupostos, no sentido de diminuir a ofensa a direitos fundamentais – como a palavra, a reserva da intimidade da vida privada, a inviolabilidade das comunicações –, a ter em conta no momento da valoração: por um lado, o conhecimento fortuito deve, como *exigência mínima*, reportar-se a um crime do *catálogo* – art. 187.° do CPP – ou é um dos crimes catálogo ou crime em conexão com um dos crimes do catálogo; acresce que devem-se fazer intervir as exigências complementares de *estado de necessidade investigatório – Ermitlungsnotstand* –, assegurando, dentro dos vértices da *concordância prática*, que os operadores judiciários não usem os conhecimentos fortuitos de modo a criar uma fraude ao regime das escutas telefónicas.

O ilustre Professor acrescenta que, no caso do crime de *associação criminosa,* quando não se consiga provar, se devem valorar os conhecimentos fortuitos que se relacionem com os crimes *finalidade* ou *actividade* da associação e que, nos casos em que não se confirma a suspeita do crime de associação criminosa nem nenhum dos crimes finalidade ou actividade da associação, tendo em conta "o programa político-criminal legalmente codificado e o propósito de obviar aos perigos pertinentemente denunciados por ROXIN", deve-se apenas aceitar o conhecimento fortuito dos crimes catálogo[1689].

Contudo, FRANCISCO AGUILAR[1690], na linha de PRITTWITZ, defende a tese da impossibilidade de valoração dos conhecimentos fortuitos

---

[1688] Cfr. MANUEL DA COSTA ANDRADE, "Sobre o regime...", *in RPCC*, p. 407. No mesmo sentido GERMANO MARQUES DA SILVA, *Op. Cit.*, Vol. II, p. 205, MANUEL LEAL-HENRIQUES, "Escutas telefónicas – Questões em aberto", *Conferência de Macau*, Dezembro de 2003 e *Código de Processo Penal Anotado*, Lisboa: Rei dos Livros, Vol. I, pp. 930 e 931, e ANDRÉ LAMAS LEITE, "As escutas telefónicas...", *in RFDUP*, p. 41.

[1689] Cfr. MANUEL DA COSTA ANDRADE, "Sobre o regime...", *in RPCC*, pp. 407 e 408.

[1690] Cfr. FRANCISCO AGUILAR, *Op. Cit.*, pp. 73 e ss.. Na mesma linha de opinião, JOSÉ MIGUEL JÚDICE defende a que deve ser "clarificado no CPP a inadmissibilidade da utilização dos chamados «conhecimentos fortuitos» obtidos eme escutas autoriza-

com fundamento de reserva constitucional de lei, *i. e.*, resulta do art. 18.°, n.° 2, 32.°, n.° 8 e 34.°, n.°4 da CRP que, sendo as escutas uma devassa de direitos fundamentais, os quesitos de validade devem constar de materialização legal, a cuja restrição se impõem a exigência constitucional de versar sobre processo crime. Não existindo lei que legitime a valoração de conhecimentos fortuitos obtidos por meio de obtenção de prova extremamente lesivo para os direitos fundamentais do cidadão, defende o autor a "proibição da valoração de prova como resulta do n.° 8 do art. 32.° da Constituição"[1691].

Nesta linha de raciocínio, FRANCISCO AGUILAR considera que dos artigos 187.° – de excepcional legitimação de autorização ou ordem para interceptar e posterior valoração – e 188.° – em especial o n.° 3, que prescreve a *junção ao processo* dos elementos transcritos relevantes para a prova – do CPP não se retira qualquer vislumbre de admissibilidade de valoração de conhecimentos que não sejam os conhecimentos da investigação, por esta se encontrar "limitada ao processo em que a respectiva escuta foi autorizada, o que denota a ideia de unidade investigatória em sentido processual"[1692]. *Summo rigore*, FRANCISCO AGUILAR defende a proibição de valoração dos conhecimentos fortuitos e que a valoração possível só é de admitir, por maioria de razão, quanto aos conhecimentos da investigação, pese embora considerar que a eficácia dos conhecimentos fortuitos "limitar-se-á à aquisição de uma *notitia criminis* que dará origem ao surgimento de um novo procedimento criminal"[1693].

c. *do* **efeito-à-distância** *dos conhecimentos fortuitos*

457. A questiúncula do *efeito-à-distância – Fernwirkung* – releva no quadro dos conhecimentos fortuitos. Relevância esta manifestada

das". Cfr. JOSÉ MIGUEL JÚDICE, "Escutas telefónicas: a tortura do Século XXI?", *in Congresso da Justiça*, Texto de 19 de Agosto de 2003.

1691 *Idem*, p. 76.

1692 *Idem*, pp. 77 e 78.

1693 Cfr. FRANCISCO AGUILAR, *Op. Cit.*, p. 101.

face às teses que admitem e as que não admitem ou admitem sob condição a valoração dos conhecimentos fortuitos, cuja primeira nota historicamente marcante se remete para a decisão do BGH de 22 de Fevereiro de 1978[1694].

Da decisão extraiu-se a orientação de proibição de valoração de provas secundárias – declarações do arguido e de testemunhas – advindas da intercepção e gravação de conversações telefónicas sempre que o conhecimento fortuito se reportar a um crime não catalogado, *i. e.*, o BGH decidiu pela verificação do *efeito-à-distância* como consequência directa de um conhecimento fortuito proibido.

Mas, do mesmo aresto retiram-se três apontamentos: por um lado, se das declarações do arguido ou testemunhas quanto a um crime não catalogado se obterem provas que não advenham das gravações, entenda-se que essas declarações "podem, obviamente, ser valoradas em ulterior processo" por conterem "um processo autónomo do conhecimento"[1695]; por outro, o efeito-à-distância não obsta ao uso dos conhecimentos fortuitos para a elaboração da *notitia criminis* e respectiva investigação(ões) ulterior(es) dos crimes não catalogares do § 100 *a*) da StPO[1696]; e, ainda, podemos aduzir que não existe *efeito-à-distância* nos casos em que se admite a valorização dos conhecimentos fortuitos, pois sendo estes a base de provas ulteriores e sendo valorados e não proibidos, não faria sentido admitir o *efeito-à-distância.*

458. No âmbito da doutrina alemã[1697] destacam-se as posições de WELP – que não relevava qualquer *efeito-à-distância* quanto às declarações de testemunhas identificadas através da escuta telefónica que produzira o conhecimento fortuito –, de MAIWALD – que defende o *efeito-à-distância*, mas cessa face ao necessário esclarecimento de

---

1694 Quanto à analise desta decisão do BGH baseamo-nos em FRANCISCO AGUILAR, *Op. Cit.*, pp. 35 a 37.

1695 Cfr. FRANCISCO AGUILAR, *Op. Cit.*, p. 36.

1696 RIESS interroga-se quanto ao uso dos *conhecimentos fortuitos de crimes não catalogares* para base de investigações ulteriores sem que não sejam valorados processualmente e o *efeito-à-distância. Apud* FRANCISCO AGUILAR, *Op. Cit.*, p. 37.

1697 Cfr. WELP, MAIWALD, RIESS e KNAUTH *apud* FRANCISCO AGUILAR, *Op. Cit.*, p. 97.

crimes tipos de criminalidade grave, entrando na balança da decisão os bens jurídicos a tutelar, que induz à prossecução de "um processo formalmente justo e protecção da universalidade (prevenção geral) mediante uma efectiva perseguição criminal" –, de RIESS – que admite o *efeito-à-distância*, pese embora questione o uso dos conhecimentos fortuitos para «base da investigação» de um outro processo, defendendo, devido à *contaminação*, a impossibilidade daqueles fundamentarem a "aplicação de medidas de coacção, buscas, revistas ou apreensões" – e de KNAUTH – que, devido à sua tese de irrelevância jurídica dos conhecimentos fortuitos por violação do princípio constitucional de «reserva de lei» e a normal proibição de valoração dos conhecimentos fortuitos, pelo menos até à alteração do inciso V do § 100 *b*) da StPO, defende a proibição absoluta das provas adquiridas com base nos conhecimentos fortuitos.

Na doutrina espanhola, destaca-se LÓPEZ B. DE QUIROGA[1698] que defende a *Fruit of the poisonous tree doctrine*, *i. e.*, o *efeito-à-distância* da valoração das provas secundárias obtidas com base em um método proibido de prova, sem contudo afastar a diferenciação, que deve operar, entre os efeitos probatórios – proibição – e os efeitos investigatórios – permitidos pela «base da investigação» advinda dos conhecimentos fortuitos.

Na doutrina portuguesa[1699], destaca-se COSTA ANDRADE[1700], que acompanhamos. Este ilustre penalista português segue a tese da *interpretação restritiva*[1701] e a posição de BEULKE, *i. e.*, admite o afastamento do *efeito-à-distância* só nos casos em que se verificar não

---

1698 Cfr. LÓPEZ B. DE QUIROGA *apud* FRANCISCO AGUILAR, *Op. Cit.*, pp. 97 e 100, notas 421 e 422.

1699 Há a referir que o Tribunal Judicial de Oeiras, na Sentença de 5 de Março de 1993, absolveu o arguido por as provas secundárias terem sido obtidas com recurso ao agente provocador. Cfr. FRANCISCO AGUILAR, *Op. Cit.*, p. 98, nota 407.

1700 Como se retira do texto, o ilustre Professor não se debruçou especificamente sobre o efeito-à-distância dos conhecimentos fortuitos, mas em termos gerais, que, na nossa opinião, se adequam ao caso em estudo.

1701 Que se impõe quando se requer e autoriza e ordena uma intercepção e gravação de comunicações e conversações, que se estende á "recolha e valoração das provas obtidas". Cfr. MANUEL DA COSTA ANDRADE, *Sobre as Proibições...*, p. 316.

apenas um *alto grau de probabilidade*, mas também uma convicção idêntica à da sustentação da condenação de que a obtenção das provas secundárias se alcançaria sem a violação da lei. Diversamente, FRANCISCO AGUILAR[1702], que procura "um ponto de equilíbrio entre, por um lado, o respeito pelos direitos, liberdades e garantias (incluindo as proibições de prova) e, por outro, os interesses da comunidade na prevenção geral", e, tendo como base positiva o art. 32.°, n.° 8 da CRP, o art. 126.°, n.° 1 e o art. 122, n.° 1 do CPP, defende o *efeito-à-distância* da proibição de valoração da prova[1703], enquanto tal, obtida através de um conhecimento fortuito, que, como já referimos, entende apenas poderem servir de base a nova investigação.

§ 120.° Posição adoptada

459. Os conhecimentos fortuitos – *Zufallsfunde* –, no panorama das escutas telefónicas, apresentam-se, hoje, como um desafio que imbrica com os direitos, liberdades e garantias fundamentais do cidadão, cuja relevância se eleva se inserido em um processo penal que se quer e se deseja democrático e leal quer na forma quer na matéria. O processo penal, democrático e leal, é o direito por excelência dos inocentes e, como sua consequência, é o direito da liberdade individual e colectiva, o que, à partida, nos poderia induzir à edificação de uma constelação radicalizante de negação absoluta dos conhecimentos fortuitos – posição esta não seguida.

Os *Zufallsfund* obtidos através de uma intercepção e gravação de comunicações (*v. g.*, escuta telefónica) lícita têm de ser, por um lado, olhados e, por outro, vistos[1704] face aos princípios que norteiam e legitimam as intercepções e gravações de comunicações e conversas tele-

---

1702 Cfr. FRANCISCO AGUILAR, *Op. Cit.*, pp. 100 a 102.

1703 Para GERMANO MARQUES DA SILVA a proibição de prova gera a não utilização da prova proibida no processo, "não podendo, por isso, servir para fundamentar qualquer decisão". Cfr. GERMANO MARQUES DA SILVA, *Op. Cit.*, 2.ª Edição, Vol. II, p. 121.

1704 Pois, olhar uma coisa não é mesmo que ver essa coisa.

fónicas, relevando a excepcionalidade do meio de obtenção de prova e as finalidades do processo penal conexionadas com uma política criminal direccionada para o homem como sujeito e não objecto do processo[1705], assim como tem de se ter em conta a verificação objectiva do prescrito no n.° 7 do art. 187.° do CPP e os princípios da indispensabilidade do meio para a descoberta da verdade, da dificuldade objectiva de obtenção da prova e da incidência subjectiva do meio prescritos nos n.°s 1 e 4 do art. 187.° do CPP.

Tendo em conta o vazio legal que vigorou até à Reforma de 2007, a proibição ou a valoração dos conhecimentos fortuitos não pode basear-se, na nossa opinião e face ao princípio da prevenção criminal que está ao serviço do princípio do respeito pela dignidade da pessoa humana, em constelações estanques ou radicais, sob pena de desaparecerem ou perderem a sua real natureza na irrelevância jurídica que lhe é dotada em um certo momento jurídico-processual – proibição de valoração dos conhecimentos fortuitos – e de toda a relevância jurídica que lhe é dotada em outro momento jurídico-processual – valoração do conhecimento fortuito para «base da investigação», *i. e.*, originador da *notitia criminis*[1706]. Do mesmo modo não acompanhamos a tese justicialista e securitarista de não proibir a valoração de todos os conhecimentos fortuitos[1707], perigosa e perniciosa e delatora dos pilares do processo penal, que é «direito constitucional aplicado».

1705 Acompanhamos JORGE DE FIGUEIREDO DIAS, na relevância que dá à repercussão que as políticas criminais detêm sobre o processo penal, que, nas palavras de ROXIN, é "a forma através da qual as proposições de fins político-criminais se vazam no modus da validade jurídica" ou, nas palavras de FIGUEIREDO DIAS, "... se vazam no modus da vigência jurídica". Cfr. JORGE DE FIGUEIREDO DIAS, *Op. Cit.*, (lições coligidas por MARIA JOÃO ANTUNES), p. 19.

1706 Como se depreende do nosso texto, não acompanhamos a posição de FRANCISCO AGUILAR, por considerarmos, como KNAUTH, que não podemos proibir a valoração de conhecimentos fortuitos por ferimento do princípio constitucional de «reserva de lei» – art. 18.°, n.° 2 e 34.°, n.° 4 da CRP, e, automaticamente, converter esses conhecimentos em *notitia criminis* - «base da investigação» – como se aquela não viesse posteriormente a ser apreciada e valorada pela Autoridade Judiciária competente.

1707 Afastamo-nos por completo da tese de SCHÜNEMANN.

Que posição assumimos até à Reforma de 2007 e que assumimos pós Reforma de 2007, operada pela Lei n.° 48/2007, de 29 de Agosto?

460. Cumpre, antes demais, ressalvar que a problemática dos conhecimentos fortuitos imbrica com o princípio geral de prevenção criminal – de perseguição criminal – que se impõe constitucionalmente – artigos 272.°, n.os 3 e 2, 219.° e 202.° da CRP –, mas que se encontra limitado à Constituição e à lei e ao respeito pelos direitos, liberdades e garantias dos cidadãos, cuja defesa e garantia se manifesta tarefa fundamental do Estado – art. 9.°, al. *b*) da CRP – comandos que vinculam directamente entidades públicas ou privadas – art. 18.°, n.° 1 da CRP. Imbricância esta que se reflecte mais 'acidamente' no regime das escutas telefónicas e na excepcionalidade deste meio de obtenção de prova – que apenas se concebe como tal, não podendo ser utilizado como medida cautelar e de polícia ou como instrumento de recolha de informações pelos serviços de informação e segurança da república (SIS e SIED).

As intercepções e gravações de comunicações (*v. g.*, escutas telefónicas) são um meio de obtenção de prova dotado 'formalmente'[1708] de elevada excepcionalidade[1709] que, mesmo autorizado ou ordenado por despacho fundamentado de juiz[1710], devassa 'ferozmente' direitos fundamentais pessoais – a reserva da intimidade da vida privada, a palavra, a inviolabilidade das telecomunicações – e encerra em si mesmo uma *danosidade social qualificada*. A mesma excepcionalidade que defendemos que deve nortear o momento do requerimento ou o da autorização ou o da sindicância das escutas telefónicas deve-se verter na questão da proibição ou não da valoração dos conhecimentos

---

[1708] Pois, duvida-se que materialmente se protagonize a visão da excepcionalidade, face ao princípio da eficácia que dirige os investigadores.

[1709] Quanto à excepcionalidade do recurso às escutas telefónicas – que se estende, em nosso entender à apreensão de correspondência, *supra* Capítulo IV – Das Escutas Telefónicas, n.os 342 e ss..

[1710] Pois, até à Reforma de 2007, as intercepções e gravações de comunicações não se esgotavam na fase de inquérito como se estipula, neste momento, no n.° 1 do art. 187.° do CPP.

fortuitos, *i. e.*, impõe-se, desde logo, uma exegese ao caso *sub judice* e não em abstracto[1711].

Acresce, ainda, que a interpretação das normas que restringem direitos obedecem ao princípio da *interpretação restritiva*, cuja materialização se impõe mais amiúde face a meios de obtenção de prova que, por natureza, encerram uma potencial ofensa a direitos fundamentais – como as escutas telefónicas – e à valoração de conhecimentos obtidos fortuitamente ou ocasionalmente, objectiva e subjectivamente, através de escutas telefónicas lícitas.

O princípio da *interpretação restritiva* releva na posição que adoptamos na delimitação da valoração dos conhecimentos fortuitos, por conexionarmos à caminho apontado as finalidades do processo penal e por não nos cingirmos a uma hermenêutica positivista, que, levada ao sentido estritamente literal, face ao conflito de bens jurídicos tutelados jurídico-constitucional-criminalmente poder-se-ia frustar – quer aniquilando quer reduzindo o seu conteúdo essencial – o bem jurídico superior[1712].

Deste conflito quer de finalidades processuais em jogo quer de direitos impõe-se que não aniquilemos um em detrimento do outro, mas que encontremos ou promovamos "o máximo conteúdo possível, optimizando-se os ganhos e minimizando-se as perdas axiológicas e funcionais" capaz de "atribuir a máxima eficácia" a cada um dos vectores em conflito.

461. Afastadas as teses de valoração total – de SCHÜNEMANN – e de proibição total – de PRITTWITZ e de KNAUTH – e de proibição dos conhecimentos fortuitos, mas com eficácia de *notitia criminis* – de FRANCISCO AGUILAR – seguimos a posição adoptada pelo legislador alemão com a alteração protagonizada com a Lei de Combate ao Tráfico de Estupefacientes e de outras Formas de Criminalidade Organi-

---

1711 Sem nos olvidarmos da necessidade de uma posição doutrinal orientadora.

1712 Pois, entre o direito à vida – o restabelecimento da norma tutelar – e o direito à palavra ou à reserva da intimidade da vida privada ou inviolabilidade das telecomunicações aquele deve prevalecer, conflito este que pode exemplificar outros conflitos emergentes da proibição ou não dos conhecimentos fortuitos obtidos por meio de escuta telefónica.

zada ao inciso V do § 100 *b*) da StPO, adjudicando alguns condicionamentos a ter em conta no momento da valoração.

Desta feita e numa óptica de busca de um equilíbrio adequado à prossecução das finalidades do processo penal, ou seja, apuleiano, considerávamos que eram de valorar os *conhecimentos fortuitos* obtidos por escuta telefónica lícita que se destinassem ao «esclarecimento de um dos crimes do catálogo» do art. 187.° do CPP, quer o sujeito desses factos fosse o arguido do processo em cuja a vigilância telefónica se opera quer fosse um terceiro – desde que tivesse participado nas comunicações e conversações[1713] – que se mostrassem indispensáveis e necessários a esse esclarecimento e que, face a um juízo de "hipotética repetição de intromissão" – «estado de necessidade investigatório» –, se verificasse uma *probabilidade qualificada*[1714] de que, em aquele processo autónomo, se recorreria à intercepção e gravação da comunicação por se mostrar «de grande interesse para a descoberta da verdade ou para a prova» e que os conhecimentos tivessem sido comunicados *imediatamente*[1715] ao juiz que autorizou ou ordenou a diligência processual.

Três apontamentos à posição que tínhamos adoptado:

α. por um lado, a não verificação *cumulativa* destes quesitos deverá gerar uma proibição de valoração dos conhecimentos fortuitos, por se considerar que não se verificam salvaguardados minimamente os direitos afectados directa e indirectamente do cidadão arguido ou suspeito da prática de um crime do catálogo;

1713 Somos da opinião que se o terceiro não participa nas comunicações, poder-se-á dar o caso de os intervenientes estarem a manipular a investigação e a arrastar para o engodo um terceiro inocente. Se o terceiro não participa nas comunicações, a não ser que seja cúmplice ou comparticipante do crime, somos da opinião que esse conhecimento fortuito apenas deve originar uma investigação autónoma por determinação do MP.

1714 Como defende ROGALL *apud* MANUEL DA COSTA ANDRADE, *Sobre as Proibições...*, p. 110.

1715 Cfr. a redacção do anterior n.° 1 do art. 188.° do CPP. Como quesito de valoração dos *descubrimientos ocasionales* a jurisprudência espanhola impõe que os OPC comuniquem de imediato a aquisição do conhecimento fortuito sob pena de ingerência ilegítima e, como tal, geradora de proibição de prova..

β. por outro, no concerne aos crimes que servem de *actividade* ou *finalidade* ao crime catálogo – *associação criminosa* ou *terrorismo* – que legitimou a escuta e que não se confirma, defendemos que esses conhecimentos devem ser valorados, por pertencerem ao processo histórico que deu corpo ao delito que legitimou a intercepção, desde que se verifiquem os quesitos da *indispensabilidade* ou necessidade desses conhecimentos para esclarecimento do um delito, desde que seja também ele um *crime do catálogo*, desde que, para a sua investigação, se pudesse verificar a *probabilidade qualificada* de recurso à escuta telefónica, e desde que tivesse havido comunicação imediata ao Juiz;

γ. e, por último, defendemos como princípio a proibição de valoração de conhecimentos fortuitos de crimes não contidos no catálogo do art. 187.° do CPP.

Refira-se que esta posição que assumimos para os *conhecimentos fortuitos* – *Zufallsfunde* – obtidos através de uma escuta telefónica lícita mantém-se quanto aos conhecimentos fortuitos obtidos através da apreensão de correspondência, do recurso ao agente infiltrado, do registo de voz (*off*) e imagem e, actualmente, de busca domiciliária nocturna.

462. Defendíamos, como FRANCISCO AGUILAR[1716], que, em sede de Reforma do Código de Processo Penal, seria de todo necessário prescrever um preceito idêntico ao inciso V do § 100 *b*) da StPO ou ao n.° 1 do art. 270.° do Código de Processo Penal italiano, que pudesse afastar as dúvidas jurisprudenciais e doutrinais.

A Reforma de 2007 procurou resolver o problema dos conhecimentos fortuitos com a redacção do n.° 7 do art. 187.° do CPP, submetendo a sua valoração aos ***princípios da incidência subjectiva*** e da ***indispensabilidade do conhecimento obtido para a prova*** de um dos crimes do catálogo previstos no n.° 1 do art. 187.° do CPP. Alerte-se que os crimes do catálogo do n.° 2 do art. 187.° do CPP se enquadram

---

1716 Cfr. FRANCISCO AGUILAR, *Conhecimentos Fortuitos...*, pp. 102 e ss..

no catálogo do n.° 1 do mesmo preceito, pelo que não houve qualquer necessidade de referir o n.° 2 no n.° 7 do art. 187.° do CPP. Acresce referir que a comunicação ao juiz terá de ser feita, na nossa opinião, de imediato, pois o OPC não deve esperar 15 dias para comunicar o acesso a um conhecimento fortuito.

463. Esta solução, como já nos tínhamos pronunciado, pode ser perigosa por as escutas telefónicas poderem servir de alavanca para a obtenção da notícia de crime que não se obteria por outro meio de acção policial, em especial da criminalidade de massa, cujo recurso à intercepção das comunicações está legalmente vedado.

A admissibilidade do conhecimento fortuito, caso não se enquadre num crime cometido por uma das pessoas sobre quem recai a intercepção e a gravação das conversações, cujo processo esteja em curso e seja do catálogo do art. 187.° do CPP, assim como nos casos em que a descoberta fortuita do crime recaia sobre terceiro não escutado, poder ser utilizado como notícia de crime e abertura de um novo processo ao arguido ou ao terceiro não inserido no n.° 4 do art. 187.° do CPP, é demasiado **promissora de fomentar a busca de eficácia na obtenção da notícia de crime** por meio da escuta telefónica.

Como fica expresso e da posição doutrinal que adoptamos, não concordamos com a salvaguarda «sem prejuízo do disposto no art. 248.°» aposta no n.° 7 do art. 187.° do CPP por considerarmos que ultrapassa o limites do princípio da proporcionalidade consagrado no n.° 2 do art. 18.° da CRP.

BIBLIOGRAFIA

AAVV, *Cidadania e Novos Poderes Numa Sociedade Global*, Lisboa: Fundação Calouste Gulbenkian e Publicações Dom Quixote, 2002.

AA, *Dicionário Prático Lusitano*, Porto: Lello & Irmãos – Editores, 1979.

AA, *Perspectivas Constitucionais,* Org. JORGE MIRANDA, Coimbra: Coimbra Editora, 1996, Vol. I.

ABREU, Carlos Pinto de, "Prova e Meios de Obtenção de Prova. Breve Nota sobre a Natureza e o Regime dos Exames no Processo Penal", in *Congresso de Processo Penal – Memórias*, Coimbra: Almedina, 2005.

AGOSTINHO, Santo, *A cidade de Deus*, (Tradução de J. Dias Pereira), 2.ª Edição, Lisboa: Fundação Calouste Gulbenkian, 1996, Vols. I, II e III.

AGUILAR, Francisco, *Dos conhecimentos Fortuitos obtidos através de Escutas Telefónicas*, Coimbra: Almedina, 2004.

ALBIN, Eser e ARNOLD, Jörg, "O Direito Penal como reacção às injustiças do sistema", *in Direito Internacional – Para a Protecção dos Direitos Humanos*, Simpósio da faculdade de Direito da Universidade de Coimbra – Goethe-Institut de Lisboa, Fim de Século, 2003.

ALEXANDRE, Isabel, *Provas Ilícitas em Processo Civil*, Coimbra, 1998.

ALFONSO, Roberto, "Il Mandato d'Arresto Europeo e la Rete Giudiziaria Europea", *in Cooperación Policial y Judicial en Materia de Delitos Financieros, Fraude y Corrupción*, Salamanca: Aquilafuente, n.° 40.

ALBUQUERQUE, Paulo Pinto, *Comentário do Código de Processo Penal à Luz da Constituição da República Portuguesa e da Convenção Europeia dos Direitos do Homem*, 2.ª Edição, Lisboa: Universidade Católica Editora, 2008.

ALTAVILLA, Enrico, *o Delinquente e a Lei Penal*, Coimbra: Coimbra Editora, Vols. I, II e III.

—, *Psicologia Judiciária II, Personagens do Processo Penal*, (Tradução de FERNANDO DE MIRANDA), Coimbra: Arménio Amado – Editor, 1982, Vol. II.

AMBOS, Kai, "Impunidade por violação dos direitos humanos e o direito penal internacional", *in Direito Internacional – Para a Protecção dos Direitos Humanos*, Simpósio da Faculdade de Direito da Universidade de Coimbra – Goethe-Institut de Lisboa, Fim de Século, 2003.

Andrade, Manuel da Costa, *Criminologia, O Homem Delinquente e a Sociedade Criminógena*, (em co-autoria com Figueiredo Dias), Coimbra: Coimbra Editora, Reimpressão, 1992.

—, *"Criminologia", in Polis, Enciclopédia Verbo da Sociedade e do Estado*, Lisboa/S. Paulo: Verbo, 1997, Vol. I.

—, *Actas do Código de Processo Penal*, Lisboa: Assembleia da República – Divisão de Edições, 1999, Vol. II – Tomo II.

—, "Consenso e Oportunidade", *in Jornadas de Direito Processual Penal – O Novo Código de Processo Penal*, CEJ, Coimbra: Almedina, 1995.

—, *Sobre os Meios Proibidos de Prova em Processo Penal*, Coimbra: Coimbra Editora, 1992.

—, "Sobre o Regime Processual Penal das escutas Telefónicas", *in RPCC*, Coimbra: Coimbra Editora, Ano I, Fasc. 3, Julho-Setembro, 1991.

—, "Escutas Telefónicas como Meio de Obtenção de Prova no Novo Código de Processo Penal de Macau", *in Revista Jurídica de Macau*, Vol. IV, n.° 1, Janeiro/Abril, 1997.

Antón, Tomás Vives, "El Proceso Penal de la Presunción de Inocencia", *in Jornadas de Processo penal e Directos Fundamentais*, (Coordenação de Fernanda Palma), Coimbra: Almedina, 2004.

Barreiros, José António, "O Julgamento no Novo CPP", *in Jornadas de Direito Processual Penal – O Novo CPP*, Coimbra: Almedina, 1995.

—, "Constitucionalidade da Presunção Probatória do Auto de Notícia em Processo Criminal", in *Estudos Sobre a Constituição*, (co-autoria com Teresa Alves Martins), Lisboa: Petrony, 3.° Vol..

Barreto, Mascarenhas, *História da Polícia em Portugal*, Braga: Braga Editora, 1979.

Beccaria, Cesare, *Dos Delitos e das Penas*, (Tradução de Lucia Guidicini e de Alessandro Beri Contessa), São Paulo: Martins Fontes, 1991.

—, *Dos Delitos e das Penas*, (Tradução de *Dei Delitti e Delle Pene*, de José de Faria Costa), Lisboa: Fundação Calouste Gulbenkian, 1998.

Beleza, Teresa e Isasca, Frederico, *Direito Processual Penal – Textos*, Lisboa: AAFDL, 1992.

Beleza, Teresa et Alia, *Apontamentos de Direito Processual Penal*, Lisboa: AAFDL, 1993, Vol. II, 1995, Vol. III.

Beleza, Teresa, *Actas do Código de Processo Penal*, Lisboa: Assembleia da República – Divisão de Edições, 1999, Vol. II – Tomo II.

—, "A prova", *in Apontamentos de Direito Processual Penal*, Lisboa: AAFDL, 1992, II Volume.

BLANC, **Mafalda de Faria**, *Estudos Sobre o Ser*, Lisboa: Fundação Calouste Gulbenkian, 1998.

—, *Estudos Sobre o Ser II*, Lisboa: Fundação Calouste Gulbenkian, 2001.

BORGES, **Marques e** FOUTO, **A. Proença**, *Inquérito Policial – Inquérito Preliminar – Comentário ao Decreto-Lei 377/77, de 6 de Setembro*, Lisboa, 1978.

BOSLY, **Henry-D. e** VANDERMEERSCH, **Damien**, "La loi Belge du 30 juin 1994 relative a la protection de la vie privée contre les ecoutes, la prise de connaissance et de telecomunications et de telecomunications privées", *in Revue de Droit Penal et de Criminologie*, 75.° année, Avril 1995.

BOULOC, **Bernard e** STEFANI, **Gaston e** LEVASSEUR, **Georges**, *Procédure Pénale*, Paris: Dalloz, 15.ª Edition.

CACHÃO, **Fernanda**, "A qualidade do agente", *in Euronotícias*, 27 de Julho de 2001.

CAEIRO, **Pedro**, «Legalidade e Oportunidade: a persecução penal entre o mito da "justiça absoluta" e o fetiche da "gestão eficiente" do sistema», *in RMP*, Ano 21.°, OUT/DEZ, 2000.

CAEIRO, **Pedro**, "O Procedimento de Entrega Previsto no Estatuto de Roma e a sua Incorporação no Direito Português", *in O Tribunal Penal Internacional e a Ordem Jurídica Portuguesa*, Coimbra: Coimbra Editora, 2004.

CAMPINHO, **Alberto**, *Independência e Unidade da Judicatura*, Braga: Livraria Minho, 1994.

CANOTILHO, **J. J. Gomes e** MOREIRA, **Vital**, *Constituição da República Portuguesa Anotada*, 3.ª Edição, Coimbra: Coimbra Editora, 1993.

CANOTILHO, **J. J. Gomes**, *Direito Constitucional e Teoria da Constituição*, 3.ª Edição, Coimbra: Almedina, 2000 e 7.ª Edição, 3.ª Reimpressão, 2003.

—, *Estado de Direito*, Lisboa: Gradiva, 1999.

—, "Teoria da legislação Geral e Teoria da Legislação Penal", *in Estudos em Homenagem ao Professor Eduardo Correia, BFD,* Universidade de Coimbra.

—, "Métodos de protecção de direitos, liberdades e garantias", *in Boletim da Faculdade de Direito da Universidade de Coimbra*, Volume Comemorativo – n.° 75, Coimbra, 2003.

CARLIN, **Volmei Ivo**, "COMUNICAÇÕES: Invasão da Privacidade pela Escuta Telefónica", *in Jurisprudência Catarinense*, Ano XV, 2.° Trimestre de 1987, n.° LVI, Florianópolis – SC.

CARVALHO, **Américo Taipa de**, *Direito Penal – Parte Geral – Questões Fundamentais*, Porto: UCE, 2003.

Caupers, João, *Introdução ao Direito Administrativo*, Lisboa: Âncora Editora, 2000.

Catana, David, *"As Medidas de Coacção e de Garantia Patrimonial"*, *apud* T. P. Beleza, *Apontamentos de Direito Processual Penal*, Lisboa: AAFDL, 1993, II Vol..

Colomer, Juan-Luis Gomez, *El Processo Penal Aleman, Introducion y Normas Basicas*, Barcelona: Bosch, Casa Editorial, AS, 1985.

Conde, Francisco Muñoz, "Prólogo a la Edición española", *in La Ciencia del Derecho Penal ante el Nuevo Milenio*, Valencia: Tirant lo Blanch, 2004.

Cordeiro, Robalo, *"Audiência de Julgamento"*, *in Jornadas de Direito Processual Penal – O Novo CPP*, Coimbra: Almedina, 1995.

Correia, Eduardo, *Direito Criminal*, (com colaboração de Jorge de Figueiredo Dias), Coimbra: Almedina, 1997, Vol. I.

—, "Les Preuves en droit pénal portuguais" *in Revista de Direito e de Estudos Sociais*, Ano XIV, Janeiro-Junho de 1967.

Correia, João Conde, "Qual o significado de abusiva intromissão na vida privada, no domicílio, na correspondência e nas telecomunicações (art. 32.°, n.° 8, 2.ª parte da CRP9?", *in Revista do Ministério Público*, Ano 20, JUL/SET, 1999, n.° 79.

Costa, Eduardo Maia, *"Fundamento e Posição do Defensor"*, *in RMP*, Ano 13.° (1992), n.° 49.

Costa, José de Faria, "As Relações entre o Ministério Público e a Polícia: A Experiência Portuguesa", *in BFD*, Coimbra, Vol. LXX, 1994.

—, *Diversão (Desjudicialização) e Mediação: Que Rumos?*, Coimbra, 1986.

—, *Direito Penal da Comunicação – Alguns Escritos*, Coimbra: Coimbra Editora, 1998.

—, "Ler Beccaria Hoje", *apud* Cesare Beccaria, *Dos Delitos e das Penas*, (Tradução de José de Faria Costa), Lisboa: Fundação Calouste Gulbenkian, 1998.

Costa, José Gonçalves da, "Legalidade *versus* Oportunidade", *in RMP*, Ano 21.°, n.° 83.

Crozafon, Jean-Luc, "A questão sempre em suspenso do regime jurídico das escutas telefónicas", *in Revista Forense,* Vol. 308, Ano 85, Outubro-Novembro-Dezembro, 1989.

Cunha, José Manuel Damião da, *O Ministério Público e os Órgãos de Polícia Criminal no Novo Código de Processo Penal*, Porto: UCE, 1993.

—, *Do Caso Julgado Parcial,* Porto: UCE, 2002.

—, "Dos Meios de Obtenção de Prova Face à Autonomia Técnica e Táctica dos Órgãos de Polícia Criminal", *in II Congresso de Processo Penal – Memórias*, (Coord. Manuel M. G. Valente), Coimbra: Almedina, 2006.

—, *O Conceito de Funcionário, para Efeitos de Lei Penal e a "Privatização" da Administação Pública*, Coimbra: Coimbra Editora, 2008.

Demas-Marty, Mireille, *"A Caminho de um Modelo Europeu de Processo Penal", in RPCC,* Ano 9, Fasc. 2.°, Abril-Junho de 1999.

—, *Corpus Juris*, (Direcção), Paris: Economica.

Deu, Teresa Armenta, *Lecciones de Derecho Procesal Penal,* Madrid e Barcelona: Marcial Pons, Ediciones Jurírcas y Sociales, S. A., 2003.

Dias, A. Silva, "De que Direito Penal precisamos nós Europeus? Um olhar sobre algumas propostas recentes de constituição de direito penal comunitário", *in RPCC,* Coimbra: Coimbra Editora, Ano 14, n.° 3, 2004.

Dias, Jorge de Figueiredo, "Para uma reforma global do processo penal português (Da necessidade e de algumas orientações fundamentais)", *in Para uma Nova Justiça Penal*, Coimbra, 1983.

—, *Criminologia, O Homem Delinquente e a Sociedade Criminógena*, (em co-autoria com Manuel da Costa Andrade), Coimbra: Coimbra Editora, Reimpressão, 1992.

—, *Direito Processual Penal*, (Col. Clássicos Jurídicos), Coimbra: Coimbra Editora, Reimpressão da 1.ª Edição, 2004.

—, "Sobre os Sujeitos Processuais no Novo CPP", *in Jornadas de Direito Processual Penal, o Novo CPP*, Coimbra: Almedina, 1995.

—, "A Protecção dos Direitos do Homem no Processo Penal Português", *in BMJ*, n.° 291.

—, "Do princípio da «objectividade» ao princípio da «lealdade» do comportamento do Ministério Público no Processo Penal", (Anotação ao Ac. STJ n.° 5/94, Proc. n.° 46444) *in RLJ*, Ano 128, n.° 3860.

—, "Princípios estruturantes do processo penal", *in Código de Processo Penal*, Actas da Assembleia da República, Lisboa, Vol. II.

—, *Direito Processual Penal*, Coimbra: Coimbra Editora, Lda., 1981.

—, *Direito Processual Penal*, (lições coligidas por Maria João Antunes), Coimbra, 1988-9.

—, *A Revisão Constitucional, o Processo Penal e os Tribunais*, Livros Horizonte, 1981.

—, "La Notion Européenne de Tribunal Indépendant et Imparcial – une Approche à Partir du Droit Portugais de Procédure Pénale", *in RSCDPC*, (com Maria João Antunes),1990, n.° 4, OCT/DEC.

—, *Direito Processual Penal,* Coimbra: Coimbra Editora, 1981.

Dorrington, Rosa M. Gutiérrez, "El Derecho a la Intimidad en Puerto Rico y la Ley sobre Grabaciones de Conversaciones no telefónicas", *in Revista de Derecho Puertorriqueño*, Vol. 33, n.os 2-3, 1993.

Duhamel, Olivier e Meny, Yves, *Dictionnaire Constitucionnel,* Paris: Puf, 1992.

Duarte-Fonseca, António Carlos e Rodrigues, Anabela Miranda, *Comentários à Lei Tutelar Educativa,* 2.ª Edição, Coimbra: Coimbra Editora, 2000.

Engish, Karl, *Pensamento Jurídico*, Lisboa: Fundação Calouste Gulbenkian.

Escalona, Antonio Nicolás Marchal, "Videovigilancia e Intimidad", *in Revista de Documentación del Ministerio del Interior*, n.° 20/Enero-Abril, 1999.

Escarameia, Paula, "Preludios de uma nova ordem mundial: O Tribunal Penal Internacional", *in Direito Internacional – Para a Protecção dos Direitos Humanos*, Simpósio da faculdade de Direito da Universidade de Coimbra – Goethe-Institut de Lisboa, Fim de Século, 2003.

Ferrajoli, Luigi, "Jurisdição e democracia", *in RMP*, Ano 18.°, Out./Dez., 1997, n.° 72.

Ferreira, Manuel de Cavaleiro, *Direito Penal Português*, Lisboa/S. Paulo: Verbo, 1982, Vol. I.

—, *Curso de Processo Penal I*, Lisboa: Reimpressão da U. Católica, 1981.

—, *Direito Penal Português*, Lisboa/S. Paulo: Editorial Verbo, 1982, Vol. I.

—, *Curso de Processo Penal II*, Lisboa: Editora Danúbio, Lda., 1981.

—, *Curso de Processo Penal*, Lisboa: Editora Danúbio, Lda., 1986, Vol. 1.°.

—, *Lições de Direito Penal*, Lisboa/S. Paulo: Verbo, 1987.

Ferreira, Manuel Marques, "Meios de Prova", *in Jornadas de Direito Processual Penal – O Novo Código de Processo Penal,* CEJ, Coimbra: Almedina, 1995.

Fonseca, J. Martins, "O conceito de domicílio, face ao art. 34.° da Constituição da República", *in Revista do Ministério Público*, n.° 45, 1991.

Fonseca, Jorge Carlos, "Reforma do Processo Penal e Criminalidade Organizada", *in Jornadas de Processo Penal e Direitos Fundamentais,* Coimbra: Almedina, 2004.

Fonseca, Jorge Carlos, "Reforma do Processo Penal e Criminalidade Organizada", *in Jornadas de Direito Processual Penal e Direitos Fundamentais*, (Coord. Fernanda Palma), Coimbra: Almedina, 2004.

Fortuna, E., Dragone, S., Fassone, E., Giustozzi, R. e Pignatelli, A., "Nel diritto romano più antico il processo penale non si atteggiava diversamente – almeno per i delicta privata – dal processo civile", *Manuale del Nuevo Processo Penale*, 4.ª Edizione, Milani: CEDAM, 1995.

Foucault, Michel, *Vigiar e Punir*, 21.ª Edição, Petrópolis: Editora Vozes, 1999.

Fraga, Carlos, *Subsídios para a Independência dos Juizes – o Caso Português*, Lisboa: Edições Cosmos, 2000.

Franchimont, Michel, Jacobs, Ann e Masset, Adrien, *Manuel de Procédure Pénale*, Ed. Collection Scientifique de la Faculté de Droit de Liége, 1989.

Franco, António Sousa, *"A Independência dos Tribunais" apud* Alberto Campinho, *Independência e Unidade da Judicatura*, Braga: Livraria Minho, 1994.

Gilissen, John, *Introdução Histórica ao Direito*, 4.ª Edição, Lisboa: Fundação Calouste Gulbenkian, 2003.

Gomes, **D. António Ferreira**, "A sociedade e o Trabalho: Democracia, Sindicalismo, Justiça e Paz", *in Direito e Justiça*, Lisboa: UCE, Vol. I, 1980.

Gonçalves, M. L. Maia, "Os meios de prova", *in Jornadas de Direito Processual Penal, ou CPP*, CEJ, Coimbra: Almedina, 1995.

—, *Código de Processo Penal Anotado*, 12.ª Edição, Coimbra: Almedina, 2001.

—, *Código Processual Penal Anotado*, 7.ª Edição, Coimbra: Almedina, 1996.

—, *Código de Processo Penal Anotado*, 3.ª Edição, Coimbra: Almedina, 1990.

Gonçalves, Fernando e Alves, Manuel João, *Os Tribunais, as Polícias e o Cidadão – o Processo Penal Prático*, Coimbra: Almedina, 2000.

Gonzalez-Castell, Adán Carrizo, "El Agente Infiltrado en España y Portugal. Estudio Comparado a la Luz de las Garantias y de los Principios Constitucionales", in *Criminalidade Organizada e Criminalidade de Massa* (Coord. M. M. Guedes Valente), Coimbra: Almedina, 2009.

Gössel, Karl-Heinz, "As proibições de prova no Direito Processual Penal da República Federal da Alemanha", *in RPCC*, Coimbra: Coimbra Editora, Ano 2, 1992.

Guerrier, Claudine, "Ecoutes Téléphoniques et protection de la vie privée (loi du juillet 1991)", *in Droit de l'Informatique et les Télécoms*, D.I.T., 91/3.

Hassemer, Winfried, *A Segurança Pública no Estado de Direito*, Lisboa: AAFDL, 1995.

—, *História das Ideias Penais na Alemanha do Pós-Guerra*, Lisboa: AAFDL, 1995.

—, *La Responsabilidad por el Producto en Drecho Penal*, (Co-autoria com Francisco Muñoz Conde), Valencia: Tirant lo Blanch Alternativa, 1995.

—, *Persona, Mundo y Responsabilidad*, (Tradução de Francisco Muñoz Conde e de M.ª del Mar Díaz Pita), Valencia: Tirant lo Blanch Alternativa, 1999.

—, *Fundamentos del Derecho Penal*, (Tradução de Francisco Muñoz Conde e de Luis Arroyo Zapatero), Barcelona: Bosch, Casa Editorial, S. A., 1984.

—, *Introductión a la Criminología y al Derecho Penal*, (Co-autoria com Francisco Muñoz Conde), Valencia: Tirant lo Blanch Alternativa, 1989.

—, "La ciencia jurídico penal en la Republica Federal Alemana", *in Anuario de Derecho Penal y Ciencias Penales*, do Ministerio de Justicia, Tomo XLVI, Fascículo I, Enero-Abril, MCMXCIII.

—, "Rasgos y crisis del Derecho Penal moderno", *in Anuario de Derecho Penal y Ciencias Penales*, do Ministerio de Justicia, Tomo XLV, Fascículo I, Enero-Abril, MCMXCII.

—, "Alternativas al principio de culpabilidad?", *in Cuadernos de Política Criminal*, Instituto Universitario de Criminología – Universidad Complutense de Madrid, n.° 18, 1982.

Horst, Harthmuth, *Os Limites da Prevenção Criminal à Luz dos Direitos do Homem, in Revista Portuguesa de Ciência Criminal*, Coimbra: Coimbra Editora, Ano 8, 1998.

Honrubia, José M.ª Vázques, "Sistemas de Sustitución: el mandamiento europeo de detención y entrega", *in Cooperación Policial y Judicial en Materia de Delitos Financieros, Fraude y Corrupción*, Salamanca: Aquilafuente, n.° 40.

Ibáñez, Perfecto Andrés, "Por um Ministério Público «dentro da legalidade»", *in RMP*, Ano 18.°, Abril/Junho, 1997, n.° 70.

Ichino, Giovanna, «Alcuni Spunti di Riflessione sul Tema delle Indagini Preliminari», *in Rivista Italiana di Diritto e Procedura Penale*, Milano – Doitt. A. Giuffrè Editore, Ano XXXVI, Fasc. 2 – Aprile-Giugno, 1993.

Kafka, Franz, *O Processo*, (Tradução de Gervásio Álvaro), ACJ – Biblioteca Visão, 2000.

Kayser, Pierre e **Remoux, Thierry S.**, "L'Autorité Judiciaire et la Loi: à propos des écoutes téléphoniques (Notes sous Paris, 1.re chambre d'accusation, 18 octobre 1990)", *in Revue Française de Droit Constitutionnel*, n.° 6, 1991.

Kaleck, Wolfgang, "Crimes Internacionais perante Tribunais Nacionais de Terceiros", *in Direito Internacional – Para a Protecção dos Direitos Humanos*, Simpósio da faculdade de Direito da Universidade de Coimbra – Goethe-Institut de Lisboa, Fim de Século, 2003.

Kaufmann, Arthur e **Hassemer, Winfried** (Org.), *Introdução à Filosofia do Direito e à Teoria do Direito Contemporâneas*, (Tadução de António Manuel Hespanha), Lisboa: Fundação Calouste Gulbenkian, 2002.

Larenz, Karl, *Metodologia da Ciência do Direito*, (Tradução de José Lamego), Lisboa: Fundação Calouste Gulbenkian, 1978.

Larguier, Jean, *La Procédure Pénale*, Paris: Presses Universitaires de France, 1976.

Leal-Henriques, Manuel e **Santos, Manuel Simas** e **Pinho, David Borges de**, *Código de Processo Penal Anotado*, Lisboa: Rei dos Livros, 1996, Vol. I e Vol. II.

Leal-Henriques, Manuel e **Santos, Manuel Simas**, *Código de Processo Penal Anotado*, 2.ª Ed., Lisboa: Rei dos Livros, 1999, Vol. I e Vol. II.

Leal-Henriques, Manuel, *Escutas telefónicas – Questões em Aberto*, Conferência Proferida em Macau, no dia 17 de Dezembro de 2003.

Leal-Henriques, Manuel, "Escutas telefónicas – Questões em aberto", *Conferência de Macau*, Dezembro de 2003 (versão policopiada).

Leite, André Lamas, "As escutas telefónicas – Algumas reflexões em redor do seu regime e das consequências processuais derivadas da respectiva violação", *in Revista da Faculdade de Direito da Universidade do Porto*, Ano I, 2004.

Leone, Giovanni, *Manuale di Diritto Processuale Penale*, Jovene Editore, 1988.

Lima, Pires de e **Varela, Antunes**, *Código Civil Anotado*, Coimbra.

Locke, John, *Ensaio Sobre o Entendimento Humano*, (Tradução de Eduardo Abranches de Soveral, Gualter Cunha e Ana Luísa Amaral), Lisboa: Fundação Calouste Gulbenkian, 1999, Vols. I e II.

Lopes, José Mouraz, *Garantia Judiciária no Processo Penal*, Coimbra: Coimbra Editora, 2000.

Lourenço, Eduardo, *O Esplendor do Caos*, Lisboa: Gradiva, 1999.

Machado, Miguel Nuno Pedrosa, "O Princípio IN DUBIO PRO REO e o Novo Código Processo Penal", *in ROA*, Lisboa, Ano 49, Abril 1989.

Mannheim, Hermann, *Criminologia Comparada*, Lisboa: Fundação Calouste Gulbenkian,1984, Vols. I e II.

Martín, Joaquín Delgado, "La Orden de Detención Europea y los Procedimientos de Entrega entre los Estados Miembros de la Unión Europea", *in Cuadernos de Derecho Judicial* – Derecho Supranacional y Cooperación Jurídica Internacional, XIII-2003, Madrid.

Martínez, Ricard Martínez, Los Ficheiros de datos y archivos de imágenes policiales en la legislación italiana. Análisis de las resolucines dictadas por el garante italiano para la protección de los datos personales", *in Revista Española de Derecho Constitucional – Centro de estudios Políticos y Constitucionales*, n.° 60, Año 20, Septiembre/ /Deciembre, 2000.

Mata-Mouros, Maria de Fátima, *Sob Escuta – Reflexões sobre o problema das escutas telefónicas e as funções do juiz de instrução criminal*, São João do Estoril: Principia, 2003.

—, "Escutas Telefónicas – O que não muda com a Reforma", *in Galileu – Revista de Economia e Direito*, Vol. XII, n.° 2, 2007/XIII, n.° 1, 2008.

Matos, Ricardo Bragança de, "O Princípio do Reconhecimento Mútuo e o Mandado de Detenção Europeu", *in RPCC*, Coimbra: Coimbra Editora, Ano 14, n.° 3, 2004.

Maximiano, Rodrigues, "*A Constituição e o Processo Penal – Competência e Estatuto do Ministério Público, Do Juiz de Instrução Criminal e do Juiz Julgador – A Decisão Sobre o Destino dos Autos e os Artigos 346.° e 351.° do CPP*", *in RMP*, ano 2, Vol. 5, 1981.

Medeiros, Rui, *Da Decisão de Inconstitucionalidade*, Lisboa: Universidade Católica Editora, 1999.

Medeiros, Rui e Moutinho, José Lobo, "O Novo Mapa Judiciário perante o Estatuto Constitucional do Ministério Público", in *www.smmp.pt*, Consultado a 8 de Fevereiro de 2009.

Meireis, Augusto Manuel Alves, *O Regime das Provas Obtidas pelo Agente Provocador em Processo Penal*, Coimbra: Almedina, 1999.

Mendes, João, *O Processo Criminal Brasileiro*, Vol. 1.

Mendes, João de Castro, *"Nótula Sobre o artigo 208.° da Constituição – Independência dos Juizes", in Estudos Sobre a Constituição*, Lisboa: Petrony, 3.° Vol..

Mesquita, Paulo Dá, *Direcção do Inquérito Penal e Garantia Judiciária*, Coimbra: Coimbra Editora, 2003.

Miranda, Jorge, *"O Regime dos Direitos, Liberdades e Garantias", in Estudos Sobre a Constituição*, Lisboa: Livraria Petrony, 1979, 3.° Vol..

——, *Manual de Direito Constitucional*, Coimbra: Coimbra Editora, 1998, Vol. IV.

——, *Aspectos de uma Teoria da Inconstitucionalidade,* Colecção Clássicos Jurídicos, Reimpressão da Edição de 1964, Coimbra: Coimbra Editora, 2008.

Molina, António García-Pablos De, *Criminología Una Introducción a sus Fundamentos Teóricos para Juristas*, Valencia: Tirant lo Blanch Libros, 1996.

Monte, Mário Ferreira, "O que resta do segredo de justiça após as revisões de 2007 do Código de Processo Penal e do Código Penal", in *Galileu – Revista de Economia e Direito*, Lisboa: EDIUAL, Vol. XII, n.° 2, 2004/ /XIII, n.° 1, 2008.

——, "Escutas Telefónicas", *in III Congresso de Processo Penal – Memórias*, (Coord. Manuel M. G. Valente), Coimbra: Almedina, 2010.

——, "O Registo de Voz e Imagem no Âmbito da Criminalidade Organizada e Económica e Financeira – Lei n.° 5/2002, de 11 de Janeiro", *in Medidas de Combate à Criminalidade Organizada e Económico-Financeira*, Coimbra: Coimbra Editora, 2004.

——, "A Intervenção e Gravação de Conversações e Comunicações. O Registo de Voz e Imagem. Alguns Aspectos Relevantes do Actual Sistema Processual Penal", *in Medidas de Combate à Criminalidade Organizada e Económico-Financeira*, Coimbra: Coimbra Editora, 2004.

Monteiro, Cristina Líbano, "Perigosidade de inimputáveis e «In Dubio Pro Reo»", *in B.F.D. Studia Jurídica Universidade de Coimbra,* Coimbra: Coimbra Editora, n.° 24, 1997.

Montesquieu, *De L'Esprit des Lois,* Liv. XI, cap. VI.

Morillo, Francisco J. Fonseca, "La orden de detención y entrega europea", *in Revista de Derecho Comunitario Europeo*, Ano 7, n.° 14, Janeiro--Abril, 2003.

Moura, José Souto de, *"Inquérito e Instrução", in Jornadas de Direito Processual Penal/O novo Código de Processo Penal*, CEJ, Coimbra: Livraria Almedina, 1995.

——, *"A Questão da Presunção de Inocência do Arguido", in RMP* n.° 42, Ano 11.°.

——, "Dignidade da pessoa e poder judicial", *in RMP*, Ano 18.°, Abril/Junho, 1997, n.° 70.

Nazareth, Duarte, *Elementos do Processo Criminal,* Coimbra: Imprensa da Universidade, 2.ª Edição, 1849.

NEVES, **A. Castanheira**, *Digesta – Escritos acerca do Direito, do Pensamento Jurídico, da sua Metodologia e Outros*, Coimbra: Coimbra Editora, 1995, Vols. 1.° e 2.°.

—, *Sumários de Processo Criminal,* Coimbra, 1968.

—, "O objecto do Processo", *apud* TERESA BELEZA e FREDERICO ISASCA, *Direito Processual Penal – Textos,* Lisboa: AAFDL, 1991.

NOGUEIRA, **Maria José**, "*Policias: Segurança; Investigação Criminal; Limites*", *in Humanos e Eficácia Policial. Sistemas de Controlo da Actividade Policial*, IGAI, 1998.

OLIVEIRA, **Francisco da Cunha**, *Defesa Criminal Activa*, Coimbra: Livraria Almedina, 2003.

ORTIGÃO, **Ramalho**, "A Prisão Penitenciária – Cuidados de que é Objecto o Facínora – O Crime e a Instrução – As Ideias Morais e o Direito do Trabalho", *in Antologia – As Farpas*, Vol. XIV.

PATRÍCIO, **Rui**, *O Princípio da Presunção de Inocência do Arguido na fase do Julgamento no Actual Processo Penal Português*, Lisboa: AAFDL, 2000.

PAULUS, **Andreas L.**, "Do direito dos estados ao Direito da Humanidade", *in Direito Internacional – Para a Protecção dos Direitos Humanos*, Simpósio da faculdade de Direito da Universidade de Coimbra – Goethe-Institut de Lisboa, Fim de Século, 2003.

PÉREZ, **Francisco Alonso**, *Medios de Investigación en el Proceso Penal,* 2.ª Edición, Madrid: Dykinson, 2003.

PIMENTA, **José da Costa**, *Introdução ao Processo Penal*, Coimbra: Almedina, 1989.

PINHEIRO, **Rui** e MAURICIO, **Artur**, *A Constituição e o Processo Penal,* Clássicos Jurídicos, Reimpressão da 1.ª Edição de 1976, Coimbra: Coimbra Editora, 2007.

PINHO, **David V. Borges de**, *Da Acção penal – Tramitação e Formulários*, Coimbra: Livraria Almedina, 1988.

PINTO, **Alexandre Sousa** e FERNANDES, **Mário João de Brito**, *Comentário à IV Revisão Constitucional*, Lisboa: AAFDL, 1999.

PINTO, **António Augusto Tolda**, *A Tramitação Processual Penal*, 2.ª Edição, Coimbra: Coimbra Editora, 2001.

POIARES, **Carlos Alberto**, *Análise Psicocriminal das Drogas – O discurso do Legislador*, Braga: Almeida & Leitão, Lda., 1998.

PRADEL, **Jean**, *L'Instruction Préparatoire*, Paris: Éditions Cujas.

—, «Écoutes Téléphoniques et Convencion européenne des droits de l'homme», *in Recueil Dalloz Sirey de Doctrine de Jurisprudence et de Législation*, Année 1990.

Rawls, John, *Uma Teoria da Justiça*, (Tradução de Carlos Pinto Correia), Lisboa: Editorial Presença, 1993.

Reig, Carlos Padrós, "Videogigilancia y Estado Autonomico – Comentario a proposito de la actividad normativa de despliegue de la ley organica 4/1997", *in Revista de Adiminstración Pública – Centro de Estudios Políticos y Constitucionales*, n.° 151, Enero/Abril, 2000.

Rodrigues, Álvaro G. da Cunha, *"Controlo Garantístico dos Direitos do Arguido pelo Juiz de Instrução", in Direito e Justiça*, Lisboa: UCE, Vol. XIII, Tomo 3, (1999).

Rodrigues, Anabela Miranda e Dias, Jorge Figueiredo, *"La phase dicisoire du jugement dans la Procédure Penale Portuguaise", in Revue Internationale de Droit Pénal,* 3.° e 4.° Trimestres, 1986.

Rodrigues, Anabela Miranda, *"A Celeridade do processo penal – Uma Visão de Direito Comparado", in Actas de revisão do Código de Processo Penal*, Assembleia da República – Divisão de edições, 1999, Vol. II – Tomo II.

—, "O Inquérito no Novo Código de Processo Penal", *in Jornadas de Direito Processual Penal – O Novo Código de Processo Penal,* CEJ, Coimbra: Almedina, 1995.

—, *"Os Processos Sumário e Sumaríssimo ou a Celeridade e o Consenso no Código de Processo Penal", in RPCC*, Ano 6 (1996), Fasc. 4.

—, *Código de Processo Penal – Processo Legislativo – Actas*, Lisboa: Assembleia da República, Vol. II – Tomo II.

—, "A fase preparatória do processo penal – tendências na Europa. O caso português", *in STVDIA IVRIDICA*, n.° 61, Coimbra: Coimbra Editora.

—, "O Mandado de Detenção Europeu", *in RPCC*, Ano 13, n.° 1, 2003.

—, "Princípio da jurisdição penal universal e Tribunal Internacional", *in Direito Internacional – Para a Protecção dos Direitos Humanos*, Simpósio da faculdade de Direito da Universidade de Coimbra – Goethe-Institut de Lisboa, Fim de Século, 2003.

—, *Novo Olhar Sobre a Questão Penitenciária*, Coimbra: Coimbra Editora, 2000.

—, "O Tribunal Penal Internacional e a prisão perpétua – que futuro?", *in Direito e Justiça* – RFDUCP, Vol. XV, 2001, Tomo 1.

—, "Política Criminal – Novos Desafios, Velhos Rumos", *in Liber Discipulorum para Jorge de Figueiredo Dias*, Coimbra: Coimbra Editora, 2003.

—, "Criminalidade Organizada – Que Política Criminal?", *in Boletim da Faculdade de Direito da Universidade de Coimbra – STVDIA IVRIDICA*,

N.° 73, Colloquia 12, pp. 191 e ss. e *in THEMIS* – Revista da Faculdade de Direito da UNL, Ano IV – n.° 6.

—, "O papel dos sistemas legais e a sua harmonização para a erradicação das redes de tráfico de pessoas", in RMP, Ano 21.°, Out./Dez., 2000, n.° 84.

—, *Para uma política Criminal Europeia*, (co-autoria de José Luis Lopes da Mota), Coimbra: Coimbra Editora, 2002.

Rodrigues, Benjamin Silva, *Das Escutas Telefónicas* – Tomos I e II, 2.ª Edição, Coimbra, 2008.

Rodrigues, J. N. Cunha, *Em Nome do Povo*, Coimbra: Coimbra Editora, 1999.

—, *Lugares do Direito*, Coimbra: Coimbra Editora, 1999.

Rodrigues, João Paulo, "Princípios da Legalidade, Acusatório e Política Criminal", in RMP, Ano 21.°, n.° 83, JUL/SET, 2000.

Santiago, Rodrigo, "O «Branqueamento de capitais e outros produtos de crime»", *in* RPCC, Ano 4.°, fase 4, Out./Dec., 1994.

Serrano, Mario Mendes, "Extradição", *in Cooperação Internacional Penal*, CEJ, 2000, Vol. I.

Silva, Germano M. da, *Curso de Processo Penal*, 2.ª Edição, Lisboa/ /S. Paulo: Verbo, 2000, Vol. II e Vol. III.

—, *Curso de Processo Penal*, 2.ª Edição, Lisboa/S. Paulo: Verbo, 2000, Vol. III.

—, "Princípios Gerais do Processo Penal e Constituição da República Portuguesa", *in Direito e Justiça*, RFCHUCP, 1987/88, Vol. III.

—, *Ética Policial e Sociedade Democrática*, Lisboa: Ed. do ISCPSI, 2001.

—, "Da inconstitucionalidade do Inquérito preliminar", *in Direito e Justiça*, Vol. I, 1980.

—, "A Prescrição dos Processos Penais" *in Forum Iustitiae, Direito & Sociedade,* Ano I, Abril 2000, n.° 10.

—, "Bufos, Infiltrados, Provocadores e Arrependidos", *in Direito e Justiça*, Lisboa: UCE, Vol. VIII, T. 2, 1994.

—, "Os Princípios Gerais do Processo Penal e CRP", *in Direito e Justiça*, Lisboa: UCE, 1987/88, Vol. III.

—, *Curso de Processo Penal*, 1.ª e 4.ª Edição, Lisboa/S. Paulo: Verbo, 1992/2000, Vol. I.

—, *Curso de Processo Penal*, Lisboa/S. Paulo: Editorial Verbo, 1.ª e 2.ª Edição, 1993/1999, Vol. II.

—, *Direito Penal Português*, Lisboa/S. Paulo: Editorial Verbo, 1997, Vol. I.

—, *Do Processo Penal Preliminar*, Lisboa, 1990.

—, *Entrevista à Visão*, n.° 371, 20 a 26 de Abril de 2000.

—, "O Direito Penal em crise de mudança", *in O Direito Contemporâneo em Portugal e no Brasil*, Coimbra: Almedina, 2003.

—, "Escutas telefónicas... em busca de uma interpretação jurídica", *in Boletim da Ordem dos Advogados*, Lisboa, n.os 60-61, 2009.

SOUSA, **João de Castro e**, "Os Meios de Coacção no Novo Código de Processo Penal", *in Jornadas de Direito Processual – O Novo Código de Processo Penal*, Coimbra: Almedina, 1995.

SOUSA, **Rabindranath Capelo de**, *O Direito Geral da Personalidade*, Coimbra: Coimbra Editora, 1995.

TEIXEIRA, **António Braz**, *Sentido e Valor do Direito,* Lisboa: Imprensa Nacional – Casa da Moeda, 2.ª Edição, 2000.

TEIXEIRA, **Carlos Adérito**, *Princípio da Oportunidade, Manifestações em Sede Processual Penal e sua Conformação Jurídico-Constitucional,* Coimbra: Almedina, 2000.

TORGA, **Miguel**, *Novos Contos da Montanha*, 5.ª Edição, Coimbra, 1967.

—, *Antologia Poética*, 2.ª Edição, Coimbra, 1995.

TORNAGHI, **Hélio**, *Curso de Processo Penal*, 4.ª Edição, São Paulo: Editora Saraiva, 1987.

TORRÃO, **Fernando José Dos Santos Pinto**, *A Relevância Político – Criminal da Suspensão Provisória do Processo,* Coimbra: Almedina, 2000.

TZITZIS, **Stamatios**, *Filosofia Penal*, (Trad. MÁRIO F. MONTE), Aveiro: Legis Editora, 1999.

URDÍNGUIO, **Ana González e** LEÓN, **M.ª A. González Gutiérrez de**, "La Videovigilancia en el Sistema democrático español: Análisis y crítica de la Ley Orgánica 4/1997, de 4 de Agosto, por la que se regula la utilización de videocámaras por las Fuerzas y Cuerpos de Seguridad en lugares públicos", *in Revista de la Facultad de Derecho Universidad Complutense*, Curso 1997-1998, Madrid, 1998.

VALENTE, **Manuel Monteiro Guedes,** ALVES, **Manuel João e** GONÇALVES, **Fernando**, *Lei e Crime: O Agente Infiltrado e o Agente Provocador – Os Princípios do processo Penal*, Coimbra: Almedina, 2001.

—, *O Novo Regime Jurídico do Agente Infiltrado Anotado e Comentado*, Coimbra: Almedina, 2001.

VALENTE, **Manuel Monteiro Guedes**, "A Investigação Criminal Como Motor de Arranque do Processo Penal", *in Polícia Portuguesa*, Ano LXIII, n.° 123, MAR/ABR, 2000.

—, "Os princípios democrático e da lealdade: Vectores de orientação dos órgãos de polícia criminal", *in Polícia Portuguesa*, Ano LXIII, II Série, n.° 124, Julho/Agosto de 2000.

—, *Regime Jurídico da Investigação Criminal Comentado e Anotado*, Coimbra: Almedina, 2003 (1.ª Ed.), 2004 (2.ª Ed.) e 2006 (3.ª Ed.).

—, *Direito de Menores*, (em co-autoria com NIEVES SANZ MULAS), Lisboa: Âncora Editora, Lda., 2003.

—, *Revistas e Buscas*, 1.ª Edição e 2.ª Edição, Coimbra: Almedina, 2003 e 2005.

—, *Da Publicação da Matéria de Facto nos Processos Disciplinares*, Lisboa: Edição do ISCPSI, 2000.

—, "Dos delitos Contra a Economia e Contra a Saúde Públicas: a actuação dos OPC face ao novo quadro legal da Investigação Criminal", *in Revista Polícia Portuguesa*, n.° 135.°, Maio/Junho de 2002.

—, "A segurança como tarefa fundamental do Estado de Direito Democrático", *in Revista Polícia Portuguesa*, n.° 125.°, Setembro/Outubro de 2000.

—, "Cooperação Policial: Viagem inacabada!", *in Cooperación Policial y Judicial en Materia de Delitos Financieros, Fraude y Corrupción*, Aquilafuente – Ediciones Universidad de Salamanca, n.° 40, 2002.

—, "Perspectiva Técnico Jurídica da importância da segurança para a economia", *in Meridionália – Revista da Universidade Moderna do Polo de Beja*, n.° 3, 2003.

—, "Natureza da actuação policial", *in Revista Polícia Portuguesa*, n.° 134.°, Março/Abril de 2002.

—, "A Publicidade da matéria de facto", *in Direito e Justiça – RFDUCP*, Lisboa: UCE, Vol. XV, Tomo 1, 2001.

—, "Terrorismo – Fundamento da Restrição de Direitos?", *in Terrorismo*, (Coordenação de ADRIANO MOREIRA), Coimbra: Almedina, 2004.

—, *Escutas Telefónicas – Da Excepcionalidade à Vulgaridade*, Coimbra: Almedina, 2004 (1.ª Ed.) e 2008 (2.ª Ed.).

—, *Do Mandado de Detenção Europeu*, Coimbra: Almedina, 2006.

—, *Conhecimentos Fortuitos. Em Busca de um Equilíbrio Apuleiano*, Coimbra: Almedina, 2006.

—, "La Investigación del Crimen Organizado. Entrada y Registro en Domicilios por la Noche, el Agente Infiltrado y la Intervención en las Comunicaciones", (Trad. ADAN CARRIZO), *in Dos Décadas de Reformas Penales*, (Coord. N. SANZ MULAS), Granada: Ed. Comares, 2008.

—, "El Sistema de Seguridad Interior Portugués. Breve Reflexion", (Trad. ADAN CARRIZO), *in Revista de Seguridad Publica – Cuadernos de la Guardia Civil*, Madrid, n.° XXXVI, Año 2007, 2.ª Epoca.

—, *Teoria Geral do Direito Policial*, 2.ª Edição, Coimbra: Almedina, 2009.

—, "Do Objecto do Processo: Da Importância dos Órgãos de Polícia Criminal na sua Identificação e Determinação", *in Politeia*, Coimbra: Almedina, Ano III, n.° 2, 2006.

VERDELHO, Pedro, "Apreensão de Correio Electrónico em Processo Penal", *in RMP*, n.° 100, 2004.

—, "A Reforma Penal Portuguesa e o Cibercrime" *in RMP*, n.° 108, 2006.

VILELA, Alexandra, *Considerações Acerca de Presunção de Inocência em Direito Processual Penal*, Coimbra: Coimbra Editora, 2000.

VITORINO, António, *Carta dos Direitos Fundamentais da União Europeia*, S. João do Estoril: Princípia, 2002.

ULLED, Emilio Jesús Sánchez, "Cooperación Judicial Internacional...", *in Cooperación Policial y judicial en Materia de Delitos Financieros, Fraude y Corrupción*, Salamanca: Aquilafuente, n.° 40.

XIBERRAS, Martine, *As Teorias da Exclusão – Para Uma Construção do Imaginário do Desvio*, (Trad. JOSÉ GABRIEL REGO), Lisboa: Instituto Piaget, 1996.

ZENHA, Francisco Salgado, *Notas sobre a Instrução Criminal*, Braga: Universidade do Minho, 2002.

ZIEGLER, Jean, *Os Senhores do Crime*, Lisboa: Terramar.

ZIPPELIUS, Reinhold, *Teoria Geral do Estado*, 3.ª Edição, (Tradução de KARIN PRAEFKE-COUTINHO), Lisboa: Fundação Calouste Gulbenkian, 1997.

ÍNDICE

Capítulo II
DO MODELO INQUISITÓRIO

Capítulo III
DO MODELO MISTO

Capítulo IV
DOS MODELOS DO SÉC. XX

Capítulo V
DO MODELO PROCESSUAL PENAL PORTUGUÊS

Parte II
DOS PRINCÍPIOS ESTRUTURANTES
DO PROCESSO PENAL PORTUGUÊS

Capítulo I
DO PRINCÍPIO DO ACUSATÓRIO
OU DA SEPARAÇÃO DE FUNÇÕES

CAPÍTULO II
DO PRINCÍPIO DO CONTRADITÓRIO E DO PRINCÍPIO DA INVESTIGAÇÃO

CAPÍTULO III
DO PRINCÍPIO DA IGUALDADE DE ARMAS

CAPÍTULO IV
DO PRINCÍPIO DA PRESUNÇÃO DE INOCÊNCIA

CAPÍTULO V
DO PRINCÍPIO DEMOCRÁTICO

CAPÍTULO VI
DO PRINCÍPIO DA LEALDADE

CAPÍTULO VII
DOS PRINCÍPIOS DA LEGALIDADE, DO CONSENSO E DA OPORTUNIDADE

CAPÍTULO VIII
DO PRINCÍPIO DA OFICIALIDADE

CAPÍTULO IX
DO PRINCÍPIO DA JURISDIÇÃO E DO JUIZ NATURAL

CAPÍTULO X
DO PRINCÍPIO DA LIBERDADE

PARTE III
DA NOTÍCIA DO CRIME DAS MEDIDAS CAUTELARES E DE POLÍCIA DA DETENÇÃO

CAPÍTULO I
DA NOTÍCIA DO CRIME

CAPÍTULO II
MEDIDAS CAUTELARES E DE POLÍCIA

CAPÍTULO III
DA DETENÇÃO

PARTE IV
DOS MEIOS DE OBTENÇÃO DE PROVA

CAPÍTULO I
DOS EXAMES

CAPÍTULO II
DA REVISTA E DAS BUSCAS

CAPÍTULO III

DAS APREENSÕES

CAPÍTULO IV

DAS ESCUTAS TELEFÓNICAS

Capítulo V
DO AGENTE INFILTRADO

Capítulo VI
DOS CONHECIMENTOS FORTUITOS E DO «EFEITO-À-DISTÂNCIA»